민주주의 함성

민주주의 함성

헌법재판소 8인 재판관

上 왼쪽부터   김복형 헌법재판관/정정미 헌법재판관/이미선 헌법재판관/
           조한창 헌법재판관
下 왼쪽부터   문형배 헌법재판소장권한대행/정계선 헌법재판관/
           김형두 헌법재판관/정형식 헌법재판관

忠誠·正義·勇氣의 表象

박정훈 전 해병대 수사단장(대령)이 3월 9일 서울 용산구 중앙지역군사법원에서 열린 해병대 채 상병 사망사건 수사관련 항명 및 상관명예훼손 혐의에 대한 1심 선고공판에서 무죄를 선고 받은 뒤 법원을 나서고 있다.

- 경향신문 한수빈 기자 -

계엄·독재·징역 유전

이승만 ················· 계엄령 ⬛⇨ 독재 ················· 망명·객사
박정희 ················· 계엄령 ⬛⇨ 독재 ················· 경호원 저격 피살
전두환 ················· 계엄령 ⬛⇨ 독재 ················· 징역
노태우 ··············· 계엄령 동역자 ⇨ ················· 징역
이명박 ··· 징역
박근혜 ················· 계엄령 후계자 ··················· 징역
윤석열 ········· 계엄선포 ········· 탄핵소추(내란우두머리 혐의) ····· 파면
조기대선 ··········· 미워도 다시 한번! ················· 고마해라! 고마해!

당명 바꾼다고 유전자가 바뀌나?

이승만 1948~1960년
재임 기간 / 특이사항: 4·19 혁명으로 하야

박정희 1963~1979
10·26 사건으로 사망

전두환 1980~1988
1987년 직선제 개헌
반란수괴 등 혐의로 무기징역

노태우 1988~1993
내란죄 등 혐의로 징역 17년

이명박 2008~2013
뇌물수수 등 혐의로 징역 17년

박근혜 2013~2017
헌재, 탄핵안 인용.
뇌물수수 혐의 등으로 징역 22년

윤석열 2022년~현재
헌재, 탄핵심판 진행 중

우리는 대한민국 국회요원입니다.

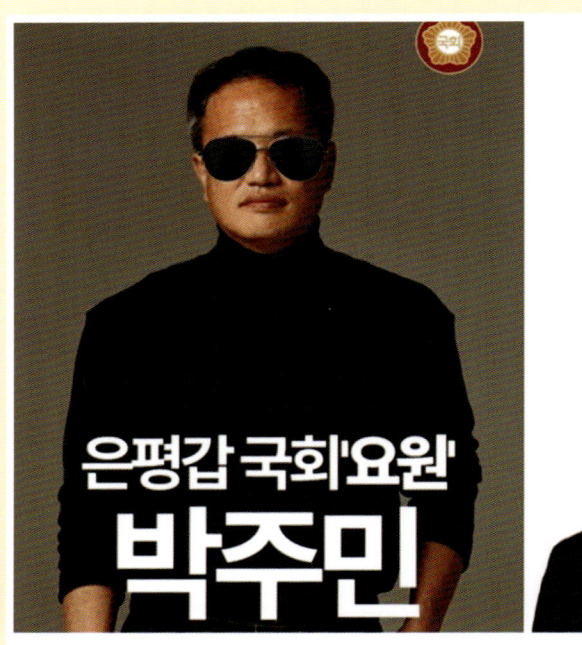

김용현 전 국방부 장관이 12·3 비상계엄 당시 국회에서 '(국회)의원'이 아닌 '요원(군 병력)'을 끌어낼 것을 지시했다고 주장한 것을 두고 더불어민주당 의원들이 이를 패러디한 사진과 글이 화제다.

'윤석열 조기 파면' 전진숙·박흥배·김문수 더불어민주당 의원(왼쪽부터)이 3월 11일 국회 앞에서 윤석열 대통령의 조기파면을 촉구하며 삭발하고 있다.

헌법개정에 관한 제안서

수련대통령제

　현재 대한민국 대통령제는 인품·자질·능력·공정성 등 아무것도 못 갖춘 야인이 괴이한 바람을 타고 혹세무민하여 대통령되는 기현상을 방지할 수가 없다. 이 현상을 제거하기 위해서 대통령 당선자는 두 단계 수련을 거쳐 正대통령으로 승진하도록 제도적으로 보완할 것을 제안한다. 그 제도를 설명하면 ;

① 본 제도에 의한 초대 대통령선거로 임기4년의 <u>예비대통령</u>과 <u>수련대통령</u>과 <u>正대통령</u> 등 3인을 동시에 선출하여 ;
　• 예비대통령은 국무총리로서 내각을 관장하고,
　• 수련대통령은 부통령(신설)으로서 외무를 전담하면서 正대통령을 보좌하고,
　• 正대통령 당선자는 즉시 正대통령의 직무를 수행하되 방대한 권한 중 일부를 국무총리와 부통령 에게 이양한다.

② 3인의 임기(4년)가 끝나면 2대 대통령선거로 예비대통령(국무총리) 1인만 선출하여 ;
　• 예비대통령 당선자는 국무총리로 취임하고,
　• 현 국무총리(예비대통령)는 부통령(수련대통령)으로 승진하여 외무를 전담하면서 正대통령을 보좌 하고,
　• 현 부통령(수련대통령)은 正대통령으로 승진하여 국가원수로 부임하고,
　• 正대통령은 퇴임한다.

③ 제2대·3대·4대--- 매 4년마다 실시하는 대통령선거에서 정대통령 대신 예비대통령(국무총리) 1인을 선출하여, 그 당선자는 국무총리로 입직하고, 4년 후에는 부통령으로 승진하고, 또 4년 후에 비로소 正대통령에 취임하는 것이다. 이렇게 함으로서 국민은 예비대통령을 검증하고, 당선자는 두 단계 즉 8년간의 수련을 거쳐 국가지도자로서의 자질을 충분히 갖추게 된다.

④ 국무총리가 수련기간 중, 결격 사유가 불거지면 국회가 재적의원 3분지2 찬성으로 국무총리를 파면하고 예비대통령을 다시 선출하여 正대통령에게 천거하고, 정대통령이 그를 국무총리로 임명한다.
⑤ 부통령이 수련기간 중, 결격 사유가 불거지면 국회가 재적의원 3분지2 이상 찬성으로 부통령을 파면하고, 현 국무총리(예비대통령)를 즉시 승진시켜 부통령직을 승계하도록 하고, 예비대통령(국무총리) 을 다시 선출하여 正대통령에게 천거하면 正대통령이 그를 국무총리 직에 임명한다.
⑥ 이 제도의 특징은 4년마다 한 번씩 正대통령 대신 예비대통령(국무총리)을 선출하여, 그가 국무총리직 4년과 부통령직 4년을 수행(수련)한 후에 正대통령 직에 취임 하도록 한 것이다.

국회의원 정원 정당제 실시

이 제안은 정쟁만 일삼는 국회를 생산적인 국회로 전환하는 방법이다.

현 국회는 의원들이 흑당(黑黨) 아니면 백당(白黨)으로 몰릴 수밖에 없어 필연적으로 거대정당 두 개가 생성되고, 두 거대정당은 적대적 관계로 맞서 정쟁만 일삼게 돼 있다. 생산적인 국회를 구축하려면 거대정당 출현을 막아야 한다. 거대정당 생성을 방지하는 방법은 ;

- 1개 정당 소속 국회의원 수가 재적총수의 5분지 1(20%)을 초과할 수 없도록 규제한다.

위와 같이 '국회의원 정원정당제'를 실시하면 '지역중심 정당'과 '이념중심 정당' 성격이 희석되어 거대정당 출현이 불가능하게 되고 과도한 정쟁이 완화될 것이다.

2025년 3월 26일

목 차

[권두언] 문제는 윤석열이 아니다. ··· 1
발간사 ··· 4
[미제사건들] 이태원 압사사건 ·· 7
[미제사건들] 채 상병 사건 ··· 11
[미제사건들] 채 상병 어머니의 편지 ·· 14
의료대란 ··· 16
동아일보 사설 ··· 19
"윤석열 훈장 안 받겠다"…교수·교사들 잇따라 훈장 거부 ···················· 21
김 교수의 글 전문 ··· 23
명태균 게이트-공천개입 의혹 ·· 25
경기도 위험구역 설정   2024년 10월 15일 화. ·· 28
박동진 교장 자경단   2024년 10월 20일. 화. ··· 31
가천대학교 교수노조의 시국성명서   2024년 10월 28일. 월. ··············· 35
한국외국어대학교 시국선언문   2024년 10월 31일. 목. ························· 37
한양대학교 교수 시국선언문   2024년 11월 5일. 화. ····························· 39
숙명여대교수들 시국선언문   2024년 11월 5일. 화. ······························· 42
동국대학교 교수 시국선언   2024년 11월 6일. 수. ································· 44
경희대 교수·연구자 226명   2024년 11월 6일. 수. ································· 46
인천대학교 시국선언문   2024년 11월 6일. 수. ······································· 51
전남대학교 교수 시국 선언문   2024년 11월 6일. 수. ··························· 54
충남대 교수들의 시국선언문   2024년 11월 6일. 수. ····························· 56
중앙대학교 교수 시국선언   2024년 11월 6일. 수. ································· 59
국립목포대학교 교수·연구자들의 시국선언   2024년 11월 11일. 월. ················ 63
가톨릭대학교 교수 시국선언   2024년 11월 11일. 월. ··························· 65
민교협시국선언   2024년 11월 13일. 수. ·· 68
제주지역대학 교수 시국선언   2024년 11월 13일. 수. ··························· 71
국민대학교 시국선언   2024년 11월 14일. 목. ·· 74
고려대학교 교수 시국선언   2024년 11월 14일. 목. ······························· 76
부울경 대학교수 652명   2024년 11월 14일. 목. ····································· 79

뿔난 경북대학교 교수·연구자 일동　2024년 11월 19일, 화. ················· 84
전주대학교 교수 시국선언　2024년 11월 19일, 화. ························ 89
성공회대 시국선언　2024년 11월 20일. 수. ·································· 92
연세대학교 교수 시국선언　2024년 11월 21일. 목. ························ 95
이화여대 교수 시국선언문　2024년 11월 21일. 목. ······················· 100
천주교 사제 1466인 시국선언문　2024년 11월 28일. 목. ··············· 103
서울대 교수·연구인 525인 시국선언　2024년 11월 28일. 목. ········· 106
단국대학교 천안교정 민주동문회　2024년 12월 2일. 월. ················ 113
대구교육대학교 교수 시국 선언문　2024년 12월 02일. ·················· 115
해병대 예비역, 시국선언　2024년 12월 3일. 화. ························· 117
대통령 비상계엄령 선포　2024년 12월 3일. 화. ·························· 120
계엄사령부 포고령(제1호) ·· 123
신령계 ·· 126
인간계 ·· 131
계엄해제요구결의안 국회 가결　2024년 12월 4일 01시. 토. ············ 134
비상계엄 해제까지의 시간표　2024.12.03. ·································· 143
인하대학교/인천대학교 시국선언문　2024년 12월 4일. 수. ············· 145
제56대 경희대학교 연석중앙운영위원회　2024년 12월 5일. 목. ······· 148
국립공주대학교 사범대학생 406인　2024년 12월 5일. 목. ············· 150
단군왕검　2024년 12월 5일. 목. ·· 153
박동진의 혼령 귀환　2024년 12월 5일. 목. ································· 160
카이스트 구성원 시국선언　2024년 12월 6일. 금. ························ 166
대통령 담화문 2차　2024년 12월 7일. 토. ·································· 168
대통령 담화문 3차　2024년 12월 7일. 토. ·································· 169
대한변호사협회 시국선언　2024년 12월 7일. 토. ························· 170
김용현 前국방장관 긴급체포　2024년 12월 08일. 일. ···················· 172
정치학자들의 시국선언　2024년 12월 08일. 일. ··························· 173
포항공대교수들 시국선언　2024년 12월 9일. 월. ························· 180
70여 단체 시국선언　2024년 12월 9일. 월. ································ 183
[경향신문] '내란죄' 윤석열 탄핵투표에 불참한 국민의 힘 105명 ········· 185
상명대학교 일부 구성원　2024년 12월 10일. 화. ························· 189
청소년 5만명 시국선언　2024년 12월 10일. 화. ·························· 192

언론학자 시국선언 2024년 12월 11일. 수.	194
세계지역 연구자 401명 2024년 12월 12일. 목.	199
정신과 의사들 시국선언 2024년 12월 12일. 목.	206
대통령 담화문 4차 2024년 12월 12일. 목.	212
4대종단 종교인 시국선언 2024년 12월 13일. 금.	232
현업언론인 4천여 명 시국선언 2024년 12월 14일. 토.	235
대통령 탄핵 국회가결 2024년 12월 14일. 토.	236
헌법·행정법 연구자 선언 2024년 12월 15일. 일.	237
목원대 학생 시국선언 2024년 12월 16일. 월.	240
전봉준투쟁단 2024년 12월 22일. 일.	242
한덕수 국무총리 탄핵소추 2024년 12월 27일. 금.	245
정치학자 제2차 시국선언 2024년 12월 30일. 월.	247
김용현 국방부장관 공소장에서 2024년 12월 30일. 월.	254
경향신문PICK 2024년 12월 31일. 화.	258
대통령의 편지 2025년 1월 1일. 수.	260
윤가의 편지	261
공조본, 윤가 1차 체포시도 2025년 1월 3일. 금.	264
노인단체들 시국선언 2025년 1월 4일. 토.	266
경향신문PICK 2025년 1월 5일. 일.	269
경향신문 기사 2025년 1월 6일. 월.	273
경향신문 기사 2025년 1월 6일. 월.	275
한겨레PICK 안내 2025년 1월 6일. 월.	277
경향신문PICK 2025년 1월 6일. 월.	281
경향신문 8면 기사 2025년 1월 7일. 화.	284
「김민아 칼럼」 경향신문 2025년 1월 7일. 화.	290
한겨레신문 2025년 1월 8일. 수.	293
대통령 체포영장 2차 발부 2025년 1월 8일. 수.	295
대통령 2차 체포영장 집행 2025년 1월 8일. 수.	297
파렴치범 2025년 1월 9일. 목.	299
거짓말 달인 2025년 1월 9일. 목.	301
박정훈 전 해병대 수사단장 무죄 2025년 1월 10일. 금.	303
한겨레PICK 2025년 1월 13일. 월.	305

경향신문PICK　2025년 1월 13일. 월. ·· 307
윤석열 대통령 드디어 체포　2025년 1월 15일. 수. ······················· 309
경향신문PICK　2025년 1월 17일. 금. ·· 312
한겨레PICK　2025년 1월 19일. 일. ·· 314
서부지방법원 폭동　2025년 1월 20일. 목. ·· 316
윤석열 대통령 공소장　2025년 1월 19일. 일. ··································· 318
경향신문PICK　2025.01.23. 목. ·· 397
탄핵 심판 5차 변론　2025년 2월 4일. 화. ·· 399
한겨레PICK　2025년 2월 5일. 수. ·· 403
탄핵심판 6차 변론　2025년 2월 6일. 목. ··· 405
중앙고등학교 출신들　2025년 2월 11일. 화. ···································· 410
'명태균 특별법'을 발의　2025년 2월 11일. 화. ································ 414
문재인 전 대통령 후회　2025년 2월 11일. 화. ································ 415
탄핵심판 8차 변론　2025년 2월 13일. 목. ······································· 416
탄핵심판 쟁점　2025년 2월 13일. 목. ·· 420
경향신문PICK　2025년 2월 15일. 토. ·· 421
한겨레PICK　2025년 2월 15일. 토. ·· 424
탄핵심판 10차 변론　2025년 2월 20일. 목. ····································· 426
경향신문PICK　2025년 2월 25일. 월. ·· 434
탄핵심판 최종변론　2025년 2월 25일. 월. ·· 439
청구인(국회 법제사법위원장 정청래) 최후진술서 낭독 ················ 443
피청구인(윤석열 대통령) 최후진술서 ··· 456
박동진 교장과 시관　2025년 2월 25일. 화. ····································· 476
단군왕검교지(헌법을 고치라)　2025. 3. 7. 금. ······························· 480
중앙지법, 윤석열 '구속취소' 결정　2025년 3월 8일 토. ··············· 482
검찰, 윤석열 대통령 석방　2025년 3월 8일. 토. ···························· 488
엿가락처럼 늘어나는 헌재 선고일　2025년 3월 21일. 금. ··········· 492
대통령 탄핵은 국민투표로　2025년 3월 22일. 토. ························ 496
「김민아 기자」경향신문　2025년 03월 29일. 토. ··························· 498
천주교 사제·수도자 3,462인 시국선언문　2025년 03월 30일. ········ 501
헌법재판소, 윤석열 대통령 파면　2025년 4월 4일. 금. ················ 504
이재명 더불어민주당 대표　2025년 4월 4일. 금. ·························· 515

[권두언] 문제는 윤석열이 아니다.

김누리 | 중앙대학교 교수(독문학)

평생 언어를 다루는 문학 선생을 했지만, 요즘처럼 언어에 절망한 적은 없다. 도대체 어떤 말로도 이 불가사의한 인간을 포착할 수 없기 때문이다. 윤석열을 보며 언어의 한계를 절감한다. 이리도 비겁하고 비열하고 비루한 인간을 본 적이 없기 때문이다. 자신만의 안위를 위해 극렬 지지자를 선동하고, 휘하의 부하들을 위험으로 내몰고, 손바닥 뒤집듯 약속을 어기고, 뻔뻔스러운 거짓말을 일삼고, 온갖 핑계로 법 집행을 피해 다니는 이 괴물을 어떻게 표현할 수 있겠는가.

'3비(비겁-비열-비루)형 인간'이 벌이는 행태가 참으로 점입가경이다. 최근엔 극우 시위대를 선동해 법원을 공격하는 사상 초유의 사태까지 초래했다. 군대를 동원해 입법부를 침탈한 것도 모자라, 이제 지지자를 선동해 사법부를 습격한 것이다. 개과천선이 불가능한 이런 인간은 법정 최고형으로 다스리는 것 이외엔 다른 방법이 없다. 헌정 질서를 파괴한 내란범을 이번에도 준엄하게 단죄하지 못한다면, 거듭된 쿠데타의 악순환을 끊어낼 수 없다.

그러나 윤석열 내란 사태는 그에 대한 탄핵과 엄단만으로 끝나서는 안 된다. 윤석열을 만들고, 기르고, 권좌에 앉힌 우리 사회의 오래된 구조를 개혁하지 않는 한 제2, 제3의 윤석열이 등장할 것이기 때문이다.

다시 말하면, 문제는 윤석열이 아니다. 윤석열로 상징되는 우리의 낡은 관행과 의식, 규범과 제도가 문제다. 이것은 윤석열이 사라진다고 사라지는 것이 아니다. 계속 살아남아 우리 사회를 좀먹고, 흔들고, 결국 무너뜨릴 악습들이다.

문제는 윤석열이 아니다. 내란 수괴를 비호하는 정당이 여론조사에서 제

1당에 오르는 이해할 수 없는 현실은 무엇을 뜻하는가. 이것은 한국 민주주의에 근본적인 문제가 있음을 의미한다. 무엇보다도 1970년대에 박정희가 만들어낸 지역주의가 핵심 문제다. 정치적 이성보다 지역적 감성에 좌우되는 정치 행태가 내란 동조 정당을 제1당으로 등극시키는 기괴한 현상을 낳은 것이다. 지역주의 정치 지형을 극복할 선거법 개정 등 근본적인 처방이 없는 한 우리는 성숙한 민주사회로 나아갈 수 없다.

문제는 윤석열 개인이 아니다. 윤석열은 한국 사회에서 예외적 현상이라기보다는 오히려 보편적 현상에 가깝다. 특히 한국 사회의 지배 엘리트는 대다수가 '또 다른 윤석열'이다. 윤석열 사태의 전개 과정에서 그들이 보인 행태를 보라. 법치주의를 뒤흔드는 법 기술자들, 민주주의를 조롱하는 정치인들, 곡학아세를 일삼는 어용학자들 - 이들의 언행은 정상적인 민주국가에서는 도저히 용인할 수 없는 수준의 것이다. 이처럼 미성숙한 지배 엘리트들의 존재가 한국 민주주의의 가장 큰 위험 요인이다.

그러니까 문제는 인간 윤석열이 아니다. 요컨대, 윤석열은 이 나라의 모든 부정적 특성의 앙상블이다. 그는 한국 정치의 고질적 폐단인 제왕적 대통령제의 권능을 극단까지 행사했고, 한국 경제의 치명적인 병폐인 신자유주의적 착취 구조를 더욱 악화시켰으며, 한국 사회 불행의 근원인 사회적 양극화를 가속화했고, 시나브로 사라져 가던 권위주의 문화를 재생시켰다. 정치, 경제, 사회, 문화의 전 영역에서 '윤석열'을 만들고, 정당화하고, 유지시켜준 잘못된 구질서, 이 앙시앵레짐을 청산하지 않는 한 윤석열은 또 다른 이름으로 부활할 것이다.

윤석열 내란 사태가 보여준 것은 또한 우리 사회에 수치심의 한계선이 무너졌다는 사실이다. 윤석열은 말할 것도 없고, 국무총리와 장관, 정치인과 법조인들의 궤변과 곡학아세의 언설을 매일같이 듣는 일이 너무나 괴롭다. 이 나라가 언제부터 최소한의 수치심도 없는 파렴치한 인간들이 지배하는 곳이 되었단 말인가.

근원으로 거슬러 가면, 윤석열을 키운 것은 극단적인 능력주의 경쟁교육이다. '공부만 잘하면 모든 것이 용서되는 교실'이 괴물 윤석열을 잉태한 모태다. 한국의 교실, 이 '사활을 건 전쟁터'에서 승자는 자신이 누리는 모든 부와 권력을 자신이 쟁취한 '전리품'이라고 여긴다. 그러기에 여기서 이리도 미성숙하고, 오만한 엘리트들이 자라 나오는 것이다.

윤석열 내란 사태를 보며 우리 교육의 미래를 걱정한다. 거짓말과 약속 파기를 밥 먹듯이 하는 대통령, 궤변과 허언을 일삼는 정치인들, 기회주의적이고 무책임한 장관들 – 이런 파렴치한 엘리트들을 보며 우리 아이들은 과연 무엇을 배울 것인가. 우리는 아이들을 어떻게 가르칠 것인가. 공부를 열심히 하면, 전교 1등을 하면, 저런 인간이 될 수 있다고 가르칠 것인가. 윤석열 사태는 한국 교육의 환부를 쓰라리게 드러내면서, 교육혁명의 절박성을 일깨우고 있다.

발간사

　윤석열 정부는 임기 첫해인 2022년부터 2024년까지 내리3년 대형 사고를 터뜨렸습니다. 그리고 정부가 그 사고를 짐승처럼 흙으로 살살 덮어 감추려 했습니다. 2022년 이태원 압사사고, 2023년 해병대 채 상병사고, 2024년 의료대란이 그 사건들입니다. 또 그 사건들 꼬리를 물고 명태균 게이트가 수면 위로 드러나고 있습니다.

　신문과 방송, 인터넷, 유튜브 등 다양한 언론매체가 이 사건들을 밀착 보도함으로써 온 국민이 버선 속 뒤집어보듯이 사건마다 그 내막을 들여다보고 있습니다. 국민들은 놀랐습니다. 그리고 경악했습니다. 왜냐하면 사건마다 진상을 감추고 덮고 위장해서 묻어버리려 했기 때문입니다. 손바닥으로 하늘을 가리려 하다니 제 정신인가?

　사람 사는 세상에 어찌 사건사고가 없겠습니까마는 이럴 수가 없습니다. 어느 나라를 막론하고 사건사고가 일어날 수 있습니다. 그런데 그 뒤처리가 문제입니다. 천재(天災)든 인재(人災)든 사건사고가 발생하면 그 뒤처리를 투명하고 진실하게 해야 합니다. 그런데 사건사고마다 사건의 본질을 비틀어놓고, 꼬리를 자르고, 보고서를 왜곡하고, 시간 끌기를 합니다. 그 실례가 바로 이태원 압사사건, 채 상병 순직사건, 그리고 의료대란 등입니다. 왜 그럴까? 이유는 뻔합니다.

　대북문제도 심각합니다. 한반도의 영구적인 평화정착을 위해 민주당정부가 공들여 구축해 놓은 평화탑 기초공사를 다 부숴버리고, 이제는 남과 북이 적대적 국가로 마주서서 풍선전쟁을 하고 있습니다. 윤석열은 "평화는 압도적인 힘으로 이루어야 한다."라고 주장했습니다. 그래서 북한을 압도적인 힘으로 제압하겠다고 큰소리 뻥뻥 쳤습니다. 그 결과 얻은 것이 무엇입니까? 북한을 압도적인 힘으로 누르겠다고 '자체핵무장론'을 떠벌이다가 동맹국 미국으로부터 '민감국가'로 낙인찍히고, 북의 미사일 타켓 된 것 말고 얻은 것이 무엇인가요? 지금 벌이고 있는 풍선전쟁이 국지전을 유발하고, 국지전이 전면전으로 확대되는 날이면 대한민국은 핵무기 피폭지대가 되고 말 것입니다. 1950년에 치렀던 한국전쟁의 참상은 비교도 안 될 만큼 완전폐허가 되고 말 것입니다. 그래도 좋은가요?

또 대일외교는 어떻습니까? 윤 정부는 부끄러운 외교정책을 폈습니다. 북한을 억제하기 위해 한·미·일 군사협력을 추구했습니다. 한·미 군사동맹만으로는 북한 억제가 불가능했던가요? 숙적 일본과 군사 협력을 하지 않아도 지금까지 평화를 잘 지켜왔습니다. 한·미·일 군사협력은 치욕입니다. 일본은 우리의 숙적이니까요. 그런데 그 숙적과 군사협력을 하다니? 부끄럽고 한심스럽습니다. 더 말해 무엇 하겠습니까? 윤 정권이 들어서고 2년 반 만에 내정도 외교도 다 망했습니다. 이 정권이 5년을 다 채운다면 대한민국은 거덜 나고 말 것입니다. 윤 정부의 무능함, 무식함, 무도함이 백일하에 드러나자 대학가 교수들이 눈을 부라렸습니다. 참다못한 교수들의 분노가 '시국선언'이 되어 방방곡곡에서 용산을 향해 울려 퍼졌습니다. 이 시국선언은 '민주주의 함성'입니다.

발행인은 이 암울한 시대의 길잡이들 함성(시국선언)이 허공에서 흩어져 사라지고, 인터넷에 잠깐 머물다 사라지는 현실이 안타까워 시국선언문을 주워 모아 『민주주의 함성』으로 발간했습니다.

❤ 깜도 안 된 것이 대통령하겠다고 국민을 향해 어퍼컷이나 먹이고 거들먹거리더니 2년 반 만에 바닥이 드러나 불법비상계엄을 선포했습니다. 이에 분개하여 발행인은 이 책을 발간하게 되었습니다. 한 시대의 야사를 남기겠다는 생각으로 편집한 책이니 넓은 아량으로 봐주시면 고맙겠습니다.

❤ 이 책을 발간하면서 실례를 범한 부분이 있어서 이 난을 통해 양해를 구합니다. 도둑같이 선포된 '비상계엄' 속에서 다급하게 발간하느라 매스컴에 보도된 기사의 필자나 매체의 승낙도 없이 게재한 글들이 있습니다. 시국선언에 나선 주체들과 기사의 필자들께 일일이 찾아뵙고 승낙을 받고 싶었지만 시간적으로 공간적으로 너무 다급해서 승낙도 못 받고 이 책에 실었습니다. 이점을 양해해 주십사고 정중하게 사과말씀 드립니다.

❤ 이 책은 문학작품이 아니므로 필자가 많을수록 함성에 힘이 실린다는 점도 감안해서 대중매체 기사 중 좋은 글은 얼른 발췌해서 이 책에 게재했습니다. 당사의 제한된 식견과 미천한 능력으로 윤 정부를 질타하는 것보다 대중매체 기자들의 예리한 안목과 능력으로 취재여 쓴 기사들이 천 배나 더 아픈 회초리가 된다는 점도 고려했습니다. 그렇더라도 매체나 필자에게 사전연락 없이 이 책에 게재한 무례는 용서해 주시면 고맙겠습니다.

2025. 3. 15.

발행인 **김 남 채**

[미제사건들] 이태원 압사사건

2022년 10월 29일(토) 해질 무렵, 서울 용산구 이태원동 거리에 2030 청춘남녀들이 삼삼오오 무리지어 몰려들기 시작했다. 그곳은 인근에 지하철 6호선 이태원역이 있어서 가기도 편하다. 이태원역 1번 출구로 나가서 걸어가면 멀지 않은 곳에 해밀턴호텔이 있고 그 부근이 세계 음식점거리다. 이날 이곳에 모인 젊은이들은 해마다 이태원에서 열리는 할로윈 행사에 참가하기 위해 간 사람들로 서울, 부산, 광주, 대구, 인천 등 전국 각지에서 모여 들었다, 이들은 대부분이 내국인이지만 한국에 체류 중인 인도, 이란, 일본, 멕시코, 홍콩, 유럽, 영국, 호주, 뉴질랜드, 중국, 대만, 동남아시아, 중동, 아프리카, 남미 등 다양한 국가 사람들이 많이 섞여 있었다.

11월 1일은 만성절(萬聖節, All Saints' Day, All Hallows' Day)로, 가톨릭에서는

"모든 성인의 대축일"이다. 만성절은 문자 그대로 모든 성인들, 그중에서도 특히 축일이 따로 없는 성인들을 기리는 날이다. 할로윈은 이 만성절의 전야제(前夜祭)로서, 만성제(萬聖祭)라고도 불린다. 가톨릭에서는 성인들 가운데 교회에서 특별히 더 모범이 되어 기려질 만한 성인에게는 성인을 기념하는 날인 축일을 부여한다. 축일은 대개 그 성인이 선종한 날인데, 성인이 선종한 날은 곧 그 성인이 천상에서 태어난 날이라고 여기기 때문이다.

천주교가 11월 1일을 축일로 지키게 된 것은 8세기에 이르러서다. 교황 그레고리오 3세는 731년 11월 1일에 성상 파괴 운동에 맞선 공의회를 개최하고, 이를 기념하기 위해 성 베드로 대성전에 성인들의 유해를 안치한 경당을 마련하였다. 그 이후로 모든 성인 대축일은 경당을 봉헌한 11월 1일로 지켜지게 되었고, 이 날짜에 지키는 풍습이 8세기 동안 프랑크 왕국 전역으로 전해지면서 현대와 같이 정착되었다.

이러한 할로윈이 대한민국에서는 미군부대 주둔지 옆 이태원에 뿌리를 내리고 싹이 텄다. 미군부대는 평택으로 이전해 갔지만 그 후에도 할로윈 문화는 이태원에 그대로 남아 해마다 10월 달이면 다국적 젊은이들이 모여 술 먹고 춤추며 이날을 즐긴다. 이 행사는 해마다 이어지다가 코로나19 펜데믹 때는 2년 연속 열리지 못했다. 그러다가 코로나19 감염이 잠잠해지자 할로윈이 다시 시작되었는데 바로 그 행사가 2022년 10월 29일 열렸다.

이날 일몰시간이 되자 이태원역 1번 출구에서 샘물처럼 솟아나오는 인파가 거리에 흘러들어 거대한 파도를 이루었다. 할로윈의 인파 밀집은 매년 반복되었기 때문에 용산구청과 용산경찰서는 미리 인파 관리 계획을 세웠다. 용산경찰서는 10월 26일 지구대와 파출소의 순찰 인력을 증배하는 계획과 경찰 기동대 200여 명을 지원받아 배치할 계획을 세우고, 이태원관광특구상인연합회와 이태원역장 등과 함께 간담회도 열었다. 용산구청도 10월 27일, 부구청장 주재로 대책회의를 열고 안전 대책, 청소 대책 등을 세웠다.

그러나 이러한 대책은 경찰 상부에서 받아들여지지 않았다. 이태원파출소는 경찰 내부망 폴넷으로 할로윈 주말 보름 전 기동대 지원을 요청했으나 거절당했다. 용산경찰서 정보과는 사고 며칠 전에 할로윈에 안전사고 우려가 있다는 보고서를 제출했지만 서울경찰청은 경비 운용계획에 이런 내용을 누락시켰다. 이태원파출소는 10월 25일에 경찰 내부 메신저로 교통기동대 지원을 요청했지만 기동대 1개 제대(약 20명)만 지원되었다. 경찰청은 할로윈에 기동대를 지원한 적이 없다고 해명했지만 실제로는 코로나 기간 2020~21년을 제외하고 매년 지원되었다는 사실이 드러났다. BBC도 2021년 영상을 근거로 이전에는 경찰 통제가 있었다고 보도했다. 2021년에는 할로윈 기간에 이태원파출소의 관할 구역을 줄여줬지만 2022년에는 줄여주지 않아서 관할구역이 4배나 늘어서 이태원파출소의 부담도 커졌다.

사고 당일에도 신고가 많았지만 대처가 늦었다. 사고 발생 4시간 전부터 경찰에 압사 관련 신고가 11건 접수됐고, 경찰은 이 중 4건만 현장으로 출동했다. 용산경찰서장은 옥상에서 참사 현장을 지켜보면서도 1시간 넘게 상부에 보고하지 않았다. 권설아 충북대 국가위기관리연구소 재난안전혁신센터장은 2006년에 이미 압사 사고에 대한 매뉴얼이 있었지만 활용되지 않았다고 평가했다. 이후, 윤희근 경찰청장은 경찰 대응이 미흡했다고 인정했다. 결국 경찰청은 서울경찰청과 용산경찰서를 대상으로 감찰에 착수했다. 이거야말로「사후약방문」이다. 꽃다운 청춘남녀 159명이 이미 목숨을 잃었는데 감사는 해서 무슨 소용이 있으며 이들이 떠난 자리에서 통곡하고 있는 유가족들에게 무슨 위안이 되겠는가?

영국 서퍽대 초빙교수, 군중 안전 전문가인 키스 스틸은 연합뉴스와 인터뷰에서 이번 참사에 관해 "군중 탓이 아닌 관리와 대처의 문제"라고 비판했다. 또한 좁고 미끄러운 길가도 한 요인이 될 수는 있지만 원인은 아니라고 했다. 그는 연합뉴스와의 이메일 서면 인터뷰에서 "이번 참사는 생명을 위협할 정도로 밀집도가 높아지도록 방치해서 벌어진 것이다. 압력이 큰 상황에서는 빠져나가려는 사람들의 작은 움직임으로도 사고가 날 수 있다. 군중 내에 밀치는 힘이 한 개인이 만들어내서 생기는 것이 아니다. 이런 환경에서는 여러 가지 힘이 작용하며, 군중 탓을 하는 것은 잘못이다. 그 공간은 더 안전하게 관리될 수 있었다. 원인은 안전한 환경을 제공하지 못한 데 있다"라고 답했다.

왜 이런 사고가 일어났을까? 하늘을 나는 비행기라면 추락사고가 있을 수 있고, 대양을 항해하는 선박이라면 태풍을 만나 전복 될 수도 있다. 하지만 사람이 땅위에서 두 발로 걷다가 인파에 밀려 압사를 당하다니 정말로 이해하기 어려운 사고다. 그래서 경찰청이 서울경찰청과 용산경찰서를 대상으로 감찰도 실시했지만 왜 이런 압사사고가 일어났는지 시원한 답을 내놓지 못했다. 그도 그럴 것이 용산에는 판도라 상자가 있다. 그 상자를 열지 않고는 아무것도 알아낼 수가 없는 것이다. 그런데 그 상자 열쇠는 인어마마가 쥐고 있어 아무도 열어볼 수가 없다.

이 사고는 비전문가들도 능히 추측할 수 있는 사고원인이 있다. 대통령실과 대통령관저가 청와대가 아닌 용산에 있는 것이 근본 원인이다. 대통령실과 대통령관저가 청와대에 들어갔더라면 이태원 압사사고는 일어나지 않았을 것이다. 왜냐하면 용산경찰서가 해마다 그랬던 것처럼 할로윈 행사장 주변에 경찰 경력을 충분히 배치할 수 있었을 테니까…

그런데 이해(2022년)는 할로윈 행사장 주변에 경찰 경력을 충분히 배치할 수가 없었다. 왜냐하면 용산경찰서 주 경력이 대통령실과 대통령관저 외곽경비에 치중되었을 것이고, 할러윈 행사장에 배치할 수 있는 경찰 수는 예전보다 적었을 것이기 때문이다.

이태원 압사사고, 대낮에 맨땅에서 사람 밑에 사람이 깔려 159명의 젊은 건각이 목숨을 잃었다. 책임져야 할 사람이 누구인가? 용산경찰서장인가? 아니오. 용산구청장인가? 아니오, 서울특별시장인가? 아니오. 그렇다면 이 사고에 대한 책임자는 누구란 말인가?

대통령이다. 159명의 생명을 잃어버린 사고의 책임소재를 못 밝힌다면 행정수반인 대통령에게 책임이 있다. 이태원 참사분만 아니라 채 상병사건도 마찬가지고, 그 어떤 사고라도 원인 규명을 못하고, 책임질 사람이 없다면 그 책임은 대통령이 져야한다. 국민의 혈세로 월급을 제일 많이 받고, 행정비를 제일 많이 쓰고, 부하도 제일 많고, 명령할 권한도 제일 많이 갖고 있는 사람이 책임져야 하는 건 상식 아닌가? 대통령이란 사람은 뻥치고 어퍼컷이나 쳐올리는 사람이 아니다. 매달 어마어마한 새경을 받는 상머슴이니 그 새경에 걸 맞는 일을 해야 제대로 된 머슴이다. 상남자가 아닌 상머슴. 그가 마땅히 해야 할 그 일이 무엇인가? 그 일이 바로 책임 이행이다. 이것은 초·중·고등학교 교실에서 배운 상식이다.

[미제사건들] 채 상병 사건

2023년 7월 19일(수) 오전 9시 10분경, 경상북도 예천군 호명면 황지리의 내성천에서 폭우사태로 실종한 사람을 수중에서 수색하던 해병대 제1사단 포병여단 제7포병대대 소속 채수근 일등병이 급류에 휩쓸려 실종되었다. 이 사건은 해병대의 무리한 수색작전으로 발생했다. 해병대 수색작전을 지켜본 한 목격자의 증언은 이러했다.

"내성천은 모래강이라서 저렇게 들어가면 위험할 거 같아 걱정이 돼 계속 지켜봤는데, 갑자기 한 간부가 뛰어와 '119에 신고해 달라'라고 말했다."

"계곡처럼 갑자기 3m씩 빠지는데 그 아래가 펄이라서 강가에서나 도보 수색을 해야 했는데 왜 물 가운데까지 들어가는지 지켜보면서도 이해할 수가 없었다."

"수색작전으로 물에 들어가는 병사들이 구명조끼도 입지 않았다."

또 현장에 파견된 해병들의 증언은 이러했다. ;

"수해복구 작업인 줄 알고 삽, 곡괭이, 모래주머니만 준비해 가지고 갔는데 현장에 도착하니 수중에 들어가 민간인 실종자를 찾는 수색작전이라고 했다."

"포병대대장은 수색이 어렵다고 보고했으나 사단 차원에서 수색을 밀어붙였다."는 폭로도 나왔다.

일각에서는 '실종자 구조를 위해 동원된 해병대가 과시목적으로 구조 소관인 소방 당국의 지적을 무시하고 무리한 수색을 했고, 이 때문에 이런 참사가 벌어진 것 아니냐?'는 비판도 제기됐다.

실제로 해병대는 2022년에 태풍 힌남노로 피해를 입었던 경북 포항에서 KAAV를 활용해 수십 명의 민간인을 구조해 국민적 관심을 받았었는데,

이번에도 해병대가 국민적 관심을 얻기 위해 지난번과 같은 무리한 작전을 펼치다가 이런 일이 벌어진 게 아니냐는 비판을 받았다.

1사단장 임성근은 이 사고가 일어나기 한 달 전쯤에 당시 해병대의 대민지원과 관련한 언론 인터뷰를 진행하기도 했다. 여기에 채 상병(추서계급)이 급류에 휩쓸리기 전 '수심이 가슴까지 찰 수 있다'는 보고를 받고도 '상관이 무리하게 작전을 지시했다'는 증언이 나왔다. '해병대의 수색 활동이 전혀 불필요했다'는 의견도 제기되었다. 심지어 '예천은 해병대 1사단의 관할 지역이 아니다. 해병대 1사단의 관할 지역은 경북 포항이다.'

채 상병(추서계급) 사건은 채 상병 소속부대인 해병대 제1사단 포병여단 제7포병대대 담당지역도 아닌 지역에서 불필요한 작전을 수행하다 벌어진 비극적인 사건이고, 작전지역의 수중 지형이나 급류상황도 조사하지 않은 채 무리하게 벌인 작전이었다. 임성근 사단장이 누군가에게 실적을 보여주기 위한 쇼에 불과한 작전이었다고 할 수 있다. 그렇다면 임 사단장이 누구에게 본인의 능력을 보여주고 싶었을까? 아마도 대통령과 그 부인이었을 것이다. 왜냐하면 이 사고 조사를 담당한 박정훈 수사단장(대령)이 임성근 사단장을 피의자로 적시하여 경찰에 이첩한 보고를 받은 대통령이 ;

"이런 일을 사단장이 책임진다면 누가 사단장을 하겠느냐?"며 격노했다고 한다.

그리고 그 직후 이종섭 국방장관과 김계관 해병대 사령관이 이미 경찰에 이첩된 수사서류를 환수해서 피의자 임성근 사단장을 빼고 다시 조사서류를 작성해 경찰에 이첩했다는 것이다. 대통령의 '격노' 속에는 임성근 사단장을 구하려는 의도가 들어있었던 것으로 보인다.

이 사건의 사실관계를 적시하면 ;

민간인 실종자 수색 당시 '사단장이 현장 지도를 나가 복장점검을 한다'며 지침이 내려간 것이 드러났다. 그런데 그 지침이라는 게 '빨간색 해병대 체육복을 입혀라, 다른 옷은 안 된다'는 수준이고 정작 구명조끼나 기타 안전에 관한 유의사항은 단 한 줄도 없었다. 이처럼 군 당국은 해병대 제1사단장 임성근이 무리한 지시, 명령을 내렸다는 증거가 있다며 정확한 사실 관계를 조사하고 있다고 밝혔다.

　실제로 임성근 사단장이 '해병대 티셔츠가 잘 보이게 복장 통일'을 강조했다는 증언이 나왔고, 사단장의 과실치사 혐의를 입증할 수 있는 증거를 해병대 수사단이 확보한 걸로 확인됐다. 이에 따라 임성근은 이종섭 국방부 장관의 결재 하에 과실치사 혐의로 경찰에 이첩될 예정이었다.

　그러나 이종섭 국방부장관은 본인이 결재한 서류를 뒤집고 이첩을 보류한 뒤, 구두로 해병대 제1사단장의 혐의를 기재하지 말 것을 지시하였다. 그 과정에서 해병대 수사단장의 반발이 심했다. 과거 군대의 부실수사 문제 때문에 경찰로 사건을 이첩하는 것이 강제된 상황에서 굳이 임 사단장의 혐의를 무마해야 하며, 이런 식의 지시로 해병대의 실익이 없을 뿐만 아니라 사건을 정쟁화 할 우려가 있다는 보고서를 제출하였다.

　결국 해병대 제1사단장 임성근의 혐의는 기재하지 않은 채 경찰로 이첩이 되었으나, 과실치사 혐의 고발장이 접수되는 바람에 수사를 피하지는 못했다. 이로 인해 해병대 제1사단장의 혐의 무마 시도는 결국 이종섭 국방부장관 본인이 대면 결재한 서류의 신뢰성을 떨어뜨렸으며, 해병대 수사단장이 항명 혐의로 수사를 받게 되는 촌극이 일어났다.

　7월 18일 화상회의 때 7여단 참모가 들었던 진술에 의하면

　"둑 위에서 보는 것은 수색 정찰이 아니다. 둑 아래로 내려가라. 내려가서 바둑판식으로 수색 정찰을 해. 빈틈없이 찔러보란 말이야. 필요하면 가슴 장화를 신어라."라고 했다는 것이다.

　사건이 종결되기도 전에 피의자 중 한 사람인 이종섭 국방장관을 갑자기 호수대사로 임명해서 보낸 이유는 무엇인가? 런 종섭이란 말이 맞는가? 세간에 떠도는 소문들이 무성하다. 그 소문이 차고 넘쳐 신문지면이 터지고 인터넷 망이 찢어질 지경이다. 호주대사 임명권자는 부끄러운 줄 알라. 호주대사 임명권자는 대통령이다.

[미제사건들] 채 상병 어머니의 편지

너무나 보고 싶은 아들에게

아들이 입대하던 날이 기억나는구나 포항 시내 거리마다 온통 벚꽃이 만개하여 너무나 예뻐서 몇 번이나 아들과 환호성을 지르던 입대 날(3.27)이 주마등처럼 스치는구나. 엄마는 매번 아들이 있었으면 얼마나 행복하고 얼마나 좋을까 하는 생각을 하루에도 수백 번하며 지낸단다. 생각하기도 싫은 일이 일어나 정말 살아야 할 이유도 희망도 의욕부진인 채로 지내고 있단다.

너무 속상하다. 꿈이라면 얼마나 좋을까? 우리에게 이런 일이 있을 줄… 아들 내일이면 전역인데 돌아올 수 없는 아들이 되어 가슴이 아린다. 아들이 지금 군 생활을 하고 있었으면 미리 숙소 예약하고 아들 만나서 아빠랑 내려올 텐데… 다른 동기들이 다 누리는 작은 기쁨마저도 우린 누릴 수 없어 가슴이 터질 것만 같다.

아들이 좋아하는 음식 많이 만들어 놓고 또는 어느 음식점을 가서 먹을지 여러 군데 검색을 했을 텐데 우리에게 아들이 다시 엄마 품으로 돌아올 수 없다는 현실이 지금도 믿어지지 않고 1292기수 (1,012명)중 아들만 엄마 품으로 돌아올 수 없는 아들이 되어 목이 멘다. 1년이 훌쩍 지났지만 그 아무도 책임지지 않는 현실이 너무 속상하다. 책임자를 밝혀 달라 엄마가 냈던 이의 신청도 감감 무소식이라서 답답하기만 하단다.

사랑하는 아들 !!

엄마는 아들이 없는 곳에서 숨을 쉬고 음식을 먹고 일상은 흐르고…매일 매일 아들과 대화했던 말들이 생각이 나서 미칠 것만 같단다. 너무 받아들이기가 싫구나. 아들이 없다는 현실이 아직도 믿어지지 않아 혼자서 멍하니 하늘을 쳐다보며 있을 때가 많단다. 이런 감당하기 어려운 제일 겪지 말아야 할 일이 우리일이 될 줄 너무나 가슴이 먹먹하다.

 사랑하는 아들 !! 아들이 주는 기쁨과 행복이 얼마나 큰지 알기에 받아들일 수가 없구나. 왜 우리에게 이렇게 큰 고통과 슬픔에 빠져 우울감에서 나올 수 없게 만드는지. 엄마가 너 하나 출산하기까지 얼마나 많은 우여곡절이 있었고 옆에 있는 것만으로도 얼마나 행복하고 엄마의 전부였는데…

 하늘에서 보고 있을 아들!! 내일 전역일이라 오늘은 꼭 아들에게 편지를 쓰고 싶었어. 엄마가 가끔씩 아들에게 장문의 글로 문자를 보내면 항상 글 말미에 사랑한다고 이모티콘과 하트를 여러 개 보내었는데 모든 게 아쉽다. 아들이 우리 곁에 없다는 현실이 엄마, 아빠라고 불러줄 아들이 세상에 없다는 것이 너무나 슬프고 억장이 무너진다.

 지금도 엄마가 이해할 수 없는 건 안전장비 준비가 안 되어 있으면 투입지시를 하지 말았어야지. 왜 왜 !!! 구명조끼 미착용한 상태로 투입 지시를 했는지?? 육군은 위험을 감지하고 철수를 했는데 왜 해병대는 강행을 하여 아들이 돌아올 수 없게 되었는지 정말 화가 치밀어 오른다. 현장에 있던 지휘관들이 도저히 용서를 할 수도 없고, 용서가 안 된다.

 사랑하는 아들!!! 엄마 목숨보다 소중한 아들. 계속 응원해줘 힘도 없고 내세울 것 없는 엄마지만 아들 희생에 진실이 밝혀지길 꼭 지켜봐줘 그것만이 엄마가 살아갈 수 있고, 그나마 살아야 할 이유란다. 긴 시간 동안 자기 본분을 다해서 진실을 밝히기 위해 모든 걸 걸고 있는 분들처럼 엄마도 힘내 볼게. 하늘에서 못다 한 꿈 마음껏 펼치길 바래 사랑해 !!

9월 25일 사랑하는 엄마가 아들에게

의료대란

윤석열 정부 2년 반의 실정 중 가장 두드러진 실정이 바로 의료대란이다. 정부가 의료계 시스템을 흔들자 의사(전공의)들이 이에 반발하여 병원을 떠나는 바람에 대형병원 응급실에서 의사가 사라져 응급실이 무용지물로 변했고, 의대생들이 학교에 등교하지 않음으로서 의료체계가 단절되고 말았다. 이 대란은 국민을 무시하는 검사정치의 상징이다. 윤석열 정부는 대한민국 의사수가 모자라니 증원해야 한다며 2025년부터 의과대학 신입생을 매년 2,000명 씩 더 뽑겠다고 공포했다. 매년 의대 신입생 2,000명 추가증원, 이 숫자는 어떻게 산출한 것인가? 어느 기관에서 누가 무엇을 근거로 책정한 숫자인가? 윤석열 정부가 매년 의대신입생을 2,000명씩 더 모집하겠다고 발표하자 의료계는 벌집 쑤셔놓은 것처럼 방방 뛰면서 '불가, 불가, 불가'를 외쳤다. 의료계가 대책 없는 정책이라며 의정대화를 통해서 점진적으로 증원하자고 검토를 요구했으나 윤석열 정부는 듣는 척도 하지 않았다. 역시 이 정부는 무모하고, 무식한 무대책 정부라는 것을 만천하에 드러낸 상징적인 사건이다.

대한민국 의사가 부족하다는 주장은 인정한다. 하지만 교육기관(의과대학)과 의료업계(병원 측)와 정부(보건복지부)가 머리를 맞대고 논의해서 수요예측을 하고 소화능력을 감안해서 합리적인 방안을 찾아 점진적으로 증원해 가야 할 일이지, 장사꾼이 수요예측도 못하고 욕심을 부려 재고를 잔뜩 사 들이는 것처럼 의사수를 급증할 수는 없는 일이다. 특히 의료정책은 문외한이 나서서 정책을 입안하기 어려운 분야다.

의료계가 정부를 향해 재검토를 강력하게 요구했다. 매년 모집해 오던 신입생 정원에 2,000명 씩 추가해서 모집한다는 것은 불가능한 일이므로 의료계와 머리를 맞대고 심도 있게 논의해서 신입생 수를 점진적으로 증원하자고 아무리 외쳐도 정부는 뒤도 돌아보지 않고 전국 대학에 의대생 모집을 진행하라고 지시했다. 정부가 이렇게 벽을 치고 신입생 2,000명 추가모집을 고집하자 전공의 9,000여 명이 수련 병원에 사직서를 제출하고 출근을 거부했다. 매년 신입생이 2,000명씩 증원돼서 입학하면 그들을 가르칠 만한 교육시설도 부족하고 교수진도 부족하다. '의사'는 고차원의 수련을 통해서 인성과 지식과 기능을 다 갖춰야 탄생하는 것이다. 의대 신입생모집을 매년 2,000명 씩 증원한다고 해서 의사가 매년 2,000명씩 더 탄생하는 것은 아니다. 의과대학 간판 걸고 학생만 뽑으면 의사가 절로 되는가? 의대생이 군대 훈련병인가? 공산품인가? 붕어빵인가?

전국 수련병원에서 9,000여 명 수련의가 사직하고 병원을 떠나는 바람에 맨 먼저 타격을 받은 병실은 응급실이었다. 대형병원이든 중형병원이든, 수도권이든 지방이든 모든 병원 응급실에서 의사가 사라졌다. 그래서 목숨을 잃은 환자가 점증했다. 경향각지를 막론하고 응급환자가 엠블런스를 타고 응급실에 당도하면 의사가 없다는 이유로 진료를 거부당했다. 그도 그럴 것이 응급환자를 진료할 의사가 없는데 어떻게 환자를 받겠는가? 이럴 경우 구급차는 응급환자를 아무데나 내려놓고 돌아갈 수도 없고, 어쩔 수 없이 다른 병원을 찾아간다. 1분 1초를 다투어 다른 병원을 찾아가면 그 병원도 사정은 마찬가지다. 그래서 구급차가 환자를 태운 채 이 병원 저 병원으로 뺑뺑 돌아다닌다. 그래서 이 당시에 '뺑뺑이'라는 신종 단어가 생겨났다. 의료선진국으로 명성을 날리던 대한민국이 졸지에 '응급실 뺑뺑이 국가'로 전락해 버렸다. 그 사례를 수집해서 소개하면 이렇다.

- 2024년 8월, 김O인은 넘어져서 허리를 다쳐 구급차에 실려 갔는데 응급실이 부족하여 22곳을 뺑뺑 돌았다고 밝혔다. 유력 인사인 김O인 마저 이런 사태를 겪었다는 사실이 많은 사람들에게 충격을 주었다.
- 더불어민주당 소속 국회의원 김O규는 의사인 아버지가 응급실에 실려 갔으나, 의사가 부족하여 치료받지 못하고 결국 사망하였다.
- 조선대병원은 100여m 떨어진 곳에서 발견된 심정지 여대생을 응급실에 의사가 없어 돌려보냈는데 그 여대생이 끝내 사망했다.
- 진료과 담당 의사가 없어 "환자를 못 받겠다"고 공지한 응급 의료기관

은 1년 전과 비교해 최대 40%까지 늘었다. 2024년 4월부터 응급의학과 전공의들의 사직 비중이 1년 전 같은 달보다 6배 가까이 급증했다.
- 콘크리트 깔림 사고를 당한 60대 남성이 병원 이송을 거부당해 사망하였다.
- 2024년 8월에 여당 '국민의 힘'이 응급실 대란을 해결하기 위한 차원에서 정부에 의대증원 유예를 제안했으나, 대통령실이 반대하는 입장을 보였다고 한다.
- 2024년 8월 4일, 2세 여아가 경련을 일으켜 119도움을 요청했는데 받아줄 병원이 없어서 11곳에 전화를 돌린 후 1시간 후에야 병원에 도착해서 치료를 받았으나, 의식 불명에 빠졌다.
- 2024년 9월 6일 기준으로도 정부가 응급실의 거의 대부분이 정상적으로 운영되고 있다는 입장을 밝혔으나, 이는 일부 진료가 제한된 응급실을 포함하지 않은 것으로 밝혀졌다.
- 2024년 9월 12일에도 한덕수 국무총리가 여전히 의료 붕괴 상황이 결코 아니며, 국민들이 죽어나간다는 야당의 공세는 '가짜 뉴스'라고 주장해 의료계와 다른 입장을 보였다.
- 2024년 9월 14일 청주에서 산모가 하혈을 하여 충북을 비롯 수도권, 호남, 영남지역까지 무려 75곳의 의료기관에 후송을 요청하였으나 거절당했다. 결국 6시간 만에 청주의 한 산부인과에서 보호자에게 '사고 발생 시 면책을 약속하는 서류'에 서명한다면 수용하겠다하여 겨우 그 병원으로 후송할 수 있었다.
- 2024년 9월 17일 복부에 자상을 입은 환자가 대전 의료기관 10여 곳으로부터 거부당했으며, 사고 발생 4시간 뒤 천안 병원으로 이송되었다.
- 소뿔에 받혀 안구가 파열된 환자는 강원도 인근병원, 서울 병원 등에서 거부당했으며, 약 15시간 만에 인천 병원의 수술을 받을 수 있었다.
- 2024년 9월 22일 전국의대교수협의회가 진행한 설문조사에서 대형 수련병원 34곳 응급의학 전문의 89명 중 62명이 추석 연휴 기간 전후, 최대 12시간 이상 연속 근무를 했다고 답했다.

동아일보 사설

[사설] 의료 공백 초기 반년 간 제때 치료 못 받아 숨진 환자 3136명

입력 2025.02.04. 오후 11:24

의대 증원에 반발해 전공의들이 집단 사직한 지난해 2월부터 6개월간 제때 치료 받지 못해 사망한 환자 수가 3136명이라는 분석이 나왔다. 국회 보건복지위 소속 민주당 김윤 의원실이 2015년부터 지난해까지 10년간 연도별 2~7월 입원환자와 사망자 통계를 이용해 의료 공백으로 인한 초과 사망자를 추산한 결과다. 초과 사망자란 통상적으로 예상되는 수준을 넘어선 사망자 수를 뜻한다. 의료 대란은 없었다는 정부 주장과 달리 의정 갈등이 국민 건강에 치명상을 안긴 사실이 확인된 셈이다.

초과 사망은 전공의 9000명이 빠져나간 대형 병원들이 주로 담당하는 응급 및 중증 진료 분야에서 발생했다. 병상 가동률이 떨어지자 그 여파가 고스란히 환자들에게 전달된 탓이다. 서울의 한 대형 병원은 응급 중환자실 가동률이 24% 줄어들자 응급환자 사망률이 10.5% 높아졌다. 대형 병원 진료가 필요한 요양병원의 고령 기저질환자들 피해도 컸다. 올 1월에는 경기 성남 요양병원에서 재활 치료를 받던 84세 환자가 상태가 나빠져 인근 대학병원 6곳으로 전원을 시도하다 숨지는 일도 있었다.

암 환자들도 수술과 진료 지연으로 초과 사망하거나 애를 태웠다. 암 진단을 받고도 1년 가까이 수술 일정을 잡지 못하는 사례가 비일비재하다고 한다. 평소 같으면 입원해 치료를 받았을 암 환자들 중 상당수가 집에서 정맥에 주삿바늘을 꽂고 직접 항암제를 투여하는 '셀프 치료'를 하고 있다. 초기 암 진단과 치료시기를 놓친 환자들은 장기 생존율이 더 떨어질 수밖에 없다. 지금은 살아 있어도 2, 3년 후 병세가 나빠져 잠재적 초과 사망자 규모가 더 커질 수 있다는 뜻이다.

이번 초과사망 분석 기간을 의료 공백 1년으로 확대하면 살릴 수 있었던 사망자 수는 더 늘어날 것이다. 코로나 대유행으로 인한 초과 사망자 수가 2020년 900명, 2021년 1만2000명, 2022년 6만 명이라는 추산이 있었다. 의정 갈등으로 팬데믹 초기 못지않은 인명 피해가 발생했다. 예방과 치료 기술이 뛰어난 의료 선진국, 세계 최고의 암 병원 10곳 중 3곳을 보유한 암 치료 선진국에서 벌어진 일이다. 의사 2000명 늘리려다 그보다 많은 생명을 잃었으니 의대 증원 정책 실패의 대가가 너무도 크다.

"윤석열 훈장 안 받겠다"…교수·교사들 잇따라 훈장 거부

CBS노컷뉴스 주영민 기자님의 스토리 · 5시간 · 3분 읽음
대통령 이름 적힌 정부 훈장 거부한 김철홍 인천대 교수. 연합뉴스

인천에서 대학교와 초·중학교 등 교육계 인사들이 정년퇴임을 앞두고 대통령 이름으로 수여하는 정부 훈장을 잇따라 거부하고 있다. 현 정부의 실정에 대한 실망과 불만을 표현한 것으로 보인다.

30일 인천시교육청과 인천대학교 등에 따르면 내년 2월 정년퇴임하는 인천 모 초등학교 교사 A(61)씨는 "윤석열 대통령을 인정하고 싶은 마음이 없다"는 취지로 정부 훈장 수여를 거부했다.

30여 년간 교직에 몸담은 A씨는 인천 교육청이 이달 초 이뤄진 훈·포장 수요조사에서 이 같은 의사를 밝힌 것으로 파악됐다.

A씨에 앞서 지난 8월 정년퇴임한 인천 모 중학교 교사 B(62)씨도 훈장을 거부했다. 인천시 교육청 관계자는 "A씨와 B씨가 훈장을 거부한 구체적인 사유는 알 수 없다"며 "인천에서 이들 2명 외에 추가로 훈장을 거부한 사례는 확인되지 않았다"고 설명했다.

최근 33년 이상 경력을 인정받아 근정훈장 수여 대상자인 국립대학법인 인천대학교 김철홍(66) 산업경영공학과 교수도 교육부에 제출할 공적 조서를 제출하지 않아 퇴임식에서 수여하는 대통령 훈장을 거부한 바 있다.

김 교수는 지난 28일 '이 훈장 자네나 가지게'라는 제목의 글을 통해 "무릇 훈장이나 포상을 함에는 받는 사람도 자격이 있어야 하지만, 그 상을 수여하는 사람도 충분한 자격이 있어야 한다."며 "훈·포장 증서에 쓰일 수여자의 이름에 강한 거부감이 들었다"고 훈장 거부 이유를 밝혔다.

그는 "훈·포장의 수여자가 왜 대한민국 또는 직책상의 대통령이 아니고 대통령 윤석열이 되어야 하는가"라며 "만약에 훈·포장을 받더라도 조국 대한민국의 명의로 받고 싶다"고 덧붙이기도 했다.

그러면서 김 교수는 훈장을 받지 않는 이유로 한강 작가가 노벨 문학상을 수상했지만 이를 제대로 축하하지 못하는 분위기를 조성한 점, 연구 개발 예산을 대폭 삭감하면서 국외 순방 비용은 예비비까지 사용한 점, 검찰 공화국을 만든 점 등도 들었다.

김 교수의 글 전문

이 훈장 자네나 가지게!

며칠 전 대학본부에서 정년을 앞두고 훈·포장을 수여하기 위해 교육부에 제출할 공적 조서를 작성해 달라는 연락을 받았다. 공적 조서 양식을 앞에 두고 여러 생각이 스쳐 갔다. 먼저 지난 시간 대학 선생으로 내가 한 일들이 어떤 가치가 있었기에 내가 훈장을 받아도 되는가를 고민하게 되었다.

훈장이란 국가를 위해 희생하거나 뚜렷한 공로를 세운 자에게 수여되며, 공로의 정도와 기준에 따라 받는 훈장이 다르다고 한다. 대학의 교수라고 하면 예전보다 사회적 위상이나 자긍심이 많이 낮아지기는 했지만, 아직은 일정 수준의 경제 사회적 기득권층에 해당하는 사람이다. 이미 사회적 기득권으로 많은 혜택을 본 사람이 일정 이상 시간이 지나면 받게 되는 마치 개근상 같은 훈·포장이 무슨 의미가 있을까 하는 생각이 들었다.

또한, 훈·포장 증서에 쓰일 수여자의 이름에 강한 거부감이 들었다. 훈·포장의 수여자가 왜 대한민국 또는 직책상의 대통령이 아니고 대통령 윤석열이 되어야 하는가이다. 윤석열은 선출된 5년짜리 정무직 공무원이다. 나는 만약에 훈·포장을 받더라도 조국 대한민국의 명의로 받고 싶지, 정상적으로 나라를 대표할 가치와 자격이 없는 대통령에게 받고 싶지 않다. 무릇 훈장이나 포상을 함에는 받는 사람도 자격이 있어야 하지만, 그 상을 수여하는 사람도 충분한 자격이 있어야 한다.

노벨 문학상 수상을 제대로 축하하지도 못하는 분위기 조장은 물론, 이데올로기와 지역감정으로 매도하고, 급기야 유해도서로 지정하는 무식한 정권이다. 국가의 미래를 위한 디딤돌이 되어야 할 연구 관련 R&D 예산은 대폭 삭감하면서, 순방을 빙자한 해외여행에는 국가의 긴급예비비까지 아낌없이 쏟아 붓는 무도한 정권이다. 일개 법무부 공무원인 검사들이 사법기관을 참칭하며 공포정치의 선봉대로 전락한 검찰 공화국의 우두머리인 윤석열의 이름이 찍힌 훈장이 무슨 의미와 가치가 있을까?

나라를 양극단으로 나누어 진영 간 정치적 이득만 챙기는, 사람 세상을 동물의 왕국으로 만들어 놓고, 민중의 삶은 외면한 채 자신의 가족과 일부 지지층만 챙기는 대통령이 수여하는 훈·포장이 우리 집 거실에 놓인다고 생각하니 몸서리가 친다.

매 주말 용산과 광화문 그만 찾게 하고, 지지율 20%이면 창피한 줄 알고 스스로 정리하라. 잘할 능력도 의지도 없으면 그만 내려와서, 길지 않은 가을날에 여사님 손잡고 단풍이라도 즐기길 권한다. 훈장 안 받는 한풀이라 해도 좋고, 용기 없는 책상물림 선생의 소심한 저항이라고 해도 좋다. **"옜다. 이 훈장 자네가 가지게!"**

명태균 게이트-공천개입 의혹

메스컴을 통해서 단편적으로 흘러나온 조각 뉴스를 모아봤다.

▶ 2024년 9월 5일 뉴스토마토의 보도

명태균은 "내가 구속될 경우 바로 까겠다."며 윤 대통령 부부 및 몇몇 정치인과 관련된 추가 폭로를 예고했다.

▶ 2024년 9월 19일 뉴스토마토의 단독 보도

MBC의 후속 보도에 따르면 2022년 6월 보궐선거 당시 윤석열 대통령 부부가 5월 9일 '명태균'이라는 정체불명의 인물과의 통화 중 "공관위에 '그거(공천)는 김영선이를 좀 해줘라' 그랬다"라며 김영선 당시 전 의원이 후보에 공천되도록 당에 영향력을 행사했음을 증언하는 듯한 내용이 포착되었다.

'국힘당'은 다음 날인 10일 김영선 전 의원을 '국힘당' 경상남도 창원시 의창구 국회의원 후보로 공천했고, 김영선은 보궐선거에서 당선되었다.

▶ 2020년 9월 20일 JTBC 뉴스룸은 2022년 재보궐선거 직후 김영선 전 의원이 명태균에게 6300만 원을 전달한 정황을 검찰이 포착하여 돈이 오간 경위와 대가성 여부 등을 확인 중인 사실을 단독 보도했다.

▶ 명태균 관련 추가 논란

2024년 9월 24일, 뉴스토마토는 김영선 전 의원이 2022년 6월 보궐선거 당선 이후 자신의 국회의원 세비 절반을 계속해서 명태균에게 건넨 사실을 보도했다. 금액은 총 9677만 6,000원이며, 명태균씨가 김영선 전 의원에게 "공천 어떻게 받으신 거 아시죠?"라고 말한 목격담이 추가로 제기돼 창원지방검찰청에서 현재 정치자금법 위반 혐의로 수사 중이라고 한다.

- 11월 1일, 노컷뉴스의 보도에 따르면, 명태균씨와 윤석열 대통령 또는 김건희 여사의 통화 녹취만 최소 50개 이상 존재하는 것으로 알려졌다.
- 10월 6일 강혜경씨는 명태균이 윤석열 대통령에 2022년 대선 전 제공한 여론조사 비용이 3억 6000만 원 정도 된다고 밝혔다. 자신이 정산 내역서를 뽑았으며 청구서를 갖고 있다고 했다. 강혜경씨는 3억 6000만원에 공천을 판 것 아니냐는 방송 진행자 말에 "판 거죠"라고 답했다.
- 2022년 재보궐선거에서 창원의창 지역구 공천 발표 8일 전 명태균이 강씨와의 통화에서 "오늘 여사님 전화 왔는데, 내 고마움 때문에 김영선 걱정하지 말라고, 내보고 고맙다고. 자기 선물이래. 하여튼 입 조심해야 돼. 알면 난리 뒤집어진다."라고 말한 녹취가 공개되었다. 공천 발표 하루 전 김영선 전 의원이 "아직 모른다고 해야 돼."라고 말하는 녹취도 나왔다. 이와 관련하여 명태균은 자신이 지어낸 말이라고 해명했으며, 공천관리위원장이었던 윤상현 의원은 외부의 개입이 없었다고 말했다.
- 11월 15일, MBC 뉴스데스크에서는 명태균이 윤석열 대통령의 대선 승리를 위해 열심히 뛰었다면서 친분을 과시했다라는 주장을 입증하는 영상을 공개했는데, 명태균이 직접 지역 유력 인사를 윤석열 후보에게 소개하고 명함 교환을 주선하는 모습이 나왔다. 대선 당시 선거운동에 직접 참여한 것에 대한 입증 자료가 발견된 것이다.
- 12월 23일, 〈중앙일보〉는 단독으로 검찰이 '황금폰'으로 불리는 휴대전화·이동식 저장장치(USB)에서 '공천 개입', '여론조사 무상 제공' 등 윤석열 대통령 부부 의혹과 관련한 통화 녹음과 텔레그램·카카오톡 메시지 등을 다수 확보하였다는 기사를 게재하였다. 특히 윤 대통령은 대통령 재임이 시작되기 바로 하루 전인 2022년 5월 9일의 통화 녹음에서 명씨에게 직접적으로 윤상현 당시 국민의 힘 공천관리위원장 이름을 여러 차례 언급하며 '김영선 전 의원 공천을 말해두겠다'라고

발언하여, 사실상 공천개입을 시도했음이 드러났다.

▸ 2024.12.3. 김영선과 함께 구속기소.-------정치자금법 위반

베일 속에 가려졌다가 2024년 베일을 벗고 불쑥 나타난 명태균은 누구인가? 혹자는 그를 정치브로커라 하고 혹자는 그를 무속인이라 한다. 전파와 전단지를 타고 훌훌 날아다니는 여러 정보들을 한 데 모아 결합해보면 명태균이 정치브로커라는 말이 맞는 것 같다. 그리고 그는 윤석열·김건희 부부에게 의미 있는 정보를 제공하고, 정치인을 소개해주고, 정치에 관한 아이디어를 제공하면서 그 대가를 받았던 것으로 보인다. 그러다가 그들 관계에 무슨 일이 생겼는지는 모르지만 명태균이 의미심장한 발언을 해서 국민들이 놀랐다. 그 발언이란 ;

"나를 구속하면 한 달 안에 대통령은 하야하게 된다"

매우 충격적인 발언이 아닐 수 없다. 그런데 그 말이 머지않은 장래에 현실이 될 것 같다. 그렇다면 명태균은 그의 심중에 어떤 폭탄을 장착하고 있는 것일까?

경기도 위험구역 설정 2024년 10월 15일 화.

「경기도, 북한 대남 위협에 파주시, 김포시, 연천군 3개 시·군 위험구역 설정」
「완전사격 준비태세, 오물풍선 등 북한 위협 대비 접경지역 주민들 생명과 안전을 지키고자… 김성중 행정1부지사, 18일 파주시 대북풍선 살포우려 지역 찾아 대응상황 점검」
작성자 이준균   eyekle0723@gg.go.kr
위험구역 설정에도 불구하고 납북자가족모임이 파주에서 대북전단을 살포를 예고한 가운데 김성중 경기도 행정1부지사가 18일 오후 대북전단 살포가 우려되는 임진각 망배단 인근 지역을 찾아 대응상황을 점검했다. ⓒ 경기도청

최근 북한의 대남 위협 수준이 높아지면서 경기도가 파주시, 김포시, 연천군 3개 시·군을 '위험구역'으로 설정했습니다. 하지만 이러한 설정에도 불구하고 납북자가족모임이 파주에서 대북전단 살포를 예고하면서 다시금 불안감이 높아지자 경기도에서 이에 대한 적극 대응에 나섰습니다. 김성중 경기도 행정1부지사는 18일 오후 대북전단 살포가 우려되는 임진각 망배단 인근 지역을 찾아 대응상황을 점검했습니다.

경기도는 현재 경기도 특별사법경찰단 소속 수사관 50명으로 특별수사반을 구성, 연천군, 파주시, 김포시 3개 시·군내 대북 전단 살포가 예상되는 지역을 대상으로 경찰, 시군 공무원과 공조해 24시간 현장 순찰을 하고 있습니다. 특별수사반은 대북전단 살포 행위 발견 시 해당 물품은 압수하고, 인적사항을 확인 후 수사를 통해 검찰에 송치하게 됩니다. 이밖에도 대북전단과 관련된 물품의 준비, 운반 행위도 단속할 계획입니다.

김성중 행정1부지사는 "도민의 생명과 안전을 지키기 위해 할 수 있는 모든 대책을 추진하겠다"며 "현장 초동 대응을 위해 도민의 제보가 가장 중요하다. 대북전단 살포 행위를 발견하신 도민들은 112를 통한 제보해 주시기 바란다"고 말했습니다. 한편, 도는 위험구역 설정 지역은 대북 전단 살포 행위만 금지되는 것으로 통행 등 주민 일상생활에 아무런 제한이

없다고 덧붙여 설명했습니다.

접경지역 주민들의 불안과 고통 커지고 있어 김성중 경기도 행정1부지사는 15일 오후 브리핑을 통해 파주시, 김포시, 연천군 3개 시·군을 위험구역으로 설정한다고 밝혔습니다. ⓒ 경기도청

앞서 경기도는 지난 15일 도민의 생명과 안전을 위협하는 이 같은 대북전단 살포를 방지하기 위해 재난 및 안전관리기본법에 따라 파주시, 김포시, 연천군 3개 지역을 위험구역으로 설정한다고 밝혔습니다. 당시 김성중 경기도 행정1부지사는 15일 오후 브리핑을 통해 "지금 남북관계가 급격하게 경색됨에 따라 접경지역 주민들의 생명과 안전이 위협받는 엄중한 상황"이라며 이같이 밝혔습니다.

이는 최근 북한의 오물 풍선 수가 6,625개로 3배 가까이 늘고, 무인기 침투를 주장하는 북한이 참변이 날 것이라고 위협함에 따른 것인데요. 14일 국정감사 직전에 김동연 지사는 대북전단 살포행위 방지를 위해 위험구역을 설정을 적극 검토하라고 지시한 바 있습니다. 김성중 부지사는 "특히, 북한이 8개 포병여단에 완전사격 준비태세 예비 지시를 하달하는 등 군사적 움직임까지 포착되고 있고 대북 전단을 살포할 경우 포격할 가능성을 배제할 수 없다"라고 말했는데요.

그러면서 "이에 따라 접경지역 주민들의 불안과 고통이 갈수록 커지고 있다. 시도 때도 없이 날아오는 오물 풍선과 귀신 소리 같은 대남방송 때문에 약을 먹지 않고는 잠을 잘 수도 없다고 호소하는 접경지역 도민들이 늘어나고 있다"고 밝혔습니다. 도민의 생명과 안전을 위한 최소한의 행정조치…적극 협조 당부

경기도는 대북전단 살포 행위가 군사적 충돌을 유발할 수 있는 위험천만한 위기 조장 행위로 판단하고 있습니다. 김성중 부지사는 "경기도의 제1책무는 도민의 생명과 안전을 지키는 것"이라며 "이에 도민의 생명과 안전을 위협하는 대북전단 살포를 방지하기 위해 재난 및 안전관리기본법에 따라 파주시, 김포시, 연천군 3개 지역을 위험구역으로 설정한다"고 설명했습니다.

경기도는 위험구역으로 설정된 지역에 경기도 특별사법경찰단을 투입해 대북전단 살포 행위를 강력하게 단속하고 엄중하게 책임을 물을 방침입니다. 현행 사법경찰직무법은 위험구역에서 금지 또는 제한된 행위를 위반할 경우 형사입건해 수사를 하도록 하고 있습니다. 또, 재난안전법에 따라 대북 전단 살포 관계자의 출입 및 행위금지, 제한명령 위반 시 1년 이하 징역 또는 1천만 원 이하 벌금에 처하도록 하고 있습니다.

도는 접경지역의 평화가 도민을 넘어 주민들의 생명과 안전을 위한 일이라는 무거운 책임감으로 불법행위를 막기 위해 동원할 수 있는 모든 행정력을 동원할 계획입니다.

김성중 부지사는 "이번 위험구역 설정이 도민의 생명과 안전을 지키기 위한 최소한의 행정조치라는 점을 양해해 주시고 적극 협조해 달라"라고 당부했습니다.

박동진 교장 자경단 2024년 10월 20일. 화.

    2년 전에 은퇴한 박동진 교장(68세)은 신들메를 단단히 조여 매고 자전거에 올라 페달을 밟았다. 그가 동네 어귀에 나가자 동료 세 사람이 먼저 나와 그를 기다리고 있었다. 그들은 구진회(68)와 천대진(56세)과 허성(45세)이다. 이들 세 사람은 모두 이곳 파주시 적성면이 안태고향인데 박 교장은 전라남도 광주가 고향이다. 하지만 박 교장도 스물일곱 살 때 이 동네 부잣집 데릴사위로 들어와 68세가 된 지금까지 40년이 넘도록 살았으니 여기가 고향이나 진배없다.

    "어서 와." 구진회가 말했다.

    박 교장과 구진회는 환갑을 지난 지 한참 된 노령이지만 몸에 딱 붙는 싸이클링 유니폼을 입고, 안전모(헬멧)를 쓰고, 선그라스를 끼고 보니 천대진이나 허성이나 다 같은 또래로 보였다. 이들은 지금 파주시 관내를 순찰하기 위해 나서는 중이다.

    "오래 기다렸어요?"

    "아닙니다, 우리도 조금 아까 왔어요." 허성이 말했다.

    "그러면 출발할까요?"

    "오늘은 어디로 가죠?" 천대진이 물었다.

    "파평면을 질러서 장단면까지 돌아볼까?" 구진회가 말했다.

    "그래, 그러자구." 박 교장이 구진회 의견을 그대로 따랐다.

    "자- 그럼, 출발합니다." 천대진이 앞장섰다.

    이들이 자전거 페달을 힘차게 밟아 임진강변 생태탐방로에 들어가서 파평면을 향해 달려갔다. 자전거 네 대의 은륜이 초가을 햇빛을 받아 유난히 반짝였다. 박 교장과 구진회는 나이가 예순 여덟이다. 그들이 아무리 건강해도 40대 허성이나 50대 천대진을 따라갈 수는 없다. 형님뻘인 두 사람은 속력이 서서히 줄어가는데 허성과 천대진은 뒤도 돌아보지 않고 잘도 달렸다. 앞장서 달리는 두 사람과 뒤따르는 두 사람 간격이 100m 쯤 벌어졌을 때 박 교장이 입에 호루라기를 물고 길게 불었다. 앞서 달리던 허성과 천대진이 질주를 멈추고 뒤돌아보고 섰다.

뒤 따르던 박 교장과 구진회가 기다리고 있는 두 젊은이를 따라 잡은 뒤 길옆 풀밭에 앉아 가쁜 숨을 몰아쉬었다.

"힘드시죠?" 허성이 두 분 형님에게 미안하다는 듯 겸연쩍게 웃으며 말했다.

"이 사람들아, 순찰하러 온 사람들이 사방을 둘러보지도 않고 내빼면 되는 거여?" 박 교장이 젊은 두 사람을 질책했다.

"아이고 형님도 참, 척하면 삼천리죠." 천대진이 대꾸했다.

"허긴 그래. 순찰이라는 게 꼭 눈으로만 하나? 귀로 듣기도 하고, 코로 냄새도 맡고, 지나가는 사람과 정보를 교환해서 분위기를 파악하는 것이지." 구준회 말이다.

이들은 탈북민단체나 납북자가족모임이 북한을 향해 부양하는 대북풍선 작업을 저지하기 위해 순찰을 도는 것이다. 탈북민단체나 납북자가족모임은 직경이 3m 정도 되는 고무풍선 밑에 미화 1달러 지폐와 쌀, 김정은을 욕하는 전단지, 그리고 K-팝 USB등을 넣은 자루를 매달아 공중에 띄어 북쪽으로 보낸다. 남풍이 불어올 때 그 풍선을 부양해서 북쪽으로 날아가게 하는 것이다. 이렇게 남풍을 타고 날아간 풍선이 북한지역에서 터지면 찢어진 풍선 조각과 자루가 함께 땅에 떨어진다. 자루가 땅에 떨어지면 북한 주민들이 자루를 주워 그 속에 들어있는 내용물을 나누어 갖는 것이다. 이 물건들은 북한 인민들을 크게 자극한다. 인민들의 정신사상을 오염시킨다는 이 물건들이 북한 땅에 뿌려지는 것을 김정은이 보고만 있겠는가? 김정은이 가장 혐오하는 것이 남쪽의 대북 방송과 대북풍선이라고 한다.

그래서 문재인 정부 때는 9.19 협약을 체결하고 이 협약에 따라 대북방송도 하지 않고, 대북풍선 부양도 하지 않았다. 그런데 윤석열 정부 때는 사정이 달랐다. 북쪽이 9.19협약을 파기하자 남쪽도 그 협약을 파기했고, 윤 정부는 '대북풍선 부양을 막는 것'은 '표현의 자유를 침해'하는 것이라며 탈북민단체와 납북자가족모임이 대북풍선 부양하는 것을 제지하지 않았다. 그 바람에 남측이 먼저 대북풍선 공격을 시작했고, 이것에 뿔난 북측이 오물풍선을 남측으로 날려 보낸 것이다. 남측은 '되로 주고 말로 받는다.' 이것은 그냥 주고받는 것이 아니고, 경기도 북부지역 국민들을 전쟁공포 속에 몰아넣는 결과가 되었다.

그래서 박 교장, 구진회, 천대진, 허성이 자진해서 파주시 지역 순찰을 하는 것이다. 이들이 할 수 있는 일은 탈북민단체나 납북자가족모임의 '대북풍선 부양 작업' 현장을 발각해서 경기도청에 신고해 주는 일이다. 이 일이 결코 어려운 일은 아니다. 파주시 관내를 자전거 타고 주행하면서 감시만 하면 된다. 이 일을 하기 위해서 박 교장은 지붕위에 큼지막한 풍향계를 올려놓았다. 이 풍향계를 보면 탈북민 단체와 납북자가족 모임의 움직임을 짐작할 수가 있다. 남풍이 불지 않으면 대북풍선 부양이 불가능하기 때문에 남풍이 부는 날만 순찰을 나간다.

'삘릴리 삘릴리 삘릴리 삘릴리' 박 교장 핸드폰이다. 박 교장이 전화를 받았다. ;

"여보세요. 박동진입니다."

"교장선생님 안녕하세요? 여기 장단면입니다. 여기 대북풍선 부양하려고 탈북민들이 모여 있습니다. 저 사람들을 어떻게 하죠?"

"아 그렇습니까? 그러면요. 제가 전화번호를 문자로 보내드릴 테니까 그 번호에 신고만 해 주세요. 신고만 해 주시면 도청이 특별사법경찰단을 보내서 풍선부양을 저지할 것입니다. 우리 주민들은 도청에 신고만 해 주시면 됩니다."

"네 알았습니다. 신고 전화번호를 문자로 찍어주세요."

민주주의 함성 **33**

"예, 알겠습니다. 감사합니다."

경기도청은 파주시, 김포시, 연천군 3개 시·군 지역 주민들에게 자경단(박동진, 구진회, 천대진, 허성) 발족을 알리고 이들의 활동을 상세하게 홍보했다. 그래서 박 교장에게 신고전화가 온 것이다.

가천대학교 교수노조의 시국성명서 2024년 10월 28일. 월.

그들은 헌법을 유린하는 친일 반민족 언동을 일삼았다. 우리의 환경과 강토가 핵에 오염되는 것도 방치하거나 조장하였다. 부자를 위한 감세로 국고를 거덜내고 민생을 도탄에 빠뜨렸다. 온 국민의 지혜와 과학적 지혜를 모아야 할 때, 하늘의 구름이나 별을 헤는 식으로 영적인 대화를 나누며, 여론을 조작한다고 알려진 사람들과 국정을 논하여 위아래 할 것 없이 국정을 마비시켰다.

이미 보수의 파수꾼인 조선, 중앙, 동아 등 보수신문들조차 나라를 생각하는 마음으로 김건희 일파와 윤석열 대통령의 단절을 충고했건만 철저히 무시되었으며, 대선과정에서의 편법적 여론조사에 의지했던 윤석열 정권의 태생 과정이 터져 나오고, 김건희의 강력한 지지자인 검찰의 거짓말 밑천도 바닥을 드러냈다. 더욱이, 정권의 최종병기인 충암파의 계엄음모도 들통이 났고, 북한의 우크라이나 파병을 틈탄 한반도의 전장기도도 소문이 파다한 상태이다.

이제라도 비정상적인 국정운영을 포기하고, 국민을 생각하고 국민만을 의지하고, 국민이 바라는 정치를 한다면 잃었던 국민들의 사랑을 다시 찾아올 수 있을 것이다. 해답은 국민 속에 있다. 친윤을 자처하던 세력이 언론에 폭로를 하며 권력을 쟁투하고, 정책을 전달할 관료가 몸을 사리고, 경찰이 '민중의 지팡이'가 되어 시민 곁에 서는 날, 그날이 꼭 와야만 알겠는가.

그야말로, 윤석열 정권은 '말기 호스피스단계'에 들어갔다. 호스피스기간이 얼마나 될지 암담한 실정으로, 국민과 나라를 위해 처절한 관리가 필요한 상황이다. '백약이 무효화되고 권력의 존재와 유지에 불법 아니면 불가능한 상황'이다. 칠년 전처럼 권력의 불법 행위와 지시에 대한 시민불복종 운동이 시작될 것이다.

더 이상 검찰독재와 이재명 야당대표에 대한 무리한 정치보복 수사, 그리고 대학민주화에 역행하는 시대착오적 사립대학의 억압적인 행태에 반대하며, 우리 대학인 모두는 분연히 일어날 것이다. 시민과 함께 정권말기의 좌충우돌을 막고 역사를 바로 잡으며 민주화 회복운동을 힘차게 열 것이다.

2024년 10월 28일 가천대학교 교수노조

한국외국어대학교 시국선언문 2024년 10월 31일. 목.

민주주의 훼손을 더는 용납할 수 없다!

우리는 대한민국의 헌정 질서가 심각하게 훼손되고 있는 작금의 상황을 크게 우려한다. 대통령은 국민의 대리자로서 공정과 정의를 최우선 가치로 삼아 대한민국의 헌법을 수호해야 할 책무를 지고 있다(헌법 제62조). 아울러 대통령과 그 가족은 "모든 국민은 법 앞에 평등하다(헌법 제11조)"는 헌법 가치를 누구보다 앞장서서 솔선수범해야 한다.

그런데 국민의 상식적인 법 감정으로는 도저히 받아들이기 힘들 정도로 대통령과 그 가족이 사법체계의 근간을 뒤흔들고 있다. "대통령의 부인으로 내조에만 전념하겠다"던 약속을 지키지 않고 국정 전반에 개입했다는 의혹이 눈덩이처럼 불어나고 있다. 대통령 지지율이 연일 최저치를 경신하는 데서 보듯이 국민적 실망과 공분은 이미 임계점에 도달한 상황이다.

검찰은 대통령 배우자의 명품 가방 수수 사건을 관련 제재 규정이 없다는 이유로 종결 처리했다. '김건희 도이치모터스 주가조작' 사건에 대해서도 무혐의 처리 결정을 내렸다. 이러한 검찰의 결정은 국민 정서와 눈높이에 부합한다고 보기 어렵다. 검찰이 사법정의를 스스로 저버린 것이다. 검찰은 '김건희 국선 로펌'으로 전락했다는 비판을 어떻게 감당하려는 것인가?

대한민국은 민주공화국이고, 모든 권력은 국민으로부터 나온다(헌법 제1조). 국민으로부터 권력을 위임받지 않은 사인(私人)이 함부로 국정에 개입하는 것을 국정농단이라고 한다. 우리 국민은 지난 역사를 통해 국정 농단이 얼마나 끔찍한 결과를 초래하는지 똑똑히 목도했다. 국정운영에 비선조직이나 사인이 개입하고, 국가 예산을 사적 이익을 위해 사용하고, 매국적 역사관을 거리낌 없이 드러낸다면, 현 정부는 시민불복종이라는 강력한 저항에 직면할 것이다.

우리는 대한민국의 헌정 질서와 민주주의가 더 이상 훼손되는 것을 용납할 수 없다. 우리는 국민이 신뢰할 수 있는 국가, 정의와 공정이 살아있는 사회, 민주주의의 기본 정신이 지켜지는 대한민국을 원한다. 이에 우리는 국민의 목소리를 담아 다음 두 가지를 강력히 요구하며, 철저한 진상 규명과 공정한 법 집행을 강력히 촉구한다.

윤석열 정부는 김건희 여사와 관련된 명품 가방 수수 및 주가조작 의혹에 대한 철저하고 투명한 조사를 위해 '김건희 특검'을 즉각 수용하라.

하나, 선택적 수사, 시간 끌기와 조사 지연, 투명성 결여, 정치적 중립성 훼손 등 검찰에 대한 국민의 문제 제기를 해결하고, 국민적 요구를 실현하기 위해 검찰개혁을 단행하라.

한국외국어대학교 교수 70명 일동
강병창, 고태진, 김광수, 김모세, 김민형, 김백기, 김봉철, 김상범, 김상열, 김성복, 김용련, 김원명, 김은경(법학전문대학원), 김은정, 김응운, 김인천, 김준한, 김철민, 김태우, 김형래, 김혜진, 나영남, 노명환, 라영균, 명희준, 박용구, 박정원, 박지배, 박현숙, 박희호, 반병률, 방교영, 서유정, 손영훈, 손종칠, 신정아, 신형욱, 여호규, 오은영, 유기환, 유달승, 윤기현, 윤선경, 이근섭, 이동원, 이순희, 이영학, 이윤, 이종오, 이지은, 이창훈, 이춘호, 이충목, 이향, 장수환, 장용규, 장은영, 전용갑, 정민영, 정한중, 제성훈, 조국현, 채호석, 최우익, 최용호, 한경민, 홍성훈, 홍재웅, 황성우, 황지연
출처: https://hangil91.tistory.com/3316 [책과 여행, 세상이야기:티스토리]
2024년 10월 31일

한양대학교 교수 시국선언문 2024년 11월 5일. 화.

윤석열 대통령의 즉각 퇴진을 강력히 촉구한다!

윤석열 정권을 맞아 대한민국은 정치와 민주주의, 경제, 사회문화, 외교와 안보, 노동, 국민의 보건과 복지, 안전, 환경 등 모든 분야에서 빠르게 반동과 퇴행이 자행되었을 뿐만 아니라 이제 여사와 주변인에 의한 국정농단이 선을 넘고 전쟁 직전의 위기에까지 처하였다. 그럼에도 대통령은 성찰도, 협치로 전환할 의사도 전혀 없이 위기를 더욱 심화하고 있다. 이에 우리는 상아탑에만 머물 수 없는 상황임을 직시하고 이 정권이 야기한 문제를 비판하면서 나라를 바로잡기 위해 작지만 의미 있는 행보의 하나로 선언문을 공표한다.

지금 대한민국은 언제든 전쟁이 발발해도 이상하지 않을 만큼 풍전등화의 상황에 처해 있다. 미국 중심의 일극 체제가 무너져 힘의 균형이 상실하자 그간의 이해관계가 직접 충돌하며 러시아-우크라이나 전과 이스라엘-팔레스타인 전쟁이 발발하였고 각각 2만 명과 4만 명이 사망하였다. 러시아에 중국, 북한은 물론 글로벌 사우스가 연대하면서 서방과 대립 전선을 형성하고 있고, 중국의 2027년 대만 침공설과 북한의 러시아-우크라이나 참전설까지 외신에 오르내리고 있다. 이 상황에서 강대국과 두 세력 사이에서 균형 외교를 하고 남북의 평화를 도모하는 것이 국가의 안위를 확보하고 국민의 생명을 보호하는 길이자 헌법에 명시된 대통령의 책무다. 그럼에도 윤석열 정권은 오히려 한미일 군사동맹을 강화하고 북한을 압박하고 자극함은 물론, 우크라이나에 살상 무기를 공급하겠다고 말하는 등 전쟁 위기를 조장하고 있다. 이에 지지율이 20%대로 하락할 정도로 정당성의 위기에 처하자 국민의 생명을 담보로 전쟁이나 그에 필적할 집단 공포를 조성하여 정권을 이어가려는 술책을 구사하려는 것이 아니냐는 말이 항간에 떠돌고 있다.

시민들이 피를 흘려 쟁취한 민주주의가 집권 2년 반 만에 파탄을 맞았다. 신자유주의 체제가 30년 동안 지속되면서 언론과 자본의 유착이 심화하고 디지털 혁명과 인공지능의 발전으로 가짜뉴스와 딥페이크가 횡행하며 확증편향과 반향실효과(echo chamber effect)로 공론장은 붕괴되었다. 이런 상황에서 윤석열 정권은 국가기관과 행정력을 총동원하여 사상과 표현의 자유를 억압하고 시민을 감시하고 있다. 국정원의 대공수사권을 부활시키고 민간인을 사찰하며 공안 통치를 자행하고 있다. 한상혁 방통위원장을 면직하고 언론 장악 의도를 노골적으로 드러내는 등 군사독재 정권도 혀를 찰 정도로 강도 높게 언론을 탄압하고 있다. 윤석열 대통령은 국회에서 의결한 법률안을 모조리 거부하고 있고 검찰 권력과 시행령 통치를 통해 독재를 행하고 있으며, 그의 부인 김건희는 논문표절, 주가조작, 사문서위조와 같은 파렴치한 윤리 위반이나 범법행위를 한 데서 더 나아가 한 나라의 대통령을 머슴 부리듯 하며 심각한 국정농단을 자행하고 있다.

경제는 초대형 위기 직전이고 민생은 도탄에 빠졌다. 장기침체임에도 고물가·고금리·고환율의 '3고(高) 현상'이 나타나는 스태그플레이션 상태에서 에너지 가격은 오르고 기업의 투자와 수출, 일자리가 줄어드는 '초대형 위기(perfect storm)'가 닥치고 있음에도 이 정권은 거꾸로 가고 있다. 이런 상황에서 윤석열 정권은 재벌과 부자들에게 법인세, 상속세, 종부세 등 감세정책의 선물 보따리를 안겨 주는 반면 서민을 위한 복지 예산은 대폭 축소하여 두어 해 만에 대한민국을 '부자천국 서민지옥'으로 만들었다. 그 바람에 가계부채는 1,896조 원을 돌파하였고 국내총생산(GDP) 대비 가계부채비율은 경제협력개발기구(OECD) 최고인 108.1%에 달하였다. 작년에만 91만 명이 넘는 자영업자가 폐업하였고, 민생고와 청년실업에 전세 사기 피해까지 겹치며 10만 명당 25.2명이 자발적으로 삶을 마감하고 있다.

윤석열 정권은 오히려 국민의 생명과 안전을 위협하고 있다. 이태원 참사로 159명의 소중한 삶이 스러질 때 국가는 없었다. 윤석열 정부는 진상규명을 하기는커녕 진실을 은폐하고 책임자 처벌을 회피하였고, 이는 오송참사 등 다른 참사를 키우고 있다. 의료대란을 일으켜 수많은 중환자들이 진료나 수술 시간을 놓쳐 거리에서 죽어가고 있다. 화물연대 파업 때 잘 드러났듯, 이 정권은 노동조합 혐오를 노골적으로 표출하고 국가 폭력과 행정력, 제도를 총동원하여 노동을 전방위적으로 탄압하고 있다. 헌법에 보장된 노동 3권을 전면 부정하면서 주 69시간 노동 등 노동개악을 획책하고 반노동 정책을 밀어붙이고 있다. 이 바람에 양회동 열사는 끝내 죽음으로써 저항하였고, 작년에만 2,016명의 노동자가 산업재해로 사망하였고 13만 6,796명의 노동자가 일하다가 부상을 당하거나 병을 얻었다. 무엇보다 윤석열 정권은 기후 위기, 불평등의 극대화, 4차 산업혁명과 인공지능으로 인한 노동과 문명의 위기 등 복합 위기(poly-crisis)의 극복에 나서야 하는 시대정신을 전면 부정하고 정반대의 행보를 하고 있다.

대학은 진리 탐구의 실천 도량이다. 지식인은 탐구하여 얻은 지식과 지혜로 인류와 사회의 발전을 도모하고 과거를 성찰하고 현재를 분석하고 비판하며 미래의 길을 제시하는 자다. 그러기에 우리는 시대정신에 바탕을 둔 성찰과 비판, 실천을 존재 이유로 삼는다. 우리는 반민족/반민주/반노동 강성 신자유주의 검찰 독재 정권에 저항하는 것이야말로 지식인으로서 올바르게 실존하는 길이라 생각한다. 이에 우리는 민주주의와 경제를 파탄 내고 민생을 도탄에 빠트리고 수많은 국민을 죽음으로 내모는 것으로도 모자라 전쟁 위기를 조장하고 있는 윤석열 대통령의 퇴진을 강력히 촉구한다.

나라의 위기를 걱정하는 한양대 교수 일동
고광민, 고운기, 김미영, 김상진, 김용수, 김용헌, 김태용, 류수열, 류웅재, 민찬홍, 박규태, 박기수, 박상천, 박선아, 박성호, 박조원, 박찬승, 박찬운, 서경석, 소순규, 송시몬, 신동민, 신동옥, 안성호, 오현정, 오혜근, 유상호, 유성호, 윤성호, 위행복, 이광철, 이도흠, 이석규, 이승수, 이승일, 이재복, 이충훈, 이현복, 이현우, 이형섭, 전성우, 정병호, 조율희, 주동헌, 최원배, 최형욱, 탁선미, 하준경, 한충수, 허선, 허수연(이상 51명 가나다 순)

숙명여대교수들 시국선언문 2024년 11월 5일. 화.

무너지는 민주주의를 통탄하며

이태원 참사로 국민이 생명을 잃었는데도 책임지지 않는 정부, 젊은 군인의 죽음에도 진상규명을 외면하는 정부, 자신과 배우자에 대한 넘치는 범죄혐의에도 수사를 거부하고 법치를 유린하는 대통령. 권한은 책임과 함께 주어지는 것입니다. 이미 공정과 상식을 잃어버리고 국민 대다수로부터 불신임을 받는 대통령은 더 이상 국정을 이끌 자격도 능력도 없습니다.

지난 70년 지난한 과정을 거쳐 어렵게 성취한 우리나라 민주주의가 무너지고 있습니다. 지난 2년 반 윤석열 정권이 우리 사회의 진전을 위해 이룬 것이 하나라도 있습니까?

지금 우리는 급변하는 세계정세와 기술변혁 앞에서 생존을 모색해야 하는 기로에 서 있습니다. 민주주의가 더욱 절실히 요구되는 때입니다.

이 중차대한 시점에 우리 사회는 무능한 대통령의 거듭된 실정으로 민생은 힘들어지고, 한반도 긴장은 어느 때보다 고조되고 있습니다. 이제 마지막으로 윤석열 대통령에게 다음을 요구합니다.

1. 채해병특검과 김건희여사의 주가조작, 공천 및 인사개입, 양평고속도로 노선변경 의혹 등을 수사하기 위한 특검을 즉각 수용하라.
2. 러·우전쟁 등을 빌미로 한반도에 군사적 긴장을 높이려는 시도를 중단하고 한반도 평화를 위해 신중하게 국제관계 및 외교에 임하라.
3. 국민안전을 책임져야 하는 행정부 수반으로서 이태원 참사에 대해 통렬히 사과하고 유족이 납득할 만한 후속조치를 취하라.

위 세 가지를 이행하지 못한다면 윤대통령은 하야해야 할 것입니다.

더 이상의 혼란과 퇴행을 막기 위해 윤석열 대통령의 특검수용과 국민

안전, 한반도 평화노력을 촉구하며 그렇지 못할 경우 온 국민은 윤대통령 하야운동에 나서게 될 것입니다.

숙명여자대학교 시국선언 참여교수 일동
강미영, 강수정, 강애진, 강진원, 강형철, 강혜경, 곽승욱, 구연상, 구자황, 권성우, 김미란, 김병규, 김운성, 김윤진, 김응교, 김정훈, 김한철, 박가나, 박래수, 박소진, 박승호, 박영욱, 박인찬, 박정구, 박정일, 박철순, 방인식, 설원식, 신하경, 신희선, 심준호, 오중산, 유경훈, 유창국, 육성희, 윤은주, 이광모, 이명실, 이선옥, 이소동, 이은자, 이재경, 이정옥, 이종우, 이지선, 이진아, 임상욱, 정경수, 정우광, 정은선, 정혁, 정현규, 차미경, 표정옥, 하은혜, 한규훈, 황순선 (57인 – 가나다 순)
출처: https://hangil91.tistory.com/3321 [책과 여행, 세상이야기:티스토리]

동국대학교 교수 시국선언 2024년 11월 6일. 수.

'바꿀 것이 휴대폰밖에 없다?' 윤석열 대통령은 즉각 물러나라'

지난 11월 7일 윤석열 대통령은 그간의 여러 논란과 관련하여 대국민담화를 열고 우리 앞에 섰다. 두 시간여에 걸친 담화는 대통령의 사과로 시작했음에도 불구하고 그 내용은 실망을 넘어서 절망에 가까운 것이었다. 그동안 정부의 행보에 우려를 제기하며 여러 대학교수들의 시국선언이 잇따라 왔지만, 대통령은 전혀 국정 기조를 바꿀 마음이 없음을 확인했을 따름이다.

현재 대한민국이 처한 상황은 경기 침체, 출산율 급락, 기후 위기, 경제적 양극화 등으로 대표되는 큰 위기임을 모든 전문가가 경고하고 있다. 위기일수록 국민의 대표, 특히 대통령의 능력과 의지, 그리고 소통을 통해 힘을 모을 수 있는 통합의 노력이 요구되지만, 현재 윤석열 대통령에게는 이 중 어느 하나도 확인된 바 없으며, 오히려 해묵은 이념투쟁에 골몰하면서 한반도의 전쟁 위기마저 고조시키고 있다.

대통령 임기 반환점을 돌고 있는 현재, 2년 반이라는 시간 동안 정부가 벌인 일 중 우리 사회의 폭넓은 공감을 얻은 것이 과연 무엇이었던가. 일제 강제 동원에 대한 해법, 의료 사태, 법인세 등의 감세 정책, 채 상병 사망 사건 수사 개입 의혹, 이태원 참사의 후속 조치 등 어떠한 일이라도 대화와 소통을 통해 제대로 해결된 문제가 있는가? 김건희 여사를 둘러싼 각종 의혹들은 또 어떠한가. 도이치모터스 주가 조작 사건, 명품백 수수 사건, 국정 개입 의혹, 정치 브로커를 통한 여론 조작과 공천 개입 의혹 등은 단 하나도 해결되지 못하고 오히려 겹겹이 쌓여가고만 있지 않은가.

11월 7일의 대국민담화는 이러한 문제의 연장선이었다. 대통령은 현재 제기된 의혹을 일부 언론 탓으로 돌리는가 하면, 김건희 특검법은 '인권유린', '반헌법적 정치 선동'이라고 강변한다. 그러면서 '국민을 위해' 밤새

고심하고 일한다고 주장한다. 윤석열 대통령은 어떤 국민을 위해 일하는가. 그가 하는 일은 대한민국 전체를 위한 일인가. 그는 도대체 누구에게, 무엇에 대해 사과한 것인가.

그러는 동안 대한민국의 위기는 지속적으로 악화될 뿐이다. 경기 침체, 출산율 급락, 기후 위기, 경제적 양극화 등에 대한 대책들은 논의의 대상조차 되지 못하고, 선거 부정, 친일 논쟁, 이념 논쟁, 심지어는 각종 주술 행위들이 뉴스를 채우고 있다. 그러나 국정 기조 전반을 획기적으로 바꿔야 한다는 요구에 대해, 대통령은 고작 휴대폰을 바꾸겠다는 식으로 응답했다. 게다가 회견에 대한 비판 여론이 들끓는 속에 골프 연습을 시작했는데, 트럼프 미 대통령 당선인과의 회동 대비책이라고도 한다. 너무도 엉뚱한 대응이 아닐 수 없다.

이런 대통령에게 더 이상 국가운영을 맡길 수 없다고 우리는 판단한다. 윤 대통령은 즉각 하야하기 바란다. 그에게는 이제 탄핵당하거나, 하야를 하거나의 선택만이 남았다. 부디 하야를 선택하여, 국민의 에너지와 시일을 낭비하지 않을 수 있게 하길 바란다. 스스로 물러나는 것만이 국가와 국민을 위해 그가 할 수 있는 마지막 행위라 판단한다.

2024년 11월 6일
동국대학교 교수 108명 일동

고나린 기자 me@hani.co.kr

경희대 교수·연구자 226명   2024년 11월 6일. 수.

"윤석열 퇴진" 시국선언

인간의 존엄과 민주주의의 가치를 훼손하는 윤석열 대통령은 즉각 퇴진하라!

나는 폐허 속을 부끄럽게 살고 있다.

나는 매일 뉴스로 전쟁과 죽음에 대해 보고 듣고 있다. 그리고 이제 내가 그 전쟁에 연루되려고 하고 있다. 더 이상 나는 강의실에서 평화와 생명, 그리고 인류의 공존이라는 가치가 우리 모두가 힘을 모아야 할 가치라고 이야기하지 못한다.

나는 역사의 아픔이 부박한 정치적 계산으로 짓밟히는 것을 보았다. 더 이상 나는 강의실에서 보편적 인권과 피해자의 권리를 위해 피 흘린 지난하면서도 존엄한 역사에 대한 경의를 이야기하지 못한다.

나는 여성과 노동자와 장애인과 외국인에 대한 박절한 혐오와 적대를 본다. 더 이상 나는 강의실에서 지금 우리 사회가 모든 시민이 동등한 권리를 가지는 사회라고 이야기하지 못한다.

나는 이태원 참사 이후 첫 강의에서 출석을 부르다가, 대답 없는 이름 앞에서 어떤 표정을 지을지 알지 못했다. 더 이상 나는 강의실에서 학생의 안녕을 예전처럼 즐거움과 기대를 섞어 이야기하지 못한다.

나는 안타까운 젊은 청년이 나라를 지키다가 목숨을 잃어도, 어떠한 부조리와 아집이 그를 죽음으로 몰아갔는지 알지 못한다. 더 이상 나는 강의실에서 군휴학을 앞두고 인사하러 온 학생에게 나라를 지켜줘서 고맙고 건강히 잘 다녀오라고 격려하지 못한다.

나는 대학교 졸업식장에서 졸업생이 검은 양복을 입은 사람들에게 팔다리가 번쩍 들려 끌려나가는 것을 보았다. 더 이상 나는 우리의 강의실이 어떠한 완력도 감히 침범하지 못하는 절대 자유와 비판적 토론의 장이라고 말하지 못한다.

나는 파괴적 속도로 진행되는 대학 구조조정과 함께 두 학기째 텅 비어 있는 의과대학 강의실을 보고 있다. 더 이상 나는 강의실에서 지금 내가 몸담고 있는 대학 교육의 토대가 적어도 사회적 합의에 의해 지탱되기에 허망하게 붕괴하지 않을 것이라 이야기하지 못한다.

나는 매일 수많은 격노를 듣는다. 잘못을 해도 반성을 하는 것이 아니라, 격노의 전언과 지리한 핑계만이 허공에 흩어진다. 더 이상 나는 강의실에서 잘못을 하면 사과하고 다시는 그 일을 하지 않도록 다짐하는 것이 서로에 대한 존중의 첫걸음이라는 것을 이야기하지 못한다.

나는 매일 공적인 것과 사적인 것의 경계가 무너지며 공정의 최저선이 허물어지는 모습을 보고 듣는다. 더 이상 나는 강의실에서 공정을 신뢰하며 최선을 다해 성실한 삶을 꾸려가는 것이 인간다운 삶의 보람이라는 것을 이야기하지 못한다.

나는 매일 신뢰와 규범이 무너지는 것을 보고 있다. 더 이상 나는 강의실에서 서로에 대한 신뢰와 존중을 바탕으로 자발적으로 규범을 지키는 것이 공동체 유지의 첩경이라 말하지 못한다.

나는 매일 수많은 거짓을 목도한다. 거짓이 거짓에 이어지고, 이전의 거짓에 대해서는 아무도 책임을 지지 않는다. 더 이상 나는 강의실에서 진실을 담은 생각으로 정직하게 소통하자고 말하지 못한다.

나는 매일 말의 타락을 보고 있다. 군림하는 말은 한없이 무례하며, 자기를 변명하는 말은 오히려 국어사전을 바꾸자고 고집을 부린다. 나는 더 이상 강의실에서 한 번 더 고민하여 정확하고 신뢰할 수 있는 말을 건네고 서로의 말에 경청하자고 말하지 못한다.

나는 하루하루 부끄러움을 쌓는다. 부끄러움은 굳은살이 되고, 감각은 무디어진다.

아무런 기대도 하지 않으며, 기대하지 않는 것을 당연하게 여기게 되었다.

나는 하루하루 인간성을 상실한 절망을 보고 있고, 나 역시 그 절망을 닮아간다.

어느 시인은

"절망은 끝까지 그 자신을 반성하지 않는다."

라고 썼다. 하지만 그는 그 절망의 앞자락에

"바람은 딴 데에서 오고 구원은 예기치 않은 순간에 오리라"

는 미약한 소망을 깨알 같은 글씨로 적어두었다.

나는 반성한다. 시민으로서, 그리고 교육자로서 나에게도 큰 책임이 있다.

나는 취약한 사람이다. 부족하고 결여가 있는 사람이다. 당신 역시 취약한 사람이다.

하지만 우리는 취약하기 때문에, 함께 목소리를 낸다.

나는 당신과 함께 다시 인류가 평화를 위해 함께 살아갈 지혜를 찾고 싶다.

나는 당신과 함께 다시 역사의 진실 앞에 올바른 삶이 무엇인지 이야기하고 싶다.

나는 당신과 함께 다시 모든 사람이 시민으로서 정당한 권리를 갖는 사회를 만들고 싶다.

나는 당신과 함께 다시 서로의 생명과 안전을 배려하는 방법을 찾고 싶다.

나는 당신과 함께 다시 공동체를 위해 헌신하는 이를 존중하는 분위기를 만들고 싶다.

나는 당신과 함께 다시 자유롭게 생각하고, 스스럼없이 표현할 권리를 천명하고 싶다.

나는 당신과 함께 다시 우리가 공부하는 대학을 신뢰와 배움의 공간으로 만들고 싶다.

나는 당신과 함께 다시 선택에 대해 책임을 지고 잘못을 사과하는 윤리를 쌓고 싶다.

나는 당신과 함께 다시 신중히 동의할 수 있는 최소한의 공정한 규칙을 찾고 싶다.

나는 당신과 함께 다시 서로를 믿으면서 우리 사회의 규칙을 새롭게 만들어가고 싶다.

나는 당신과 함께 다시 진실 앞에 겸허하며, 정직한 삶을 연습하고 싶다.

나는 당신과 함께 다시 존중과 신뢰의 말을 다시금 정련하고 싶다.

우리는 이제 현실에 매몰되지 않고, 현실을 외면하지 않으며, 현실의 모순을 직시하면서 만들어갈 우리의 삶이 어떠한 삶일지 토론한다.

우리는 이제 폐허 속에 부끄럽게 머물지 않고, 인간다움을 삶에서 회복하기 위해 노력한다.

그리고 우리는 이제 새로운 말과 현실을 발명하기 위해 함께 목소리를 낸다.

대통령으로서 국민의 생명과 안전에 무관심하며, 거짓으로 진실을 가리고, 무지와 무책임으로 제멋대로 돌진하는 윤석열은 즉각 퇴진하라!

경희대학교 · 경희사이버대학교 교수-연구자
강내영, 강성범, 강세찬, 강신호, 강윤주, 강인욱, 고봉준, 고 원, 고인환, 고재흥, 공문규, 곽봉재, 구만옥, 구철모, 권순대, 권영균, 권현형, 김경숙, 김광표, 김기국, 김남일, 김대환, 김도한, 김동건, 김만권, 김미연, 김선경, 김선일, 김성용, 김성일, 김세희, 김수종, 김숭현, 김승래, 김승림, 김양진, 김원경, 김윤철, 김은성, 김은정, 김은하, 김일현, 김재인, 김종인, 김주희, 김준영, 김종곤, 김종수, 김종욱, 김종호, 김지형, 김진해, 김진희, 김태림,

김홍두, 김효영, 김혜란, 노상균, 노지영, 문 돈. 문지회, 민경배, 민관동, 민승기, 민유기, 박상근, 박성호, 박승민, 박승준, 박신영, 박신의, 박원서, 박윤영, 박윤재, 박정원, 박종무, 박증석, 박진빈, 박진옥, 박찬욱, 박환희, 백남인, 서덕영, 서동은, 서보학, 서유경, 서진숙, 석소현, 성열관, 손보미, 손일석, 손지연, 손희정, 송병록, 송영복, 신동면, 신자란, 신현숙, 안광석, 안병진, 안현종, 양정애, 엄규숙, 엄혜진, 오태호, 오현숙, 오현순, 오흥명, 우정길, 유승호, 유영학, 유원준, 유한범, 윤재학, 은영규, 이관석, 이기라, 이기형, 이명원, 이명호, 이문재, 이민아, 이봉일, 이상덕, 이상원, 이상원, 이선이, 이선행, 이성재, 이순웅, 이승현, 이영주, 이영찬, 이윤성, 이은배, 이은영, 이재훈, 이정빈, 이정선, 이종민, 이종혁, 이진석, 이진영, 이진오, 이진옥, 이찬우, 이창수, 이해미, 이효인, 임승태, 임우형, 임형진, 장문석, 장미라, 전중환, 정 웅, 정의헌, 정지호, 정진임, 정태호, 정하용, 정환욱, 조대희, 조민하, 조성관, 조세형, 조아랑, 조정은, 조진만, 조태구, 조혜영, 지상현, 지혜경, 진상욱, 진은진, 차선일, 차성연, 차웅석, 차충환, 천장환, 최서희, 최성민, 최원재, 최재구, 최정욱, 최지안, 최행규, 하선화, 한기창, 한미영, 한은주, 허 집사혁, 호정은, 홍승태, 홍연경, 홍윤기, 무기명 참여 30명, 총 226명

2024.11.06.

인천대학교 시국선언문 2024년 11월 6일. 수.

역사와 국민의 준엄한 명령이다. 즉각 하야하라!

2017년 3월 10일 오전 11시, "피청구인 대통령 박근혜를 파면한다."라는 헌법재판소의 판결과 함께 국정농단 의혹으로 시작된 130여 일간의 박근혜 대통령 탄핵 정국에 마침표가 찍혔다.

국민의 힘으로 이룬 역사적 승리가 불과 7년이 조금 더 지났는데, 또다시 아픈 역사가 반복되려고 한다. 최근 정치권과 사회 곳곳에서 탄핵의 요구가 거세지고 있다. 탄핵이란 것은 헌법재판소의 판결문이 밝힌 것처럼 국가와 헌법을 수호하기 위한 제도로서, 국가공동체가 민주적 기본 질서를 지키기 위하여 불가피하게 치러야 하는 민주주의의 비용이다.

윤석열 정권은 출범 전부터 부부가 합동으로 온 국민과 나라를 힘들게 한 특이한 정권이다. 단순한 국정농단을 넘어 주가조작, 명품백 수수, 각종 관급공사와 관련된 불법과 부정 의혹, 온갖 의전 실수와 망신살이 멈출 줄 모르고, 그 내용과 수준 또한 치졸하고 저급하기 이를 데 없다. 그런데 왜 부끄러움과 자괴감은 항상 국민의 몫인가.

이 모든 의혹과 범죄적 행위보다 더욱 심각한 것은, 증거와 정황이 명백한데도 대통령은 물론 참모들까지 거짓말과 교언으로 끊임없이 진실을 왜곡하면서 국민을 속이고 있다는 사실이다. 온 국민이 스트레스와 분노로 힘들어하는데 김건희씨가 대한암협회 명예회장이라니, 임계점을 향하는 국민적 분노에 기름을 붓고 있다. 지난 시간 처절한 희생과 노력으로 이 나라를 일구고 지켜온 국민이 그렇게 우스운가?

이 정권은 출범 전부터 주술과 선거사기꾼이 등장해 라스푸틴을 연상케 하더니, 본격적으로 대통령 부부를 비롯한 권력자들의 추악한 민낯을 보여주고 있다. 오직 자신의 재선과 권력 유지에만 혈안이 되어 '지록위마'로 국민을 속이는 주변의 십상시와 정치권 간신배, 한 줌도 안 되는 정치검찰 패거리가 국격은 말할 것도 없고 민주주의와 법치주의의 근간을 흔들고 있다.

온 국민의 숙원이던 노벨 문학상 수상도 제대로 축하해주지 못하는 우리 사회의 분위기는 안타깝다 못해 서글프다. 국민을 내 편 네 편으로 나누어 서로를 마치 적군 취급하며, 상생과 균형의 정치는 실종되고 마치 전쟁 같은 정쟁만이 판치는 품격 없는 사회가 되었다. 국가 미래를 위해 늘려도 모자란 연구개발예산은 축소하면서, 순방을 빙자한 대통령 부부 해외 나들이에는 혈세를 아낌없이 쏟아부었다. 그러나 성과는 외교적 굴욕을 넘어 국제적 망신이었다. 어떻게 국격과 국가의 자존심이 이렇게 한순간에 나락으로 떨어질 수 있는가.

검사 윤석열은 박근혜에게 공천에 개입했다고 8년을 구형하고 2년 형을 받게 했다. 하지만 대통령 윤석열은 공천개입이 없다던 주장이 거짓으로 드러나자, 자신의 공천개입 논란은 당선인은 공직자가 아니라서 공천개입이 성립되지 않는다는 파렴치하고 해괴한 논리를 펴고 있다. 이 무식하고 무도한 정권과 썩어빠진 주변부를 어찌해야 하는가? 이미 국가의 기강과 동력은 만신창이가 됐고, 국민은 집단 우울증과 정치 혐오증에 신음하고 있다. 더 늦기 전에 몰락의 고리를 끊으라는 것이 역사와 국민의 준엄한 명령이다.

탄핵은 긴 시간이 필요하고 정치 사회적 비용도 너무 크다. 정치권에서 임기 단축 개헌이 회자하는데, 앞으로도 1~2년을 더 참으란 말인가. 빠르고 깔끔한 방법이 있다. 국가와 민족에 대한 최고 공직자로서 마지막 봉사라 생각하고, 본인이 결단하여 즉각 하야하는 것이다. 이것만이 그동안의 과오와 실정의 책임을 그나마 경감할 수 있는 유일한 길이다. 차고 넘치는 정황 증거와 사실관계가 탄핵과 하야를 가리키고 있다. 국민의 분노가 하늘을 찌른다. 버티다가 국민의 어퍼컷 맞으며 끌려 내려오기 전에 결단하라.

역사와 국민이 내리는 준엄한 명령이다. 즉각 하야하라!

2024년 11월 6일
역사와 국민의 준엄한 명령을 전하는 인천대학교 교수 일동

참여자 명단(총 44명, 가나다순)
김철홍, 강용훈, 고찬규, 권혁준, 구태환, 김경태, 김용민, 김우일, 김인현, 김정욱, 김종서, 김태성, 김정경, 김태훈, 문병희, 박정준, 박용호, 박진한, 백동현, 변경호, 서진완, 송승석, 송원용, 신용권, 안치영, 양준호, 유창완, 이노은, 이상의, 이신우, 이원준, 이용화, 이지현, 이지혜, 이현주, 이형우, 장제형, 전용호, 조봉래, 조현우, 차기율, 최병조, 최종헌, 한상정

2024년 11월 6일

전남대학교 교수 시국 선언문 2024년 11월 6일. 수.

국정 파탄의 책임자, 대통령 윤석열을 탄핵한다!

우리는 더 이상 침묵할 수 없다. 윤석열 검찰독재에 의해 대한민국의 헌정질서와 민주주의가 심각하게 무너지고 있다. 민주주의 사회에서 권력의 정당성은 주권자인 국민으로부터 나오며, 그 권력을 위임받은 자는 국가의 안위와 국민을 보호하고 공공의 이익을 최우선시해야 한다. 그러나 대통령 윤석열과 집권 세력은 권력을 사유화하고 국정을 농단하면서 국민을 위기로 내몰고 있다.

자영업자와 서민들은 경제적 어려움으로 극심한 고통 속에 하루하루 겨우 버티며 살아가고 있는데, 정부는 이를 외면한 채 언론 장악 시도에만 혈안이 되어 반민주적 폭거를 자행하고 있다. 이뿐인가? 굴종적 한미동맹 강화와 우크라이나 무기 지원 가능성 발언은 국가의 주권을 내팽개치고 한반도를 전쟁의 도가니로 내몰고 있으며, 일본에 대한 굴종적 외교 태도는 국익과 자주성을 무너뜨리며 국민들의 자존감마저 무참히 짓밟고 있다.

게다가 최근에는 설마설마했던 '국정농단'의 실체가 정치브로커 명태균 씨의 녹취 파일 공개로 만천하에 드러났다. 2022년 5월 10일 대통령 윤석열은 취임사에서 "자유, 인권, 공정, 연대의 가치를 기반으로 국민이 진정한 주인인 나라, 국제사회에서 책임을 다하고 존경받는 나라"를 위대한 국민과 함께 만들겠다고 약속했다. 그러나, 취임 후 임기 절반이 지나기도 전에 제20대 대통령 선거과정에서의 여론조작 의혹, 제22대 국회의원 선거에서의 여론조작과 공천 개입 의혹, 정치자금법 위반 등 대통령 후보 시기부터 취임 이후까지 대통령 윤석열과 대통령 부인 김건희, 명태균의 국정 개입 의혹은 차고 넘치며, 자고 나면 새로운 핵폭탄급 국정농단 사실들이 쏟아져 나오고 있다. 이것이 국민이 진정한 주인인 나라인가?

이뿐만이 아니다. 대통령 배우자 김건희의 명품 가방 수수 사건, '김건희 도이치모터스 주가조작' 사건, 서울양평 고속도로 특혜 의혹 사건, 채상병 사망 사건 윗선 개입 사건 등 자신과 부인 등의 범죄혐의에 대해서는 눈을 감은 채, 공정과 상식을 팽개치고 있으며, 정치검찰을 앞세워서 사법체계의 근간을 흔들고 있다.

대통령은 헌법상 국가의 원수이다. 국가의 원수라 함은 국민 통합의 상징이며, 국민으로부터 존경의 대상이 되어야 한다는 것을 의미한다. 그러기 위해선 자신과 자신의 가족, 측근들의 비리 의혹부터 엄정하게 처리해야 한다. 그러나 일부 정치검찰은 이런 엄청난 국정농단 의혹을 제대로 조사하지도 않고 있으며, 조사할 의지도 보이지 않는다.

이제 국민이 진정한 주인인 나라를 위해 주권자인 국민이 나서야 한다. 대통령 윤석열을 탄핵하고, 공정하고 투명한 수사를 위해 특별검사제를 시행하여 실체적 진실을 국민 앞에 명백히 밝혀야 한다. 우리는 더 이상 이러한 참담한 현실을 묵과할 수 없으며, 역사 앞에 부끄럽지 않기 위하여 이 자리에서 대통령 윤석열을 탄핵한다.

2024년 11월 6일
전남대학교 시국선언 교수 일동

[출처] 윤석열 퇴진 (전남대 시국선언문) 작성자 서철역

충남대 교수들의 시국선언문 2024년 11월 6일. 수.

윤석열 대통령의 즉각 하야를 요구한다! 그 이유는 다음과 같다.

윤석열 대통령-김건희 여사의 '공천개입 의혹' 논란이 점점 거세지자 대학교수들이 특검수용 촉구에서 대통령 퇴진을 요구하는 시국선언으로 확대되고 있다. 현재 움직임이라면 7일 예정된 윤 대통령의 기자회견에서 사태를 수습할만한 내용이 없으면 대학가 시국선언이 빠르게 확산될 것으로 예상된다.

첫째, 지난 2년여의 윤석열 정부 국정운영이 적나라하게 보여주고 있듯이 현재 대한민국은 벼랑 끝의 위기에 처해 있다. 눈을 가리고 귀를 닫은 채 무소불위의 검찰 권력에 의존해 국정을 운영하는 윤석열 대통령은 무도 무능하고 아둔하고 위험하다. 대통령 부인을 비롯해 국민이 선출하지 않은 자들이 무능한 대통령 머리 위에서 국정에 간섭해왔다는 진실이 서서히 드러나고 있다. 앞으로 그런 진실은 더 많이 밝혀질 것이다. 지금 절대 다수 국민은 이런 대통령 때문에 극심한 수치심과 자괴감으로 고통 받고 있다. 지금까지 윤대통령의 행적은 공정하지도, 상식에 맞지도, 정의롭지도, 민주주의 정신에 부합하지도 않았다. 윤대통령이 수없이 내뱉은 자유는 권력의 충복인 검찰이 자의적으로 부여하는 선택적 자유였다. 불법, 탈법을 극한에까지 자행한 대통령 부인과 비선 세력은 치외법권적 지위를 누려왔다는 사실이 점차 밝혀지고 있으며 국민의 분노는 극에 달하고 있다.

둘째, 국민으로부터 심리적 탄핵을 받는 상태에 이르자 윤대통령은 검찰정권의 안위를 보장받기 위해서 북한과 전쟁이라도 불사하겠다는 위험한 행태를 보이고 있다. 이런 행태는 지난 수십 년 동안 힘들게 쌓아온 한반도 평화를 위한 북방정책을 무효로 하고 한반도 전쟁 위협을 고조시키는 어리석은 짓이다. 국제관계는 극도로 신중하게 접근해야 하고 이념이 아니라 오직 국익을 최우선으로 고려해야 한다. 그런데 윤석열 정부는 반대 방향으로 가고 있다. 오랜 기간 힘들게 다져온 러시아와의 관계를 악화시키고 북한과 러시아의 군사동맹을 더 강화할 것이 불 보듯 뻔 한 우크라이나 전쟁 개입으로 대한민국을 끌고 들어가고 있다. 이는 한반도 평화를 허무는 어리석은 짓이다.

셋째, 윤대통령은 정치적 목적을 위해 무리하게 밀어붙인 의사 증원 정책으로 의료체계를 파탄상태로 몰아가고 있다. 설령 제시한 정책 방향이 맞더라도 그 추진과정은 민주적인 의견수렴과정을 거쳐야 하고 시간을 두고 신중하게 진행해야 한다. 하물며 국민의 건강과 관련된 정책은 더욱 그렇다. 그런데 윤석열 정부는 도무지 납득할 수 없는 이유를 대면서 무리하게 정책을 밀어붙이고 있다. 그 결과 시민들은 아파도 병원에 갈 수 없는 상황에 내몰리고 있다. 환자를 둔 가족들은 불안감에 떨고 있다. 국민의 건강권을 책임져야 할 정부가 오히려 국민 건강을 위협하고 있는 꼴이다.

넷째, 윤대통령은 국정운영의 전반적 방향에 근거한 경제 정책의 세밀한 검토도 없이 재벌 감세, 초부자 감세를 추진하였다. 그 결과 파탄 난 재정을 메꾸기 위해 연구자 집단을 카르텔로 몰아세우고 국가연구개발 예산을 삭감하였다. IMF 사태 때에도 없었던 이런 R&D 예산삭감은 대한민국의 연구생태계를 파괴하고, 과학, 기술, 인문학과 경제의 미래를 파괴하는 만행이다. 문화예술계에 꼭 필요한 예산도 삭감하여 문화예술의 토대가 무너지고 있다. 한번 무너진 연구와 문화 생태계는 쉽게 회복되지 않는다.

불과 몇 가지 이유를 적었지만, 역대 최악의 대통령 지지율이 증명하듯이 윤석열 정권은 내치, 외치의 국정운영의 모든 측면에서 낙제점을 받았다. 이런 무도 무능하고, 반(反)민주적, 반인권적, 반서민적이고 위험한 정권을 그대로 둘 수는 없다고 우리는 판단한다. 대한민국의 미래와 한반도 평화를 지키기 위해 우리는 윤대통령은 즉각 대통령직에서 물러날 것을 강력히 요구한다. 본인의 능력으로 감당하기 어렵다는 것이 명백히 드러난 대통령 자리에서 물러나는 것이 대한민국의 미래와 한반도 평화 유지를 위해 윤대통령이 할 수 있는 국가에 대한 마지막 봉사일 것이다.

2024년 11월 6일 충남대학교 교수 일동 (80인, 가나다순)

강창구, 구영산, 권영미, 금종애, 김명주, 김미연, 김성원, 김세정, 김수정, 김승범, 김영호, 김재영, 김 제, 김종혁, 김종현, 김철웅, 김형준, 김효진, 노현주, 류동민, 류주희, 민병길, 박노영, 박배근, 박상민, 박수연, 박양진, 박영원, 박원호, 박윤덕, 박종관, 박종성, 박종태, 박준용, 백미현, 서성원, 서연주, 성용주, 송익찬, 신영근, 염현이, 양해림, 오근엽, 오길영, 윤석진, 윤자영, 윤준섭, 은상준, 이 유, 이경자, 이군호, 이근호, 이기범, 이명철, 이병채, 이왕록, 이윤철, 이재환, 이정란, 이정현, 이제경, 이주욱, 이효빈, 장하진, 장호규, 전기영, 전민용, 정선기, 정성목, 정세은, 정용길, 최문선, 최인호, 최호석, 한창우, 허 종, 허윤강, 허창수, 허 현, 황인규.

2024년 11월 6일

중앙대학교 교수 시국선언 2024년 11월 6일. 수.

"어떤 정권 보다 민주주의 퇴행, 침묵할 수 없다."

대한민국이 심각한 위기에 빠져 있다. 오늘 우리의 위기는 정권의 무능이나 정책의 실패를 논할 단계를 넘어섰다. 지금 이 순간 우리가 마주한 것은 대한민국의 헌정질서와 민주주의의 붕괴 위험이다. 1987년 민주화 이후 진보와 보수를 막론하고 어떤 정권에서도 볼 수 없었던 민주주의의 퇴행이 일상이 되어버린 지금, 우리는 더 이상 침묵할 수 없다. 대한민국의 민주주의가 처한 누란의 위기에 직면하여 우리 중앙대학교 교수들은 비장한 심정으로 시국선언에 나선다.

헌정질서와 민주주의가 파괴되고 있다.

윤석열 정권은 취임 이후 헌법이 보장하는 삼권분립을 정면으로 부정하고 있다. 민주화 이후 처음으로 국회 개원식에 불참한 것을 비롯해, 국회가 의결한 법안들을 무차별적으로 거부하며 입법권을 무력화했다. 검찰권을 남용함으로써 사법 질서가 어지럽혀지고, 공정한 수사를 한 수사관들이 좌천되거나 기소당하는 기막힌 일들이 벌어지고 있다.

국정농단이 일상화되고 있다.

대통령 배우자와 측근들에 의한 국정 개입이 도를 넘어섰다. 명품 게이트, 도이치모터스 주가조작 의혹, 공천 개입 등 각종 비리 의혹들이 제기되었으나, 검찰은 이를 은폐하거나 축소하며 법치주의를 스스로 부정하고 있다. 더욱 심각한 것은 이러한 국정농단이 단순한 비리나 부패를 넘어, 국가를 흔드는 수준에 이르렀다는 점이다. 비선 실세들의 국정 개입은 이제 일상이 되었다.

민생경제가 파탄에 이르고 있다.

서민경제가 파국적 상황에 처해 있다. 고물가와 고금리 속에서 서민들의 삶은 벼랑 끝으로 내몰리고 있다. 더욱이 2025년 국가채무가 1,227조원에 이를 것으로 전망되는 속에서도 정부는 법인세, 상속세, 종부세 인하 등 부자 감세로 일관하며 재벌과 기득권 세력의 입장만을 대변하고 있다. 수도권과 지방 곳곳에서 폐업한 점포들이 속출하는 데도 정부의 실질적 대책은 나오지 않고, 서민을 위한 복지예산만 삭감되고 있다.

의료대란 속에 국민의 생명이 위협받고 있다.

의대 정원 확대 정책을 일방적으로 밀어붙여 의료계의 반발을 초래하고 국민의 피해가 커지고 있다. 젊은 전공의와 의대생들은 실망하며 병원과 강의실을 떠났는데도, 정부는 해결하려는 노력은 없이 증원이라는 명분에만 매달리고 있는 상황이다. 이로 인해 의료공백이 발생하고, 남아 있는 의료진의 피로도는 높아지고 있다. 그 결과 중증 환자들이 적절한 치료를 받지 못해 목숨을 잃는 참사가 빈발하고 있다. "목숨을 부지하려면 절대로 병에 걸리지 말아야 한다"는 냉소적인 말이 국민들 사이에서 회자되는 실정이다. 정작 필요한 공공의료 확충이나 지역 의료 불균형 해소는 논의의 중심에서 벗어나고 있으며, 정부는 이러한 현실을 외면하고 있다.

역사 정의가 위협받고 있다.

윤석열 정권의 친일 편향적 외교와 역사 정의 훼손은 국민에게 치욕과 수치심을 안겼다. 강제동원 '제3자 변제안', 후쿠시마 핵오염수 방류 용인, 일본의 사도광산 유네스코 등재 지지 등 납득하기 어려운 행보로 민족 정체성의 근간을 흔들었다. 대통령실과 주요 정부 요직은 물론 한국학중앙연구원, 동북아역사재단, 독립기념관 등 주요 역사기관에도 '뉴라이트' 계열 인사가 등용되었다. 국가안보실의 주요 인사는 "중요한 것은 일본의 마음"이라며 전범 국가 일본의 과거사 책임을 묻지 않겠다고 해 국민들을 기함케 했다. 민족해방을 위해 헌신한 순국선열들을 바라볼 면목이 없을 지경이다.

언론 자유가 말살되고 있다.

공영방송에 대한 장악 시도가 금도를 넘어섰다. 윤석열 정권은 KBS, YTN, TBS를 차례로 장악한 데 이어, 이제는 마지막 보루로 남은 MBC마저 굴복시키려 하고 있다. 방송통신위원회를 동원한 압박은 헌법이 보장하는 언론의 자유를 정면으로 부정하는 행위다. 공영방송의 독립성과 공정성은 민주주의의 핵심 가치임에도, 현 정부는 이들 방송을 권력의 나팔수로 복속시키려 하고 있다. 검찰을 동원한 언론인 탄압 또한 심각한 수준에 이르렀다. 특정 기자나 언론사를 상대로 한 무분별한 수사와 압수수색으로 취재의 자유가 심각하게 훼손되고 있다.

윤석열 정부의 반국민적, 반민주적, 반역사적 행태가 버젓이 자행되는 작금의 현실 앞에서 우리는 다음 사항을 엄중히 요구한다.

- 윤석열 대통령은 헌정질서 파괴와 국정 농단에 대해 깊이 사과하고, 임기단축 개헌을 비롯하여 국민이 납득할 만한 책임 있는 조치를 취하라.
- 권력형 비리 척결을 위한 김건희 특검법, 채해병 특검법 등 관련 특검을 즉각 수용하라.
- 서민경제와 민생회복을 위한 비상대책을 지체 없이 시행하고, 부자감세 정책을 전면 재검토하라.
- 의료대란 해결을 위해 진정성 있는 대화에 나서고, 공공의료 확충을 위한 실질적인 계획을 수립하라.
- 친일 편향 외교와 역사 정의 훼손을 즉각 중단하고, 한반도 평화를 위해 최선의 역량을 집중하라.
- 언론 탄압을 즉각 중단하고, 공영 방송의 독립성과 자율성을 보장하라.

대한민국 민주주의의 위기를 우려하는 중앙대학교 교수 169인

강기운 강인구 강현 강효정 고명진 고재홍 고현민 곽병국 구정호 권선범
김경민 김경희 김교성 김나연 김누리 김동민 김배근 김범규 김선규 김선회
김성균 김성은 김성환 김수현 김양지 김연명 김영삼 김유민 김유승 김유진
김재경 김종원 김준성 김지훈 김태하 김학균 김한식 김홍경 김효준 남궁명
남택균 남형주 노용호 류찬열 모정열 문성권 문성호 문정민 민환기 박미희
박병관 박승환 박용범 박용숙 박찬균 박치성 박탄솔 박해선 박현정 방현석
배윤호 배지현 백영주 백종화 백희정 서찬석 손희숙 송수영 신성환 신종욱
신진욱 신해용 심덕선 안소은 안은진 안재호 안화영 오성균 오창은 우수현
육영수 윤상운 이강석 이경수 이광진 이금표 이나영 이동규 이리리 이명현
이민아 이민정 이상준 이상현 이석형 이선희 이소영 이숙정1 이숙정2
이승윤 이승조 이승하 이승환 이연도 이연정 이은선 이재성 이재신 이종철
이지훈 이진욱 이창재 이해영 이현민 이현석 이현정1 이현정2 이혜정
임경화 임인자 임창국 임한솔 장규식 장성갑 장숙랑 장욱상 장재옥 전우형
정슬기 정승아 정은경 정은숙 정재원 정진원 정태연 조은정 조해성 조희정
주은우 주재범 진성미 진영기 채수안 최민지 최상태 최성호 최영 최영완
최영은 최영진 최윤형 최현철 최형균 최혜원 최훈성 한동현 한상욱 한수영
한승석 한재홍 한지연 한지원 허선진 허정훈 현경호 홍경남 홍성관 홍준화
황장선(가나다 순)

저작권자(c) 오마이뉴스(시민기자), 무단 전재 및 재배포 금지 오탈자 신고

국립목포대학교 교수·연구자들의 시국선언

2024년 11월 11일. 월.

"윤석열 정권은 우리의 민주공화국을 무너뜨리지 말라!"

윤석열 정권이 민주공화국을 독재공화국으로 바꾸고 있다. 민주공화국은 1919년 3·1운동을 계기로 탄생한 임시정부로부터 면면히 이어져 내려오고 있는 대한민국의 근원적 이념이다. 1960년 4·19에서, 1980년 5·18에서, 1987년 6·10에서 시민들은 민주주의가 살아 숨 쉬는 국가, 민주공화국을 소망해 왔다. 민주공화국은 국민이라는 주권자의 목소리에 귀 기울일 것을, 국민의 생명과 안전을 수호하기 위해 최선을 다할 것을 권력에게 명령한다. 권력이 자신의 사적인 목적이나 이익을 멀리하고 오직 국민적 가치와 이익을 위해서 봉사할 것을 명령한다. 권력이 서로 견제하고 균형을 이루면서 국민의 삶을 위해 무한 책임으로 노력할 것을 명령한다.

그러나 윤석열 정권은 민주공화국의 성스러운 그 명령을 존중하지도, 수용하지도, 따르지도 않고 있다. 이태원에서 159명의 청년이 무참히 목숨을 잃었음에도, 포항에서 재해 지원을 하던 군인이 사망했음에도 대통령을 비롯해 어느 누구도 정치적·법적 책임도 지지 않는다. 국민이 위임하지 않은 사인이 이권을 챙기고, 국정을 농단하고, 부패를 저질러도 정권은 상황을 묵인하고 있다. 오히려 윤석열 정권은 국민이 부여한 권력으로 언론을 장악하고, 채 해병과 이태원 희생자들의 죽음을 왜곡하고 있으며, 검찰 권력을 동원해 김건희의 논문표절, 주가조작, 사문서위조, 공천 개입 등을 무마하고 있다.

수없이 드러나고 있는 범죄적 사안들에 대해 70%가 넘는 국민이 진실을 밝히기를 요구해도 정권은 국민의 요구를 무시하고 외면하고 있다. 대통령은 의회가 통과시킨 여러 개혁법안과 특검법안을 거부권 행사로 무력화하는 반민주주의를 자행하고 있다. "사회적 특수 계급의 제도는 인정되지 아니하며, 어떠한 형태로도 이를 창설할 수 없다"는 대한민국 헌법 제11조 2항의 보편주의가 자의적 권력 앞에서 뿌리 뽑히고 있다. 수많은 범죄 의혹이 드러나고 있음에도 대통령의 배우자라는 이유로 김건희는 어떠한 사법적 조사와 수사 대상도 되지 않는 특권적 존재로 남아 있다. 대통령이 자신의 권력으로 가족의 비리를 은폐하는 행위는 민주주의에 대한 전면적 도전이자 정치적 반도덕이다.

대통령을 비롯해 행정부 관리들이 나서서 전쟁 가능성을 이야기하고 심지어 전쟁을 부추기고 있는 모습은 결코 정상이 아니다. 지난 수년간 안정적으로 관리되던 남북한 관계가 최대 갈등 국면으로 들어가고 있는데도 정부는 상황을 방임하고 있다. 대외 전쟁에의 과도한 개입과 일방적 편들기를 통해 대한민국의 외교 상황도 심각한 위기를 맞고 있다. 그리하여 청년들은 전쟁의 불안감에 사로잡혀 있고, 국민 또한 일상화되고 있는 위기 앞에서 자신의 삶을 안정적으로 영위하지 못하고 있다.

진리를 탐구하고 지식과 지혜로서 인류와 사회 발전을 도모하는 대학 지식인의 소명 앞에서 우리는 민주공화국 대한민국의 총체적 위기에 대해 우려하고 경고한다. 동시대를 살아가는 시민들에게 호소한다. 지금 우리의 민주공화국이 절체절명의 위기에 서 있음을, 돌이킬 수 없는 파멸을 막기 위해 실천해야 함을, 우리의 비판적 성찰은 침묵을 뚫고 일어서는 데 있음을 호소한다.

이에 우리는 윤석열 정권에 촉구한다.
첫째, 진실 규명과 책임자 처벌을 위한 국민적 요구에 귀 기울이라.
둘째, 은폐된 진실을 파악하기 위한 의회의 특검 요구를 수용하라.
셋째, 민주공화국 대한민국을 위험에 빠뜨리는 잘못된 정책들을 전면 중단하라.
넷째, 대통령은 국민과 의회의 요구를 수용할 의지가 없다면 즉각 퇴진하라.

2024년 11월 11일
민주공화국 대한민국의 위기를 우려하는 국립목포대학교 교수·연구자 일동(83명)

출처 : 무안타임즈(http://www.muantimes.com)

가톨릭대학교 교수 시국선언   2024년 11월 11일. 월.

윤석열 대통령은 퇴진하라!

윤석열 대통령은 지난 7일 기자회견에서 대통령으로서 갖추어야 할 자질과 능력, 자세와 태도 모두 결여했음을 드러내었다. 기자회견은 그가 애초 대통령 직을 수행해서는 안 될 사람이었다는 사실을 명확하게 확인시켜 준 자리였다. "구체적으로 어떤 부분을 사과하느냐"는 기자의 질문에 대통령은 답변하지 못했다. 사과는 여론을 속이기 위한 형식적인 사과에 그쳤고, 무엇을 잘못했으며 어떻게 국정을 쇄신할 것인지에 대해서는 어떠한 언급도 없었다. 이를 지켜보는 국민의 마음은 참담하기 그지없다.

우리 국민은 '명태균 게이트'로 불리는 공천개입 의혹에 대한 진상 규명, 김건희 여사의 국정 개입 및 각종 특혜 의혹에 대한 특검 수용, 그리고 전면적인 인사 개편을 통한 국정 쇄신을 요구해왔다. 그러나 윤석열 대통령은 주권자의 요구에 대해 아무런 수용 의사가 없음을 분명히 했다. 국민의 목소리에 귀를 기울이지 않고, 오직 부인만을 위한 대통령이 되겠다는 인식을 드러내는 그에게는 더 이상 대통령직을 수행할 자격이 없다. 지금과 같은 윤석열-김건희 부부 통치는 주권자의 의지로 종식되어야 한다.

지난 2년 6개월 동안 윤석열 정부는 우리 사회를 수십 년 후퇴시켰다. 국민의 지지율이 바닥을 치고 있음에도 불구하고, 윤석열 대통령은 여론조사 결과에 일희일비하지 않겠다며 국민의 목소리를 무시하는 한편, 검찰 권력을 남용하여 사적 이득을 추구하고 보호하는 데 거리낌 없는 행태를 자행하였다.

외교 참사는 극에 달했다. 역사적 무지와 역사의식 결여로 인한 굴욕적인 대일 외교는 대한민국의 자존심과 국익을 짓밟았으며, 한미일 동맹에서의 굴종적 태도와 러시아-우크라이나 전쟁에 대한 생뚱맞은 발언은 한반도를 전쟁 위기로 몰아넣어 국제적 긴장을 고조시키고 있다. 윤석열 정부의 무능이 국가 안보와 국민 안전을 위협하는 결과를 초래한 것이다.

그에 더하여 윤석열 정부는 사회적·정치적 갈등을 조장하여 사회 통합을 파괴하고 있다. 세대, 지역, 성별 갈등을 선동하여 당선된 윤석열 대통령은 정치적 위기를 맞이할 때마다 국민 분열을 전가의 보도인 양 활용하고 있다. 국민의 건강과 생명을 지키기보다는 의료계를 압박해 의료대란을 야기하였고, 언론 장악으로써 표현의 자유를 억압하고 있다.

윤석열 대통령이 국가 권력을 사유화하고 국민을 갈라치기 하는 동안, 한국 경제는 회복 불능의 상태로 추락하고 있다. 살인적인 물가 상승, 고금리, 경기 침체로 서민들은 삶의 터전을 잃었고, 사회적 약자들의 고통은 더욱 심화되고 있다. 윤석열 정부의 부자 감세 정책은 전례 없는 세수 부족을 초래하여 국가 재정을 위험에 빠뜨렸다. 그 결과 국민의 채무 부담은 커지고, 중소상공인과 자영업자는 나락으로 내몰리고 있다.

우리 가톨릭대학교 교수 일동은 대한민국의 민주주의, 법치주의가 훼손되는 현 상황을 방치할 수 없다. 국민의 삶이 파탄에 이르고, 국가가 국제적인 대결 체제 한가운데로 휩쓸려 들어가는 사태를 수수방관할 수도 없다. 지식인에게 요구되는 사회 책무의 역할이, 지식인으로서의 사명과 양심이 현 상황에 대한 침묵을 허용치 않기 때문이다. 이에 학자로서의 역할과 사명 그리고 양심에 근거하여 윤석열 대통령의 즉각적인 퇴진을 요구한다.

윤석열 대통령은 퇴진하라!

시국선언에 참여한 가톨릭대학교 106명 교수 일동

강석우 강정수 구민지 기경량 김남희 김경호 김병조 김승균 김용철 김인설
김인숙 김의진 김재철 김중한 김 필 남재환 남종호 노연희 라준영 박건영
박기환 박덕준 박석희 박소령 박수찬 박승찬 박정만 박정진 박정흠 박종한
박주식 박주현 박태근 방미경 배주채 백민정 백소연 백승호 서병진 서성기
서재홍 서채환 성기선 송치호 신계정 신승환 신현기 신희주 심영숙 안병관
안보옥 양길석 양재원 오의철 오재원 우두형 위정호 유금란 유 희 유희주
윤기동 윤석원 윤정우 원종례 이 경 이두진 이민영 이범석 이상국
이상민(화학과) 이상훈 이영호 이영희 이원봉 이종현 이진석
이창우(정보통신) 이창봉 이택동 이현주 이홍민 이홍주 임현선 조돈문
조항현 조형래 정남운 정승철 정연태 정영신 정윤경 정은기 정종원
채웅석 채진석 최동신 최명걸 최복희 최상호

윤석열 대통령은 퇴진하라! - 가톨릭대학교 교수 시국선언
2024년 11월 11일

민교협시국선언 2024년 11월 13일. 수.

주권자의 요구다. 윤석열 대통령은 즉각 퇴진하라

주말마다 전국 곳곳이 대통령 퇴진을 외치는 인파로 뒤덮이고 있다. 8년 전 이즈음처럼, 임계점을 이미 넘은 현 정부의 국정농단 사태에 대한 각계각층의 시국선언도 줄을 잇고 있다. 혹시나 했던 기자회견에서 윤석열 대통령은 국정 기조전환이나 인적 쇄신을 역시나 거부하고 허무맹랑한 변명과 오만한 태도로 국민을 우롱했다.

대통령의 거부권 행사나 직권남용권리행사방해 혐의, 김건희의 국정농단이나 본인과 그 일가의 온갖 비리들, 현 정부의 계속된 실정과 명태균 게이트 같은 한심한 일에 대한 규탄 차원에서 퇴진을 요구하는 것이 아니다.

주권자 국민들은 윤석열 정부하에서 계속되어 온 대형 참사, 노동 탄압, 민생 파탄과 안보 위기로 국민의 생존권이 위협받고 있는 이 상황이 단 하루도 더 지속되어서는 안 된다는 실존적 절박함에서 즉각적인 정권 퇴진을 요구한다.

지난 2년 반은 초현실적인 퇴행의 연속이었다. 촛불 혁명으로 어렵게 되세운 우리의 민주주의는 절차와 내용 모두 여지없이 무너져 내렸다. 대통령 부인과 같이 위임받지 않은 자들이 국가의 권력과 자원을 전유하고 공당의 정치 과정과 온갖 이권에도 개입했다. 무자격 측근과 극우 인사로 채워진 대통령실은 반민주적, 반민중적, 반역사적, 심지어 반국가적 정책과 발언을 쏟아냈으며, 국민의 생명과 안전을 보장해야 할 공권력은 잇단 참사를 막기는커녕 책임을 회피하고 측근을 보호하기 위한 수단으로 전락했다.

국민의 피땀 어린 세금으로 마련된 정부 예산은 무속적 신념에 따른 대통령실 이전과 호화 관저 신축, 관변단체 지원, 그리고 대통령 부부의 외유성 순방에 허투루 쓰였다. 이럴진대 경제정책이 제대로 나올 리 없다.

치솟는 물가와 경기 침체로 국민의 삶이 나락으로 떨어지는 와중에, 세수가 줄자 국가의 미래를 책임질 과학기술을 위한 예산을 반으로 깎는 만행도 서슴지 않았다.

하나같이 자격도 능력도 없는 현 정부 부처 수장들이 인구 감소와 지역소멸, 불평등 심화같이 시급한 대내적 문제나 급변하는 대외 정세와 안보 위기 상황에 제대로 대응할 리 만무하다. 오물 풍선 원점 타격 운운하며 국지전마저 일으킬 태세다. 이 정권에 단 하루도 더 나라를 맡길 수 없다.

불의한 박근혜 정부를 주권자 국민의 이름으로 끌어내렸던 촛불 혁명의 나라에서 윤석열이라는 더 불의한 자가 대통령이 되었다는 참담한 사실을 돌아본다. 탄핵 이후 촛불의 힘으로 수립된 정부는 국민이 절실히 요구했던 개혁 과제들을 완수하지 못했고, 폭등하는 부동산 가격과 커지는 소득 격차 속에서도 계파 간 정쟁과 소위 "내로남불"식 국정운영에만 몰두, 국민들의 등을 돌려세웠다.

이 틈을 타 국정 운영 능력은 전혀 검증된 바 없는 함량 미달의 전직 검찰총장이 "공정과 상식"을 내세우며 출마, 지금 생각해 보면 공허하기 그지없는 헛된 공약을 쏟아내며 대통령이 되는 부조리극이 연출되었다. 절대로, 그리고 결코, 되풀이해서는 안 된다.

우리 교수·연구자들은 더 이상 존재 이유와 가치가 없는, 아니 존재 그 자체가 우리 실존에 위협이 되는 윤석열 정부가 해야 할 일은 대통령의 자진 사퇴와 정권 이양 준비뿐임을 다시 한 번 밝힌다. 이를 위해 정치권과 시민사회는 탄핵 추진과 임기 단축 개헌 등을 포함한 모든 수단을 함께, 그리고 즉각적으로, 강구해야 한다.

그러나 이것만으로는 촛불 이후의 부조리가 반복되는 것을 막을 수 없다. 주요 정치 세력들이 대선 준비에 이미 돌입했다는 소식마저 들린다. 어느 특정 정치세력이 정치 공백과 극단적 분열의 상황을 이용해 국가권력을 전유한다면, 우린 오늘의 이 참담한 상황을 수년 후 다시 겪게 될 것이다.

국가가 민주, 평등의 보편적 가치를 실현하고 국민의 자유와 권익을 보호하도록 하는 일을 더 이상 특정 정치세력에 위임하고 그 선의에 기댈

수만은 없다. 이는 곧 40년이 다 되어가는 우리의 형식적 민주주의 체제를 모든 국민이 주인이 되는 실질적 민주주의 체제로 전환해야 함을 의미한다. 이에 우리는 윤석열 대통령의 퇴진과 동시에 정치세력과 시민사회가 함께 체제 전환과 사회 대개혁을 위한 토론을 시작할 것도 아울러 요구한다.

이제 윤석열을 대통령으로 인정하는 국민이 10명 중 채 2명도 남지 않았다. 간접선거로 선출된 타국 의원내각제 총리들의 낮은 지지율과 비교하며 국민을 호도하거나 자신을 정당화하지 말라. 절반의 국민이 당신을 믿고 직접 표를 주었고, 그중 3분의 2가 표를 거둔 것이다. 중간선거가 없는 우리의 대통령제에서 이는 주권자 국민이 대통령에게 위임한 국정 운영의 권리를 직접 환수하려는 것이다. 당장 자리에서 물러나라.

기시감 속에 우리는 다시 퇴진의 촛불을 든다. 8년 전 추운 겨울 내내 수많은 우리 국민은 매일 같이 거리로 나와 결국 불의한 정권을 끌어내렸다. 이제 임기 절반이 지난 윤석열 대통령의 과오는 박근혜 4년의 과오보다 이미 몇 배나 더 크고 깊다. 당장 퇴진하는 것이 대통령으로 할 수 있는 마지막 일이며, 결국 맞이하게 될 규문의 시간에 그나마 정상을 참작케 해 줄 것이다. 이번 촛불은 더 뜨거울 것이다.

2024년 11월 13일
민주평등사회를 위한 전국 교수연구자협의회(민교협2.0)

〈저작권자 ⓒ 신문고뉴스 무단전재 및 재배포 금지〉
https://www.shinmoongo.net/171144

제주지역대학 교수 시국선언 2024년 11월 13일. 수.

"김건희 특검을 즉각 수용하고, 국정을 전면 쇄신하라"

우리는 대한민국의 민주주의가 후퇴하고 헌정 질서가 심각하게 훼손되고 있는 현 상황을 크게 우려하며 분노한다. 국민에 의해 선출된 대통령과 정부는 공정과 정의를 최우선 가치로 삼아 헌법을 수호해야 할 책무를 지고 있다(헌법 제62조). 아울러 대통령과 그 가족은 "모든 국민은 법 앞에 평등하다"(헌법 제11조)는 헌법의 가치를 실현하는데 누구보다 솔선수범해야 한다. 이것은 민주국가 운영의 상식이다.

그런데 국민의 상식적인 법 감정으로는 도저히 받아들이기 힘들 정도로 대통령과 그 가족이 사법체계의 근간을 뒤흔들고 있다. 대통령 부인이 국정 전반에 개입했다는 의혹이 눈덩이처럼 불어나고 있다. 뉴라이트사관으로 무장한 인사들을 국가(공공)기관의 장으로 임명하여 그동안 정립해온 대한민국의 역사를 왜곡하고, 공영방송과 언론을 장악하여 시민들의 눈과 귀를 가리려 한다. 의료 대란은 해결의 기미가 보이지 않고, 대결적 남북 관계로 안보위협을 가져오고, 거부권만 남발하며 대통령이 먼저 나서 억울한 국민의 아픔을 보듬고 국정 난맥을 풀려는 대화와 타협의 정치도 사라진 지 오래다.

또한, 매국적인 역사관으로 미국과 일본 등 주변국들과의 관계에 있어서 원칙을 상실하고 굴종적인 외교정책을 지속하여 우리의 국익을 지키는 게 아니라 국익을 포기하는 황당한 외교를 현 정부는 수행하고 있다. 대한민국회사의 제1호 영업사원을 자처하며 부단히 외국을 드나들지만 국민들은 대통령과 이 정부가 얻어온 국가이익이 대체 무엇인지 의아해한다. 오히려 이념 편향적 외교와 명분 없는 타국가들의 전쟁에 무기 수출과 요원파견 발언 등으로 국가적 안보 불안을 가중시키고 있을 뿐이다.

이 모든 실정으로 인해서 서민경제 상황이 나날이 최악으로 치닫고 있는 것을 크게 우려하지 않을 수 없다. 특히, 제주도민들은 자기결정권을 무시한 제주 제2공항 건설 강행 고시에 분노하고 있다. 최근 제주에서 개최된 민생토론회에서도 공항 건설 반대 주민들의 입장을 원천봉쇄하며 민생을 외면하는 대통령의 모습에 실망과 공분을 감추지 못했다.

"대한민국의 모든 권력은 국민으로부터 나온다."(헌법 제1조). 대통령과 현 정부의 지지율이 연일 최저치를 경신하는 데서 보듯이 국민적 실망과 공분은 이미 임계점에 도달한 상황이다. 현 상황이 이대로 지속된다면, 대통령은 더 강력한 시민불복종운동과 탄핵에 직면할 것이다. 우리 국민은 지난 역사를 통해 국정 농단과 실정으로 인해 대통령 탄핵이라는 최악의 결과를 초래한 사례를 똑똑히 목격했다.

우리는 대한민국의 헌정 질서와 민주주의가 더 이상 훼손되는 것을 용납할 수 없다. 우리는 국민이 신뢰할 수 있는 국가, 정의와 공정이 살아있는 사회, 민주주의의 기본정신이 지켜지는 나라를 원한다. 이에 우리는 국민의 목소리를 담아 다음 사항을 강력히 요구한다.

하나, 윤석열 정부는 김건희 여사와 관련된 명품 가방 수수 및 주가 조작 의혹에 대해 철저하고 투명한 조사를 위해 '김건희 특검'을 즉각 수용하고, 사인(私人)의 국정 농단 우려를 확실히 차단하라.
하나, 윤석열 정부는 국정을 전면 쇄신하라. 서민경제를 살리는 경제정책과 차별 없는 노동 및 사회정책을 추진하라. 역사 왜곡과 언론장악 시도를 멈추라. 남북한 대결과 안보위기를 자초하는 이념외교를 지양하고 균형과 실용에 토대한 대북 및 외교정책을 추진하라.
하나, 윤석열 정부는 더 이상의 거부권 정치를 멈추고 국정 난맥을 풀기 위해 여야당을 비롯한 시민사회와 대화하는 민주정치를 복원하라.
하나, 이상의 요구를 수용할 수 없다면 즉각 대통령직에서 하야하라.

2024년 11월 13일

현 시국을 우려하는 제주지역대학 교수 75명 일동

강경수(전제주한라대), 강동호(제주대), 강문종(제주대), 강봉수(제주대),
강사윤(제주대), 강희경(한라대), 고전(제주대), 고성보(제주대),
고성빈(제주대), 고영철(전제주대), 곽병현(제주대), 권유성(제주대),
김경호(제주대), 김대영(제주대), 김대영2(제주국제대), 김덕희(제주국제대),
김도영(제주국제대), 김동윤(제주대), 김맹하(제주대), 김미예(제주대),
김민호(제주대), 김성봉(제주대), 김성운(제주대), 김영표(제주대),
김은희(제주국제대), 김정희(제주대), 김지윤(제주대), 김태경(제주대),
노대원(제주대), 류현종(제주대), 문윤택(전제주국제대), 박규용(제주대),
박덕배(제주대), 박병욱(제주대), 배영환(제주대), 백영경(제주대),
변영진(제주대), 서영표(제주대), 손명철(전제주대), 손원근(제주대),
송희성(제주대), 신애경(제주대), 신은화(제주대), 심규호(전제주국제대),
안근재(제주대), 양만기(제주한라대), 우재만(제주대), 윤용택(제주대),
이경성(전제주한라대), 이규배(전제주국제대), 이길주(제주대), 이소영(제주대),
이영재(제주대), 이인회(제주대), 이지현(제주대), 이진희(제주국제대),
임경빈(제주한라대), 장승희(제주대), 장인수(제주대), 장창은(제주대),
전원근(제주대), 정민(전제주한라대), 정진현(제주대), 제갈윤석(제주대),
조성식(제주대), 조영배(전제주대), 조은희(제주대), 조홍선(제주대),
최현(제주대), 최대희(제주대), 최지현(제주대), 팽동국(제주대),
하진의(제주국제대), 허남춘(전제주대), 황임경(제주대).

[출처] 제이누리 (https://www.jnuri.net)

국민대학교 시국선언 2024년 11월 14일. 목.

"국정 파탄, 윤석열 대통령이 책임져야 한다!"

우리는 윤석열 대통령을 둘러싼 무수한 추문과 언행에 깊은 실망을 해왔다. 11월 7일 대통령의 '대국민 담화 및 기자회견'을 보면서, 우리는 실낱같은 희망마저 접고, 이제 대한민국 국민으로서 참을 수 없는 모욕감을 느끼지 않을 수 없었다. 윤석열 대통령이 민주공화국의 지도자로서 갖추어야 할 최소한의 자질과 능력조차 결여되어 있는 것은 아닌지 의심할 수밖에 없다.

윤석열 대통령은 입버릇처럼 자유민주주의를 강조해 왔다. 그러나 윤석열 대통령은 삼권분립의 헌법 정신과 법 앞에서 만인이 평등하다는 최소한의 민주주의 원칙을 무시하고 있다. 국정 난맥상과 대통령 주변의 추문을 방어하기 위해, 대통령의 거부권을 남용하면서 대한민국의 민주주의가 붕괴되고 있다. 국민의 민생은 외면한 채, 대통령의 아집과 독선을 '개혁'이라 강변하는 한편, 공영방송을 파괴하면서 민주주의의 붕괴를 초래하고 있다.

현재 대한민국은 그 어느 때보다도 안심할 수 없는 위기 상황에 처해 있다. 전쟁 위기가 한반도를 엄습하고, 서민 생활은 도탄에 빠져 있으며, 의료 대란의 공포는 우리 주변을 맴돌고 있다. 대통령은 이러한 위기 상황을 지혜롭게 해결하기는커녕, 오히려 이를 악화시키고 있다. 대통령이 "그냥 아무것도 하지 말았으면 좋겠다"는 말까지 나오는 지경에 이른 것이다.

이 와중에, 국민으로부터 위임받은 공적 권력을 사사로운 목적을 위해 행사하는 행태가 벌어지고 있다. 무능과 불통을 넘어, 공직자로서 최소한의 양식과 자질마저 의심받고 있는 상황이다. 검찰의 소환 조사조차 없었던 김건희 여사의 수많은 의혹들, 그리고 그 끝이 어디인지 모르는 국정 농단 문제 등은, 대통령 배우자나 정치 브로커의 문제가 아니라 국정 운영의 최고 책임자인 대통령 본인의 문제임을 직시해야 한다.

각각의 자리에는 그에 맞는 자질과 능력이 있어야 한다. 물론 자질과 능력이 부족하더라도, 그 자리를 유지할 수 있는 경우가 없지는 않다. 그러나 대한민국의 대통령이라는 자리는 그런 자리가 아니다. 전쟁 위기와 민생 위기 앞에서 불안에 시달리는 대한민국 국민을 더 이상 괴롭혀서는 안 된다. 국정 파탄의 책임은 누구에게도 미룰 수 없다. 윤석열 대통령의 자질과 능력이 부족하다면 그 스스로 물러나는 것이 타당하다. 마지막으로, 국민을 위한 대통령의 결단을 촉구한다.

국민대학교 시국선언 참여자(가나다순) 61명
계봉오 김경래 김영미 김태종 김한승 김현미 박원광 박인희 박진 박태미 배병인 서주현 신동준 안성만 윤경우 윤동호 이계형 이근세 이노현 이대택 이장영 이창현 임근석 정경훈 정선태 정재원 조종화 조현신 채오병 최은진 최태만 한희정 홍기증 (무기명 참여자 28명)

고려대학교 교수 시국선언 2024년 11월 14일. 목.

윤석열 대통령 퇴진 촉구

고려대 서명 교수 일동은 국민이 부여한 권력을 사유화한 윤석열 대통령의 퇴진을 강력히 요구한다. 특검을 즉각 시행하여 그간 벌어진 국정 농단과 파행을 철저히 규명할 것도 엄중히 촉구한다.

21세기 대한민국은 급변하는 국제 정세 속에서 새로운 도약대를 마련하고 한반도와 세계의 평화·번영을 이끌 것인가 아니면 20세기 제국주의와 냉전 이념이 남긴 굴레에서 벗어나지 못한 채 주변 열강의 이해에 따라 부침을 반복할 것인가, 그 기로를 결정하는 역사적 전환기를 거치고 있다. 따라서 우리 사회 구성원 모두가 현실을 냉철하게 직시하고, 사회적 합의를 통해 현명한 선택과 판단을 하는 것이 그 어느 때보다 절실하게 요구된다. 그러나 지금 우리는 미래에 대한 비전과 희망 대신, 대통령 부부의 국정 농단을 보며 우려와 당혹감을 넘어 분노하지 않을 수 없다.

자신과 주변의 이익을 위해 권력을 사유화한 대통령에게 권한을 계속해서 행사하도록 해서는 결코 안 된다. 대통령 권한 정지와 퇴진에 따른 일시적인 혼란은 민주적인 제도로 충분히 극복할 수 있으나, 더 이상의 국정 농단은 우리 사회를 절체절명의 위기에 빠트릴 수 있기 때문이다. 우리 사회의 상식을 이루는 가치관이 극단적으로 나뉘어 대립하고 한반도의 전쟁 위기가 더 고조되고 있는 현 상황이 이러한 우려를 심각하게 만든다.

대통령의 퇴진을 요구하는 이유는 차고도 넘친다.

첫째, 권력을 사유화하고 국정을 농단했다. 우리는 오랜 기간 독재에 항거하고 공동체의 번영을 위해 부단히 노력해 왔다. 현 대통령 부부의 국정 농단은 일제 식민 지배, 분단과 전쟁을 겪으며 힘들게 쌓아 올린 대한민국의 통치제도를 심각하게 훼손하고 있다. 언론

보도를 통해 확인된 각종 게이트는 박근혜 정권에서 벌어진 농단을 무색하게 만드는 것을 넘어 삼권분립에 기초한 민주공화국의 근간을 뒤흔들고 있다.

둘째, 역사를 왜곡하고 민주주의를 훼손했다. 현 정권은 소위 뉴라이트 역사관으로 자랑스러운 항일 독립운동의 역사를 지우고, 정당성도 실리도 없는 굴욕적인 대일 외교를 지속하였다. 반면, 불온세력, 반국가세력과 같은 시대착오적인 용어를 써가며 국민을 몰아세우고, 검찰을 동원하여 반대 세력을 탄압하였으며 언론을 장악하여 시민들을 통제하려 하였다. 공정과 상식, 법과 원칙이라는 허울을 내세워 과거를 왜곡하고 현실을 통제하며 미래를 파괴하고 있는 것이다. 그 주된 이유가 대통령과 그 주변의 안위와 이권 카르텔을 지키기 위한 것이라면 진정 심각한 문제가 아닐 수 없다.

셋째, 국민의 안전을 위협하고 안보 위기를 초래했다. 2022년 이태원 참사, 2023년 채상병의 억울한 죽음에 대한 진상 규명과 책임자 처벌은 여전히 이루어지지 못하고 있고, 올해 무책임한 의료대란까지 일으켜 전 국민의 생명 안전을 위협하고 있다. 국민의 안전을 지키지 못하고 나아가 진상 규명을 방해하는 정치 세력과 권력자는 더 이상 국민의 곁에 머물 자격이 없다. 더구나 군인 한 사람의 목숨도 명예롭게 지키지 못하는 권력이 한반도의 위기를 고조시켜 전체 국민을 위험에 빠트리는 일은 지금 당장이라도 막아야 한다.

지난 7일 대통령의 기자 회견은 이 정권이 나아질 가능성이 없다는 사실을 여실하게 보여 주었다. 이를 본 국민은 모욕감과 참담한 심정으로 불의와 무지, 무능으로 가득한 현재의 권력이 더 이상 지속되어서는 안 된다는 확신을 갖게 되었다. 이제는 무너진 국민의 자존심과 국가의 품격을 회복하고 우리 사회의 지속적인 안녕과 번영을 위해 현 상황을 좌시할 수 없게 되었다. 이에 고려대 교수 일동은 윤석열 대통령의 퇴진과 특검 시행을 다시 한 번 엄중히 촉구한다.

고려대학교 서명 교수 152명 일동

강은주, 곽경민, 고영규, 고점복, 구상회, 권내현, 권혁용, 김갑년, 김동욱,
김동현, 김문일, 김민주, 김범수, 김범석, 김선민, 김선혁, 김성룡, 김성환,
김수한, 김신곤, 김영근, 김옥매, 김완배, 김용헌, 김용철, 김우영, 김우찬,
김원섭, 김윤태, 김은성, 김응주, 김장훈, 김정숙, 김진규, 김진배, 김진영,
김철규, 김충호, 김태성, 김한웅, 김형수, 김효민, 남호성, 노애경, 류지훈,
류태호, 류홍서, 문두건, 민경현, 민경훈, 박경남, 박경화, 박대재, 박상수,
박선웅, 박성철, 박우준, 박유희, 박종천, 박창규, 박헌호, 배상우, 배종석,
서병선, 서승원, 성영배, 손기영, 손주경, 송규진, 송상헌, 송양섭, 송완범,
송혁기, 송호빈, 송효종, 신명훈, 신은경, 신정화, 양원석, 양승룡, 엄태웅,
염석규, 오유정, 유경철, 유난숙, 윤조원, 윤봉준, 윤태웅, 이기호, 이도길,
이동은, 이동섭, 이동호, 이명현, 이상원, 이성호, 이세련, 이순영, 이순의,
이영훈, 이용숙, 이용호, 이재명, 이진한, 이찬, 이창희, 이형대, 이형식,
이호정, 이화, 임준철, 임춘학, 임형은, 장경준, 장동천, 장유진, 장정선,
전경남, 전재옥, 전현식, 정병욱, 정순일, 정우봉, 정의환, 정재관, 정재호,
정재화, 정지웅, 정호섭, 조대엽, 조석주, 조윤재, 조재룡, 조재우, 조철현,
지영래, 천철홍, 최기항, 최보승, 최석무, 최용석, 최은수, 최정현, 최종택,
최태수, 한재준, 허은, 허지원, 홍금수 홍세희, 홍용진, 홍정호.

총 152명(가나다 순)

부울경 대학교수 652명 2024년 11월 14일. 목.

대한민국의 법치와 민주주의를 무너뜨린 대통령의 사퇴를 요구한다!

대한민국이 중대한 위기에 빠졌다. 피땀 흘려 쌓아 온 민주주의적 제도와 관행이 참혹한 퇴행을 거듭하고 있다. 국민을 위한 정치는 사라졌고 서민을 살리는 경제는 무너졌다. 국민의 안전과 생명을 지켜야 할 외교 안보가 오히려 국민을 위협하고 있다. 무엇이 이 나라를 몰락과 붕괴로 내몰고 있는가. 바로 윤석열 부부의 권력 사유화와 국정농단이 그 근본 원인이다.

민주주의가 전면적으로 무너지고 있다. 국민의 뜻을 대변하는 입법기관인 국회는 대통령의 무분별하고 끝없는 거부권 행사로 그 권능을 상실해 버렸다. 정의와 공정의 보루가 되어야 할 검찰은 스스로의 역할을 부정했다. 만인 평등의 헌법정신을 정면으로 짓밟으며 권력의 시녀로 전락한 것이다. 시민들은 지금 검찰을 김건희 씨와 대통령 일가를 지키는 사설 경호원이라 부른다. 무능하고 무도한 정권을 유지하는 공동정범이라 칭한다.

서민들의 삶은 도탄에 빠졌다. 고물가, 고금리, 고환율이 지속되며 경제에 적신호가 켜진 지 오래다. 대통령이 입버릇처럼 강조해온 교육, 의료, 노동, 연금의 4대 개혁은 제대로 된 논의도 없이 표류하고 있다. 가계부채가 천문학적인 수준으로 치솟고, 폐업의 구렁텅이로 몰리는 자영업자의 절규가 온 누리에 퍼지고 있다.

그럼에도 불구하고 윤석열 정권은 끝없는 부자 감세만 전가의 보도처럼 휘두르고 있다. 가속화된 재정 적자와 엉터리 긴축재정 속에 서민 지원을 위한 정책들은 차례로 실종되고 있다. 나라가 이 지경인데도 대통령은 경제는 문제없다고 나 홀로 주문처럼 외치고 있다.

국가의 기초적 의무는 국민의 생명을 지키는 것이다. 하지만 우리는 이태원에서 꽃다운 청년들이 떼죽음을 당한 것을 기억한다. 그 거대한 비극 앞에서 대통령과 책임자들이 제대로 된 애도조차 하지 않았던 것을 기억한다. 응급실 뺑뺑이로 상징되는 의료대란에도 모르쇠로 일관하는 대통령과 국무총리의 당당한 태도를 보라. 이야말로 국민의 생명과 안전에 대한 위협을 철저히 외면하는 현 정권의 민낯을 상징하는 것이다.

외교 안보 분야는 또 어떤가. 역사적 반성 없는 일본에 머리를 조아리는 굴욕외교는 이미 그 도를 넘어서고 있다. 한국의 근대화와 고도성장이 식민 지배의 결과라는 어처구니없는 논리가 전면에 부활하고 있다. 일제강점기를 미화하는 참담한 망언을 일삼는 자들이 국가기관의 장(長)에까지 오르는 지경이다.

대통령 취임 이후 한반도에는 평화와 교류가 사라졌다. 남북 긴장과 적대의 악순환만 반복되고 있다. 특히 국회의 동의조차 없이 독단으로 우크라이나에 살상무기 지원을 검토하는 작금의 상황은 온 국민을 불안으로 몰아넣고 있다. 대통령은 한반도 전쟁위기의 극대화를 우려하는 절대다수 국민의 반대를 무릅쓰고, 러시아-우크라이나 전쟁에 대한 위험천만한 개입을 저울질하고 있다.

무엇보다 대통령 아내의 국정농단과 선거개입 의혹이 눈덩이처럼 커지고 있다. 그 과정에서 대통령의 거짓말도 연달아 드러났다. 충격과 분노는 10%대로 주저앉은 대통령 국정지지율에 고스란히 담겨 있다. 현 정권에 대한 국민의 심판이 이미 끝났음을 보여주는 명백한 지표이다.

11월 7일 대통령 기자회견을 통해 국민은 일말의 반성과 책임을 기대했지만, 대통령은 자신의 무능과 무도함 그리고 김건희 씨의 국정농단에 대해 모든 것을 부정하고 변명과 남 탓으로 일관했다. 국민은 이제 윤석열 김건희 부부를 더 이상 인내하기 어려운 한계 상황에 봉착했다.

대한민국 헌법 제 1조는 선언한다. "대한민국은 민주공화국이다. 대한민국의 주권은 국민에게 있고, 모든 권력은 국민으로부터 나온다." 그렇다. 이제 나라를 지키기 위한 전 국민적 행동이 개시되어야 할 시점이다.

한 줌도 안 되는 국정농단 세력에 의해 나라가 무너지고 있다. 이 같은 엄중한 상황을 맞아 우리 **부산·울산·경남** 지역의 교수 연구자 일동은 본 시국선언을 통해 다음과 같이 결의한다.

하나, 민주주의를 무너뜨리고, 대한민국의 법치를 훼손한 대통령은 즉각 사퇴하라!

하나, 현 정권의 위기를 모면하기 위해, 무기지원과 파병을 비롯한 한반도의 전쟁 위기를 조장하는 그 어떤 시도도 결단코 반대한다!

하나, 현재의 국가적 위기를 타개하기 위해 정치권은 물론 모든 시민들이 함께 뜻을 모아 필요한 행동에 나서야 한다.

무너지는 민주주의와 대한민국을 걱정하는
부산·울산·경남 교수 연구자 일동

경남·부산·울산 교수·연구자 시국선언 서명자 (27개 대학, 1개 연구소 652명, 2024년11월13일 오후10시 기준)

강경구 강명관 강석웅 강성완 강성한 강수경 강신준 강영환 강유진 강이화 강재규 강재호 강재훈 강정원 강지원 고나은 고아진 고재홍 고평석 고혜림 고훈 곽세열 곽연식 곽차섭 곽한영 구동회 구미숙 구본진 구산우 구자익 구효송 권기성 권기철 권서용 권수현 권순복 권영규 권오현 권정원 권현수 김강식 김건일 김경석 김경수 김경수 김경연 김광수 김광철 김나원 김남석 김남이 김다훈 김대경 김대현 김도경 김도헌 김도형 김동규 김동규 김동원 김동조 김동철 김두철 김려실 김명주 김명희 김문겸 김문기 김미자 김미주 김민수 김병태 김병홍 김상미 김상범 김선미 김선영 김성연 김성원 김성윤 김성준 김수경 김수경 김수정 김수진 김승 김승룡 김영 김영록 김영만 김영미 김영아 김영우 김영종 김영주 김영진 김영화 김영환 김영희 김용규 김용복 김원명 김유경 김윤민 김윤희 김은주 김은지 김은진 김은혜 김인선 김인하 김재현 김정화 김종기 김종원 김종원 김종천 김종한 김종호 김주현 김주호 김주환 김준수 김준호 김지관 김지숙 김진영 김찬균 김찬룡 김창준

김창호 김창훈 김철기 김철우 김충국 김태만 김하원 김해원 김해창 김현라
김현민 김형남 김혜숙 김혜영 김혜정 김호민 김호범 김회용 김희재 김희정
나도원 나찬연 나희삼 남경완 남경태 남미전 남상민 남송우 남찬섭 노용석
류길수 류성진 류승아 류영욱 류은하 류장수 류재칠 문경희 문성원 문성철
문소희 문영만 문종대 문종현 민경준 민세명 박준수 박경연 박근태 박기룡
박노종 박대윤 박동규 박명화 박문정 박문찬 박미진 박미향 박미현 박미혜
박범준 박상욱 박상현 박선아 박성익 박수억 박순준 박영주 박영호 박영희
박용식 박원용 박정선 박정심 박정일 박정호 박정호 박정희 박종균 박종식
박종철 박준건 박지애 박지영 박지원 박지현 박진형 박창민 박철규 박태성
박태원 박현건 박현경 박현진 박형준 박혜원 박호성 박홍원 박효엽 박효영
박훈하 박희운 방추성 배경진 배구택 배병삼 배병욱 배양수 배윤기 배재국
배정우 배혜정 백상진 백영제 백윤주 백현주 변광석 변선경 변영우 변지수
변진언 사공일 서대정 서명숙 서민정 서석원 서석흥 서순범 서용태 서은미
서은수 서정아 서정욱 서준호 서해근 석영미 선석열 선우성혜 설문원
설선혜 성민 성병욱 성병창 성인수 성진희 손남훈 손대영 손성은 손지아
송근원 송기인 송문현 송성수 송원근 송윤경 송정란 송정애 송주란 송효원
신경철 신동규 신동규 신병률 신상범 신상원 신세완 신영란 신우진 신원철
신은제 신주연 신준식 신지은 신창옥 신태섭 신홍철 심현 심경옥 심상완
안미정 안병도 안석영 안소미 안영철 안중환 안차수 안철현 안현수 안현식
양성용 양영자 양재혁 양정현 양진홍 양창아 양태천 양흥숙 오문완 오미일
오봉희 오세옥 오세웅 오승호 오이현 오인택 오정옥 오정진 오종환 오준오
오창석 오혁진 오현석 옹지인 왕태규 우은진 우인희 우정미 우정임 원동욱
원영미 유경열 유남현 유대웅 유동철 유동훈 유순화 유우창 유인권 유일선
유재건 유주연 유진상 유현미 유형근 윤기헌 윤상우 윤상환 윤여일 윤영주
윤용출 윤존도 윤종태 윤지영 이경란 이경서 이경우 이경일 이경필 이광수
이규성 이기봉 이기숙 이기영 이기준 이기호 이달별 이대식 이동문 이동욱
이동일 이동형 이두호 이명규 이미숙 이민경 이민환 이병주 이병준 이병철
이부현 이삼준 이상룡 이상백 이상수 이상영 이상욱 이상재 이상진 이상철
이상헌 이상현 이석호 이선미 이선애 이선필 이선현 이성기 이성민 이성희
이소연 이소영 이송 이송은 이송희 이수경 이수상 이순욱 이승은 이시원
이안나 이양금 이연옥 이영일 이영주 이용국 이용재 이원익 이원제 이유직

이유혁 이은상 이은섭 이은영 이은주 이은진 이을상 이일래 이재봉 이재철
이재훈 이정기 이정란 이정수 이정은 이정은 이정호 이정희 이종봉 이종진
이주기 이지웅 이진옥 이진희 이진희 이찬우 이찬훈 이창민 이창영 이창현
이철우 이철호 이태구 이태문 이하우 이학규 이한기 이행봉 이향아 이현수
이호창 이회환 이희원 인태정 임만호 임미경 임병묵 임상래 임상석 임상택
임소연 임재택 임정은 임춘영 장남수 장동석 장동표 장민지 장세훈 장수지
장시광 장영익 장윤정 장은주 장정아 장종욱 장현정 장희철 전경선 전성현
전숭종 전영섭 전용복 전지혜 전진성 전혁표 정경재 정계향 정구현 정규석
정대성 정대영 정대훈 정백근 정병언 정봉석 정성숙 정성진 정여주 정연진
정영숙 정영인 정영현 정예림 정용문 정용하 정윤택 정익교 정일형 정재요
정재욱 정재환 정정훈 정종기 정종모 정종복 정종현 정지인 정진아 정진우
정출헌 정향교 정현영 정현일 정호원 조건상 조명기 조명제 조세현 조수미
조영훈 조용언 조장식 조재욱 조정우 조정은 조진구 조창오 조춘희 조항제
조해정 조형제 조환규 조효래 조효주 주기재 주성준 주유신 지모선 지주형
지현주 진상원 진시원 진우현 진재문 진홍근 진희권 차성환 차윤정 차재권
차철욱 채진영 채희완 최나현 최덕경 최말옥 최병옥 최상한 최성희 최송현
최승제 최연주 최원석 최원석 최은경 최은령 최인수 최인택 최자영 최정호
최종열 최중호 최진아 하상복 하상필 하여주 하영미 하용삼 하재필 하지영
하춘광 한명석 한봉석 한상진 한수선 한수정 한순희 한승훈 한양하 한윤환
함승호 허영란 허정도 허지애 현재열 현재환 홍석환 홍석희 홍성태 홍성화
홍순권 홍승철 홍영기 홍익표 홍장표 홍창남 홍창완 황무현 황선웅 황영현
황은덕 황을철 황현일

뿔난 경북대학교 교수·연구자 일동 2024년 11월 19일, 화.

문제의 차원이 달라졌다

한국 사회에서 윤석열 대통령 집권 아래 벌어진 일들을 걱정하고 비판해 온 경과는 짧지 않다. "눈 떠보니 후진국"이라는 말들이 돌기 시작했을 때의 일이 까마득하게 느껴질 정도이다.

정부 비판을 되뇌다가, 이제 그런 말하기가 입이 아프다고 생각한 지도 이미 오래다. 집권 기간이 길지 않았고, 강렬한 업적이 눈에 띄지도 않는데, 그 걱정과 비판이 이렇게 길고 강하게 이어진 사실이 놀랍기조차 하다.

그럼에도 오늘 우리는 지금까지와는 다른 형식, 다른 내용, 다른 강도로, 윤석열 대통령에게 요구하려고 한다. 대통령의 자리에서 물러나라. 쏟아지는 비판에도 모르쇠로 일관하며, 잘못이 있으면 말해 달라고, 잘못이 뭔지는 몰라도 사과는 벌써 다 했다고, 대통령의 선거 개입은 불법이 아니지만 특검은 위헌이라고 주장하는 윤석열 대통령을, 이제 우리는 해고한다. 그가 마구잡이로 휘둘러 온 권력을 빼앗을 것이다. 이제 문제의 차원이 달라졌다고 생각하기 때문이다.

무엇이 문제였는가

윤석열 대통령을 향한 우려와 비판은 그가 집권하기 전부터도 있었다. 그의 경험, 세계관, 실력, 지식, 감성, 언변, 사고력, 판단력, 정치력, 심지어 유머 감각까지, 거의 모든 것이 의심스러웠다. 그럼에도 대통령 당선과 함께 우리는 일단 걱정과 의심을 접었다.

그가 해야 할 일이 많고, 그 일의 시급함과 위중함이 컸기 때문이다. 선거 전에 있었던 일은 후보로서 경쟁하느라 벌어진 일이라 여기며, 국민을 통합하고 위기를 헤쳐 나가는 모습을 보여주기를 바랐다. 그런데 그가 대통령으로서 보여준 것은 과연 무엇이었는가.

아무 능력이 없고, 아무도 책임지지 않는다

윤석열 대통령은 줄곧 능력 있는 인사를 적재적소에 쓰는 일이 중요함을 강조했다. 오늘날 누가 이 말에 끄덕이며 납득하겠는가? 온갖 전문 영역에서 검찰 출신자들로 핵심 고위직을 채우고, 경찰 고위직에는 프락치 경력 의혹을 받는 자까지 발탁되었다. 서울대 출신 고령 남성으로 각료·보좌진을 가득 채우는 등, 인사 다양성은 아랑곳하지 않았다.

비선 개입의 의혹이 줄곧 대통령의 행보를 따라다녔으며, 배우자나 역술인, 모사꾼 부류가 개입한다는 의혹까지 꼬리를 물었다. 그 의혹들의 일부는 지금 실체를 드러내고 있다. 노동자와 노동조합을 적대하는 자가 노사정 대화를 책임지고, 자신이 뉴라이트가 아니라 우기며 뉴라이트의 망언을 일삼는 이들이 역사와 교육과 학문과 외교를 책임진다.

심지어 마음에 들지 않으면 지명을 받은 인물조차 임명하지 않고 공직을 공석으로 두며, 그렇게 파행으로 운영하다가 정부 기구가 작동 불능의 상태에 빠지기도 한다. 대통령과 가까우면 수도 한가운데에서 사망자만 150명이 넘는 압사 사고가 일어나도 책임지지 않으며, 수사 대상에 올랐어도 주요국 대사직에 기용한다.

고위공무원이 국가의 감사 업무나 진실 화해 업무를 정치적으로 이용하면서, 공사석 불문 오히려 큰소리를 치고 다닌다. 무능하면서도 극단적인 대외 정책으로 한반도의 평화와 안보를 거듭 위기로 몰기도 했다. 왜 여기저기서 유사한 문제가 반복되는가? 모든 문제의 중심이자 근원에 윤석열 대통령이 있기 때문이다.

IMF와 코로나 때보다도 힘들다

국민은 IMF 금융위기 때보다, 코로나 팬데믹 때보다 지금이 힘들다고 아우성이다. 동시에 부자 감세가 한 원흉이라 지목되는 세수 부족으로 인해 국가 재정도 사경을 헤맨다. 국가 재정 교부에 많은 것을 의지하는 지방재정도 깊은 수렁으로 들어섰다. 그런데 이 문제의 진단과 해결을 담당할 고위 관료는 각종의 공적 자금을 끌어다가 때운다며, 뻔뻔스레 고개를 치켜들고 회전의자에 앉아 있다.

국가의 연구개발 예산을 통째 도려낸 일은 십자포화를 맞은 끝에 뭔가 잘못을 인정하는 듯한 모습을 보였으나, 아무것도 정상화되지 않았다. 보건·복지·노동 재정은 폭탄을 맞고 그로기 상태다. 왜 이렇게 되었는가. 그것이 윤석열 대통령의 정책 기조이고, 입 밖에 내는 말이 무엇이든 현실적으로 그것을 실현할 재정이 뒷받침되지 않기 때문이다.

그런데 윤석열 대통령은 이 일의 원점에 있었던 자신의 '연구비 카르텔' 발언에 대해 사과 비슷한 것조차 한 일이 없다. 그 모두가 대통령의 철학과 세계관의 소산이고, 열렬한 정책적 궁리의 귀착이기 때문이다. 그렇다면 이 모두가 윤석열 대통령이 일으킨 일 아닌가?

모든 국민이 '입틀막' 당했다

카이스트 졸업식의 '입틀막' 사태는 대단히 상징적이며, 놀라운 사건이었다. 그러나 대통령이 자신의 지지율을 높이기 위해 민주노총과 화물연대에 몰매를 놓으며 노동 기본권을 찍어 누를 때부터 예견된 일이기도 했다. 말도 안 되는 듣기 능력 테스트와 상습화된 고소·고발·제재로 비판자들의 입을 막은 일은 어떤가. 그것이 어처구니없는 폭거라는 점은 얼마 안 남은 윤석열 대통령 지지자조차 알고 있다.

그러나 그들이 "나도 안다"라고 말하지 못하는 것은, 그렇게 말했다가 보수의 마지막 보루조차 무너지는 일이 두렵기 때문이다. 스스로 방파제가 되기를 택한 것이다. 그렇다면 이 수치스러운 묵인 아래 유지되는 윤석열 대통령의 권력과 지지 기반은 도대체 무엇인가? 방파제 위에서 벌어지는, 벌거벗은 임금의 퍼레이드가 아닌가? 왜 지지자들에게 자기 나신을 향한 환호를 강요하는가? 반대자들이 만만한가? 지지자들이 우스운가? 왜 그의 지지자들은 그런 곤경에 빠졌는가? 바로 윤석열 대통령이 남의 말을 도무지 듣지 않고, 한국 사회를 말의 파탄 상태로 몰아갔기 때문이다.

우리는 이 점을 특히 용서할 수 없다. 비판자를 반국가 세력으로 몰고,

독립 영웅을 상대로 역사 전쟁을 선동하며, 남북 간에는 물론 멀리 유럽까지 날아가 마구잡이의 말로 군사 긴장을 고조시켰다. 의료진과의 대화 단절, 말에 의한 악마화는 말할 것도 없다. 공석에서 반말이나 해대며 건들거리는 일까지, 그가 저지른 소통 파괴의 목록은 끝도 없이 이어진다.

문제는 윤석열 대통령이다

취임 후 인사가 폭탄 수준의 참사여도, 나라의 물적 토대가 거덜이 나도, 도대체 말이 통하지 않는 사회를 만들어 놓고서 맨날 전 정부 탓만 해도, 지금까지 우리는 개별 사안을 비판했을 뿐 대통령을 향해 물러나라고 하지 않았다. 배우자 일가의 소유지를 향해 고속도로가 휘어져 들어도, 사도 광산이나 독도 문제에서 묵과할 수 없는 일들을 기꺼이 묵과하고 심지어 앞장서는 듯한 자들이 국정을 좌우해도, 우리는 개별 사안과 개별 사람은 비판했어도, 대통령 자신이 그 자리를 내놓음으로써 책임지라고 하지 않았다.

심지어 우리는 이태원에서 멀쩡한 젊은이들이 죽어 나가도, '애국한 잘못'밖에 없는 젊은 해병이 안전 장비 하나 없이 수색에 나섰다가 급류에 휩쓸려서 죽임을 당해도, 장관과 사단장에게 책임을 물어달라고 했지, 대통령이 직접 책임지라고 하지 않았다. 대통령 배우자가 저지른 잘못들이 명백해 보여도, 경찰과 검찰이 시간만 끌다 갑자기 나서서 죄 없음을 강변해도, 배우자를 수사하라고, 기소하라고, 죄가 있다면 죗값을 물으라고 요구했지, 대통령이 직접 책임을 지라고 하지 않았다.

그래도 그가 종국에는 국민의 이해와 요구에 따라서 행동할 수밖에 없을 것이라고 믿었기 때문이다. 그런데 만일 유사한 문제가 무한 반복되는 이 상황이, 그에게 미심쩍은 믿음을 보낸 우리의 잘못이라면 어떻게 되는가? 여전히 우리는 "윤석열 대통령의 책임"이라고만 말하고 있어도 되는가?

윤석열 대통령은 해고다

올해 핼러윈에는 이태원에 많은 사람이 몰렸지만 사고가 나지 않았다.

제대로 안전조치를 취하고 경관들이 안전 계도와 질서 유지에 힘썼기 때문이다. 그러면 그해 핼러윈의 이태원에서 참사가 발생했던 것은 그 일을 해야 하는 자가 책임을 방기했기 때문이 아닌가? 그런데 왜 대통령은 그의 책임이 없다고 하는가? 채수근 해병 사건은 어떤가. 책임을 져야만 하는 자들이, 부하들을 윽박질러 말단 사병을 죽음의 강바닥에 내몬 장성이, 대통령에게만 잘 보이면 책임을 지지 않아도 된다고 결론을 내린 것 아닌가? 애꿎은 젊은 해병의 죽음 앞에 고위 군인들이 부하들에게만 책임을 떠넘기고, 자기는 책임을 모면하려는 것이 아닌가?

뉴라이트 망언을 일삼아 온 자들이 거듭 고위직에 올라 망언을 되풀이하는 것은 도대체 누구의 책임인가? 대통령 배우자와 관련된 온갖 문제가 덮이는 일이 반복되고, 이에 국민이 모두 분개하고 있다. 그런데 경찰도, 검찰도, 그 누구도 대통령 배우자의 책임을 묻지 않고 넘어가려는 것은 무엇 때문인가? 이 모두는 당연히 국정 최고 최후의 책임자인 대통령의 책임이다.

그러나 끝내 대통령이 이 모든 국민의 말을 들으려고도, 뜻을 읽으려고도, 그 삶을 헤아리려고도 하지 않으면, 그래서 민주주의라고는 없이, 국민이 주권자로서 나라의 주인이라는 의식조차 없이, 국민의 공복들이 모두 대통령만 쳐다보며 지낸다면, 이는 누구의 책임인가? 오늘 우리는 그것이 우리의 책임이라는 결론에 도달했다.

대통령이 책임을 지라고, 스스로 책임지지 않는다면 우리가 그 책임을 묻겠다고 했어야만 했다. 그러므로 이 모든 일은, 그 실천은커녕 요구조차 하지 않고 대통령 윤석열의 치세를 지나온, 우리의 책임이다. 국민의 말을 듣지 않는 대통령은 자리에서 물러나야 한다. 말을 듣지도, 물러나지도 않는다면 우리가 끌어내릴 것이다. 윤석열 대통령은 해고다.

민주주의를 요구하는 경북대학교 교수·연구자 일동
2024년 11월 19일

전주대학교 교수 시국선언   2024년 11월 19일, 화.

윤석열 대통령은 국격 훼손과 국정 농단의 책임을 지고 즉각 퇴진하라

대학은 옳음을 탐구하고 올바름을 가르치는 곳이다. 대학교수에게 엄격한 윤리적 기준을 요구하는 것은 우리들이 대한민국의 미래 세대에게 진리와 정의를 가르칠 자격이 있음을 보여야 하기 때문이다. 하물며 그 대상이 국민을 대신하여 국가를 대표할 대통령과 영부인이라면 더 말할 필요도 없을 것이다.

윤석열 대통령의 품격에 국민들이 의구심을 갖게 된 것은 이미 오래되었다. '王'자가 씌어진 손바닥을 내밀었을 때, 기차의 빈자리에 구둣발을 올렸을 때, 국제회의 장에서 비속어를 남발했을 때, 국민들은 대통령의 무게와는 너무도 동떨어진 그의 언행에 불안함을 감출 수 없었다. 그러나 그의 거친 품격에도 불구하고, 그가 사회 각 분야에서 '공정과 상식'을 실현할 수 있는 능력을 보여줄 거라는 일부 국민들의 기대 역시 2년 반 만에 완전히 무너지고 말았다. 그는 애당초 공정함이 무엇이고 상식이 무엇인지 모르는 사람처럼 대한민국의 대내외 시스템을 급속도로 망가뜨렸다.

그가 집권 2년 반 동안 전임 대통령의 성과를 되돌리고 야당 대표를 괴롭히는 일에 몰두하는 사이 대한민국은 총체적인 위기에 빠졌다. 이태원 참사로 젊은 아이들을 잃어버린 대한민국 어버이들의 눈물이 마르기도 전에, 대통령은 채 상병의 억울한 죽음을 밝히라는 특검법을 거부하였으며, 남의 전쟁에 우리 아이들을 내보낼 참전 카드를 만지작거리고 있다. 국민의 안전과 생명을 지켜야 할 외교 안보는 대통령의 무지하고 경솔한 언행으로 오히려 국민을 위협하는 요소가 되었으며, 부족한 의사를 확보하겠다는 단순한 발상에서 시작한 주먹구구식 의대 정원 확대 정책은 오히려 응급실 뺑뺑이로 대표되는 의료 대란으로 돌아와 국민을 불안에 떨게 하고 있다.

더욱 개탄스러운 것은 이러한 정책적 실패마저도 그것이 대통령의 손과 머리가 아닌 다른 누군가의 지시와 개입에서 비롯되었다는 것이다. 지난 11월 7일 기자회견에서 우리는 대통령으로부터 자신이 김건희의 아바타임을 인정하는 경악할만한 자백을 듣게 되었다. 자신의 핸드폰을 김건희가 대신 가져다 답장하는 일은 수렴청정을 넘어 국정농단 그 자체가 아닐 수 없다. 주가 조작과 뇌물 수수의 범죄 피의자인 김건희가 남편이자 대통령을 '지가 뭘 안다고'의 수준으로 떨어뜨린 순간, 이미 이들은 대한민국 대통령과 영부인의 자격을 상실한 것이다.

구구한 변명과 품격 없는 반말로 끝났던 기자회견 이후 국민들은 이제 윤석열 김건희 부부에 대한 인내가 한계에 이르렀음을 행동으로 보여주고 있다. 대한민국의 지도자가 미래 세대에게 희망과 모범이 되지 못하고, 오히려 절망과 분노의 대상이 되어 버린 현실을 직시하면서, 우리 전주대학교 교수들은 제자들의 미래를 걱정하는 마음으로, 국민의 명령을 대신하여 윤석열 대통령에게 다음과 같이 엄중히 촉구한다.

하나, 스스로의 입으로 말했던 '특검을 거부하는 자가 범인'이라는 말을 실천하여 즉각 김건희를 특검하라!

하나, 대한민국의 법치를 훼손하고 범죄를 비호하여 국정농단에 이르게 한 윤석열 대통령은 즉각 사퇴하라!

2024년 11월 19일

시국을 걱정하는 전주대학교 교수 일동

강성 권용석 ○○○ 김건우 김기정 김동민 김동현 김문택 김미진 김병오 ○○○ 김보경 김봉석 김연수 김영수 ○○○ 김은희 김인규 김인식 김장순 김창권 김창민 김현영 김형술 김호준 ○○○ 류경호 민정익 박동석 ○○○ 박상업 박성희 박주영 박현정 박현진 백민경 변은진 복헌수 봉필훈 ○○○ 서은혜 서재복 ○○○ 송주환 송지영 송해근 신동진 신숙경 신용호 심세보 심우석 심준영 안세길 안정훈 안종석 양정호 오재록 오항녕 유경민 유규선 유성목 유승만 유정란 유평수 윤마병 윤인선 ○○○ 윤형섭 이경재 이기훈 이길구 ○○○ ○○○ 이송근 이숙 이은경 이일주 이정상 ○○○ 이호준 이희중 임성진 임용민 ○○○ 정경구 ○○○ 조윤숙 조정근 채수정 최경호 최동주 최복천 최선희 최은복 최진희 최창용 최현욱 캐티차 하영우 한광현 홍성주 홍성덕 홍성택 황영

2024년 11월 19일
이상 104명(무기명 13명 포함)

성공회대 시국선언   2024년 11월 20일. 수.

"김건희 특검 수용…안 할 거면 퇴진하라" [전문]

성공회대학교 교수·연구자들이 윤석열 대통령에게 김건희 여사와 관련된 각종 의혹을 해소하는 등 국민적 현안을 해결하지 않을 거면 "즉각 퇴진하라"고 요구했다.

성공회대 전·현직 교수·연구자 141명은 20일 "껍데기는 가라"로 시작되는 시국선언문을 냈다. 이들은 "거짓이 진실을 뒤옆고, 후안무치의 뻔뻔함이 작은 '바람'에도 괴로워하는 양심을 짓밟는 일들이 마치 일상이라도 된 듯이 온통 미디어를 뒤덮고 있다"며 비통한 심정을 전했다.

이들은 이태원 참사, 채상병 사건과 김건희 여사의 도이치모터스 주가조작과 명품백 수수 무혐의 처분, 국정농단 의혹 등을 언급하며 "윤석열 정권이 들어선 이후 일어났던 일련의 사태는 최소한의 법감정과 상식에서 벗어났다"고 지적했다.

~~~

"껍데기는 가라"

성공회대학교 전·현직 교수 연구자 일동은 대한민국의 민주주의와 사회정의가 심각하게 훼손되어가고 있는 현 시국에 대해 깊은 우려의 마음을 금할 길이 없다. 지금 대한민국은 사상 초유의 위기를 맞이하고 있다. 독선과 탐욕으로 가득 찬 윤석열 정권이 국가와 권력을 사유화해서 국정을 농단하고 있는 것이다.

꼬리가 몸통을 흔들어대고, 쭉정이가 알곡을 밀어내고, 악화(惡貨)가 양화(良貨)를 몰아내고, 혐오가 우의를 지워버리고, 거짓이 진실을 뒤옆고, 후안무치의 뻔뻔함이 작은 '바람'에도 괴로워하는 양심을 짓밟는 일들이 마치 일상이라도 된 듯이 온통 미디어를 뒤덮고 있다. 이런 아이러니한 세상이 만들어낸 우울과 좌절이 짓누르는 무게가 이젠 더 이상 감당하기 힘들 정도이다.

이태원 참사에 대한 무책임한 대응, 채 상병 특검법에 대한 거부권 행사, 방송 장악을 위한 방송법 거부권 행사, 도이치 모터스 주가조작 사건에 대한 검찰의 무혐의 처분, 명품백 수수를 둘러싼 비리 의혹과 '명태균 게이트'를 통해 갈수록 커져가는 김건희 국정 농단과 비리 혐의 등에 이르기까지, 윤석열 정권이 들어선 이후 일어났던 일련의 사태는 국민들의 최소한의 법감정과 상식에서 벗어난 것일 뿐만 아니라, 헌법적 가치와 사회적 신뢰를 무너뜨리는 우울한 대한민국 현실의 극단을 보여주고 있다.

윤석열 정권의 작태는 사적인 비리와 농단을 넘어서, 국가 존망과 정체성마저 위태롭게 만드는 일까지도 서슴지 않고 있다는 점에서 그 심각성은 더욱 극에 달한다. 취임 직후부터 시작된 역사 왜곡, 언론 장악, 의료 붕괴, 친일 종속 외교, 남북관계 악화, 균형외교의 상실, 나라 살림과 국민경제의 파탄 등 일일이 열거하기 힘들 정도의 수많은 실정과 패착들을 되돌아보면, 이게 불과 2년 남짓한 기간 동안에 한 정권이 이룬 패악질이라는 게 도저히 믿기지 않을 정도이다.

거짓말이 일상이고 남을 탓하기만 하는 무능함, 변명만 늘어놓는 무책임함, 그리고 차고 넘쳐나는 부정과 비리만으로도 이미 충분히 용서하기 힘든 정권이지만, 더욱이 이대로 놓아둘 수 없는 것은 글로벌 정세의 차원에서나 시대사적 차원에서나 중차대한 전환의 시기를 맞고 있는 상황 하에서 국가와 민족의 미래를 전방위적으로 망치고 있기 때문이다.

이에 더 이상 용납할 수 없는 윤석열 정권에 대해 우리는 아래의 사항들을 요구한다.

　첫째, 김건희 여사와 관련된 의혹에 대해 특검을 수용하고, 명확하고 투명한 조사를 통해 모든 논란을 해소하라.

　둘째, 그동안의 불통과 안하무인으로 일관해온 태도를 일신하여, 국정에 대한 대다수 국민들의 불만과 불신임을 엄중히 받아들이고 소통에

나서라.

셋째, 국민의 생명과 안보를 책임지는 실용적인 외교와 정책을 수립하고, 사회 전반에 걸친 차별 없는 정책으로 서민경제를 살리는 데 집중하라.

넷째, 위의 사안들을 해결할 의지나 능력이 없다면, 즉각 퇴진하라.

그렇지 않는다면 더 큰 시민 저항과 불복종, 그리고 탄핵과 사법적 심판에 직면하게 될 것이며, 성공회대학교 전·현직 교수 연구자들 역시 그러한 국민적 저항 운동에 함께 할 것이다.

2024년 11월 19일
성공회대학교 전·현직 교수 연구자 141명 일동

연세대학교 교수 시국선언 2024년 11월 21일. 목.

당신은 더 이상 우리의 대통령이 아니다

"망할 것들! 권력이나 쥐었다고 자리에 들면 못된 일만 꾸몄다가 아침 밝기가 무섭게 해치우고 마는 이 악당들아... 나 야훼가 선언한다. 나 이제 이런 자들에게 재앙을 내리리라. 거기에서 빠져나갈 생각을 말라. 머리를 들고 다니지도 못하리라. 재앙이 내릴 때가 가까웠다."(『공동번역 구약성서』 미가 2장 1, 3절)

불의한 권력에 대해 성서는 이처럼 준엄한 경고를 내렸다. 그런데 우리는 과연 정의로운 권력 아래 살고 있는가? 윤석열 대통령의 취임사는 과거 어떤 취임사보다 거창했다. 이른바 '적폐 청산'과 '조국 수사'를 발판 삼아 정치에 뛰어든 30년 경력의 검사 출신 대통령은 "자유, 인권, 공정, 연대의 가치"를 내걸고 "국민이 진정한 주인인 나라"를 만들겠다고 다짐했다. 그러나 이 약속은 불과 2년 반 만에 빈껍데기만 남았다. 경제적 양극화와 민주적 제도들의 훼손으로 실질적 자유의 기반이 약화되었다. 민주, 평등, 평화를 열망하는 주권자 국민의 정당한 요구는 묵살 당하기 일쑤고, 가장 기본적인 언론과 표현의 자유조차 위협받고 있다. 인권과 생명권을 짓밟는 각종 사회적 재난이 벌어져도 아무도 책임지지 않는다. 꼬리를 무는 정권의 비리와 권력 사유화 의혹에 국민 누구도 더 이상 공정과 정의의 가치를 신뢰하지 않는다. 편 가르기와 파행적 인사, 약자와 소수자에 대한 혐오의 정치로 인해 연대 의식은 사라지고 공동체는 무너지고 있다. 이것이 불과 2년 반 동안 우리가 겪은 윤석열 정부 치하 한국 사회의 처참한 모습이다.

윤석열 대통령이 집권 초반 국민에게 약속했던 것들 가운데 무엇이 이루어졌는가? 우리는 아직도 그에게 기대와 희망을 가질 수 있는가?

역대 최소의 득표율 차이로 당선된 윤석열 대통령에게 가장 시급한 과제는 국민통합이었다. 그에게 표를 던지지 않은 이들도 그가 '모든 국민을 위한 대통령'이 되어 공존의 지혜와 기술을 발휘하길 열망했을 것이다. 하지만 어느 순간 우리는 그런 기대를 접었다. 우리가 이제껏 윤석열 대통령에게서 본 것은 다른 의견을 무시하고 반대 입장을 배척하며, 편협한 이념 타령과 뒤틀린 진영논리로 기득권 유지에 급급한 모습뿐이다. 야당과 협치하고 국민을 섬기기는커녕, 비판이 듣기 싫다고 국민의 입을 틀어막고 언론을 겁박하며 국회 연설조차 거부하는 대통령에게 우리가 무슨 기대를 걸 수 있을까?

윤석열 정권이 임기 절반의 기간 동안 우리에게 보여준 것은 무능력하고 무책임하고 무도한 권력의 민낯이었다. 이태원 참사에서부터 채 상병 사건, 노동계와 언론계 탄압, 역사 왜곡, 대미·대일 굴종 외교, 호전적 대북정책, 부자 감세, R&D 예산과 각종 연구비 삭감 등 이 정권의 실정은 이루 헤아릴 수 없다. 이제는 대통령 부인과 정치 브로커의 국정 농단 의혹까지 점입가경으로 펼쳐지는 중이다. 특히 '의료 개혁'이라는 미명 아래 빚어진 '의료 대란'은 정권의 무능을 그 무엇보다도 분명하게 드러냈다. 현실적 여건에 대한 세심한 고려도, 치밀한 중장기 계획도 없이 단행된 마구잡이식 개혁은 환자들의 불편과 희생, 보건의료 제도와 의학 교육의 혼란만을 초래하고 있다. '개혁에 대한 저항'이라는 변명으로 덮어 감추기엔 정권의 독단과 불통의 그림자가 너무도 길고 선명하다.

그럼에도 이 정권의 현실 인식은 안이하기 그지없다. 대부분 시민이 경제 위기와 경기 침체에 하루하루 고통의 나날을 보내고 있음에도 정부는 국정 성과에 자화자찬을 늘어놓는다. 대통령실은 명확한 비전과 목표 아래 정책과 민생을 책임 있게 관리하기는커녕, 끊임없는 대내외적 사건 사고에 지리멸렬한 대응과 거짓 해명을 일삼는다. 그 정점에 '모든 책임이 거기서 멈춰 선다'는 대통령이 있음을 우리는 안다. 하지만 정치적·정책적 실패와 무도함에 대한 최소한의 반성도, 사과도 할 줄 모르는 대통령에게 우리가 무엇을 희망할 수 있는가?

현대사의 수많은 시련을 이겨내면서 우리 국민은 피땀으로 민주적 제도들을 성취했다. 온 국민이 한강 작가의 노벨상 수상에 감동했던 가장 큰 이유도, 이 수상이 우리가 겪은 고난과 아픔의 문학적 기록에 세계인이 공감했다는 증거이기 때문이다. 그렇게 고통으로 쌓아 올린 우리의 민주주의가 윤석열 정권의 실정으로 심각한 위기에 처해 있다. 국회 청문회를 완전히 무시한 대통령의 인사권 행사는 상식적 기준에도 못 미치는 사람들을 권력자의 자리에 올려놓았다. '채 상병 사건'과 '영부인 특검' 논란에서 보듯, 권력 분립을 위한 대통령의 '거부권'은 그 자신의 이익을 지키고 자기 주변의 잘못을 감추기 위한 사적 도구로 변질되었다. 감사원, 국가인권위원회, 국민권익위원회, 방송통신위원회, 방송통신심의위원회 등 자유와 공익의 보루가 되어야 할 기관들은 어느새 정권의 방탄 조직으로 전락했고, 존립의 정당성까지 의심받는 형편이다. 성평등 정책을 총괄하는 여성가족부는 혐오와 분열의 정치 아래 철저히 무력화되었다. 사회적 약자와 소수자의 인권 상황은 악화일로에 있다. 검찰은 대다수 국민이 납득하지 못하는 정치적 법 집행을 일삼으며, 사법제도에 대한 신뢰마저 위협하고 있다. 어느 틈엔가 대한민국이 '검찰국가'로 전락해버렸다는 자조가 국민들 사이에서 터져 나온다. 이렇듯 권력을 사유화하고 정치를 사법화하며 갈등과 대립을 조장하는 대통령이 우리가 기대한 대통령인가?

우리는 지금 전 지구적인 기후 위기, 치열한 기술 경쟁, 러시아-우크라이나 전쟁, 중동지역의 전쟁, 북·러 군사협력, 트럼프 대통령의 재집권, 미중 갈등, 보호무역 강화와 새로운 냉전 체제 등 나라 안팎으로 예측할 수 없는 변화의 소용돌이 속에 있다. 국제정치와 세계 경제의 불확실성이 높아지면서, 온 국민이 힘과 생각을 모으지 않고서는 제대로 대처하기 힘든 상황을 맞고 있다. 이런 중대한 시점에 우리는 윤석열 대통령에게 무엇을 희망할 수도, 기대할 수도 없다. 어느새 무능과 무책임, 불공정과 몰상식의 화신이 되어버린 윤석열 정부는 정치·경제·사회·문화 우리 삶의 모든 영역에서 갈등과 반목을 확산시킴으로써 국민적 역량을 약화시킬 뿐이다.

"대한민국은 민주공화국이다. 대한민국의 주권은 국민에게 있고, 모든 권력은 국민으로부터 나온다." 우리는 이 외침이 거리와 광장을 메웠던 때를 기억한다. 우리는 거리의 정치와 탄핵의 반복을 원하지 않는다. 우리가 원하는 것은 정상적인 정치다. 하지만 제도권 정치가 제대로 작동하지 않을 때 정치는 거리로 나올 수밖에 없다. 대한민국의 진정한 주권자인 국민이 위임한 권력을 의롭고 지혜롭게 행사할 수 없는 윤석열에게는 대통령 자격이 없다. 지난 2년 반 동안 윤석열 대통령이 보여준 분열과 대립의 정치, 무능과 무책임의 국정 운영에 많은 국민은 이미 등을 돌린 지 오래다. 또다시 '국민 주권'의 외침이 거리를 메우기 전에, 탄핵의 바람이 거세게 휘몰아치기 전에 우리는 윤석열 대통령이 스스로 물러나는 결단을 내리길 촉구한다.

윤석열 대통령은 그동안 저지른 불의와 실정에 대해 사죄하고 하루빨리 대통령의 자리에서 물러나라.

2024년 11월 21일

연세대학교 서명 교수 177명 일동

강승혜, 강연아, 강정한, 고영석, 공지현, 권수영, 김광숙, 김도형, 김동노, 김동혁, 김동환, 김보경, 김상희, 김선아, 김성보, 김성수, 김성조, 김수, 김수정, 김영근, 김영희, 김예림, 김왕배, 김용민, 김은주, 김은희, 김재완, 김정형, 김종철, 김준혁, 김창훈, 김창희, 김춘배, 김태선, 김태은, 김태환, 김택중, 김한성, 김현미, 김현숙, 김현일, 김현주, 김형순, 김형종, 나윤경, 남석인, 남형두, 도현철, 류정민, 류훈, 문창옥, 민경식, 민철희, 박경석, 박덕영, 박돈하, 박명림, 박미숙, 박상영, 박성호, 박애경, 박영준, 박응석, 박찬웅, 방연상, 배성주, 백문임, 변용익, 서보경, 서상규, 서유진, 서이자, 서현석, 서홍원, 석정호, 설혜심, 손인혁, 송아영, 송진영, 신상범, 신지영, 심보선, 안상현, 안석균, 안재준, 양인철, 양혁승, 여인석, 염연수, 염유식, 예병일, 오은하, 오진록, 왕현종, 원재연, 유예진, 유준, 윤석진, 윤세준, 윤이실, 윤태진, 이경원, 이기훈, 이상국, 이상길, 이상인, 이석영, 이솔암, 이수홍, 이안나, 이윤석, 이윤영, 이재경, 이재원, 이종수, 이진용, 이태훈, 이한주, 이향규, 이현진, 이혜민, 이혜연, 이희경, 임성모, 임웅, 임이연, 임일, 장민석, 장연수, 전수연, 전수진, 전현식, 정경숙, 정대경, 정대성, 정애리,

정용한, 정용현, 정원균, 정재식, 정재현, 정재현, 정종훈, 정희모, 조대호, 조문영, 조미연, 조원희, 조태린, 조현모, 조현상, 조효원, 주일선, 주재형, 지용구, 차혜원, 최건영, 최모나, 최성록, 최성수, 최영준, 최윤오, 최종건, 최종철, 최준용, 최준호, 최진영, 하문식, 하일식, 한봉환, 한인철, 한재훈, 홍길표, 홍윤희, 홍창희, 홍훈, Em Henry

2024년 11월 21일
김가윤 기자 gayoon@hani.co.kr

이화여대 교수 시국선언문   2024년 11월 21일. 목.

"우리는 '격노'한다. 윤석열은 즉시 퇴진하라"

대한민국은 일제의 침략, 분단과 전쟁, 독재를 거치며 수많은 시민들의 피와 땀으로 민주주의와 경제적 번영을 일구어온 나라이다. 그러나 윤석열 정권 2년 반 동안 대한민국은 대통령의 끝을 알 수 없는 무능, 대통령과 그 가족을 둘러싼 잇따른 추문과 의혹으로 민주공화국의 근간이 흔들리고 민생이 파탄 나고 있다. 이화여대 교수와 연구자들은 외교와 안보, 국민의 안전과 건강, 노동과 복지, 교육과 연구 등 사회의 전 분야에 걸친 퇴행을 목도하며, 대통령의 즉각적인 퇴진과 함께 현 정부의 다음과 같은 국정 전환을 강력하게 요구한다.

> 첫째, 대통령은 봉건 군주가 아닌 민주공화국의 수반으로서 삼권분립의 헌법적 가치를 수호할 의무가 있다. 그러나 대통령 윤석열은 배우자 김건희의 명품 가방 수수, 도이치모터스 주가조작, 서울·양평 고속도로 특혜 의혹과 자신과 김건희가 관여한 채 상병 사망 윗선 개입 의혹, 공천·선거 개입 의혹 등이 드러난 상황에서도 사과는커녕 국회의 특검 요구를 지속적으로 거부하고 있다. "특검을 거부한 자가 범인이다"라는 후보자 시절 그가 했던 말이 자기 자신을 향한 것이 아니라면 배우자의 특검을 즉각 수용하라.

또한 최근 불거진 제20대 대통령 선거 과정에서의 여론조작 의혹, 제22대 국회의원 선거에서의 여론조작과 공천 개입 의혹, 정치자금법 위반 등 대통령 후보 시기부터 취임 이후까지 이어진 여러 의혹을 규명하기 위한 수사기관의 조사에 적극 협조하라. 이와 함께, 국가기관과 행정력을 총동원하여 언론을 장악하고자 사상과 표현의 자유를 억압하고 불온 세력, 반국가 세력이라는 시대착오적인 용어로 국민을 탄압하는 행위를 즉각 멈추라.

둘째, 윤석열 정권은 이미 한물간 신자유주의를 떠받들며 재벌과 초부자에게 법인세, 상속세, 종부세 등을 깎아주는 감세정책을 펴는 한편, 서민을 위한 복지 예산은 대폭 축소했다. 또 지난해 국내 경제 성장률은 아이엠에프(IMF)가 예측치를 다섯 차례 연속 하향 조정하는 극심한 저성장 끝에, 오히려 상향 조정된 세계 경제 성장률의 절반에도 미치지 못하는 대조를 보였다. 이러한 정책 실패로 물가 상승률은 크게 높아졌고, 이를 숨기려다 불거진 대파 논란은 국민의 가슴에 대못을 박았다. 이 총체적 경제 실정 속에서 자영업자와 서민의 민생은 도탄에 빠졌다.

이처럼 처참한 경제 현실은

대통령 윤석열의 왜곡된 역사관과 맞닿아 있다. 정당성도 실리도 없는 굴욕적인 대일 외교는 민족적 자긍심만 훼손한 것이 아니라 수출에 의존하는 경제의 기반도 무너뜨렸다. 미국과 일본에 편향된 외교로 대 중국 수출이 급감하면서 무역수지도 급속히 나빠졌다. 정부는 경제 실정을 자인하고 획기적 정책 전환을 추진하라. 그리고 대통령은 국가의 수반이다. 친일 정치세력인 '뉴라이트'의 수반이 되지 말라.

셋째, 균형을 잃은 외교 정책으로 국가의 안보마저 위기에 처했다. 미국 중심의 일극 체제가 무너지고 힘의 균형이 붕괴하자 그간의 이해관계가 직접 충돌하며 러시아·우크라이나 전쟁과 이스라엘·팔레스타인 전쟁이 발발했다. 이러한 상황에서 국가의 안위와 국민의 생명을 보호하기 위해 강대국 사이에서의 균형 외교와 남북의 평화를 도모하는 것은 헌법에 명시된 대통령의 책무이다. 그러나 윤석열 정권은 오히려 한미일 군사협력을 강조하며 북한을 압박하고 자극하는 한편, 우크라이나에 살상 무기를 공급하는 등의 행위로 한반도의 전쟁 위기를 조장하고 있다. 채 상병과 같이 순국한 군인 한 사람의 명예조차 지켜 주지 못하는 대통령 윤석열은 한반도의 전쟁 위기를 고조시켜 국가와 국민 모두를 위험에 빠트리는 일을 지금 당장이라도 그만두라.

넷째, 이화여대 교수들과 연구자들은 일관성과 원칙이라고는 찾아볼 수 없는 무책임한 교육과 연구 정책에 분노한다. 만 5세 조기 초등 입학은 이런 교육정책의 시작을 알리는 서막이었다. 만연한 사교육과 교육격차, 돌봄 공백에 대한 고민을 조금이라도 했다면 결코 나올 수 없는 정책이었다. 불행하게도 윤석열 정권은 이에 멈추지 않고 연구·개발 예산을 크게 삭감하였다. 아이엠에프(IMF) 외환위기 때도 없었던 사상 초유의 삭감으로 대학원생을 비롯한 젊은 연구자는 생계를 위협받는 지경에 이르렀으며 연구 생태계는 풀뿌리부터 훼손되었다. 또 과학적인 확대 기준과 근거, 그리고 최소한의 준비도 없는 상태에서 의대 정원 2000명의 급작스러운 증가는 국민의 생명을 위협하는 의료 대란뿐 아니라 회복하기 어려운 의대 교육의 질 저하를 불러올 것이다. 현장에 있는 사람들이나 전문가들과의 충분한 소통 없이 정책을 급조하는 일을 즉각 중단하라.

지난 7일 대통령의 '대국민 담화 및 기자회견'에서 대통령 윤석열은 한 나라의 국정 책임자로서 최소한의 자질과 능력도 없음을 유감없이 보여주었다. 우리는 깊은 모욕감과 함께 격노하지 않을 수 없다. 국민이 부여한 권력을 오직 자신과 그 주변의 이익을 위해 사유화한 이 정권이 더 이상 지속되어서는 안 된다. 불의와 무지와 무책임으로 가득한 대통령에게 그 권한을 계속해서 행사하게 허락한다면, 대한민국의 통치제도는 회복할 수 없을 정도로 심각하게 훼손될 것이다. 선조들의 실수로 기나긴 시련을 겪어야 했던 20세기의 역사를 21세기에 다시 되풀이할 수 없다. 이에 우리 이화여자대학교 교수들과 연구자들은 대통령 윤석열의 퇴진을 강력히 요구한다.

[출처] 이화여대 교수 시국선언문|작성자 녹색공간

천주교 사제 1466인 시국선언문 2024년 11월 28일. 목.

어째서 사람이 이 모양인가!

"사람이 죄를 지었기 때문에 하느님이 주셨던 본래의 영광스러운 모습을 잃어버렸습니다."(로마 3,23)

1. 숨겨진 것도 감춰진 것도 다 드러나기 마련이라더니 어둔 데서 꾸민 천만 가지 일들이 속속 밝혀지고 있습니다. 이에 분노는 걷잡을 수 없이 커졌고, 무섭게 소용돌이치는 민심의 아우성을 차마 외면할 수 없어 천주교 사제들도 시국선언의 대열에 동참하고자 합니다.

2. 조금 더, 조금만 더 두고 보자며 신중에 신중을 기하던 이들조차 대통령에 대한 신뢰와 기대를 거두고 있습니다. 사사로운 감정에서 "싫다"고 하는 게 아닙니다. 선공후사의 정신으로 "안 된다"고 말하는 것입니다. 나머지 임기 절반을 마저 맡겼다가는 사람도 나라도 거덜 나겠기에 "더 이상 그는 안 된다"고 결론을 낸 것입니다.

3. 사제들의 생각도 그렇습니다. 그를 지켜볼수록 "저들이 하고자 하는 것은 무엇이나 못할 일이 없겠구나."(창세 11,6) 하는 비탄에 빠지고 맙니다. 그가 어떤 일을 저지른다 해도 별로 놀라지 않을 지경이 되었습니다. 하여 묻습니다. 사람이 어째서 그 모양입니까? 그이에게만 던지는 물음이 아닙니다. "선을 바라면서도 하지 못하고, 악을 바라지 않으면서도 그것을 하고 마는"(로마 7,19) 인간의 비참한 실상을 두고 가슴 치며 하는 소리입니다. 하느님의 강생이 되어 세상을 살려야 할 존재가 어째서 악의 화신이 되어 만인을 해치고 만물을 상하게 합니까? 금요일 아침마다 낭송하는 참회의 시편이 지금처럼 서글펐던 때는 일찍이 없었습니다. "나는 내 죄를 알고 있사오며 내 죄 항상 내 앞에 있삽나이다 … 보소서 나는 죄 중에 생겨났고 내 어미가 죄 중에 나를 배었나이다."(시편 51,5.7)

4. 대통령 윤석열 씨의 경우는 그 정도가 지나칩니다. 그는 있는 것도 없다 하고, 없는 것도 있다고 우기는 '거짓의 사람'입니다. 꼭 있어야 할 것은 다 없애고, 처서 없애야 할 것은 유독 아끼는 '어둠의 사람'입니다. 무엇이 모두에게 좋고 무엇이 모두에게 나쁜지조차 가리지 못하고 그저 주먹만 앞세우는 '폭력의 사람'입니다. 이어야 할 것을 싹둑 끊어버리고, 하나로 모아야 할 것을 마구 흩어버리는 '분열의 사람'입니다. 자기가 무엇하는 누구인지도 모르고 국민이 맡긴 권한을 여자에게 넘겨준 사익의 허수아비요 꼭두각시. 그러잖아도 배부른 극소수만 살찌게, 그 외는 모조리 나락에 빠뜨리는 이상한 지도자입니다. 어디서 본 적도 들은 적도 없는 파괴와 폭정, 혼돈의 권력자를 성경은 "끔찍하고 무시무시하고 아주 튼튼한 네 번째 짐승"(다니 7,7)이라고 불렀습니다. 그러는 통에 독립을 위해, 민주주의를 위해, 생존과 번영을 위해 몸과 마음과 정성을 다 바친 선열과 선배들의 희생과 수고는 물거품이 되어가고 있습니다. 아무리 애를 써도 우리의 양심과 이성은 그가 벌이는 일들을 도무지 이해할 수 없습니다.

5. 그를 진심으로 불쌍하게 여기므로 그를 위해 기도합니다. 하지만 "그 사람 마음 안에서 나오는 나쁜 것들"(마르 7,21-22)이 잠시도 쉬지 않고 대한민국을 괴롭히고 더럽히고 망치고 있으니 가만히 있을 수 없습니다. 오천년 피땀으로 이룩한 겨레의 도리와 상식, 홍익인간과 재세이화의 본분을 팽개치고 사람의 사람됨을 부정하고 있으니 한시도 견딜 수 없습니다. 힘없는 사람들을 업신여기고 사회의 기초인 친교를 파괴하면서 궁극적으로 하느님을 조롱하고 하느님 나라를 거부하고 있으니 어떤 이유로도 그를 용납할 수 없습니다. 버젓이 나도 세례 받은 천주교인이오, 드러냈지만 악한 표양만 늘어놓으니 교회로서도 무거운 매를 들지 않을 수 없습니다.

6. 그가 세운 유일한 공로가 있다면, '하나'의 힘으로도 얼마든지 '전체'를 살리거나 죽일 수 있음을 입증해 준 것입니다. 숭례문에 불을 지른 것도 정신 나간 어느 하나였습니다. 그런데 하나이기로 말하면 그이나 우리나 마찬가지요, 우리야말로 더 큰 하나가 아닙니까? 지금

대한민국이 그 하나의 방종 때문에 엉망이 됐다면 우리는 '나 하나'를 어떻게 할 것인지 물어야 합니다. 나로부터 나라를 바로 세웁시다. 아울러 우리는 뽑을 권한뿐 아니라 뽑아버릴 권한도 함께 지닌 주권자이니 늦기 전에 결단합시다. 헌법준수와 국가보위부터 조국의 평화통일과 국민의 복리증진까지 대통령의 사명을 모조리 저버린 책임을 물어 파면을 선고합시다!

7. 오늘 우리가 드리는 말씀은 눈먼 이가 눈먼 이를 인도하면 둘 다 구덩이에 빠질 것이니 방관하지 말자는 뜻입니다. 아무도 죄의 굴레에서 자유롭지 않습니다. 그러기에 매섭게 꾸짖어 사람의 본분을 회복시켜주는 사랑과 자비를 발휘하자는 것입니다.

2024년 11월 28일
하느님 나라와 민주주의를 위해 기도하며 천주교 사제 1,466인
관련기사

출처 : 포쓰저널(http://www.4th.kr)

서울대 교수·연구인 525인 시국선언 2024년 11월 28일. 목.

민주주의를 거부하는 대통령을 거부한다

우리 서울대 교수·연구자들은 국민과 역사에 대한 부끄러움, 사죄와 통탄의 심정으로 윤석열 정부의 퇴진을 촉구합니다. 서울대 교내 곳곳에 나붙은, 윤석열과 동문이라는 사실이 부끄럽다는 제자들의 대자보가 양심의 거울처럼 우리를 부끄럽게 합니다. 한국 사회의 민주화를 이끌었던 지성의 전당, 그 명예로운 역사의 흔적을 윤 대통령과 그가 임명한 공직자들에게서는 전혀 찾아볼 수 없습니다.

서울대가 교육과 연구에서 제대로 인권과 민주주의의 가치를 가르치지 못한 채 '영혼이 없는 기술지식인'을 양산해 온 것은 아닌지 참담하고 죄스러운 마음을 금할 수 없습니다.

윤석열 대통령 취임 이후, 우리 사회의 보편적 상식으로는 이해할 수 없는 일들이 너무 많았고, 이제는 그것이 일상다반사처럼 되어 국민이 더 이상 참기 힘든 상태가 되었습니다.

이태원 참사나 채 상병 사건은 시민과 군인의 생명을 책임진 기구들이 주의 깊게 대처하고 책임감 있게 행동했다면 일어나지 않았을 일입니다. 진상 규명은 재발 방지를 위해 당연하며 민주주의 사회가 수행해야 할 기본적 절차이자 과정이지만 국민이 마주한 것은 책임 회피에 급급한 뻔뻔한 얼굴과 그들이 내뱉는 궤변뿐이었습니다. 대통령이 앞장서서 그들을 비호하고, 오히려 진실을 밝히기 위해 애쓴 무고한 사람들이 곤욕을 치르고 있다는 사실은 우리를 더욱 분노하게 합니다.

국민의 생명을 볼모로 한 의료대란이 이어지고 있습니다. 전공의 이탈과 의료 공백이 장기화 되었고, 의료 시스템은 총체적인 붕괴 위기에 놓였습니다. 그럼에도 정부는 대화를 통해 사태를 해결 하려는 노력은 등한시한 채 공허한 '의료개혁'이라는 자기최면 구호만 반복합니다. 졸속한 의대생 증원은 의료 대란과 함께 '의대교육 대란'을 몰고 올 것이 분명합니다.

최소한의 절차적 정당성과 합리적 근거도 없이 국가연구개발 예산이 대폭 삭감되는 일도 일어났습니다. 젊은 연구자가 해외로 떠나고, 실험실이 문을 닫는 등 대학의 연구 기능이 위기에 처했습니다. 국가의 미래를 책임질 학문생태계가 돌이키기 힘든 타격을 입었지만 아무도 책임지지 않습니다.

민간주도성장이라는 정체불명의 경제 정책은 각자도생의 세태를 더욱 악화시켰고, 서민들은 점점 더 가중되는 경제적 고통에 신음하고 있습니다. 역대 최대의 세수 결손과 최장의 무역수지 적자 사태가 이어졌고, 경제성장률은 이제 선진국 평균 수준 미만으로 추락했습니다. 높은 가계부채 비율과 고금리로 민간소비가 위축되고, 근로소득 격차는 더 늘어났습니다. 폐업한 소상공인의 숫자와 규모가 최고치를 경신하고 민생 경제의 상황은 최악으로 치닫고 있는데도 정부는 속수무책이며, 대통령은 근거 없는 낙관론으로 국민을 기망하고 있습니다.

휴전선 인접 지역 주민들이 북한 확성기 소음으로 밤잠을 못 이루고 심지어 많은 분이 신경정신과를 찾습니다. 국민의 일상을 위협하는 대북정책이 과연 올바른 것인지, 왜 정부는 아무런 대책도 세우지 않는지, 왜 이전에 일어나지 않던 일들이 현 정부에서 빈발하는지, 북한이 다른 나라에 파병한다는 보도만으로 우리와 관련 없는 전쟁에 무기와 군인을 보내야 국민의 안보가 더 든든해지는 것인지, 묻지 않을 수 없습니다. 분단 이후 긴장과 공포 속에서 축적한 역사적 경험을 통해 우리가 얻은 교훈은 평화 없이는 안보도, 안정도 없다는 것입니다. 지금 정부가 지키려는 것이 국민의 안보입니까, 정권의 안보입니까?

윤석열 정부의 외교 성적표는 더 참담합니다. 역대 어느 정권보다 잦은 대통령 외국 순방의 결과로 국민에게 던져진 성과물은 '바이든'인지 '날리면'인지 묻는 전 국민 청력 테스트와 순방 중 부인의 명품 쇼핑 논란이었습니다. 한일 간 외교를 정상화한다는 미명 하에 이루어진 정상외교는 후쿠시마 오염수 방류와 강제 동원된 조선인들의 원한이 서린 사도광산의 유네스코 세계유산 등록으로 돌아왔습니다. 국민의 자존심에 먹칠을 하는 대일굴욕외교를 지켜보며 이제 많은 이들이 독도 영유권 분쟁의 현실화를 우려하고 있습니다. 일제 침략에 희생된 자국민의 생명과 인권을 2차, 3차 가해하는 무도한 인사들이 요직에 임명되고, 대한민국 정치의 보수와 진보가 함께 이룩한 헌법적 합의와 독립투쟁의 역사가 무참히 훼손되는 참상을 목도하면서 일본의 밀정이 정부의 주요 공직을 장악했다는 개탄까지 나오고 있습니다.

정부의 실정보다 더 심각한 것은 민주주의 시스템의 붕괴입니다. 민주주의가 일상의 차원에서 제대로 작동하지 않고, 오히려 민주주의를 지켜야 할 기구들이 우리 사회의 민주주의적 제도와 시스템을 훼손하고 있습니다. 정치를 정적과 비판 세력에 대한 수사와 기소로 대체한 검사 출신 대통령과, 권력의 비호에 앞장서는 검찰로 인해 국민들은 더 이상 사정기관과 사법기관의 공정성과 정의를 믿을 수 없게 되었습니다. 진실을 밝히기 위해 용기를 낸 소수의 의인들이 무너지는 민주주의를 가까스로 지탱해 주고 있습니다.

언론의 권력비판 기능과 국민의 인권과 알 권리를 지켜야 할 민주주의 시스템이 오히려 언론과 국민의 비판 목소리를 틀어막는 데 악용되는 일도 버젓이 벌어지고 있습니다. 국가인권위원회, 방송통신위원회, 방송통신심의위원회 등 인권과 언론 자유를 지켜야 할 감시 기구에 반인권적 행태와 언론 탄압을 자행해 온 인사를 임명하는 작태가 현실이 되었습니다. 이제 권력에 대한 언론의 비판과 감시 기능이 사라졌습니다. 신문과 방송에서 의혹을 해명하기 위한 심층 취재를 찾아보기 어렵고, 대통령 면전에서 그러한 사안들에 대해 질문하거나 정부 정책에 대해 비판의 목소리를 내는 기자를 본 지가 너무 오래 되었습니다. 그나마 제 역할을 하려는 언론사와 기자들에게 정부, 여당과 일부 사회단체의 고소, 고발이 늘 따라다닙니다.

정의와 공정성은 민주주의가 정상적으로 작동해야 향유할 수 있는 원리인데 많은 이들이 우리 사회에 정의와 공정성이 남아 있는지 의심합니다. 정부의 거듭되는 실정과 실책, 그로 인한 혼란의 뿌리에 대통령과 부인에 의한 권력의 사유화와 자의적 남용이 있습니다. 국정의 난맥상과 국가정체성의 위기, 권력 남용과 사유화, 국정농단, 법치를 악용한 민주주의 유린 등에 대해 윤 대통령은 단 한 번도 책임지는 자세로 해명을 내놓지 않았습니다. 최근 국정농단 의혹에 대한 해명이라고 늘어놓은 안하무인의 무성의한 기자회견은 오히려 시민들을 광장으로 불러 모았습니다. 국민들 사이에서 대통령이 내려와야 한다는 목소리가 점차 커지고 있습니다.

박근혜 대통령 탄핵으로 민주주의가 안착되고 개혁이 추진될 줄 알았는데 채 10년도 되지 않아 민주주의가 무너지고, 정치·사회·경제·문화 등 모든 영역에서 역행과 퇴행이 심각합니다.

모든 정치 세력이 탄핵에 동참했던 국민의 열망과 염원을 받들기 위해 제대로 일했는지 뼈아프게 반성해야 합니다. 대통령과 정부가 권력 수호와 비판세력의 입을 막는 데만 몰두하면서, 미래 한국 사회를 위해서나 지구촌의 한 구성원으로서 맡겨진 역할을 다하기 위해서 필요한 평화, 경제정의, 생태환경 등에 대한 논의와 준비가 제대로 이루어지지 않고 있습니다. 급박한 국제정세 변동, 경제위기, 인구위기, 기후위기 등에 대처할 수 있는 합리적 국가 시스템의 회복이 절실합니다.

윤 대통령이 하루라도 빨리 물러나야 합니다. 한국 사회의 장래를 위해서 그의 사퇴는 필연적입니다. 거부권은 결코 대통령의 특권이 아닙니다. 이제 국민이 대통령을 거부합니다. 국민 대다수는 이미 심정적으로 윤 대통령을 해고했습니다. 그리고 김건희를 둘러싼 각종 의혹, 그것을 은폐하기 위한 권력의 자의적 남용, 최근 불거진 공천개입과 국정농단 의혹의 진실을 밝히기 위한 특검은 무너지는 민주주의를 일으켜 세우는 첫걸음이 될 것입니다.

대한민국 국민의 한 사람으로서 윤석열 대통령 퇴진과 김건희 특검에 뜻을 모은 동료 시민들, 전국 각 대학의 동료 교수·연구자들과 함께 윤석열 정부의 조속한 퇴진을 강력하게 촉구합니다.

2024년 11월 28일

윤석열 대통령 퇴진과 김건희 특검을 촉구하는 서울대학교 교수·연구자 일동 서명인 명단 (가나다 순, 괄호 안은 소속 대학 또는 연구소)

가석현(사범) 강나은(인) 강대중(사범) 강미정(인) 강민규(사범) 강민호(인)
강상경(사) 강성용(인) 강우성(인) 강웅구(의) 강자현(간) 강재호(사) 강정원(사)
강희경(인) 고가영(아) 고윤화(음) 고윤화(한) 고재백(인) 고재성(의) 고진강(간)
고태우(인) 고태진(인) 공석기(아) 공영윤(자) 공유진(인) 곽노준(융)
곽덕주(사범) 곽재건(의) 구명철(인) 구인회(사) 국종성(자) 권선형(인)
권수현(인) 권숙인(사) 권오영(인) 권우진(사범) 권윤경(인) 권재훈(자)
권태억(원) 권혁은(인) 권현지(사) 기계형(인) 김경범(인) 김경은(인)
김경택(자) 김광식(기) 김기훈(인연) 김나영(의) 김대중(인) 김대현(자)
김도균(법) 김동규(공) 김란(아) 김명재(인) 김명환(원) 김문경(보) 김민수(미)
김민정(인) 김백영(사) 김병로(통) 김상희(약) 김선미(의) 김선영(보)
김선희(사범) 김성균(보) 김성수(인) 김성준(의) 김수민(인) 김수아(여)
김승민(기) 김승섭(보) 김영욱(인) 김예령(인) 김용균(사) 김용남(사범)
김용창(사) 김우철(자) 김월회(인) 김의태(자) 김이선(사) 김인(인) 김장석(인)
김장주(원) 김재범(자) 김재석(사) 김재호(기) 김정숙(사범) 김정욱(경)
김정한(미) 김정현(나) 김정환(사) 김정희(인) 김증명(인) 김종영(인연)
김종욱(인) 김종철(아) 김종철(사범) 김지영(인) 김지혜(인) 김지희(인)
김진공(인) 김진모(농) 김진숙(인) 김진영(인) 김창수(의) 김창엽(보)
김태균(국) 김태민(의) 김태연(인) 김태웅(사범) 김태윤(아) 김태한(의)
김택수(의) 김판기(자) 김한빛(인) 김항래(의) 김헌(인연) 김현균(인)
김현철(국) 김현철(원) 김형관(의) 김형관(미) 김혜영(의) 김혜원(인)
김혜주(인) 김혜진(인) 김홍빈(의) 김홍중(사) 김회웅(산) 김효신(인)
김희발(농) 나은하(인) 남기정(국) 남동신(인) 남성현(자) 남은영(사)
노경덕(인) 노관범(규) 노상균(규) 노상호(치) 류기현(인) 류현정(인) 류호걸(의)
모경환(사범) 문경하(인) 문숙영(인) 문중양(인) 민기복(공) 민병천(사범)
민홍기(자) 박경선(의) 박관택(미) 박나영(인) 박록진(자) 박배균(사범)
박상우(인) 박상인(행) 박상철(인) 박선영(인) 박선영(사) 박선현(경)
박성현(인) 박승범(자) 박양화(인) 박영수(의) 박용선(자) 박용진(인)
박은석(인연) 박은우(농) 박정민(인) 박정일(약) 박정필(기) 박정호(인)

박정훈(인) 박주용(사) 박중훈(국농) 박지영(인) 박지영(보환) 박지환(국)
박지희(사범) 박진서(인) 박찬구(사범) 박찬일(사범) 박태균(국) 박평식(사범)
박현선(원미) 박현순(규) 박현희(기) 박흥식(인) 배우경(의) 배은경(사)
배재호(인) 백근찬(사범) 백도명(원) 백승무(인) 백용주(자) 백일순(사)
백지운(통) 백창희(의) 변종민(사범) 변현태(인) 봉준수(인) 서기원(사범)
서동인(사범) 서동주(일) 서병무(치) 서봉원(융) 서영채(인) 서영화(인)
서원주(인) 서정경(사) 서정은(음) 서진욱(공) 서진태(인) 서철원(인)
석승훈(경) 석영재(자) 설재홍(자) 성문우(의) 성상환(사범) 성춘택(인)
소경희(사범) 손영주(인) 손유경(인) 손은실(인) 송윤주(자) 송재경(인)
송현범(의) 신광복(인) 신석민(자) 신수미(인) 신영선(인) 신윤정(사범)
신정숙(자) 신정훈(미) 신지영(인) 신형철(인) 신혜경(인) 신혜란(사)
심재중(인) 안광석(자) 안동만(원) 안동하(사범) 안민석(인) 안재원(인)
안주은(사범) 양수경(인) 양철준(인) 연재훈(인) 오능환(환) 오도영(자전)
오성주(사) 오수창(원) 오순희(인) 오승원(의) 오예슬(인) 오윤정(인)
오인환(미) 오일영(의) 오지호(인) 오창식(농) 오판진(사범) 오희석(자)
우석균(인연) 우종학(자) 우희종(원) 원중호(자) 유성상(사범) 유성환(인)
유요한(인) 유용태(원) 유치정(인) 유혁(인) 유현미(사발) 육정환(의)
윤규현(환계) 윤대석(사범) 윤대영(사) 윤동천(원) 윤석민(사) 윤선구(기)
윤성민(인) 윤세미(국) 윤순식(인) 윤순진(환) 윤여탁(사범) 윤인영(의)
윤철희(농) 윤충식(보) 윤현배(의) 윤혜경(인) 이강재(인) 이경분(의)
이경진(인) 이경하(인) 이경화(사범) 이관휘(경) 이교구(융) 이규완(인)
이담(인) 이도훈(사) 이동섭(의) 이동신(인) 이동원(인) 이동환(자) 이명석(의)
이미영(사범) 이미정(인) 이민용(인) 이봉주(사) 이삼선(치) 이상무(사범)
이상찬(인) 이상혁(자) 이상훈(자) 이석호(자) 이선우(인) 이성헌(인)
이성훈(라) 이소라(인) 이승원(사) 이승재(의) 이승철(사) 이시내(사범)
이신재(치) 이시혁(농) 이아리(사범) 이영민(보환) 이옥주(인) 이용석(의)
이용원(인) 이용호(사범) 이우종(경) 이우형(의) 이운재(인) 이원진(치)
이유리(자) 이유선(기) 이은성(자) 이은아(인) 이은아(라) 이은지(기)
이인형(수) 이일하(자) 이장섭(미) 이장익(약) 이정은(자) 이정환(인)
이정환(인연) 이정훈(인) 이종묵(인) 이주용(약) 이준구(원) 이준영(의)
이준웅(사) 이준호(자) 이지섭(사범)

이지연(인) 이지연(의) 이지영(자) 이지원(환계) 이지은(인) 이진명(사)
이진석(의) 이진호(인) 이창숙(인) 이창희(법) 이철범(자) 이태진(보)
이평복(의) 이풍실(인) 이하나(인) 이하람(자전) 이해영(의) 이현숙(자)
이현정(인) 이현정(사) 이혜경(인연) 이화진(인) 이훈희(자) 이희경(음)
임다은(인) 임선희(자) 임연희(의) 임자혁(미) 임충훈(사범) 임형권(인연)
임호준(인) 임홍배(인) 장경섭(사) 장대근(인) 장성빈(인) 장수은(환) 장원열(자)
장원철(자) 장원태(인) 장진경(인) 장진성(농) 장진성(인) 장한늪(인) 장혜식(자)
전범석(의) 전세진(인) 전종익(법) 전화숙(공) 정경화(사범) 정고은(사범)
정남지(환계) 정병설(인) 정보미(사범) 정성규(자) 정수진(인) 정신혁(일)
정요근(인) 정용욱(인) 정원규(사범) 정원재(인) 정은재(의) 정의철(미)
정자은(환계) 정준영(규) 정진선(인) 정충원(자) 정항균(인) 정현주(환)
정현채(의) 정혜용(인) 조대식(기) 조성욱(경) 조성희(인) 조영남(국)
조은진(인) 조주연(의) 조지혜(교연) 조현설(인) 조현수(환계) 조형택(자)
조흥식(원) 조희경(의) 주기평(인) 주병기(사) 주상훈(자) 주용성(자)
지은영(인) 진광남(의) 차익종(기) 차현정(사범) 채수홍(사) 채승철(사범)
천기정(의) 천진(인) 최갑수(원) 최경호(보) 최경희(사) 최권행(원)
최근정(사범) 최기영 (공) 최낙성(농) 최무림(의) 최무영(원) 최병선(원)
최석우(자) 최석원(미) 최순철(치) 최승주(사) 최연희(자) 최영빈(미)
최영은(인) 최유정(인) 최윤수(의) 최은영(의) 최정화(인) 최준원(국농)
최지엽(의) 최해성(인) 최혜린(인) 추명엽(사범) 추지현(사) 하남출(농)
하상진(인) 하승열(자) 한경희(인) 한동헌(치) 한모니까(통) 한범(의)
한상진(환) 한세원(의) 한숭희(사범) 한인섭(법) 한정규(의) 한정숙(원)
한정호(의) 함경희(인) 함유근(환) 허민준(인연) 허서연(인) 허 집사호(환)
허수(인) 허원기(자) 허윤정(인) 허장욱(인) 허정원(사) 현영종(기) 호원경(원)
홍백의(사) 홍석경(사) 홍성철(자) 홍수현(인) 홍승진(인) 홍종욱(인연)
홍준식(의) 홍진호(인) 홍혜진(인) 황보영(간) 황상익(원) 황선엽(인)
황수웅(사범) 황승식(보) 황영일(의) 황의현(인) 황향주(인) 황호성(자)
John P. DiMoia(인) Vermeersch Sem Andre C.(인)

11월 28일 14시 현재 총 525인

단국대학교 천안교정 민주동문회 2024년 12월 2일. 월.

단국대 교수님들의 시국선언을 지지하며
윤석열 정권에게 엄중하게 경고한다.

국민을 시험하지 마라. 모든 권력은 국민으로부터 나온다.

그 권력을 위임받은 자, 비록 대통령일지라도 국민의 뜻을 제대로 펼치지 못해 세상을 이롭게 하지 못하면 그 권력을 되찾을 권리가 국민에게 있다.

이제 국민의 인내심이 한계에 다다랐다.

대한민국의 대통령으로 인정하고 지난 시간 동안 국민과 약속했던 '공정과 상식'의 세상을 기대하며 기회와 시간을 주었음에도 외교 참사, 국정 농단 및 사유화, 한반도 전쟁 고조, 민생 파탄 등 나열하기 힘든 국정을 펼치며 국민에게 고통을 주고 있다.

정치검찰 뒤에 숨어 국민 위에 군림하며 국민을 기만하고도 사과와 반성, 국정 쇄신의 의지는 없고 국민을 호도하고 갈등을 조장하는 무능함을 보이고 있다.

윤건희라고 비아냥댈 정도로 국정을 사유화하고 농단을 한 배우자 김건희와 명 박사 명태균의 의혹 없는 수사와 더불어 국민 갈등을 초래하는 친일 및 역사 왜곡 인사의 임명강행을 바로잡고 정치검찰의 개혁을 요구한다.

선배들의 피와 목숨으로 일군 자랑스러운 민주주의의 퇴보를 우리 국민은 목격하며 개탄한다.

대학 교내 공권력 투입에 대해 사과하고 재발 방지를 요구한다.

표현의 자유를 보장한 인권위의 결정에도 정치, 종교의 자유로운 의사 표현인 학내 대자보를 정치적 중립이라는 해괴한 논리로 방해하는 권력 지향적 학교의 행태에도 경고한다.

불의하고 부패한 살아있는 권력에 한없이 꼬리 내리고 정치보복에 혈안이 되어 있는 정치검찰에 경고한다.

나락으로 떨어지는 국민의 살림살이는 안중에도 없는 무능, 몰염치 윤석열과 그의 정치 카르텔에도 경고한다.

입이 아플 만큼 더 많은 실망과 분노가 있지만, 굳이 말하지 않아도 모를 리가 없을 것이다. 만약 모른다면 그것은 바보임이 틀림없으니 바보 대통령을 국민은 원하지 않는다.

자신 없으면 국민이 부여한 그 권좌에서 내려와라.

마지막 엄중한 경고이자 국민의 호의라고 생각하라.

더 이상 부끄러움이 국민의 몫으로 두지 마라.

국민의 뜻을 거스른 권력자의 말로는 삼척동자도 다 아는 사실이다.

개돼지 취급하며 국민을 더 이상 속이지 마라. 너희 생각처럼 결코 국민은 우매하지 않다.

성난 민심의 파도가 몰아치면, 분노한 개돼지 국민에게 물어뜯기면 약도 없다는 것을 똑똑히 보여주겠다.

이 시간 이후에도 국민의 마음을 헤아리지 못하고 공분을 추스르지 못하면 답은 하나다.

윤석열은 퇴진하라! 김건희를 구속하라!

2024년 12월 2일
단국대학교 천안교정 민주동문회

대구교육대학교 교수 시국 선언문 2024년 12월 02일.

불의하고 불공정하고 무능한 윤석열 대통령은 즉각 퇴진하라

우리는 지난 2년 반 동안 윤석열 대통령이 저지른, 그 무엇과도 견줄 수 없을 만큼 참혹하고 말로는 다 표현할 수 없는 참담한 실정을 목도해 왔다. 끝도 없이 밀려오는 절망 속에서 우울함을 감내하며 아무런 희망 없이 살아 왔다. 우리는 예비 초등교사에게 옳은 것만을 가르치기로 다짐했던 초심을 되돌아보며 윤석열 대통령의 무도함과 폭정에 더 이상 눈을 감지도 귀를 막지도 입을 닫지도 않기로 했다.

우리는 서울 이태원의 좁디좁은 골목길에서 살려달라고 외쳤던 시민들의 애타는 부르짖음을 잊을 수 없다. 기본적인 안전 장비도 지급받지 못한 채 상관의 과욕에 사로잡힌 명령을 좇아 성난 강물에 뛰어들었다가 다시는 돌아오지 못한 앳된 병사의 얼굴을 아직도 생생히 기억한다. 우리는 윤석열 대통령의 몹시 분하고 노여운 말 한마디가 사건의 진실을 은폐하고 책임자 처벌을 가로막았다는 사실도 소상히 알고 있다.

우리는 김건희 여사의 명품 가방 수수와 주가 조작 의혹 앞에서 윤석열 대통령이 입버릇처럼 말하던 공정과 상식이 여지없이 무너졌음을 직접 제 몸으로 느끼고 있다. 하루가 멀다 하고 쏟아지는 국정 농단에 대한 떠도는 말들과 한반도 평화에 털끝만큼도 도움이 되지 않는 군사적 긴장을 가만히 두고 볼 수 없다. 우리는 끝을 모르고 추락하고 있는 경제 상황 속에서 하루하루의 끼니와 실직을 걱정하는 가장의 깊은 시름과 생존을 위해 첫새벽부터 일자리를 찾아나서는 젊은 청년의 긴 한숨을 외면할 수 없다.

우리는 윤석열 정권의 남은 2년 반을 더 견디며 살아가야 한다는 것에 참을 수 없는 분노와 좌절을 느낀다. 아직 국민을 사랑하는 마음이 조금이라도 남아 있다면 물러나는 것이 국민에 대한 최소한의 도리이며 예의이다. 우리는 윤석열 대통령에게 앞뒤 재지 말고 지금 당장 물러날 것을 강력히 촉구한다.

대구교육대학교 시국선언 교수
민천식, 박순영, 윤준채, 이기정, 이영주, 이용일, 이종원, 무기명 5명

2024년 12월 02일

해병대 예비역, 시국선언 2024년 12월 3일. 화.

"윤 정권 숨통 끊어야…선탄핵 후진상규명"
해병대 예비역 444명 시국선언

"이런 일로 대통령이 탄핵되는 겁니다!"

우리는 대한민국 해병대와 채 해병 그리고 박정훈 대령을 위해 해병대 전투복을 다시 입었습니다. 그렇기에 윤석열의 다른 실정에는 관심을 두고 있지 않습니다.

해병대는 좌파도 우파도 아닌 호국충성 나라 지키는 해병대입니다.

국가와 민족을 위해 봉사한 해병대를 분열시키고, 명예를 짓밟은 윤석열은 혹독한 댓가를 치러야 합니다. 이제는 윤석열 정권의 숨통을 끊어야 합니다!

공정과 상식의 나라를 만들겠다던 윤석열은 일일이 거론하기 어려울 정도로 대한민국을 불공정하고 몰상식한 방식으로 통치했습니다.

"이런 일로 사단장까지 처벌하게 되면 대한민국에서 누가 사단장을 할 수 있겠느냐"

출세 길에 눈이 어두워 부하를 사지로 내몬 사단장을 두둔하는 윤석열.

스물한 살 젊은 해병의 죽음 앞에 윤석열은 공정하지 못했습니다.

국방부 장관의 결재가 끝난 '사단장 등 8명 과실치사 혐의 경찰이첩' 조사결과는 법을 어기며 이첩보류를 지시하고, 법을 어기며 사건을 회수하여, 누군가를 위하여 재수사했습니다.

오히려, 개정된 군사법원법에 따라 법을 지켜 직을 수행한 박정훈 前 해병대 수사단장은 보직 해임시켰고, 집단항명의 수괴로 몰아 1년 넘게 항명죄 재판을 받게 하였으며, 군 검찰은 징역 3년을 구형하였습니다. 어느 하나 상식적이질 않습니다.

한 사람의 격노가 대한민국의 법치와 공적 질서를 문란케 하였습니다.

당신의 횡포로 정부, 군, 경찰, 검찰. 공권력의 권위는 훼손된 지 오래입니다.

채 해병의 죽음을 온당히 처리하지 않아, 온 나라와 국민을 병들게 한 것입니다.

국가를 위해 충성하고, 명예로 살아가는 군에 윤석열은 부당한 명령을 행사하여 군의 기강을 어지럽혔습니다.

윤석열은 안보를 팔아 당선되었지만, 정작 지금 대한민국의 안보를 위협하는 가장 큰 리스크는 바로, 윤석열입니다.

채 해병의 죽음 앞에 공정하고 상식적으로 처리해달라는 국민의 요구에 윤석열과 '국민의 힘'은 특검법을 세 차례 거부하였습니다.

자신의 책임을 면피하고자, 국방의 의무를 다하다 숨진 해병의 죽음을 정쟁화한 것입니다.

수사외압의 주범인 윤석열 정권에 특검을 요구하는 것은 처음부터 불가능한 것이었는지도 모르겠습니다. 윤석열의 말에 따라, 죄를 지었으니 특검을 세 번이나 거부한 것 아니겠습니까.

채 해병이 떠난 지 1년하고도 5개월이 되었습니다.

우리 해병대 예비역들은 더 이상 절차 지켜가며 기다리지 않겠습니다.

수사외압의 주범 윤석열을 先 탄핵하고, 後 진상규명하기 위해 오늘의 선언에 그치지 않고 행동할 것입니다.

끝으로 각계의 시민들과 단체에 호소합니다.

각자의 영역에서 나라를 위해 목소리 내야 합니다.

나라를 걱정하는 것은 지식인과 종교인의 몫이 아닌 국민의 몫입니다.
巨惡 윤석열 앞에 용기를 내고, 양심을 행동으로 옮깁시다.

2024년 12월 3일
해병대 예비역 444명 일동

[출처] 윤석열 퇴진 (해병대 예비역, 시국선언문)
작성자 서철역

대통령 비상계엄령 선포 2024년 12월 3일. 화.

2024년 12월 03일 밤 22시 23분 경,
윤석열 대통령이 긴급 담화문을 통해 '비상계엄'을 선포했다.

〈대통령 담화문〉

「존경하는 국민 여러분, 저는 대통령으로서 피를 토하는 심정으로 국민 여러분께 호소드립니다.

지금까지 국회는 우리 정부 출범 이후 22건의 정부 관료 탄핵 소추를 발의하였으며, 지난 6월 22대 국회 출범 이후에도 10명 째 탄핵을 추진 중에 있습니다.

이것은 세계 어느 나라에도 유례가 없을 뿐 아니라 우리나라 건국 이후에 전혀 유례가 없던 상황입니다.

판사를 겁박하고 다수의 검사를 탄핵하는 등 사법 업무를 마비시키고, 행안부 장관 탄핵, 방통위원장 탄핵, 감사원장 탄핵, 국방 장관 탄핵 시도 등으로 행정부마저 마비시키고 있습니다.

국가 예산 처리도 국가 본질 기능과 마약범죄 단속, 민생 치안 유지를 위한 모든 주요 예산을 전액 삭감하여 국가 본질 기능을 훼손하고 대한민국을 마약 천국, 민생 치안 공황 상태로 만들었습니다.

민주당은 내년도 예산에서 재해대책 예비비 1조 원, 아이돌봄 지원 수당 384억, 청년 일자리, 심해 가스전 개발 사업 등 4조1천억 원을 삭감하였습니다.

심지어 군 초급간부 봉급과 수당 인상, 당직 근무비 인상 등 군 간부 처우 개선비조차 제동을 걸었습니다.

이러한 예산 폭거는 한마디로 대한민국 국가 재정을 농락하는 것입니다.

예산까지도 오로지 정쟁의 수단으로 이용하는 이러한 민주당의 입법 독재는 예산 탄핵까지도 서슴지 않았습니다.

국정은 마비되고 국민들의 한숨은 늘어나고 있습니다.

이는 자유대한민국의 헌정질서를 짓밟고, 헌법과 법에 의해 세워진 정당한 국가기관을 교란시키는 것으로써, 내란을 획책하는 명백한 반국가 행위입니다.

국민의 삶은 안중에도 없고 오로지 탄핵과 특검, 야당 대표의 방탄으로 국정이 마비 상태에 있습니다.

지금 우리 국회는 범죄자 집단의 소굴이 되었고, 입법 독재를 통해 국가의 사법·행정 시스템을 마비시키고, 자유민주주의 체제의 전복을 기도하고 있습니다.

자유민주주의의 기반이 되어야 할 국회가 자유민주주의 체제를 붕괴시키는 괴물이 된 것입니다.

지금 대한민국은 당장 무너져도 이상하지 않을 정도의 풍전등화의 운명에 처해 있습니다.

친애하는 국민 여러분,

저는 북한 공산 세력의 위협으로부터 자유대한민국을 수호하고 우리 국민의 자유와 행복을 약탈하고 있는 파렴치한 종북 반국가 세력들을 일거에 척결하고 자유 헌정질서를 지키기 위해 **비상계엄을 선포합니다.**

저는 이 비상계엄을 통해 망국의 나락으로 떨어지고 있는 자유 대한민국을 재건하고 지켜낼 것입니다.

이를 위해 저는 지금까지 패악질을 일삼은 만국의 원흉 반국가 세력을 반드시 척결하겠습니다. 이는 체제 전복을 노리는 반국가 세력의 준동으로부터 국민의 자유와 안전, 그리고 국가 지속 가능성을 보장하며, 미래 세대에게 제대로 된 나라를 물려주기 위한 불가피한 조치입니다.

저는 가능한 한 빠른 시간 내에 반국가 세력을 척결하고 국가를 정상화시키겠습니다.

계엄 선포로 인해 자유대한민국 헌법 가치를 믿고 따라주신 선량한 국민들께 다소의 불편이 있겠습니다마는, 이러한 불편을 최소화하는 데 주력할 것입니다.

이와 같은 조치는 자유대한민국의 영속성을 위해 부득이한 것이며, 대한민국이 국제사회에서 책임과 기여를 다한다는 대외 정책 기조에는 아무런 변함이 없습니다.

대통령으로서 국민 여러분께 간곡히 호소드립니다.

저는 오로지 국민 여러분만 믿고 신명을 바쳐 자유 대한민국을 지켜낼 것입니다. 저를 믿어주십시오.

감사합니다.」

대통령 담화로 계엄령을 선포하고 한 시간쯤 후 23:25분에 박안수 계엄사령관이 '계엄사령부 포고령 제1호'를 포고했다.

계엄사령부 포고령(제1호)

자유대한민국 내부에 암약하고 있는 반국가세력의 대한민국 체제전복 위협으로부터 자유민주주의를 수호하고, 국민의 안전을 지키기 위해 2024년 12월 3일 23:00부로 대한민국 전역에 다음 사항을 포고합니다.

1. 국회와 지방의회, 정당의 활동과 정치적 결사, 집회, 시위 등 일체의 정치활동을 금한다.

2. 자유민주주의 체제를 부정하거나, 전복을 기도하는 일체의 행위를 금하고, 가짜 뉴스, 여론조작, 허위선동을 금한다.

3. 모든 언론과 출판은 계엄사의 통제를 받는다.

4. 사회혼란을 조장하는 파업, 태업, 집회행위를 금한다.

5. 전공의를 비롯하여 파업 중이거나 의료현장을 이탈한 모든 의료인은 48시간 내 본업에 복귀하여 충실히 근무하고 위반시는 계엄법에 의해 처단한다.

6. 반국가세력 등 체제전복세력을 제외한 선량한 일반 국민들은 일상생활에 불편을 최소화할 수 있도록 조치한다.

이상의 포고령 위반자에 대해서는 대한민국 계엄법 제 9조(계엄사령관 특별조치권)에 의하여 영장 없이 체포, 구금, 압수수색을 할 수 있으며, 계엄법 제 14조(벌칙)에 의하여 처단한다.

2024.12.3.(화) 계엄사령관 육군대장 박안수.

박동진 교장 부부는 TV를 보다가 느닷없는 계엄령 선포를 보고 적잖이 놀랐다. 대통령이 긴급담화문을 발표한다기에 무슨 담환가 하고 정신을 집중해서 청취했는데 결론은 계엄령 선포였다. 박 교장에게는 전두환의 신군부 계엄령으로 인한 트라우마가 있다. 전남대학교 의과대학 3학년이던 형이 5·18 민주화운동 때 전남대학교 정문에서 계엄군이 쏜 총에 맞아 이슬로 사라졌다. 맏아들을 잃은 어머니가 실성하여 아들을 찾는다고 이곳저곳 떠돌아다니다가 저수지에 빠져 운명했고, 맏아들과 아내를 잃은 아버지는 지병인 위장병이 악화되어 시름시름 앓다가 돌아가시는 바람에 동진은 고3 때 홀로 남았다. 이 세상에 의지가지없이 홀로 된 동진은 공장에 취업해서 살았다. 동진을 착하게 본 공장 사장이 그를 야간대학에 입학시켜 졸업까지 시켰다. 그의 행동거지와 마음씨를 가까이서 지켜본 사장 부인이 친정동네(파주읍) 정씨 딸을 소개했는데 결국 그 집의 데릴사위로 들어가서 지금까지 눌러 살았다. 그런 아픔이 있는 그에게 '계엄'이란 단어는 치가 떨리는 단어다.

'비상계엄령'이 선포된 그 시간부터 대한민국은 모든 분야가 정지되고 국민 모두가 어리둥절한 상태다. KBS, MBC, SBS, JTBC, MBN, YTN 등 대한민국의 모든 TV 방송과 라디오 방송이 '비상계엄' 선포에 관한 정보를 송출하기에 바빴다. 이날 밤 비상계엄 속에서 기자들이 집중적으로 파고드는 곳은 여의도 국회의사당이었다. 그래서 국회의사당 실황이 끊임없이 각 가정과, 사무실과, 업소에 실시간으로 보도되었다.

박 교장은 밤이 깊어 가는데도 잠자리에 들지 못하고 기다란 소파 중앙에 곧추 앉아 국회의사당에 진입한 군인들이 본회의장에 침투하려고 유리창 깨는 것을 보고 "아-악"하고 옆으로 쓰러졌다. 박 교장이 옆으로 쓰러지자 사모가 남편을 일으켜 앉히며 된소리로 말했다.

"여보- 여보 왜 그래 응?"

사모가 실신한 남편을 깨우려고 흔들며 ;

"여보! 여보! 교장선생님!" 하고 불러봤지만 박 교장은 의식이 없었다. 사모도 머릿속이 빈 깡통으로 변했다. 그녀는 실신한 남편을 흔들어 깨웠다.

"여보- 왜 이래?"하고 소리쳤지만 박 교장은 깨나지 못했다.

사모는 외출에서 아직 돌아오지 않은 아들 준기에게 전화를 걸었다.

실신한 박 교장은 육신과 혼령이 분리되었다. 육신은 자기 집 거실 소파 위에 두고 혼령은 육신을 떠나 허공에 날아올랐다. 잠시 후 그의 눈앞에 몽매에도 그리던 어머니와 아버지가 나타났다.

"동진아, 너는 다시 육신으로 돌아가야 한다."

어머니가 이렇게 말씀하시고, 아버지는 옆에서 고개를 끄덕이셨다. 박동진이 ;

"어머니-!"하고 소리치는데 소리가 나오지 않았다. 잠시 후 어머니와 아버지는 어디론가 사라지고, 노랑색 의상으로 치장한 신령님이 나타났다.

신령계

　박 교장의 혼령은 노랑나비를 따라 무한대 허공을 둥실둥실 떠올라 어디론가 끝없이 날아갔다. 허공은 어둡고 추웠다. 노랑나비는 그의 영혼을 어디로 인도하는 것인가? 박 교장의 영혼은 마치 새털 하나처럼 가볍게 떠올라 노랑나비를 따라 끝없이 날아갔다. 그가 얼마 동안이나 허공에 떠 있었을까? 노랑나비가 그의 영혼을 천궁이라는 곳으로 인도했다. 천궁에는 시간이라는 것이 없나보다. 태양도 없고 별도 없고 달도 없다.

　박 교장 영혼이 노랑나비를 따라가 안착한 곳은 각양각색의 아름다운 꽃들이 만발하고, 벌 나비가 이 꽃 저 꽃으로 날아다니며 꿀을 빨고 있는 동산이었다. 갈등이나 전쟁이 있을 수 없는 진정한 평화의 동산이었다. 박 교장이 눈을 들어 사위를 둘러보다가 가까이에 서있는 고목나무를 보고 깜짝 놀랐다. 그 고목은 범상치 않은 나무였다. 수령이 몇 천 년쯤 되어 보였다. 사람들이 나무 밑 둥에 둘러서서 양팔을 벌려 옆 사람과 손을 잡는다면 몇 사람이나 둘러서야 손을 마주잡을 수 있을까? 성인 스무 명쯤이 둘러서야 양팔 벌려 손을 맞잡을 수 있을 것 같았다. 그런데 그 고목나무 잎사귀는 윤기 흐르는 녹색으로 매끄럽고 싱싱해서 청년나무 같았다. 그가 고목에 정신 팔려 있을 때 노랑나비가 부드러운 음성으로 말했다.

　"박 교장, 나를 보시오."

　박 교장이 노랑나비를 조심스레 쳐다봤다. 조금 전까지만 해도 나비처럼 의상만 보였던 그가 사람의 형상으로 또렷하게 보였다. 그는 노랑색 관모를 쓰고, 노랑색 두루마기를 입고, 노랑색 장화(부츠)를 신었다. 그가 박 교장에게 나지막한 목소리로 말했다.

　"나는 여기 시관이오. 나를 따라 오시오."

　"여기가 어디입니까?"

"여기는 신시(神市) 아사달이오. 신령들이 있는 곳이랍니다."

"시관님, 저 나무 이름이 뭐지요? 저렇게 큰 나무는 처음 봅니다."

"저 나무는 신단수요. 땅에 내려가면 백두산에 한 그루가 있어요. 그런데 인간들 눈에는 보이지 않는답니다."

"사람의 눈에는 보이지 않는다고요? 왜 그럴까요?"

"본래 신국(神國) 사물은 인간 눈에 보이지 않는 법이오. 자, 이러다 늦겠소. 갑시다."

"(박 교장이 시관을 따라가면서 물었다.) 시관님, 저는 죽은 사람입니까?"

"박 교장 육신이 아직 살아있어요. 박 교장은 다시 돌아가야 합니다."

"예? 어디를 요?"

"차차 알게 됩니다."

시관이 박 교장을 데리고 한 참 가더니 어느 건물 안으로 들어갔다. 건물 내부는 천장이나 바닥이 모두 노란색으로 장식되어 있었다. 꾀 넓은 바닥중앙에 하얀 원탁테이블이 놓여 있고 원탁 둘레에 신령 세 분이 앉아있었다. 신령들은 모두 은빛 머리를 단정하게 뒤로 빗어 넘겼고, 하얀 망토를 입고, 하얀 신발(부츠)을 신었다. 박동진은 세 분 신령을 보고 신계(神界)의 권위에 눌려 숨도 제대로 쉴 수가 없었다. 시관이 세 분 신령 앞으로 박 교장을 데리고 가서 말했다.

"인사 올리시오. 박혁거세 신령님과 주몽 신령님과 온조 신령님이시오."

박 교장은 3위 신령님께 차례차례 큰 절을 올리고, 무릎을 꿇은 채 고개를 들지 못 하고 말했다.

"박동진입니다. 신령님들을 뵙게 될 줄은 몰랐습니다."

"으-음. 고개를 들라." 박혁거세 신령님의 근엄한 목소리다.

(고개를 들고 3위 신령님을 조심스럽게 쳐다봤다.)

"땅에서는 또 새로운 싸움을 시작했지?"

"예? 신령님, 잘 알아듣지 못하겠습니다."

"대통령이 계엄령을 선포해서 또 새로운 쌈이 시작됐는데 모른단 말인가?"

"아- 예, 예 신령님, 그렇습니다."

"너희들이 자꾸 동족분열을 하니까 중국한테 땅을 빼앗기고, 일본한테 땅을 빼앗기고 종국에는 남쪽과 북쪽이 갈라져 두 나라가 되었으니 이 얼마나 어리석은 짓이냐?"

"부끄럽습니다. 용서하여 주십시오."

"용서도 한 두 번이지… 악동을 대통령으로 세우는 실수가 지금 몇 번째 인가?"

온조 신령님이 노기 찬 음성으로 꾸지람했다.

"신령님, 몸 둘 바를 모르겠습니다. 용서하여 주십시오."

"너희들 하는 짓을 보면 도저히 용서할 수가 없다. 너희들을 어찌해야 좋을지 이곳 신령님들도 고민이 많다."

"저희들의 죄가 너무 큽니다. 하오나 신령님, 저희들을 버리지는 말아주십시오."

박혁거세 신령님이 말씀하셨다. ;

"이태원 할러윈 축제 때 골목길에서 젊은 아이들이 159명이나 죽었지?"

"예, 신령님."

"그 아이들이 왜 죽었느냐?"

"압사사고였습니다."

"그 압사사고가 왜 일어났는가 말이다. 비행기 추락도 아니고, 여객선 전복도 아니고 맨땅에서 젊은 건각이 159명이나 죽다니?"

"예, 신령님. 부끄럽습니다."

"이태원은 해마다 할러윈 축제가 열리는 곳이지?"

"예, 신령님."

"그런데 용산구청과 경찰서가 그걸 몰랐느냐?"

"몰랐을 리가 없습니다."

"그래, 몰랐을 리가 없지. 그런데도 그날 할러윈 축제는 도외시 하고 경찰들을 다 어디에 배치했는지 아느냐?"

"신령님, 저희는 알지 못합니다."

"그날 경찰은 대부분 대통령실과 대통령관저 주변에 배치되었다. 대통령실과 관저가 용산 허허벌판에 있으니 그 외곽경비에 경찰 대부분을 투입했단 말이다."

"그러하옵니까 신령님?"

"그래서 이태원 할러윈 행사 현장엔 소수 경찰만 배치했던 거야. 이것이 그 사건의 원인 중 근원이다."

"신령님, 아마도 그랬던 것 같습니다."

"아마도라니?"

옆에 계신 주몽신령님이 말씀하셨다. ;

"그 사고에 대한 책임자는 누구라고 밝혀졌느냐?"

"명확하게 밝히지 못했습니다."

"참으로 딱한 사람들이로다. 그 사고의 책임자는 대통령이야. 대통령이 책임지지 않으려면 사고 진상을 명백히 밝히고 책임자를 찾아서 책임을 물어야 될 거 아닌가 말이다? 불을 보듯 명확한 사건을 흙으로 덮는다고 덮어지겠느냐? 국정책임자가 그 모양이니까 백성이 혼란스럽지."

"――――――――――――"

온조 신령님이 격노하여 크게 소리를 질렀다.

"에잇 못나고 한심한 것들. 북쪽에 사는 동족 이겨 먹으려고 왜놈과 손잡아?"

"신령님— 대통령을 다시 뽑으면…" 박 교장이 부들부들 떨었다.

"대통령을 다시 뽑아도 소용없어. 국가운영 체제를 바꾸지 않으면 아무리 현명한 사람을 최고지도자로 뽑아도 그 자가 그 자야. 돌이켜 생각해 봐라. 이승만은 외국으로 도망가서 객사하고, 박정희는 제 부하가 총살했고, 전두환, 노태우, 이명박, 박근혜까지 다 감옥에 가지 않았느냐? 보아하니 이번 대통령도 감옥 가기 직전인데 이거야말로 세계 웃음거리가 아니냐?"

"신령님, 우리 대통령이 개과천선하도록 깨우쳐 주시옵소서."

주몽 신령님이 다시 말씀하셨다. ;

"그자는 개과천선할 인물이 아니다. 그 자를 대통령이라 부르지도 말라."

"예?"

"그자가 '윤가' 아니냐?"

"예, 신령님."

"시관(侍官)!"

"예, 신령님."

"이 사람을 데리고 나가시오."

"예, 신령님."

인간계

- 따릉따릉 따릉따릉 따릉따릉 따릉따릉-

박 교장의 전화기 벨이 울렸다. 사모가 남편대신 전화를 받았다.

"여보세요." 박 교장의 후배였다.

"사모님, 교장선생님 좀 바꿔주세요."

"교장선생님이 지금… 흑 흑 흑"

"사모님 왜 그러세요. 예?"

사모가 말을 못하고 안절부절 못하다가 전화를 끊었다. '비상계엄'이 선포되자 국민들은 제각기 자기 눈과 귀를 의심하면서 지인들에게 전화를 걸어 ;

"나라에 무슨 일이 생겼냐? 웬 계엄이야?"

"글쎄 말이요. 나도 모르겠는데요?"

누구에게 물어봐도 모두가 깜깜했다. 바람 한 점 없이 고요한 호수에 큰 바위가 떨어져 호수를 뒤집어 놓았다. 그리고 태풍이 일었다.

- 따릉따릉 따릉따릉 따릉따릉 따릉따릉-

사모 전화기 벨이다. 아들 준기가 한 전화였다.

"준기야, 119에 신고했니?"

"응, 엄마 신고했어. 곧 출동하겠다고 했어."

"너도 지금 오고 있지?"

"응, 나는 곧 도착해."

민주주의 함성 **131**

대한민국은 1950년 발발한 남북전쟁으로 초토화 되었던 나라다. 세계 어느 전쟁보다도 참혹했던 그 전쟁을 경험한 한국 국민은 전쟁에 관한 트라우마가 심한 국민이다. '전쟁? 전쟁이라니? 전쟁은 안 된다. 제발 전쟁만은 말아다오.' 이것은 온 국민이 염원하는 소망이다. 그 전쟁을 몸소 겪었던 세대 사람들은 거의 다 운명했고, 이제는 소수의 고령자들만 생존해 있지만 그 전쟁의 상흔이 뚜렷하게 남아 후손들에게 "전쟁은 하지 말라"고 당부한다.

그런데 2024년 12월 3일 밤, 대통령이 '비상계엄'을 선포하자 온 국민이 '혹시 전쟁?' 하면서 극도로 긴장했다. 왜냐하면 현 대통령이 취임한 이후 남북관계가 급속도로 악화일로로 치달았기 때문에 전쟁이 아닌가 하고 걱정하는 것이다. 자라보고 놀란 가슴이 솥뚜껑보고 놀라는 격이다.

한국전쟁이나 베트남전쟁 때 참전경험이 있는 고령자들은 이 계엄선포가 전쟁선포가 아니기를 바랐다. 아무리 처참한 사회적 참사라도 복구할 수 있고, 아무리 악독한 독재정권이라도 국민이 결국 이겨낸다. 하지만 전쟁은 하늘의 지옥과 맞닿아 있다. 어느 민족도 전쟁을 쉽게 치유할 수 없다. 그 상처와 후유증은 후손 대대로 몇 백 년 전달된다.

1950년에 발발한 한국전쟁은 아직도 진행 중이다. 그런데 더 불행한 것은 이 전쟁을 종식할 수 있는 희망이 보이지 않는다는 것이다. 여러 국가 군대가 개입해서 치러진 전쟁이기 때문에 종전이 더 어렵다. 그래서 궁여지책으로 1953년 휴전을 했는데 그 후 30여 년 동안 독재자들이 획책한 계엄령을 여러 차례 겪었다. 그래서 한국 국민은 '계엄'이라는 단어에 민감하다.

- 따릉따릉 따릉따릉 따릉따릉 따릉따릉-

사모 핸드폰이 또 울렸다. 사모는 119 구급차 전화를 기다리고 있는 중이었다.

"여보세요?"

"거기 박동진 교장선생님 집이지요?"

"예 아저씨, 119 구급차인가요?"

"예, 그렇습니다. 지금 들어가도 됩니까?"

"예, 급해요 아저씨. 문 열어놓았어요."

 약속이나 한 것처럼 박 교장의 아들 준기와 119 구급대원이 박 교장 집 대문 앞에서 만났다. 119 구급대원과 준기가 집안으로 쑥 들어갔다. 구급대원이 시체처럼 누워 있는 박 교장의 호흡상태를 확인하고 맥박을 짚어보더니 사모와 준기에게 말했다.

"아직 살아계십니다. 빨리 병원 응급실로 모시겠습니다."

"예? 예 아저씨, 빨리 좀 가 주세요."

 구급차가 병원을 향해 출발했다.

계엄해제요구결의안 국회 가결 2024년 12월 4일 01시. 토.

　12월 3일 밤 10시 20분 경 윤석열 대통령이 '비상계엄'을 선포하자 한밤중 고요한 나라에 공포분위기가 자욱했다. 여의도 정가는 전깃불 사이로 젊은이들이 이리 뛰고 저리 뛰고 메뚜기처럼 뛰어다녔다. 더불어민주당 사무실도 단 솥에 미꾸라지처럼 의원들과 당직자들이 펄펄 뛰었다.

　밤은 깊어가지만 아직 퇴근하지 않고 당사에 있었던 민주당 이재명 당대표와 박찬대 원내대표가 신속하게 '당 소속 국회의원 비상소집'을 서둘렀다. 박찬대 원내대표는 몇몇 보좌관들과 함께 이미 퇴근한 의원들에게 전화를 걸어 '비상계엄' 소식을 알리고 빨리 등원하라고 재촉했다. 대부분의 의원들은 집에서 TV를 보고 알았다며 이미 출발했다고 대답했다.

　더불어민주당 의원들은 얼마 전부터 '윤가의 비상계엄' 선포를 우려하고 있었다. 윤가가 비상계엄을 획책하고 있다는 정보를 입수했기 때문이다. 그 정보가 입수되었을 때 많은 사람들은 '설마…' 했으나 만에 하나를 위해 정책위의장 김민석 의원이 TV 방송에 나가 '윤가의 비상계엄 선포 우려'를 발표했었다. 그러나 국민들은 "계엄령? …민주당이 너무 나가는구먼." 하며 뜬소문 정도로 흘려버렸다. 그런데 불행하게도 그 소문이 가짜뉴스가 아니었다.

　이재명 대표는 우원식 국회의장에게 전화를 걸었다. 우 의장이 전화를 받았다.

　"의장님, 비상계엄 선포 들으셨지요?"

　"예, 그래서 지금 국회로 가는 중입니다."

　"예, 그러시군요. 저는 지금 국회에 있습니다. 1분 1초가 다급합니다. 저 사람이 무슨 짓을 할지 모릅니다."

"알았습니다. 지금 국회 앞에 왔는데 웬 사람이 이렇게 많지요?"

"예, 평소보다 사람이 많습니다."

이날 TV 방송으로 계엄령 선포를 직접 시청한 서울 시민들 중 집에서 튀어나와 무작정 국회의사당을 향해 달려간 사람이 부지기수였다. 국회의사당 주변 분위기는 삼엄했다. 22:50분경 경찰이 국회 외곽문을 폐쇄하고 국회의원들과 직원들 출입을 막았다. '계엄령'이라는 '홍두깨'를 맞고 집에서 튀쳐나와 여의도 국회의사당으로 달려간 시민들이 국회 경내로 들어가려 했으나 정문과 후문은 이미 경찰이 통제하고 있어서 도로에 모여 웅성거렸다. 국회의원들도 속속 도착했으나 못 들어가 경찰과 실랑이를 벌이곤 했다.

우원식 의장은 마음이 급해서 정문을 막아선 경찰과 실랑이 할 시간이 없었다. 멍하니 서서 하늘만 쳐다보던 우 의장은 뭔가를 결심한 듯 돌아서서 국회의사당 담장을 따라 달려갔다. 몇 십 미터 달려가던 우 의장은 브레이크 밟은 자동차처럼 우뚝 서더니 담장에 손을 얹고 훌쩍 뛰어올라 담장을 넘어갔다. 그리고 국회의사당을 향해 부리나케 달려갔다. 우 의장이 의사당 본 회의실에 도착했을 때 시계는 22:57분을 가리키고 있었다.

이준석 의원은 출입구를 막아서는 경찰들과 몸싸움을 벌이며 ;

"국회의원이 국회에 들어가는데 왜 막아요?"하며 고성을 지르다가 경찰들을 제치고 의사당을 향해 달려갔다. 이준석 의원이 들어가자 다른 의원들도 뒤따라 몇몇 의원이 들어갔다.

의사당 본 회의실은 엄습하고 긴장감이 돌았다. 회의실에 입실한 의원수가 100여 의원쯤 되어 보인 가운데 계속해서 의원들이 숨을 헐떡거리며 본 회의실 안으로 들어섰다. 먼저 입실한 의원이나 이제 막 입실한 의원이나 매 한가지로 긴장되어 있었다. 경찰 통제를 어떻게 뚫고 들어왔는지 궁금하지만 그런 한담은 아예 나올 수도 없을 만큼 분위기가 급박했다. 본인 좌석에 착석해서 홀로 심사숙고 중에 있는 의원이 있는가 하면, 의원들이 삼삼오오 둘러서서 심각한 얼굴로 마주보고 대화하고 있었다.

23:00시 경 회의실에 입실한 의원들은 대부분 더불어민주당 소속 의원들이었고, 국민의 힘 소속 의원들이 18명 정도, 그리고 조국혁신당 소속 의원들이 12명이었다. 국회의장석에 착석해 있는 우원식 의장이나, 더불어민주당 이재명 대표와 박찬대 원내대표가 굳은 얼굴로 회의실 출입문을 뚫어지게 바라보고 있었다. 회의 참석의원이 150명은 넘어야 국회를 개회할 수 있기 때문에 의원들이 빨리빨리 들어오기를 학수고대했다. 1분도 길고 1초도 길다. 어서 성원이 되어 국회를 개회하고 '비상계엄해제요구결의안'을 가결하여 윤석열 대통령에게 보내야 한다. 그래서 국회의원 재적(300석) 과반수(150석)가 필히 회의에 참석해야 한다.

　그런데 이 귀중한 회의에 국힘당 의원들은 겨우 18명만 회의실에 입실하고 90명은 본회의장에 들어가지 않았다. 국힘당은 국회의원 과반수가 회의에 불참하기를 바라고 있다. 그래서 여당(국민의 힘) 의원108명 중 한동훈 계 의원 18명만 회의실에 들어가 있고 나머지 90여 명은 다른 회의실에 모여 자기들만의 회의를 하고 있었다.

　이럴 즈음 계엄군은 국회본회의 개최를 방해하려고 본회의장 진입을 시도했다. 본회의장 안에 있던 야당 의원과 보좌진들이 책상과 각종집기로 출입구 앞에 바리케이트를 치고 계엄군 진입을 저지했다. 계엄군은 출입구로 진입하기를 포기하고 국회의사당 2층 사무실 유리창을 깨고 의사당 안으로 난입했다. 이때부터 국회의사당 안에서 야당의원 보좌진들과 계엄군의 대치가 이어졌다.

　이날 국회 본회의장에 진입하려는 계엄군 부대는 이진우 수방사령관(중장) 휘하 제1경비단 소속 제35특수임무대대이며, 수도방위사령부 군사경찰단의 체포조 또한 투입되었다. 이진우 수방사령관 부대가 국회 본회의장에 진입을 못하고 막혀 있을 때 윤석열 대통령이 전화를 걸어 이진우 사령관에게 엄명을 내렸다. ;

　"본회의장으로 가서 4명이 1명씩 들쳐 업고 나오라고 해. 총을 쏴서라도 문을 부수고 들어가서 (국회의원을) 끌어내라"

　대통령이 또 전화로 국회 진입을 명령했다.

"계엄령이 해제됐다 하더라도 내가 두 번, 세 번 계엄령을 선포하면 되는 거니까 계속 진행해"

이 시간 국회 본회의장 주변 복도에는 의원 보좌관과 또 다른 사람들이 꽉 차다시피 하여 군대를 통솔하는 사령관이 작전을 지휘하기가 어려웠다. 본회의장 진입명령을 받은 부대원들이 출입문으로 들어갈 수 없음을 알고 벽에 붙은 창문의 유리를 깨고 한 사람씩 진입을 시도했다. 대통령이 국회의사당 안에 있는 이진우 사령관에게 또 전화했다.

"그곳 상황이 어떠냐?"

"상황이 매우 복잡하고 인원이 이동하기 어렵습니다."

"알았어, 계속해."

수방사와 별도로 육군특수부사령부 계엄군도 국회에 투입됐다. 이 부대 사령관은 곽종근 중장이다. 대통령은 곽종근 사령관에게 비화폰으로 명령했다. ;

"의결정족수가 아직 다 안 채워진 것 같다, 빨리 문을 부수고 들어가서, 안에 있는 인원들을 끄집어내라"

제1공수특전여단과 제3공수특전여단, 그리고 제707특수임무단이 국회와 중앙선거관리위원회와 '김어준의 겸손은 힘들다' 뉴스공장 통제 임무를 받았으며 예비대로 제9공수특전여단이 외곽에서 대기했다. 윤석열 대통령이 전화로 제707특수임무단장에게 이동 상황을 물어봤고 김용현 국방부 장관도 그에게 '국회의사당 의원 끌어내라'고 지시했다.

제1공수특전여단과 제9공수특전여단이 명령받은 오후 11시보다 48분 늦게 국회에 도착했다. 제3공수특전여단 등 다른 육군특수전사령부 예하부대도 이미 출동 대기 상태라서 같이 합세하기로 돼 있었는데, 제3공수특전여단 병력은 국회로 추가 출동하다가 계엄이 해제되는 바람에 부대로 되돌아갔다.

12월 4일 전북특별자치도 익산시 금마면이나 전라남도 담양군에 있는 제7공수특전여단, 제11공수특전여단까지 서울특별시로 올라오는 것으로 출동계획이 짜여 있었다. 그리고 계엄이 선포되기 전날인 12월 2일 (특전사 행사로)모든 여단장이 경기도 이천시 마장면의 육군특수전사령부에 모였다.

문상호 정보사령관(중장)은 계엄군을 중앙선거관리위원회에 투입시켜 장악하고 전산장치 즉 컴퓨터 서버를 확보하기에 혈안이 되었다. 문상호 사령관은 계엄 선포 이틀 전인 12월 1일 경기도 안산에 위치한 롯데리아에서 노상원 전 정보사령관(민간인)과 함께 정보사 소속 대령 2명을 불러 "계엄 날 중앙선거관리위원회 서버를 확보하라"는 취지의 지시를 내렸다. 그리고 체포 조를 구성해서 선거관리위원회 직원 30여명을 포승줄로 묶고 얼굴에 복면을 씌운 후 구금하라고 했다. 그래서 그들은 체포조에게 송곳·가위·니퍼·십자드라이버·일자드라이버·안대·포승줄·케이블타이·야구방망이·망치 등을 준비하도록 지시했다.

비상계엄 당일인 12월 3일, 문상호 사령관은 C 정보사 계획처장에게 중앙선관위 서버실 확보를 위해 침투할 1개 팀(10명)을 무장하도록 지시했다. 또 A·B 대령에게 "저번에 추천한 요원을 2개 팀으로 꾸려 8시까지 소집하라"고 지시했다. 이날 안산 롯데리아를 다시 찾은 민간인 노상원은 D2기갑여단장, E전시작전통제권전환TF팀장, 김용군 전 제3야전군사령부 헌병대장 등을 만나 "합동수사본부 수사단을 구성하는데 D장군이 단장, E장군이 부단장을 맡으면 되고, 상황을 종합해서 장관께 보고하는 임무를 수행하면 된다"고 했다.

문상호 사령관은 비상계엄 전 C계획처장에게 미리 중앙선관위로 출동하라고 한 뒤, C처장이 보내온 중앙선관위 조직도를 보고 붙잡아 감금할 직원 30여 명을 최종적으로 선정했다. 이후 B정보사 대령은 36명의 정보사 요원에게 감금할 선관위 직원 명단을 불러주면서, 포승줄 등으로 묶은 뒤 얼굴에 복면을 씌워 수도방위사령부 B1벙커 구금시설로 이송하라고 지시했다.

계엄군은 왜 선관위를 장악하고 전산장치 서버를 확보하려 했을까? 이것은 대통령의 계획이다. 중앙선거관리위원회 컴퓨터 서버를 조작하여 지난 총선을 부정선거로 둔갑시키고, 22대 국회는 부정선거로 구성되었다고 국민을 속이고 그 핑계로 국회를 해산할 계획이었을 것이다. 왜냐하면 22대 국회는 거대 야당 '더불어민주당'이 170석을 차지하고 있어서 윤석열 정부의 국정에 걸림돌이 되기 때문이다.

이 시나리오를 실현하기 위해서 먼저 김용현 국방부장관은 여인형 국군방첩사령관, 문상호 정보사령관, 노상원 전 정보사령관(민간인) 등에게 선관위 장악 및 전산자료 확보를 지시했다. 이에, 문상호 사령관은 11월경 A정보사 대령과 B정보사 대령에게 정보사 요원 30여 명을 선발하도록 했다. 그리고 정보사령관 출신 민간인 노상원은 이들 정보사 요원들에게 선관위 직원들을 체포·감금하라는 임무를 부여했다.

이후 문상호 사령관과 민간인 노상원은 12월 1일 안산 롯데리아에서 A·B 대령을 만나 비상계엄에 관한 구체적인 계획을 알렸다. 문상호 사령관은 대통령의 비상계엄 선포 계획을 알려주고, 대통령과 김용현 국방부장관의 지시임을 밝혔다. 그리고 노상원은 "부정선거 의혹이 크다"면서 "너희가 중앙선관위 전산 서버실로 가면 된다"고 지시했다.

윤석열 대통령은 계엄 선포 전인 2024년 11월9일경 국방부장관의 공관 2층 식당에서 대통령과 김용현 장관, 여인형 방첩사령관, 이진우 수방사령관이 함께 식사하며 비상계엄 선포 시 부대 운영을 논의했다. 예하 부대 지휘관들에게 ;

"북한의 도발 가능성이 매우 크다"며 대응 준비태세 강화를 지속적으로 지시했다.

조지호 경찰청장과 김봉식 서울경찰청장은 계엄 당일인 지난해 12월3일 오후 7시께 서울 종로구 삼청동 대통령 안전가옥(안가)에서 윤석열 대통령과 김용현 국방부 장관을 만나 계엄 관련 내용을 논의했다. 조 청장과 김 청장은 계엄군이 출동할 시간과 장소 등이 기재된 A4 용지를 전달받고 상호 협의 후 계엄군들의 국회 진입이 원활하게 할 수 있도록 국회 출입을 전면 금지했다. 윤석열 대통령은 계엄 선포 이후 조 청장에게 수차례 전화해서 ;

"국회 들어가려는 국회의원들 다 체포해, 잡아들여", 또

"불법이야, 국회의원들 다 포고령 위반이야, 체포해"라고 지시했다.

조 청장은 계엄사령부 포고령 공포를 확인하고 김 청장에게 ;

"포고령에 따라서 국회를 전면 통제하라"고 전했다.

이에 김 청장은 경비 지휘 무전망을 통해 ;

"국회 각 문 앞에 경찰버스로 차벽을 설치하라"

"현 시간 이후 누구를 막론하고 외부에서 내부로의 출입은 불가하다" 등 국회 안팎 이동을 전부 차단하라고 지시했다.

조지호 경찰청장과 김봉식 서울경찰청장은 국회를 봉쇄하기 시작한 3일 오후 10시48분부터 계엄군이 국회에서 철수한 4일 오전 1시45분까지 경찰 기동대 28개, 약 1680명을 국회 주변에 배치하고 경찰버스 168대, 지휘차량 56대 등을 동원해 국회를 봉쇄했다. 또 경찰은 방첩사의 '체포조' 활동에 가담했다. 조 청장은 여인형 국군방첩사령관으로부터 10여 명에 달하는 주요 체포 대상자들의 위치 추적과 경력 지원 등을 요청받았다.

계엄군과 경찰이 국회를 봉쇄하려 했지만 국회의원 190여 명이 의사당 본 회의실에 모였다. 회의 참석의원이 재적 과반수가 넘은 것을 확인한 우원식 국회의장이 비상계엄해제요구결의안을 본회의에 상정해서 표결에 부쳐 재석 190명 전원이 찬성함으로서 '계엄해제결의안'이 가결되었다. 이때 시각이 12월 4일 01시였다. 본회의에서 결의안에 찬성표를 던진 국힘당 의원은 한동훈 계 18명뿐이었다. 국힘당 의원 90여 명이 의도적으로 회의에 불참했지만 '계엄해제결의안'은 국회 본회의를 통과했다. 우원식 국회의장은 이 결의안을 즉시 대통령에게 보내면서 국회에 침입한 계엄군을 빨리 철수시키라고 촉구했다.

이날 국회에서 '비상계엄해제결의안'을 의결할 때 본회의에 참석한 '국민의 힘' 의원 18명의 명단을 보면 아래와 같다.

【곽규택·김상욱·김성원·김용태·김재섭·김형동·박수민·박정하·박정훈·서범수·신성범·우재준·장동혁·정성국·정연욱·주진우·조경태·한지아】

국회가 법에 의해 '계엄해제결의서'를 대통령에게 보내면 대통령은 비상계엄 해제를 선포해야 한다. 이것이 법이다. 그런데 윤 대통령은 '계엄령 해제결의안'을 받고도 한 동안 비상계엄을 해제하지 않고 무엇인가를 노리고 있었다. 참다못한 국회의장이 대통령에게 비상계엄 해제를 거듭 촉구했다. 그러자 3시간 27분이 지난 후, 4일 04시 27분에야 비상계엄해제를 선포했다. 비상계엄이 선포된 지 약 6시간 만이다.

국무총리가 4일 04시 30분 국무회의에서 비상계엄해제를 의결하여 파국상황은 일단락 된 듯했다. 대통령의 분별없는 '비상계엄선포'가 민주국회의 기민한 '계엄령해제결의안'으로 진압되었으니 망정이지 국회가결이 이루어지지 못했더라면 대한민국은 이승만·박정희·전두환에 이어 또 한 명의 독재자 밑에서 신음할 뻔했다.

대한민국은 건국이후 이승만 정권이 4번, 박정희 정권이 4번, 전두환 정권이 1번 계엄령을 선포했다. 그때는 그래도 민주주의가 자리잡아가는 과정이었다고 평가할 수 있다. 그런데 2024년 12·3 계엄령은 아무리 뜯어봐도 평가할 가치도 없고, 순응할 명분도 없다. 비상계엄은 '대통령이 전시·사변 또는 이에 준하는 사태가 발생했을 때 공공안녕과 사회질서를 위해서 선포'하는 것이다. 그런데 2024.12.03.현재 대한민국은 지극히 평온했고, 정치, 경제, 사회, 문화가 톱니바퀴처럼 맞물려 잘 돌아가고 있었다. 도대체 윤 대통령은 무슨 생각으로 평온한 세상에 날벼락 같은 비상계엄령을 선포했을까? 그 답은 그의 담화문에서 명백하게 볼 수 있다.

비상계엄사령관 박안수가 공포한 포고령 1호를 보면 1항·2항·3항·4항·5항·6항을 위반한 자에 대해서는 '대한민국 계엄법 제9조(계엄사령관 특별조치권)에 의하여 영장 없이 체포, 구금, 압수수색을 할 수 있으며, 계엄법 제14조(벌칙)에 의하여 처단한다.'고 했다. 그런데 이 계엄선포에 중대한 하자가 있었다. 《비상계엄》도, 《포고령 1호》도 '비상계엄' 선포요건에 맞지 않는다. 12·3 밤, 대통령이 비상계엄을 선포하면서 발표한 담화문에 '비상계엄을 선포할 수밖에 없는 이유'를 조목조목 적시했다. 그런데 대통령이 발표한 담화문이나 계엄사령관이 공포한 《포고령 1호》를 아무리 뜯어보고 살펴봐도 계엄령을 선포할 요건은 하나도 없었다. 정말로 근거 없고, 무모한 계엄선포가 아닐 수 없었다. 대통령 담화문에 적시된 문제들이 국정에 지장을 줬다면 '비상계엄'을 선포할 일이 아니고, 정부와 국회가 소통해서 풀어야 할 문제들이었다. 그런데 윤석열 대통령은 입을 꽉 다물고, 국민과 국회를 반국가 세력으로 몰아서 포고령으로 처단하려했다. 이것은 소름 돋는 독재의 조짐이다.

비상계엄 해제까지의 시간표　2024.12.03.

① 12월 03일 22:23분 비상계엄 선포

② 계엄선포 후 즉시 계엄사령부 설치 - 계엄사령관 육군참모총장 박안수

③ 이재명, 한동훈은 각각 자기당 소속국회의원들 국회로 소집

④ 22:50분 경찰이 국회 외곽문을 폐쇄하고 국회의원들과 직원들의 출입을 차단.

⑤ 22:57분 우원식 국회의장이 국회 담벼락을 넘어 경내로 진입.

⑥ 23:25분 박안수 계엄사령관이 '계엄사령부 포고령 제1호' 공포.

⑦ 23:48분 무장계엄군 280여 명이 여러 대의 헬기를 타고 국회로 진입.

⑧ 계엄군은 비상계엄 해제요구결의안 상정을 방해하기 위해 국회의사당 진입 시도.

⑨ 국회의사당 안에 있던 야당 국회의원과 보좌진들이 책상과 각종집기로 의사당 본 회의실 출입구 앞에 바리케이트를 쳤지만 역부족.

⑩ 그러나 자정을 지나 4일 0시34분 군인들이 국회의사당 2층 사무실 유리창을 깨고 의사당 안으로 난입. 이때부터 국회의사당 안에서 군인들과 야당 보좌진들과 대치.

⑪ 우원식 국회의장은 4일 0시5분 비상계엄해제요구 결의안을 본회의에 상정하기 위해 국회의원들 소집.

⑫ 아수라장이 되어버린 국회의사당에서 간신히 의사당에 들어간 국회의원들이 190여 명 모이자 의장은 4일 01시에 본회의를 열고 결의안을 표결에 부쳤다. 재석 190명 전원이 계엄해제요구 결의안을 찬성

하여 가결되었다. 본회의에서 결의안에 찬성표를 던진 여당(국민의 힘)의원은 18명뿐이었다. 이 결의안이 국회 본회의를 통과하자 의장은 즉시 대통령에게 '계엄해제요구결의안'을 보내고 계엄군 철수를 요구했다.

⑬ 국회의장의 계엄군철수 요청은 법에 따른 요청이므로 계엄군은 철수할 수밖에 없었다.

⑭ 계엄령해제 요구 결의안이 윤석열 대통령에게 전달되었음에도 불구하고 윤 대통령은 한동안 비상계엄을 해제하지 않고 침묵을 지키고 있었다. 참다못한 국회의장 이 대통령에게 비상계엄 해제를 촉구했다.

⑮ 계엄령해제결의안이 국회를 통과하고 3시간 27분이 지난 후에야 대통령은 4일 04시 27분 비상계엄선포를 해제했다. 비상계엄이 선포된지 약 6시간 만이다. 국무 총리가 4일 04시 30분 국무회의에서 비상계엄해제를 의결하여 파국상황은 일단락 되었다.

인하대학교/인천대학교 시국선언문　2024년 12월 4일. 수.

"윤석열 대통령의 비상계엄 선포에 항거하며"

〈인하대학교〉

2024년 12월 3일, 윤석열 대통령은 긴급 대국민 담화를 통해 비상계엄을 선포하였고, 계엄군으로 하여금 일사불란하게 민의의 전당인 국회와, 중립성과 독립성이 요구되는 중앙선거관리위원회를 점거하려 시도하며 자유민주적 기본질서를 유린하였다. 이는 1987년 제6공화국 헌정체제가 시작된 이래 초유의 사태이며, 다시는 벌어져선 안 될 반 헌법적 폭거이다.

대통령은 국민에 대하여 취임과 동시에 스스로 헌법을 준수하고 국가를 보위하겠다는 선서를 했다. 윤석열 대통령은 선서에도 불구하고 헌법을 위반하여 계엄선포에 요구되는 절차적·실체적 정당성을 무시한 채 오로지 정치적 이익만을 위하여 계엄을 선포하였고, 계엄령 선포 사실을 국회에 통보하지도 않았으며, 국회의 집회를 방해하는 포고령과 계엄군으로써 국회의 기능을 정지시켜 반 헌법적 계엄선포에 대한 국회의 해제결의를 방해하고자 하였다. 결국 대통령은 국민에 대한 약속을 만연히 위반하였고, 직접 국가를 내란상태로 이끌었다.

우리 인하대학교는 인천을 대표하는 지성인의 전당으로서, 진정한 인하의 주인인 우리가 고유하고 독립된 학생사회를 통하여 불의에 저항하고, 더 나아가 진리탐구·인격도야·사회봉사의 정신에 입각하여 대한민국의 융성을 이끌어나가야 할 사명을 지닌 자유민주시민으로서의 자질을 더욱 공고히 한다는 「인하대학교 중앙학생회칙」 전문과 제26조가 정함에 따라 다음의 선언을 한다.

하나. 민주주의를 파괴하려 획책한 자들을 처벌하라.

하나. 정치적 이익을 위한 계엄에 반대한다.

하나. 우리는 헌정질서 파괴행위의 중단을 요구하며, 군사적 내란행위를 단호히 배격 한다.

인하대학교 제43대 총학생회

〈인천대학교〉

"영원히 침묵하지 않기 위해 지금 침묵하지 않겠습니다."

이루 말 할 수 없으리만치 많은 범죄와 권력남용, 범죄적 무능을 마치 일일이 기억하지 못할 만큼 많이 저지르면 국민들이 잊어버리는 것 마냥 저지르면서 급기야 헌법을 짓밟고 독재정권을 만들려 한 대통령이 있습니다.

이 대통령이 임기가 절반 지난 지금까지 한 일 중 몇 가지만 살펴보시겠습니까?

검찰권을 남용해 김건희 본인과 가족, 주변인의 범죄혐의를 무마하고 정치적인 반대파 탄압에 활용한 것. 국회의 입법권을 정당성 없는 거부권 행사로 무력화한 것.

아무 근거 없는 고소득자, 대기업 중심 감세로 세수 부족 사태를 야기한 것.

국민들이 낸 국민청약저축과 국민주택채권으로 이루어진, 주거취약지원에 사용되어야 할 주택도시기금을 세수 부족분을 메꾸기 위해 정부 일반사업회계에 대출해 사용한 것.

"구조적 성차별은 없다", '여성가족부 폐지'라는 말로 이 사회의 성차별에 대한 해결의지가 전혀 없음을 보여준 것.

정부의 부조리에 저항하는 이들을 공석에서 공공연히 '종북', '반국가세력'

이라 부르며 군사독재 시절에서 조금도 나아가지 못한 인식을 보여주면서도 뻔뻔스레 '자유'와 '민주주의'를 무슨 뜻인지도 모르면서 입에 담는 것.

그렇게 국내에서도 민주주의를 실현하지 못하면서 '민주주의 국가끼리의 가치외교'를 운운하며 그동안의 일제 인권침해 해결을 위한 노력을 물거품으로 만들고 외교참사와 불필요한 국제분쟁을 야기해 우리 국민을 전쟁과 안보불안의 소용돌이에 휘말리게 한 것.

그리고 마지막으로 헌법에서 정한 계엄의 요건에 단 하나도 해당되지 않는데도 12월 3일 23시 비상계엄을 국회 통고절차 없이 불법으로 전국에 선포하고 계엄법상의 계엄사령부 권한 밖의 일인데도 국회를 봉쇄, 여야당 주요 인사를 체포, 국회 본회의를 방해하려고 시도해 입법부의 기능을 정지시키고 계엄 하에서도 정지될 수 없는 기본권인 모든 정당활동과 정치활동, 집회, 파업을 금지, 언론과 출판의 자유를 박탈하려 한 것.

점입가경의 절정을 이루는 이러한 국정파탄은 결국 내란죄의 구성요건인 국헌의 문란을 위한 폭동에 해당하는 12월 3일의 위헌적 비상계엄과 불법적 국회침탈을 낳았습니다. 이것은 그 자체로 윤석열 정부가 국민들에게 총구를 들이대고 지배하는 어떤 정당성도 없는 방식이 아니면 더 이상 정권을 이어나갈 수 없음을 스스로 자백한 것입니다.

우리 인천대 학생들은 스스로 선거로 뽑힌 공직자라는 정체성을 부정한 윤석열을 대한민국의 대통령으로 더 이상 인정하지 않겠습니다. 저번 달 교수님들이 윤석열의 즉각 하야를 요구하셨듯이, 그리고 지난 날 학생들이 앞장서 역사를 만들어갔던 것처럼 이제 인천대 학생들이 나설 것입니다.

2024년 12월 4일
인천대학교 대학생 130인 일동

제56대 경희대학교 연석중앙운영위원회

2024년 12월 5일. 목.

자주 경희의 이름으로 윤석열 대통령의 비상계엄 선포를 규탄한다.

2024년 12월 3일, 44년 만의 비상계엄령이 선포되었다. 12월 3일의 대한민국은 절체절명의 전시 상황도, 사회질서가 무너진 사변에 처해있지도 않았다. 모두가 내일의 안녕을 위해 그 어떤 날과도 다름없이 휴식을 취하던 때였다.

윤석열 대통령이 말하는 "전시, 사변, 이에 준하는 국가비상사태"란 대체 무엇인가. 대통령은 대한민국 헌법 제77조 제1항과 계엄법 제2조 제2항을 위반하며, 모든 이들의 정치적·사회적 기본권을 앗아가려 했다. 입법부를 마비시켜 숭고한 삼권분립의 원칙을 무너뜨리고자 했고, 엄연한 헌법기관인 중앙선거관리위원회를 장악하고자 했다.

오늘의 우리는 일상을 살고 있지만, 내일의 안녕을 염려하지 않을 수 없다. 더 나은 인간, 더 나은 세계를 위해 우리 학생사회는 선배들이 쟁취했던 민주주의를 부르짖으며 단결한다. 학원의 민주화, 사상의 민주화, 생활의 민주화를 마음에 품으며 그 어떠한 억압으로 짓밟히더라도 다시 일어날 것이다. 100년을 향해 달려가는 자주경희의 이름으로 우리는 화합과 창조의 문화세계를 이룩하는데 힘쓸 것이다.

인간의 가치는 어디에서 오며, 무질서한 작금의 세태 속에 우리는 어떻게 동료 시민이라는 정체성을 유지할 수 있으며, 작은 점(點)에서 시작해 지금의 문명, 나아가 더 큰 미래를 우리는 어떻게 바라보아야 하는가. 요원한 세 가지의 질문을 가슴에 안고 우리는 외친다.

하나. 윤석열 대통령의 불법 비상계엄 선포를 강력히 규탄한다.

하나. 그 어떠한 위헌적 계엄에도 우리는 굴복하지 않을 것이다.

하나. 우리는 절망의 세상 가운데에도 인간됨을 잃지 않으며 선배들의 후마니타스 정 신을 지켜나갈 것이다.

2024년 12월 5일
제56대 경희대학교 연석중앙운영위원회

국립공주대학교 사범대학생 406인 2024년 12월 5일. 목.

교육의 빛을 지키고, 민주주의의 불씨를 되살리기 위한 외침

윤석열 대통령 취임 이후, 대한민국 민주주의는 후퇴했으며 정치 외교 경제 안보 등 모든 분야에서 국격이 추락했다. 이것도 모자라, 평온한 일상의 밤과 새벽 사이에 벌 어진 비상계엄으로 5000만 국민들의 삶을 한순간에 앗아가며 불의에 항거한 4·19민주 이념을 계승하지 못하는 반민주적 행태를 보였다.

윤석열은 OECD 평균 수준에 맞추어 학급당 학생 수를 감축하라는 요구에 거슬러 저출산 현상을 이유로 교원 정원을 감축하는 것을 교육 개혁이라 착각하고 있다. 시도 교육청에 모든 책임을 떠넘겨 교육청과 일선 학교의 예산 특히, 교육복지 예산의 감축과 폐지는 불가피하게 되었다. 이에 그치지 않고 그는 서이초등학교 교사 사망 사건으로 대두된 교권몰락, 교사처우개선 문제, 교육전문대학원 신설 사건, 학제개편논란, 특수교육예산 부족, 역사교육 정치화 등 교육의 가치를 흔드는 정책을 계속해서 제시하였다.

묻는다. 대통령 윤석열은 여기에 대해 얼마나 이해하고 있고 책임을 지고 있는가? 애시 당초 책임질 생각은 있는 것인가?

우리나라 교육은 홍익인간의 이념 아래에서, 모든 국민으로 하여금 인격을 도야하고, 자주적 생활 능력과 민주 시민으로서 필요한 자질을 갖추게 함으로써 인간다운 삶을 영위하게 하고, 민주 국가의 발전과 인류 공영의 이상을 실현하는 데에 이바지하게 함을 목적으로 하고 있다. 우리 예비교사들은 이러한 교육의 목적과 가치를 달성할 의무가 있는 사람들이다. 이에, 미래의 학생들에게 민주주의와 현대사회를 가르쳐야 할 예비교사로서 민주주의가 위협받는 것에 침묵할 수 없다. 더불어, 우리를 믿고 따를 학생들에게 부끄러운 교사가 될 수는 없다.

우리는 앞으로 이 나라에서 살아갈 국민이자 예비교사로서 무능하고 어리석은 윤석열에게 우리의 미래를 더 이상 맡길 수 없다. 정의와 민주주의의 이름으로 윤석열은 자신이 행한 불법 행위에 대해 국민들에게 사과하고 대통령 직에서 신속히 물러날 것을 요구한다. 또한 모든 국회의원들은 탄핵표결에 참여하여 주권자인 국민의 명령을 전달할 것을 요구한다. 우리 국립공주대학교 사범대학 예비교사들은 깨어있는 교육자이자 지성인으로서의 소명을 끝까지 다할 것이다.

최초 제안자: 최유림(국립공주대학교 사범대학 학생회장)

연서명자 : 이세은 원준 이유석 문석현 서현교 조규리 차윤 최동혁 허은서 장소진 한광현 윤효령 지태훈 김민기 박남순 조서윤 김윤서 김민주 오현민 이태화 박수호 이수현 안종운 서지호 이다영 이윤서 안연우 이도영 진인성 우다현 주영주 박나은 박지현 이서진 김한영 곽희섭 김하늘 장연우 정지우 김세영 이은채 이현성 이윤서 김우영 김규민 이혜진 이은재 김민석 심수정 맹서윤 박예소 박소미 조현서 장서윤 한은영 한승현 정다은 김예은 박서진 김서현 맹형주 이소임 손예은 배화현 이예나 유명한 김세은 김민성 손지수 오민석 박민주 문태양 김아영 허유정 안지수 김태연 이예빈 반혜린 김태완 명수호 이주빈 이도현 김영광 김채연 신우림 가유진 김아진 김혜인 김민철 서지형 서범수 오아영 정다운 박경민 정서 신태준 박수빈 정도화 김민수 이서은 심규유 김도현 김찬경 조채원 여정우 이예린 김예은 이유나 이서빈 이가은 권윤지 이윤서 김수연 허유진 임해림 강수민 김태호 박현성 김소담 임채민 김기정 장예원 황선아 이소연 이유정 강지수 석채원 윤지민 윤예원 김민범 박서연 김지윤 우동현 문수정 하성민 정세진 김민제 소규림 길효은 배한결 김유진 한규선 이준형 박하린 성가현 정태희 양O연 신O원 김O영 김O오 이O슬 원O 황O운 정O영 이O연 황O빈 방O우 김O원 이O빈 박O진 김O림 유O주 김O희 문O현 김O은 유O연 강O윤 이O은 김O성 권O준 장O진 김O결 오O지 이O온 임O진 손O우 이O우 이O주 강O우 조O현 전O민 송O이 정O인 박O윤 최O슬 김O이 성O전 김O연 우O은 김O수 이O희 안O현 손O연 정O석 이O주 정O은 오O진 허O윤 김O빈 김O은 여O원 정O진 정O진 홍O진

김O대 이O현 오O영 김O민 김O호 최O훈 이O원 백O준 고O영 전O경 박O인
박O정 배O영 박O주 이O민 임O연 양O은 이O림 조O빈 추O정 고O우 구O주
이O은 김O은 전O현 이O제 박O호 박O은 김O민 유O진 김O연 오O민 이O회
최O원 이O형 김O주 신O민 이O원 김O준 박O연 김O선 최O림 이O진 조O현
김O우 김O나 우OO 배OO 김OO 황OO 홍OO 주OO 김OO 1OO 노OO 신OO
배OO 정OO 김OO 정OO 1OO 최OO 1OO 배OO 최OO 강OO 양OO 권OO
장OO 1OO 우O 조OO 민OO 진OO 권OO 윤OO 김OO 신OO 김OO 박OO
배OO 권OO 1OO 황OO 박OO 윤OO 성OO 문OO 권OO 강OO 박OO 오OO
1OO 박OO O1OO 1OO 정OO 1OO 김OO 곽OO 김OO 박OO 정OO 민OO
김OO 1OO 배OO 한OO 고OO 송OO 정OO 박OO 박OO 장OO 한OO 1OO
김OO 전OO 주OO 김OO 최OO 전OO 김OO 황OO 김OO 노OO 최OO 임OO
오OO 박OO 1OO 전OO 1OO 홍OO 1OO 오OO 양OO 양OO 송OO 박OO
1OO 윤OO O1OO 1OO 김OO 1OO 김OO 조OO 장OO 최OO 최OO 김OO
김OO 최OO 최OO 윤OO 1OO 류OO 김OO 박OO 전OO 김OO 1OO 임OO
임OO 원OO 1OO 조OO 설OO 남OO 조OO 노OO 황OO 김OO 정OO OO
박OO 조OO 김OO 김OO 오OO 위OO 차OO 김OO 김OO 김OO 1OOO 김OO
배OO 고OO 민OO 박OO 최OO 석OO 1O 김OO 천OO 정OO 1OO 박OO

2024년 12월 5일 10시 10분
윤석열 대통령 퇴진 국공주대학교 사범대학 406인 대학생 시국선언

단군왕검   2024년 12월 5일. 목.

〈신령계〉

시관이 박 교장을 데리고 신령관 밖으로 나갔다. 시관이 박 교장에게 말했다.

"단군왕검께 인사드리러 갑시다."

"예, 알겠습니다. 단군왕검께서 어디 계시나요?"

"단군관에 계시오."

박 교장이 시관을 따라가면서 궁금한 점을 물었다.

"시관님, 신령님들은 인간들이 땅에서 하는 일을 다 보고 계십니까?"

"그렇소. 그래서 착한 자에게는 천사를 보내서 도와주고, 악한 자에게는 귀신을 보내서 벌을 준다오."

"그러면 우리 대통령의 일거수일투족도 다 보셨습니까?"

"보다마다요. 그가 어떤 사람인지는 우리 신령님들이 잘 알고 계십니다. 그는 절대로 남의 말을 듣지 않아요. 그런데 불행하게도 그 사람이 대한민국의 대통령이라니…. 어쩌다가 그 사람을 대통령으로 세웠습니까? 그가 대한민국 대통령이 된 뒤 나라 꼴이 어떤 모습인가요? 악귀와 무당들이 우글우글 하지 않은가요?"

"시관님, 우리 대통령한테서 그 악귀들을 떼 낼 수는 없습니까?"

"불가능해요. 그 악귀들은 숙주가 죽어야 그 몸에서 떨어지니까요."

"그렇습니까?"

"그 사람은 술 먹는 하마예요. 밤새껏 술을 마셔도 취하지 않는 하마란 말입니다. 국사를 논하자고 사람을 불러놓고 그 술자리가 새벽까지 이어져요. 그리고 아침에는 술이 덜 깨서 침대에서 못 일어나고, 빈차만 보내는 가짜출근까지 한답니다."

"아이고 시관님, 이 노릇을 어찌합니까?"

"국민이 어리석으니 그런 대통령을 뽑았지요… 깬 국민이라면 그런 사람을 대통령으로 뽑겠어요? 그 대통령을 탓하기 전에 먼저 국민이 깨야 합니다."

"부끄럽습니다. 우리 대통령과 술자리에 동석한 사람들은 어떤 사람들이었습니까?"

"윤가의 술친구는 유튜브 방송으로 정치얘기 하는 독설가들과 전 현직 장관들, 그리고 인어의 사람들이었습니다."

"시관님… 인어는 누구를 칭하는 겁니까?"

"윤가와 함께 사는 사람 별명입니다."

"아- 그렇습니까? 그럴싸한 별명입니다. 하하하하"

시관과 박 교장이 단군관 입구에 당도했다. 박 교장이 시관의 뒤를 따라 단군관에 들어갔다. 단군관 안에 금빛보다 더 찬란한 재료로 환웅의 입상(立像)이 세워져 있고, 그 바로 옆에 곰의 입상(立像)이 세워져 있었다. 그리고 그 맞은편 의자에 단군왕검이 앉아계셨다. 박 교장은 단군왕검 앞에서 긴장했다. 시관이 단군왕검께 아뢰었다.

"대왕마마- 박동진 교장을 대리고 왔습니다."

박 교장이 단군왕검 정면 바닥에 납작 엎드려 큰절을 올렸다.

"대왕마마, 박동진입니다. 혼란에 빠진 대한긴국을 구해주시옵소서."

단군왕검은 근엄한 표정으로 박 교장을 보고 계실 뿐, 아무 말씀도 하시지 않았다. 박 교장이 단군왕검께 1백배 절을 올렸다.

1백배를 마친 박 교장이 그 자리에 무릎 꿇고 앉아 대왕마마를 우러러

봤다. 마마의 시선에서 한민족을 향한 한없는 사랑과 수심을 느낄 수 있었다. 박 교장의 심장이 쿵쾅쿵쾅 뛰면서 알 수 없는 용기가 솟구쳤다.

"할아버지, 혼란에 빠진 우리들을 구해주소서."

"할아버지, 혼란에 빠진 후손들을 구해주소서."

단군왕검이 서랍장에서 두루마리 한 뭉치를 꺼내 시관에게 건넸다. 시관이 얼른 다가가 두루마리를 받았다. 시관이 박 교장에게 말했다.

"박 교장, 이 두루마리는 대왕마마께서 후손들에게 내리는 교지입니다. 마마께 인사 올리시오."

박 교장이 벌떡 일어나 다시 큰절을 올렸다.

"할아버지. 감사합니다. 감사합니다."

단군왕검께서는 말없이 일어나 옥좌 뒤편 커텐 안으로 들어가셨다. 시관이 말했다.

"이제 내 방으로 갑시다."

"예, 시관님."

시관과 박 교장이 간 곳은 그다지 멀지 않은 곳에 있는 8각 정 건물이었다. 그들이 출입문도 없이 뻥 뚫린 8각 정 안으로 들어갔다. 아사달 시의 모든 건물 출입구는 이 건물처럼 문짝도 없이 누구나 출입할 수 있는 구조였다. 벽면에도 창문이 없어서 통풍이 잘 되고, 벌, 나비, 참새, 비둘기도 마음대로 드나들 수 있는 구조였다.

"저- 아래를 보십시오."

"천국에도 저런 세상이 있습니까?"

"저기는 인간세상이오. 박 교장이 사는 동네 아닌가요? 잘 보십시오."

"예? (박동진이 주의를 기울여 아래 세상을 살핀다.) 맞아요. 저 동네는 내가 사는 파주입니다. 아니, 어떻게 저렇게…"

"신령들이 인간세상을 다 보고 계십니다. 그리고 저 집들 중 어느 한 집을 확대해서 내부를 다 들여다 볼 수도 있어요."

"그렇군요? 아-악 저기… 저기…"

"뭘 보고 그렇게 놀라시오?"

"시관님 저기 좀 보십시오. 탈북민이 북쪽으로 날려 보낼 대북풍선을 만들고 있습니다. 저 풍선 밑에 자루를 달고 그 자루 속에 미국 돈 1달러 짜리 지폐 수십 매와 남한의 K-팝 음악이 저장된 USB 수십 개와, 김정은 위원장을 흉보는 전단지와, 남한의 잘 사는 모습을 촬영한 USB 수십 개를 담아서 부양한답니다."

"으-음, 우리도 다 알고 있어요. 저 풍선이 북한 땅 상공에서 터지면 찢어진 풍선과 쌀자루가 땅에 떨어지도록 만든 거지요?"

"예, 그렇습니다. 그 풍선이 북한 땅에 떨어지면 미국 돈 주우려고 인민들이 개미처럼 달려들지요."

"그래서 김정은이 그 화풀이로 오물풍선을 남쪽으로 띄우는 거고요?"

"예, 그렇습니다. 그래서 한반도 하늘에는 바람에 따라 풍선이 오고가고 합니다. 이미 풍선전쟁이 시작되었어요. 이러다가 어느 한 쪽이 상황을 오판하면 미사일을 쏠 것이고, 상대방도 미사일로 대응할 것이고, 한국 전쟁-2가 벌어지겠지요. 이 염려가 한 달 전에 실제전쟁으로 터질 뻔 했습니다. 정말 불안합니다."

"그래서 박 교장이 대북풍선 부양하는 현장에 가서 그 짓 하지 말라고 저지하는 거지요?"

"예, 그렇습니다. 대북풍선을 부양하는 사람들은 북한체제에 적응하지 못하고 북한을 탈출해서 남쪽으로 내려온 사람들입니다. 그들은 목숨 걸고 북한을 탈출했습니다. 그래서 그들은 대북풍선을 보내지 말라고 우리가 만류해도 듣지 않습니다. 그 사람들은 북한을 붕괴시키기 위해서라면 무슨 일이라도 다 하겠다는 사람들입니다. 우리가 고무풍선 부양현장에 가서 작업을 저지했더니 그들은 야음을 틈타 작업합니다. 문재인 대통령 때는 남쪽도 북쪽도 풍선공격을 하지 않았습니다. 어떻게 하면 한반도 남쪽과 북쪽이 종전선언을 하고 평화롭게 살 수 있을까를 더 연구했습니다. 그래서 김대중 전 대통령이 김정일을 만났고, 노무현 전 대통령도 김정일을 만났습니다. 그런데 김정일이 그만 신병으로 죽었습니다. 김정일 시대가 허망하게 끝나서 이제는 종전선언이 물 건너 갔구나했는데, 문재인 전 대통령이 김정일의 아들 김정은을 만나서 평화무드가 다시 형성되어, 미국 대통령 도널드 트럼프까지 한반도에 오게 해서 문재인·김정은·트럼프가 함께 만나 한반도 평화를 위해 머리를 맞댔습니다.

그런데 문재인 전 대통령 임기가 끝나고 후임으로 윤가가 대통령 된 이후로 남북관계가 다시 악화되어 한반도는 또 다시 전쟁조짐이 일어나고 국민들이 불안에 떱니다. 이 틈을 타고 탈북민들은 김정은을 자극하는 대북풍선을 보내기 시작했습니다. 그리고 윤석열 정부는 '대북풍선 저지는 표현의 자유를 침해하는 것이다'라면서 묵시적으로 대북풍선 부양을 눈감아 주고 있습니다. 그래서 탈북민 대북풍선 부양이 늘었고, 이에 참지 못한 북한이 쓰레기풍선을 부양하게 되었던 것입니다. 한반도는 지금 전쟁 전조 현상이 여러 가지로 나타나고 있습니다."

"우리도 다 알고 있습니다."

"윤가가 위험합니다. '전 정부가 추구했던 평화는 가짜 평화다. 진정한 평화는 압도적인 힘으로 상대방을 제압해서 쟁취해야한다'라고 주장합니다. 이 주장은 전쟁을 해서 상대방을 괴멸시켜야 평화롭게 살 수 있다는 것 아니겠습니까? 불안합니다. 그의 주장은 위험한 주장입니다. 설령 우리가 북한을 압도적인 힘으로 제압해서 평화를 구축한들 그 평화가 얼마동안 유지 될까요? 스프링은 누를수록 더 강하게 반발합니다. 제압당한 북한이 남한의 힘에 눌린 채 조용히 있을까요? 그들은 이미 핵무기를 보유하고 있습니다. 한 달 전에는 우리 군대가 서해 북방한계선(NLL) 근처에서 드론 작전을 했다고 합니다. 이때 만약 북한이 적극적으로 대응했다면 남북 간에 국지전이 발발했을 것이고 윤가는 '옳거니' 하고 전쟁을 전면전으로 벌였을 것입니다."

"잘 알고 있구면요, 그는 박정희와 똑 같이 하려고 했답니다. 박정희를 배운 거예요. 일단 국지전이든 전면전이든 전쟁을 일으켜 놓고, 전쟁을 핑계로 계엄령을 선포하고, 국회를 해산하고, 비상입법기구를 창설해서 제2의 유신헌법을 만들어 윤가왕국을 개국하려고 했던 겁니다. 그가 대통령 후보로 나왔을 때 손바닥에 王자를 쓰고 나오지 않았던가요? 그런 자를 대통령으로 뽑아준 국민이 우리 단군 후손인가 의심스러워요. 그가 대통령 권좌에 오르자 단군왕검께서 한 동안 식음을 전폐하시고 고심하셨답니다."

"송구스럽습니다. 시관님."

"문제는 지금부터입니다. 윤가는 제 발등을 제가 찍었으니 스스로 물러나게 돼 있고, 이제 그 자리에 누가 앉느냐 입니다. 그래서 단군왕검께서 교지를 내리는 것이니 그 교지를 따르도록 하시오."

"시관님… 시관님…, 그 막중한 일을 어찌 저 같은 잔챙이한테 명령하십니까?"

"허허허허 제 잘났다고 나서는 것들보다 조용히 사는 교장선생님이 이 일을 해야 돼요. 박 교장은 책을 다섯 권이나 쓰지 않았어요?"

"예? 그 말씀은 대왕마마 교지를 책으로 쓰라는 말씀입니까?"

"그렇소. 그래서 박 교장을 불러온 것입니다. 박 교장 임무는 거기까지 입니다. 겁먹지 말고 시행하세요. 신령님들이 도와주실 겁니다."

"예, 시관님, 명령을 받들겠습니다. 그러면 이 교지를 지금 읽어보겠습니다."

"아니오. 지금은 그 교지를 볼 수가 없어요. 박 교장이 땅으로 내려간 후에 내가 박 교장 꿈속에 들어가서 교지를 설명해 드려야 합니다."

"예? 저의 꿈속에 오신다고요?"

"예. 그러니까 땅에 가서 기다리세요."

"예, 알겠습니다. 시관님께서 제 꿈에 오시고 제가 교지를 다 이해하면 그 즉시 집필하겠습니다."

"이제 저-쪽 침대에 올라가 드러누우세요. 박 교장이 깊은 잠에 들었다가 깨면 그곳은 인간세상입니다."

"예, 시관님. 그런데 그런 일이 실제로 일어날까요?"

"박 교장은 신령계를 믿지 못하십니까? 어서 침대에 올라가 누우세요."

박 교장이 침대에 올라가 눕고 잠시 후 스르르 눈이 감겼다.

박동진의 혼령 귀환   2024년 12월 5일. 목.

〈인간계〉

박 교장 혼령이 육신을 떠나 멀리 신령계어 갔다가 인간계로 귀환했다. 그의 혼령이 인간계에 귀환했을 때 육신은 파주읍에 있는 병원 1인실에 입원돼 있었다. 그의 혼령 없는 육신이 깊은 잠에 빠져 있을 때 자칫했으면 그가 관속에 들어가 화장터 화구에서 한 됫박 재로 변할 뻔 했다. 그런데 다행히도 사모와 아들이 그가 아직 숨 쉬고 있는 것을 감지하고 깨날 때까지 파주읍 병원에 입원시켜 안치했던 것이다.

그의 혼령이 인간계에 내려와 자신의 육신을 찾아 결합하자 깊은 잠에 들었던 육신이 눈을 떴다.

"어머, 여보! 여보-!"

사모가 물티슈로 남편 얼굴을 닦다가 남편의 눈이 벌어지는 것을 보고 경탄하여 소리를 질렀다.

"여보, 여보 나야- 나 보여?"

박 교장이 아내 얼굴을 바라보다가 다시 눈을 감았다.

"여보- 눈 떠- 여보- 흑 흑 흑 흑 여보-"

이때 화장실에 갔던 준기가 병실에 들어왔다.

"엄마 아버지가 눈 뜨셨어?"

"응 준기야, 아버지가 잠깐 눈을 떴다가 다시 감았어. 준기야- 엉 엉 엉, 니 아빠 못 살아나면 나 어떻게 하니? 니 아빠 없으면 난 못 살아 준기야-"

준기가 어머니를 끌어안고 위로했다.

"엄마, 아버지는 안 돌아가셔. 지금 깨나셨다면서? 그러니까 걱정 마."

사모가 아들 품에서 떨어져 다시 남편에게 다가가 남편의 손을 잡는다.

"어? 준기야, 아버지 손이 따뜻해 졌어… "

"예? 어디 봐"

준기가 아버지 손을 잡더니 놀라면서 어머니에게 말했다.

"엄마! 아버지가 지금 우리 곁으로 오고 계셔… 아버지, 아버지-"

"여보- 교장선생님-, 눈 좀 떠봐, 아까는 눈 떴잖아 응?"

"엄마, 내가 의사선생님 모시고 올게."

준기가 부리나케 병실 밖으로 뛰쳐나가고 사모는 남편 손을 잡고 눈물을 흘렸다. 사모 눈물이 박 교장 얼굴에 떨어져 그 눈물이 마치 박 교장의 눈물처럼 보였다. 의사와 준기가 바쁜 걸음으로 병실에 들어갔다. 의사는 급히 박 교장 손목을 잡고 진맥했다. 진맥에 집중하던 의사가 잠시 후 사모와 준기에게 말했다.

"맥박에 힘이 있습니다. 아주 희망적입니다."

의사가 병실을 나가고 한 시간 쯤 후, 박 교장이 가늘게 눈을 떴다. 박 교장의 얼굴에서 눈을 떼지 못하고 지켜보던 사모와 준기가 탄성을 질렀다.

"여보, 당신이 살아났어. 여보 고마워, 여보 고마워 여보. 흑 흑 흑 흑…"

"아버지, 아버지- 아버지-"

준기가 아버지 손을 자기 얼굴에 갖다 대고 울부짖었다.

"준기야!"

"응 엄마."

"네 아버지에게 다시는 눈감지 말라고 말씀 드려."

준기가 시선을 아버지에게 돌리고 말했다.

"아버지, 내 말 들려?"

박 교장이 아주 천천히 미동으로 고개를 끄덕였다.

"아버지, 엄마가 그러는데… 다시는 눈감지 말래."

박 교장 입가에 희미한 미소가 보였다.

"여보, 나는 당신이 돌아가신 줄 알았어요."

"나는---- 죽지 않--고 신령계에 들어가서 ---- 단군----"

"아버지, 힘들면 나중에 얘기하세요."

"그래요 여보."

박 교장이 고개를 끄덕였다.

박 교장이 깊은 수면에서 깨나고 3일 후, 본인 집으로 귀가하게 됐다. 준기는 아버지 퇴원을 아버지 친구 구진회 씨에게 알려드렸다. 구진회 씨는 아버지의 막역한 친구라 하루에도 몇 번씩 준기에게 전화 걸어 "네 아버지는 깨나셨냐?" 하고, 실성해서 누워 있는 친구를 보시겠다고 문병도 자주 오셨다. 그래서 아버지의 퇴원 소식을 전해드렸더니 좋아라고 방방 뛰었다.

준기가 아버지를 퇴원시켜 자동차로 모시고 집 앞에 당도하자 동네사람들 20여 명이 자동차를 둘러싸고 박 교장을 반겼다.

"박 교장! 이 사람아 고생했네." 구진회다.

"어이, 어이 잘 있었는가?"

"교장선생님 파이티-잉. 짝짝짝짝" 동네일이라면 무엇이나 적극적으로 나서서 솔선수범하는 젊은 수원댁이 박수를 치자 모든 사람이 박수로 환영했다.

"짝짝짝짝 짝짝짝짝 짝짝짝짝"

사모와 준기가 박 교장을 부축해서 대문 안으로 들어가고 동네 사람들이 모두 따라 들어갔다. 그 집은 목재건물 구옥이지만 마루가 넓고 방이

다섯 개나 되는 큰 집이다. 이 집은 처갓집이 선대로부터 유산으로 물려받은 집이다. 여자들이 만들어 온 음식을 꺼내 잔치준비를 했다. 여자들 손이 많고 바지런해서 순식간에 잔치준비가 완료됐다. 이 모습을 바라본 사모가 말했다.

"아니 이거 웬일이여? 무슨 잔치 해?"

"아따- 사모님은 굿이나 보고 떡이나 드시오. 우리 교장선생님이 죽었다가 다시 살아왔는데 이보다 더 좋은 일이 어디 있겠소?"

"그려그려" 여자들이 이구동성으로 맞장구쳤다.

"어머…" 사모가 동네사람들 우정에 감격해서 두 손이 눈으로 올라갔다.

박 교장은 방안으로 들어가 침대에 눕고, 함께 따라 들어간 구진회(68), 천대진(56), 허성(45)이 박 교장 침대 옆에 길게 놓인 소파에 나란히 앉았다. 박동진은 몸에 기운이 없고 나른하지만 친구들이 고마워서 어찌할 바를 모르다가 입을 열었다.

"계엄령이 어찌 되었는가?"

"이 사람아, 박 교장은 계엄령이고 지랄이고 다 잊고 기운이나 채려." 구진회가 박 교장을 꾸지람하듯이 말했다.

"내가 계엄령 선포는 직접 들어서 아는데 그 후에 어찌 되고 있는지 모르겠어. 얘기 좀 해봐."

천대진이 박 교장 손을 잡으며 말했다.

"형님, 제가 말씀드릴게요. 그 계엄은 선포되고 몇 시간 만에 해제됐어요. 그러니까 아무 걱정 마세요."

"잉? 누가 해제했어? 윤가가?"

"윤가가요? 윤가가 계엄을 쉽게 해제할 사람입니까?" 천대진이 말했다.

"그러면 누가 계엄을 해제 했어?"

"대통령이 선포한 계엄도 국회의원 재적 과반수가 '계엄해제'를 가결하면 대통령은 그 계엄을 해제해야 하는 것이 헌법이랍니다. 그래서 국회의원들이 재빠르게 국회를 열어 '계엄해제요구안'을 가결했답니다." 허성이 비교적 자세하게 설명했다.

"아- 국회가 참 잘 했구나. 참 잘 했어."

이번에는 구진회가 진짜로 궁금했던 문제를 물어봤다.

"박 교장, 자네 그 동안 죽었던 거여 꿈을 꿨던 거여?"

"꿈속에서 신령님들 만났어."

"뭐? 신령님들?"

"음… 박혁거세 왕, 온조 왕, 주몽 왕, 그리고 단군왕검까지 만났네. 지금도 그 신령님들의 용안이 가물가물하게 눈에 보이는구먼. 그런데 윤가가 선포한 계엄이 해제됐으면 윤가는 어찌되는 거야?" 박 교장이 또 물었다.

"법조인들이 TV에 나와서 하는 얘기 잘 들어보니까 앞으로 대통령을… 아니 윤가를 탄핵하고, 파면하고, 또 다른 죄가 있으면 단죄하는 일만 남은 것 같아요." 허성이다.

"어- 다행이다. 다행이다. 이제는 신령님들 앞에서 고개를 들어도 되겠다."

사모가 큼지막한 주전자와 물 컵 여러 개를 쟁반에 받쳐 들고 왔다.

"사모님, 그거 막걸리입니까?"

"호호호호 이거 막걸리 아니고요 식혜예요. 막걸리는 조금 있다가 식사 시간에 드릴게요."

"그래요? 식혜 좋지요. 감사합니다." 허성이 말했다.

"아니요 사모님, 지금 막걸리 주세요. 막걸리 먹는 시간이 뭐 따로 있나요?" 천대진이다.

"그래 맞아요. 나도 막걸리가 좋아요." 구진회가 만면에 웃음기를 띠고 말했다.

"알았어요. 바로 대령하겠습니다. 호호호호"

구진회가 정색을 하고 박동진에게 말했다.

"박 교장, 얼른 기운 차리게. 납북자가족모임이 또 대북풍선을 날려 보냈다네."

박 교장이 누워있던 몸을 일으켜 앉으며 말했다.

"알았네. 한 이틀이면 기운이 나겠지."

"윤가가 왜 '비상계엄'을 선포했을까?" 구진회가 말했다.

"윤가가 누구에게 쫓기고 있는 것 같습니다. 윤가에게 약점이 있고, 그 약점을 알고 있는 사람이 협박하고 있는 것 같아요. 그 사람 협박이 시한폭탄 작용을 한 것 아닐까요?" 허성이다.

"나도 그렇게 생각하고 있네." 박 교장이 허성 의견에 동의했다.

"윤가가 명태균한테 쫓기는 것 아닐까요?" 허성이 말했다.

"아- 그 사람? 그 사람은 도대체 정체가 뭐여? 무속인이야?" 천대진이 물었다.

"무속인은 아닌 것 같고, 아무튼 기인이에요." 허성이다.

"그런데 윤가가 그 사람한테 무슨 약점을 잡혔을까?" 박 교장이다.

"그 사람이 '내가 구속될 경우 바로 까겠다.'라고 했는데 얼마 전에 그 사람이 구속됐잖아요. 그렇다면 이제 명태균이 뭔가를 폭로할 순서거든요? 명태균은 윤가 부부와 김영선(전 의원)과 접촉이 많았으니까 뭔가 도모하다가 금이 간 것 같아요."

박 교장이 허성의 말을 받아 말했다. ;

"그런 것 같네. 윤가는 정말 속빈 강정이야. 전혀 준비 안 된 지도자야. 우리가 어쩌다 그런 사람을 대통령으로 뽑았는지 모르겠어."

민주주의 함성 **165**

카이스트 구성원 시국선언 2024년 12월 6일. 금.

이공계 청년 '입틀막'했던 정권,
이제는 헌정질서마저 '입틀막'하려 하는가

우리는 참담했던 2월의 교정을 잊지 않고 있다. 수많은 이공학도의 꿈을 앗아간 R&D 예산 삭감에 한 마디 항의했다는 이유로, 또 그저 대통령의 심기를 거스르게 한다는 이유로, 2명의 청년이 경호원들에게 입을 틀어 막혔다. 그리고 대통령의 눈에 보이지 않는 곳으로, 말 그대로 치워졌다.

한 사람의 심기를 위해서라면 무도한 일도 서슴지 않았던 김용현 경호처장은 국방부 장관, 아니 반란 모의자로 돌아왔다. 그리고 이같은 군부 일당들과 작당한 반란 수괴 윤석열은, 테러범을 상대해야 할 군대를 동원해, 이제는 급기야 총칼로 국회와 시민들의 입을 틀어막으려 시도하는 지경에 이르렀다.

정치 활동과 집회 시위의 금지, 언론과 출판의 통제, '가짜 뉴스'라는 미명 아래 숨겨 놓은 대국민 겁박까지. 신군부 창고 어디에 먼지 쌓여 틀어박혀 있었을 골동품들이 쏟아져 나왔다. 극우 유튜버나 할 법한 "반국가세력" 운운하는 대통령, 그 명령을 받고 출동하는 군인까지, 이 모습이야말로 '가짜 뉴스'가 아닌지 의심하지 않을 도리가 없었다.

시정잡배의 허황된 공상과도 같은 반란은 용기있는 시민들의 힘으로 막아냈다. 그러나 우리는, 총과 칼로 민주주의와 헌정질서를 마음대로 주무를 수 있다는 치기 어린 생각과, 그 어설픈 시도조차도 결코 용납할 수 없다. 민주공화국에서 윤석열 일당과 같은 자들에게 허락된 곳은 교도소뿐이다.

우리는 이제 더 이상 얌전히 '입틀막' 당하지 않을 것이다. 감히 국민을 '처단'하겠다는 포고문 겁박에도, 놀라거나 겁내지 않을 것이다. 피로 쌓아

올린 민주주의가 허무하게 무너지지 않도록 외칠 것이다.

내란 수괴 윤석열을 탄핵하라!

내란을 공모한 이를 색출하고, 처벌하라!

카이스트 구성원 270명 일동

대통령 담화문 2차 2024년 12월 7일. 토.

대통령 담화문(2차)

존경하는 국민여러분.

저는 12월 3일 밤 11시를 기해 비상계엄을 선포했습니다.

약 2시간 후 12월 4일 오전 1시경 국회의 계엄 해제 결의에 따라 군의 철수를 지시하고 심야국무회의를 거쳐 계엄을 해제하였습니다.

이번 비상계엄 선포는 국정 최종 책임자인 대통령으로서의 절박함에서 비롯되었습니다만, 그 과정에서 국민들께 불안과 불편을 끼쳐드렸습니다.

매우 송구스럽게 생각하며, 많이 놀라셨을 국민 여러분께 진심으로 사과드립니다.

저는 이번 계엄 선포와 관련하여 법적 정치적 책임 문제를 회피하지 않겠습니다.

국민 여러분. 또다시 계엄이 발동될 것이라는 얘기들이 있습니다만, 분명하게 말씀드립니다. 제2의 계엄과 같은 일은 결코 없을 것입니다.

국민 여러분 저의 임기를 포함하여 앞으로의 정국 안정 방안은 우리 당에 일임하겠습니다. 향후 국정 운영은 우리 당과 정부가 함께 책임지고 해나가겠습니다. 국민 여러분께 심려를 끼쳐드린 점 다시 한 번 머리 숙여 사과드립니다.

대통령 담화문 3차 2024년 12월 7일. 토.

대통령 담화문(3차)

매우 송구스럽게 생각하며, 많이 놀라셨을 국민 여러분께 진심으로 사과드립니다. 저의 임기를 포함하여 앞으로의 정국 안정 방안은 우리 당에 일임하겠습니다. 향후 국정 운영은 우리 당과 정부가 함께 책임지고 해 나가겠습니다.

2분 담화 '3초' 머리 숙인 윤가, 계엄선포 → 사과까지 83시간 37분

대한변호사협회 시국선언 2024년 12월 7일. 토.

대한민국의 미래를 더 이상 현정부와 여당에게 맡길 수 없다

대한변호사협회(협회장 김영훈)는 윤석열 대통령에 대한 국회의 탄핵 표결을 앞두고, 위헌적인 비상계엄 선포로써 국헌을 문란케 한 대통령에 대하여 탄핵에 찬성한다는 입장을 밝힌다.

윤석열 대통령이 2024. 12. 3. 23시를 기해 선포한 비상계엄은 헌법에서 규정한 비상계엄의 요건을 충족시키지 못함이 명백하다. 헌법 제77조는 전시, 사변 또는 이에 준하는 국가 비상사태에 있어서 병력으로써 군사상 필요에 의하거나 공공의 안녕질서를 유지할 필요가 있을 경우에 선포할 수 있도록 하고 있기 때문이다. 야당의 예산삭감이나 검사 탄핵 등의 사유가 여기에 해당될 수 없다.

그럼에도 지난 12. 3. 밤부터 다음 날 새벽까지 계엄군이 국회를 봉쇄하고, 국회의원 등을 체포하려 시도한 것은 민주주의를 파괴하는 헌법위반 행위였다.

대한변협은 즉시 성명을 발표하여, 비상계엄 선포가 위헌행위임을 선언하고 즉시 계엄을 해제할 것을 요구하였으며, 비상계엄이 해제된 이후로는 대통령이 스스로 구체적인 일정을 밝히고 하야를 준비하면서 거국내각을 구성하기를 기다려왔다.

그러나, 비상계엄 선포 사태 이후 하야를 요구하는 국민들의 목소리로 온 나라가 들끓고 있는 가운데, 윤 대통령은 탄핵안 표결을 앞둔 오늘 아침에서야 담화를 발표하였는데, 비상계엄 선포에 대하여 사과를 한다면서도 사실상 정치권에 책임을 미루고, 국정운영을 정부와 여당에 맡긴다고 하였다.

대한변협은 대한민국의 미래를 더 이상 현 정부와 여당에게 맡길 수 없음을 선언한다.

위헌적인 비상계엄을 선포하여 군을 동원한 대통령은 더 이상 대통령의 직무를 집행해서는 안되며, 공동책임이 있는 현 정부와 여당이 국정을 전담하여서도 안된다.

헌법과 법치주의 질서 회복을 위하여, 윤석열 대통령은 헌법 절차에 따라 탄핵이 되는 것이 마땅하다.

이를 피할 수 있는 유일한 길은, 윤석열 대통령이 국회의 탄핵 표결 시간인 17시 이전에 자신의 직을 가능한 최단 시간 안에 내려놓는 구체적 일정과 거국내각 수립계획을 밝히는 것뿐이다.

대한변협은 탄핵 표결의 결과와 상관없이 대통령의 내란죄 수사를 위한 특별검사 임명절차에 적극적으로 임할 계획이다. 한쪽으로 치우치지 않은 합리적이고 공정한 특별검사가 이 사태를 철저히 수사하도록 지원할 것이다.

대한민국의 미래를 위해 대통령이 결단할 것을 다시 한 번 촉구한다.

2024. 12. 7.
대한변호사협회
협회장 김 영 훈

김용현 前국방장관 긴급체포   2024년 12월 08일. 일.

검찰 특수본, 김용현 前국방 긴급체포…휴대전화 압수

김소영 동아닷컴 기자 sykim41@donga.com 입력2024.12.08.

'12·3 비상계엄 사태'를 주도한 김용현 전 국방부 장관이 8일 긴급체포됐다. 비상계엄 사태가 벌어진 지 닷새 만이다.

검찰 비상계엄 특별수사본부(본부장 박세현 고검장)는 이날 "전 국방부 장관 김용현을 긴급체포했고, 소지하고 있던 휴대전화를 압수했다"고 밝혔다.

김 전 장관은 이날 새벽 1시 30분경 검찰에 자진 출석해 조사를 받았다. 검찰은 비상계엄 사태 관련 주요 관계자들의 진술이 엇갈리고 있어 김 전 장관의 진술 확보가 필요하다고 보고 출석 일자를 조율해 온 것으로 알려졌다.

김 전 장관은 윤 대통령의 충암고 1년 선배로, 이번 비상계엄 선포를 윤 대통령에게 직접 건의한 인물이다. 김 전 장관은 형법상 내란, 직권남용 권리행사방해 혐의로 5일 검찰과 경찰, 고위공직자범죄수사처(공수처) 등에 고발됐다.

정치학자들의 시국선언 2024년 12월 08일. 일.

탄핵소추안을 조속히 재발의/통과시켜
헌정질서를 바로잡을 것을 촉구한다

윤석열이 12월 3일 선포한 비상계엄은 의심할 여지가 없는 내란이다. 우리가 지지하는 정당, 추구하는 정치적 가치나 신념의 차이는 반헌법적·반민주적 비상계엄령 앞에서 무의미하다. 윤석열은 헌법이 규정한 요건에도 부합하지 않는 계엄령으로 시민들의 기본권을 위협했고 비상계엄조차 침범할 수 없는 국회를 해산하려 했다. 다행히도 깨어있는 시민들, 양심을 지킨 일선의 군인과 경찰, 그리고 일부 국회의원들의 노력으로 윤석열의 내란은 실패했다. 그러나 윤석열은 응당 처벌되어야 하며 그것이 온 국민의 염원이다.

탄핵 이외의 방법은 없다. 대통령 배우자를 지키는 일을 국가와 국민을 지키는 것보다 중히 여기는 자들이 이제는 '질서 있는 퇴진'으로 국민들을 속이려 들고 있다. 그러나 윤석열은 어떤 죄를 지어도 형사소추되지 않는 대통령마저도 피해 갈 수 없는 내란죄의 현행범이다. 자격 없는 자가 대통령직에 앉아 있는 것은 그가 아무리 뒷방으로 물러나더라도 국가와 국민을 불행하게 만드는 일이다. 대통령중심제 국가에서 무슨 헌법적 권한으로 총리와 여당이 국정을 주도한다는 말인가. 설령 여야가 협의하여 새로 내각을 구성하려 하더라도, 내란 수괴의 이름이 적힌 임명장을 누가 받겠는가. 대통령의 2선 후퇴는 눈속임이다. 대통령 아닌 다른 자가 대통령의 국정을 대신 하는 것은 불법이며 국정농단이다. 임기 단축이나 몇 개월 후 하야 등은 자격 없는 자의 손에 계속 국가를 맡기는 것이기에 불안하다. 단 며칠이나 몇 주도 안 된다. 우리는 이미 윤석열이 자신과 김건희를 위해서라면 그 어떤 짓도 할 수 있음을 보지 않았던가. 도대체 어떤 이유에서 그가 약속을 지킬 것이라고 믿으란 말인가.

탄핵은 헌정의 중단이 아니라 헌정 질서의 회복이다. 대통령 탄핵은 국가와 헌법을 수호하고 국민의 행복을 가꾸어나가야 할 대통령이 국민의 신임을 배반했을 때 국가를 바로잡기 위한 장치다. 내란을 저지르고도 대통령직을 차지하고 앉아있는 것이야말로 헌정의 중단이며 국가와 국민을 우롱하는 것이다. 여당은 탄핵으로 인한 사회 불안정 가능성을 탄핵 거부의 근거로 주장하나, 이는 민주주의와 헌법수호보다 자당과 자신의 이해관계를 우선한 비루한 변명에 지나지 않는다. 그를 탄핵하는 것의 정당성을 부정하거나 탄핵을 방해하는 국회의원들은 헌정의 회복을 저해하는 세력일 뿐이다. 우리는 강의실에서 윤석열과 그에 대한 탄핵소추안 투표를 불성립시킨 여당 의원들의 반민주적 행태를 교육할 것이다. 이를 용인하는 것은 독재화의 문을 여는 것과 같음을 경고할 것이며, 반민주적인 행태를 한 정치인을 선거에서 꼭 심판하라고 할 것이다. 진정한 민주주의는 자신과 의견이 다른 사람의 자유와 권리마저 인정하고 지키는 것이므로, 거짓된 민주주의자들에게 다시는 속지 말라고 가르칠 것이다. 아울러 정치인을 지망하는 학생들에게는 저들처럼 되지 말고, 헌법과 민주주의를 수호하는 정치인이 되라고 교육할 것이다.

우리는 다음을 요구한다. 1. 모든 국회의원들은 탄핵소추안을 조속히 재발의하라. 2. 국민의 힘 국회의원들은 12월 7일 윤석열 탄핵소추안 투표를 불성립시킨 것에 대하여 국민에게 사과하라. 3. 국민의 힘 국회의원들은 재발의된 탄핵소추안 투표에 참여하고 찬성하라. 4. 모든 국회의원들은 탄핵소추안을 가결한 후 민주주의의 회복과 강화를 위한 방안을 국민들과 함께 모색하고 실행하라.

시국선언자 명단
강명구(뉴욕시립대), 강명훈(포스텍), 강상규(방송대), 강수정(조선대), 강수지(펜실베니아대), 강신구(아주대), 강신재(연세대), 강우진(경북대), 강우창(고려대), 강원택(서울대), 강은주(로체스터공대), 강인선, 강주현(숙명여대), 강지연(충북대), 강진옥(숙명여대), 강혁민(이화여대),

경제희(도카이대), 고민희(이화여대), 고봉준(충남대), 고선규(후쿠시마학원대), 고성빈(제주대), 고우정(성신여대), 고원(서울과학기술대), 공민석(제주대), 공진성(조선대), 곽동진(고려대), 곽송연(서강대), 곽한솔(메릴랜드주립대), 구갑우(북한대학원대학원대), 구민선(윌리엄&메리), 구본상(충북대), 구성철(창원대), 구세진(인하대), 구자선(인천대), 구춘권(영남대), 권금상, 권수현(경상국립대), 권순미(한국고용노동교육원), 권영승(성균관대), 권예소라(성균관대), 권재범(한국외대), 권혁용(고려대), 권형기(서울대), 기여운(충남대), 기유정(서울대), 김가나(애리조나주립대), 김경래(국민대), 김경미(Sapienza University of Rome), 김남국(고려대), 김남규(고려대), 김남은(고려대), 김대환(서강대), 김덕진(충남대), 김동길(북경대), 김동엽(북한대학원대), 김동일(경상국립대), 김동중(고려대), 김동택(서강대), 김동훈(고려대), 김동혜(연세대), 김면회(한국외대), 김명식(State University of New York at Cortland), 김명철(아주대), 김미영(충북대), 김미자(대구가톨릭대), 김민정, 김민혁(경희대), 김백주(서강대), 김범수(단국대), 김범수(서울대), 김병곤(고려대), 김병구, 김보람(고려대), 김보원(텍사스대 알링턴), 김비환(성균관대), 김상범(경남대), 김상연(인디애나대), 김상준(연세대), 김상훈(노스텍사스대), 김서영(서울대), 김선일(경희대), 김선진(동아대), 김선재(연세대), 김선희, 김성미(이화여대), 김성연(건국대), 김성은(고려대), 김성조(연세대), 김성진(덕성여대), 김양규(서울대), 김애경(명지전문대), 김엘리(서강대), 김연숙(숙명여대), 김연철(인제대), 김영순(서울과학기술대), 김영완(서강대), 김용균(서울대), 김용복(경남대), 김용신(인하대), 김원(한국학중앙연구원), 김유은(한양대), 김유철(덕성여대), 김윤의(텍사스텍), 김윤철(경희대), 김은경(건국대), 김의영(서울대), 김인욱(성균관대), 김일곤(한국외대), 김재관(전남대), 김재기(전남대), 김재연(존스홉킨스대), 김재영(샌디에고주립대), 김정(북한대학원대), 김정현(연세대), 김정현(충남대), 김정호(인하대), 김제란(성균관대), 김종법(대전대), 김종철(서강대), 김종학(서울대), 김주람(일본국제대), 김주형(서울대), 김주희(국립부경대), 김준석(가톨릭대), 김지은(이스턴메노나이트대), 김지운(충남대), 김찬우(영남대), 김창진(성공회대), 김창환, 김춘호(아시아종교평화학회), 김태경, 김태균(서울대), 김태균(카이스트), 김태완(부산대), 김태진(동국대),

김태형(숭실대), 김학노(영남대), 김학재(고려대), 김한나(고려대),
김한나(진주교대), 김해순, 김헌준(고려대), 김현(연세대), 김현숙(숙명여대),
김현우(한국외국어대), 김현일(세종대), 김현정(동아대), 김현주(원광대),
김현준(강원대), 김형종(연세대), 김형철(성공회대), 김혜성(애팔래치안주립대),
김혜진(성공회대), 김효정(경희대), 김흥규(아주대), 나일경(주교대학),
남기정(서울대), 남대엽(계명대), 남윤민(공주대), 남현주(가천대), 데라시타
카즈히로(교토대), 도묘연(계명대), 류경아(연세대), 류상영(연세대),
류제흥(이화여대), 류태경, 마상훈(연세대), 모춘흥(한양대),
문경희(국립창원대), 문기홍(국립부경대), 문돈(경희대), 문병주(경인교대),
문용일(서울시립대), 문우진(아주대), 문유정(동국대), 문충식(중앙대),
민귀식(한양대), 민병기(대전대), 민병원(이화여대), 민희(부산대),
박경미(전북대), 박규리(윌리엄&메리), 박기현(어리조나 주립대),
박나라(연세대), 박범섭(숭실대), 박봉규(청주대), 박상영(한국교원대),
박상준(한국외대), 박상훈(강원대), 박상희(인하대), 박선경(고려대),
박성용(전북대), 박성진(광주교대), 박성호(연세대), 박솔, 박수인(제주대),
박승빈(앨라배마주립대), 박영득(충남대), 박영수(인천대), 박원호(서울대),
박요한(인천대), 박용수(연세대), 박유미(Copenhagen Business School),
박은홍(성공회대), 박재욱(신라대), 박정훈(서강대), 박종철(경상국립대),
박종희(서울대), 박주원(영남대), 박지영(성신여대), 박진곤(성신여대),
박진수(덕성여대), 박천영(나자르바예프대), 박천호,
박태용(카네기멜론-카타르), 박현희(서울대), 박혜윤(스털링대),
배병인(국민대), 배상민(Northeastern Illinois University),
배진석(경상국립대), 백미연(경기도여성가족재단), 백우열(연세대),
백인주(아주대), 백종윤(중문대심천), 백지원(트리니티칼리지 더블린),
백창재(서울대), 변성호(서울대), 변영학(대구가톨릭대), 변형준(Boston
College), 서보혁(한국정치연구회), 서복경(서강대),
서운석(아시아종교평화학회), 서정건(경희대), 서정경(서울대), 서정민(연세대),
서지원(서울대), 서창배(국립부경대), 서창훈(동국대), 서현수(한국교원대),
서현준(연세대), 서현진(성신여대), 선봉규(전남대), 성예진(성균관대),
성치훈(연세대), 소진형(서울대), 손기영(고려대), 손민석(조선대),
손병권(중앙대), 손병환(George Mason University),

손서정(아시아종교평화학회), 손연우(연세대), 손정욱(가천대), 송경호(연세대), 송병권(서강대), 송영훈(강원대), 송원준(한양대), 송주명(한신대), 송지예(고려대), 송지우(서울대), 신미정(상해재경대), 신상범(연세대), 신정섭(숭실대), 신정화(동서대), 심세현(강원대), 심수정(뉴욕대), 심승우(성균관대), 심헌용(조선대), 안도경(서울대), 안도헌(대구가톨릭대), 안두환(서울대), 안용흔(대구가톨릭대), 안외순(한서대), 안종기(고려대), 안주영(류코쿠대학), 안치영(인천대), 안태현(서울대), 양기호(성공회대), 양무진(북한대학원대학원대), 양유정(일리노이대/어바나 샴페인), 양은주(연세대), 양준석(성균관대), 양창원(서강대), 엄기홍(경북대), 엄태봉(대진대), 여유경(경희대), 연준한(맥길대), 오상택(성균관대), 오세제(서강대), 오수웅(숙명여대), 오인환(윌리엄&메리), 오지혜(고려대), 오창룡(국립부경대), 오현진(한양대), 오현철(전북대), 옥창준(한중연), 우병득(인천대), 우병원(연세대), 우종석, 우준모(선문대), 원동욱(동아대), 원영상(원광대), 유미림(한아문화연구소), 유병선(충남대), 유성진(이화여대), 유은하(한신대), 유인태(단국대), 유재광(경기대), 유재성(계명대), 유재일(대전대), 유종성(연세대), 유진석(숙명여대), 유철(성균관대), 유현주(한국외대), 유혜림(서울대), 유혜영(프린스턴대), 윤경우(국민대), 윤광일(숙명여대), 윤기석(충남대), 윤비(성균관대), 윤석상(선문대), 윤석준(성공회대), 윤세라(덕성여대), 유시은(대구대), 윤영상(카이스트), 윤왕희(성균관대), 윤종빈(명지대), 윤지성(DGIST), 윤지환(이화여대), 은민수(서강대), 은용수(한양대), 이가연(성신여대), 이경미, 이경민(전북대), 이경석(인천대), 이경수(서울대), 이국배(성균관대), 이규정(고려대), 이규철(금오공대), 이근욱(서강대), 이기현(한국외대), 이나경(서울대), 이나미(동아대), 이동일, 이명희(Michigan State University), 이문기(세종대), 이미준(서강대), 이미혜(동국대), 이병성(연세대), 이병재(연세대), 이병철(경남대), 이병하(서울시립대), 이보미(서울대), 이보윤(Queen's University), 이상신, 이상원(인천대), 이상협(인제대), 이선우(전북대), 이선향(강원대), 이선희(국방대), 이성우, 이성희(University of Essex), 이소영(대구대), 이소영(예일대), 이소정(테네시대), 이수미(University of La Verne), 이수현(싱가포르 난양공대), 이순주(울산대), 이승원(서울대), 이영임(California State University),

이영재(한양대), 이왕휘(아주대), 이용성, 이용승(대구대), 이용욱(고려대),
이원영(한양대), 이원태(아주대), 이유철(서울대), 이율빈(성균관대),
이인복(연세대), 이인엽(테네시텍), 이재묵(한국외대), 이재인(연세대),
이재현(배재대), 이재현(한국동남아학회), 이정석(태재대), 이정환(서울대),
이제경(충남대), 이종곤(이화여대), 이종태, 이종혁(성균관대), 이종훈(아칸소 주립대), 이주연(고려대), 이준한(인천대), 이지나(충청권역 남북경협전문단),
이지영(국립창원대), 이지윤(서강대), 이진민, 이진영(전북대),
이진원(서울시립대), 이찬수(아시아종교평화학회), 이충범(협성대),
이태동(연세대), 이필원(동국대), 이하경(한중연), 이학선(제임스 매디슨대),
이한수(아주대), 이한열(서강대), 이헌미(홋카이도대),
이혜숙(아시아종교평화학회), 이혜원(숙명여대), 이혜정(중앙대),
이홍규(동서대), 이훈(텍사스텍), 이희옥(성균관대), 임규택(고려대), 임기홍,
임석준(동아대), 임성학(서울시립대), 임수진(대구가톨릭대), 임시정(고려대),
임유진(강원대), 임희수(연세대), 장기영(경기대), 장선화(고려대),
장슬아(서울대), 장승진(국민대), 장영덕(인하대), 장영희(평화네트워크),
장윤미(동서대), 장진혁(단국대), 장한일(국민대), 장현근(용인대),
장혜영(중앙대), 장휘(연세대), 장희경(서울대), 전수미(숭실대), 전용주(동의대),
전재호(서강대), 전제성(전북대), 전진영, 전진호(광운대), 전혜림(연세대),
정다빈(충남대), 정다훈(중앙대), 정대진(한라대), 정동준(인하대),
정미애(서울대), 정병기(영남대), 정상미, 정상호(서원대), 정성은(건국대),
정세원(국립부경대), 정승현(서강대), 정연경(서울대), 정연식(국립창원대),
정영우(인천대), 정예림(UC San Diego), 정욱식(평화네트워크),
정은빈(유타대), 정인경, 정일영(서강대), 정수현(국립공주대), 정재관(고려대),
정재요(진주교대), 정재욱(경남대), 정재환(인하대), 정주연(고려대),
정주영(인천대), 정지웅(아신대), 정진문(서울시립대), 정진웅(연세대),
정진화(성신여대), 정하용(경희대), 정하윤(국민대), 정한범(국방대),
정헌주(연세대), 정혜정(아시아종교평화학회), 정희석(경북대),
제성훈(한국외대), 조계원(고려대), 조무형(이화여대), 조서녕(모라비안대),
조석주(경희대), 조선철(한국외대), 조성민(성균관대), 조영웅(북경대),
조영원(세인트 프랜시스 제이비어대), 조영철(강원대), 조영호(서강대),
조원빈(성균관대), 조은아(다트머스대), 조재욱(경남대), 조준화(서울대),

조진만(덕성여대), 조찬수(강남대), 조채은(Bilkent University),
조형진(인천대), 조홍식(숭실대), 조희정(서강대), 주민형(매사추세츠 주립대),
주송하(국민대), 주장환(한신대), 주형민(고려대), 지병근(조선대),
지주형(경남대), 진희관(인제대), 진활민(전남대), 차재권(부경대),
차태서(성균관대), 차현진(한국교통대), 채장수(경북대), 최경희(서울대),
최광승(성균관대), 최동현(브라운대), 최병덕(금오공대), 최서영(연세대),
최선(조선대), 최슬아(고려대), 최아진(연세대), 최연식(연세대),
최용섭(선문대), 최원근(한국외대), 최은경(한국외대), 최은정(전남대),
최인호(서울대), 최재동(충북대), 최종건(연세대), 최종현(전북대),
최종호(민주연구원), 최지영(오하이오 웨슬리언대), 최치원(고려대),
표광민(경북대), 하남석(서울시립대), 하상복(목포대), 하상응(서강대),
하상섭(연세대), 하세헌(경북대), 하윤빈(공주대), 한강욱(전북대),
한기호(아주대), 한미애(이화여대), 한새롬(숙명여대), 한성민(한국외대),
한승우(경기대), 한은수(연세대), 한정택(부경대), 한준성(강릉원주대),
한희진(국립부경대), 함규진(서울교육대), 함현호(스탠퍼드대), 허원영(단국대),
홍미화(국민대), 홍재우(인제대), 홍지연(미시간대), 홍현익(세종연구소),
황교욱(북한경제포럼), 황세희(성공회대), 황소희(연세대), 황수영(고려대),
황수영(연세대), 황영주(부산외대), 황옥자(전남대), 황용하(평화네트워크),
황원재(테네시대), 황인원(경상국립대), 황인정(성균관대), 황인혜(서강대),
황정화(연세대), 황지환(서울시립대), 황혜미(숙명여대), Benjamin Thompson
(Kyungpook National University), Edward Kwon (Northern Kentucky
University) /

이상 정치학자 573명 (2024년 12월 8일 16시 47분 현재)

저작권자 ⓒ 평화뉴스 무단전재 및 재배포 금지
출처 : 평화뉴스(https://www.pn.or.kr)

포항공대교수들 시국선언 2024년 12월 9일. 월.

나라를 걱정하는 포항공대 교수와 연구자들의 현 시국에 관한 통렬한 반성과 선언문

나라를 걱정하는 포항공대의 교수진과 연구자들은, 사욕에 취한 대통령이 스스로 국가적 내란을 일으킨 초유의 사태에 직면하여 온 나라와 국민과 경제가 대 혼란에 빠지고 전쟁의 위험성이 높아진 작금의 상황을 매우 엄중히 직시한다. 국가 기능이 조속히 복구 되어 대학과 교수 학생 및 연구진들이 본연의 임무로 돌아갈 수 있기 위하여, 정치권들은 민주적이고 법적인 절차 하에 대통령의 탄핵 또는 하야 절차를 밟아 국정을 빠른 시일 내에 회복시킴으로써, 실추된 대한민국의 국격을 정상화하고, 이웃국가와 평화와 공영을 도모하며 재도약할 수 있는 발판을 마련해 주기를 온 국민과 더불어 촉구한다. 아울러 이와 같은 국가적 대란이 발생하게 된 경위와 과정을 돌이켜보면서, 한국 사회에 만연했던 교육 분야를 포함한 전방위적 부조리와 부조화와 양극화의 극단적 상황 속에서, 우리 자신들의 잘못은 없었는지 통렬히 반성하며 새로운 각오로 대학과 교육현장을 새롭게 할 것을 다짐하는 마음을 담아 아래와 같은 시국적 반성 및 선언문으로 갈음한다.

사마천의 『사기(史記)』에 등장하는 진시황의 책사 이사(李斯)의 생애는 작금의 사태에 많은 시사점을 던져준다. 초나라의 하급관리였던 이사가 어느 날 환경이 다른 두 마리 쥐의 삶의 태도를 보고 깨달음을 얻는다. 측간(변소)의 쥐는 사람을 보면 두려워하여 무서워 떠는 반면, 먹을 것이 풍부한 곳간의 쥐는 사람이 들어와도 두려움이 없고 여유를 보이는 것이 아닌가? 자신은 반드시 먹을 것이 풍족한 곳간의 쥐와 같은 인생이 되어야겠다고 결심을 하고, 당대의 유학자요 성악설(性惡說)을 주창한 순자(孫子)를 찾아가 수학을 한 후에 한비자와 더불어 법가(法家)의 효시가 되었다. 결국 진시황의 측근에서 경호실장 비서실장의 권세를 휘두르며 책략과 법령과 제도를 만들어 천하를 통일하고 나라를 쥐락펴락하는 정승의 자리에 올라간다.

법 기술자 이사는 법을 이용해 제왕의 통치술로 권력을 휘둘렀고, 동문수학했던 친구인 한비자를 비롯한 정적들을 제거하는 참극을 벌였으며 진시황의 눈을 멀게 하여 분서갱유(焚書坑儒)의 역사적 대란을 기획하였다. 법가만의 나라를 만들기 위해 개혁이라는 명분을 앞세워 정적 유학자들이 쌓아온 제자백가의 모든 서적을 불태우고 학자들을 땅에 묻어 죽였다. 권력에 눈먼 이사에게는 국사를 맡은 공복으로서의 공익을 위한 대의는 더이상 존재하지 않았으며 오직 자신의 이기적 사욕을 위해 간계와 이간질로 나라를 어지럽혔다. 진시황이 죽고 난 후, 환관 조고가 권력을 취하자 그의 제안에 따라 황제의 유서를 위조하여 장남을 죽음으로 내몰고 막내아들 호해를 왕위에 올리는 내란을 일으켰다.

간계와 불의의 편에 서서 마지막까지 이기적 인생을 도모하던 이사는 결국 광장으로 끌려나와 그가 지키려고 안간 힘을 쓰던 그의 식솔들과 함께 삼족이 허리가 잘려 죽는 요참형으로 인생을 마무리한다.

지난 2년 반, 온 나라가 사욕을 취하려는 법 기술자들에 의해 참극과 대란으로 시끄러웠다. 억울한 젊은 죽음들이 줄을 잇고, 개혁의 명분을 앞세운 이사의 무리들에 의해 경제가 무너지고 교실이 문을 닫고 전문의들이 땅에 묻히듯 병원 바깥으로 쫓겨나고 병든 백성들이 응급실을 전전하는 의료대란이 일어났다. 유래 없는 법치 파괴가 자행되고, 제3자의 국정농단을 추궁하는 탄핵의 목소리가 나라를 뒤흔들었다. 남북의 대치상황 속에서 전쟁의 소문이 무성하고 국가의 존망을 염려하는 목소리가 높아졌다. 역사 왜곡으로 친일 매국의 시대가 다시 도래한듯, 일출(日出)로 한반도를 밝히고 지키는 동해의 중심 독도마저 위태로워졌다. 자신만의 사욕을 쫓는 이기적 각성을 한 무리들에게 권력을 내어주었기 때문이다. 내 곳간만 배부르면 된다는 쥐처럼 사람을 함부로 무시하고 거드름을 피우며 나라의 안위보다는 자신의 식솔과 패거리만을 챙기는 이기적 각성자들이 권력을 잡았기 때문이다. 그리고 마침내 불법 계엄으로 그 참람한 민낯을 온 세상에 드러내었다.

탄핵의 함성이 하늘에 닿고 있다. 다행히 처음 계엄을 접한 청년들이 깨어나고 있다. 각 대학의 학생들이 시국선언을 시작하였다. 그들이 펼쳐갈 미래를 위협하는 무도한 기성세대를 향해 소리지르기 시작한 것이다. 이제 우리 모두는 이사의 사적인 이기적 각성에서 벗어나 다시 나라를 되살리는 공적인 공익적 대각성으로 거듭나야 한다. 무법자에 의해 법이 흔들린 자리에 주권자의 준엄한 함성이 들려져야 한다. 그것이 무너져 내린 국기를 되살리고 염려와 좌절과 두려움에 떨고 있는 국민들을 다시 평안과 환희의 나라로 되돌릴 수 있는 방책이 될 것이다. 내 안에 도사리고 있는 이사의 망령들을 과감히 몰아내고, 내 이웃의 고통과 질고를 함께 지고 갈 수 있는 공동체의 회복을 통해서 회복과 치유와 하나된 나라를 다시 만들어 가야 할 것이다. 독립운동과 산업화와 민주화를 위한 순국 및 선열들의 삶이 그러하였듯이, 그것이 내 일신의 이익을 초개처럼 여기고 나라를 위해 모든 것을 버리고 희생했던 그분들의 뜻을 후대에게 바로 전하고 역사를 바로 세우는 첩경이 될 것이다.

도도히 흐르는 역사의 강물 한강에 불법자들의 탁류를 제거하고 다시 맑은 물이 흐르게 하라.

> **나라를 걱정하는 포항공대 교수 및 연구자 일동**
>
> 고아라, 김광선, 김광순, 김성철, 김연수, 김용준, 김형관, 박태호, 서종철, 손민주, 이기라, 이준구, 이충형, 이정욱, 이효긴, 조성문, 정덕종, 정진호, 조민주, 차형준, 최규하, 황동수, 황형주

70여 단체 시국선언   2024년 12월 9일. 월.

대한민국이 무너진다…

내란죄 윤석열은 대통령 아니다 구속요구

12월11일 군민광장서 대규모 집회 예고

12월5일 구)광주은행 사거리에서 해남 70여 사회단체가 '헌정파괴, 내란죄 윤석열은 더 이상 대통령이 아니다 당장 물러나라'는 시국선언을 발표했다.

12월3일 해남도 잠 못 이룬 밤이었다. 거의 뜬 눈으로 실시간 전국 상황을 살펴보는 뉴스 검색의 밤이었다. 그리고 다음날 4일 아침. 해남군농민회와 해남YMCA 등 뜻 있는 사회단체와 민주당 해남·완도·진도지역위원회가 바삐 움직였다.

비상계엄령 발표에 이어 해제까지 대부분 처음 경험한 비현실적인 상황에 민주당과 해남군농민회를 중심으로 해남 각 사회단체들 간의 비상연락망이 가동됐고 이날 오후 5시 구)광주은행 사거리에서 '헌정 파괴, 내란죄 윤석열은 더 이상 우리의 대통령이 아니다. 당장 물러나라'는 시국선언이 발표됐다.

시국선언에는 민주당과 진보당을 비롯해 70여 사회단체가 동참했다.

이날 시국선언에선 '국회를 군화발로 짓밟은 내란수괴 윤석열, 오늘 우리는 윤석열이 더 이상 대한민국 대통령이 아니다'는 것을 분명히 했다.

또 해남군민들은 헌법을 지키고 민주주의를 수호하기 위한 전면적 저항운동에 나설 것이고 대규모 투쟁문화제를 열어 군민들의 의지를 모아낼 것임을 선언했다.

참석 사회단체들은 대한민국이 무너지고 있다며 헌정 유린 내란 수괴 윤석열을 즉각 구속하고 내란 공모 동조세력 즉각 체포, 어용내각 총사퇴, 국회는 내란수괴 윤석열을 탄핵하고 헌재는 헌정유린 탄핵을 인용할 것을 요구했다.

이날 발언에 나선 해남군농민회 김덕종 전 회장은 "계엄령 선포 이야기를 듣는 순간 술에 취했나 의심했다. 촛불 혁명을 경험한 대한민국 국민의 정치 성숙도가 얼마나 높은데 계엄령이냐"며 "대한민국 국회도 대단했다. 하지만 계엄령이 해제됐다 해도 또 무슨 일을 저지를지 알 수 없기에 윤석열을 내란죄로 구속해 구금해야 한다"고 주장했다.

마산 신기교회 박승규 목사도 "광주민주항쟁을 겪은 세대에게 계엄령이라는 공포를 소환시켰다"며 "종교인으로서 나라를 위해 기도한다. 또 계엄령 선포에 대한 책임을 묻는 것은 국민의 권리다"고 강조했다.

이번 시국선언에는 박근혜 탄핵 운동 이후 가장 많은 70여 사회단체가 참여했다. 특히 해남향교 유림들은 유림복을 입고 시국선언에 동참했고 농수산 단체를 비롯해 여러 봉사단체들도 대거 시국선언문에 이름을 올렸다. 이들 사회단체들은 오는 12월11일 오후 6시 해남군민광장에서 시국집회를 연다.

한편 12월3일 밤 10시27분, 대통령의 계엄령 발표에 해남군청과 해남경찰서, 해남소방서 등도 비상이 걸렸다. 해남군청 기획실장과 총무과장은 상황을 예의 주시하며 청사에서 밤을 샜고 해남경찰서는 집에 있는 직원들에게도 비상대기를 명했다.

다음날 새벽 비상대기가 해제됐지만 계엄령이 지속됐다면 현재 정례회기 중인 해남군의회의 모든 활동도, 청사도 봉쇄되기에 군의원들도 긴장했다.

다음날 해남군의회 이성옥 의장은 의회 출근과 동시에 계엄령 선포에 대한 윤석열 대통령의 하야를 요구하는 성명을 냈고 이날 오후 5시 구)광주은행 사거리에서 진행된 시민사회단체 시국선언에도 동참했다.

박영자 기자 hpakhan@hanmail.net
저작권자 © 해남우리신문 무단전재 및 재배포 금지

[경향신문] '내란죄' 윤석열 탄핵투표에 불참한 국민의 힘 105명

국민의 힘 의원 108명 중 105명은 지난7일 '대통령(윤석열) 탄핵소추안'이 상정되자 국회 본회의장을 떠나 돌아오지 않았다. 이들은 한 층 아래 회의장 문을 굳게 닫은 채 '투표 불성립' 선언을 기다렸다.

국회를 에워싼 시민들은 "윤석열 탄핵"을 외쳤다. 야당의원들은 "돌아와 표결에 참여하라"고 호소했다. 결국 탄핵안 투표에 참여한 의원은 총 195명. 투표성립요건(200명)에 미달해 안건은 개표 없이 폐기 수순에 들어갔다.

국헌을 문란하게 한 '내란우두머리'의 대통령직 시간이 연장됐다. 8일 0시 48분을 기해 탄핵안이 공식 폐기됐다.

12·3 비상계엄 사태6일째, '헌법파괴' 대통령의 헌법 절차에 따른 직 박탈이 '헌법준수' 선서를 한 105명의 방탄행위로 무산된 날이다.

**다음 페이지에 '탄핵투표 불참'국민의 힘
국회의원 105명의 이름과 사진**

상명대학교 일부 구성원　2024년 12월 10일. 화.

12.3군사내란의 주범, 윤석열을 구속 하라!

윤석열은 12월 3일 밤, 대한민국 민주주의 역사에서 45년 만에 비상계엄을 선포했으나, 국회에 의해 해제 당했다. 윤석열은 자신의 범죄 사실을 덮기 위해 전투용 장갑차를 동원했고, 완전 무장한 특수부대가 민의의 전당인 국회를 난입하고 입법부를 유린하는 사태를 일으켰다.

헌법의 절차를 무시하고, 군대를 동원한 국회 점령시도와 같은 불법행위는 명백한 내란 행위로, 민주주의와 법치주의를 무너뜨리는 시도였다. 국민들은 이에 즉각적으로 대응해 거리로 나서야만 했고, 국회에서는 한밤중에 비상계엄 해제 결의안을 가까스로 통과시켜야만 했다. 윤석열의 '반란 정국'이 6시간 만에 계엄령이 해제되며 실패로 돌아갔지만, 이와 별개로 윤 정권의 불법행위에 대해서는 반드시 법적 책임을 물어야 한다.

우리는 대한민국의 민주주의와 헌법 질서를 위협한 윤석열의 퇴진을 강력히 요구한다.

1. 헌법과 민주주의를 유린한 12. 3 비상계엄은 내란 행위다. 윤석열은 즉각 퇴진하고, 수사기관은 구속하라!

윤석열 정권은 헌법 제1조에 명시된 민주주의 원칙을 정면으로 부정했다. 비상계엄 사령부는 언론을 통제하고, 국민의 기본권을 침해했으며, 이는 곧 국민을 적으로 간주하는 행위와 다를 바 없다. 국민의 목소리를 억압하고 민주주의를 질식시키는 이러한 폭거는 결코 용납될 수 없다.

2. 가족 부패와 내로남불 정치로 국민을 배신한 윤석열

윤석열은 임기 초반, "상식과 원칙"을 내세우며 정의로운 사회를 약속했지만, 지금까지의 행보는 그와는 정반대였다. 자신의 가족이 연루된 각종

불법 행위와 의혹에 대해서는 관용과 방임으로 일관했으며, 이로 인해 국민적 분노와 좌절을 초래했다.

특히 김건희의 논문 표절과 학력 위조, 주가조작 사건, 명품백 수수 의혹은 교육과 경제, 법치를 무너뜨리는 중대한 문제다. 반면, 정치적 반대세력에 대해서는 무고한 이들까지도 탄압하며 공정과 정의를 외면했다. 이는 국민의 법 감정과 신뢰를 무너뜨리는 행위로, 윤석열 정권은 국민 앞에 더 이상 설 자리가 없다.

3. 언론 자유를 억압하고 민주주의를 후퇴시킨 정권

윤석열 정권 아래에서 대한민국은 세계 언론자유지수에서 급격히 하락했다. 풍자 그림에 대한 제재, 비판 언론과 기자들에 대한 탄압은 이 정부의 언론 정책이 얼마나 퇴행적 인지를 보여준다. 이는 헌법 제21조가 보장하는 언론과 표현의 자유를 심각하게 훼손하는 반민주적 행위다.

4. 굴욕적 외교와 무능한 내치로 국가적 혼란 초래

대일 외교에서는 일본의 사과와 배상 없이 굴욕적인 퍼주기 외교를 이어갔으며, 2030 부산엑스포 유치 실패로 외교 전략의 한계를 드러냈다. 이 과정에서 국민의 세금을 낭비했음에도 정부는 이에 대한 사과조차 하지 않았다.

내치 역시 반복적인 실패로 점철되었다. 이태원 참사와 집중호우로 인한 해병대원의 비극적 죽음은 정부의 무능과 무책임을 극명히 보여준다. 의료대란과 교육 정책 혼선은 국민의 삶을 더욱 불안하게 만들었고, 정부는 이에 대해 아무런 대책도 제시하지 못하고 있다.

5. 윤석열은 당장 내려와라!

윤석열 정권은 국민의 고통과 분노를 외면한 채 권력 유지에만 급급해 왔다. 우리는 더 이상 이러한 무능하고 위선적인 정권을 용인할 수 없다. 윤석열은 국민 앞에 진심 어린 사과와 함께 모든 책임을 지고 즉각 퇴진해야 한다. 12.3 군사반란 사태와 관련된 모든 진상을 철저히 규명하고 책임자를 처벌하라.

2024년 12월 10일
상명대학교 교수·연구자·직원 유지(有志).(80명)

저작권자 ⓒ 굿모닝충청 무단전재 및 재배포 금지
출처 : 굿모닝충청(https://www.goodmorningcc.com)

청소년 5만명 시국선언   2024년 12월 10일. 화.

'사상 최대' 청소년 5만명 시국선언…
"살아있는 가치 봉쇄하는 대통령"

전국 곳곳 시국선언 줄이어 "역사 역행 대통령 필요 없어"

"우리는 배웠다. 학교가 우리에게 가르쳤다. 왜 군사독재가 존재해선 안 되는지, 민주주의를 수호해야 하는지. 글로 읽기만 하고 실천하지 못하는 지식은 얼마나 무용한가. 우리는 더 이상 침묵하지도 침묵을 종용하지도 않을 것이다." (청소년 시국선언 참여자)

'12·3 비상계엄 사태'를 두고 사회 각계의 반발이 확산되는 가운데, 청소년 5만 여 명도 윤석열 대통령의 퇴진을 요구하는 시국선언에 동참했다.

10일 서울 광화문 광장에서 청소년인권운동연대 지음·청소년인권행동 아수나로는 '민주주의와 인권의 후퇴를 막는 청소년 시국선언' 기자회견을 열고 "자유와 인권을 위협하는 윤석열 대통령은 즉각 물러나라"는 성명을 밝혔다. 이들 단체가 계엄 직후인 4일부터 9일까지 모집한 시국선언에는 만 19세 미만 청소년 4만 9052명과 성인 950명, 지지단체 123개가 참여했다. 이를 합친 총 참여자 수는 5만 2명으로, 당초 목표로 한 1000인을 훌쩍 뛰어넘는 결과다.

난다 지음 활동가는 "대통령 퇴진 요구하는 청소년 시국선언 규모가 5만 명을 돌파한 건 사상 최초로 유례없던 일"이라면서 "윤석열에 대한 분노가 얼마나 큰지 느낄 수 있었다"고 설명했다.

시국선언에는 학생회 명의로 경기 분당 고등학교 학생회 연합 '블루', 성미산학교 학생회, 용화여자고등학교 제35대 학생자치회 한빛 등 8개가 참여했다. 지역별로는 서울 8529명, 경기 1만 8312명, 인천 3620명, 강원 1280명, 충북 1165명, 충남 1553명, 세종 481명, 울산 1227명, 경북

1175명, 경남 335명, 대구 1363명, 부산 3025명, 전북 1481명, 전남 840명, 광주 1382명, 제주 717명을 기록했다.

청소년들은 시국선언을 통해 "윤석열은 그동안에도 여러 차례 인권과 자유를 억압하려는 모습을 보였고, 청소년들에게도 마찬가지였다"면서 고등학생이 그린 '윤석열차' 만화로 한국만화영상진흥원이 정부에 경고 받고 윤 대통령이 학생인권조례 개정을 주문한 일 등을 언급했다.

그러면서 "의무를 다하지 않는 대통령, 폭력으로 민주주의와 인권을 무너뜨리고 후퇴시키려 드는 대통령은 우리가 거부한다"며 "청소년도 침묵하지 않을 것이다. 우리 사회의 시민으로서 행동할 것이며, 우리의 인권과 민주주의를 되찾을 것"이라고 강조했다.

아수나로에서 활동하는 수영(18)씨는 "청소년들도 계엄 사태를 똑같이 맞이했고, 똑같이 밤을 설치며 불안해하고, 내 삶이 어긋나지는 않을까 걱정했다"면서 "무도한 반인권·반민주 정권은 청소년들의 삶을 송두리째 뒤흔들어 놓았다"고 말했다.

이은우 한국YWCA Y-틴 전국협의회 회장(18)은 "우리들은 4·19, 5·18, 대한민국 민주화를 이뤄낸 수많은 역사를 배웠고 2016년 수많은 촛불을 보며 민주주의와 자유, 평등을 배웠다"면서도 "그것들은 지금 교과서 속에서만 갇혀있는 것 같다. 역사를 역행하는, 살아있는 가치를 책 속에 봉쇄해 버리는, 민주주의와 인권을 짓밟는 대통령은 필요 없다고 말하고 싶다"고 비판했다.

청소년들은 윤 대통령 탄핵소추안 표결에 참여하지 않은 국민의 힘 의원들을 향해서도 쓴소리를 했다. 난다 활동가는 "윤상현 국민의 힘 의원이 대통령 탄핵 반대를 윤 대통령을 지키기 위한 게 아니라 우리 아이들, 미래를 지키기 위한 것이라고 했다"면서 "말로는 위한다면서 청소년의 삶과 의견을 존중하고 있는지 궁금하다. 정치적 수사로 이용하면서 '미래를 위한 것'이라는 말을 쓰지 않기를 바란다"고 말했다.

저작권자 ⓒ 서울경제, 무단 전재 및 재배포 금지
출처 : https://www.sedaily.com/NewsView/2DI2F44JLP

언론학자 시국선언   2024년 12월 11일. 수.

참담과 비통이라는 시계의 초침이 흐르고 있다.

12월 3일 밤 윤석열 대통령의 비상계엄 선포와 계엄사 포고령에 쓰인 광기의 언어가 아직도 메아리치고 있다. "파렴치한 종북 반국가 세력"과 "패악질을 일삼는 망국의 원흉 반국가 세력을 반드시 척결하겠다"는 파시즘의 위협이 대통령 입에서 나왔다.

계엄사 포고령에서는 헌법 제21조가 보장한 말과 행동할 자유가 모든 정치 활동의 금지, 가짜뉴스·여론조작·허위선동의 금지, 모든 언론과 출판의 계엄사 통제 아래 '처단' 대상이 되었다. 내란이라 부를 이 사태는 국회의 대통령 탄핵소추안 폐기, 어떤 법적 근거도 없는 국정 권한 위임이라는 혼돈의 수렁으로 빠져들고 있다.

언론과 커뮤니케이션의 다양한 양태와 제도를 연구해 온 학자들은 이 폭력의 언어에 맞서 반성과 성찰의 물음을 우리 자신에게 던진다. 민주 공화정의 시민과 언론의 규범을 학생들에게 가르치면서 이 사태에 침묵하지 않았는지, 지난 2년 반 동안 언론과 표현의 자유가 억압받고 혐오와 차별의 언어가 만연할 때 관조하지 않았는지, 연구와 강의 현장에서 학문의 자율성을 얼마나 지켰는지 돌아본다.

이제 한국 사회 지식인이라는 우리의 지의는 관념의 허공에서 행동의 지평으로 내려올 때다. 몇 시간을 간격으로 쏟아지는 속보와 단독의 홍수 속에서 분노의 증폭을 넘어 해법을 모색할 언론의 책임을 촉구하는 일, 시민의 표현과 행동의 자유를 침해할 모든 정치 권력에게 우리의 말과 글로 경고하는 일, 적대와 분열의 정치가 방치해 온 미디어 법제를 개혁하여 더 나은 공론장을 만드는 일이 그것이다.

우리는 성찰과 책임의 약속과 함께 아래 요구를 밝힌다.

하나. 국회는 즉시 대통령 탄핵 소추안을 의결하라. 지난 7일 탄핵안 폐기는 한국 민주주의와 정치 체제의 명백한 한계를 보여주었다. 정권 교체의 욕망, 정당 붕괴의 공포, 국회의원 개인의 안위보다 더 중요한 것이 무엇인지 모든 시민은 알고 있다.

하나. 어떠한 매체 유형을 막론하고 모든 언론은 정확한 보도와 해법을 모색할 의제 설정에 충실하라. 정치권의 무수한 말들과 추측을 확산시키는 속보와 단독 경쟁은 지금의 위기에서 어떤 도움도 되지 않는다. 언론의 신뢰를 회복하고 책임을 증명할 때가 지금이다.

우리는 지금의 사태가 민주주의 제도의 붕괴가 아니라 더 나은 민주주의를 가능케 할 근원적 민주주의의 시간임을 알고 있다. 광장과 일상에서 언론학 연구자들은 이 시간에 기꺼이 함께할 것이다.

2024년 12월 11일

강명현(한림대), 강명호(광주전남민언련), 강상현(연세대), 강승한(한국교통대), 강신규(KOBACO), 강윤지, 강재원(동국대), 강준만(전북대), 강진숙(중앙대), 강형철(숙명여대), 고삼석(동국대), 고은지(따따따연구실), 고은해(서강대), 구교태(계명대), 구윤희, 권오상(연세대), 권장원(대구가톨릭대), 권지현(경성대), 김가희(이화여대), 김경석(Towson Univ.), 김경호(제주대), 김경환(상지대), 김경희(한림대), 김관호(오산대), 김광수(김광수미디어연구소), 김국진, 김균(서강대), 김균수(전남대), 김기태(세명대), 김내훈(연세대), 김대식(전 KBS), 김대중(동아대), 김동규(동명대), 김동민(독립연구자), 김동원(한국예술종합학교), 김동윤(대구대), 김동준(공공미디어연구소), 김동철(이화여대), 김미숙, 김미희(세종대), 김민정(한국외국어대), 김민지(서강대), 김범수(부산대), 김병선(계명대), 김봉철(조선대), 김상균(한국언론정보학회), 김상민(연세대), 김상호(경북대), 김서중(성공회대), 김선기(신촌문화정치연구그룹), 김선미, 김선영, 김성광(KAIST), 김성수(국민대), 김성욱(서울여대), 김성은(한국여성커뮤니케이션학회),

김성재(조선대), 김성중(충남대), 김성해(대구대), 김소형(성균관대), 김수아(서울대), 김수연(서강대), 김수정(충남대), 김수정(중앙대), 김양은(서강대), 김연식(경북대), 김영빈(국립부경대), 김영욱(이화여대), 김영은(건국대), 김영주, 김영주, 김영주(경남대), 김영지(동아대), 김예란(광운대), 김용찬(연세대), 김원경, 김위근, 김유정(MBC), 김윤정(고려대), 김은규(우석대), 김은영(고려사이버대), 김은진(부산대), 김장현(성균관대), 김재영(충남대), 김정섭(성신여대), 김정현(고려대), 김주미(국립부경대), 김지연(서강대), 김지연(중앙대), 김지원(단국대), 김지희(서울대), 김진숙(Emory Univ.), 김진웅(선문대), 김진희(POSTECH), 김창남(성공회대), 김창숙(경희대), 김창욱(한동대), 김천수(명지대), 김태민(인천대), 김태용(경희대), 김향숙(Towson Univ.), 김현석(서울대), 김형신(고려대), 김형일(극동대), 김호영(연세대), 김활빈(강원대), 김희정(연세대), 나미수(전북대), 나은경(국민대), 나은희(한국외국어대), 남경덕(넥슨코리아), 남시호(Univ. of North Forida), 남윤재(경희대), 남재일(경북대), 남진숙(동국대), 노광우(경성대), 노기영(한림대), 노철환(인하대), 류웅재(한양대), 문상현(광운대), 문소영(서울신문), 문연주(방송통신심의위원회), 문종대(동의대), 문철수(한신대), 민영(고려대), 박경우(동아대), 박기묵(한양대), 박노일(차의과대), 박대민(선문대), 박목사(한림대), 박민(전북대), 박선희(조선대), 박성우(우송대), 박소영(조선대), 박소정(한양대), 박승민(충남대), 박승일(캣츠랩), 박아란(고려대), 박영흠(성신여대), 박용규(상지대), 박조원(한양대), 박종민(경희대), 박주연(한국외국어대), 박지현(서강대), 박진, 박진규(서울여대), 박진우(건국대), 박진우(한양대), 박찬경(경북대), 박한우(영남대), 박현구(창원대), 박혜성(한국예술종합학교), 반명진(한국외국어대), 방희경(성공회대), 배상준(건국대), 배진아(공주대), 백미숙(전 서울대), 백상기(성균관대), 백지현(연세대), 백현미(고려대), 봉미선(EBS), 사은숙(대전대), 서수민(서강대), 성민규(UNIST), 성윤택, 손동영(한양대), 손병우(충남대), 손석춘(건국대), 손승혜(세종대), 송인덕(중부대), 송종길(경기대), 송준섭, 송철민(JIBS), 송현주(한림대), 송현진(연세대), 신동진(성균관대), 신병률(경성대), 신삼수(EBS), 신수연(서울대), 신영주(George Washington Univ.), 신우열(전남대), 신의경,

신정아(한신대), 심두보(성신여대), 심미선(순천향대), 심영섭(경희사이버대), 심재웅(숙명여대), 심훈(한림대), 안수찬(세명대), 안정임(서울여대), 안종묵(청주대), 안준철(한국외국어대), 안차수(경남대), 양동복(나사렛대), 양선희(대전대), 양은경(충남대), 양혜승(전남대), 어혜은(청운대), 엄호동(건국대), 염찬희(성공회대), 오경수, 오미영(서울여대), 오민욱, 오세욱(KAIST), 오하영(숙명여대), 우지숙(서울대), 우형진(한양대), 우희창(충남대), 원용진(서강대), 유건식(KBS), 유경한(전북대), 유수정(KBS), 유승현(한양대), 유용민(전남대), 유우현(인천대), 유지윤(아신대), 유홍식(중앙대), 윤복실(서강대), 윤상길(신한대), 윤석민(서울대), 윤성옥(경기대), 윤성인(서강대), 윤승욱(전북대), 윤장열(국립부경대), 윤태일(한림대), 윤태진(연세대), 윤호영(이화여대), 이건혁(창원대), 이경미(서강대), 이경숙(고려사이버대), 이광석(서울과기대), 이근옥(충남대), 이기형(경희대), 이남표(용인대), 이동후(인천대), 이두황(경희대), 이두희(성균관대), 이미나(숙명여대), 이범준(한국공학대), 이봉현(저널리즘학연구소), 이상기(국립부경대), 이상길(연세대), 이상원(경희대), 이상원(고려대), 이상혁, 이서라(아주대), 이선경(고려대), 이설희(용인대), 이성민(방송통신대), 이소현(한양대), 이수안, 이수엽(서강대), 이숙정(중앙대), 이승현(동서울대), 이시훈(계명대), 이신혜(부산대), 이에스더, 이영주(한양대), 이영희(한국외국어대), 이예찬(한양대), 이오현(전남대), 이원(인천가톨릭대), 이유나(한국외국어대), 이은순(동아대), 이은주(서강대), 이은주(서울대), 이은택(방송통신대), 이재국(성균관대), 이재신(중앙대), 이재원(이화여대), 이정교(경희대), 이정기(동명대), 이정원(제주한라대), 이정현(Louisiana State Univ.), 이정훈(대진대), 이종명(성균관대), 이종임(경희대), 이종혁(경희대), 이주봉(군산대), 이준형(신촌문화정치연구그룹), 이지영(성균관대), 이지은(중앙대), 이진랑, 이진로(영산대), 이헌율(고려대), 이현승(숙명여대), 이현지(건국대), 이혜림(고려대), 이혜림, 이호규(동국대), 이홍천(동국대), 이효성(청주대), 이희복(상지대), 이희승(동명대), 이희은(조선대), 임동욱(광주대), 임동현(인천대), 임보배(숙명여대), 임연경(이화여대), 임연수(홍익대), 임영호(부산대), 임인재, 임정수(서울여대), 임종수(세종대), 임희원, 장낙인(전 우석대), 장민지(경남대), 장병희(성균관대), 장석준(중앙대),

장성혁, 장윤재(서울여대), 장은미(서강대), 장정헌(차의과학대), 장지윤(전북대), 장지혜(서강대), 장하용(동국대), 전규찬(한국예술종합학교), 전나진(한남대), 전승(숙명여대), 정길화(동국대), 정낙원(서울여대), 정동훈(광운대), 정두남(가천대), 정문영(Wilkes Univ.), 정미정, 정사강, 정상윤(경남대), 정성은(성균관대), 정수경(Free Univ. of Berlin), 정수영, 정연우(세명대), 정영주(서울여대), 정용국(동국대), 정용준(전북대), 정은령(세명대), 정의철(상지대), 정인숙(가천대), 정재민(KAIST), 정찬미(서강대), 정흠문(나사렛대), 제정임(세명대), 조선희(서강대), 조성식(새언론포럼), 조수진(장신대), 조영한(한국외국어대), 조원정(Univ. of California, Davis), 조은희(목원대), 조재희, 조진희(숙명여대), 조항제(부산대), 조향자(WATEF), 주민욱(한라대), 주영기(한림대), 주재원(한동대), 주지혁(극동대), 주창윤(서울여대), 주형일(영남대), 진달용(Simon Fraser Univ.), 진홍근(경남대), 차승훈(서강대), 차영란, 차유리(서강대), 채다희(서강대), 채백(부산대), 채석진(조선대), 채영길(한국외국어대), 채웅준(대한출판문화협회), 채희상(한신대), 천현진(건국대), 최경진, 최낙진(제주대), 최미경(건국대), 최미연(한양대), 최민아(경희대), 최믿음(동덕여대), 최선영(연세대), 최선욱(한국방송학회), 최세정(고려대), 최순희(배재대), 최영묵(성공회대), 최영재(한림대), 최영준, 최용준(전북대), 최우정(계명대), 최윤태, 최은경(한신대), 최이숙(동아대), 최인헌, 최종환(경주스마트미디어센터), 최지선(서강대), 최지향(이화여대), 최지혜(국립목포대), 최진봉(성공회대), 최진호(경상국립대), 최창식(부산대), 최현주(계명대), 최효진(한국외국어대), 하윤금(저널리즘학연구소), 하종원(선문대), 하주용(인하대), 한상룡(한국외국어대), 한영주, 한지영(KAIST), 한희정(국민대), 허영무(남부대), 허찬행(건국대), 홍경수(아주대), 홍남희(서울시립대), 홍석근(독립연구자), 홍성일(한국예술종합학교), 홍성현(KBS), 홍원식(동덕여대), 홍종윤(서울대), 홍주현(국민대), 홍지아(경희대), 황갑신(컴스코어코리아), 황경호(경남대), 황길남(청주대), 황현정(건국대), Asaph Young Chun(서울대)

세계지역 연구자 401명   2024년 12월 12일. 목.

세계지역 연구자 401명, 위헌적인 비상계엄 사태 규탄

한국의 세계지역 연구자 401명이 12월 3일의 위헌적인 비상계엄 사태를 규탄하며 윤석열 대통령의 즉각 퇴진을 요구하는 시국선언을 발표하였다. 이 시국선언은 김일한(동국대), 민귀식(한양대), 주장환(한신대), 최필수(세종대) 등 한국의 주요 세계지역 연구자들의 제안으로 지난 12월 9일 오후 6시에 그 서명 작업이 시작되었다. 개별 국가를 넘어서서 세계와 지역을 연구하는 인문 및 사회 과학자들을 그 대상으로 삼았다. 서명 작업은 12월 12일 정오까지 진행되었다.

지난 3일, 비상계엄이 선포되고 무장 군인이 국회로 난입했다.

이 서명에는 한국뿐 아니라 동북아, 미주, 유럽, 동남아 등 다양한 국가와 지역의 한국인 학자와 외국 학자들도 동참했다. 이 선언을 공동 제안한 한신대 주장환 교수는 "인문학뿐만 아니라 사회과학 등 여러 영역에서 세계 지역을 연구하는 학자들이 현재 계엄 사태에 대해 상식에 의거한 의견을 자발적으로 모은 것"이라고 선언의 취지를 설명했다. 또 "특히 해외 거주 연구자와 청년 세대 연구자들이 그동안 가졌던 한국 민주주의에 대한 자부심이 한순간에 짓밟힌 것에 대한 좌절감과 분노가 시국 선언 서명 과정에서 많이 느껴졌다."라고 덧붙였다.

선언문은 '윤석열의 즉각적인 하야와 모든 국회의원의 조속한 탄핵소추안 발의 및 찬성 투표'를 촉구하였다. 서명자들은 12월 3일에 선포된 비상계엄을 명백한 내란 사태로 규정하고, 가치 외교를 추진한다던 윤석열이 스스로 민주주의 가치를 훼손함으로써 대한민국뿐만 아니라 '전 세계 민주주의를 배신'했다고 지적했다.

선언문은 윤석열의 민주주의에 대한 배신행위가 반드시 단죄되어야 한다고 강조했다. 여당이 내놓은 '질서 있는 퇴진' 계획은 터무니없는 위법 행위이며, 하야하지 않는 윤석열에 대한 탄핵은 헌정의 중단이 아니라 '헌정질서의 회복을 위한 최후의 제도적 수단'임을 역설했다. 시국선언문에서 참여 연구자들은 윤석열 단죄가 전 인류가 함께 추구해 온 민주주의 가치를 수호하는 것이라고 주장하고, 12월 7일 탄핵소추안 투표를 불성립시킨 105명의 여당 의원들의 반민주적 행태를 전 세계인들에게 고발하겠다고 다짐했다. 향후 연구자별 해당 국가와 지역을 중심으로 대한민국의 위기 극복과 민주주의 회복 과정을 세계인들에게 전파하기 위해 다양한 활동을 진행할 예정이라고 밝혔다.

대한민국 세계지역 연구자 시국 선언

"대한민국과 전 세계 민주주의를 파괴하고 배신한 윤석열은 즉각 하야하라!"

"대한민국 국회는 탄핵소추안을 가결될 때까지 발의하고 통과시켜 헌정질서를 바로잡아라!"

2024년 12월 3일 윤석열의 내란 폭거는 대한민국뿐만 아니라 전 세계 민주주의에 대한 도전이자 배신이다.

우리 세계지역 연구자들은 대한민국은 민주공화국이며, 국민 스스로 민주주의를 만들고 지켜왔다는 점에서 무한한 자부심을 가지고 있다. 2024년 12월 3일 우리의 이 자부심은 무참히 짓밟혔다. 윤석열이 이날 선포한 비상계엄은 명백한 내란 행위이다. 대한민국 헌법이 규정한 요건에 전혀 부합하지 않는 계엄령으로 시민들의 기본권을 위협하며 비상계엄 상황에서조차 침해할 수 없는 국회를 해산하려 시도했다. 윤석열이 대한민국 민주주의에 정면 도전한 내란을 일으킨 것이다. 그러나 우리 민주공화국의 시민들, 군인과 경찰들, 그리고 국회의원들의 행동으로 윤석열의 내란은 실패했다.

대한민국은 전쟁과 독재를 극복하고 전 세계 민주주의의 모범국가로 자리 잡았다. 이 대한민국에서 발생한 반민주적인 내란 행위에 대하여 전 세계의 많은 국가와 지역의 시민들이 우려와 비판의 목소리를 내고 있다. 특히 안보와 경제의 위기를 초래하면서 까지도 소위 자유민주주의 중심의 가치 외교를 추진한다던 윤석열이 이 가치를 훼손하는 반 헌법적 행위를 했다는 것에 대해서 전 세계의 많은 국가와 시민들은 경악하고 분노하고 있다. 이러한 점에서 윤석열은 대한민국뿐만 아니라, 전 세계 민주주의를 배신한 것이기도 하다.

대한민국과 전 세계 민주주의를 배신한 윤석열에 대한 대응은 하나로 귀결될 수밖에 없다. 윤석열은 바로 지금 단죄되어야 한다.

윤석열의 민주주의 파괴 행위는 다른 해결책이 없다. 그는 즉각 하야하거나 탄핵되어야 한다. 민주주의 국가 대한민국의 정당은 마땅히 국가와 국민을 지키는 것을 무엇보다도 우선해야 한다. 그러나 여당은 '질서 있는 퇴진'이라는 허망한 대책으로 국가와 국민의 운명을 나락으로 몰아넣고 있다. 윤석열은 대통령은 형사소추 되지 않는다는 우리 헌법 규정에도 피해갈 수 없는 내란죄의 현행범이자 수괴이다. 이런 자에게 하루라도 더 대통령 직위를 유지하게 하는 것은 민주공화국 대한민국의 불행일 뿐만 아니라, 전 세계 민주주의에 대한 모욕이다. 대통령의 2선 후퇴도 눈속임일 뿐이다. 대통령이 아닌 다른 자가 국정을 대신하는 것은 그 자체가 불법이며 국정농단이다. 이런 궤변과 터무니없는 구상이 한낱 자신들의 정치적 입지에 대한 셈법에서 나왔다는 것을 모르는 국민은 없다. 따라서 윤석열은 즉각 하야해야 한다.

즉각 하야하지 않는다면 탄핵해야만 한다. 대통령 탄핵은 민주공화국 대한민국이 헌정질서를 회복하기 위해 할 수 있는 최후의 제도적 행위이다. 윤석열의 내란 행위에 대한 대통령 탄핵은 헌정의 중단이 아니라 헌정질서의 회복이다. 내란 행위를 하고도 대통령직을 유지하는 것이야말로 헌정의 중단이며, 국민을 기만하는 것이다. 여당은 사회 불안의 가능성을 탄핵 거부의 근거로 앞세우고 있다. 여당의 1호 당원인 윤석열이 저지른 반 헌법적 행위에 대해 정치적 책임을 회피하려는 황당한 궤변에 불과하다. 민주화 이후 최악의 불안과 공포를 초래한 것은 여당의 1호 당원인 윤석열과 윤석열에 대한 탄핵을 거부한 여당이다. 대한민국의 사회 안정과 민주주의

회복은 윤석열을 대통령직으로부터 제거하는 것에서 시작할 수밖에 없다.

세계의 다양한 국가와 지역을 연구하는 우리는 전 세계 민주주의의 모범국가인 대한민국을 바로잡기 위해 할 수 있는 모든 노력을 다할 것이다.

우리는 대한민국의 위기 극복과 민주주의 회복 과정의 정당성을 민주주의를 지지하고 염원하는 전 세계인들에게 설파할 것이다. 또한 윤석열 단죄가 전 인류가 함께 추구해 온 민주주의라는 가치에 대해 갖는 의의를 그들과 함께 논의할 것이다. 동시에 지난 12월 7일 윤석열 탄핵소추안 투표를 불성립시킨 여당 의원들의 반민주적 행태들을 고발하고 전파할 것이다. 우리는 전 세계 민주주의가 우연, 선의, 호의가 아닌 명료한 의식, 과감한 실천, 불굴의 헌신을 통해 성취되고 유지되었음을 잘 알고 있다. 대한민국이 전 세계 민주주의의 역사에서 다시 한 번 모범으로 자리 잡을 수 있기를 간절히 바라고 행동할 것이다.

이에 우리는 다음을 요구한다.

1. 윤석열은 즉각 하야하라.
2. 윤석열이 자진 하야하지 않을 시, 모든 국회의원은 대통령 탄핵소추안이 가결될 때까지 발의하라.
3. 모든 국회의원은 재 발의된 탄핵소추안 투표에 참여하고 찬성하라.

2024년 12월 12일

강병융(슬로베니아 류블랴나대), 강수정(조선대), 강승호(국립강릉원주대), 강아람(일리노이대 시카고), 강애리(푸단대), 강유선(인천대), 강준영(단국대 몽골연구소), 강하니(런던대 소아스), 고가영(서울대), 고경희(한국외대), 고광열(서울대), 고보민(인천대), 고서현(일리노이대 시카고), 고인덕(연세대), 고자연(인하대), 공민석(제주대), 곽덕환(한남대), 곽민경(코네티컷대), 구보경(부산외대), 구성철(국립창원대), 권혁용(고려대), 김경나(단국대), 김규선(선문대), 김남희(한신대), 김동엽(부산외대), 김동혁(광주과기원),

김동현(중앙대), 김명수(계명대), 김미래(푸단대), 김민선(동국대),
김민수(펜실베니아주립대), 김병두(서강대), 김보라(중부대), 김상범(경남대),
김상철(한국외대), 김상호(브리아언트대), 김선아(한국외대), 김선재(연세대),
김선진(동아대), 김선혜(이화여대), 김성수(성균관대), 김성조(연세대),
김성진(덕성여대), 김소연(한국외대), 김수아(서울대), 김수한(현대중국학회),
김승욱(충북대), 김시헌(한국외대), 김애경(명지전문대), 김애영(한신대),
김연철(인제대), 김영석(계명대), 김영술(전남대), 김영옥(법무법인 경연),
김용복(경남대), 김용신(인하대), 김용화(충북대), 김우희(하버드대),
김유경(한국외대), 김유미(한국외대), 김윤정(퀼른대), 김윤종(영스타운주립대),
김윤태(동덕여대), 김인(평택대), 김일곤(한국외대), 김일수(충북대),
김일한(동국대), 김재관(전남대), 김재준(충남대), 김재철(가톨릭대),
김정수(전북대), 김정훈(배재대), 김주영(전북대), 김지성(책방 티티카카),
김지은(리즈대), 김지훈(인하대), 김진규(고려대), 김진선(서울대),
김태식(모나시대), 김태식(창원대), 김태연(서울대), 김태환(충북대),
김한솔(독립연구자), 김항섭(한신대), 김현경(전북대), 김현석(서울시립대),
김현진(동서대), 김현호(전남대), 김형교(한신대), 김형준(강원대),
김혜란(모스크바 고등경제대), 김홍중(고려대), 김화순(중앙대),
김희경(경북대), 나희량(국립부경대), 남기정(서울대), 남대엽(계명대),
노명환(한국외대), 도민지(한신대), 리페이(인천대), 문기홍(국립부경대),
문우종(한양대), 민귀식(한양대), 박경철(한신대), 박계화(인천대 중국학술원),
박동성(순천향대), 박미선(한신대), 박병배(대만 중앙연구원) 박상남(한신대),
박상운(한신대), 박상준(한국외대), 박선영(서울대), 박설호(한신대),
박성용(전북대), 박성원(푸단대), 박성현(경상국립대), 박소현(전남대),
박윤주(계명대), 박정원(경희대), 박정진(쓰다주쿠대), 박정훈(서강대),
박종서(한국역사문화연구소), 박종철(경상국립대), 박지현(전북대),
박진영(전북대), 박채연(콤플루텐센대 마드리드), 박철현(국민대),
박태성(부산외대), 박현도(서강대), 박형진(로욜라 메리 마운트대),
박호성(국제평화연구원), 박홍서(동서대), 박홍영(충북대), 방민정(중국정법대),
배덕현(한국인문사회총연합회), 배진석(경상국립대), 백서인(한양대 에리카),
백시진(토론토대), 백원담(성공회대), 백재원(마이애미대), 백지운(서울대),
변학문(겨레하나 평화연구센터), 변현섭(계명대), 서문교(웅지세무대),

서상범(부산외대), 서승원(고려대), 서운석(한중사회과학학회), 서의경(광운대),
서창배(국립부경대), 성병욱(부산외국어대), 손대권(서강대), 손승회(영남대),
송병구(단국대), 송영복(경희대), 송인재(한림대), 송자윤(푸단대),
송주명(한신대), 송지영(전남대), 신광철(한신대), 신기영(오차노미즈여대),
신난희(대구가톨릭대), 신미주(하버드대), 신봉수(비교정치연구소),
신상범(연세대), 신은영(한양대), 신지연(한양대), 신현택(일리노이대 시카고),
신혜선(경희대), 신효숙(국민대), 신희선(숙명여대), 안병진(경희대),
양동신(일리노이대 시카고), 양승훈(경남대), 양영균(한국학중앙연구원),
양영자(대만 실천대), 양창원(서강대), 엄상윤(연세대), 엄소정(광주과학기술원),
엄은희(아시아비전포럼), 오미영(단국대), 오미정(한신대), 오삼언(동국대),
오상택(성균관대), 오유진(캔자스대), 오지영(인디애나대 블루밍턴),
오지혜(고려대), 오하나(서울시립대), 오혜민(한예종), 오희영(가톨릭대),
우승지(경희대), 우현경(세종대), 원동욱(동아대), 원혜련(방송대),
유다솜(북경대), 유민지(이화여대), 유수선(펜실베니아대), 유은하(한신대),
유임하(한국체육대), 유정민(한국외대), 유정원(계명대), 유지현(서울대),
윤건(한신대), 윤경우(국민대), 윤대식(한국외대), 윤보영(동국대),
윤석상(선문대), 윤성욱(충북대), 윤영덕(조선대), 윤영민(한양대),
윤영수(도호쿠복지대), 윤종석(서울시립대), 윤채경(중국정법대),
은민수(서강대), 이건호(서울대), 이경묵(전북대), 이경보(가오슝대),
이경수(서울대), 이경완(한림대), 이광수(국민대), 이권호(신라대),
이기현(한국외대), 이나리(몬태나주립대), 이남경(경상국립대), 이대근(우석대),
이문영(서울대), 이민주(코네티컷대), 이산(코네티컷대), 이상국(연세대),
이상만(경남대), 이상민(러시아 과학아카데미 동방학연구소), 이상현(전북대),
이석민(한신대), 이선아(단국대), 이선이(을지대), 이선화(영남대),
이승원(서울대), 이시성(부산대), 이시은(미래사회과학연구소), 이영수(한신대),
이완종(동국대), 이욱연(서강대), 이유철(서울대), 이율빈(성균관대),
이은정(서울대), 이은혜(세종대), 이인규(카네기멜런대), 이정민(한국외대),
이정우(고려대), 이정표(부산대), 이종미(동국대), 이종운(한신대),
이종하(조선대), 이종혁(성균관대), 이준용(서울대), 이지은(한국외대),
이진영(전북대), 이진한(고려대), 이찬우(창원대), 이창희(동국대),
이하경(한국학중앙연구원), 이하선(한국외대), 이한우(서강대),

이향미(한신대), 이혁구(배재대), 이호준(부경대), 이희원(상명대), 임대근(한국외대), 임반석(청주대), 임우경(성균관대), 임정관(동북아평화경제협회), 장슬아(서울대), 장영덕(인하대), 장영희(충남대), 장유정(오하이오주립대), 장윤미(동서대), 장은정(명지대), 장정아(인천대), 장한이(일리노이대 시카고), 장호준(한국방송통신대), 장희경(두이스부르크 에센대), 전경진(서강대), 전세영(한국외대), 전재우(한국국방연구원), 전제성(전북대), 정규식(성공회대), 정다훈(중앙대), 정법모(부경대), 정선필(홍콩침회대), 정성윤(마르틴 루터 할레비텐베르크대), 정영훈(국립부경대), 정은숙(위스콘신대), 정은주(인천대), 정의태(한양대), 정재원(국민대), 정재흥(세종연구소), 정종민(전남대), 정주영(인천대), 정헌목(한국학중앙연구원), 정현직(인디애나대 블루밍턴), 정흥모(한국외대), 제성훈(한국외대), 조경란(연세대), 조규린(서울대), 조복수(한양대), 조선철(한국외대), 조성찬(성공회대), 조수미(명지대), 조영관(한국수출입은행 해외경제연구소), 조일동(한국학중앙연구원), 조현민(일리노이대 시카고), 조형진(인천대), 조혜정(연세대), 조호연(오사카대), 주장환(한신대), 진태훈(대만 정치대), 천범진(센다이 시라유리여자대학), 최경희(서울대), 최남주(서울대), 최다의(제주대), 최루미(한신대), 최병덕(금오공대), 최빛나라(고려대), 최석규(선문대), 최세훈(중국문화대학), 최소영(알프라가누스대), 최순미(총신대), 최승연(동남아연구소), 최연우(일리노이대 시카고), 최영래(플로리다 국제대), 최은주(세종연구소), 최재덕(서울과학종합대학원), 최지영(단국대), 최진석(서울과기대), 최창현(럿거스대), 최효정(동국대), 최희식(국민대), 탁용달(현대북한연구회), 하남석(서울시립대), 하범식(가오슝대), 하종문(한신대), 한강욱(전북대), 한유석(서울대), 한인희(건국대), 한재헌(동국대), 현재호(고려대), 홍석준(국립목포대), 홍신혜(가오슝대), 홍영림(연세대), 홍웅호(동국대), 홍유선(대만사범대), 홍재우(인제대), 홍지아(한양대), 황경진(독립연구자), 황동윤(소카대), 황승원(국립목포대), 황재호(한국외대), Hannes Mosler (University of Duisburg-Essen), John Delury(루이스대) 외 38명

정신과 의사들 시국선언 2024년 12월 12일. 목.

"전국민 국가폭력 트라우마 경험 중. 대통령 퇴진해야 치유돼"

정신과 의사 510명이 윤석열 대통령의 계엄 선포로 인해 온 국민이 심리적 고통을 겪고 있으며, 군부독재와 국가폭력의 트라우마를 재 경험하고 있다는 내용의 시국 선언문을 12일 발표했다.

성명에 이름을 올린 의사들은 "헌법이 정한 절차에 의한 (윤 대통령의) 퇴진만이 국민적 트라우마를 치유할 수 있다"며 "헌법 위반과 부당한 권력 행사로 대한민국에 큰 충격을 안긴 현 대통령의 진정성 있는 사죄와 더불어, 헌법에 명시된 절차에 의한 직무 정지 또는 사퇴가 이루어질 것을 요구한다"고 밝혔다.

의사들은 "12월 3일부터 현재까지 온 국민은 심리적 고통을 겪고 있다"고 말했다. 이들은 "대통령의 계엄 선포 방송에 이어, 평화로운 국회에 무장 군인들이 침입하고, 남녀노소를 불문하고 시민들이 저지하며 대치하는 장면을 온 국민이 목격했다. 군부독재와 국가폭력의 역사를 기억하는 많은 국민께서는 그 트라우마를 재 경험하며 심각한 공포를 느끼지 않을 수 없다"고 우려했다. 이어 "계엄 포고문에 담긴 온갖 금지와 협박은 선량한 시민들께 두려움과 모욕감을 주었으며, 치료와 돌봄을 본업으로 삼고 있는 의료진에 대한 살벌한 위협에서 그 절정을 이루었다"고 지적했다.

의사들은 계엄 이후 혼란스러운 상황이 전 국민에게 심리적인 불안을 유발하고 있다고 전했다. "어린이들은 학교가 문을 닫을지, 전쟁이 벌어지진 않을지 무서워하고, 어른들 또한 경제를 걱정하며 일이 손에 잡히지 않는다며 심란해한다"고 현 상황을 묘사했다.

이어 "무고한 민간인에 대한 체포계획, 내란 음모 등의 경악스러운 사실이 하나씩 밝혀지는 과정은 그러한 심리적 고통을 가중하고 있다. 온종일 뉴스와 유튜브를 시청하며 불면과 불안을 호소하는 분들 또한 늘어나고 있으며, 군인, 경찰 등의 공직자들은 도덕적 손상에 따른 울분과 우울을 호소하기도 한다"고 했다.

의사들은 정신의학적으로 폭력 트라우마 피해자의 빠른 회복을 위해 '피해자의 신속한 안전 확보'와 '가해자가 응당한 처벌을 받는 정의로운 해결'이 필요하다고 밝혔다. 그러면서 "지금의 불안정한 상황은 국민의 트라우마를 강화하고, 미래에 대한 공포를 증폭하고 있다"고 지적했다.

의사들은 국민의 심리적 안정, 정신적 충격에 대한 치유를 위해서는 빠른 후속조치가 필요하다고 강조했다. 중대한 범죄를 저지른 현 대통령과 관련자들이 사죄하고 헌법 절차에 따른 조치에 따를 것, 집권 여당이 국민의 요구를 경청해 책임을 회피하지 말고 국회 의사결정 과정에 참여할 것을 요구했다.

또한 의대 증원으로 인한 위기의 해결을 위해서 의료 전문가에 대한 처단과 같은 위협이 아닌 존중이 필요하며, 국민 심리적 치유를 위해서는 체계적인 정신건강 정책이 필요하다고 권고했다.

510명 정신건강의학과 의사들의 시국 선언문

헌법이 정한 절차에 의한 퇴진만이 국민적 트라우마를 치유할 수 있습니다.

존경하는 국민 여러분,

12월 3일 헌법을 훼손하는 계엄 선포와 협박에 가까운 포고문, 갑작스러운 군대 출동 등으로 큰 심리적 충격을 받으셨을 모든 국민께 깊은 위로를 전합니다. 또한 그 와중에도 민주주의 수호를 위한 용기와 시민의식을 발휘해 주시는 모든 분께 각별한 존경을 표합니다.

헌법 위반과 부당한 권력 행사로 대한민국에 큰 충격을 안긴 현 대통령의 진정성 있는 사죄와 더불어, 헌법에 명시된 절차에 의한 직무 정지 또는 사퇴가 이루어질 것을 요구합니다. 또한 사회 공동체의 조속한 안정을 위해 정치권은 국민의 요구를 경청하고 수용하여 조속한 수습을 위해 노력해 주기를 바랍니다.

12월 3일부터 현재까지 온 국민은 심리적 고통을 겪고 있습니다.

대통령의 계엄 선포 방송에 이어, 평화로운 국회에 무장 군인들이 침입하고, 남녀노소를 불문하고 시민들이 저지하며 대치하는 장면을 온 국민이 목격했습니다. 군부독재와 국가폭력의 역사를 기억하는 많은 국민께서는 그 트라우마를 재경험하며 심각한 공포를 느끼지 않을 수 없었습니다.

동료 시민의 일부를 제거해야 할 적으로 규정하여 공동체 내의 분열과 적대를 부추기는 듯한 계엄 담화는 국민의 마음에 큰 환멸감과 상처를 남겼습니다. 계엄 포고문에 담긴 온갖 금지와 협박은 선량한 시민들께 두려움과 모욕감을 주었으며, 치료와 돌봄을 본업으로 삼고 있는 의료진에 대한 살벌한 위협에서 그 절정을 이루었습니다.

어린이들은 학교가 문을 닫을지, 전쟁이 벌어지진 않을지 무서워하고, 어른들 또한 경제를 걱정하며 일이 손에 잡히지 않는다며 심란해합니다. 무고한 민간인에 대한 체포계획, 내란 음모 등의 경악스러운 사실이 하나씩 밝혀지는 과정은 그러한 심리적 고통을 가중하고 있습니다. 온종일 뉴스와 유튜브를 시청하며 불면과 불안을 호소하는 분들 또한 늘어나고 있으며, 군인, 경찰 등의 공직자들은 도덕적 손상에 따른 울분과 우울을 호소하기도 합니다. 후진적 쿠데타로 인한 국가 위상 및 자부심의 저하를 안타까워하는 분들이 많습니다. 그리고 경제 위기에 대한 우려로 인해 현실의 안정과 생업에 대한 위협감도 커지고 있습니다.

정신의학적으로 폭력 트라우마 피해자의 빠른 회복을 위해 두 가지 요소가 중요합니다.

첫 번째는 피해자의 신속한 안전 확보이며, 두 번째는 가해자가 응당한 처벌을 받는 정의로운 해결입니다. 그런데 지금의 불안정한 상황은 국민의 트라우마를 강화하고, 미래에 대한 공포를 증폭하고 있습니다.

그러므로 현재 우리 사회는 정치의 위기가 촉발한 생존의 위기에 더하여, 실존의 위기도 겪고 있는 국면이라고 할 수 있습니다. 따라서, 우리는 명확하게 헌법에 근거한 단호한 해법만이 우리 국민과 대한민국을 폭력의 트라우마에서 회복시킬 수 있다고 믿습니다.

이에 우리 정신건강의학과 의사들은 국민의 심리적 안정, 정신적 충격에 대한 치유를 위해 다음 사항이 조속히 진행될 것을 요구하는 바입니다.

첫째, 중대한 범죄를 저지른 현 대통령과 관련자들은 국민에게 정중히 사죄해야 하며, 헌법 절차에 따른 조치에 따라야 합니다.

둘째, 집권 여당은 국민의 요구를 경청하여 책임을 회피하지 말고 국회의 의사결정 과정에 참여하기를 바랍니다.

셋째, 현 대통령과 정부가 초래한 의대 증원으로 인한 위기의 해결을 위해서는 의료 전문가에 대한 처단과 같은 위협이 아닌 존중이 필요합니다.

넷째, 정치권은 현재 국민이 느끼는 현실적 위기를 최대한 신속히 종식하기 위한 합리적인 결정과 조치를 추진해 주시기를 바랍니다.

다섯째, 국민의 심리적 충격을 치유하고 사회 통합과 공동체 복원을 도모할 수 있는, 일회성이 아닌 근거 기반의 체계적인 정신건강 정책을 권고합니다.

공동체 치유와 사회 통합과 공동체 복원을 바라는 정신건강의학과 의사 일동

강등현 강선영 강승걸 강은호 강재명 강주연 강지인 강현묵 강희영 강희원
견영기 경현수 고경남 고현민 고혜란 고효정 권만재 권순모 권영숙 권용실
권윤영 권의정 권준수 권태훈 기선완 김가영 김건종 김경미 김경승 김경아
김광현 김기태 김남욱 김대진 김도훈 김동관 김동욱 김명신 김민석 김민섭
김민재 김민혁 김병로 김병수 김상국 김상원 김석주 김석현 김선영 김선재
김선주 김성수 김성완 김성인 김성재 김성주 김성진 김성환(1) 김성환(2)
김세래 김세웅 김소명 김소원 김소희 김수연 김수형 김승곤 김승우 김양식
김어수 김영만 김용범 김우정 김우진 김우현 김원 김원길 김유채 김은설

김은수 김은영 김은주 김응조 김재성 김재원 김재훈 김정곤 김정심
김정원(1) 김정원(2) 김정유 김정훈 김종원 김종진 김주영 김준원 김지선
김지연(1) 김지연(2) 김지영 김지원(1) 김지원(2) 김지현 김지혜 김지호
김지훈 김진우(1) 김진우(2) 김창근 김채리 김태우 김태형 김태환 김태희
김하연 김학빈 김학현 김한슬 김한이 김현규 김현명 김현수 김현식 김현주
김형준 김혜리 김혜성 김혜영 김호선 김효섭 김효원 김희재 김희진 나경세
나은진 나의현 남예림 남형원 노봉근 노승호 노양호 노진솔 노현래 류재원
류재현 류한결 문덕수 문지현 민성호 박경미 박경원 박명숙 박문희 박민철
박상원 박선영 박성혁 박수현 박신영(1) 박신영(2) 박영록 박영민 박용진
박재섭 박정수 박정재 박준경 박지인 박지훈 박찬호 박창증 박채린 박천일
박철 박한뉘 박한선 박형근 박혜윤 박혜인 방민지 방수영 방연식 방창배
방현숙 방현철 배경열 배선환 배성준 배승민 배종훈 백명재 백종우 백준혁
백현숙 변태웅 서민재 서상혁 서수린 서영수 서용우 서재석 서정석 서주원
서지영 서형석 서화연 석정호 성다원 성덕규 성수정 소기윤 소형석 소희성
손긍정 손석한 손성연 손용표 송영옥 송정민 송정은 송종호 송준미 송지혜
송형석 신다운 신동수 신동준 신상은 신샘이 신영우 신용선 신원철 신의진
신일선 신정욱 신진규 신현우 심세훈 심재광 심진현 안경진 안석균 안연우
안예빈 안은지 안정숙 안주연 안치수 안현웅 양문정 양승헌 양용준 양혜련
양효영 양희정 여정 여철민 여현철 여혜빈 염지원 오강섭 오근 오근영
오대영 오동재 오상훈 오새봄 오세현 오수현 오승민 오주영 오진승 오홍석
우보라 원경아 유민지 유상민 유용준 유재현 유지민 유한익 유홍섭 육동현
윤민재 윤영주 윤정흠 윤혜준 윤홍균 이가영 이건석 이경미 이경민 이광민
이규영 이근문 이다영 이동기 이동준 이명지 이무형 이문수 이미경 이민비
이민지 이분희 이상규 이상민(1) 이상민(2) 이상섭 이상열 이상혁 이서정
이선이 이선희 이성민 이성주 이성헌 이소연 이소진 이수경 이슬비 이승규
이승연 이승엽 이승우 이승환 이승희 이시은 이아라 이아람 이연우 이영교
이영문 이영진 이요한 이용석 이우형 이유진 이융 이은 이은샘 이은정
이은하 이장훈 이재병 이재종 이정 이정기 이정식 이정준 이정훈 이종국
이종민 이종석 이주훈 이준희 이중석 이지현 이지희 이찬희 이창훈 이태섭
이하나 이한준 이해국 이혁 이현욱 이혜련 이혜선 이혜진 이화영 이화진
이황빈 임동균 임미래 임수연 임옥근 임종욱 임지원 장광호 장미 장성만

장소연 장용이 장지연 장진혁 장창현 전경서 전유진 전지훈 전진용 전철우
전현태 전휘영 정두영 정상협 정석훈 정선욱 정선화 정성권 정성일 정성훈
정수봉 정수인 정여진 정연진 정영은 정예솔 정원식 정유경 정은영 정은지
정재교 정재오 정재훈 정준교 정지홍 정찬승 정찬영 정해원 정현강 정현우
정환규 조근호 조다옳 조도연 조서은 조성우 조성일 조성준 조성진 조성철
조연수 조영대 조영준 조우리 조인희 조철현 조현상 조현식 주아란 주은정
주정원 주현아 지윤미 지은희 진범수 차승근 차승민 차현철 채규창 채정호
천근아 천영훈 최경숙 최명제 최번숙 최병하 최상철 최세진 최순혁 최순호
최슬기 최승연 최용록 최원석 최윤정 최은형 최의헌 최재원 최재현 최정규
최정미 최정은 최종배 최지원 최지은 최지인 최태규 최태석 최현석 최훈동
하병관 하준후 한경호 한귀원 한규만 한대근 한소리 한수인 한지현 한현우
한혜진 한희종 허규형 허영진 허율 허진국 허휴정 홍근영 홍민하 홍선아
홍진표 홍현주 황남웅 황동기 황반석 황승재 황지환 황태연
(가나다순, 이상 510명)

대통령 담화문 4차   2024년 12월 12일. 목.

대통령 담화문(4차)

尹 "野, 내란죄라며 광란의 칼춤…탄핵이든 수사든 맞서겠다"

존경하는 국민 여러분,

저는 오늘,
비상계엄에 관한 입장을 밝히기 위해
이 자리에 섰습니다.

지금 야당은 비상계엄 선포가
내란죄에 해당한다며,
광란의 칼춤을 추고 있습니다.

정말 그렇습니까?

과연 지금 대한민국에서
국정 마비와 국헌 문란을
벌이고 있는 세력이 누구입니까?

지난 2년 반 동안 거대 야당은,
국민이 뽑은 대통령을 인정하지 않고
끌어내리기 위해,
퇴진과 탄핵 선동을 멈추지 않았습니다.

대선 결과를 승복하지 않은 것입니다.

대선 이후부터 현재까지
무려 178회에 달하는 대통령 퇴진,
탄핵 집회가 임기 초부터 열렸습니다.

대통령의 국정운영을 마비시키기 위해
우리 정부 출범 이후부터 지금까지
수십 명의 정부 공직자 탄핵을 추진했습니다.

탄핵된 공직자들은 아무 잘못이 없어도
소추부터 판결 선고 시까지
장기간 직무가 정지됩니다.

탄핵이 발의되고 소추가 이루어지기 전,
많은 공직자들이 자진 사퇴하기도
하였습니다.

탄핵 남발로 국정을 마비시켜 온 것입니다.

장관, 방통위원장 등을 비롯하여
자신들의 비위를 조사한 감사원장과
검사들을 탄핵하고,
판사들을 겁박하는 지경에 이르렀습니다.

자신들의 비위를 덮기 위한 방탄 탄핵이고,
공직기강과 법질서를
완전히 무너뜨리는 것입니다.

뿐만 아니라 위헌적 특검 법안을
27번이나 발의하면서

정치 선동 공세를 가해왔습니다.

급기야는 범죄자가 스스로 자기에게
면죄부를 주는 셀프 방탄 입법까지
밀어붙이고 있습니다.

거대 야당이 지배하는 국회가
자유민주주의의 기반이 아니라
자유민주주의 헌정 질서를 파괴하는
괴물이 된 것입니다.

이것이 국정 마비요,
국가 위기 상황이 아니면
무엇이란 말입니까?

이것뿐만이 아닙니다.

지금 거대 야당은 국가안보와
사회 안전까지 위협하고 있습니다.

예를 들어, 지난 6월 중국인 3명이
드론을 띄워 부산에 정박 중이던
미국 항공모함을 촬영하다 적발된
사건이 있었습니다.

이들의 스마트폰과 노트북에서는
최소 2년 이상 한국의 군사시설들을 촬영한
사진들이 발견되었습니다.

지난달에는 40대 중국인이 드론으로

국정원을 촬영하다 붙잡혔습니다.

이 사람은 중국에서 입국하자마자
곧장 국정원으로 가서
이 같은 일을 벌인 것으로 확인됐습니다.

하지만, 현행 법률로는
외국인의 간첩행위를
간첩죄로 처벌할 길이 없습니다.
이러한 상황을 막기 위해
형법의 간첩죄 조항을 수정하려 했지만,
거대 야당이 완강히 가로막고 있습니다.

지난 정권 당시 국정원의 대공수사권을
박탈한 것도 모자라서,
국가보안법 폐지도 시도하고 있습니다.

국가안보를 위협하는 간첩을
잡지 말라는 것 아닙니까?

북한의 불법적인 핵무장과
미사일 위협 도발에도,
GPS 교란과 오물풍선에도,
민주노총 간첩 사건에도,
거대 야당은 이에 동조할 뿐 아니라,

오히려 북한 편을 들면서
이에 대응하기 위해 고군분투하는
정부를 흠집내기만 했습니다.
북한의 불법 핵 개발에 따른

UN 대북 제재도 먼저 풀어야 한다고
주장합니다.

도대체 어느 나라 정당이고,
어느 나라 국회인지 알 수가 없습니다.

검찰과 경찰의 내년도 특경비, 특활비 예산은
아예 0원으로 깎았습니다.

금융사기 사건, 사회적 약자 대상 범죄,
마약 수사 등 민생 침해 사건 수사,
그리고 대공 수사에 쓰이는 긴요한 예산입니다.

마약, 딥페이크 범죄 대응 예산까지도
대폭 삭감했습니다.

자신들을 향한 수사 방해를 넘어,
마약 수사, 조폭 수사와 같은
민생사범 수사까지 가로막는 것입니다.
대한민국을 간첩 천국, 마약 소굴,
조폭 나라로 만들겠다는 것 아닙니까?

이런 사람들이야말로 나라를 망치려는
반국가세력 아닙니까?

그래놓고 자신들의 특권을 유지하기 위한
국회 예산은 오히려 늘렸습니다.

경제도 위기 비상 상황입니다.

거대 야당은 대한민국의
성장동력까지 꺼트리려고 하고 있습니다.

민주당이 삭감한
내년 예산 내역을 보면 잘 알 수 있습니다.

원전 생태계 지원 예산을 삭감하고,
체코 원전 수출 지원 예산은
무려 90%를 깎아 버렸습니다.
차세대 원전 개발 관련 예산은
거의 전액을 삭감했습니다.

기초과학연구, 양자, 반도체, 바이오 등
미래 성장동력 예산도 대폭 삭감했습니다.

동해 가스전 시추 예산,
이른바 대왕고래 사업 예산도
사실상 전액 삭감했습니다.

청년 일자리 지원 사업,
취약계층 아동 자산 형성 지원 사업,
아이들 돌봄 수당까지 손을 댔습니다.

산업 생태계 조성을 위한 혁신성장펀드,
강소기업 육성 예산도 삭감했습니다.

재해 대책 예비비는 무려 1조원을 삭감하고,
팬데믹 대비를 위한 백신 개발과
관련 R&D 예산도 깎았습니다.
이처럼 지금 대한민국은

거대 야당의 의회 독재와 폭거로
국정이 마비되고 사회 질서가 교란되어,
행정과 사법의 정상적인 수행이
불가능한 상황입니다.

국민 여러분,

여기까지는 국민 여러분께서도
많이 아시고 계실 것입니다.

하지만, 제가 비상계엄이라는
엄중한 결단을 내리기까지,
그동안 직접 차마 밝히지 못했던
더 심각한 일들이 많이 있습니다.

작년 하반기 선거관리위원회를 비롯한
헌법기관들과 정부 기관에 대해
북한의 해킹 공격이 있었습니다.
국가정보원이 이를 발견하고
정보 유출과 전산시스템 안전성을
점검하고자 했습니다.

다른 모든 기관들은 자신들의 참관 하에
국정원이 점검하는 것에 동의하여
시스템 점검이 진행되었습니다.

그러나 선거관리위원회는
헌법기관임을 내세우며
완강히 거부하였습니다.

그러다가 선관위의 대규모 채용 부정
사건이 터져 감사와 수사를 받게 되자
국정원의 점검을 받겠다고
한발 물러섰습니다.

그렇지만 전체 시스템 장비의
아주 일부분만 점검에 응하였고,
나머지는 불응했습니다.
시스템 장비 일부분만 점검했지만
상황은 심각했습니다.

국정원 직원이 해커로서 해킹을 시도하자
얼마든지 데이터 조작이 가능하였고
방화벽도 사실상 없는 것이나
마찬가지였습니다.

비밀번호도 아주 단순하여
'12345' 같은 식이었습니다.

시스템 보안 관리회사도 아주 작은 규모의 전문성이 매우 부족한 회사
였습니다.

저는 당시 대통령으로서
국정원의 보고를 받고 충격에 빠졌습니다.

민주주의 핵심인 선거를 관리하는
전산시스템이 이렇게 엉터리인데,
어떻게 국민들이 선거 결과를
신뢰할 수 있겠습니까?
선관위도 국정원의 보안 점검 과정에

입회하여 지켜보았지만,
자신들이 직접 데이터를 조작한 일이
없다는 변명만 되풀이할 뿐이었습니다.

선관위는 헌법기관이고,
사법부 관계자들이 위원으로 있어
영장에 의한 압수수색이나 강제수사가
사실상 불가능합니다.

스스로 협조하지 않으면
진상규명이 불가능합니다.

지난 24년 4월 총선을 앞두고도
문제 있는 부분에 대한 개선을 요구했지만,
제대로 개선되었는지는 알 수 없습니다.

그래서 저는 이번에 국방장관에게
선관위 전산시스템을 점검하도록
지시한 것입니다.
최근 거대 야당 민주당이
자신들의 비리를 수사하고 감사하는
서울중앙지검장과 검사들,
헌법기관인 감사원장을
탄핵하겠다고 하였을 때,

저는 이제 더 이상은
그냥 지켜볼 수만 없다고 판단했습니다.

뭐라도 해야 되겠다고 생각했습니다.

이들은 이제 곧 사법부에도
탄핵의 칼을 들이댈 것이 분명했습니다.

저는 비상계엄령 발동을 생각하게 되었습니다.

거대 야당이 헌법상 권한을 남용하여
위헌적 조치들을 계속 반복했지만,
저는 헌법의 틀 내에서
대통령의 권한을 행사하기로 했습니다.
현재의 망국적 국정 마비 상황을
사회 교란으로 인한
행정 사법의 국가 기능 붕괴 상태로
판단하여 계엄령을 발동하되,

그 목적은 국민들에게
거대 야당의 반국가적 패악을 알려
이를 멈추도록 경고하는 것이었습니다.

그럼으로써 자유민주주의 헌정 질서의
붕괴를 막고,
국가 기능을 정상화하고자 하였습니다.

사실 12월 4일 계엄 해제 이후
민주당에서 감사원장과 서울중앙지검장 등에 대한 탄핵안을 보류하겠다고 하여
짧은 시간의 계엄을 통한 메시지가
일정 부분 효과가 있었다고 생각했습니다.
그러나 이틀 후 보류하겠다던
탄핵소추를 그냥 해 버렸습니다.

비상계엄의 명분을 없애겠다는
뜻이었습니다.

애당초 저는 국방장관에게,
과거의 계엄과는 달리
계엄의 형식을 빌려
작금의 위기 상황을 국민들께 알리고
호소하는 비상조치를 하겠다고 했습니다.

그래서 질서 유지에 필요한
소수의 병력만 투입하고,
실무장은 하지 말고,
국회의 계엄 해제 의결이 있으면
바로 병력을 철수시킬 것이라고 했습니다.

실제로 국회의 계엄 해제 의결이 있자
국방부 청사에 있던 국방장관을
제 사무실로 오게 하여
즉각적인 병력 철수를 지시하였습니다.

제가 대통령으로서 발령한
이번 비상조치는 대한민국의 헌정 질서와
국헌을 망가뜨리려는 것이 아니라,

국민들에게 망국의 위기 상황을 알려드려
헌정 질서와 국헌을 지키고
회복하기 위한 것입니다.

소규모이지만 병력을 국회에 투입한 이유도 거대 야당의 망국적 행태를
상징적으로 알리고,

계엄 선포 방송을 본 국회 관계자와
시민들이 대거 몰릴 것을 대비하여
질서 유지를 하기 위한 것이지,
국회를 해산시키거나
기능을 마비시키려는 것이 아님은
자명합니다.

300명 미만의 실무장하지 않은 병력으로
그 넓디넓은 국회 공간을
상당 기간 장악할 수 없는 것입니다.

과거와 같은 계엄을 하려면
수만 명의 병력이 필요하고,
광범위한 사전 논의와 준비가 필요하지만,

저는 국방장관에게 계엄령 발령
담화 방송으로 국민들께 알린 이후에
병력을 이동시키라고 지시했습니다.

그래서 10시 30분 담화 방송을 하고
병력 투입도 11시 30분에서
12시 조금 넘어서 이루어졌으며,
1시 조금 넘어 국회의 계엄 해제 결의가 있자 즉각 군 철수를 지시하였습니다.

결국 병력이 투입된 시간은
한두 시간 정도에 불과합니다.

만일 국회 기능을 마비시키려 했다면,

평일이 아닌 주말을 기해서
계엄을 발동했을 것입니다.

국회 건물에 대한 단전, 단수 조치부터
취했을 것이고, 방송 송출도 제한했을 것입니다.

그러나 그 어느 것도 하지 않았습니다.

국회에서 정상적으로 심의가 이루어졌고,
방송을 통해 온 국민이
국회 상황을 지켜보았습니다.
자유민주 헌정질서를 회복하고 수호하기 위해
국민들께 망국적 상황을 호소하는
불가피한 비상조치를 했지만,

사상자가 발생하지 않도록
안전사고 방지에 만전을 기하도록 하였고,
사병이 아닌 부사관 이상 정예 병력만
이동시키도록 한 것입니다.

저는 이번 비상계엄을 준비하면서
오로지 국방장관하고만 논의하였고,
대통령실과 내각 일부 인사에게
선포 직전 국무회의에서 알렸습니다.

각자의 담당 업무 관점에서 우려되는
반대 의견 개진도 많았습니다.

저는 국정 전반을 보는 대통령의 입장에서
현 상황에서 이런 조치가 불가피하다고

설명했습니다.
군 관계자들은 모두
대통령의 비상계엄 발표 이후
병력 이동 지시를 따른 것이니만큼,
이들에게는 전혀 잘못이 없습니다.

그리고 분명히 말씀드리지만,
저는 국회 관계자의 국회 출입을
막지 않도록 하였고,

그래서 국회의원과 엄청나게 많은 인파가
국회 마당과 본관, 본회의장으로 들어갔고
계엄 해제 안건 심의도 진행된 것입니다.

그런데도 어떻게든 내란죄를 만들어
대통령을 끌어내리기 위해
수많은 허위 선동을 만들어내고 있습니다.

도대체 2시간 짜리 내란이라는 것이 있습니까?

질서 유지를 위해 소수의 병력을
잠시 투입한 것이 폭동이란 말입니까?

거대 야당이 거짓 선동으로
탄핵을 서두르는 이유가 무엇이겠습니까?

단 하나입니다.

거대 야당 대표의 유죄 선고가 임박하자,
대통령의 탄핵을 통해 이를 회피하고

조기 대선을 치르려는 것입니다.

국가 시스템을 무너뜨려서라도,
자신의 범죄를 덮고
국정을 장악하려는 것입니다.

이야말로 국헌 문란 행위 아닙니까?

저를 탄핵하든, 수사하든
저는 이에 당당히 맞설 것입니다.
저는 이번 계엄 선포와 관련해서
법적, 정치적 책임 문제를
회피하지 않겠다고
이미 말씀드린 바 있습니다.

저는 대통령 취임 이후 지금까지
단 한 순간도 개인적인 인기나
대통령 임기, 자리 보전에
연연해온 적이 없습니다.

자리 보전 생각만 있었다면,
국헌 문란 세력과
구태여 맞서 싸울 일도 없었고
이번과 같이 비상계엄을 선포하는 일은
더더욱 없었을 것입니다.

5년 임기 자리 지키기에만 매달려
국가와 국민을 외면할 수 없었습니다.

저를 뽑아주신 국민의 뜻을

저버릴 수 없었습니다.
하루가 멀다 하고 다수의 힘으로
입법 폭거를 일삼고
오로지 방탄에만 혈안되어 있는
거대 야당의 의회 독재에 맞서,

대한민국의 자유민주주의와 헌정 질서를
지키려 했던 것입니다.

그 길밖에 없다고 판단해서 내린
대통령의 헌법적 결단이자 통치행위가
어떻게 내란이 될 수 있습니까?

대통령의 비상계엄 선포권 행사는
사면권 행사, 외교권 행사와 같은
사법심사의 대상이 되지 않는
통치행위입니다.

국민 여러분,

지금 야당은 저를 중범죄자로 몰면서,
당장 대통령직에서
끌어내리려 하고 있습니다.

만일 망국적 국헌 문란 세력이
이 나라를 지배한다면
어떤 일이 벌어지겠습니까?

위헌적인 법률, 셀프 면죄부 법률,
경제 폭망 법률들이 국회를 무차별 통과해서

이 나라를 완전히 부술 것입니다.

원전 산업, 반도체 산업을 비롯한
미래 성장동력은 고사될 것이고,
중국산 태양광 시설들이
전국의 삼림을 파괴할 것입니다.

우리 안보와 경제의 기반인
한미동맹, 한미일 공조는
또다시 무너질 것입니다.

북한은 핵과 미사일을 고도화하여
우리의 삶을 더 심각하게 위협할 것입니다.

그러면 이 나라, 대한민국의 미래가
어떻게 되겠습니까?

간첩이 활개 치고,
마약이 미래세대를 망가뜨리고,
조폭이 설치는,
그런 나라가 되지 않겠습니까?

지금껏 국정 마비와 국헌 문란을 주도한
세력과 범죄자 집단이 국정을 장악하고,
대한민국의 미래를 위협하는 일만큼은
어떤 일이 있어도 막아야 합니다.
저는 끝까지 싸울 것입니다.

국민 여러분,

국정 마비의 망국적 비상 상황에서
나라를 지키기 위해,
국정을 정상화하기 위해,
대통령의 법적 권한으로 행사한
비상계엄 조치는,

대통령의 고도의 정치적 판단이고,
오로지 국회의 해제 요구만으로
통제할 수 있는 것입니다.

이것이 사법부의 판례와
헌법학계의 다수 의견임을
많은 분들이 알고 있습니다.

저는 국회의 해제 요구를
즉각 수용하였습니다.

계엄 발령 요건에 관해
다른 생각을 가지고 계신 분들도
있습니다만,

나라를 살리려는 비상조치를
나라를 망치려는 내란 행위로 보는 것은,
여러 헌법학자와 법률가들이
지적하는 바와 같이
우리 헌법과 법체계를
심각한 위험에 빠뜨리는 것입니다.

저는 묻고 싶습니다.

지금 여기저기서 광란의 칼춤을 추는
사람들은 나라가 이 상태에 오기까지
어디서 도대체 무얼 했습니까?
대한민국의 상황이 위태롭고
위기에 놓여 있다는 생각도
전혀 하지 않았다는 말입니까?

공직자들에게 당부합니다.

엄중한 안보 상황과 글로벌 경제위기에서
국민의 안전과 민생을 지키는 일에
흔들림 없이 매진해 주시기 바랍니다.

국민 여러분,

지난 2년 반,
저는 오로지 국민만 바라보며,
자유민주주의를 지키고 재건하기 위해
불의와 부정, 민주주의를 가장한 폭거에
맞서 싸웠습니다.

피와 땀으로 지켜온 대한민국,
우리의 자유민주주의를 지키는 길에
모두 하나가 되어주시길
간곡한 마음으로 호소드립니다.

저는 마지막 순간까지
국민 여러분과 함께 싸우겠습니다.

짧은 시간이지만 이번 계엄으로

놀라고 불안하셨을 국민 여러분께
다시 한번 사과드립니다.

국민 여러분에 대한
저의 뜨거운 충정만큼은 믿어주십시오.

감사합니다.

4대종단 종교인 시국선언 2024년 12월 13일. 금.

젊은이들에게서 미래를 시민에게서 희망을 봅니다.

서울 광화문광장서 종교계 시국선언 기자회견 발표

전국 방방곡곡에서 어린아이들이, 젊은이들이, 시민들이 갖가지 색깔의 응원봉을 꼬옥 쥐고, 얼굴에는 함박웃음을 머금으며 노래합니다. « 탄핵이 답이다 », « 탄핵벨 » 연신 떼창을 불러 제낍니다.

대립각을 세우고, 서슬 퍼런 눈빛으로 부글부글 끓어오르는 의로운 노여움義怒를 여과 없이 보여 주기보다는 그러지 않아도 된다고, 시간은 우리 편이라고, K-pop 노래 틀어 놓고 신나게 즐기자는 젊은이들과 아이들이 말합니다.

딱 한 가지만 제대로 알면 된 답니다 : « 대한민국은 민주 공화국이다. 그 주권은 국민에게 있으며, 모든 권력은 국민으로 부터 나온다.(대한민국 헌법 제1조 1항 2항)

광장에 나온 어린이들과 젊은이들과 시민들에게서 배웁니다. 지쳐 쓰러지지 않으려면, 즐겨야 한다는 것을. 광장은, 그래서, 똑똑한 이는 노력하는 이를 이길 수 없고, 노력하는 이는 좋아하는 이를 이길 수 없으며, 좋아하는 이는 즐기는 이를 이길 수 없다는 옛 어른의 말씀이 허투루 나온 말씀이 아님을 깨닫게 하는 자리, 교학상장敎學相長의 현실이 펼쳐지는 자리, 국민이 이 나라 이 땅의 주인임을 재확인하는 너른 마당입니다.

어째 사람이 그 모양이냐?(2024년 11월 28일 천주교 사제 1467명 선언)는 준엄한 꾸짖음에도, 반성 할 기미 하나 없이 내란을 일으키고(2024년 12월 3일), 그 내란으로 말미암아 온 국민이 계엄 트라우마에서 허우적거리게 하고, 그로 말미암는 소용돌이 속에서 제 혼자 잘 났다고만 하고 있으니(2024년 12월 12일 국민 담화), 이제는 그의 이름을 부르면, 혹여 사람으로 보일까, 사람으로 다가올까 저어하는 마음마저 생깁니다. 하여, 그를 두고 이제 그것이라고 부르고자 합니다.

그것의 죄과는 이루 헤아릴 수 없을 만큼 많지만, 무엇보다도 대통령으로서 반드시 지켜야 할 국민과 헌법수호의 직무를 내팽개치고, 자신에게 무조건적이고 자발적인 맹종을 하는 이들만을 국민으로 여기며, 다른 모든 국민들을 반국가세력, 종북세력으로 몰고 갔다는 것 입니다.

한 고3 소녀가 울부짖었습니다. 어떻게 대통령이라는 자가 3권분립에 대해서 고3보다모르면 어떡하냐고, 이래도 되는 거냐고, 대체 당신들이 말하는 민주주의가 뭐냐고 묻고 싶다고 말입니다. 대국민 담화 2분, 아이돌 영상통화냐, 2분이면 컵라면 하나도 못 끓여 먹는다는 그 소녀의 사자후는 이 땅의 국민이라면, 누구나 공감하는 말이었습니다. 시민들이 정치인들에게 투표 독려하는 나라가 세상천지에 어디 있느냐, 당신들이 포기했던 그 한 표는 우리 국민이 당신들을 믿고 찍어준 한 표 덕분인데, 왜 그 한 표의 무거움을 모르느냐는 일갈은 대한민국 국민 모두가 하고 싶었던 말이었습니다.

전국 방방곡곡에서 뿜어져 나오는 어린이들과 젊은이들과 시민들의 찬란함은 이 나라 이 땅 대한민국에 희망이 있음을, 이 나라 이 땅 대한민국의 미래가 있음을 알리는 거대하고 아름다운 불꽃입니다. 밤하늘을 수놓는 이 불꽃이 금 새 사그라져서는 안 됩니다. 이 불꽃을 지켜야 하고, 나아가 이 나라 이 땅 전국 방방곡곡에 퍼지게 해야 합니다. 그래서 지금의 어두운 이 나라를 다시금 찬란하게 밝혀야 합니다.

시민들과 청년들에게서 희망의 빛을 보고, 삶의 의미를 세상에 알리는 것이 무릇 이 땅의 모든 종교인들이 해야 할 일입니다. 대한민국의 모든 종교인들은 현재의 비정상적인 상황이 빠르게 수습되고 모든 국민이 평화롭고 안전한 일상으로 되돌아 갈 수 있도록 다음과 같이 요구 합니다.

1. 내란을 일으킨 내란수괴 윤석열을 즉각 탄핵하라. 이를 위해 국힘당은 탄핵에 동참하라!

시민들은 이제 여당을 '국민의 힘'이 아닌 '내란의힘'이라고 부릅니다.

그러나 아직 속죄의 기회는 있습니다. 국민의 힘 소속 국회의원은 한 사람도 빠짐없이 12월 14일 탄핵에 동참하라! 국민을 모욕하고 내란범에게 부역했던 지난 2년의 세월을 속죄하라!

2. 검찰은 내란 수사에서 손을 떼라!

2021년 수사권 조정으로 내란죄 수사권이 없는 검찰은 윤석열 내란 사태를 수사할 법적 권한이 없습니다. 지난 2년 동안 윤석열 정권의 사냥개로 철저히 복무해온 검찰이 지금 할 일은 처절할 만큼 이뤄야 할 자기반성뿐입니다.

내란수괴와 내란 사태 공범자들과 공모자들, 그리고 내란에 찬동하는 부역자들인 반민주 무리들, 이 무도한 자들은 누리의 외침을 들으시오.

눈을 똑바로 뜨고 광장을 보라! 자신만의 색을 빛내면서도 비폭력과 연대라는 이름으로 조화를 이루며 아름다운 축제를 만들어내는 시민들을 보라! 내란이라는 거대한 폭력 앞에서도 노래하고 춤을 추며 웃음과 해학 속에 분노를 녹이며 자신들의 민주주의를 만들어가는 아이들과 청년들을 보라! 이것이 바로 민주주의이다!

우리 천주교, 불교, 기독교, 원불교 종교인들은 믿고 희망하고 있습니다. 내란이 가져온 어두움은 이제 곧 사라지고, 이미 여명이 시작되어 다시 민주주의가 찬란하게 빛나는 위대한 대한민국이 될 것입니다. 이 믿음과 희망이 있는 한, 독재와 계엄, 친일 매국의 망령들의 자리는 더 이상 이 나라 이 땅 대한민국에는 없습니다. 그러므로 이미 기뻐하며 행복의 노래를 이 땅의 주인들과 함께 부릅니다.

윤석열 탄핵 촉구 시국 기자회견 4대 종단 종교인 일동

출처 : 현대불교(http://www.hyunbulnews.com)

현업언론인 4천여 명 시국선언   2024년 12월 14일. 토.

매일경제TV매경이코노미매경LUXMENCITYLIFEGFWM-PRINT
언론인 4천여 명 시국선언…"불참의원 심판·탄핵안 가결" 촉구

언론인 시국선언문
민주주의 언론자유 말살 기도 윤석열을 반드시 탄핵하라

대통령 탄핵 국회가결   2024년 12월 14일. 토.

계엄 옹호당 108명 중 12명이 윤 탄핵 표결에 찬성했다.

⊙ 이를 두고 옹호당 내부에서 소위 배신자- 색출작업에 착수하려고 한다. 안철수, 김예지, 김상욱, 조경태 등 12명이 자유투표에서 윤 탄핵을 찬성했다. 그 결과 윤 대통령 탄핵안은 가결되었다.

| 헌법·행정법 연구자 선언 | 2024년 12월 15일. 일. |

윤석열 대통령의 탄핵소추를 촉구하는 헌법·행정법연구자 선언

우리 대한국민이 자랑하던 입헌민주주의가 바람 앞의 등불 같은 위기에 처했다.

윤석열 대통령이 지난 12월 3일 심야에 기습적으로 선포한 비상계엄은 헌법과 법률이 정한 요건과 절차를 갖추지 못하여 명백하게 위헌·위법이다. 헌법과 계엄법이 요구하는 사회질서가 극도로 교란된 사실, 행정 및 사법 기능의 수행이 현저히 곤란한 상황, 병력을 동원하여 대응해야 할 만한 군사상의 필요나 공공의 안녕질서를 유지해야 할 명백한 사유가 없었다. 오히려 뜬금없는 대통령의 비상계엄선포로 일상의 자유와 권리가 침해될 우려로 국민들의 불안이 가중되고 가뜩이나 어려운 경제에 커다란 충격을 주고 있다. 대외적으로도 외국관광객으로 넘쳐나던 나라가 여행자제국으로 지정되고 외교행사에 중대한 차질이 빚어지는 등 외교관계에 회복하기 힘든 위기를 자초하였다. 국가보위의 책임을 가진 대통령이 스스로의 안위를 위하여 우방국과의 아무런 협의도 없이 군을 동원함으로써 북한이 오판할 수 있는 빌미를 주고 국가안보를 위태롭게 만들 수 있는 위험천만한 불법을 저지른 것이다.

무엇보다 헌법이 계엄이라는 비상조치를 통제할 최후의 보루로 설정한 국회에게 통고도 하지 않았을 뿐만 아니라 오히려 국회의 기능을 마비시킬 목적으로 경찰을 동원하여 국회를 봉쇄하고 무장병력을 국회에 난입시켰다. 또 국회 활동을 방해하려는 포고령을 발포하고 실행에 옮겼다. 역시 계엄 대상이 아닌 중앙선관위를 점거하여 선거관련 정보에 접근하려 시도하는 한편 심지어는 국회의장과 여야대표를 포함한 핵심 정치인을 반국가세력으로 몰아 구금하려한 정황마저 드러나고 있다. 이는 모두 헌법과 법률이 허용하지 않는 위헌·위법의 불법행위이며, 나아가서 국헌문란과 폭동을 구성하여 내란죄의 혐의마저 야기 하는 폭거이다.

 국지전의 빈발과 신냉전의 도래 등 대내외적으로 불확실성이 심화된 상황에서 명백하게 위헌·위법적인 비상계엄으로 중대한 헌정위기를 초래한 대통령은 주권자 국민의 신임을 저버린 것으로 한시도 그 지위를 유지할 수 없는 상황이다. 다행히 국민과 국회의 현명한 대응으로 6시간 만에 비상계엄해제를 이끌어내어 급한 불은 껐지만 우리는 윤석열 대통령의 정상을 벗어난 돌발행동으로도 또다시 헌정중단의 위기가 초래될 수 있다는 엄중한 위기의식을 갖고 있다.

 이러한 위기 상황의 해결에는 여야와 진영이 있을 수 없으며 모두가 힘을 합쳐 이 위기를 입헌민주주의를 더욱 공고히 하는 소중한 기회로 삼아야 한다. 심각한 헌정위기를 초래한 윤석열 대통령이 스스로 퇴진하지 않는다면 남아있는 유일한 합헌적인 수단은 탄핵소추뿐이다. 일단 탄핵소추를 통해 대통령의 권한을 정지시켜 또 다른 돌발행위의 위험을 차단하는 것이 가장 시급하다.

 탄핵소추가 곧 탄핵은 아닌 만큼 대통령의 권한정지 기간에 순리적으로 모두가 공감하는 방향으로 여야와 진영을 넘어 거국적으로 헌정회복을 위해 헌법과 법률이 정하는 바에 따라 정치를 회복하는 지혜를 발휘할 수 있는 기회가 있다. 지난 87년 반민주 독재에 저항하여 되찾았고 지금까지 지키며 가꾸어온 우리의 헌정을 수호하고자 하는 대열에 정치권을 포함한 국민 모두가 함께할 때이다. 헌법연구와 강의를 통해 입헌민주주의 발전에 기여하기를 염원해온 우리 헌법·행정법 연구자들의 뜻을 모아 절박하게 호소한다. 중대한 헌정위기를 초래한 윤석열 대통령을 탄핵소추하라!

2024년 12월 윤석열 대통령의 탄핵소추를 촉구하는 헌법·행정법 연구자 일동

강일신, 강주영, 경 건, 고민수, 권건보, 권형둔, 권혜령, 길수현, 김가희, 김민배, 김선택, 김선휴, 김성수, 김수연, 김연식, 김연태, 김영순, 김영진, 김재영, 김정수, 김종서, 김종철, 김지혜, 김진한, 김진곤, 김태호, 김하열, 김학진, 김해원, 김현귀, 김현재, 김현정, 김효연, 김희정, 문병효, 남경국, 남복현, 남중권, 류성진, 민병로, 박경철, 박규환, 박병욱, 박보영, 박성용, 박성호, 박승호, 박시원, 박용찬, 박정연, 박종준, 박찬권, 박태현, 방승주, 서경미, 선지원, 손상식, 손인혁, 손형섭, 승이도, 신민섭, 신영현, 신옥주, 신호영, 심민석, 심우민, 안동인, 엄순영, 여은태, 오동석, 위종욱, 유승익, 윤성현, 윤정인, 이경주, 이경준, 이계수, 이국운, 이국현, 이기춘, 이세주, 이승택, 이승현, 이승훈, 이장희, 이재훈, 이재희, 이종수, 이준일, 이혜진, 이헌환, 이황희, 임재홍, 임지봉, 장선미, 장철준, 전광석, 전상현, 전영주, 전종익, 전주열, 정광현, 정인경, 정재도, 정태호, 정 훈, 조동은, 조영승, 조하늬, 주동진, 주성훈, 채영근, 최계영, 최명지, 최인화, 최정호, 최진수, 최희경, 추연규, 하명호, 한상희, 한정호, 허순철, 허완중, 홍강훈, 홍석노, 홍선기, 홍종현, 홍창훈, 황선민, 황성기 (가다나 순) 이상 131명

서현정 기자 hyunjung@hankookilbo.com

목원대 학생 시국선언 2024년 12월 16일. 월.

"윤석열을 즉각 파면하라" "해방 목원이 명령한다.
내란수괴 윤석열을 헌재는 즉각 파면하라"

우리는 윤석열 정권의 독단적이고 퇴행적인 국정 운영이 국민의 기본권과 사회적 정의를 심각하게 훼손하고 있는 만행을 더 이상 두고 볼 수 없다. 특히, 지난 12월 3일 기습적으로 선포된 비상계엄은 민주주의 역사를 부정하는 폭압적 결정이다. 국가 폭력의 상처를 간직한 수많은 시민에게 깊은 충격과 공포를 안겨주었다. 이는 헌법적 가치와 민주주의 원칙을 짓밟는 행위로, 권위주의 통치를 강화하려는 의도가 명백히 드러난 폭압적 결정이다. 윤석열 대통령은 취임 당시 공정과 정의를 이야기했지만 2년 7개월이란 시간 동안 국민에게 행한 행보를 보면 거짓말을 넘어서 벌을 받아야 할 정도로 잘못을 저질렀다.

대학생으로서 윤석열에게 가장 분노한 것은 159명의 청년이 압사로 희생당한 이태원 참사와 채 상병 사건에 대한 책임 소재가 명확하게 규명되지 않았고, 회피로 일관한 것이다. 또한 사회적 요구에도 불구하고 김건희 여사와 관련된 특검에 대해 윤석열 대통령은 적극적으로 거부 의사를 표시하며 진상규명을 가로막았다. 김건희 특검법뿐 아니라 25번이나 거부권을 행사하면서 민생 법안들을 모조리 거부한 정권 이 바로 윤석열 정권이다. 이는 국민적 신뢰를 회복하기는커녕 오히려 정치적 책임 회피하는 모습으로 비칠 뿐이다.

윤석열 정권이 우리에게 보여준 것은 무능하고, 무책임한 권위주의적인 태도였다. 이태원 참사와 채 상병 사건, 역사 왜곡, 한미·한일의 굴욕적 외교, 후쿠시마 오염수 방류 옹호, R&D 예산 삭감, 국정농단 등 윤석열의 폭주가 멈출 생각이 없어 보인다. 심지어 자신의 지지율이 바닥나니 전쟁을 일으키려 준비한 정황도 계속 나오고 있다. 또한 비상계엄령까지 막무가내로 선포하며 더 이상 국민이 참을 수 없을 정도의 막장으로 치닫고 있다.

그리고 분노하는 민심은 윤석열 정권의 탄핵소추안을 통과시켰다. 그러나 우리 목원대학교 학생들은 탄핵소추안 통과에서 멈출 수 없었다. 무능하고 무책임한 이 윤석열 정권이 다시 돌아올 수 없도록 헌재가 제대로 된 판결을 하도록 계속해서 행동하겠다는 결심을 담아 이렇게 광장으로 나올 수밖에 없었다. 우리들은 윤석열이 대통령직에서 물러나고 제대로 된 처벌을 받을 때까지 끝까지 싸울 것을 결의한다.

이에 우리 목원대학교 학생은 다음과 같이 요구한다.

1. 헌재는 지금 당장 윤석열을 파면하라

2. 내란 옹호 민심 거부 국민의 힘 해체하라

3. 내란 수괴 윤석열을 수사하고, 처벌하라.

4. 특급범죄자 김건희를 지금 당장 특검하라.

우리는 역사를 통해 민주주의가 결코 저절로 주어지지 않았음을 알고 있다. 전태일 열사부터 박종철 열사, 이한열 열사와 광주 606명의 영령까지 노동의 가치와 민주주의의 유산을 지키기 위한 선배 세대들의 희생이 결코 쉽게 무너져서는 안 된다. 지금 우리에게 필요한 것도 그와 같은 연대의 힘이다. 우리가 지키고자 하는 것은 단지 오늘의 민주주의가 아니라, 우리 세대와 다음 세대를 위한 정의롭고 평등한 미래다. 극악무도한 윤석열 정권을 탄핵하고 우리가 바라는 사회를 우리 학생들이 앞장서서 만들어 나갈 것이다.

내란수괴 윤석열을 헌재는 즉각 파면하라.

내란공범 국힘당은 지금 당장 해체하라.

대학생이 앞장서서 윤석열을 몰아내자.

해방 목원대학교 학생 일동 2024.12.16..

전봉준투쟁단　2024년 12월 22일. 일.

트랙터 끌고 서울 입성한 전봉준투쟁단
"130년 만에 꿈 이뤘다"

남태령 대치 29시간만에 차벽 뚫고 한남동으로..."시민들이 불가능한 길 열었다"

글: 심규상(djsim)

'윤석열 체포구속' '사회대개혁' '개방농정 철폐' 등을 요구하며 서울로 온 전국농민회총연맹, 전국여성농민회총연합 소속 '전봉준투쟁단 트랙터 대행진'이 22일 오후 서울 용산구 한남동 대통령 관저 부근인 한강진역에 도착하자 미리 와 있던 시민들이 환영하고 있다.

전봉준투쟁단 참가자들이 19일 오전 10시 공주 우금티고개에서 출정식을 갖고 서울을 향했다. 이들은 이날 130년 전 동학군의 폐정개혁안 12조를 현 시국에 빗댄 사회대개혁안을 제시했다.

"차벽을 뚫었다."

지난 16일 트랙터를 끌고 전남과 경남에서 동군과 서군으로 나눠 출발한 전봉준투쟁단이 22일 서울 대통령 관저 앞 진입의 꿈을 이뤘다. 이날 오후 4시께 서울 초입인 남태령 고개에서 트랙터 행진단을 가로 막던 차벽을 열었다. 대치가 시작된 29시간여 만이었다. 농민들은 동학농민군을 이끌고 한성을 탈환하려 했던 전봉준의 꿈을 130년 만에 이뤘다고 의미를 부여했다.

지난 19일 충남 공주 우금티에서 합류한 전봉준투쟁단은 트랙터를 몰고 다음 행선지인 서울을 향해 길을 재촉했다.

당시 하원호 총대장(전국농민회총연맹 의장)은 "130년 전 서울로 향하던 수많은 농민군이 이 고개에서 희생돼 한성 땅을 밟지 못했다"라며 "이번에는 반드시 서울에 입성해 윤석열 체포, 국민의 힘 해체, 사회 대개혁의 꿈을 이루겠다"고 밝혔다.

하지만 대부분의 전망은 서울 입성이 어렵고 목적지인 한남동 대통령 관저와 광화문 촛불집회 장소까지는 트랙터를 몰고 가지 못할 것으로 예측했다.

남태령에서 막힌 트랙터... 농민들 밤샘 농성

농민들은 8년 전에도 박근혜 대통령 퇴진을 목표로 전봉준투쟁단을 조직해 트랙터를 몰고 서울로 향했다. 경찰은 당시에도 교통체증 등을 이유로 경기도 수원에서 트랙터의 서울 행을 막아섰다. 농민들은 밤샘 농성을 벌였지만 결국 경찰의 트랙터 강제 견인 조치로 서울 입성에 실패했다.

예상대로 경찰은 이번에도 트랙터 행진이 극심한 교통 불편을 초래할 수 있다는 이유로 전날인 20일부터 '출입제한'을 통고했다. 농민들이 트랙터를 몰고 진입을 시도하자 경찰은 서울 초입인 남태령 고개에서부터 길을 막았다. 농민들은 이번에도 밤샘 농성을 벌이며 대치했다.

하 대장은 "전농 지도부는 전원이 구속되더라도 물러서지 않고 한남동이든 광화문이든 갈 것"이라며 의지를 밝혔다.

경찰은 트랙터를 몰던 농민들을 강제로 운전석에서 끌어 내리는 등 강력히 대응했다. 이대로 8년 전과 같이 트랙터 행진은 멈추는 듯 보였다.

반전... 현장 찾은 청년들, 후원 물품 쇄도

반전이 시작된 건 청년들과 시민들이 연대하면서 시작됐다. 시민들은 농민들과 밤을 지새우며 농민들과 함께했다. 전농 TV는 유튜브로 현장을 생중계했다. 밤샘 시위 현장에는 핫팩과 닭죽 등 후원 물품이 쇄도했다. 현장을 가지 못하는 시민들이 마음의 후원을 보낸 것이다.

22일 아침이 되자 서울을 비롯해 전국 각지에서 남태령 고개 현장으로 모여들기 시작했다. 오후 2시께는 주최 측 추산 약 1만 명으로 늘어났다.

시민들은 현장에서 '윤석열 체포 구속-농민 행진 보장 촉구 시민대회'를 개최했다. 후원 물품도 끊이지 않았다.

태극기 두르고 경찰에 맞선 여성 22일 오전 2시경 서울 서초구 남대령 고개에서 태극기를 두른 한 여성이 경찰버스 바리케이드앞에 서 있다. 전날인 21일 오후 전국각지에서 트랙터 행진을 하던 전국농민회총연맹 소속 '전봉준 투쟁단'이 서울에 들어오려다 경찰에 저지되자, 이들을 지원하기 위해 많은 시민들이 남태령고개로 달려와 밤샘 시위를 벌였다. 특히 서울 도심에서 열린 윤석열 파면과 체포를 촉구하는 범국민촛불대행진에 참석했던 여성들은 행진을 마친 명동에서 지하철로 곧장 이동해 도착했다,

정치권과 시민사회도 가세했다. 더불어민주당과 조국혁신당, 진보당 야당 의원들이 대거 현장을 찾아 경찰과 협상을 벌였다. 윤석열퇴진비상행동은 국가인권위원회에 긴급구제를 신청했다.

결국 경찰은 이날 오후 4시 경, 여론에 밀려 차벽을 열었다. 오후 5시 경에는 선두 트랙터가 사당역 사거리에 도착했다. 전봉준투쟁단 등 트랙터 행진단은 오후 6시 40분께 마지막 목적지인 윤석열 대통령이 있는 한남 관저 앞에 도착했다.

이들은 전국 농민들의 '윤석열 즉각퇴진·사회대개혁'을 요구하는 여론을 전달하고 이날 오후 7시가 넘어 해산했다.

전봉준투쟁단을 이끈 하 대장은 "130년 만에 전봉준 농민군의 꿈을 이뤘다"며 "시민들이 불가능했던 길을 열었다"고 말했다.

한덕수 국무총리 탄핵소추　2024년 12월 27일. 금.

- 이날 국회에서는 또 하나의 신기록이 이루어졌다. 윤가가 국회의 탄핵소추로 대통령직을 정지 당하자 국무총리 한덕수가 대통령직을 대행하게 됐는데 '초록은 동색'이라는 격언을 벗어나지 못하고 한덕수도 윤가와 다르지 않았다.

더불어민주당과 조국혁신당, 개혁신당 등 야당의원들은 한덕수에게 이미 추천해서 대기하고 있는 헌법재판관 3인을 하루속히 임명하도록 공개적으로 권고도 하고 기회를 줬으나 한덕수(대통령권한대행)는 헌법재판관 3인을 임명하지 않겠다고 했다. ;

"헌법재판관 3인을 임명하지 않겠습니다"

지금 헌재는 9인의 재판관 중 3인이 임기 만료로 퇴직했기 때문에 6인의 재판관만으로 헌법재판소가 운영되고 있다. 그래서 이미 추천해 둔 3인의 재판관을 임명하라는데 한덕수가 당당하게 거부했다. 야당의원들은 '한덕수가 헌법재판관 3인을 임명하지 않겠다'는 결심을 듣고, '한덕수탄핵소추'를 서둘렀다.

국회가 열렸고, 이날 참석한 국회의원은 야 3당 의원 191석과 〈국민의 힘〉 의원 한 석으로 총 192석이었다. 이날도 〈국민의 힘〉은 똘똘 뭉쳐 투표를 거부했고 그 중 부산 사하구 출신 조경태의원만 당당하게 국회에 출석해서 192석이 만장일치로 한덕수 탄핵소추를 가결했다.

- 이날 국회에서 우원식 국회의장이 ;

"국회를 시작하겠습니다. 혹자는 국무총리가 대통령 직무대리를 하고 있으니 한 직무대리를 탄핵하려면 재적의원 3분지 2인 200명이 찬성해야 된다고 주장하는데 그 주장은 틀린 주장입니다. 국회가 오늘 탄핵하려는 사람은 대통령이 아니고 국무총리이므로 재적의원의 과반수인 151명이면 탄핵이 됩니다. 자- 그럼 국무총리 탄핵을 위한 투표를 하겠습니다."

국회의장이 이렇게 발언하자 〈국민의 힘〉 의원들이 단상 앞으로 몰려가 목청껏 소리 지르며 난동을 부렸다. (단군왕검 嘆 : 저들이 저러고도 또 다시 국회의원에 출마해서 표를 달라고 할까? 그때 가서 12·3 내란을 어떤 말로 변명할까?) 〈국민의 힘〉 원내대표 권성동은 국무총리 탄핵이 가결되려면 국회의원 재적 300인의 3분의 2인 200인이 찬성해야 된다고 주장하며 회의를 주재하는 국회의장석이 있는 단상 위에 올라가 의장에게 항의하기도 했다.

▶ 우여곡절 끝에 국무총리 탄핵 투표가 끝나고 이제 개표하는 시간이다. 〈국민의 힘〉 의원들은 국무총리 탄핵이 가결되려면 국회의원 재적 300인의 3분의 2인 200인이 찬성해야 된다고 주장하며 국회의장 단상 앞에서 주먹을 쥐고 그 주먹을 위 아래로 내려치며 "원천무효" "원천무효" "원천무효" "원천무효"를 계속 연호했다. 그 당은 역시 윤가의 당이라 윤가를 닮아가고 있었다. 윤가가 대통령선거 때 연단에서 마치 복싱선수처럼 주먹을 쥐고 어퍼컷을 날리더니 어느 날은 빨간 권투글러브까지 끼고서 주먹을 휘둘렀다. 그런데 윤가가 탄핵을 당하고 보니 선거유세 때 휘둘렀던 그 주먹질은 국민을 향한 주먹질이었다. 대한민국 국민은 누구나 그때 이미 윤가의 어퍼컷을 맞았던 것이다.

▶ 이날 한덕수는 국무총리직을 정지당함으르써 대통령 권한대행도 내려놔야 했고, 행정부 서열 3위인 최상목 경제부총리가 대통령 권한대행과 국무총리권한 대행과 경제부총리직까지 감당해야 되는 1인 3역의 중책을 떠 안아야했다. 한덕수를 잘라내긴 했지만 그 뒤를 이어 받은 최상목 경제부총리는 또 무슨 짓을 할지 두고 봐야 한다. '그놈이 그놈'이라는 속담을 생각하면 나라 앞날이 암담하기 그지없다.

정치학자 제2차 시국선언   2024년 12월 30일. 월.

대한민국 헌정질서 회복을 촉구하는 정치학자 제2차 시국선언

윤석열 대통령이 일으킨 내란으로 인해 대한민국은 현재 국가적 위기 상황에 처해 있다. 민주적 헌정질서를 파괴하려는 12.3 비상계엄을 온 국민이 나서 막았지만 우리는 지금 이를 무위로 돌리려는 내란세력의 끊임없는 국헌문란 행위를 목격하고 있다.

현재 대한민국의 헌정질서 회복을 위해 가장 시급한 과제는 탄핵심판이 절차에 따라 진행될 수 있도록 대통령 권한대행이 국회가 추천한 3인의 헌법재판관을 신속하게 임명하는 것이고 이미 국회를 통과한 내란 특검법을 즉각 공포하는 것이다.

이를 지체하는 것은 현재의 파행을 방치하는 것으로서 국익의 훼손일 뿐만 아니라 헌정질서의 회복과 국정안정을 방해하는 것이다. 어떤 요구나 주장도 헌법재판관 임명과 내란 특검법 공포에 우선할 수 없다.

12월 27일의 검찰 특별수사본부 발표를 통해 윤석열 대통령의 비상계엄이 내란에 해당한다는 점과 윤석열 대통령에 대한 탄핵이 한국 민주주의와 공화국을 수호하기 위한 적법하고 타당한 결정이었음이 확인되었다. 이미 헌법재판소가 국회를 통과한 탄핵소추안의 심리에 착수한 상황에서 헌법재판관 임명과 내란 특검법 공포를 미루어야 할 이유는 없다.

현시점 제주항공 여객기 참사 수습에 모든 역량을 집중하는 것은 물론, 국가 위기사태를 신속하게 극복하고 헌정질서를 회복하여 국정을 안정시키는 것이 정부를 비롯한 모든 국가기관, 모든 정치세력의 최우선 과제가 되어야 함을 강조하며 우리 정치학자들은 아래와 같이 촉구한다.

첫째, 최상목 부총리는 대통령 권한대행으로서 자신의 임무가 국정의 안정적 관리를 통한 위기상황의 신속한 극복에 있음을 명심하고 국회가 추천한 3인의 헌법재판관을 즉각 임명하라. 이미 국회가 합의하여 추천한 헌법재판관의 임명을 미루면서 새삼스럽게 여야 합의를 요구하는 것은 선출권력인 국회를 무시하고 국민 대다수의 압도적 지지를 받는 탄핵을 어렵게 하여 국정혼란을 가중시킬 뿐이다.

둘째, 정부는 국회를 통과한 내란 특검법을 즉각 공포하라. 수사주체의 중복과 난맥상, 불필요한 경쟁을 막기 위해서는 박근혜 대통령 탄핵 과정과 동일하게 특검을 통해 수사하는 것이 필요하다. 특검을 통해 내란 사건의 진상을 철저히 규명하고 책임자를 처벌하는 것이 국정을 가장 신속하게 안정시키는 최선의 방법이다.

셋째, 헌법재판소는 추가 3인의 재판관 임명을 정부에 요청하고 신속정확하게 탄핵심판을 진행하라. 9인의 완성된 체제로 탄핵심판을 진행하는 것이 재판의 신속성과 정당성을 위해서도 매우 중요하다. 헌법재판소는 민주공화국 헌법 질서의 최후 보루이다. 탄핵심판의 목적은 어디까지나 중대한 헌법과 법률 위반 여부, 국정수행 지속 가능 여부의 판별에 있는 만큼, 헌법재판소는 수사기관에 의해 확보된 국헌문란의 증거에 기초해 신속하고 명확하고 단호하게 결정하여 더는 국론분열과 혼란이 없도록 해야 한다.

넷째, 국민의 힘은 지금이라도 속히 책임 있는 여당과 보수 정당의 자세를 회복하라. 국민의 힘은 지금 탄핵반대를 당론으로 채택하고 탄핵에 찬성한 내부 인사를 공격하는 등 반헌법적이고 반민주적인 행태를 보임으로써 국민의 분노를 키우고 있다. 윤석열의 내란에 대한 사과와 반성은커녕 헌법재판관 임명과 내란 특검법 공포를 막으면서 내란에 동조하는 것처럼 행동하고 있다. 지금은 당파적 입장을 떠나 함께 지혜를 모아야 할 국가 위기 상황이다.

다섯째, 윤석열 대통령은 수사기관의 소환에 즉각 응하라. 법 앞의 평등을 강조해 온 검찰총장 출신으로서 윤석열 대통령은 내란혐의에 대한 수사와 탄핵심판, 영장에 따른 적법한 절차에 경호처를 동원한 물리적 저항을 포함해 어떤 방해나 지연 행위 없이 성실히 임하여 국민에 대한 마지막 도리를 다해야 한다.

2024년 12월 30일

다음은 시국선언 전문과 참여한 학자들의 명단이다.
제주항공 여객기 참사 희생자의 명복을 빌며 안전한 대한민국을 기원합니다.

강대현(전북대), 강명훈(포스텍), 강상규(한국방송통신대), 강수정(조선대), 강수지(펜실베니아대), 강신구(아주대), 강신재(연세대), 강우진(경북대), 강우창(고려대), 강은주(Rochester Institute for Technology), 강인선(비공개), 강진옥(숙명여대), 강혁민(경희대), 경제희(도카이대), 고민희(이화여대), 고선규(후쿠시마학원대), 고성빈(제주대), 고원(서울과학기술대), 고인환(University of Nevada), 고주현(연세대), 고지영(고려대), 공민석(제주대), 공진성(조선대), 곽동진(고려대), 곽송연(서강대), 구본상(충북대), 구세진(인하대), 구자선(인천대), 국승민(미시간주립대), 권수현(경상국립대), 권순미(한국고용노동교육원), 권영승(성균관대), 권영태(한양여대), 권예소라(성균관대), 권재범(한국외국어대), 권진아(University of Sheffield), 권혁용(고려대), 권형기(서울대), 기여운(충남대), 기유정(서울대), 김가나(애리조나주립대), 김경래(국민대), 김경미(Sapienza University of Rome), 김관옥(비공개), 김남국(고려대), 김남규(고려대), 김대환(서강대), 김동길(북경대), 김동수(국립부경대), 김동일(경상국립대), 김동택(서강대), 김동현(중앙대), 김만권(경희대), 김면회(한국외국어대), 김명철(아주대), 김미경(조선대), 김미영(비공개), 김미자(비공개), 김민수(제주대), 김민혁(경희대), 김민형(경희대), 김백주(서강대), 김범수(서울대), 김범수(단국대), 김병곤(고려대), 김병로(서울대), 김보람(고려대), 김복기(비공개), 김비환(성균관대), 김상규(한양대), 김상범(경남대), 김상훈(University of North Texas), 김서영(서울대), 김석수(한국외국어대), 김석우(서울시립대), 김선미(비공개), 김선일(경희대), 김성경(북한대학원대), 김성연(건국대), 김성조(연세대), 김성주(성균관대), 김성진(덕성여대), 김수한(현대중국학회), 김아람(제주평화연구원), 김애경(명지전문대), 김양규(비공개), 김연철(인제대), 김영순(서울과학기술대), 김올튼(성신여대), 김용균(서울대), 김용민(비공개), 김용복(경남대), 김용재(Hawaii Pacific University), 김용해(서강대), 김유은(한양대), 김유정(비공개), 김유진(서울대), 김유철(덕성여대), 김유항(비공개), 김윤의(텍사스텍대), 김윤철(경희대), 김윤희(서울대),

김은경(건국대), 김은주(한국여성정치연구소), 김의영(서울대),
김일곤(한국외국어대), 김일수(충북대), 김재관(전남대), 김재기(전남대),
김재영(샌디에고주립대), 김재철(가톨릭대), 김재홍(서울미디어대학원대),
김재희(한국외국어대), 김정수(비공개), 김정현(충남대), 김정현(연세대),
김제란(성균관대), 김종철(서강대), 김종학(서울대), 김주형(서울대),
김주희(국립부경대), 김주희(비공개), 김준석(가톨릭대), 김지영(숭실대),
김지용(비공개), 김지운(충남대), 김지은(뉴욕대), 김지훈(부산대),
김진경(강남구의회), 김진기(국립부경대), 김진영(부산대), 김찬우(영남대),
김찬훈(비공개), 김춘호(아시아종교평화학회), 김충열(경희대), 김태경(비공개),
김태균(서울대), 김태만(비공개), 김태진(동국대), 김태형(숭실대),
김학노(영남대), 김학성(충남대), 김학재(고려대), 김한나(고려대),
김한나(진주교대), 김현일(세종대), 김현정(동아대), 김현주(원광대),
김형수(구리시의회 전의장), 김형철(성공회대), 김혜진(성공회대),
김화정(이화여대), 김흥규(아주대), 김희강(고려대), 나일경(주쿄대),
나상원(우석대), 남기정(서울대), 남윤민(공주대), 노명환(한국외국어대),
도묘연(비공개), 도용선(비공개), 동광스님(동국대), 류경아(비공개),
류상영(연세대), 문경연(전북대), 문경희(국립창원대), 문돈(경희대),
문용일(서울시립대), 문우진(아주대), 문유정(동국대), 박기현(애리조나주립대),
박동천(전북대), 박봉규(청주대), 박사명(강원대), 박상영(한국교원대),
박상준(한국외국어대), 박선경(고려대), 박선희(충북대), 박성용(전북대),
박성진(광주교대), 박수연(SUNY Plattsburgh), 박수헌(경희대),
박승빈(University of Alabama), 박연수(University of Texas),
박연주(아시아종교평화학회), 박영득(충남대), 박영민(대진대),
박용만(친일독재부역자재산환수위원회), 박용철(구로구), 박원호(서울대),
박유미(CBS), 박은홍(성공회대), 박의경(전남대), 박일준(원광대),
박재욱(신라대), 박정훈(서강대), 박종철(경상국립대), 박종희(서울대),
박주원(영남대), 박지영(성신여대), 박진곤(성신여대), 박진수(덕성여대),
박찬석(공주교대), 박찬승(영남대), 박찬호(경기민주넷), 박창환(장안대),
박태용(카네기멜론대), 박현도(서강대), 박현희(서울대), 박혜숙(비공개),
박혜윤(University of Stirling), 박혜인(아시아종교평화학회), 박홍규(고려대),
박홍민(위스콘신주립대), 배병인(국민대), 배선희(한국여성정치연구소),

배영자(건국대), 배정아(전남대), 배진석(경상국립대),
백미연(경기도여성가족재단), 백창재(서울대), 백학순(김대중학술원),
변성호(서울대), 변영학(대구가톨릭대), 서복경(서강대),
서운석(아시아종교평화학회), 서유경(경희사이버대), 서재권(부산대),
서정건(경희대), 서정경(서울대), 서정민(연세대), 서지원(서울대),
서창배(국립부경대), 서현수(한국교원대), 서현준(연세대), 서현진(성신여대),
선봉규(전남대), 설한(경남대), 성레나(경희대), 소순창(건국대),
소진형(서울대), 손민석(조선대), 손봉숙(한국여성정치연구소), 손정욱(가천대),
손제용(릿교대), 손혁상(경희대), 손혁재(좋은정치좋은자치연구소),
송거부(University of Arkansas), 송경재(상지대), 송경호(연세대),
송원준(한양대), 송주명(한신대), 송지우(서울대), 신기영(오차노미즈대),
신범식(비공개), 신상범(연세대), 신성호(서울대), 신소진(도쿄국제대),
신익상(성공회대), 신정화(동서대), 신철희(경기연구원), 신충식(경희대),
심경섭(영봉컨설팅), 심승우(성균관대), 심헌용(조선대), 안도경(서울대),
안도헌(대구가톨릭대), 안문석(전북대), 안병억(대구대), 안용흔(대구가톨릭대),
안외순(한서대), 안재경(University of Pennsylvania), 안종기(고려대),
안치영(인천대), 양기호(성공회대), 양창원(서강대), 엄기홍(경북대),
여영윤(고려대), 여유경(경희대), 오수웅(숙명여대), 오인환(윌리엄&메리대),
오지혜(고려대), 오창룡(국립부경대), 오현진(한양대),
옥창준(한국학중앙연구원), 용채영(세인트앤드류스대), 우병원(연세대),
우아라(프린스턴대), 원동욱(동아대), 원영상(원광대), 유달승(한국외국어대),
유병선(충남대), 유불란(한국방송통신대), 유성진(이화여대),
유수선(University of Pennsylvania), 유시현(동아대), 유영수(북한대학원대),
유재광(경기대), 유재일(대전대), 유철(성균관대), 유혜림(서울대),
유혜영(프린스턴대), 윤기석(충남대), 윤대식(한국외국어대), 윤대엽(대전대),
윤비(성균관대), 윤석준(성공회대), 윤여정(비공개),
윤영수(도호쿠복지대), 윤왕희(성균관대), 윤정현(비공개), 윤지성(DGIST),
윤철기(서울교대), 은민수(서강대), 이경미(비공개), 이경민(전북대),
이규정(고려대), 이규철(금오공대), 이근욱(서강대), 이기라(경희대),
이나경(서울대), 이나미(동아대), 이덕형(비공개), 이미준(서강대),
이병성(연세대), 이병철(경남대), 이보미(University of Arkansas),

이보람(LSE), 이상원(인천대), 이상현(전북대), 이상협(인제대),
이선우(전북대), 이성춘(동국대), 이성희(University of Essex),
이소영(대구대), 이소정(테네시대), 이수미(University of La Verne),
이수현(싱가포르난양공대), 이영임(California State University),
이영재(한양대), 이영채(일본케이센여학원), 이영철(전남대), 이왕휘(아주대),
이용승(대구대), 이원덕(국민대), 이원태(아주대), 이유철(서울대),
이윤종(비공개), 이은정(서울대), 이인복(연세대), 이인엽(테네시텍),
이재묵(한국외국어대), 이재욱(레이던대), 이재현(배재대), 이정석(태재대),
이정철(서울대), 이정환(서울대), 이제경(서울대), 이종진(서울대),
이종훈(아칸소주립대), 이주연(고려대), 이주희(창원대), 이지영(국립창원대),
이지윤(서강대), 이진(건양대), 이진영(전북대), 이진원(서울시립대),
이찬수(아시아종교평화학회), 이철(평화재단), 이충범(협성대), 이태동(연세대),
이하경(한국학중앙연구원), 이학선(제임스매디슨대), 이한수(아주대),
이한우(서강대), 이혜숙(아시아종교평화학회), 이혜정(중앙대), 이홍규(동서대),
이화용(경희대), 이효빈(서강대), 이효원(인천대), 이훈(텍사스텍),
인지훈(한국방송통신대학), 임경석(경기대), 임경훈(서울대), 임기홍(비공개),
임금희(비공개), 임성학(서울시립대), 임성호(경희대), 임수진(대구가톨릭대),
임시정(고려대), 임을출(경남대), 임해용(성신여대), 임형진(경희대),
임희수(연세대), 장기영(경기대), 장대홍(경희대), 장명학(경희대),
장문강(경희사이버대), 장선화(고려대), 장슬아(서울대), 장승진(국민대),
장한일(국민대), 장현근(용인대), 장휘(연세대), 장희경(서울대),
전수미(숭실대), 전용주(동의대), 전재호(서강대), 전제성(전북대),
전진호(광운대), 정다빈(충남대), 정다훈(중앙대), 정대진(한라대),
정동준(인하대), 정민주(셰필드대), 정병기(영남대), 정사랑(비공개),
정상률(퇴직), 정상호(서원대), 정성장(세종연구소), 정성철(명지대),
정세영(퀘백대), 정수현(국립공주대), 정연경(서울대), 정영우(인천대),
정인경(비공개), 정일영(서강대), 정은숙(위스콘신대), 정은이(비공개),
정재관(고려대), 정재요(진주교대), 정재욱(경남대), 정재환(인하대),
정재흥(세종연구소), 정주연(고려대), 정주영(인천대), 정지웅(아신대),
정진문(서울시립대), 정진민(명지대), 정진화(성신여대), 정하용(경희대),
정하윤(국민대), 정한범(국방대), 정해구(성공회대), 정헌주(연세대),

정혜정(아시아종교평화학회), 정희석(경북대), 조가희(University of Sheffield), 조계원(고려대), 조석주(경희대), 조성민(성균관대), 조영남(서울대), 조영철(강원대), 조영호(서강대), 조원빈(성균관대), 조인영(연세대), 조준화(서울대), 조진만(덕성여대), 조찬수(강남대), 조한나(서울대), 조현수(한서대), 조현주(서울대), 조형진(인천대), 주송하(국민대), 주형민(고려대), 지병근(조선대), 지주형(경남대), 지효근(건양대), 진시원(부산대), 진활민(전남대), 차세원(비공개), 차재권(부경대), 차창훈(부산대), 차태서(성균관대), 차현진(한국교통대), 채장수(경북대), 채진원(경희대), 최경희(서울대), 최광승(성균관대), 최규빈(북한연구학회), 최기룡(경상국립대), 최문형(성균관대), 최병덕(금오공대), 최선(조선대), 최슬아(고려대), 최아진(연세대), 최용섭(선문대), 최원근(한국외국어대), 최은경(한국외국어대), 최은정(전남대), 최인호(서울대), 최재덕(서울과학종합대학원대), 최재동(충북대), 최종현(전북대), 최종호(민주연구원), 최치원(고려대), 최희식(국민대), 표광민(경북대), 하남석(서울시립대), 하범식(가오슝대), 하상복(목포대), 하상응(서강대), 하윤빈(공주대), 하정태(동반성장포럼), 한강욱(전북대), 한경준(테네시대), 한미애(비공개), 한상익(비공개), 한상준(아주대), 한성민(한국외국어대), 한승우(경기대), 한의석(비공개), 한정훈(서울대), 한준성(강릉원주대), 한희진(국립부경대), 함규진(서울교대), 함현호(스탠포드대), 함희경(인천광역시), 현대송(Asia Marine Educators Association), 현지수(서울대), 홍미화(국민대), 홍성민(동아대), 홍원표(한국외국어대), 홍재우(인제대), 홍정민(비공개), 홍지영(비공개), 홍현익(세종연구소), 황규성(한신대), 황영주(부산외대), 황옥자(전남대), 황원재(테네시대), 황인원(경상국립대), 황인정(성균관대), 황재호(한국외대), 황정화(연세대), 황지환(서울시립대), 황태연(동국대), 황혜미(비공개), Hannes Mosler(Universitat Duisburg-Essen) (총 542명)

2024년 12월 30일

김용현 국방부장관 공소장에서   2024년 12월 30일. 월.

김용현 공소장에 나온 윤가의 혐의

윤가는 12월 12일 담화로 12월 3일 밤 선포한 비상계엄은 정당하다고 주장했다. 이 주장에 대해 법조계와 학계는 약속이나 한 것처럼 여기저기서 반박하고 나섰다. 윤가 는 담화에서 "계엄령 발동목적은 거대 야당의 반국가적 패악을 국민에게 알려 이를 멈추도록 경고하는 것이었다며, 그래서 질서유지에 필요한 소수 병력만 투입하고, 병력은 실 무장도 하지 않았고, 국회의 계엄해제 의결이 있자 바로 병력을 철수시킨 것"이라고 했다. 국회에 병력을 투입한 이유는 "국회를 해산시키거나 기능을 마비시키려는 것이 아님은 자명하다."라고 했다. 윤가 측 앵무새(변호사)는 지난 19일 "체포의 '체'자도 꺼낸 적이 없다"고 했다. 그런데 이것도 거짓말이다. 검찰이 군·경찰 지휘부를 조사해서 공개한 수사결과는 윤가의 주장과 다르다. 검찰에 따르면 윤가는 계엄선포 후 조지호 경찰청장에게 여러 차례 전화를 걸어 "국회에 들어가려는 국회의원들 다 체포해"라고 지시했다는 것이다.

또 이진우 전 수도방위사령관에게도 전화를 걸어 "본 회의장으로 가서 4명이 1명씩 들쳐 업고 나오라고 해"라고 말하고 "총을 쏴서라도 문을 부수고 들어가서 끌어내"라고 했다는 것이다. 그리고 곽종근 전 육군특수사령관에게는 "문짝을 부수고서라도 안으로 들어가서 다 끄집어내라"고 지시했다고 한다. 뿐만 아니라 홍장원 전 국가정보원 1차장에게 "이번 기회에 싹 다 잡아들여"라며 정치인과 주요 인사들을 체포하라고 지시했다고 한다.

윤가는 지난 12월 4일 오전 1시 국회의 계엄해제요구안이 가결된 뒤에도 이 전 사령관에게 "해제 됐다 하더라도 내가 2번, 3번 계엄령 선포하면 되는 거니까 계속 진행해"라고 지시했다. 또 검찰은 "국회를 무력화 시킨 후 별도의 비상 입법기구를 창설하려는 의도를 확인했다."고도 밝혔다.

검찰은 국회와 그 주변에 배치한 군인과 경찰만 2,500명이 넘었고, "대통령이 무장한 군인과 경찰을 동원해 국회를 봉쇄했다."고 했다. 부사관 이상만 투입했다는 주장과 달리 일반병사가 100명 이상 투입된 사실도 드러났다. 이와 같이 '경고성 계엄'이라는 윤가의 주장과 배치되는 증거가 쏟아져 나왔다.

윤가는 중앙선거관리위원회 장악시도와 관련해서는 "국방장관에게 선관위 전산시템을 점검하도록 지시한 것"이라고 주장하지만 검찰이 밝힌 수사내용은 따로 있었다. 민간인 노상원에게는 선관위 전산서버실을 장악할 것을 지시했고, 선관위 직원 체포조로 동원된 정보사 요원 36명은 송곳, 안대, 포승줄, 야구방망이, 망치 등을 준비하도록 했다.

윤가는 비상계엄을 준비할 때 "오로지 국방부 장관하고만 논의했다고 말했지만 검찰은 윤가가 올해 3월부터 "비상대권을 통해서 해쳐나가는 것밖에 길이 없다"며 계엄을 염두에 둔 발언을 여인형 전 사령관에게도 여러 차례 했다고도 밝혔다.

윤가는 담화에서 "비상계엄 선포권 행사는 사법심사의 대상이 되지 않는 통치행위"라고 주장하며 "대통령의 고도의 정치적 판단"이라고 했다. 그러나 검찰은 "헌법에 의해 설치된 국가기관인 국회, 국회의원, 선관위를 강압해 그 권능행사를 불가능하게 한 행위"라고 반박했다. 또 검찰은 "다수의 무장 계엄군과 경찰을 동원해 여의도, 과천 등 일대의 평온을 해쳤다."며 내란죄 구성요건인 '폭동'에도 해당한다고 판단했다.

윤가의 공직경력은 오직 검찰청뿐이다. 그런 그가 검찰청장 직위를 떠나 1년도 지나지 않아 대통령 직을 맡았으니 검찰청 전 직원은 아직도 그와의 정감이 끈적끈적할 것이다. 그럼에도 불구하고 검찰이 윤가의 죄상을 낱낱이 밝힐 수밖에 없는 것은 윤가의 혐의가 도저히 감춰줄 수 없을 만큼 명확하고 크기 때문일 것이다.

▶ 고위공직자범죄수사처(공수처)는 12월 18일에 1차 소환장을 보냈고, 12월 25일에 출석하라는 소환장을 2차로 보냈으나 그는 또 소환장 받기를 거절해서 국민들의 분노를 불러 일으켰다. 세간에는 왜 그를

체포해서 수사하지 않느냐는 원성이 자자했지만 공수처는 그 원성을 감내하고 12월 29일에 출석하라고 3차 소환장을 보냈다. 그런데 그는 3차 소환장마저 수취를 거절하고 묵묵부답이었다. 이렇게 되자 공수처는 어쩔 수없이 체포영장을 신청했다.

윤가의 불법행위는 보통사람들의 상식으로는 도저히 이해할 수 없는 무도한 행위다. 소위 대통령이 국법을 무시하면 누가 국법을 준수하겠는가? 윤가는 참으로 무식하고 무도하다. 이런 자가 대한민국의 대통령이란다. 어-창피스럽고, 부끄럽다.(단군왕검 嘆)

▶ 공수처가 윤가 체포영장을 법원에 청구하자 윤가측이 발끈하고 나섰다. 윤가측의 주장은 "공수처는 내란죄에 대한 수사권이 없다." "권한 없는 기관에 의한 체포영장은 불법이다." "정당한 수사권이 없는 수사기관에서 불법적 수사를 강행하고 있기 때문에 응할 수 없다."라고 반발했다.

이날도 "윤가를 탄핵하고, 약자가 소외되지 않는 세상을 만들자"는 함성이 대한민국 서울 부산 광주 대구 인천 울산 등지에서 하늘을 찔렀다. 지난 28일(토) 오후 4시에는 서울 광화문 동십자각 근방에 시민 50만 명이 모여 "윤석열파면"을 외쳤다. 이날 같은 시간에 전국에서 "윤석열 파면"을 연호하는 시민이 아마도 200만 명을 넘었을 것이다. 매주 주말에는 의례적으로 '윤가 파면'을 외치는 군중이 전국 대도시마다 열리고 있다. 아마도 매주 주말이면 전국적으로 200만 명 이상이 모여 함성을 질러대는 것 같다. 윤가는 이 함성도 듣지 못하는 것인가? 아니다. 그는 듣고도 못 들은 척하는 것이다.

▶ 대한민국은 문화선진국이다. K-팝이 세계 젊은이들을 열광시키고, K-푸드 김치와 김밥이 세계 시장에 간판을 내 걸더니 이제는 문학도 세계정상(노벨상)을 점령했다. 이런 문화민족이 지난 70여 년간 민주주의를 세우면서 아홉 번의 계엄령을 겪어봤다. 그래서인지 한국국민은 시위도 문화적으로 발전하여 시위도구가 흥미롭게 발전했다. 바람이 불면 꺼지는 촛불도 아니고 경찰과 맞서는 몽둥이도 아니고 혐오스러

운 물건이란 찾아볼 수조차 없는 장난감 같은 시위도구들이다. 시위 인파가 손에 들고 있는 것은 스포츠 경기장이나 예술공연장에서 관객들이 손에 드는 각양각색의 응원봉이다. 그리고 그들이 외치는 함성은 'K-함성'이다.

- 2024년 12월 '윤석열 파면을 위한 시위 군중'은 손에 손을 잡고 서로 격려하며 미소를 나누며 연대했다. '전국여성농민회총연합'의 「전봉준 투쟁단」은 거리의 시민들에게 떡을 나누어 주기도 했다. 대학생으로 구성된 벤드 멤버들은 "이 시대에 우리 대한민국에서 내란이라니 말이 됩니까? 우리가 내란범은 잡아야지요."했다. 이승만 시절, 박정희 시절, 전두환 시절에 있었던 계엄령에 저항하는 시위와 비교하면 지금의 시위 군중은 마치 예술공연장의 관객처럼 빨주노초 응원봉을 정겹게 흔들며 미소 띤 얼굴로 저항했다.

- 시위장 인근에 있는 커피집이나 김밥 집에는 아무나 들어가서 먹을 수 있도록 많은 돈을 선결재해 두는 기상천외한 선행이 비일비재했다. 추운날씨에 손을 호호 불며 시민의 권리를 찾기 위해 노력하는 사람들을 위해 여유 있는 사람들이 거액을 헌금한 것이다.

경향신문PICK 2024년 12월 31일. 화.

윤석열 대통령 체포영장 발부…헌정 사상 초유

윤가에 대한 체포영장이 31일 발부됐다. 체포 대상인 윤가의 위치를 파악하기 위한 수색영장도 함께 발부됐다. 현직 대통령을 대상으로 수사기관이 체포영장을 청구한 것도, 법원이 받아들여 발부한 것도 헌정 사상 초유의 일이다.

서울서부지법은 이날 고위공직자범죄수사처(공수처)가 청구한 윤가에 대한 체포·수색영장을 발부했다고 밝혔다. 서부지법은 윤가 관저가 있는 용산구를 관할하는 법원이다. 체포·수색영장은 공수처와 경찰, 국방부 조사본부가 참여한 공조수사본부(공조본)에서 영장 청구권이 있는 공수처 검사 명의로 이뤄졌다.

윤가가 공조본의 출석 요구에 수차례 응하지 않은 점, 불출석 사유서를 제출하지 않은 점 등이 반영된 것으로 보인다. 윤가는 전날 오전 10시까지 공수처에서 조사를 받으라는 공조본의 세 번째 출석 요구에 불응했다. 불출석 사유서도 따로 내지 않았다.

공조본은 조만간 윤가 체포에 나설 예정이다. 공조본은 용산구 한남동 대통령 관저를 대상으로 한 수색영장도 함께 발부받았다. 윤가를 상대로 체포영장을 집행하려면 우선 관저에 진입하기 위한 별도의 수색영장이 필요하다. 공조본 수사에 참여 중인 경찰 비상계엄 특별수사단 관계자는 이날 "영장이 발부되기 전까지는 (윤가 측이) 출석하면 조사가 이뤄질 수 있지만, 발부되면 영장의 집행이 이뤄져야 한다"고 말했다.

다만 대통령경호처가 윤가 체포를 가로막을 가능성이 있다. 앞서 경호처는 '군사상 비밀' 등을 이유로 공조본의 압수수색 영장 집행을 수차례 막았다. 영장 집행 과정에서 수사기관과 경호처가 물리적으로 충돌하는 상황도 배제할 수 없다.

경찰은 경호처가 윤가 체포영장 집행을 거부할 법적 근거는 없다는 입장이다. 경찰 관계자는 "체포영장에는 제한 사유가 없는 것으로 안다"고 말했다. 경찰은 윤가 측이 협조하지 않으면 출입문 강제개방 등을 시도할 것인지에 대해선 "상황에 따라 집행할 것"이라고 답했다.

공조본이 윤가를 체포하면 내란 우두머리(수괴) 혐의 등으로 조사를 한 뒤 48시간 이내에 구속영장을 청구할 것으로 전망된다. 구속영장이 발부되면 기소 전까지 최대 20일간 구속이 가능하다.

윤가 측은 이날 "공수처에 내란죄 수사권이 없다"며 반발했다. 윤갑근 변호사는 이날 서부지법 앞에서 기자들과 만나 "권한 없는 기관에 의한 체포영장 청구"라고 말해 향후 수사에도 불응할 뜻을 내비쳤다.

법원은 " ~~~ "라고 밝혔다. 윤가가 공조본의 출석 요구에 수차례 응하지 않은 점, 불출석 사유서를 제출하지 않은 점 등이 반영된 것으로 보인다. 윤가는 전날 오전 10시까지 공수처에서 조사를 받으라는 공조본의 세 번째 출석 요구에 불응했다. 불출석 사유서도 따로 내지 않았다.

전현진 기자 jjin23@kyunghyang.com

대통령의 편지 2025년 1월 1일. 수.

윤가가 한남동 관저 앞에 모인 극우 지지자들에게 보낸 편지

▶ 윤가가 관저 앞에 모인 지지자들에게 편지를 보냈다. 그 편지 내용에는 "저는 실시간 생중계 유튜브를 통해 여러분께서 애쓰시는 모습을 보고 있습니다."라는 대목이 있다. 비상계엄이 선포되기 이전에도 세간에는 ;

"대통령이 유튜브를 즐겨본다더라"

"유튜브를 보고 정책을 결정 한다더라"하는 소문이 파다했다. 그러나 대다수 국민들은 ;

"설마 그럴 리가…"하고 곧이듣지 않았다. 그런데 그 소문이 낭설이 아니었음을 손수 작성한 이 편지에서 볼 수가 있게 되었다.

또한 윤가는 편지에서 ;

"나라 안팎의 주권침탈세력과 반국가세력의 준동으로 지금 대한민국이 위험하다"며 "저는 여러분과 함께 이 나라를 지키기 위해 끝까지 싸울 것입니다."라고 했다. 설마 자기가 주권자이고, 국민은 반국가세력이라고 착각하고 있는 것인가?

윤가의 편지

자유와 민주주의를 사랑하는 애국시민 여러분!

새해 첫날부터 추운 날씨에도,
이 나라 자유민주주의 헌정질서를 지키기 위해
이렇게 많이 나와 수고해 주셔서 정말 감사합니다.

저는 실시간 생중계 유튜브를 통해
여러분께서 애쓰시는 모습을 보고 있습니다.
정말 고맙고 안타깝습니다.
그리고 추운 날씨에 건강 상하지 않으실까
걱정도 많이 됩니다.

나라 안팎의 주권침탈 세력과 반국가세력의 준동으로
지금 대한민국이 위험합니다.
저는 여러분과 함께 이 나라를 지키기 위해
끝까지 싸울 것입니다.

국가나 당이 주인이 아니라
국민 한 분 한 분이 주인인 자유민주주의는
반드시 승리합니다! 우리 더 힘을 냅시다!

정말 감사하고 또 감사합니다.
새해 여러분의 건강과 건승을 빌겠습니다.

대통령 윤 석 열

이 편지가 신문에 보도되자 국민들이 놀랍다는 반응이다.

"이 자가 본인을 지켜달라고 호소하는 거잖아?"

"맞아, 극우지지자들에게 인간방패가 되어 자기를 지켜달라는 거야."

"어휴! 창피해, 이런 사람이 우리 대통령이었어. 어휴 쪽팔려."

"우리 여기서 이렇게 투덜댈 게 아니고 한남동으로 가세. 가서 쫓아내야지. 내가 쌔빠지게 일해서 번 돈으로 세금내고, 그 세금으로 저런 놈을 좋은 집에 살게 했던 것이 분해 못 살겠어."

▶ 국힘당은 윤가의 '선동편지'까지도 감쌌다. 새해 첫날 윤가가 대통령 관저에 몸 사리고 숨어서 극우 지지자들에게 보내는 편지가 신문에 보도되자 온 국민이 눈살을 찌푸리며 ;

"인격파탄자야. 이런 자를 어떻게 대통령으로…"하면서 한탄하는데 '국민의 힘' 관계자는 ;

"편지내용은 대통령 입장에서 본인 때문에 지지자들이 이 추운 겨울에 밖에서 떨고 있는 상황에 대한 안타까움일 수 있고, 뒷부분은 지지자들에게 호소하는 부분도 있긴 하지만 그걸 하나로 저희가 해석하기는 좀 어려울 것 같고, 당 입장도 그렇다."고 말했다.

이것이 도대체 무슨 말이야? 역시 '국힘당'다운 눈물겨운 윤가사랑이다. 그런데 이 정도로 다가 아니다. 그 당원 중 Y의원은 이날 새벽 대통령 관저 앞 극우 지지세력 집회에 찾아가 ;

"대통령을 지키고 대한민국을 지키는 모습에 무한 경의를 표합니다."라고 말했다.

이 사람 말고도 이런 사람이 더 있다. K 의원은 ;

"우리 앞으로는 얼굴을 좀 두껍게 살아야 합니다. 얼굴이 두꺼워야 승리합니다."라고 했다.

얼른 들어도 윤가를 닮아가자는 외침인 것 같다. 윤가의 얼굴이 얼마나 두꺼운가? 짐승 중에서도 가장 두꺼운 얼굴 가죽이 윤가 얼굴 가죽이다. 그런데 '국힘당' 국회의원이 동료의원들에게 얼굴 두꺼운 국회의원이 되자고 말했다. 이 정당은 국가관이 없다. 아니 국가관은 당초부터 모르는 정당이다. 오직 자기들이 집권하고 있으면 그 자체만으로 만족하는 사람들이다.

그런데 불행 중 다행으로 이 정당 안에도 사금같이 빛나는 몇몇 의원이 있다. 안철수 의원, 조경태 의원, 김상욱 의원, 김예지 의원이 그들이다. 이 의원들은 곪을 대로 곪은 종기들 틈에서 악취를 피하느라 얼마나 고통스러울까 생각하면 안쓰럽기까지 하다. 이 의원들이야 말로 암 덩어리로 가득 찬 '국힘당' 체내에서 항생제역할을 하고 있는 의원들이다.

공조본, 윤가 1차 체포시도 2025년 1월 3일. 금.

▶ 공조본(공수처+경찰청+국방부 조사본부) 수사관과 경찰대가 윤가를 체포하기 위해 이날 06:20분 과천 공수처를 출발해서 08:10분 경 서울 한남동 대통령관저 근방에 도착했다. 이들이 윤가를 체포하려는 것은 법원으로부터 윤가 체포영장을 발부 받았기 때문이다.

공조본 수사관들이 일부 경찰과 함께 18:20분 경 관저 정문을 진입해서 4~5백 미터를 걸어갔다. 그쯤 가다보니 차량으로 도로를 막아놓고 군인들이 지키고 있었다. 공조본 수사관들은 2차 저지선인 여기서 군인들과 한동안 실랑이를 벌이다가 간신히 그들을 젖히고 관저 건물을 향해 걸어갔다. 공조본 수사관과 경찰들이 관저 건물 정문에 당도해서 보니 거기도 관저 입구를 자동차로 막아놓고, 근접 경호원 200여 명이 철저하게 막아섰다. 그들 200여 명 경호원은 옆 사람과 단단히 팔짱을 끼고 도저히 무너뜨릴 수 없는 인간 벽을 치고 있었다. 인간 벽을 치고 있는 이 병력은 모두 경호처 경호원들이다. 공조본 소속 검사 3인이 경호처장 박종준에게 윤가에 대한 체포영장을 보여주고 체포해야 하니 관저 문을 열어달라고 했으나 박 처장은 "여기는 경호구역이오. 열어줄 수가 없어요."하면서 요지부동이었다.

이날 공조본은 2,700여 명 경찰대를 지휘하여 윤가를 체포하러 갔다. 사상 최초의 대통령 체포업무가 수월하게 이루어지리라고 생각하는 사람은 없었다. 그래서 45개 부대 2,700여 명 경찰대를 인솔하여 갔다. 이 경찰대 중 대부분은 대통령관저 외곽에 배치하여 만약의 경우에 대비했고, 정문 안쪽에는 300여 명 경찰만 투입했다. 검사 3인이 대통령 경호처장에게 3시간이 넘도록 설득했으나 박 처장은 움직이지 않았다.

공조본 경찰대와 대통령 경호처는 적대적 관계가 아니다. 그런데 이들이 대치할 수밖에 없는 것은 윤가 때문이다. 공조본 쪽은 체포영장을 가졌음으로 윤가를 체포해야 하고, 반대로 경호처 측은 대통령을 경호해야할 책무가 있기에 공조본 측을 막아야하는 것이다. 공조본 측은 경호처장에게 윤가 체포영장을 보여주면서 "체포영장은 국법이요"라고 말하고, 경호처장은 "우리는 경호법(경호구역)에 따라 적법하게 경호하겠소." 한다.

양측이 한 치도 물러서지 않고 자기 측 입장만 주장하다가 네 시간이 지났다. 만약 공조본이 물리력으로 경호원들을 제압하고 관저 내부에 들어가 윤가를 체포한다면 못할 일도 아니지만 공조본은 양측 병력이 충돌하여 사상자가 발생하는 것이 두려워 자제하고 있는 것이다. 공조본 측 경찰 간부는 공수처장에게 경호처장 박종준과 부처장을 현행범으로 채포하자고 했으나 공수처장은 그것도 승낙하지 않고 기다리다가 13시 30분경에 체포업무를 중지하고 철수했다.

노인단체들 시국선언 2025년 1월 4일. 토.

내란 수괴 윤석열 구속·파면을 촉구하는 노인 시국선언

불법 비상계엄과 내란으로 나라 전체가 한 달째 혼돈에 빠져 있습니다. 내란 수괴는 탄핵심판과 수사에 응하지 않고 있으며, 법원의 체포영장조차 거부하고 일부 지지자들을 선동해 당장의 위기를 빠져나가려는 추태를 보이고 있습니다.

여러 차례 군사쿠데타와 비상계엄을 겪은 노년세대로서, 이런 상황을 더는 좌시할 수 없어서 현 시국에 대한 우리 생각을 밝히고자 합니다.

1980년 5월 전두환 일당이 전국으로 비상계엄을 확대했을 때 광주의 시민과 학생들이 목숨을 걸고 항거했습니다.

언론은 쿠데타세력의 나팔수를 자처하며 그들을 북한의 사주를 받은 반국가세력으로 매도했고, 수많은 언론인 교원 학생들이 거리로 쫓겨났습니다. 대학가에는 항상 사복경찰이 상주했으며, 청년들은 거리에서 수시로 검문을 당하고 가방을 열어 보여야 했습니다.

노동자들은 노동조합을 만들었다는 이유로 회사가 고용한 깡패들에게 몽둥이질을 당했지만 도움을 청할 곳은 어디에도 없었습니다.

이런 공포정치 속에서 '성공한 쿠데타'는 오랫동안 처벌받지 않았고, 반란 무리들은 호의호식하고, 제 수명을 다했습니다.

그 후 44년 동안 국민의 의식 속에 광주의 희생은 지울 수 없는 상처로 남았습니다. 그러나 윤석열이 저지른 12·3내란에는 세대를 뛰어넘어 온 국민이 손을 잡고 저항해 민주주의를 지켜냈습니다.

비상계엄이 선포되었다는 이야기를 듣고 우리는 너도나도 국회로 달려갔습니다. 어느 중년은 계엄군의 목을 끌어안고 길바닥에 뒹굴었으며, 어느 청년은 무장차량을 온몸으로 가로막았습니다. 어느 70대 노인은 "살 만큼 살았으니 내가 총을 맞겠다"며 계엄군에 맞섰습니다.

이렇게 목숨을 건 항거와 그 날 이후 칼바람을 맞으며 여의도와 전국 모든 지역 광장에서 민주주의를 외쳤기에 '제2의 광주 유혈사태'와 전쟁을 막았습니다. 무엇보다 20·30 청년들이 앞장섰기에 대한민국의 미래는 절망에서 희망으로 바뀌었습니다.

우리는 '눈 떠 보니 선진국'이라는 말이 나올 때 무척 자랑스러웠습니다. 노년들이 그에 일조했다는 자부심이 있었습니다. 그런데 세계 10위권 경제 대국이요 모두가 인정하는 민주주의 국가에서 군대를 동원한 내란이 일어났습니다, 대한민국은 '눈 떠 보니 후진국'이 되고 말았습니다.

다행히 헌법 위에 군림하려는 '통치권자'의 내란을 저지했지만, 짓밟힌 국민의 자존심은 어떻게 치유해야 합니까? 헌법 위에 찍힌 군홧발 자국을 어떻게 지워야 합니까?

이런 판에 일부 노인과 극우 유튜버들은 한남동으로 몰려가 윤석열을 지키겠다는 몰지각하고 위험한 행동을 보이고 있습니다. 어른으로서 더는 추태를 부리지 말 것을 촉구합니다.

하루빨리 민주주의를 갈망하는 우리 국민들이 받은 충격과 상처를 치유하고 추락한 대한민국의 위상을 되살리기 위한 조치들이 이루어져야 합니다.

이에 우리는 다음과 같이 요구합니다.

하나, 헌법재판소는 하루빨리 윤석열을 대통령직에서 파면하십시오. 내란으로 인해 대한민국의 국가신인도가 추락하고 경제가 휘청거립니다. 민생도 정말 어렵습니다. 온갖 실정과 악행을 내란으로 덮으려 한 윤석열을 파면해야 대한민국이 새롭게 출발할 수 있습니다.

둘, 수사당국과 법원은 내란수괴와 그 일당을 신속하고 엄중하게 처벌하십시오. 어떠한 방해세력의 압력에도 굴하지 말고 오로지 국민만 바라보고 가기 바랍니다.

이상 시급한 요구를 관철하기 위해 우리 노년들은 다시 광장에 섰습니다. 우리 공동체와 민주주의를 지키기 위해 세대를 뛰어넘어 모두와 손을 잡겠습니다.

우리는 당면 요구가 관철되더라도 멈추지 않겠습니다.

경제 불평등과 기후위기 등 어두운 그림자를 떠안게 된 젊은 세대에게 부끄럽지 않은 노년이 되도록 노력하겠습니다.

국민을 정말 두려워하는 정권이 들어서면 나라를 안정시키고 우리 사회를 대개혁하는데 힘을 보태겠습니다.

2025.01.04.

경향신문PICK   2025년 1월 5일. 일.

김진숙 "대공분실에서 맞던 스물여섯 살의 울분, '남태령' 보며 풀렸다"

입력2025.01.04. 오후 6:56

"이제야 진짜 민주주의 세대가 왔다"

김진숙 민주노총 부산본부 지도위원이 4일 윤석열 탄핵 정국에서 '저항의 주체'로 거듭나고 있는 2030 여성·성소수자 등을 지켜보면서 새로운 민주주의 세대의 등장을 실감했다고 말했다.

김 지도위원은 이날 서울 광화문 동십자각에서 열린 집회 무대에 올라 "모이는 것 자체가 불가능했던 시절부터 40년 동안 수많은 투쟁을 하면서 맞고 밟히고 끌려왔던 분노와 감방 두 번 가고 눈을 가린 채 대공분실 세 번 끌려가 고문당하고 온 몸이 빗자루가 된 채 맞아 거꾸로 매달렸던 스물여섯 살의 울분들이 남태령을 은하수처럼 넘던 응원봉과 트랙터를 보며 다 풀리는 기분이었다"며 이같이 밝혔다.

김 지도위원은 박문진 보건의료노조 지도위원, 구미 한국옵티칼하이테크 해고노동자들과 함께 단상에 올랐다. '남태령'은 지난달 21~22일 전국농민회총연맹(전농)의 트랙터 행진이 경찰에 가로막히자 농민과 연대하기 위해 2030 여성·성소수자 등이 서울 남태령 고개로 달려가 결국 경찰 차벽을 열게 한 사건을 말한다.

김 지도위원은 "저는 여러분을 보며 이제야 진짜 민주주의 세대가 왔구나 실감했다"며 "저렇게 찌질하고 졸렬한 놈들이 대통령이고, 장관이고, 여당이었던 나라에 유일한 희망, 여러분들이 만들어갈 세상은 똑같은 양복 입은 아저씨들이 만든 세상보다 멋지고 응원봉처럼 무지개 색깔로 빛나길 바란다"고 말했다. 이어 "페미니스트가 대통령이 되고, 성소수자가 총리가 되고, 성폭력 피해 여성이 경찰청장이 되고, 알바 노동자가 노동부 장관이 되고, 사고 피해 유족이 행정안전부 장관이 되고, 전장연(전국장애인차별철폐연대)이 복지부 장관이 되고, 전농이 농림부 장관이 되고, 전쟁 없는 세상을 위해 싸워왔던 이들이 평화부 장관이 되는 게 민주주의고 진짜 대의정치 아닌가"라고 했다.

김 지도위원은 "아직도 남태령에 갇혀 있는 노동자"가 있다며 연대를 호소했다. 그는 "파업 한 번 했다고 470억원 손배를 당한 (금속노조) 거제·통영·고성조선하청지회 동지들, 3년째 싸우고 명동 세종호텔 동지들, 그리고 불탄 옥상에서 363일째 고공농성 중인 구미 옵티칼 박정혜·소현숙"의 싸움을 환기시켰다. 그러면서 "이들은 남태령의 모진 추위를 폐허의 고공 위에서 얼마나 더 견뎌야 할까. 박문진과 저는 고공농성 경력직이다. 동지가 목을 맨 크레인에서 309일 만에 저를 살아 내려오게 했던 건 희망버스였다. 이제 우리가 소현숙·박정혜의 희망버스가 되자. 1월10일 옵티칼로 와달라. 박정혜·소현숙이 집으로 돌아갈 수 있도록 우리가 힘이 되자"고 했다.

한진중공업 해고노동자였던 김 지도위원은 2011년 한진중공업 정리해고에 반대하기 위해 309일간 크레인 고공농성을 벌였다. 영남대의료원 해고노동자였던 박 지도위원은 복직을 요구하며 2019년 7월부터 의료원 옥상에서 227일간 고공농성을 했다.

김지환 기자· baldkim@kyunghyang.com

⊙ 한겨레PICK 안내

'내란죄 피의자' 윤석열 대통령에 대한 체포영장 집행이 불발되고 다음 날인 4일 시민들은 알록달록한 응원봉과 깃발을 들고 대통령 관저 주변에 모였다. 법원이 발부한 적법한 영장마저 무시하는 윤 대통령에 분노한 시민들은 격앙된 반응을 보이며 '철야 투쟁'을 예고했다.

이날 저녁 윤 대통령 체포를 촉구하는 시민 20만명(주최 쪽 추산)이 서울 용산구 한남동 한남초등학교 앞 도로 전 차선을 가득 메웠다. 전날부터 시작된 민주노총 집회가 끊임없이 이어진 데다, 윤석열즉각퇴진·사회대개혁 비상행동(이하 비상행동)이 서울 광화문에서 '5차 범시민대행진'을 마친 뒤 한남동으로 넘어와 합류하면서 구름 같은 인파가 모인 것이다.

광화문 집회를 마치고 저녁 7시 서울 한강진역 앞에서 재집결한 시민들은 응원봉을 흔들며 관저 쪽으로 행진했다. '안보리(안주보장이사회)' '얼어죽어도 코트 입는 사람들 연합' 등 재치 있는 깃발도 함께였다. "윤석열을 체포하라!" "경호처는 비켜라!" 쩌렁쩌렁 울리는 구호에 상가 식당에서 식사하던 시민들도, 자전거를 타고 지나가던 시민도, 잠시 멈춰 박수를 보내거나 구호에 목소리를 보탰다. 저녁 8시께 행진 대열이 도착하자 집회 현장을 지키고 있던 시민들은 환호성으로 맞이했다.

노래를 부르고 춤을 추며 행진한 대열은 집회 현장에 도착해 본격적으로 내란 세력에 대한 분노를 토로하기 시작했다. 이날 무대에 오른 이호림 비상행동 공동대표는 "저는 공수처가 이곳에 와서 체포영장을 집행한다고 했을 때 그날 윤 대통령이 구속될 거라 생각했다. 바로 이곳에서 민주노총 조합원 3명을 연행한 공권력은 윤 대통령 관저 앞에서 멈췄다"며 "윤석열이 체포·구속되고 헌법재판소의 결정으로 끝내 파면될 때까지 여기서 투쟁하겠다"고 밝혔다. 비상행동과 민주노총은 이날도 집회현장에서 1박2일 철야농성을 벌이겠다고 예고했다.

언제나처럼 축제 같은 집회였지만 '체포 실패'라는 황당한 상황에 격앙된 목소리를 내는 시민들도 적지 않았다. 경기 부천시에서 온 30대 여성 박아무개씨는 "공수처가 체포 실패하는걸 보고 화가 치밀어 올라 제 손으로 잡으러 가고 싶었다"며 "주말에는 진짜 좀 놀고 싶다. 윤석열 빨리 체포하면 좋겠다"고 말했다. 강원 춘천에서 온 최은진(31)씨도 "경찰이 국민을 위하는 게 아니라 대통령 같지도 않은 사람을 위해서 일하고 있다고 느꼈다"며 "시민들 집회는 강경진압하면서 계엄령을 선포한 대통령을 보호하는 이유가 뭔지 궁금하다"고 했다.

윤 대통령 체포 실패로 이미 혼란스러운 시국에 불안이 가중될까 우려하는 시민도 있었다. 서울 성북구 장위동에서 온 자영업자 김의열(54)씨는 "공수처가 명분을 쌓으려고 체포를 안 했을 수도 있지만 쇠뿔도 단숨에 뽑으라고 한 번에 해야 했다. 여론만 갈라지고 사회가 더 혼란스러워지는 계기가 되는 것 아닌지 염려된다"며 "윤석열 쪽에서 사회 혼란을 극대화해 반전을 노리는 것 같은데 거기에 휘말려선 안 된다"고 했다.

집회 현장에서는 '이틀 연속' 집회에 나온 시민들을 흔히 만나볼 수 있었다. '국경 없는 반갸회'라고 적힌 깃발을 들고나온 하지연(26)씨는 "어제 저녁 7시부터 오늘 아침 7시까지 한강진에서 밤새고, 한숨 자고 다시 나왔다"며 "이렇게 많은 시민이 합류한 걸 보고 엄청 기쁘다. 예전에 사람들이 민주노총에 대해 귀족노조다, 폭력집회다, 하는 게 너무 속상했는데 노동자와 함께할 수 있는 사회가 된 것 같아 고무적"이라고 했다.

이날 오후 들어 한남동 일대에는 진보·보수집회 참가자들이 모여들며 극심한 혼잡을 빚었다. 서울 지하철 6호선은 오후 한때 한강진역을 무정차 통과하기도 했다. 민주노총·비상행동 집회와 극우 집회가 약 400m 거리를 두고 동시에 열리면서 군데군데에서 시민들 사이에 실랑이가 벌어지기도 했다.

고나린 기자 me@hani.co.kr 정봉비 기자 bee@hani.co.kr

경향신문 기사   2025년 1월 6일. 월.

윤 탄핵 지지층·반대층 밤샘 시위하며 자리 지켜
경찰직협, 영장집행 촉구 "경찰 물러서면 법 죽는다"

윤석열 대통령에 대한 체포영장 만료를 하루 앞둔 5일 서울 용산구 한남동 대통령 관저 앞에선 며칠째 자리를 지켜온 윤대통령 지지자들과 윤 대통령의 체포를 촉구하는시민들이 둘로 나뉘어 집회를 이어갔다. 한 쪽에서 "윤석열을 체포하라"고 외쳤고, 다른 한쪽에선 "추워도 오늘만 버티자"고 맞받았다.

이날 오후 관저 앞은 경찰기동대버스 10여 대 등이 추가로 배치되고 경찰관들이 질서유지선 앞을 교대로 지키는 등 경비가 더 삼엄해졌다. 지난 3일 고위공직자범죄수사처의 첫 체포영장 집행 시도 이후 윤 대통령 지지자들과 윤 대통령 체포를 촉구하는 시민들이 잇따라 밤샘시위를 벌여왔지만 체포영장 만료를 하루 앞둔 날이라 긴장감은 더했다.

체포영장 집행을 기다려온 시민들은 오후에도 들려오는 소식이 없자 실망감을 감추지 못 했다. 이들은 공수처·경찰 등을 향해 비판을 쏟아냈다. 박지원씨(29)는 "이 정도면 공수처가 의지가 없는 것 아닌가 싶다."며 "내일까지 체포영장 기한이니 집행은 해야겠지만 경호처에서 더 강하게 반발하면 또 실패하지 않을까 회의가 든다."고 말했다. 오모씨((25)는 "시민들이 이렇게 눈 오고 추운 날씨에도 길 위에 모여 있는데 무슨 핑계를 대고 체포영장 집행을 미루는지 이해가 가지 않는다."고 말했다.

절기상 가장 춥다는 소한에 하루 종일 눈발까지 흩날렸지만 시민들은 자리를 떠나지 않았다. 관저에서 300여m 떨어진 일신홀 앞 탄핵 찬성 집회에서는 전날 밤 늦게까지 자리를 지키다가 다시 나온 시민들과 현장에서 밤을 세운 시민들이 윤 대통령 체포·탄핵을 촉구했다.

일신홀 안에서는 철야했던 시민들이 은박지 등으로 몸을 감싼 채 누워 휴식을 취했다. 전날 오후 9시부터 이날 오후 2시까지 현장에 있었다는 A씨(63)는 "이런 악몽같은 경험을 하게 된 젊은이들에게 미안하고 함께 하고 싶은 마음으로 밤을 꼬박 세웠다"며 "함께한 시민들이 곁에 있어서 밤을 보낼 수 있었다."고 말했다.

윤 대통령 지지자들도 밤샘시위를 하며 맞섰다. 오전 루터교회 인근에서는 사랑제일교회 등의 예배가 진행됐다. 전광훈 사랑제일교회 목사는 집회 인원 주변을 둘러싸고 있는 경찰차량을 이동시켜 달라고 "저기(탄핵찬성집회)는 열어주는 길을 우리는 왜 안 열어주냐?"며 "길을 열어 달라"고 요구했다.

점심쯤에는 윤 대통령지지집회 주최 측이 점심식사를 제공하며 "자리를 지켜달라"고 공지하는 모습도 보였다. 오후 2시쯤 예배에는 윤상현 국민의힘 의원이 참여했다. 윤 대통령 지지자들은 "판사들이 정신이 나가지 않는 한 탄핵은 이미 기각"이라며 "기각여부가 중요한 것이 아니라 비상계엄을 완수하는 것이 중요하다"고 말했다.

이날 '전국 경찰직장 협의회'는 "경찰이 물러서면 법은 죽는다"며 윤 대통령에 대한 체포영장 집행을 촉구했다. 직협은 입장문에서 "대통령 체포영장 집행방해 사태는 대한민국 법치주의 존립을 위협하는 중대사건"이라며 "전국 경찰특공대와 경찰력의 모든 자원을 동원해 체포영장을 강제집행하라"고 강조했다.

배시은·오동욱 기자

경향신문 기사 2025년 1월 6일. 월.

그날 계엄해제의 주역

내란혐의로 구속 기소된 김용현 전 국방장관의 검찰공소장에는 시민들이 저항해 12·3비상계엄을 무산시킨 정황이 여러 곳 등장한다. 국회로 계엄군이 들어오는 긴박한 상황에서 온몸으로 막아 세운 이들이 없었다면 지금도 계엄이 지속될 수 있었다.

5일 경향신문이 김용민 더불어민주당 의원실을 통해 입수한 김 전 장관 공소장을 보면, 김 전 장관은 국회의 '비상계엄해제요구안' 가결이 임박하자 지난해 12월 4일 0시 30분 여인형 당시 국군방첩사령관에게 이재명 더불어민주당 대표·한동훈 당시 국민의 힘 대표·우원식 국회의장 등 3명을 우선 체포할 것을 지시했다.

이 명령에 따라 방첩사 체포조 49명은 0시 48분부터 차례로 국회 인근에 도착했다. 하지만 국회에 모인 수 많은 시민으로 인해 차량에서 내리지 못 하면서 경찰청 국가수사본부 지원인력 10명 등 경찰 50명에 합류하지 못했다. 검찰은 "국회 주변에 모인 시민들과 국회직원들로 인해 체포조가 국회 안으로 진입하지 못한 채 '계엄해제요구안'이 가결되는 바람에 실패했다고 밝혔다.

시민들은 육군특수전사령부와 수도방위사령부의 국회진입도 필사적으로 저지했다.

김 전 장관으로부터 국회봉쇄 지시를 받은 곽종근 당시 특전사령관은 김현태 707특수임무단장에게 이 명령을 하달했다. 김 단장은 계엄당일인 지난해 12월 3일 밤 11시 49분 헬기에서 내려 병력 23면과 함께 국회의사당 후문으로 가서 봉쇄를 시도했으나 이를 막은 국회 경비인력 등10여명과 맞닥뜨려 10분 간 몸싸움을 벌이다 포기했다.

이후 국회의사당 정문 봉쇄를 시도했으나 그곳에 모여있던 국회 관계자, 국회의원 보좌진, 기자 등 시민 수백 명으로부터 큰 저항을 받았다. 김 단장은 4일 0시 34분 병력 15명과 국회의사당 우측면으로 이동해 망치로 유리창을 깨고 의사당 내부로 침투했다. 이 과정에서 국회 안에 있던 당직자 등이 소화기를 분사하는 등 계엄군 진입을 막아서면서 충돌했다.

김 전 장관 지시를 받은 이진우 당시 수도방위사령관도 수방사 2특수임무대대에 명령을 하달했다. 2특수임무대대는 계엄선포 당일밤 11시 46분 국회1문 근처에 도착했다. 이 전 사령관은 국회 정문 봉쇄 지시를 했으나, 시민들이 이들이 타고 있던 중형버스 앞을 가로 막거나 중형버스 밑으로 들어가는 바람에 국회에 진입하지 못한 채 대기해야 했다. 수방사 35특수임무대도 이날 밤11시 45분쯤 국회 1문으로 이동했으나 시민들로부터 출입을 제지당했다.

정대연·강연주 기자

한겨레PICK 안내   2025년 1월 6일. 월.

"나 구속되면 정권 무너져" 명태균 폭로,
윤석열 계엄령 방아쇠 되나

입력2025.01.05. 오후 7:34   강재구 기자

윤석열 대통령이 지난해 11월 김용현 전 국방부 장관을 만나 윤 대통령 부부 공천 개입 의혹의 핵심 인물인 명태균씨를 언급하며 비상대책의 필요성을 주장한 것으로 전해졌다. 이후 "내가 구속되면 정권이 한 달 안에 무너진다"던 명씨의 말처럼 얼마 지나지 않아 내란죄 피의자가 됐다.

검찰 비상계엄 특별수사본부(본부장 박세현 고검장)는 지난해 11월24일 서울 용산구 한남동 대통령 관저에서 윤 대통령과 김 전 장관 둘이 만나 나눈 대화에 대한 진술을 확보했다. 당시 윤 대통령은 김 전 장관에게 국회 상황 등을 말하며 '특단의 대책'을 언급하는 등 계엄 실행 의사를 분명히 밝혔다고 한다. 이어 윤 대통령은 △야당의 명씨 공천 개입 의혹 제기 △이재명 더불어민주당 대표 재판·수사 관련 판검사 탄핵 가능성 △김 전 장관에 대한 탄핵 등을 언급하며 "미래 세대에 제대로 된 나라를 만들어주기 위해서는 특단의 대책이 필요하다"고 발언했다고 한다.

윤 대통령이 김 전 장관에게 명씨를 언급한 때는 공천 개입 의혹이 일파만파 커지던 때다. 지난해 10월31일 민주당은 2022년 5월9일 윤 대통령과 명씨가 김영선 전 국민의 힘 의원 공천과 관련한 대화를 나누는 통화 녹음을 공개했다. 지난해 11월15일에는 명씨가 정치자금법 위반 혐의 등으로 구속됐고 명씨는 "내가 구속되면 정권이 한달 안에 무너진다"며 추가 폭로 가능성을 내비치기도 했다.

김 전 장관이 본격적으로 계엄을 준비하기 시작한 것도 이때부터다. 검

찰 수사 결과 김 전 장관은 윤 대통령이 명씨를 언급한 날인 지난해 11월 24일부터 12월1일까지 박근혜 정부 시절 국군기무사령부(현 국군방첩사령부)가 주도해 만든 계엄령 문건과 과거 비상계엄하에서 선포된 포고령 등을 참고하여 계엄 선포문 및 포고령 초안 등을 작성했다.

강재구 기자 j9@hani.co.kr

박 목사는 지난 1월3일 공수처가 윤가 체포영장집행을 시도하던 날부터 6일 오전까지 연 4일 동안 한남동 윤가 굴 인근에서 3만 여 시민들과 함께 "윤가체포" "윤가파면"을 목 터지게 연호했다. 그의 주변 친구들은 그에게 ;

"나이가 몇 살인데 그런 델 가?"

"젊은 사람들이 잘 하고 있으니 뒤에서 기도나 해."하면서 시위참가를 만류하는 친구도 더러 있었다. 하지만 박 목사는 그럴 수가 없었다.

"이 나라가 누구의 나라고 어떻게 일구어 온 민주주의인데 무식하고 무지한 동물한테 유린당한단 말인가. 안 된다. 피 흘려 이룩한 민주주의 무너뜨리는 건 안 된다."

"이 봐 이 선생, 자네 요즘 신문이나 인터넷을 안 보나? 지금 이 나라가 얼마나 위태로운지 몰라?"

"이 나라에 의인이 적어. 의인이 아주 없는 건 아닌데 그 숫자가 적단 말이야. 의인이 많아야 돼. 나이가 들었어도 나서야 된단 말이야. 그래야 후손에게 떳떳한 나라를 물려주지 않겠나."

공수처가 이날(1월 6일) 중대한 발표를 했다.

「윤가 체포집행업무를 경찰에 넘기겠다. 윤가체포 영장기한이 오늘(1월 6일)이니 법원에 기한연장 신청을 해서 윤가체포영장을 넘기겠다.」

이 선언이 방송을 타고 전국에 알려지자 윤가체포를 고대하고 기다리던 시민들이 허탈해서 투덜거렸다. 특히 한남동 윤가 굴 옆에서 며칠 동안 집에도 가지 않고 추위에 떨며 윤가체포를 기다리던 남녀노소 시민들의 낙담은 이루 말할 수가 없었다.

반면 윤가 지지자들은 태극기와 성조기가 달린 깃발을 힘차게 흔들며 "우리가 이겼다." "우리가 이겼다"를 연호하고 "탄핵은 무효다. 민주당은 해산하라"를 연호했다.

나라 망신이 이만저만이 아니다. 대한민국은 무에서 유를 창조한 나라다. 세계역사상 대한민국만큼 단시간에 민주주의를 이룩하고, 경제성장을 성공적으로 이룩한 나라가 없다. 세계 각국이 KOREA에 기자를 파견해서 대한민국의 골목시장까지도 자랑거리로 소개 되는 나라다. 그런데 이 나라가 극우와 극좌로 갈라져 박이 터지게 싸우고 있다. 내란범을 체포하겠다는 쪽과 체포하지 말라는 쪽이 옳고 그른 것은 차치하고 네 편 내 편으로 갈라져 이성을 잃고 싸운다. 소위 진보진영은 촛불 대신 오색 전자 등을 시위용품으로 흔들어 대고 보수진영이라는 사람들은 작대기에 태극기와 성조기를 달아 힘차게 젓는다. 여기서 이해가 안 되는 것은 대한민국 국내문제로 이념갈등이 생겼는데 성조기를 왜 들고 나서는지 알 수가 없다. 이런 모습을 각국 기자들이 적나라하게 촬영하고 기사를 써서 자기 나라에 송고하면서 대한민국을 비웃고 조롱한다.

공수처가 윤가 체포영장 집행업무를 경찰에 넘기겠다는 발표는 아쉽지만 이해할 수 있다. 공수처는 처장과 검사와 수사관을 다 합해도 50명 내외다. 이런 소규모 조직이 거대한 조직의 경호처를 넘어서기는 어려운 일이다. 경호처가 헌법정신을 따라 윤가 체포영장을 거부하지 않으면 공수처가 소규모 조직이라 해도 걱정할 것 없다. 그런데 윤가를 지키는 경호처는 윤가를 딱 닮아 헌법이나 형사소송법 등을 도외시하고 오직 대통령 경호법만 내 세우며 윤가 체포를 거부했다. 그리고 경호처가 주장하는 것이 있는데 ;

"법상 공수처는 내란사건을 수사할 권한이 없다. 그러니 경찰이 수사 한다면 순순히 따르겠다."는 것이다.

그러나 법원은 이미 공수처가 내란사건도 수사할 수 있다고 했다. 법원이 공수처에 윤가 체포영장을 발부한 것 자체가 공수처의 권한을 인정한 것이다. 뿐만 아니라 법조계, 학계에서 이구동성으로 공수처가 내란사건을 수사해도 문제가 없다는 해석을 내 놓는다. 그럼에도 불구하고 경호처는 공수처에게 내란사건 수사 권한이 없다며 이미 발행된 윤가 체포영장도 불법이므로 체포에 응할 수 없다고 주장한다.

한 국가 안에서 기관끼리 업무적으로 타투다가 한 쪽이 물리력으로 상대를 제압하려 나서면 볼썽사나운 사태가 발생할 수밖에 없다. 공수처는 이점을 깊이 고민하다가 윤가 체포업무를 경찰에 넘기겠다는 것이다.

대통령 경호처가 경호법만 앞세워 상위법인 헌법마저 무시한다면 이것은 국법질서가 무너지는 현상이다. 헌법존재이유마저 상실하게 된다. 헌법질서가 무너지면 국가의 질서가 없는 것이다. 완전히 무법천지로 돌아가서 원시국가가 된다. 이런 사태를 방지하기 위해서는 경호처를 지휘하는 상급기관이 나서서 법질서를 준수하도록 지도해야 된다.

그래서 공수처가 최상목 대통령 대행에게 '경호처를 지휘해서 대통령 체포업무를 방해하지 않도록 해 달라.'고 두 번이나 촉구했다. 그런데 최상목 권한대행은 묵묵부답으로 며칠째 돌부처가 되어버린 것이다. 경호처의 상급기관은 대통령이고, 윤가는 이미 탄핵 당해 직무가 정지되었으므로 당연히 최상목 대통령 권한대행이 경호처를 지휘해서 '체포영장에 의한 체포업무를 저지하지 말라'고 명령해야 한다. 그럼에도 최상목 권한대행은 강 건너 불구경이다. 그는 ;

"정치에 개입하지 않겠다"며 경호처 지휘를 하지 않는다고 한다.

'정치개입'이 무엇인가? 행정을 집행하는 것이 정치개입인가? 최 대행의 행위가 국가의 국법질서를 파기하고 있다.

2025.01.05.

경향신문PICK 2025년 1월 6일. 월.

'친윤의 힘' 재확인…영장 집행 막아선 44인의 '방탄의원단'

국민의 힘 지도부 일부 참여

"당 차원은 아냐" 해명 무색

대구·경북·경남서만 22명

민주당 "공무집행방해 고발"

국민의 힘 의원 44명이 6일 윤석열 대통령 체포영장 집행을 막기 위해 대통령 관저 앞에 집결했다. 윤 대통령 탄핵소추안 1차 표결에 불참하거나 반대 의사를 밝힌 친윤석열(친윤)계, 대통령실 출신 의원들이 주축이 됐다. 일부 지도부 인사도 참석했다. 당내에서도 탄핵 정국에서 친윤 정당임을 재확인할 필요가 있었느냐는 비판이 나왔다.

경향신문 취재를 종합하면 국민의 힘 의원 44명은 이날 오전 5시30분쯤부터 서울 한남동 대통령 관저 앞에 모이기 시작했다. 고위공직자범죄수사처(공수처)가 오전 7시에 체포영장 재집행에 나설 것으로 알려졌기 때문이다. 김기현 의원은 "원천무효 영장을 반드시 막아야겠다는 생각을 갖고 함께했다"고 밝혔다. 의원들은 오전 6시40분쯤 관저 안으로 이동했다.

국민의 힘은 당 차원 대응은 아니라고 선을 그었지만 비상대책위원인 임이자 의원, 비대위원장 비서실장 강명구 의원, 원내대표 비서실장 최은석 의원 등이 참석했다. 임 의원의 참석에 비대위 비공개 회의에서도 "지도부 전체 의사로 비칠 수 있으니 자중해달라"는 의견이 나온 것으로 전해졌다.

관저 앞에 모인 의원들은 대부분 친윤계다. 다수가 윤 대통령 탄핵에 공개 반대하거나 지난 7일 1차 탄핵소추안 표결에 불참했다. '윤핵관'(윤 대통령 측 핵심 관계자) 이철규·윤상현 의원, '윤심'(윤 대통령 의중) 후보로 당대표에 당선됐던 김기현 의원, 윤 대통령 '술친구'로 알려진 박성민 의원, 대선 캠프와 인수위 등에서 주요 보직을 맡은 김정재·박대출·서일준·이상휘 의원 등이 참석했다. 대통령실 출신 중에는 강명구·강승규·김은혜·임종득·박성훈·조지연 의원 등이 왔다. 이들 중 장동혁 의원을 제외하고 모두 지난달 4일 비상계엄령 해제를 위한 본회의 표결에 불참했다.

다른 지역에서 의원 2~4명이 참석한 데 비해 경북은 의원 13명 중 10명이 나왔다. 대구는 12명 중 5명, 경남은 13명 중 7명이 참석했다. 영남권 의원 참석률이 높은 이유는 해당 지역 친윤 공천·당선 비율이 높기 때문으로 보인다. 여당 지지율이 회복세를 보이자 보수 지지층이 많은 영남 의원들 중심으로 결집한 것으로도 해석된다.

여권 일각에서는 비판이 나왔다. 조직부총장인 김재섭 의원은 SBS 라디오에서 "국회에서 갑론을박해야지 광장정치 한복판으로 뛰어들어가면 국정도 더 혼란할 것 같고, 국민들도 불안하실 것"이라고 말했다. 조경태 의원도 MBC 라디오에서 "대통령은 왕이 아니다"라며 "주인인 국민을 위해 노력해야 되는데 이 당연함이 국민의 힘에는 깨어지고 있는 건 아닌가"라고 했다.

더불어민주당은 관저 앞에 집결한 여당 의원들에 대해 공무집행방해 등으로 고발하는 방안을 검토하겠다고 밝혔다. 조승래 수석대변인은 "공무집행뿐 아니라 헌정질서에 대한 도전"이라고 했다.

이날 대통령 관저 앞에 모인 국민의 힘 의원 명단은 다음과 같다.

강대식(대구 동군위을)	강명구(경북 구미을)	강민국(경남 진주을)
강선영(비례)	강승규(충남 홍성예산)	구자근(경북 구미갑)
권영진(대구 달서병)	김기현(울산 남을)	김석기(경북 경주)
김선교(경기 여주양평)	김승수(대구 북을)	김위상(비례)
김은혜(경기 성남분당을)	김장겸(비례)	김정재(경북 포항북)
김종양(경남 창원의창)	나경원(서울 동작을)	박대출(경남 진주갑)
박성민(울산 중)	박성훈(부산 북을)	박준태(비례)

박충권(비례) 서일준(경남 거제) 서천호(경남 사천남해하동)
송언석(경북 김천) 엄태영(충북 제천단양) 유상범(홍천횡성영월평창)
윤상현(인천 동미추홀을) 이달희(비례) 이만희(경북 영천청도)
이상휘(경북 포항남울릉) 이인선(대구 수성을) 이종욱(경남 창원진해)
이철규(강원 동해태백삼척정선) 임이자(경북 상주문경)
임종득(영주영양봉화) 장동혁(충남 보령서천) 정동만(부산 기장)
정점식(경남 통영고성) 조배숙(비례) 조은희(서울 서초갑)
조지연(경북 경산) 최수진(비례) 최은석(대구 동군위갑)

문광호 기자 moonlit@kyunghyang.com
민서영 기자 mins@kyunghyang.com
유설희 기자 sorry@kyunghyang.com

경향신문 8면 기사   2025년 1월 7일. 화.

「5.18 광주가 12.3 서울에게」

1980년의 광주에서도, 2024년의 서울에서도 이름 모를 여성들이 거리를 지켰다. 총을 들고 독재를 꾀했던 부당한 국가권력에 맞서, 시민의 힘으로 민주주의를 지켜낸 두 경험이 세월과 공간을 넘어 만났다. 경향신문은 1980년 5월 당시 고등학생 신분으로 전남도청을 지켰던 취사반 김경임씨(61)가 12·3 비상계엄 사태 이후 서울로, 또 탄핵 촉구 집회가 줄이었던 여의도·농민과 시민들이 하나가 된 남태령을 지킨 전연수씨(가명·25)가 1980년 광주로 보낸 편지를 받았다. 1980년 광주 금남로에 선 여성과 2024년 서울 여의도 광장, 남태령 언덕에 선 여성은 다른 시공간을 건너 말을 건네고, 안부를 묻고, 서로를 '우리'로 묶었다.

광장에 선 여성들 마음은 같았다. 경임씨는 2024년 광장의 여성들 모습에서 1980년 5월 전남도청으로 돌아가던 자신의 모습을 겹쳐봤다. 경임씨는 자신과 닮은 여성들에게 "눈치 보지 말고, 주저하지 말고 옳다고 생각하는 방향을 향해 나가라"고 했다. 연수씨는 "언젠가 만날 미래의 소녀들에게 당신과 같은 말을 건네겠다"며 답장했다.

5·18 광주에서 12·3 서울로 이어진 편지에 담긴, 경임씨와 연수씨의 서로를 향한 격려와 사랑은 광장에 모인 모든 여성에게 보내는 것이기도 하다.

5·18 광주를 지켰던 고등학생 김경임

1980년 5월 광주 전남도청 앞 시민궐기대회에 참석한 학생들이 구호를 외치고 있다. 앞에서 네번째줄 어깨동무를 하고 안경을 낀 여성이 김경임씨다. 당시 17살로 고등학교 2학년생이었다. 이창성 촬영, 5·18기념재

1980년 5월 광주 전남도청 앞 시민궐기대회에 참석한 학생들이 구호를 외치고 있다. 앞에서 네번째줄 어깨동무를 하고 안경을 낀 여성이 김경임 씨다. 당시 17살로 고등학교 2학년생이었다. 이창성 촬영, 5·18기념재단 제공

서로를 믿고 지지해주고, 격려해주세요. 도청으로 향했던 저에게 하는 말처럼 느껴지기도 하네요.

- 김경임씨가 보낸 편지

1980년 5월 광주는 아주 혼란스러웠어요. 전남도청 앞이 '궐기 대회' 등으로 고등학생과 대학생들로 매일매일 붐볐거든요.

저는 그때 친구와 함께 "도울 일이 있으면 돕자"며 취사반에 들어갔습니다. 고등학교 2학년이라 음식 하는 법도 잘 몰라서 식판을 날랐어요. 식사하러 오신 시민군이 워낙 많아서 다 드시고 나면 식판 나르는 일도 일손이 부족하더라고요. 쉴 시간이 없을 정도로 일하고, 쪽잠을 자면서 지쳤지만 이상하게도 집에 가야겠다는 생각은 안 들었어요. 누군가 해야 하는 일이니 해야겠다는 생각만 했습니다.

어느 날 취사반에서 같이 일하던 대학생 A오빠가 상무관으로 가자고 했어요. 영문도 모르고 그곳을 갔는데, 그렇게 많은 시신이 쌓여 있는 것을 처음 봤습니다. 엄청나게 많은 관이 줄지어 있었죠. 그 옆에서 유족들이 통곡했어요. 계엄군이 죽였다고 하더군요. 그 후로 매일 아침 상무관에 들러 묵념하고 취사반에 가서 일했습니다.

5월 26일 저녁에 A오빠가 '오늘은 계엄군이 들어온다고 하니 꼭 도청에서 나가야 한다, 안 나가면 다 죽는다'고 말했어요. A오빠가 쥐죽은 듯이 조용한 거리를 건넛집에 가는 길목까지 데려다줬어요. A오빠와 헤어지는데 문득 "그럼 A오빠는 도청으로 돌아가는 건가? 왜 사람들이 안 나가고 있지"하는 생각이 들었습니다. 그 순간 나 혼자만 집으로 향할 수 없었어요.

다시 도청으로 돌아갔는데 도청이 폐쇄돼 있더라고요. 어쩌지 하다가 시민군 차가 들어오는 틈을 타서 몰래 들어갔습니다. 캄캄한 도청을 헤매다

A오빠를 마주쳤는데 '왜 들어왔냐'며 길길이 뛰더라고요. 이제 어쩔 수 없으니 급히 도청에 몸을 숨겼습니다. 그때부터 유리창 깨지는 소리가 들리더라고요. 계엄군이 총을 쏴서 유리창이 다 깨지는 소리였어요. 그 소리가 지금도 생생해서 말로 표현할 수도 없을 정도예요. 결국 저는 쳐들어온 계엄군에 붙잡혔고 유치장에 갇혔어요. 유치장에서 나온 후로 제 세상은 바뀌었습니다. 예전에는 마냥 밝고 유쾌했는데, 더는 그럴 수 없었어요. 군인이 내가 보는 앞에서 사람을 죽였는데 어떻게 옛날과 똑같을 수 있겠어요.

2024년 겨울 여의도와 남태령에 모인 여성들의 모습에서 1980년 5월 저와 제 곁의 동료들을 만났습니다. 3·1운동으로 거슬러 올라가 봐도 알 수 있지만, 위기에는 여성들이 늘 강하다고 생각해요. 저는 광주를 지켜야 한다는 절박한 마음에 할 수 있는 일을 했었어요. 2024년 광장에 나온 당신들도 '지켜야 한다'는 마음으로 나온 게 아닐까 짐작합니다. 1980년이나 2024년이나 민주주의를, 나라를 생각하는 소녀로서 무엇이 옳은지 고민하고 판단하는 일은 변함 없을 거로 생각해요. 당신이 거리에 들고나온 반짝이는 응원봉은, 전남도청 취사반에서 제가 날랐던 식판과 같은 것이에요. 그때나 지금이나, 우린 우리가 할 수 있는 최선의 노력, 최고의 선택을 한 것입니다.

광장으로 나온 여성들에게 '눈치 보지 말고, 주저하지 말고 앞으로 나가라'고 말하고 싶어요. 용기를 갖고 내가 옳다고 생각하는 방향을 향해서요. 저는 지금도 도청으로 돌아간 제 선택이 잘못됐다는 생각은 전혀 하지 않습니다. 누군가는 '어린 것들이 뭘 아냐'고 하겠지만 그때의 우리와 지금의 여러분은 결코 어리지 않아요. 서로를 믿고 지지해주고, 격려해주세요. 이렇게 말하고 나니, 마치 제가 44년 전 도청으로 향했던 17살의 저에게 하는 말처럼 느껴지기도 하네요.

※ 김경임씨의 구술 인터뷰를 편지 형식으로 재구성한 내용입니다.

12·3 서울, 남태령에서 밤을 새운 전연수

전국농민회총연맹이 트랙터를 몰고 서울 한남동 대통령관저로 향하다 서울 서초구 남태령 일대에서 가로막혀 밤새 대치한 지난해 12월21일 시민들이 모여 집회를 이어나가고 있다. 전연수씨 촬영 및 제공

전국농민회총연맹이 트랙터를 몰고 서울 한남동 대통령관저로 향하다 서울 서초구 남태령 일대에서 가로막혀 밤새 대치한 지난해 12월21일 시민들이 모여 집회를 이어나가고 있다. 전연수씨 촬영 및 제공

언젠가 만날 미래의 소녀들에게 당신과 같은 말을 건네려 합니다. '용기를 가지고 내가 옳다고 생각하는 방향을 향해 가라'고.

- 전연수씨가 보낸 편지

2024년 12월21일, 친구들과 함께 간 광화문 집회에서 우리는 농담 섞인 대화에 기대 몸을 녹이고 있었습니다. 자리가 끝나갈 즈음 한 친구가 "나는 남태령에 가 봐야겠다"며 깃발을 챙겼습니다. 그곳에서 무슨 일이 있었는지 알게 됐고, '함께 가야 한다'는 직감이 들었습니다. 택시를 타고 남태령으로 향했고, 저는 그곳에서 밤을 지새웠습니다.

택시에서 내려 춥고 어둡고 텅 빈 길을 한참 걸으니 경찰이 길을 막은 지점에 닿았습니다. 통제를 뚫고 투쟁의 공간으로 들어서던 순간, 안전하게 머무르던 일상에서 벗어났다는 느낌이 들었습니다. 두려우면서도 설렜습니다. 그때 당신을 떠올렸습니다.

1980년 5월의 광주는 제게 늘 미지의 공간이었습니다. 이름 모를 계엄군이 이름 모를 시민을 죽였고, 시민들이 서로를 살리려 제 목숨을 아끼지 않았다는 어렴풋한 인식만 있었을 따름입니다. 활자로 이뤄진 역사 속 이야기에서는 현실감이 들지 않았습니다. 그러던 어느 날 대학교 선배를

따라 간 자리에서 5·18 국가 유공자분 강연을 들었습니다. 40여 년 전 과거를 생생하게 되짚는 그분 목소리를 들으며 깨달았습니다. 우리가 지금 민주화의 영웅으로 기억하는 수많은 이들이, 실은 각자의 삶과 이야기를 가진 익명의 시민들이었다는 것을요.

그 후 1980년 광주를 돌아볼 때면 그곳에 있었을 제 또래 여성을 상상했습니다. 남태령에서도 그랬습니다. 경찰이 세운 차벽 뒤에서 저와 나이가 비슷하거나 더 어린 여성들이 한목소리로 "차 빼라"고 외쳤습니다. 사람이 불어나기 전이어서 경찰 진압이 무서웠을 텐데, 그들은 한 치의 망설임도 없었습니다. 서둘러 함께해 목소리를 보태면서도, 머릿속으로는 얼굴도 이름도 모르는 광주의 소녀를 그렸습니다. 그 자리를 지키고도 기록되지 않았을 어떤 여자아이를 떠올렸습니다. 그리고 지금, 그 소녀는 '김경임'이라는 한 인간으로 제게 다가왔습니다.

당신의 편지를 읽고 깊은 존경심을 느꼈습니다. '해야 할 일을 했을 뿐'이라고 말씀하셨지만, 세상의 모든 폭압은 해야 할 일을 하지 않거나 하지 말아야 할 일을 하는 이들 탓에 생겨왔다고, 저희는 알고 있습니다. 저는 당신의 편지에서 옳다고 생각하는 일에 힘을 보태려는 의지, 죽을지도 모른다는 걸 알면서 타인을 구하러 간 용기를 읽었습니다. 오랜 시간 아픈 기억을 간직했던 고통과, 2024년의 소녀들을 향한 사랑 어린 마음을 봤습니다.

그 용기를 마주할 때 저는 사실 부끄러움을 느꼈습니다. 남태령의 새벽에 맨몸으로 경찰차를 막으러 가면서도, 제 발걸음이 좀처럼 떨어지지 않았다는 사실을 저는 기억하거든요. 그날 도청으로 돌아갔던 당신이, 오늘 경찰차 앞으로 가장 먼저 뛰쳐나간 제 친구가 두렵지 않았던 것은 아닐 테니 말입니다.

하지만 당신과 제 친구는 그 부끄러움마저 품었습니다. 스스로의 비겁함을 따져 묻는 제게, 그 용감한 친구는 "그런데도 넌 여기 나왔잖아"라고 말했습니다. 당신은 제게 "번쩍이는 응원봉을 들고 거리에 나온 것"이 최선이었을 거라 말씀하셨습니다. 그 말이, 제게 또 다른 용기와 힘을 줍니다. 제가 발휘할 수 있는 최선의 폭을 넓혀가고 싶어졌습니다. 사랑이 한 인간을 더 나은 존재로 만드는 마음이라면, 당신이 저에게 전해 주신 것은 분명 사랑이겠지요.

앞으로의 인생에서도 자신을 의심하고 주저하는 순간이 찾아올 것을 압니다. 하지만 두려움을 넘어서 제 안의 가치를 따라 움직이면, 그 끝에 후회는 없으리라고 믿습니다. 그렇게 살다가 언젠가 만날 미래의 소녀들에게 당신과 같은 말을 건네려 합니다. '용기를 가지고 내가 옳다고 생각하는 방향을 향해 가라'고.

당신께서 주신 격려와 애정이 당신께도 오롯이 전달되기를 바랍니다.

배시은 기자 sieunb@kyunghyang.com

「김민아 칼럼」 경향신문   2025년 1월 7일. 화.

왕을 꿈꿨던 윤석열씨, 당신은 이길 수 없습니다

안녕하세요, 윤석열씨. 일단 체포를 면하신 것 같습니다. 6일 자정이 오기만 기다리며 자축의 폭탄주를 준비하고 계셨나요? '인의 장막'으로도 모자라 군용 철조망까지 설치한 걸 보면 적잖이 불안했던 모양입니다.

대통령님이라고 부르지 않는 데 '격노'하셨다네요. 시민에게 총부리를 들이대라고 명령한 것으로도 모자라, 국가 사법 체계까지 정면으로 모독하는 이가 대통령으로 불릴 자격이 있습니까. 주권자에게 존중받고 싶으면 먼저 주권자를 존중해야 합니다.

당신이 왜 대통령이 되려고 했는지 늘 궁금했습니다. 역대 대통령에겐 이루고 싶은 목표가 있었는데, 당신에게선 그게 보이지 않았습니다. '대통령이 되는 일' 자체, 혹은 '아내 보호'가 아닐까 어렴풋이 추측해보곤 했습니다.

지난해 12월 3일 이후 선명해졌습니다. 당신은 왕을 꿈꿨습니다. 롤모델은 박정희나 전두환이었으리라 짐작합니다. 근거는 유신헌법과 제5공화국 헌법이었겠지요. 김용현 전 국방부 장관 공소장을 보면, 지난해 3~4월부터 비상계엄 선포 직전까지 당신이 '비상조치권' '비상대권'을 수차례 언급한 걸로 나옵니다. 비상조치권이나 비상대권은 1987년 6·10 항쟁 이후 개정된 현행 헌법엔 등장하지 않습니다.

내란의 밤, 당신은 잔인하고 무자비했습니다. 다시 짚어봅니다.

"본회의장으로 가서 4명이 (의원) 1명씩 들쳐업고 나오라고 해" "총을 쏴서라도 들어가서 끌어내라" "문짝을 도끼로 부수고서라도 들어가 다 끄집어내" "(이재명, 우원식, 한동훈 등을) 싹 다 잡아들여". "두 번, 세 번 계엄령 선포하면 되는 거니까 계속 진행해."

당신과 수하들이 무능하고 허술했던 건 불행 중 다행입니다. 그렇다고 당신의 죄과가 가벼워지진 않습니다. 계엄을 선포하려 했으나 발각돼 실행하지 못한 것(미수·未遂)이 아니라, 계엄을 선포해 실행에 옮겼으나 실패한 것(기수·旣遂)이기 때문입니다.

당신은 체포를 면했다며 승리감에 들떠 있을 겁니다. 그런데 모르는 게 있습니다. 당신은 스스로를 가두고 말았습니다. 이제 관저에서 나오면 구치소에 가야 하고, 안 나오면 한남동에 유폐되는 처지입니다.

헌법재판소 탄핵심판에 출석해 직접 변론하겠다고요? 관저 밖으로 나가는 순간 긴급체포돼 구치소부터 들러야 합니다. 공권력이 방어권을 고려해 자비를 베푼다 해도, 심판정에서 나오는 즉시 체포될 게 분명합니다. 관저에서 헌재까지 무사히 왕복할 길은 없습니다.

당분간 '법꾸라지' 석동현·윤갑근 변호사 등의 법기술과 '사병' 박종준 경호처장의 충성심에 기댈 수 있겠지요. 그러나 주권자도 가만있지 않을 겁니다. 법기술엔 법기술로, 힘에는 힘으로 맞설 겁니다.

체포를 둘러싼 적법성 논란은 끝났습니다. 법원은 체포영장 집행에 대한 이의신청을 기각했습니다. 고위공직자범죄수사처(공수처)는 유효기간 연장을 위한 영장을 법원에 청구했습니다. 체포에 계속 불응할 경우 구속영장 청구는 시간문제입니다. 구속 전 피의자 심문(영장실질심사)에 출석하지 않으면 거의 100% 영장이 발부된다는 건 아시지요. 판사가 구속영장을 발부해도, 버티면 그만이라 여깁니까.

체포와 구속은 무게가 다릅니다. 그때도 경호처가 기꺼이 사병 노릇을 해줄까요. 박종준 등 경호처 간부 4명이 특수공무집행방해 혐의로 입건됐습니다. 경호처 직원들은 상급자 명령을 따랐다는 것만으로 법적 책임을 면할 수 없음을 압니다.

국가는 "영토 내에서 합법적 폭력을 행사할 수 있는 유일한 존재"(막스 베버)입니다. 당신의 '내란 어록'대로 압도적 인원을 동원해 "4명이 1명씩 들쳐 업고 나오면" 됩니다. 또다시 망설이는 공권력이 있다면, 공수처든 국가수사본부든 문을 닫아야 할 겁니다.

그리고 시민이 있습니다. 폭설이 쏟아지는 거리에서 얇은 은박 담요 한 장 덮고 밤을 지새우는 청년여성이 있습니다. 광장의 시민은 당신 덕분에 전투력이 급상승 중입니다. '윤석열이라는 악몽'을 물리치기 위해 담대하고 용감하게, 치열하고 끈질기게 싸우는 중입니다.

2008년 촛불집회 당시 이명박 대통령은 청와대 뒷산에 올라 '아침이슬'을 들었다고 합니다. 지금 한남동 관저에선 이 노래가 들릴 겁니다.

"대한민국은 민주공화국이다/ 대한민국은 민주공화국이다/ 대한민국의 모든 권력은 국민으로부터 나온다"('헌법 제1조').

헌법은 힘이 세고, 국민은 더 힘이 셉니다. 속도는 느리지만, 내란 책동은 따박따박 분쇄되고 있습니다. 비상계엄은 해제됐고, 탄핵소추안은 가결됐으며, 헌법재판관 2인도 임명됐습니다. 8인 체제를 갖춘 헌재는 탄핵심판의 쟁점을 압축하고, 5차례 변론기일을 확정했습니다.

당신은 이길 수 없습니다. 이미 지고 있습니다. 조만간 시민(을 대리한 공권력)이 다시 모시러 가겠습니다. 그때까지 알코올과 극우 유튜브를 마음껏 즐기시길.

김민아 경향신문 칼럼니스트 makim@kyunghyang.com

한겨레신문 2025년 1월 8일. 수.

윤석열과 58년 우정 이철우 교수 "극우 수괴 될 줄 몰랐다" (이종찬의 아들)

연대 법학전문대학원 교수 SNS 글
"정신적으로 화융할 수 없는 사람"

윤석열 대통령과 60년 가까이 친구로 지내 온 이철우 연세대 법학전문대학원 교수가 한국 극우세력 부활을 우려하며 윤 대통령을 "대한민국 민주주의를 정면으로 부정하는 극우세력 수괴"라고 비판했다. 이 교수는 지난 대선 국면에서 윤 대통령을 지지한 바 있다.

이 교수는 8일 새벽 페이스북에 죽마고우였던 윤 대통령을 "정신적으로 화융할 수 없는 사람"이라며 '우정'을 거두는 취지의 장문의 글을 올렸다. 이 교수의 부친은 윤 대통령의 역사인식을 정면으로 비판해 온 이종찬 광복회장이다. 이 회장은 윤 대통령의 부친(고 윤기중 교수)과도 오랜 인연이 있다. 한때 윤 대통령의 멘토 역할을 하기도 했다.

이 교수는 문재인 정부 시절 적폐청산에 앞장섰던 윤 대통령을 거론하며 "문재인의 사냥개 노릇을 마다하지 않는 그를 조심스러워 하는 나에게 눈을 부라렸던 윤석열이 대한민국의 민주주의를 정면으로 부정하는 극우세력의 수괴가 될 것임은 생각지 못했다"고 했다.

그는 "2021년 그의 언동에서 진영적 사고와 갈라치기, 폭력적 기운을 느꼈지만 그의 졸개들이 추진한 홍범도 흉상 제거, 2023년 8·15 경축사를 통해 반대세력을 공산전체주의로 몰아세우는 담론 전략을 보기 전에는 그가 정신적으로 화융할 수 없는 사람임을 깨닫지 못했다"고 덧붙였다. 2021년 대선을 준비하던 시기 친구 윤석열의 정치적 인식에 대한 위험성을 느꼈지만, 대통령이 된 뒤 실제 이를 현실에서 구체화하는 것을 보고 더 이상 함께 할 수 없는 사람임을 알게 됐다는 것이다.

이 교수는 "홍범도 흉상 철거 계획을 꾸짖는 광복회장을 겁박하기 위한 시위대가 우리 집 앞에 와서 연일 고성을 지르는 것을 보면서, 백범을 테러리스트로 규정하는 궤변이 정권의 비호를 받는 것을 보면서, 일본 제국주의의 주구들을 섬기는 자들, 식민지 노예근성을 노멀로 여기는 자들이 대한민국의 민주주의를 파괴하는 세력임을 깨닫게 되었다"고 했다.

윤석열 정부는 2023년 육군사관학교에 있는 홍범도 장군 흉상을 남북 분단 이전의 공산당 가입 이력을 들어 철거하는 계획을 추진했었다. 이 교수 부친인 이종찬 광복회장은 윤석열 정부가 임명한 뉴라이트 계열 김형석 독립기념관장에 대해 "김구를 테러리스트로 만들려 한다"며 비판한 바 있다.

이 교수는 일본 제국주의에 부역한 친일·반공 세력을 한국 극우세력의 뿌리로 지목하며, 12·3 비상계엄 선포와 이후 극우 세력의 결집을 우려했다. "1987년 민주화와 제6공화국 수립, 1998년 정권교체 등 정치·사회 전환을 거치며 극우 세력의 위험은 우리 기억 속에서 희미해졌다. 그러나 40년에 걸친 민주주의의 공고화를 통해 가지게 된 믿음에 취해 민주주의를 파괴하려는 극우세력이 재편성되고 있음을 우리는 간과한 것 같다"는 것이다.

이어 "60대 이상 세대를 휘감는 극우 소셜미디어의 위력을 보면 해방 후 권위주의 통치를 통해 몸에 각인된 반민주적 아비투스(개인 행위의 무의식적 성향)가 집단적으로 촉발되고 있는가 하는 의문을 가지게 된다. 반면 세대의 교체를 통해 그러한 몸, 그러한 지각을 가지지 않은 젊은이들이 극우의 프로젝트를 명시적으로 거부하거나 부자연스럽게 생각하고 있음을 본다. 12.3 계엄선포에 이어 국회에 난입한 특전사 병력이 무언가 주저하고 부자연스럽게 행동한 것이 이를 보여준다'고 덧붙였다.

앞서 이 교수는 12·3 비상계엄 선포 사흘 뒤인 6일 페이스북에 "허튼소리로 치부되는 부정선거론이 대한민국의 민즈주의를 파괴할 수 있는 위험한 결과를 가져올 수 있음을 보면서, 성숙한 민주주의가 그런 도전에 어떻게 임하는지를 보여주는 사례들이 궁금해진다"는 글을 올린 바 있다.

김남일 기자 namfic@hani.co.kr

대통령 체포영장 2차 발부   2025년 1월 8일. 수.

　서부지방법원이 1월 7일 내란수괴 우두머리 혐의를 받고 있는 윤석열 대통령에 대한 체포영장을 재차 발부 했다. 공수처는 지난 3일 윤 대통령을 체포하기 위해 체포영장을 들고 대통령 관저에 출동했다가 경호처가 강력히 저지하는 바람에 빈손으로 귀환했다. 내란수괴를 체포하러 갔다가 실패하고 빈손으로 돌아선 공수처를 보고 국민들은 크게 실망했다.

　그런데 일면 생각하면 공수처에 대한 국민의 실망보다 대통령 윤석열에 대한 국민의 실망이 천 배나 만 배나 더 컸다. 공수처야 법을 집행하러 출동했다가 경우에 따라서는 돌아설 수도 있다. 왜냐하면 공수처와 경호처가 적대적관계가 아니어서 무력으로 다툴 일이 아니기 때문이다. 공수처가 힘만 믿고 경호처를 무력으로 제압한다면 못할 일도 아니다. 하지만 적국 경호처도 아니고, 내 나라 대통령 경호처를 무력으로 제압하면서까지 대통령을 체포해 가는 것은 무리가 아닌가하고 판단했을 것이다. 공수처는 이렇게 조심조심 다가가는데 윤석열 대통령의 태도는 어떠한가? 부하들(경호처 직원들)에게 '수사기관이 못 들어오게 철벽 방어하라' 명령하고, 본인은 부하들 뒤에 숨어 국법(체포영장)을 피하는 태도가 과연 대통령의 태도인가? 참으로 비열하고 딱한 대통령이다. 그래서 공수처는 일보 후퇴하여 시간을 두고 경호처와 물밑대화하면서 제2차 체포영장을 청구했다.

　1월 7일 법원이 윤석열 대통령 2차 체포영장을 발부했다. 공수처는 2차 체포영장을 들고 또다시 윤석열을 체포하러 출동해야 한다. 자국수사기관이 대통령을 체포하러 출동해야 한다는 것이 아이러니가 아닐 수 없다. 그런데 이 사태도 윤가 자신이 스스로 만든 것이다. 수사기관이 '조사할 일이 있으니 공수처로 출석해 주세요.' 하고 출석요구서를 보냈을 때 점잖게 부하들 경호 받으며 공수처에 갔으면 '대통령체포'라는 흉측한 말을 듣지 않아도 됐을 일 아닌가? 그런데 그는 무슨 배짱인지 출석요구서가 오는 대로 다 거부했으니 공수처는 대통령을 체포할 수밖에 없게 되었다. 그는 잡혀가는 꼴을 국민들에게 보여줄 수밖에 없는 사람이다.

대통령이라도 법적요건에 맞지 않은 '비상계엄'을 선포하고, 그 불법비상계엄을 이행하기 위해 군경을 국회에 진입시켜 국회기능을 마비시키려다 실패했고, 헌법기관인 선거관리위원회에 군인을 침투시켜 선관위 서버를 탈취하려다 실패했으니 윤석열은 빼도 박도 못할 내란우두머리 피의자 아닌가? 그래서 윤석열 대통령은 조사를 받아야 한다.

'비상계엄'을 실패한 윤 대통령은 이미 국회가 그의 탄핵소추를 가결하여 대통령 직무가 정지된 사람이다. 그래서 수사기관이 그를 수사하려 하는데 그는 출석통지서 수취를 모두 거부하고, 체포영장 집행도 거부했다. 대한민국 국민 중 이런 무법자는 단 한 사람 윤석열 뿐이다. 윤석열이 아니면 누가 감히 수사기관의 출석요구를 거부하고, 체포영장을 거부한단 말인가? 특히 내란죄에 한해서는 대통령도 소추를 면할 수 없다. 이것은 국법이다.

조만간 공수처가 2차 체포영장 집행을 위해 또 관저에 출동할 것인데 그때 윤 대통령은 또 어떤 행위를 하게 될지 아무도 모른다. 그는 기상천외한 구실을 거미줄처럼 뽑아내는 특수인간이기 때문이다.

대통령 2차 체포영장 집행   2025년 1월 8일. 수.

"2차 체포영장 집행 때도 못 잡으면 공수처 문 닫아라"

더불어민주당 등 야당은 공수처가 지난 3일 윤석열 대통령 체포에 실패하자 공수처 오동운 처장을 향해 2차 체포영장 집행에도 실패하면 공수처를 폐지하라고 질타했다. 정청래 국회 법사위원장은 오동운 처장에게 ;

"체포영장 집행 무산에 국민들께 사과 한 마디 안 하느냐?"고 했고, 오 처장은 ;

"사법부에 의해 정당하게 발부된 체포영장이 제대로 집행되지 못해 법치주의가 훼손되는 모습을 보이게 한 점에 대해 공수처장으로서 매우 가슴 아프게 생각 한다"며 "국민께 진심으로 사과드립니다."라고 했다. 오 처장은 2차 체포영장 집행에 관해 ;

"마지막 영장집행이란 비상한 각오로 철두철미하게 준비해서 목적을 달성할 수 있도록 최선을 다 하겠습니다."라고 말했다. 오 처장은 또 ;

"경호처의 조직적 저항에 부딪쳐 체포하지 못했다"며 ;

"심리적·물리적 압박을 느꼈습니다. 거기에는 여러 종류의 화기가 있었고, 장갑차와 유사한 차량도 있었습니다. 자칫 물리적 충돌로 인해 대단한 프레임 전환이 일어나면 여러 가지 나쁜 영향을 미치겠다는 판단으로 집행을 더 이상 나갈 수가 없었습니다. 그리고… '경호처가 우리의 적은 아니다. 그래서 사생결단하고 싸울 상대가 아니다.'라고 생각했습니다."라고 말했다.

여당(국민의 힘) 의원들은 공수처는 내란죄 수사권이 없어 공수처수사가 위법하다고 주장했다. 이 주장은 바로 윤가의 주장이다. 윤가가 이 논리를 앞세워 공수처의 출석요구도 모두 거부했고, 체포영장마저 거부하고 있는 것이다. 하지만 주권자인 국민이 보기에는 경찰도, 검찰도, 공수처도 모두 대한민국 수사기관이다. 어느 수사기관이 수사하면 응하고, 어느 수사기관이 수사하면 거부하는 그런 주장은 '법꾸라지'들의 상투적 주장에 지나지 않는다.

〈공수처의 윤석열 대통령 수사 일지〉

2024년 12월 5일 ; 윤석열 대통령 내란혐의 고소·고발. 사건수사 4부 배당
    12월 9일 ; 윤 대통령 출국금지 신청
    12월 11일 ; 경찰 국수본·국방부 조사본부와 공조수사본부(공조본) 구성
    12월 16일 ; 경찰에서 윤 대통령 사건 넘겨받음. 윤 대통령 출석요구서 전달 시도
    12월 17일 ; 대통령실 압수수색 시도
    12월 18일 ; 윤 대통령, 공조본 1차 소환 불응. 검찰에서 윤 대통령 사건 넘겨 받음.
    12월 20일 ; 윤 대통령에 2차 소환 통보
    12월 26일 ; 윤 대통령에 3차 소환 통보
    12월 31일 ; 법원, 윤 대통령 체포영장 발부
2025년 1월 3일 ; 공수처, 윤 대통령 체포영장 1차 집행 시도
    1월 7일 ; 법원, 윤 대통령 체포영장 재 발부
    1월 15일 ; 윤 대통령 체포영장 2차 집행 성공. 윤 대통령 대면 조사진행
    1월 19일 ; 법원, 윤 대통령 구속영장 발부
    1월 22일 ; 대통령실·관저 압수수색 시도
    1월 23일 ; 검찰에 사건이첩 송부

파렴치범   2025년 1월 9일. 목.

대한민국에 이런 인간이 있었던가?

　대한민국 건국 이후 이런 파렴치범이 또 있었던가? '독사가 이슬을 먹으면 독이 된다.'는 격언 그대로 악독한 아이가 법을 배웠으니 그 법이 독이 되었다. 대한민국 국민들이 모두 입을 떡 벌리고 혀를 내두를 지경이다. 중대범죄(내란우두머리) 피의자가 형사법 절차를 선택적으로 받겠단다. ;

　"증거를 다 확보했다면 조사 없이 기소하라." 하고, 또 ;

　"조사를 해야 한다면 사전구속영장을 서울중앙지법에서 받아오라"고 했다.

　일국의 대통령이라면 그 나라에서 가장 모범적이고 가장 인격적이고 가장 양심적이고 가장 신사적인 사람이어야 하는데 윤가는 아니다. 어떻게 저런 사람이 대통령 되었을까…' 고개가 갸웃해 질 지경이다.

　윤가 측 변호인단은 기자회견에서 법원의 1차 2차 체포영장 발부와 공수처·경찰의 체포영장 집행 시도를 '불법'으로 규정하면서 ;

　"이를 용인하는 것은 법치주의 붕괴를 부를 수 있고, 대통령은 법을 수호할 책무가 있다."고 했다. 또 윤가는 ;

　"조사를 받더라도 진술할 생각이 없으니, 체포시도를 포기하고 조사 없이 재판에 넘기거나, 반드시 조사가 필요하다면 '서울중앙지법'에서 사전구속영장을 받아오라."고 했다.

　그의 이 태도는 온 국민을 슬프게 했다. 국민들은 경찰서에서 통지서만 와도 부들부들 떨고 밤잠을 못 이루는데 내란우두머리 피의자 윤석열은 수사기관과 법원을 향해 명령하는 것을 보고 '백성만 불쌍하다'는 생각을 아니할 수가 없다.

　그리고 '윤가가 왜 그렇게도 서울중앙지법을 원하는가?' 하고 국민들이 의아하게 생각했다. 그는 법기술 9단이다. 그러다 보니 법조문 행간에 박혀있는 꼼수도 9단일 것이다. 그래서 그가 '서울중앙지방법원'을 입에 올리는데 보통사람들이 그의 꼼수를 어찌 알겠는가? 앞으로 두고 보면 피의자 윤석열이 '서울중앙지방법원'에 묻어둔 어떤 보도를 꺼내들지 자못 궁금해진다.

법조계는 :

"피의자에게 출석을 요청하고 구속수사 여부를 결정하는 것은 수사기관이 판단할 일임에도 피의자가 원하는 대로 불구속수사를 받겠다고 요구하는 것은 상상하기 어려운 일."이라고 평가했다.

여기서 역지사지로 묻고 싶다. 피의자는 한 평생 검사생활만 했으니 그에게 묻는다.

"피의자에게 출석을 여러 차례 요구해도 피의자가 불응하면 어떻게 처리했는가?" 또;

"반드시 구속 수사해야 될 피의자가 불구속 수사를 원하면 불구속 수사를 했는가?" 그는 대통령후보 시절에 '공정과 상식'을 슬로건으로 걸고 유세했다. 그래서 대통령으로 당선되었다. 그런 그가 '공정과 상식'에 걸맞게 살았는가? 이 질문에 대한 윤가의 대답은 들어볼 가치도 없다. 왜냐하면 또 궤변이 나올 테니까… 본인의 대답을 본인이 평가해보기 바란다.

거짓말 달인 2025년 1월 9일. 목.

윤가 측은 12·3 비상계엄과 관련한 수사기관의 수사결과를 전면 부인했다. 윤 대통령으로부터 '정치인 체포' 지시를 받았다는 계엄군 사령관들의 진술이 쏟아지고, 경찰수뇌부 진술이 쏟아지는 데도 그는 ;

"사령관들이 야당에 의해 오염된 진술을 하고 있다."라고 주장했다.

윤가의 변호인단은 기자회견을 열고 '비상계엄'은 윤 대통령이 혼란한 정국을 수습하기 위해 마련한 돌파구라고 주장했다. 대한민국 국민이 5천만 명이고, 그 중에 3분지 2가 말귀 알아듣는 성인들이다. 하늘과 땅과 바다가 다 보고 들었다. 민심이 천심이다. 하늘을 속이려하는가?

2024년 12월 3일, 대한민국에 무슨 일이 있었기에 '비상계엄'을 선포했단 말인가? ;

"네놈이 정녕 국민을 뭘로 보느냐?" 국민은 네놈의 그 태도를 보고 더 분개한다.

"그래, 알았으니 더 지껄여 봐라. 열심히 들어줄 게."

윤가 변호인단은 국회에 병력 280명밖에 보내지 않았고, 이들의 업무는 국회 장악이 아니라 질서유지였으며, 이들이 국회에 머문 시간은 1시간 남짓에 불과하다면서 ;

"그 안에서 군인들이 한 것은 아무것도 없다."라고 주장했다.

그들이 국회에 보낸 병력이 280명이라는 주장도 거짓말이다. 검찰이 조사한 바에 따르면 2천5백 명이 넘고, 이 군인들이 휴대한 실탄이 최소 5만7천여 발이었다. 또 김용현 전 국방장관의 공소장을 보면 윤가는 계엄선포 후 조지호 경찰청장에게 여러 차례 전화를 걸어 ;

"국회의원들 다 체포해."라고 지시했다. 또 이진우 수도방위사령관에게는 ;

"본 회의장으로 가서 4명이 1명씩 들쳐 업고 나오라고 해." 또 ;

"총을 쏴서라고 문을 부수고 들어가서 끌어 내"라고 한 것으로 조사됐다.

12월 3일(계엄선포) 밤 자정이 지나고 날짜가 바뀐 새벽에 국회가 '계엄해제요구결의안'을 가결하자 윤 대통령은 이진우 사령관에게 전화 걸어 ; "국회의원이 실제로 190명이 들어왔다는 것은 확인도 안 되는 거고"

"그러니까 내가 계엄선포되기 전에 병력을 움직여야 된다고 했는데 다들 반대해서" "(계엄이) 해제됐다하더라도 내가 2번, 3번 계엄선포하면 되는 거니까 계속 진행해" 등의 지시를 했다.

곽종근 육군특수전 사령관에게는 ;

"문짝을 부수고서라도 안으로 들어가서 다 끄집어내라."고 지시했다.

홍장원 국가정보원 1차장에게 ;

"이번 기회에 싹 다 잡아들여"라며 주요 인사 체포도 지시했다.

박정훈 전 해병대 수사단장 무죄 2025년 1월 10일. 금.

　　중앙지역군사법원이 2025. 1. 10. 박정훈 전 해병대 수사단장에게 항명·상관명예훼손 등의 혐의에 대해서 무죄를 선고했다. 박정훈 대령은 2023년 7월 19일(수) 경상북도 예천군 호명면 황지리 내성천에서 실종한 민간인을 찾기 위해 수중에 들어갔다가 급류에 휩쓸려 사망한 해병대 상병 채수근 사건을 수사하고 이 사건을 경상북도 경찰청에 이첩했다.

　　박 대령은 2023. 7. 30. 채 상병 사망사건의 조사결과를 이종섭 당시 국방부 장관에게 보고하고 결재를 받았다. 이종섭 장관은 다음날 오전 대통령실로부터 전화를 받은 직후 김계환 당시 해병대 사령관에게 이첩보류를 지시했다. 이첩보류를 지시받은 김계환 사령관은 박정훈 수사단장(대령)과 수차례 회의를 했고, 박 대령은 8월 2일 경상북도 경찰청에 사건을 이첩했다.

　　이 사건에 대해서 재판부는 김계환 사령관이 ;

　　"이첩을 보류하라는 명령을 개별적·구체적으로 명확하게 했다기보다는 피고인을 포함한 사령부 부하들과 함께 이첩시기 및 방법에 대한 회의와 토의를 주로 했던 것으로 보인다."고 밝혔다.

　　재판부는 8월 2일 김계환 사령관이 '이첩을 중단하라'고 내린 명령은 ;

　　"정당한 명령으로 보기 어렵다."고 판단했다.
재판부는 2022년 7월 시행된 개정 군사법원법의 취지와 목적에 비춰 김계환 사령관에게 ;

　　"사건 기록을 이유 없이 이첩 중단할 것을 명령할 권한은 없는 것으로 보인다."고 밝혔다. 그래서 재판부는 박정훈 대령의 '상관명예훼손' 혐의도 무죄로 판단했다. 재판부는 이종섭 장관이 이첩보류를 지시하게 된 배경에

'VIP 격노'나 대통령의 외압이 있었다는 박 대령 측 주장에 대해서는 언급하지 않았다. 더불어민주당 대변인은 ;

"내란수괴 윤석열이 수사에 어떻게 개입했는지 낱낱이 규명해야 한다."고 말했다.

군사법원이 9일 박정훈 대령에게 무죄를 선고한 채수근 상병 사건 수사외압 의혹의 핵심은 박 대령이 이끈 해병대 수사단의 초동수사 결과를 접한 윤 대통령이 ;

"이런 일로 사단장까지 처벌하면 누가 사단장을 하겠느냐?"며 호통을 쳤고, 이로 인해 임성근 당시 해병대 1사단장이 최종적으로 해병대수사단이 특정한 혐의자에서 제외됐다는 취지다. 박 대령은 혐의자가 누락된 전 과정에 윤 대통령을 비롯해 대통령실, 국방부 등의 외압이 있었다고 주장해 왔다.

이날 군사법원이 이종섭 당시 국방장관의 '이첩보류' 명령이 "정당하지 않다"고 판단한 것이 수사외압 의혹을 풀 물꼬를 텄다는 해석이 나온다. 수사기록을 경북경찰청에 즉시 넘기지 않고, 수정에 개입하려 한 것 자체가 부적절했다는 취지다. 군사법원은 이종섭 당시 국방장관이 이첩 보류 지시를 내린 것에 대해서도 ;

"수사 및 사건 처리 관리와 관련해 수정이 필요하다고 본 것으로 보인다."고 판단했는데 박정훈 대령은 이 개입이 윤 대통령의 격노에서 시작된 것으로 보고 있다.

한겨레PICK 2025년 1월 13일. 월.

"영장 집행 방해 경호처 직원, 현행범 체포해 분산 호송"
"안전 집행이 최우선"

'내란죄 피의자' 윤석열 대통령의 체포영장 재 집행을 앞두고 경찰이 영장 집행을 저지하는 경호처 직원을 현행범으로 체포해 '분산 호송'하겠다며 '인명피해 없는 안전한 영장 집행이 최우선'이라고 강조했다.

12·3 내란사태를 수사 중인 경찰청 국가수사본부 비상계엄 특별수사단(특수단)은 13일 "현장에서 공무집행 방해하는 경호처 직원에 대해 현행범 체포는 물론 분산 호송해서 조사할 것까지도 준비하고 있다"고 밝혔다. 지난 3일 1차 영장 집행 때처럼 저지에 나서는 경호처 직원 규모가 200여명에 이를 것을 대비해, 이들을 일선 경찰서로 분산할 계획까지 세웠다는 것이다.

경찰은 아울러 "협조하는 직원에 대해서는 선처할 것이라는 점을 분명히 말씀드린다"고 강조했다. 경호처 직원들이 2차 집행 저지에 가담하지 않도록 선제 경고에 나선 것이다. 지난 9일 특수단은 1차 영장 집행을 저지한 26명을 특정해 경호처에 신원확인을 요청했지만 경호처는 아직 답변하지 않은 상태다. 지난 3일 1차 집행 때 '인간방패'로 동원된 55경비단과 33군사경찰대 병사들에 대해 경찰은 "입건 가능성이 낮다"고 밝혔다.

경찰은 윤 대통령 체포영장 집행 과정에서 '안전이 최우선'이라는 점을 강조했다. 경찰 관계자는 "언론에서 경쟁 보도를 하다 보니 인명피해나 유혈사태 유도하는 쪽으로 나가는 거 같아서 상당히 우려스럽다"며 "저희는 안전을 최우선으로 영장을 집행하겠다. 인명피해나 유혈사태 없도록 집행하는 게 1차 목표"라고 했다. 경찰은 또 "실질적으로 현장에서 영장 집행 방해가 명확하다면 (국회의원 체포도) 불가능하지 않다"고도 했다. 앞서 오동운 고위공직자범죄수사처장도 지난 9일 국회 긴급현안질문에서 합법적인 영장 집행을 방해한다면 국회의원도 현행범 체포 대상이라고 밝힌 바 있다.

현재까지 지난 1차 영장 집행 저지와 관련해 경찰에 입건된 경호처 피의자는 총 5명이다. 이 가운데 김성훈 차장, 이광우 경호본부장은 현재까지 경찰 조사에 응하지 않고 있다. 이 본부장은 이날 오전 10시가 3차 출석 요구일이었지만 출석하지 않았다. 경찰 관계자는 "아직까진 불출석이라 판단할 만한 시간은 아니다", (불출석 판단은) 보통 하루 지나야 판단한다"며 이 본부장에게 출석을 요청했다. 경찰은 이 본부장이 이날 안에 경찰에 출석하지 않으면 체포영장 신청을 검토 중이다. 경찰은 추가 입건한 김신 가족부장에게 오는 14일 출석하라는 요구서를 보낸 상태다.

이지혜 기자 godot@hani.co.kr

경향신문PICK 2025년 1월 13일. 월.

이상민, 계엄 때 소방청장에 "경향·한겨레·MBC 단전·단수 협조" 지시했다

허석곤 소방청장은 12·3 비상계엄이 선포된 직후 이상민 당시 행정안전부 장관으로부터 "특정 언론사에 대한 단전·단수에 협조하라"는 지시를 받았다고 밝혔다. 대상이 된 언론사는 경향신문과 한겨레, MBC 등이었다. 비상계엄 직후 정부가 정권에 비판적인 언론사에 대한 단전·단수를 기도했다는 사실이 처음 드러났다.

허 청장은 13일 국회 행정안전위원회 현안질의에 출석해 윤건영 더불어민주당 의원이 "12월3일 소방청장 주재 회의 때 이 장관의 전화 내용 중 주요 언론사 단전·단수 지시가 있었냐"는 질의에 이렇게 답했다.

허 청장은 지난해 12월3일 윤 대통령이 비상계엄을 선포한 직후인 오후 11시37분쯤 이 전 장관으로부터 전화를 받았다고 밝혔다. 허 청장은 당시 간부들과 대책회의를 하던 중 이 전 장관 전화를 받았다면서 "특정 몇가지 언론사에 대해 경찰청 쪽에서 (단전·단수) 요청이 오면 협조하라는 얘기였다"며 "옆자리에 차장이 앉아있어서 '장관님 전화 왔다. 언론사에 대한 얘기가 있었다. 단전·단수 뉘앙스가 있었다'고 얘기했다"고 말했다.

허 청장은 이 전 장관의 전화 지시에 경향신문, 한겨레, MBC 등이 포함됐다고 밝혔다. '조선일보가 (대상에) 들어갔냐'는 질문에는 "기억에 없다"고 답했다. 허 청장은 앞서 언급된 3개 언론사 외에 지시 대상이 더 있었냐는 질문에 "네댓 군데 정도 말씀하신 것 같다"고 답했다. '(유튜브 채널) 김어준의 뉴스공장도 포함되냐'는 질문에는 "그렇다"고 말했다. 중앙선거관리위원회와 국회, 민주당사 등의 포함 여부에 대해선 "기억에 없다"고 했다.

애초 윤 의원 질의에 "정확히 기억나지 않는다"고 답하던 허 청장은 윤 의원이 "내용을 알고 묻는 것"이라며 계속 묻자 "경찰에서 협조 요청이 있으면 협조해주라는 뉘앙스였다"며 답변을 바꿨다.

허 청장은 이후 조치 사항을 묻는 질의에는 "과연 단전·단수가 소방 업무인지, 우리가 할 수 없는 부분이라 어떤 조치도 취하지 않았다"고 했다. 서울소방재난본부장 등 다른 간부들에게 관련 지시를 이첩한 적 있냐는 질의에도 "지시하지 않았다"고 답했다.

행안위에 함께 출석한 고기동 행안부 장관 직무대행과 이호영 경찰청장 직무대행은 이 전 장관이 특정 언론사에 대한 단전·단수 협조 지시를 내렸다는 것에 대해 "들어본 적 없는 내용"이라고 말했다.

앞서 민주당 윤석열 내란진상조사단은 이진우 전 수도방위사령관 등 수방사 비밀조직이 지난해 2월부터 계엄 사태 당시 국회 단전을 위해 국회에 전력을 상시 공급하는 여의변전소를 사전에 답사하려 했다는 의혹을 제기하기도 했다.

윤 대통령은 지난해 12월 12일 대국민 담화에서 "국회 기능을 마비시키려 했다면 국회 건물에 대한 단전·단수 조치부터 취했을 것이고 방송 송출도 제한했을 것"이라며 "그러나 어느 것도 하지 않았다"고 말했다. 그러나 계엄 사태 당시 단전·단수를 통해 국회와 특정 언론사 제압을 기도한 정황이 드러났다.

이 전 장관은 지난해 12월 8일 사임했다. 이 전 장관은 계엄 사태 이후 국회 행안위에 출석해 "비상계엄령 선포는 고도의 통치행위로 대통령이 헌법에 규정된 권한을 행사한 것"이라며 윤 대통령을 옹호했다.

김송이 기자 songyi@kyunghyang.com
이예슬 기자 brightpearl@kyunghyang.com

윤석열 대통령 드디어 체포   2025년 1월 15일. 수.

윤석열 대통령 체포

윤가가 드디어 체포되었다. 2025년 1월 03일 공조본은 1차 체포영장을 집행하려 했으나 경호처 직원들이 결사 저지함으로 영장집행을 실패하고 빈손으로 돌아갈 수밖에 없었다. 그 결과 공수처는 국민들로부터 엄청난 질타를 받고 "공수처 해체하라"는 모욕적인 공격까지 받아야 했다.

공수처는 제1차 체포영장 유효기간을 넘기고, 제2차 체포영장을 법원에 신청해서 발부받았다. 적군과의 대치 국면이라면 오히려 작전하기 쉽다. 하지만 자국의 대통령 경호처는 적이 아니다. 그래서 상대방을 함부로 할 수가 없다. 이것이 공수처의 고충이었다.

제2차 체포영장을 받아 쥔 공수처가 2025년 1월 15일 2차 윤가 체포영장 집행에 나섰다. 이번에는 1차 체포시도 때와는 달리 경호처 인원보다 월등히 많은 병력을 움직여 한남동 대통령 관저를 향해 진군했다. 이날 04시에 선발대가 과천 공수처를 출발해서 04:28분 경 한남동 관저 앞에 당도했다. 본대는 선발대보다 조금 늦게 05:00시 경 당도했다. 이렇게 이른 시간임에도 불구하고 정치권 국힘당 의원 20여 명이 윤가를 지키려고 관저 앞에 나타났다.

공조본 수사팀이 경호원들에게 체포영장을 제시하고 관저로 들어가려 하자 국힘당 김기현 의원이 ;

"이 영장은 불법이다. 대통령을 망신주기 하는 것이냐?" 하며 저항했다.

법원이 발부한 영장을 불법이라고 하면 대한민국에 합법적인 영장을 발부하는 기관이 어디인가? 윤가는 서부지법이 발부한 영장은 불법이고 오직 중앙지방법원에서만 영장을 받아오라는 것이다. 서부지법도 대한민국 법원이고 중앙지법도 대한민국 법원인데 어느 법원에서 영장을 발부했던지 그

것이 왜 불법이란 말인가? 더구나 대통령관저가 서부지법 관할에 있으니 윤가를 체포하기 위해서는 당연히 서부지법이 체포영장을 발부해야 되는 것 아닌가? 일반 국민이 알고 있는 이런 상식은 다 잘못된 상식이고, 윤가의 주장만 다 옳다는 것인가? 윤가의 이런 트집은 오로지 시간을 벌어보려고 버티기 하는 법꾸라지들의 수작일 뿐이다.

07:45분 공조본 체포조가 관저 담을 넘어 관저내의 1차 저지선을 통과했다. 1차 저지선을 통과한 공수처와 경찰이 진입로를 따라 관저로 향하는데 도로에 대형버스를 가로로 세워둔 2차 저지선이 나왔다. 공수처와 경찰은 07:48분 버스 앞뒤 공간을 우회해서 2차 저지선을 쉽게 통과했다. 그리고 07:57 공조본 관저 앞 정문(철문)에 도착했다. 그런데 경호처 직원들이 철통방어를 할 거라는 예상과는 달리 경호원들이 보이지 않았다. 텅빈 관저 앞마당에 도착한 경찰은 겁이 덜컥 났다. '이게 어찌된 일인가?' '왜 아무도 없지?' '이것이 무슨 함정 아닌가?' 공포감이 엄습했지만 그것은 함정이 아니고 경호원들이 본인들의 업무에 대해 의문을 갖게 되었던 것이다. '경찰이 정상적인 국법에 의해 영장을 집행하는데 그 업무를 방해하는 우리가 범법자 아닌가?' 하는 자각이 일어 조직이 와해되는 과정이었다.

관저 정문에 도달한 체포조는 또 다른 궁금증이 생겼다.

"관저내부에 들어가면 윤 대통령이 있을까?"

이것이 또 한 번의 고비가 될 것 같았다. 많은 사람들이 생각하기에는 윤가가 체포조를 기다리고 있을 사람이 아니라는데 공통된 생각을 가지고 있었다.

08:05분 수사팀이 제3차 저지선인 관저 정문(철문)을 통과해서 관저 내부로 진입을 시도했다. 체포조가 관저 안으로 들어가자 대통령 비서실장 정진석과 윤가의 변호인 중 한 사람인 윤갑근도 관저내부로 들어갔다. 수사팀이 관저 내부로 들어가자 관저 내부가 긴박하게 돌아갔다. 다행히 윤가가 도주하지 않고 관저 안에 있었다. 관저 밖에서는

08:25분 검은 차량 3대가 관저 쪽으로 진입했고,

08:30분 관저에서 검정색 차 2대가 출차 했고,

08:37분 경호차 1대가 관저로 진입 했고,

08:40분 관저 안에서 윤가 체포영장 집행이 시작되었다.

공조본 체포조가 관저 안에서 윤가와 맞닥뜨리자. 윤가(내란 우두머리)가 '자진출석' 형식으로 공수처에 출석하겠다고 했다. 이것도 법꾸라지 윤가가 잔머리 굴리는 수작 중 하나다. 범인이 '자진출석' 하는 것과 '체포'되어 압송당하는 것 사이에는 법적으로 크나큰 차이가 있다고 한다. 이런 것을 잘 알고 있는 체포조가 윤가의 수작에 넘어가지 않았다. 아니 윤가의 요구사항은 체포조가 현장에서 범죄자에게 도저히 승낙할 수 없는 사안이었다. 윤가는 결국 관저에서 체포되어 공수처로 압송되었다.

이날은 공수처가 윤가 체포를 위해 한남동 대통령 관저를 향해 출발할 때의 예상과는 달리 어렵잖게 윤가를 체포할 수 있었다. 이것은 무엇보다도 대통령 경호처 직원들이 업무파악을 현명하게 해서 철통같았던 방어벽이 와해 되어버린 덕분이었다. 어렵잖게 윤가를 체포한 공조본 팀이 과천 공수처를 향해 출발했다.

10:33분 윤가 체포(계엄선포 후 43일 만에)

10:35분 경호차량 행렬 관저 출발

10:53분 윤가 수송차 공수처에 도착

공수처에 연행된 윤가가 공수처 338호 조사실에서 11:00부터 조사를 받았다. 조사는 총 10시간 40분 소요되었으나 휴식시간 빼고 실제 조사시간은 8시간 20분간이었다.(오전 조사 11:00~12:00 / 오후 조사 14:40~16:00 / 오후 조사 19:00~21:40) 그런데 윤가가 시종일관 묵비권을 행사하여 조사자의 질문에 대한 답변은 한 마디도 없었다. 그는 역시 비신사의 표본이었다.

경향신문PICK 2025년 1월 17일. 금.

[속보] 윤석열 측 "오전 10시 공수처 조사 안 받겠다"(조사거부)

입력 2025.01.17. 오전 9:10   이창준 기자

내란 우두머리(수괴) 혐의로 체포된 윤석열 대통령이 17일 예정된 공수처(고위공직자범죄수사처) 조사에 불참하겠다는 의사를 밝혔다.

윤 대통령 측 석동현 변호사는 이날 "대통령은 오늘 공수처에 출석하지 않는다"며 "첫날 공수처 조사자에게 충분히 기본 입장을 밝혔고 일문일답식 신문에 답할 이유나 필요성이 없다고 보기 때문"이라고 밝혔다.

공수처는 전날 윤 대통령에게 이날 오전 10시까지 공수처에 출석해 조사를 받으라고 통보했다. 윤 대통령이 공수처 조사 거부 의사를 밝힘에 따라 그는 체포 사흘째인 이날도 유치된 장소인 경기 과천 서울구치소에 머물 것으로 보인다.

윤 대통령은 지난 15일 오전 10시33분 용산구 한남동 대통령 관저에서 체포된 뒤 공수처에서 조사를 받았으나 진술을 거부했다. 윤 대통령은 체포 둘째 날인 16일 공수처의 조사 요구에 응하지 않고 서울구치소에 머물렀다. 윤 대통령은 15일 체포의 부당성을 주장하며 체포적부심사를 법원에 청구했으나 법원은 16일 밤 이를 기각했다.

윤 대통령 체포시한은 체포 시점으로부터 48시간 이내이지만 체포적부심사에 걸린 시간이 제외된다. 공수처는 윤 대통령 체포시한 전에 구속영장을 청구할 것으로 보인다. 이렇게 되면 윤 대통령은 주말 중에 구속 여부가 결정될 가능성이 높다.

〈윤가 9전9패〉

탄핵심판서류 수취거부 ·· 송달간주
서부지법 1차 체포영장 ·· 발부
서부지법 체포 수색영장 이의신청 ································· 기각
서부지법 2차 체포영장 ·· 발부
헌재 정계선 재판관 기피신청 ·· 기각
헌재변론기일일괄지정 이의신청 ···································· 불허
헌재 탄핵심판 변론 기일변경신청 ································ 불허
헌재 증거채택 결정 위법성 이의신청 ···························· 기각
중앙지법 체포적부심 청구 ··· 기각

한겨레PICK　2025년 1월 19일. 일.

[속보] 윤석열 구속…현직 대통령으로 헌정사 처음

입력2025.01.19. 오전 3:04　정혜민 기자 / 김가윤 기자

　내란죄 피의자인 윤석열 대통령이 구속됐다. 현직 대통령 구속은 헌정사상 처음이다.

　서울서부지법 차은경 영장당직 부장판사는 19일 내란 우두머리 및 직권남용·권리행사 방해 혐의를 받는 윤 대통령에 대한 구속영장을 발부하며 "피의자가 증거를 인멸할 염려가 있다"고 밝혔다. 윤 대통령의 구속영장실질심사는 영장당직인 차 부장판사 심리로 전날 오후 2시부터 저녁 6시50시까지 휴식시간을 제외하고 4시간30분 동안 진행됐다.

　윤 대통령은 당초 서울서부지법에 구속영장이 청구될 경우 불출석하겠다는 입장이었지만 변호인단의 설득으로 마음을 바꿔 영장실질심사에 출석해 법정에서 40분가량 직접 소명을 했다고 한다.

　앞선 영장실질심사에선 공수처 검사들이 먼저 구속의 필요성을 강조했다. 공수처는 구속영장에서 윤 대통령이 '전형적인 확신범'이라고 적시한 바 있다. 공수처 검사들은 영장실질심사에서도 윤 대통령이 부정선거 의혹에 확신을 가지고 비상계엄을 선포했기 때문에 언제든 극단적인 행위를 반복할 가능성이 있다고 주장한 것으로 알려졌다. 또 윤 대통령이 석방될 경우 자신에게 불리한 진술이나 행동을 한 인물들에 대한 보복 위험도 우려한 것으로 전해졌다. 공수처의 프레젠테이션은 70분 동안 이어졌다.

　윤 대통령 쪽에서는 김홍일·송해은 변호사가 방어에 나섰다. 윤 대통령의 변호인단은 비상계엄 선포 등이 죄가 되지 않을 뿐만 아니라 공수처에 내란죄 수사권이 없고 서울서부지법에 공수처가 청구한 구속영장을 발부할 관할권이 없다고 맞선 것으로 알려졌다. 아울러 공수처가 지난 15일 윤

대통령을 체포한 것은 군사상 비밀을 요하는 장소는 그 책임자의 승낙 없이는 수색이 불가하다고 규정한 형사소송법 110조를 위반해 불법이라고 주장한 것으로 전해진다. 윤 대통령 쪽의 반박도 공수처와 같이 70분 동안 이어졌다.

이후에는 윤 대통령이 직접 소명에 나섰다. 윤 대통령은 비상계엄을 선포할 수밖에 없었던 이유와 비상대권 행사를 내란죄로 처벌할 수 없다는 주장을 주로 한 것으로 알려졌다. 윤 대통령의 발언이 마무리되고 20분 동안 휴정한 뒤 재개된 심사는 같은날 저녁 6시50분까지 이어졌다. 윤 대통령은 심사 종료 전에도 5분 동안 최후 진술을 했다고 한다.

공수처 쪽에서는 지난 15일 윤 대통령 체포 당일 조사를 맡았던 차정현 수사4부 부장검사 등 검사 6명이 출석했다. 윤 대통령 쪽 변호인으로는 김홍일·윤갑근·송해은·석동현·차기환·배진한·이동찬·김계리 변호사 8명이 나왔다.

윤 대통령을 변호하는 윤갑근 변호사는 영장실질심사 후 기자들을 만나 "(윤 대통령은) 사실관계나 증거관계, 법리 문제에 대해서 성실하게 설명하고 답변했다"면서 공수처가 주장하는 재범 위험에 대해서는 "말이 안 되는 이야기라고 분명히 설명했다"고 했다. 공수처 검사들은 기자들의 질문에 아무런 답변을 하지 않았다.

구속기간은 체포 시점으로부터 최장 20일이기 때문에 이 기간 안에 공소제기가 이뤄질 전망이다. 15일로부터 20일째 되는 날은 다음달 3일께지만 체포적부심에 소요된 기간을 제해야 하고 윤 대통령 쪽에서 구속의 적절성을 다투는 구속적부심을 신청할 가능성도 있어 기소 일정은 더 늦어질 수도 있다.

공수처는 대통령에 대한 기소권이 없기 때문에 공소제기를 위해서는 사건을 검찰로 이첩해야 한다. 앞서 검찰과 공수처는 법원에 구속기간 연장을 신청해야 하는 구속 10일째 이전에 사건을 검찰에 송부하기로 합의한 바 있다. 이 때문에 공수처는 설 연휴 이전 윤 대통령을 검찰로 이첩할 것으로 보인다.

정혜민 기자 jhm@hani.co.kr, 김가윤 기자 gayoon@hani.co.kr

서부지방법원 폭동 2025년 1월 20일. 목.

2025년 1월 18일 저녁부터 19일 새벽까지 대한민국 서울 서부지방법원에서 폭동이 일어났다. 폭도는 윤석열 대통령을 지지하는 극우세력들이다. 20대 30대 젊은이들이 주축이 된 이 폭도들은 법원 내부에 침입해서 7층까지 오르내리며 법원 기물을 파손하는 등 난동을 부렸다. 이들의 폭동이유는 왜 대통령 구속영장을 발부했느냐는 것이다.

검찰 공소장에 적시된 서부지방법원 폭동 가담자는 63명이었다. 이들은 지난달 18일 저녁부터 19일 새벽까지 서부지방법원에 침입해서 경찰의 공무 집행을 방해하고, 집기를 파손하면서 난동을 부렸다.

폭도 중 한 사람은 편의점에서 라이터 기름을 사가지고 들어가 종이에 적신 다음 불을 붙여 유리창을 깨고 사무실 내부에 던져 방화를 시도했다. 당시 법원 건물 내부에는 당직 공무원들이 있었음에도 폭도들은 기름통에 구멍을 뚫어 깨진 창문을 통해 건물 안쪽으로 기름을 뿌리고 방화를 시도했다. 다행히 큰 화재로 번지지는 않았지만 절대로 있을 수 없는 만행을 그들은 저질렀다.

20일 박은정 조국혁신당 의원이 법무부에서 받은 서부지법 난입 피고인 63명의 공소장을 보면 특수건조물침입 혐의를 받는 49명은 윤가의 구속영장이 발부된 지난달 19일 오전 3시쯤 법원 후문을 열고 들어갔다. 이들 중 일부는 윤석열 대통령 구속영장을 발부한 판사를 찾겠다며 7층까지 올라가 사무실 문을 발로 차 부수고 형사 단독 판사실 내부로 들어갔다. 이들은 해당 판사를 찾지 못하자 ;

"XX문 이거 다 부숴야 되는 거 아니야" "여기 판사실인데 여기 있을 것 같은데"

"저 안에 숨었을 수도 있지. 방 안에 숨었을 것 같아"

"XX문 발로 차 버리자."

등의 말을 주고받으며 사무실을 수색한 것으로 확인됐다.

한 피고인은 지난달 19일 새벽 5시 50분쯤 법원 후문 앞 공터에서 경찰관에게 ;

"야, 너희들은 개야, 짖으라면 짖고 물라면 무는 개"라고 말하는 등 조롱하고, 질서 유지 업무를 하던 경찰의 얼굴을 가격하기도 했다. 다른 가담자들이 벽돌과 페트병 등을 법원에 던져 유리창을 깨뜨리거나 당직실에 있던 전자레인지를 들고 나와 법원 출입문을 향해 던진 것, 경찰관을 향해 물병을 던진 것, 소화기로 법원 자동 유리문을 내리친 것 등 당시 상황도 구체적으로 적시됐다. 절대로 있어서는 안 될 폭동이 2025년 1월에 대한민국 수도 서울에서 그것도 법원 사무실이 점거 당한 채 일어났다. 이 일이 어째서 일어났는가? 윤가 때문이다. 그래서 국민은 그를 내란우두머리라고 의심할 수밖에 없다. 그런데 내란우두머리 혐의를 받고 있는 윤가 본인과 그 지지자들은 내란을 일으키지 않았다고 범죄를 부인한다. 그렇다면 이런 폭동이 왜 일어났는가? 폭도들이 땅속에서 솟아올랐나? 하늘에서 떨어졌나? 국민은 그 사건이 내란인지 아닌지 신속히 밝혀지기를 기다린다.

윤석열 대통령 공소장 2025년 1월 19일. 일.

〈윤석열 공소장〉

I. 사건관계인들의 신분 및 지위

피고인(윤석열 대통령)은 1979. 2.경 A고등학교를 제8회로 졸업하였고, 1991. 10.경 제33회 사법 시험에 합격하여 1994. 2.경 사법연수원을 제23기로 수료한 다음 대구지방검찰청 검사로 임관하고, 2021. 3. 4.경 검찰총장으로 퇴직하였으며, 2022. 3. 9. 대한민국 제20대 대통령으로 선출된 후 2022. 5. 10. 취임하여, 헌법과 법률이 정하는 바에 의하여 국군을 통수하고(대한민국 헌법 제74조), 정부의 수반으로서 법령에 따라 모든 중앙행정기관의 장을 지휘 감독하는 사람으로, 2024. 12. 3. 직무집행에 있어서 헌법과 법률을 중대하게 위반하였다는 사유로 2024. 12. 14. 국회에서 탄핵소추 의결되어 그 권한행사가 정지되었다.

국방부장관 나OO은 1978.2.경 A고등학교를 제7회로 졸업하였고, 1982. 3.경 육군사관학교(이하 '육사'라고 함)를 제38기로 졸업하고 소위로 임관한 이래 수도방위사령관, 합동참모본부 작전본부장 등으로 근무하다가 2017. 11. 30. 육군중장으로 전역하였고, 2022. 5. 10.부터 2024.9. 6.까지 대통령실 경호처장으로 근무하였으며, 2024. 9. 6.부터 2024.12. 5.까지 국방부 장관으로 재직하면서 국방에 관련된 군정 및 군령과 그 밖에 군사에 관한 사무를 관장하고(정부조직법 제33조), 대통령의 명을 받아 합동참모의장과 각 군 참모총장을 지휘·감독(국군조직법 제8조)하였던 사람으로, 2024. 12. 27. 서울중앙지방법원에 내란중요임무종사죄 등으로 구속 기소되어 현재 재판 계속 중이다.

육군참모총장 다OO는 1990. 3.경 육사를 제46기로 졸업하고 소위로 임관한 이래 제a보병사단장, 제b군단장 등으로 근무하다가 2023. 10. 30.

육군참모총장으로 임명되어, 국방부 장관의 명을 받아 육군을 지휘·감독(국군조직법 제10조 제2항, 제1항)하던 중 2024. 12. 3. 피고인의 비상계엄선포 이후 계엄사령관으로 임명되었던 사람으로, 2025. 1. 3. 중앙지역군사법원에 내란중요임무종사죄 등으로 구속 기소되어 현재 재판 계속 중이다.

국군방첩사령관 라OO은 1988. 2.경 A고등학교를 제17회로 졸업하였고, 1992. 3.경 육사를 제48기로 졸업하고 소위로 임관하여 제c공수특전여단장, 제d보병사단장 등으로 근무하다가 2023. 11. 6. 국군방첩사령관에 임명되어, 국방부 장관의 명을 받아 국군방첩사령부의 업무를 총괄하고, 소속 부대 및 기관을 지휘·감독(국군방 첩사령부령 제8조 제1항)하였던 사람으로, 2024. 12. 31. 중앙지역군사법원에 내란중요임무종사죄 등으로 구속 기소되어 현재 재판 계속 중이다.

육군특수전사령관 마OO은 1991. 3.경 육사를 제47기로 졸업하고 소위로 임관하여 제e보병사단장 등으로 근무하다가 2023.11. 6. 육군특수전사령관으로 임명되어, 합동참모의장의 작전 지휘·감독을 받을 경우를 제외하고는 육군참모총장의 명을 받아 육군특수전사령부의 업무를 통할하며, 사령부에 예속 또는 배속된 특수전부대를 지휘·감독(육군특수전사령부령 제3조)하였던 사람으로, 2025. 1. 3. 중앙지역군사법원에 내란중요임무종사죄 등으로 구속 기소되어 현재 재판 계속 중이다.

수도방위사령관 바OO는 1992. 3.경 육사를 제48기로 졸업하고 소위로 임관하여 제f기갑여단장, 제g보병사단장 등으로 근무하다가 2023. 11. 6. 수도방위사령관으로 임명되어, 합동참모의장의 작전 지휘·감독을 받는 경우를 제외하고는 육군참모총장의 명을 받아 수도방위사령부의 업무를 통할하고 사령부에 예속 또는 배속된 부대를 지휘·감독(수도방위사령부령 제5조 제1항)하였던 사람으로, 2024. 12. 31. 중앙지역군사법원에 내란중요임무종사죄 등으로 구속 기소되어 현재 재판 계속 중이다.

정보사령관 사OO는 1994.3.경 육사를 제50기로 졸업하고 소위로 임관하여 제h보병사단 제i보병연대장 등으로 근무하다가 2023.11. 9. 정보사령관에 임명되어, 군사 관련 영상·지리공간·인간·기술·계측·기호 등의 정보의 수집 및 적의 위 정보 수집에 대한 방어 업무를 관장하는 정보사령부에 예속 또는 배속된 부대를 지휘·감독(국방정보본부령 제4조 제2항 제1호)하였던 사람으로, 2025. 1. 6. 중앙지역군사법원에 내란중요임무종사죄 등으로 구속 기소되어 현재 재판 계속 중이다.

전(前)정보사령관 아OO은 1985.3.경 육사를 제41기로 졸업하고 2015. 11. 5.부터 2016. 10. 24.까지 정보사령관, 2018. 1. 8.부터 2018.10. 1.까지 육군정보학교장으로 근무하다가 2019. 3. 23. 장교 결격 사유에 해당하게 되어 제적된 사람으로, 2025. 1. 10. 서울중앙지방법원에 내란중요임무종사죄 등으로 구속 기소되어 현재 재판 계속 중이다.

경찰청장 자OO는 1990.3.경 경찰대학을 제6기로 졸업하고 경위로 임관하여 서울특별시경찰청장 등으로 근무하다가 2024. 8. 10.부터 경찰청장에 임명되어, 국가경찰사무를 총괄하고 경찰청 업무를 관장하며 소속 공무원 및 각급 경찰기관의 장을 지휘 감독(국가경찰과 자치경찰의 조직 및 운영에 관한 법률 제14조 제3항)하였던 사람으로, 2024. 12. 3. 직무집행에 있어서 헌법과 법률을 중대하게 위반하였다는 사유로 2024. 12. 12. 국회에서 탄핵소추 의결되어 그 권한 행사가 정지되었고, 2025. 1. 8. 서울중앙지방법원에 내란중요임무종사죄 등으로 구속 기소되어 현재 재판 계속 중이다.

서울특별시경찰청장 차OO은 1989. 3.경 경찰대학을 제5기로 졸업하고 경위로 임관하여 경기남부경찰청장 등으로 근무하다가 2024. 8. 16. 서울특별시경찰청장에 임명되어, 경찰청장의 지휘 감독을 받아 관할구역의 소관 사무를 관장하고 소속 공무원을 지휘 감독(국가경찰과 자치경찰의 조직 및 운영에 관한 법률 제28조 제 3항)하였던 사람으로, 2025. 1. 8. 서울중앙지방법원에 내란중요임무종사죄 등으로 구속 기소되어 현재 재판 계속 중이다.

퍼OO은 1986. 3.경 학군사관 24기로 임관한 후 수도방위사령부 헌병단 수사 과장, zzz군단 헌병대 헌병대장, 국방부 조사본부 수사단장, aaaa

군단 헌병대 헌병대장, nnn군 헌병대 헌병대장으로 근무하다가 2018. 12. 31. 전역한 사람으로, 2025. 1. 15. 서울중앙지방법원에 내란중요임무종사죄 등으로 구속 기소되어 현재 재판 계속 중이다.

II. 내란

1. 국정 상황에 대한 피고인 등의 인식

윤석열 정부는 2022. 5.경 출범 당시부터 국회의 여소야대 상황으로 인해 주요 정책 추진 과정에서 야당과 갈등을 빚어왔는데, 임기 중반에 실시된 제22대 국회의원 선거에서는 여소야대 상황이 더욱 가중되었다.

2024. 5. 30. 제22대 국회 개원 이후 야당이 쟁점 법안들을 단독 처리하면 피고인이 재의요구권을 행사하는 일이 반복되었고, 2024. 11. 28. 감사원장 및 검사 3명에 대한 탄핵소추안이 본회의에 부의되고 2024. 11. 29. 국회예산결산특별위원회에서 정부예산안에 대해 증액 없이 감액만 반영한 예산안이 야당 단독으로 처리되는 등 정부와 야당의 갈등이 계속 심화되었다.

한편 제21대 국회의원 선거(2020. 4. 15. 실시) 당시 제기된 부정선거 의혹에 대한 검찰의 불기소 결정과 선거무효에 해당하지 않는다는 법원의 판결이 있었고, 선거관리위원회 직원의 이메일이나 선거관리위원회 PC가 해킹되었다는 것이 알려져 보안 점검이 실시된 결과, 해킹이 부정선거로 이어졌다는 것은 확인되지 않았지만 선거관리위원회 보안 시스템의 취약성은 지적되었다.

평소 피고인은 '우리 사회 곳곳에 암약하고 있는 종북주사파를 비롯한 반국가세력들을 정리하지 않고는 대한민국의 미래가 없다. 반국가세력을 정리하고 자유민주주의 체제를 수호하고, 헌법 가치와 헌정 질서를 갖추어 미래 세대에 제대로 된 나라를 물려줄 책임이 있다. 나는대통령이 끝날 때까지 이 일을 위해 최선을 다할 것이다'라는 취지의 말을 자주하였고, 국방부 장관 나OO(이하 '나OO'이라고 함)은 위와 같은 피고인의 말에 적극

동조하였다.

특히, 이들은 거대 야당의 의회 독재로 인하여 국정이 마비되고 경제 위기가 가중되고 있으며, 야당을 국가 안보와 사회 안전을 위협하는 반국가세력으로 인식하는 한편, 선거관리위원회 보안시스템의 취약성이 선거 결과에 부정한 영향을 미쳤다는 의심을 하고 있었다.

2. 주요 군지휘관들과의 모임과 정치 상황에 대한 불만 토로

피고인은 제22대 국회의원 선거를 앞둔 2024. 3. 말 ~ 4. 초순경 서울 종로구 삼청동에 있는 대통령 안가에서 당시 국방부 장관 카OO, 국가정보원장 타OO, 국군방첩사령관 라OO(이하 '라OO'이라고 함) 및 나OO(당시 경호처장)과 함께 식사하였는데, 그 자리에서 시국상황이 걱정된다고 하면서 '비상대권을 통해 헤쳐나가는 것밖에는 방법이 없다', '군이 나서야 되지 않느냐, 군이 적극적인 역할을 해야 하지 않겠느냐'고 말하였다.

이후 나OO은 2024. 4. 중순경 서울 용산구 한남동에 있는 경호처장 공관에서 라OO, 육군특수전사령관 마OO(이하 '마OO'이라고 함), 수도방위사령관 바OO(이하 '바OO'라고 함)와 함께 저녁식사를 하던 중 '사회적으로 노동계, 언론계, 이런 반국가세력들 때문에 나라가 어려움이 있다'고 말하면서 시국상황에 대해 이야기하였으며, 나아가 2023. 11.경 동시에 교체된 라OO, 마OO, 바OO 상호 간에도 협력할 수 있는 계기가 마련되었다. 그 후 라OO, 마OO, 바OO는 2024.5.경 평일 저녁에 서울 강남에서 함께 식사하면서 피고인과 나OO이 종종 말하는 계엄이 현실성있는 것인지에 관하여 논의하기도 하였다.

피고인은 2024. 5.~ 6.경 위 삼청동 안가에서 나OO, 라OO과 함께 저녁식사를 하던 중, 시국 걱정을 하면서 '비상대권이나 비상조치가 아니면 나라를 정상화할 방법이 없는가'라고 말하였다.

또한, 피고인은 2024. 6. 17.경에도 위 삼청동 안가에서 나OO, 라OO, 마 OO, 바OO 및 합동참모본부 차장 파OO(현 지상작전사령관)과 함께 저녁식사를 하면서 시국 상황에 관해 이야기하였고, 나OO은 피고인에게 '이

4명이 대통령께 충성을 다하는 장군'이라고 말하였다.

피고인은 2024. 8. 초순경 저녁 대통령 관저에서 나OO, 라OO과 함께 있는 자리에서, 정치인과 B노총 관련자들에 대해 언급하면서 '현재 사법체계 하에서는 이런 사람들에 대해 어떻게할 방법이 없으므로, 비상조치권을 사용하여 이 사람들에 대해 조치를 해야 한다'는 취지로 말하였다.

피고인은 국군의날 시가행진을 마친 후 2024.10. 1. 20:00경 대통령 관저에서 나OO, 라OO, 마OO, 바OO와 함께 본인이 직접 준비한 음식들로 식사를 하면서, 정치인 관련 시국 이야기, 언론 방송계와 B노총과 같은 노동계에 있는 좌익세력들에 관한 이야기, 비상대권 관련 이야기 등을 나누었다.

3. 국방부 장관 임명 후 비상계엄 사전 모의 및 준비

가. 국방부 장관 임명 과정

피고인은 2024.8. 12. 나OO을 국방부 장관으로 지명하였는데 C당 하OO 대표와 갸OO, 냐OO 의원 등이 나OO을 국방부 장관으로 임명하여 계엄을 준비하려 하고 있다고 주장하자, 2024. 8. 26. 대통령실 대변인 댜OO을 통해 'C당의 계엄령 준비설은 근거 없는 괴담'이라는 입장을 발표하였고, 나OO은 2024. 9. 2. 국회 인사청문회에서 '대한민국의 상황에서 과연 계엄을 한다고 하면 어떤 국민이 용납하겠냐, 솔직히 저는 우리 군도 안 따를 것 같다'고 답변하였으며, 2024. 9. 6. 제50대 국방부 장관으로 임명되었다.

나. 정보사령관 관련 인사조치

전(前) 정보사령관 아OO(이하 '아OO'이라고 함)은 2024.8.말경 내지 9.초경 불상의 장소에서 나OO(당시 국방부 장관 내정자)에게, '정보사령부 군무원 군사기밀유출' 사건과 관련한 하급자 폭행 및 직권남용에 대한 문책성으로 당시 국방부 장관 카OO의 지시에 따라 인사 조치가 검토되고 있던 정보사령관 사OO(이하 '사OO'라고 함)의 유임을 조언하였다.

이에 나OO은 국방부 장관으로 취임한 직후인 2024. 9. 6.경 국방부 인사기획관 랴OO에게 사OO를 정보사령관으로 계속 근무할 수 있도록 조치하라고 지시하였다.

다. 피고인과 나OO 및 주요 군지휘관들의 사전 모의

나OO이 국방부 장관으로 취임한 이후에도, 야당에서는 여전히 피고인과 나OO에 의한 계엄 선포 가능성에 대한 우려를 표명하였고, C당은 이를 차단해야 한다는 이유로 계엄 선포시 국회의 사전 동의를 요건으로 하는 내용의 계엄법 개정안을 2024. 11. 4. 당론으로 채택하였다.

나OO은 2024. 11. 9.경 서울 용산구 한남동에 있는 국방부 장관 공관 2층 식당에서 라OO, 마OO, 바OO와 함께 식사를 하였고, 이 때 피고인도 중간에 합류하게 되었다. 그 자리에서 피고인은 시국에 관한 이야기를 하면서 '특별한 방법이 아니고서는 해결할 방법이 없다'는 취지로 비상계엄에 관해 이야기하였다.

그러던 중, 나OO이 마OO에게 육군특수전사령부는 어떻게 할 것인지를 묻자, 마OO은 '특전사는 1, 3, 9여단 등 예하 부대 준비 태세를 잘 유지하겠습니다'라고 말하였고, 이어서 나OO이 바OO에게도 어떻게 할 것인지를 묻자, 바OO는 수도방위사령부 역시 출동 태세를 갖추겠다고 말하였다.

그리고 피고인도 바OO에게 수도방위사령부의 부대 편성 등에 관해 물었고, 바OO는 개략적인 부대 편성과 국가 중요시설이 위험할 때 수도방위사령부가 어떻게 출동하는지를 설명하였다.

라. 피고인의 발언 수위 고조 및 나OO의 사전 준비

피고인은 2024. 11. 24.경 대통령 관저에서 나OO과 차를 마시던 중 '정말 나라가 이래서 되겠느냐'고 말하면서 야당이 제기하는 먀OO 공천 개입 의혹, 우크라이나 전쟁 관련 북한의 파병과 무기 지원을 둘러싼 야당과의 대립, C당 대표 하OO 재판 및 수사 관련 판·검사 탄핵 가능성, 감사원장과 국방부 장관에 대한 탄핵 추진 등을 걱정하였고, '이게 나라냐. 바로잡아야 한다. 미래 세대에 제대로 된 나라를 만들어주기 위해서는 특단의 대책이 필요하겠다', '국회가 패악질을 하고 있다'고 말하면서 비상대책이 필요하다고 주장하였다.

나OO은 피고인의 위와 같은 말을 들으면서 조만간 피고인이 비상계엄 선포를 결심할 때를 대비해야겠다고 생각하면서, 우선 비상계엄 선포에 꼭 필요한 계엄 선포문, 대통령의 대국민 담화문, 포고령의 초안을 미리 준비하기로 하였다.

나OO은 2024. 11. 24.경부터 2024. 12. 1.경까지 사이에 2017. 3.경 뱌OO 정부 시절 국군기무사령부(현 국군방첩사령부)의 주도로 작성된 계엄령 문건(뱌OO 전 대통령에 대한 헌법재판소의 탄핵심판 결과에 불복하여 폭동이 발생할 경우를 대비하여 계엄을 계획하는 문건)과 과거에 발령되었던 비상계엄 하에서의 포고령 등을 참고하여 피고인이 비상계엄 선포를 결심하면, 신속하게 사용할 수 있도록 계엄 선포문, 대국민 담화문, 포고령의 초안을 작성해두었다.

나OO은 2024. 11. 30. 18:00경 국방부 장관 공관에서 라OO으로부터 인사 관련 보고를 받으면서 '조만간 계엄을 하는 것으로 대통령이 결정하실 거다. 더 이상 이 난국을 두고 볼 수 없다. 국회를 계엄군이 통제하고, 계엄사가 선관위와 여론조사E 등의 부정선거와 여론조작의 증거를 밝혀내면 국민들도 찬성할 것이다', '나라를 바로잡기 위해서는 대통령이 헌법상 가지고 있는 비상조치권, 계엄 같은 이런 거를 이제는 할 수밖에 없다', '조만간 계엄을 할 수도 있다', '계엄령을 발령해서 국회를 확보하고, 선관위의 전산 자료를 확보해서 부정선거의 증거를 찾고 해야 한다', '이것은 대통령이 가지고 있는 헌법상 비상대권의 일환이고, 국군통수권자인 대통령이 하시는 일이니 전혀 문제가 없다'고 말하는 등 라OO에게 조만간 비상계엄이 선포될 수 있음을 알려주었다.

이후 나OO은 라OO과 함께 국방부 장관의 공관 인근에 있는 대통령 관저로 이동하여 2024. 11. 30. 23:00경까지 피고인과 함께 대화를 나누었는데, 그 자리에서 피고인은 국무위원과 감사원장 등의 탄핵을 추진하고 대통령이 추진하려는 사업의 예산을 삭감하는 야당을 비판하며 '내가 어떻게 해야 할지 모르겠다', '헌법상 비상 조치권, 비상대권을 써야 이 난국을 해결할 수 있다'고 말하였고, 이에 나OO과 라OO은 피고인이 곧 비상계엄을 선포할 것임을 확신하게 되었다.

마. 피고인의 구체적 지시 및 나OO의 지시 이행

피고인은 2024.12. 1. 11:00경 나OO을 불러 '어느 나라 국회에서 22건이나 되는 탄핵을 발의하고 헌법기관인 감사원장을 탄핵해서 헌재의 재판대에 세우냐. 이건 선을 넘었다', '특정인을 수사하는 검사 3명을 탄핵하는 것도 말이 되느냐. 사법 체계가 안 무너지는 것이 이상하다'고 말하고, '초유의 예산 삭감이 발생하고, 사법 체계가 무너지고 정부 주요 인사들에 대한 탄핵이 시도되고 감사원장과 검사 3명까지 탄핵하는 것은 사법뿐만 아니라 행정까지 마비시키는 패악질'이라고 하면서 '이걸 여기서 중단시키지 않으면 나라의 미래가 없다'라며 분노하였고, '국가비상 대책을 강구해야 한다'고 말하였다.

그 후 피고인은 나OO에게 '지금 만약 비상계엄을 하게 되면 병력 동원을 어떻게 할 수 있느냐'고 물어, 나OO으로부터 '수도권에 있는 부대들에서 약 2~3만 명 정도 동원이 되어야 할 것인데, 소수만 출동한다면 특전사와 수방사 3000~5000명 정도가 가능하다'고 보고받았다.

그러자 피고인은 경찰력을 우선 배치하고 군은 간부 위주로 투입하는 방법을 이야기하면서, 다시 나OO에게 '간부 위주로 투입하면 인원이 얼마나 되냐'고 물어 나OO으로부터 수방사 2개 대대 및 특전사 2개 여단 등 약 1000명 미만이라고 보고받았다. 그러자 피고인은 '그 정도 병력이라면 국회와 선관위에 투입하면 되겠네'라고 말하였다.

계속해서 피고인은 나OO에게 '계엄을 하게 되면 필요한 것은 무엇이냐'라고 물었고, 이에 나OO은 '첫 번째로 계엄 선포문이 있어야 하고 이를 국무회의 안건으로 올려야 한다. 두 번째로 대통령의 대국민 담화문, 세 번째로 포고령이 필요하다'고 보고하였으며, 피고인은 나OO에게 '준비할 수 있냐'고 하였다.

이에 나OO은 미리 준비해 두었던 계엄 선포문, 대국민 담화문, 포고령의 초안을 피고인에게 보고하였고, 이를 검토한 피고인은 포고령 중 '야간 통행금지' 부분을 삭제하는 등 보완할 것을 지시하였으며, 나OO은 2024. 12. 2. 저녁 경 위 보완 지시대로 계엄 선포문, 대국민 담화문, 포고령을 수정하여 피고인에게 보고하였고, 피고인은 수정된 위 문건들을 검토한 후 별다른 수정 없이 '됐다'고 말하여 이를 승인하였다.

바. 피고인 등의 국헌문란 목적

피고인과 나OO은 야당이 쟁점 법안들에 대한 단독 처리를 강행하고, 형법상 간첩죄 개정에 반대하며, 정권 퇴진 탄핵 집회를 지속하고, 국무위원 등 다수의 고위 공직자들을 탄핵하며, C당 대표에 대해 유죄를 선고한 판사에 대한 탄핵까지도 검토하고, 정부가 추진하는 주요 사업의 예산을 삭감하며, 선거관리위원회의 부정선거 의혹과 여론조사기관의 여론조작 등으로 국정운영이 어려워졌다는 이유로 비상계엄을 선포하기로 하였다.

그러나 위와 같은 사정들은 헌법상 계엄을 선포할 수 있는 요건인 '전시·사변 또는 이에 준하는 국가비상사태', '병력으로써 공공의 안녕 질서를 유지할 필요가 있는 경우'에 해당하지 않고, 계엄법상 비상계엄을 선포할 수 있는 요건인 '사회질서가 극도로 교란(攪亂)되어 행정 및 사법(司法) 기능의 수행이 현저히 곤란한 경우', '군사상 필요에 따르거나 공공의 안녕 질서를 유지하기 위한 경우'에도 해당되지 않는다.

또한 피고인과 나OO, 육군참모총장 다OO(이하 '다OO'라고 함), 라OO, 마OO, 바OO, 사OO, 경찰청장 자OO(이하 '자OO'라고 함), 서울특별시경찰청장 차OO(이하 '차OO'이라고 함), 아OO, 전 nnn군헌병대장 퍼OO(이하 '퍼OO'이라고 함) 등은 비상계엄 선포 후 군과 경찰을 동원하여 우선 국회를 봉쇄하고, 국회, 선거관리위원회 3곳(과천청사, 관악청사, 수원선거연수원), C당 당사, 여론조사E을 장악한 다음 포고령에 근거하여 국회의원 정치인 등 주요 인사와 선거관리위원회 관계자들을 영장 없이 체포 구금하려 하였고, 법률상 근거 없이 선거관리위원회의 전산 자료를 영장 없이 압수하여 부정선거 및 여론조작 관련 증거를 확보하려고 하였으며, 국회의원들의 비상계엄 해제요구안 의결을 저지하려고 하였고, 국회를 무력화시킨 다음 별도의 비상 입법기구를 창설하려고 하는 등 헌법상 보장되는 정당제도와 헌법기관인 국회 및 선거관리위원회의 권능 행사를 불가능하게 하려고 하였다.

결국, 피고인과 나OO, 다OO, 라OO, 마OO, 바OO, 사OO, 자OO, 차OO, 아OO, 퍼OO 등은 비상계엄을 선포하고 다수의 군인과 경찰을 동원하여 국회의원과 선거관리위원회 관계자들을 체포 구금 등으로 강압함으로써 그 권능 행사를 불가능하게 함과 동시에 의회 제도를 부인하고, 선거관리위원회와 정당을 장악하고 전산 자료를 무단으로 확보하고, 영장주의 등 헌법과 형사소송법상의 기능을 소멸시킬 목적, 즉 '국헌을 문란하게 할 목적'으로 폭동을 일으키기로 모의 및 준비하였다.

4. 주요 군 경찰의 비상계엄 선포 전 상황

가. 육군특수전사령부의 상황

(1) 육군특수전사령부의 법령상 임무와 편성

육군특수전사령부는 육군특수전사령부령에 따라 육군의 특수전을 수행하기 위하여 창설된 부대로, 평시에는 테러 진압, 전시에는 적진 침투 및 표적 제거 등 임무를 맡고 있고, 그 임무 완수를 위해 꾸준히 육상 침투, 적진압 등 훈련을 실시하고 있으며, 그 예하 부대로 제j공수특전여단, 제k공수특전여단, 제l공수특전여단, 제m공수특전여단, 제c공수특전여단, 제kkk여단, 제n특수임무단, o항공단, p지원단등 을 두고 있다.

(2) 비상계엄 선포 대비 지시와 영내 활동 위주의 부대 운영 지시

마OO은 2024. 12. 1. 오후경 나OO으로부터 '정국이 혼란하여 계엄 상황이 있을지 모르니 비상 상황에 대비하라. 계엄 상황이 발생하면 국회,

중앙선거관리위원회 과천청사, 관악청사 및 수원 선거연수원, C당 당사, 여론조사E에 육군특수전사령부 부대를 투입시켜 시설을 확보하라'는 지시를 받았다.

나OO의 지시를 받은 마OO은 예하 부대의 특성과 지리적 접근성 등을 고려하여 제j공수특전여단(여단장 샤OO)을 국회와 C당 당사로, 제k공수특전여단(여단장 야OO)을 중앙선거관리위원회 과천청사 및 수원 선거연수원으로, 제m공수특전여단(단장 쟈OO)을 중앙선거관리위원회 관악청사 및 여론조사E으로, 제n특수임무단(단장 챠OO), o항공단(단장 캬OO)을 국회로 각각 투입하고, 제l공수특전여단(여 단장 착OO), 제kkk여단(여단장 교OO), p지원단(단장 쵸OO)에는 위 투입 부대지원 임무를 부여하기로 계획하였다.

이후 마OO은 2024. 12. 1. 17:10경 제j공수특전여단장 샤OO에게 '북한 도발 가능성이 커졌으니 12. 4.경부터 1달간 예정된 제lll대대의 제주도 숙영 훈련을 연기하라. 다음 주 1주간은 전 부대의 야외 훈련을 중단하고 영내에서만 훈련하라'고 지시하였다.

(3) 출동 준비 태세 지시

마OO은 2024. 12. 2. 10:00~13:00경 인천 계양구에 있는 p지원단에서 진행된 '한빛부대 남수단 파병 환송식' 행사에서 제j공수특전여단장 샤OO, 제m공수특전여단장 쟈OO, p지원단장 쵸OO을 만나 '다음 주에 북한 오물 풍선 등 도발 가능성이 아주 크다는 정보가 있다. 여단별로 출동 가능한 대대가 몇 개냐. 대대장에게까지 알릴 필요는 없으나 출동 준비 태세는 갖추고 있어라. 상황이 발생할 수 있으니 영외 훈련을 중단하라'라고 지시하였고, 2024. 12. 2. 15:26경 제k공수특전여단장 야OO에게도 '상황이 녹록지 않다. 대비 태세를 잘 유지해라. 나는 내일 일과 이후에도 전투복을 입고 집무실에서 대기할 수도 있다'고 말하였으며, 2024. 12. 2. 17:00경에는 제n특수임무단장 챠OO를 집무실로 불러 '서울 지역에 북한에 의한 직간접적인 도발이 있을 수 있다', '최근에는 북한이 한국 내북한 동조 세력인 민간인을 동원하여 도발을 감행할 가능성이 커졌다', '서울지역 동시

다발 테러에 대해 총 없이 비살상 무기를 이용한 진압 작전을 준비해보자'
고 지시하였다.

그 후 피고인은 2024. 12. 2. 저녁 무렵 나OO의 비화폰으로 마OO에게 전화를 걸어 '며칠 이후로 준비되면 보자'고 말하여 마OO이 '알겠습니다'라고 답변하였고, 옆에 있던 나OO이 피고인으로부터 전화를 건네받아 '깜짝 놀랐지. 내일 보자'라고 말하였다.

(4) 출동 대기 준비 태세 강화

마OO은 2024. 12. 3. 08:00경 참모장 탸OO, 작전처장 퍄OO, 정보처장 햐OO, 교육훈련처장 거OO에게 '현재 상황이 심각하다. 대비 태세를 철저히 갖추자'고 지시하면서 '전방상황 등으' 엄중하여 당분간 부대에서 늦게 퇴근하겠다'고 말하였고, 2024. 12. 3. 10:55~11:26경 o항공단장 캬OO에게 '오늘 불시에 헬기 출동 훈련이 있을 수 있으니 대비를 철저히 하라'고 지시하면서 '오늘 헬기 몇 대가 출동 가능하냐'고 물어 UH-60헬기(일명 '블랙호크') 12대가 출동 가능하다는 것을 미리 확인한 후 '오늘 헬기 출동 훈련은 21:30경 진행할 가능성이 있고, 불시 훈련이니 작전 보안을 철저히 유지하라'고 지시하였다.

계속해서 마OO은 2024.12. 3. 11:09~11:48경 제n특수임무단장 챠OO에게 직접 '오늘 부대원들 비상 소집시켜서 불시 점검 하라', '작전복 착용 등 훈련 준비 태세를 유지하라'고 지시하였고, o항공단장 캬OO에게 '오늘 야간에 헬기 12대를 이용할 수 있게 준비하라'고 지시하였으며, 2024. 12. 3. 13:17~13:20경 o항공단장 캬OO을 통해 작전지원과장 더OO, 작전지원과 항공작전장교 러OO에게 헬기 12대의 원활한 이착륙이 가능하도록 육군특수전사령부 본부 및 제n특수임무단 인근의 헬기 이착륙장을 정비할 것을 지시하여 육군특수전사령부 영내 제k공수특전여단 연병장에 있던 축구 골대를 연병장 밖으로 치우게 하였다.

이후 마OO은 2024. 12. 3. 13:30경 '2025년 교육 훈련 방향 토의'를 위한 화상회의를 하던 중 나OO으로부터 전화로 '헬기를 특전사령부에 전개시켜놓고 대비 태세를 갖춰라'는 지시를 받고, 지휘관리장교 너OO에게

'OOOO실 내에 사령관이 대기할 수 있는 방을 준비하라'고 지시하였고, 제1, 3, 9공수특전여단장 등을 포함한 예하 부대장들에게 '북한 도발 가능성이 있으니 이번 주는 영내 활동 위주로 부대를 운영하고 즉각 출동 준비 태세를 갖춰라'라고 지시하였다.

마OO은 2024. 12. 3. 18:00~18:40경 평소와 달리 전투복을 착용한 상태로 작전처장 퍄OO, 정보처장 햐OO, 주임원사 머OO, q방첩부대장 벼OO, 제k공수특전여단장 야OO, 제n특수임무단장 챠OO를 불러 함께 저녁식사를 하면서 '상황이 엄중하니 대비 태세를 잘 유지하자'고 강조하였고, 챠OO가 작전복(일명 '흑복')을 입고 있는 모습을 보고 야간 훈련 준비 중인 사실을 확인하였으며, 저녁식사 직후에는 제k공수특전여단장 야OO에게 '사무실로 들어가서 전투복을 입고 대기하라'고 지시하였다.

또한 마OO은 2024. 12. 3. 18:43~18:56경 제k공수특전여단장 야OO에게 '현 시간부로 여단 전체 인원 비상 소집을 실시하라', '지역대장급(소령) 이상만 비상 소집하여 영내 대기시켜라'라고 지시하였고, 2024. 12. 3. 19:26경 o항공단장 캬OO 에게 '가용한 헬기 12대 모두 출동 준비를 철저히 하라'며 기존에 내렸던 지시를 재차 강조하였다.

이와 같은 마OO의 지시에 따라, 제j공수특전여단은 여단장 샤OO의 지휘 하에 2024. 12. 3. 08:00~17:00경 야외 훈련 없이 영내 활동으로 부대를 운용하였고, 제k공수특전여단은 여단장 야OO의 지휘 하에 2024. 12. 3. 18:52~19:06경 비상 소집을 실시하였으며, 제m공수특전여단은 여단장 쟈OO의 지휘 하에 2024. 12. 3. 08:00~17:00경 정기 휴가 및 전투 휴무 중인 2개 대대를 제외한 2개 대대의 대비 태세를 갖추었고, 제n특수임무단은 단장 챠OO의 지휘 하에 2024. 12. 3. 12:20~18:00경 불시 출동 태세 점검 및 헬기 12대를 이용한 테러 진압 훈련 계획을 수립하고, 2024. 12. 3. 19:30~20:53경 비상 소집을 실시하여 2024.12. 3. 20:53경 전체 인원이 영내 소집을 완료한 후 당일 예정되어있던 훈련 계획과 같이 제uu, vv, ww, xx지역대원 96명은 작전복을 착용하고 소총, 권총 및 테이저건 등 무기를 소지한 상태에서 즉시 헬기에 탑승할 수 있도록 준비하였으며, o항공단은 단장 캬OO의 지휘 하에 헬기 12대의 이착류 및 제n특수임무단 대원들의 헬기 탑승 계획을 수립하였고, 육군특수전사령부 본부는 작전지원과장 더OO의 지휘 하에 헬기 이착륙장 정비를 실시하는 등, 그 무렵 육군특수전사령부 예하의 제j, k, m공수특전여단, 제n특수임무단, o항공단은 출동 준비 태세를 모두 갖추게 되었다.

한편, 나OO은 2024. 12. 3. 21:45경 대통령실에서 대통령과 함께 국무회의를 위해 대기하던 중 마OO에게 전화하여 '10~20분 뒤에 상황 발표가 있다'고 알려주었고, 마OO은 2024. 12. 3. 21:41~21:42경 OOOO실 앞 전투 집무실로 미리 내려가 비상계엄 선포를 기다리면서, 2024. 12. 3. 22:20경 제n특수임무단장 챠OO에게 '야간 훈련을 정상 시행할 것이니 계속 대기하라'고 지시하였고, o항공단장 캬OO에게도 '출동 준비 잘하고 있어라'고 지시하여 출동 준비 태세를 계속 유지하게 하였다.

나. 정보사령부 등의 상황

(1) 정보사령부의 법령상 임무와 편성

정보사령부는 국방정보본부령에 따라 대외 군사정보수집 등 임무 수행을 위하여 설치된 부대로서, 그 예하에 OO여단 등을 두고 있다.

(2) 부정선거 의혹 등을 수사할 합동수사본부 제2수사단 설치·운용 계획 수립

아OO은 2024. 9.경부터 2024. 12. 3. 비상계엄 선포 당일까지 사이에 서울 용산구 한남동에 있는 공관촌 위병소의 검문을 회피하기 위하여 나OO의 비서관인 락OO이 운행하는 차량을 이용해 약 20여 회에 걸쳐 나OO의 국방부 장관 공관을 방문하였고, 특히 2024. 11. 30.부터 2024. 12. 3.까지 4일간은 매일 나OO의 공관을 방문하면서, 나OO과 함께 비상계엄이 선포되면 사OO 등 정보사령부 병력 등을 이용하여 중앙선거관리위원회의 부정선거 관여 의혹 등을 수사할 계엄사령부 합동 수사본부 산하 제2수사단을 설치·운용하기로 계획하고, 공식적인 직책은 없으나 배후에서 사실상 제2수사단의 수사단장 역할을 수행하기로 하였다.

(3) 제2수사단 수사2, 3부 구성 요원 선발 및 비상계엄 선포 대비 지시

나OO은 2024. 10. 14.경 사OO에게 '아OO 장군 하는 일을 잘 도와주어라'라고 지시하였고, 아OO은 제2수사단 수사2, 3부에 배치할 정보사령부 소속 요원을 선발하기 위해 그 무렵 나OO으로부터 위와 같은 지시를 받은 사OO에게 전화하여 '대규모 탈북 징후가 있으니, 임무 수행을 잘할 수 있는 인원을 선발해라. 극도로 민감한 사안이니 보안을 철저히 유지해라'라고 지시하였다.

이에 따라 사OO는 위와 같은 아OO의 지시를 나OO의 지시로 받아들여 2024. 10. 중순경 공작 요원들을 잘 파악하고 있는 정보사령부 소속 서OO 대령과 어OO 대령에게 특수임무수행요원(속칭 HID요원)을 포함하여 임무를 수행할 요원 15~20명씩을 선발하여 보고하도록 지시하였고, 그 무렵 서OO, 어OO으로부터 요원 선정에 대한 중간보고를 받으면서 '전 정보사령관 아OO이 지시하는 일이 있으면 잘 도와줘라'라는 취지로 지시하였으며, 2024. 11. 1.경 정보사령부 사령관실에서 서OO, 어OO에게 '장관님 보고를 다녀왔는데, 북한 상황이 심상치 않아 미리 대비할 필요가 있으니, 아OO이 지시하는 대로 사업(임무) 잘하는 인원들을 선발해서 보고해달라'고 재차 지시하였고, 2024. 11. 5.경에는 어OO에게 전화하여 '다음 주쯤 중요한 일이 있으니, 종전에 추천했던 인원들의 휴가 계획을 알아보라'고 지시하였다.

아OO은 2024. 11. 9.경 안산 F역 인근에 있는 상호 불상의 카페에서 사OO와 서OO를 만나 '조만간 계엄이 선포될 것이다. 그러면 합동수사본부 수사단(제2수사단)이 구성될 텐데 내가 단장을 맡을 예정이다. 부정선거를 규명하기 위해 너희들이 선발해 둔 인원들을 데리고 중앙선거관리위원회에 들어가서 직원들을 잡아와야 한다. 리OO(중앙선거관리위원회 위원장)은 내가 처리할 것이다'라고 하였고, 사OO가 먼저 자리를 떠난 후 아OO은 서OO에게 '부정선거에 관한 설명 내용, 체포 대상인 중앙선거관리위원회 직원 30여명의 명단, 체포를 위한 망치, 케이블타이 등 준비할 물품, 중앙선거관리위원회의 부정선거 관여 의혹 등을 수사하기 위하여 비상계엄 선포 후 제2수사단 수사2, 3부 요원들과 함께 중앙선거관리위원회로 출동해 정보사령부 선발대가 확보한 중앙선거관리위원회 서버실 등을 인계

받고, 그곳 직원들을 체포한 후 수도방위사령부 OO벙커에 구금할 것 등과 같은 서OO와 어OO의 각 임무' 등이 기재된 A4용지 10여장 분량의 문건 2부를 건네주며 그 중 1부를 어OO에게 전달하도록 지시하였다.

사OO는 다음 날인 2024. 11. 10. 오전경 정보사령부에서 서OO에게 '장관으로부터 직접 전화를 받았는데, 아OO이 하는 일을 잘 도와주라고 하셨다'라며 나OO의 지시를 전달하였고, 2024. 11. 10. 점심경 정보사령부에서 어OO에게 '장관님으로부터 직접 지시받았다. 중대한 일이 있을 것이다. 중앙선거관리위원회에 들어가야 한다'라며 나OO의 지시를 전달하였다.

한편 서OO는 2024. 11. 10. 저녁경 안양시에 있는 본인의 주거지 인근에서 어OO을 만나 아OO으로부터 부여받은 위 임무를 설명하며 위와 같이 아OO으로부터 받은 문건 2부 중 1부를 어OO에게 전달하였다.

아OO은 2024. 11. 17. 점심경 국방부 장관 공관에서 나OO을 만난 다음, 2024. 11. 17. 15:00경 안산시 OO구 OO로 OO에 있는 G음식점에서 사OO와 어OO에게 '부정선거와 관련된 놈들을 다 잡아서 족치면 부정선거가 사실로 확인될 것이다. 야구방망이, 케이블타이, 복면 등도 잘 준비해둬라'라고 지시하며 준비 상황을 점검한 후 자리를 떠났고, 사OO는 어OO에게 '일단 체포 관련 용품을 구입해오면 내가 돈을 주겠다. 장관님 지시이니 따라야 하지 않겠냐'라고 말한 후 자리를 떠났으며, 어OO은 뒤늦게 도착한 서OO에게 아OO의 위와 같은 지시사항을 전달하였다.

사OO는 2024. 11. 19.경 정보사령부 사령관실에서 서OO, 어OO으로부터 최종 선발된 정보사령부 요원 40명의 명단을 보고 받고, 비상계엄 선포 후 각자의 임무, 구체적인 조 편성, 조별 임무 부여 및 체포장비 구비 여부 등 준비 상황을 논의하였으며, 그 무렵 어OO은 아OO에게 40명의 요원 명단을 시그널 메신저 등으로 전달하였다.

⑷ 제2수사단 수사1부 구성 요원 선발

아OO은 비상계엄 선포 후 제2수사단 수사2, 3부 수사 요원들에 의해 체포, 구금된 중앙선거관리위원회 직원 등에 대한 신문 등을 담당할 수사1부의 구성을 위하여 2024.11. 초순경 국방부 조사본부 수사단장 경력이 있는 퍼OO에게 '부정 선거 수사를 해야 하니 수사 잘하는 군사경찰을 추천해달라'는 취지로 말하였다.

이에 따라 퍼OO은 국방부 조사본부 차장인 코OO과 국방부 조사본부 소속 박OO 중령 등 장교 6명과 육군중앙수사단 소속 삭OO 준위 등 팀장급 9명 및 국방부 조사본부 소속 악OO 상사 등 수사관 10명 총 25명의 명단을 자필로 메모한 후 이를 촬영하여 2024. 11. 6. 12:59경 시그널 메신저를 통해 아OO에게 전송하였고, 2024. 11. 10.경 안산에 있는 아OO의 주거지 부근에서 아OO을 만나 위 명단이 기재된 서류를 전달하였다.

(5) 중앙선거관리위원회 점거 등 관련 계획 이행 상황 점검

아OO은 2024. 12. 1. 오전경 국방부 장관 공관에 방문하여 나OO을 만난 후 안산으로 이동하여, 2024. 12. 1. 12:18~12:58경 G음식점에서 만난 사OO와 서OO, 어OO에게 '조만간 계엄과 같은 상황이 발생할 수 있으니, 준비한 인원들(제2 수사단에 배치할 정보사령부 요원) 대기 태세를 잘 유지해라. 서OO와 어OO은 기존에 지시했던 임무를 숙지하고, 사령관(사OO)은 계엄이 선포되면 즉시 중앙선거관리위원회로 선발대를 보내서 서버실 등을 확보해라. 믿을 만한 인원들로 10명 정도 준비해라'라고 지시하며 중앙선거관리위원회 점거 등 관련 계획의 이행 상황을 점검한 후 자리를 떠났다.

사OO는 곧바로 아OO을 뒤따라 나가 아OO으로부터 '우선 1개팀이 먼저 선관위에 진입하여 전산실을 지키고, 추가 인원을 투입하여 선관위의 출입 인원을 확인해라. 체포, 구금할 대상자들이 확인되면 한 쪽으로 모아두어라'라는 구체적인 임무를 지시 받고, 이를 서OO와 어OO에게 전달하였다.

(6) 중앙선거관리위원회 과천청사 신속 점거팀 관련 준비 완료

아OO은 2024. 12. 2. 저녁경부터 자정경까지 약 4시간 동안 국방부 장관 공관에서 나OO을 만났고, 2024. 12. 3. 아침경에도 위 공관을 다시 방문하여 약 2시간 동안 나OO을 만나 비상계엄 선포 후 제2수사단을 설치하여 중앙선거관리위원회의 부정선거 관여 의혹 등을 수사할 구체적 방

안 등에 대하여 논의하였다.

아OO은 비상계엄이 선포되면 제2수사단이 중앙선거관리위원회에 출동하기 이전에 정보사령부 요원들을 이용해 미리 중앙선거관리위원회를 신속히 점거하고 그곳 서버 등을 확보하기 위하여, 2024.12. 3. 10:00경 사OO에게 전화로 '이번 주 주중에 1개팀(10명) 정도를 준비시켜 놓고 있어라. 임무를 부여할 수 있다. 보안 유지해라'라고 지시하였고, 이에 사OO는 정보사령부 작전과장 처OO과 계획처장 저OO를 불러 '상부로부터 지시를 받은 것이 있다', '참모부에서 소령급 인원으로 8명을 선발하되 말귀 알아듣고 현장에서 상황 파악이 가능한 인원으로 구성해라', '화요일부터 목요일 사이에 야간에 긴급히 출동할 일이 있을 것이다', '인원들은 기간 중에 장거리 출타나 휴가가 계획되어 있지 않은 인원으로 선발하라'라고 지시하면서 '전투복에 야전상의, 전투조끼, 전투모, 권총 휴대, 실탄 인당 10발 정도(5발씩 탄창 2개)를 준비하라', '보안을 철저히 유지하라'라고 지시하였다.

이에 작전과장 처OO은 2024.12. 3. 12:00경 정보사령부 각 참모부에 소속된 소령급장교들과의 전화 연락을 통해 긴급출동할 인원 8명을 지정·편성하고 출동에 필요한 차량 2대를 배차하였고, 계획처장 저OO는 2024. 12. 3. 13:10경 작전과장 처OO에게 지시하여 위와 같이 편성된 인원 8명과 함께 소회의실로 소집하도록 한 다음, 이들 9명에게 사OO로부터 지시받은 세부사항을 전파하였다.

한편 아OO은 2024. 12. 3. 오후경 재차 사OO에게 전화로 '오늘 저녁 21:00경에 정부 과천청사 일대에서 대기하라'고 지시하였고, 이에 사OO는 2024. 12. 3. 16:00~17:00경 계획처장 저OO에게 '오늘 야간에 정부 과천청사 인근에 있는 중앙선관위에서 임무가 진행될 것이다. 중앙선관위 청사에 들어가 출입 통제를 하고 전산실의 위치를 확인해라. 중앙선관위청사를 지키고 있어라'라고 지시하였다.

이에 저OO는 작전과장 처OO에게 지시하여 2024. 12. 3. 20:00경 회의실에 소집된 처OO과 긴급 출동할 인원들 8명에게 인터넷으로 확인한 중앙선거관리위원회 사진을 보여주며 '여기가 임무 장소다. 우리가 중앙선관위 출입을 통제하고 서버실을 확보해야 한다'라고 지시하였다.

곧이어 저OO와 처OO을 비롯한 정보사령부 인원 10명은 2024. 12. 3. 20:30경 실탄 총 100발과 탄창을 소지한 채 카니발 2대에 5명씩 나누어 타고 출발하여 2024. 12. 3. 21:00경 중앙선거관리위원회 과천청사의 정문이 보이는 도롯가에 차량을 정차하고 대기하였다.

그 후 아OO은 2024. 12. 3. 21:30경 사OO에게 전화하여 '언론에 속보가 나오면 중앙선거관리위원회로 들어가서 출입을 통제하고, 전산실을 확보해라'라고 지시하고, 중앙선거관리위원회 소속 전산실 직원 5명의 명단을 불러주며 위 5명이 출근하면 신병을 확보할 것을 지시하였다.

이에 사OO는 2024. 12. 3. 21:30경 계획처장 저OO에게 위 중앙선거관리위원회 직원 명단을 받아 적은 내용을 촬영하여 보내준 뒤, '22:00경 TV 언론 보도를 보면 중앙선관위 서버실 확보가 적법한 임무라는 것을 알게 될 것이다. 그러면 중앙선거관리위원회 과천청사 건물 안으로 진입하여 출입을 통제하고 전산실을 확보하라', '중앙선거관리위원회 직원들이 외부와 연락하지 못하도록 차단하라', '보내준 중앙선거관리위원회 직원 5명의 신병을 확보하라'는 취지로 지시하여 피고인이 비상계엄을 선포하면 즉시 중앙선거관리위원회를 점거할 수 있도록 준비 태세를 갖추어 두었다.

(7) 제2수사단을 이용한 선거관리위원회 주요 직원 체포팀 관련 준비 상황

한편, 사OO는 2024. 12. 3. 16:30경 서OO와 어OO에게 전화하여 '오늘 임무가 있을 것 같다. 저번에 추천한 요원들(제2수사단 제2, 3부에 배치할 정보사령부 요원들)로 2개의 팀을 꾸려 20:00까지 OO여단본부에 소집시켜라', '3~4일 정도 임무할 수 있으니 준비하게 하라. 구체적 임무는 내가 여단본부에 직접 가서 설명하겠다'고 지시하였다. 이에 서OO와 어OO은 사OO에게 보고한 40명의 선발 명단에 기재된 요원들 중 즉시 출동이 가능한 총 36명의 요원을 OO여단본부로 긴급 소집하였다.

계속해서 사OO는 2024. 12. 3. 21:30경 OO여단 대회의실에 집결한 요원 36명에게 '22:00경 대통령이 비상계엄을 선포할 것이다', '명령이 하

달되었으니 우리는 수행만 하면 된다. 구체적인 임무는 서OO 대령과 어
OO 대령이 부여할 것이다', '정보사령부 부대원 10여명이지금 선거관리위
원회 인근에 나가 있다'라고 알려 주었다.

(8) 제2수사단 설치·운용을 위한 지휘부 회동

한편, 나OO은 2024. 12. 3. 점심경 국방부 mmmTF팀장 커OO에게
전화하여 '오늘 파견 명령이 있을 테니 △△에 있는 정보부대로 가서 대기
하고 있다가 명령이 하달되면 확인하고 r기갑여단장(터OO)과 함께 그 임
무를 수행하라'라고 명령하였다.

아OO은 2024. 12. 3. 14:49~16:03경 G음식점에서 퍼OO을 만나 '오
늘이 계엄이다'라고 알려준 후, 제2수사단 조직도 등이 기재된 문서를 퍼
OO에게 보여주면서 제2수사단 수사1부의 준비상황 등을 확인하고, 체포
신문할 대상인 중앙선거관리위원회 직원 등 30여 명의 명단을 확인하였다.

그러던 중 아OO은 미리 만나기로 약속한 터OO, 커OO이 위 G음식점
에 도착하여 합류하자, 터OO, 커OO에게 '장관님이 어떤 임무를 주시는지
는 나중에 명령이 나면 알 수 있어', '장관님이 무슨 안 좋을 일 시키겠
냐', '장관님이 시킨 거만 하면 돼'라고 말하였고, 퍼OO, 터OO, 커OO이
듣고 있는 가운데 사OO와 통화하면서 정보사령부의 계엄 준비 상황 및
비상계엄 선포와 동시에 중앙선거관리위원회 과천청사로 진입하여 출입을
통제하고 서버실을 확보하는 준비 태세를 점검하였으며, '서버에서 증거를
찾아야 할 텐데 서버는 누가 확보할 것인지'라는 퍼OO의 질문에 '서버는
다른 사람이 확보할 것이니 나중에 인계만 받으면 된다. 서버에서 반드시
부정선거의 증거를 찾아야 한다. 특히 QR코드 관련한 증거는 반드시 찾아
야 한다'라고 말하였다.

계속하여 아OO은 터OO, 커OO에게 '합동수사본부 수사단(제2수사단)
이 구성되는데, 터OO 장군이 단장, 커OO 장군이 부단장을 맡으면 되고,
상황을 종합해서 장관께 보고하는 임무를 수행하면 된다. 이분(퍼OO)과
정보사 대령 두 명과 함께 일하면 된다'고 지시하였고, 퍼OO에게 '중앙선
거관리위원장은 직접 챙겨야 한다', '인원들은 다 연락됐느냐. 이번에 팀장

을 맡아주면 된다. 예전에 하던대로 수행하면 된다'라고 말하며 비상계엄 선포 후 부정선거 증거 확보 등을 위한 수사를 지시하였다.

그 후 퍼OO은 2024. 12. 3. 16:55경 제2수사단 수사1부장으로 내정된 코OO에게 전화하였고, 2024. 12. 3. 16:57경 및 17:41경에는 수사1부 요원으로 내정된 육군본부 중앙수사단 반부패공공범죄수사대 소속 삭OO 준위에게 전화하였으며, 2024. 12. 3. 18:35경 퍼OO의 주거지 인근인 서울 영등포구 OOO길 O에 있는 S식당에서 위 코OO을 만나기도 하였다.

다. 국군방첩사령부의 상황

(1) 국군방첩사령부의 법령상 임무와 편성

국군방첩사령부는 국군방첩사령부령에 따라 군사보안, 군 방첩(防諜) 및 군에 관한 정보의 수집·처리 등에 관한 업무를 수행하기 위하여 국방부장관 소속으로 설치된 부대로서, 사령부에 사령관 1명, 참모장 1명을 두고, 사령관의 업무를 보좌하기 위하여 참모부서를 두며, 사령관 소속으로 ooo부대, ppp부대 등을 두고 있다.

(2) 비상계엄 선포 대비

라OO은 2024. 11.경부터 북한 오물 풍선 상황이 심각하다는 이유로 각 처 실장들에게 음주를 자제하고 통신 대기를 철저히 할 것을 수회 지시하였고, 2024. 12. 1. 오전 국군방첩사령부 1처장 겨OO에게 전화하여 2024. 12. 2.부터 국방대학교에서 3주 과정으로 진행될 예정인 교육 참석을 취소하고 부대에 대기할 것을 명령하고, 2024. 12. 3. 오전에는 참모장 허OO에게 '북한 쓰레기 풍선 상황이 심각하다. 각처 실장들은 음주 자제하고 통신 대기를 철저히 하도록 하라'고 지시하였다.

한편, 나OO은 2024.12. 3. 저녁 무렵 라OO에게 전화하여 '잘 대비해라'라고 지시하였고, 이에 라OO은 겨OO에게 '중앙선거관리위원회와 여론조사E의 각 위치를 확인해 보라'고 지시하면서 '우리가 거기에 들어갈 수 있다'고 알려주었다.

그 후 라OO은 마OO에게 전화하여 중앙선거관리위원회와 여론조사E의 위치를 물었고, 마OO으로부터 '선관위가 과천에 있고, 관악에 여심위(여론조사심의위원회)가 있으며, 수원에는 연수원이 있다. 또 여론조사E도 있다. 우리 애들이 거기에 들어갈 것이다', '연수원에 서버가 있다'는 말을 들은 후, 겨OO에게 '선관위 3곳(과천청사, 관악청사, 수원 선거연수원)과 여론조사E의 위치를 확인해 봐라'라고 다시 지시하였다.

라OO은 2024. 12. 3. 19:30경 이후 위 겨OO에게 경찰청장의 연락처를 알아보라고 지시하였고, 겨OO는 2024. 12. 3. 20:37경 행정안전부장관 정책보좌관 니OO를 통해 자OO의 연락처를 확인한 다음 중앙선거관리위원회 과천청사 등의 위치와 함께 라OO에게 보고하였다.

이에 라OO은 겨OO에게 '방첩사령부 수사관들이 선거관리위원회 3곳과 여론조사E으로 출동하여 전산실 출입을 통제하고, 국정원, 수사기관 등 민간 전문 분석팀이 오면 인계해주되, 만약 여의찮으면 서버를 떼어와야 한다'고 비상계엄이 선포되었을 때 국군방첩사령부가 해야 할 임무를 알려주었다.

라OO은 2024. 12. 3. 21:20~21:30경 사령관실에서 국군방첩사령부 핵심 지휘부인 참모장 허OO, 1처장 겨OO가 있는 자리에서 qqq단장 녀OO를 부대로 복귀시킬 것을 겨OO에게 지시하였고, 허OO과 겨OO에게 '육군총장이 국방부에 들어와 있다. 국무위원들이 들어온다더라. 너희는 알고 있어야지', '비상상황이 오면 군이 따를까', '계엄이 선포되면 군이 따르냐는 거지'라면서 곧 비상계엄이 선포될 예정이라는 사실을 알려주었다.

라OO은 2024. 12. 3. 21:30~21:40경 나OO과의 전화통화에서 '조금 늦어질 것 같다'라는 말을 듣고, 사령관실에서 함께 비상계엄 선포를 기다리고 있던 허OO, 겨OO에게 '조금 늦어질 것 같아. 장관님이야'라고 말하며 비상계엄 선포가 늦춰질 것 같다는 나OO의 연락을 전달하였다.

라. 수도방위사령부의 상황

(1) 수도방위사령부의 법령상 임무와 편성

수도방위사령부는 수도방위사령부령에 따라 수도를 방위하고, 특정경비구역(국가원수가 위치하는 지역으로서 경호를 위해 필요한 상당한 범위 안의 지역)을 경비하는 등의 임무를 위해 설치된 작전부대로, 예하 부대로 제s보병사단과 제t보병사단을 두고 있으며, 직할부대로 제u방공여단, 제v경비단, w경찰단, 제x통신단, 제y공병단, 제z화생방대대, aa지원대대, 제bb관리대 등을 두고 있다.

수도방위사령부의 직할부대인 제v경비단은 예하에 제cc경비대대, 제dd특수임무대대, 제ee특수임무대대를 두고 있고, 이중 제dd특수임무대대는 약 160명으로 구성된 '합참지정 대테러 초동 조치 부대'로 테러 상황 발생 시 30분 내 출동하여 현장 보존 및 차단, 테러범 접촉 유지 및 대응 조치, 안전 통제 및 피해 확산 방지, 대테러 작전부대 임무수행 지원, 주요 요인경호 및 주요 시설 경계 등의 임무를 수행하는 정예부대이고, 제ee특수임무대대는 약 250명으로 구성된 '국가지정 대테러 특수임무부대'로 테러 상황 발생 시 1시간내 출동하여 대치, 내부 진압, 저격, 추격 등의 임무를 수행하는 정예부대이다.

수도방위사령부의 직할부대인 w경찰단은 예하에 ff경찰대대, gg경찰대대, hh경호대를 두고 있고, 이중gg경찰대대의 특임중대는 약 9명으로 구성된 '합참 지정 대테러 초동 조치 부대'이고, 기동중대는 약 36명으로 구성되어 군차량 호송 지원, 대테러 초동 조치 부대 출동 시 호송 등의 임무를 수행하고 있다.

2023. 11.경 수도방위사령관으로 부임한 바OO는 2024. 2.경부터 군사시설 내에서 테러 사건이 발생할 경우 테러범을 조기에 격멸하고, 국가 중요시설 등 군사시설 외에서 테러 사건이 발생할 경우 유관 기관과 협업하여 대테러 작전을 수행하기 위해 특수임무지역대(대테러 초동 조치 부대, 대테러 특수임무부대, 예비대), 저격반, 경비소대, ii 기동중대[MC(Motor Cycle) 9대], 차륜형 장갑차(6대), EHCT(위험성폭발물 개척팀), CRST(화생방대응팀), 드론 등으로 구성된 대테러특수임무TF(별칭 OOOTF, 이하 'OOOTF'라고 함)를 설치하였고, OOOTF를 지속적으로 훈련시켜왔다.

민주주의 함성 **341**

(2) 준비 태세 강화 지시

바OO는 2024. 11. 9.경 앞서 본 바와 같이 국방부 장관의 공관 2층 식당에서 피고인, 나OO, 라OO, 마OO과 함께 식사하면서, 비상계엄 선포시 부대 운영에 관하여 논의를 한 이후부터 예하 부대 지휘관들에게 '북한의 도발 가능성이 매우 크다'며 대응 준비 태세 강화를 지속적으로 지시하였다.

(3) 비상계엄 선포 대비 계획 수립

나OO은 비상계엄 선포 전 바OO에게 재차 비상계엄을 언급하면서, 비상계엄 선포 이후의 국회 봉쇄 및 침투 임무와 관련하여 '경찰은 국회 7개 출입문에 기동대 26개(약 1500명)를 순차 배치하여 출입문을 봉쇄하고 경찰버스 등을 이용하여 차벽을 둘러치는 방법으로 1선에서 봉쇄하고, 수도방위사령부는 2선에서 국회 본관 및 의원 회관 등의 주요 출입문을 확보하여 출입을 차단하는 방법으로 봉쇄하되 필요시 국회에 파견된 국회협력단장 뎌OO의도움을 받고, 육군특수전사령부 제n특수임무단은 o항공단 헬기 12대로 이동하여 국회의사당 운동장에 착륙한 뒤 국회 본관 및 의원 회관 내부로 침입할 계획이니, 준비 태세를 갖추어라'라는 취지의 지시를 하였다.

위와 같은 나OO의 지시를 받은 바OO는 수도방위사령부 예하 부대의 각 특성과 임무 성공 가능성 등을 고려하여 정예부대인 제v경비단 소속 제dd특수임무대대와 제ee특수임무대대 및 w경찰단 소속 gg경찰대대를 국회에 투입하기로 계획하였다.

바OO는 2024. 12. 2. 오전경 나OO의 지시로 피고인의 대국민 담화와 비상계엄 선포 등의 상황에서 수도방위사령부가 실행해야 하는 구체적인 임무를 정리하여 나OO에게 보고하였는데, 그 내용은 '대통령의 대국민 담화가 실시되고 있다는 상황 전파시 지휘관 정위치, 전 부대 장병 개인 휴대폰 통합 보관 조치, 출동이 예정된 OOO⁻F에 흑복·안면 마스크 착용, 칼라태극기 부착, 쇠지렛대·망치·톱 휴대, 공포탄 개인 불출, 특정경비구역 경계병력(제cc경비대대) 출동 준비, 위병소 폐쇄 시행 등의 지시', '나OO

주재 전군 주요지휘관 화상회의 종료 이후 OOOTF 출동, 대테러 초동 조치 부대 선 투입·본관 배치 및 후속부대 투입, 국회협력단 지원을 받아 국회의사당 등에 병력 세밀 배치, (필요시) 서울시장, 경찰청장 공조 통화 실시' 등이었다.

⑷ 출동 준비 태세 강화

나OO은 대통령실에서 대통령과 함께 국무회의를 위해 대기하던 중 2024. 12. 3. 21:48경 이전에 바OO에게 전화하여 '부대에서 대기하라'고 지시하면서, 위에서 언급한 국회 침투및 봉쇄 계획의 실행을 준비하라는 취지로 명령하였다.

위와 같은 나OO의 지시를 받은 바OO는 2024. 12. 3. 21:48경 제v경비단장 려OO에게전화하여 '상황이 있는 것 같으니, 소집할 준비를 하고, 사령부로 들어오라'고 지시하였고, 2024. 12. 3. 21:53경 w경찰단장 며OO에게 전화하여 '지금 부대로 복귀해서 전투복을 갈아입고, 운전병을 대동해서 사령관실로 오라'고 지시하였으며, 그 무렵 수도방위사령부 참모장 벼OO에게 전화하여 '전투복 입고 내 방으로 빨리 오라'고 지시하는 등 2선에서 국회 본청 및 의원회관 출입문 등을 봉쇄하여 국회의원들의 계엄해제 요구안 의결을 저지할 수 있는 병력의 소집을 시작하였고, 2024. 12. 3. 22:26경 수도방위사령부 예하 부대인 제s보병사단의 사단장 미OO 소장에게, 2024. 12. 3. 22:28경 같은 예하 부대인 제t보병사단의 사단장 비OO 소장에게 각각 전화하여, 군사 대비 태세를 잘 유지할 것을 지시하였다.

한편, 위와 같은 바OO의 지시를 받은 려OO은 2024. 12. 3. 21:51경 제v경비단 작전과장 셔OO에게 전화하여 '상황이 있는 것 같으니, 대대장과 주요 직위자를 소집하고, OOOTF도 소집하라'고 지시하였고, 이에 제v경비단 작전과장 셔OO는 2024. 12. 3. 21:52경 제dd특수임무대대장 여OO에게 전화하여 '려OO이 대대장들을 모두 소집하라고 했고, OOOTF도 비상 소집했다'고 전파하였으며, 2024. 12. 3. 21:56경 제ee특수임무대대장 져OO에게 전화하여 'OOOTF를 소집해야 한다. 경비단장 지시다'라고 전파함으로써 수도방위사령부 제v경비단 소속 제dd특수임무대대 및 제ee 특수임무대대가 소집되어 출동 준비를 시작하였다.

또한, 바OO의 지시를 받은 w경찰단장 며OO 역시 2024. 12. 3. 23:02경 gg경찰대대장 쇼OO에게 '부대 모든 ii 기동중대[MC(Motor Cycle)]와 대테러 초동 조치 부대는 출동을 준비하라'는 지시를 함으로써, 수도방위사령부 w경찰단 소속 gg경찰대대 중 특임중대와 기동중대가 소집되어 출동을 준비하기 시작하였다.

마. 경찰청과 서울특별시경찰청의 상황

(1) 안가에서의 회동 및 비상계엄 선포 대비 지시

피고인은 비상계엄을 선포할 예정 시각과 계엄군이 출동할 장소, 비상계엄 선포 후 경찰이 해야 할 임무 등을 미리 알리고 경찰이 협조하도록 지시하기 위해 2024. 12. 3. 18:18~18:21경 대통령 경호처장 시OO을 통해 자OO와 차OO을 서울시 종로구 삼청동에 있는 대통령 안가로 불러, 2024. 12. 3. 19:20경 나OO과 함께 만났다.

그 자리에서 피고인은 '요즘 나라가 많이 시끄럽다. 종북좌파 세력, 반국가 세력들이 사회 곳곳에서 나라를 굉장히 혼란스럽게 하고 있다', '공무원에 대한 탄핵이 수십 차례 남발되고 있고 정부 예산도 마음대로 해서 정부가 일도 못하게 하고 있다', '그렇기 때문에 내가 오늘 밤 22시에 비상계엄을 선포해야겠다', '계엄이 선포되면 계엄군이 국회와 여러 곳을 나갈 것인데많이 시끄럽고 혼란스러울 것이다', '계엄군이 국회에도 갈 것인데 경찰이 나가서 국회 통제를 잘 해달라'고 말하였고, 나OO은 '2200국회', '2300 C당 당사', '비상계엄', '여론조사E' 등 계엄군이 출동할 시각과 장소 등 비상계엄 계획이 기재된 문서(A4용지) 1장씩을 자OO와 차OO에게 각각 건네주면서, '계엄이 선포되면 계엄군이 출동할 텐데 경찰에서 잘 협조해달라'고 당부하였다.

(2) 비상계엄 선포에 따른 경찰 기동대 출동 준비

자OO와 차OO은 위 삼청동 안가에서 나와 자OO의 관용차에 함께 탄후 비상계엄이 선포될 경우 피고인과 나OO의 지시대로 국회의 출입을 통제하고 계엄군의 요청에 즉각 협조할 수 있도록 미리 경찰 기동대 현황을 점검하는 등 계엄선포를 준비하기로 협의하였고, 이에 차OO은 필요한 조치를 위해 먼저 서울 종로구 내자동에 있는 서울특별시경찰청에서 하차하였으며, 자OO는 인근에 있는 경찰청장 공관으로 복귀하였다.

차OO은 2024. 12. 3. 19:45~20:07경 서울특별시경찰청장 집무실에서, 경찰기동대 인력관리 담당자인 경비안전계장 쳐OO에게 '지금 영등포(국회)에 기동대가 몇 개 있냐. 그리고 철야 근무하는 기동대는어디냐'며 비상계엄 발령 시 동원할 수 있는 기동대 현황을 보고하도록 지시하였고, 쳐OO으로부터 'H연대철야 집회 대비를 위한 기동대 4개(nn, oo, ll, mm 기동대)가 있고, 철야 근무 예정인 여의도 타격대 1개(kk기동대, 국회 1, 2문쪽 기본 배치) 등 총 5개 기동대가 영등포에 근무합니다. 그리고 야간에 근무하는 기동대는 광화문 타격대, 용산타격대 등이 철야 근무를 합니다'라는 보고를 받은 다음, 2024. 12. 3. 20:07경 자OO에게 전화로 위와 같이 보고받은 비상계엄 발령 시 동원 가능한 기동대 현황을 전달하였다.

계속하여 차OO은 2024. 12. 3. 20:25경 차OO의 귀청 지시를 받고 복귀한 경비부장 켜OO에게 '야간에 국회로 보낼 수 있는 기동대가 더 있는지 확인해서 준비시키라'고 지시하여 당시 광화문 타격대 1개(jj기동대)가 국회로 이동 가능하다는 사실을 확인한 다음, 위 광화문 타격대대원들을 승차 대기시키는 등 국회 인근에 있는 기동대 5개와 광화문 타격대 1개, 총 6개의 기동대를 국회에 투입할 수 있도록 준비하게 하였고, 2024. 12. 3. 21:00경 켜OO로부터 비상계엄 시 통제해야 할 국회 출입문의 수, 개폐 현황, 근무 현황 등도 보고받았다.

또한 차OO은 2024. 12. 3. 21:16경 켜OO에게 위 광화문 타격대 1개를 2024. 12. 3. 22:00까지 국회로 조용히 이동시킨 후 주변에서 대기하게 하라고 지시하였고, 이에 경비부장 켜OO는 경비안전계장 쳐OO에게 차OO의 위 지시를 전달하면서, 특히 서울특별시경찰청 경비지휘 무전망을 사용하지 말고 일반 휴대전화로 연락하여 위 광화문 타격대 1개를 지하철 9호선 P역 앞 R은행 동서관 쪽으로 이동시키라고 지시하는 등 비상계엄 선포 직후에 국회 출입을 통제할 경찰 기동대 6개(약 360명)의 준비를 마쳤다.

(3) 비상계엄 선포의 지연과 대비 태세 유지

나OO은 비상계엄 선포를 위한 국무회의 심의가 늦어져 예정한 시각에 비상계엄을 선포하는 것이 어려워지자, 2024. 12. 3. 21:40~21:50경 자OO에게 전화를 걸어 '계엄이 좀 늦어질 것 같다'고 전한 후 차OO에게도 전화를 걸어 '계엄이 좀 늦어질 것 같으나, 경찰에서는 그대로 대비를 해 달라'라고 요청하였다.

이에 차OO은 2024. 12. 3. 21:50경 경비부장 켜OO에게 전화를 걸어 위 광화문 타격대 1개의 국회 인근 승차대기 여부, 진압복은 제대로 갖추고 있는지 여부, 및 나머지 5개 기동대도 대기 중인지 여부 등 국회 출입을 통제할 경찰기동대의 출동 준비 상황 전반을 점검하였고, '아마 상황이 조금 늦어질 수도 있다고 하는데, 나중에 상황이 발생하면 그때 움직이면 될 거야'라고 출동 시점을 지시하는 등 비상계엄 선포 후 국회의 출입을 통제할 경찰기동대의 대비 태세를 재차 확인하였다.

바. 국가정보원 1차장에 대한 유선 대기 지시

피고인은 2024. 12. 3. 20:22경 국가정보원 1차장 텨OO에게 전화하여 '1~2시간 후에 중요하게 할 이야기가 있으니 전화기를 잘 들고 대기하고 있어라'라고 지시하였다.

사. 육군참모총장의 국방부 장관 접견대기실 대기

나OO은 2024.12. 1. 13:00경 다OO에게 전화를 하여 '2024. 12. 3.에 시간 반영해 놓을 테니 현안 점검 좀 하자'고 말하며 현안 보고를 하도록 지시하였고, 2024. 12. 3. 16:00경 국방부에서 다OO로부터 현안 보고를 받은 후 다OO에게 '21:40경 국방부 장관 접견대기실로 와있어라'라고 지시하였다.

5. 하자 있는 국무회의 심의 및 비상계엄의 선포

가. 하자 있는 국무회의 심의

(1) 피고인의 국무회의 소집 등

피고인과 나OO은 2024. 12. 3. 22:00경을 기하여 대한민국 전역에 비상계엄을 선포하기로 계획하였고, 예정된 시각 직전에 비상계엄 선포안에 대한 국무회의 심의를 마치기로 하였다.

이에 피고인은 2024. 12. 3. 10:30 무렵부터 21:33경까지 사이에 직접 또는 나OO, 대통령실 부속실을 통해 국무총리 펴OO를 비롯한 국무위원들 및 국무회의에 배석할 국가정보원장 타OO 등에게 소집 이유를 알려주지 않은 채 '대통령실로 들어오라'는 취지로 연락하여 대통령실로 출석할 것을 지시하였다.

또한, 피고인과 나OO은 비상계엄이 선포되면 각 부처 장관들인 국무위원들이 취해야 하는 조치 사항들을 문서로 작성 출력하여 소집 연락을 받고 대통령실로 모이는 국무위원들에게 교부할 수 있도록 준비해두었다.

(2) 국무회의 구성원 11명 소집 전 상황

2024. 12. 3. 20:20~22:00경 위와 같이 소집 지시를 받고 출석한 국무위원의 숫자가 아직 국무회의 정족수에 이르지 못한 상황에서 국무총리 펴OO는 대통령실 5층에 있는 대통령 집무실에 들어가 피고인에게 계엄을 선포할 경우 '경제가 아주 어려워진다. 대외신인도 하락이 우려된다'고 말하였고, 외교부 장관 혀OO도 대통령 집무실로 들어가 비상계엄 선포는 '외교적 영향뿐만 아니라 70년 동안 대한민국이 쌓은 성취를 무너뜨리는 것이다'라고 말하였으며, 경제부총리 겸 기획재정부 장관 고OO 역시 대통령 집무실에서 비상계엄 선포는 '경제와 국가 신인도에 치명적인 영향을 주기 때문에 안 된다'는 취지로 말하였다.

그럼에도 불구하고 피고인은 '종북 좌파들을 이 상태로 놔두면 나라가 거덜나고 경제든 외교든 아무것도 안 된다. 국무위원의 상황 인식과 대통령의 상황 인식은 다르다. 돌이킬 수 없다'라고 말하면서, 오히려 외교부 장관 혀○○에게 '재외 공관을 통해 대외 관계를 안정화시켜라'라는 내용이 기재된 문서를 건네주고, 이후 대통령 집무실로 다시 들어온 행정안전부 장관 노○○에게 '24:00경 T신문, U신문, V방송, W방송, 여론조사E을 봉쇄하고 소방청을 통해 단전, 단수를 하라'는 내용이 기재된 문건을 보여주는 등 비상계엄 선포 이후의 조치 사항을 지시하였다.

이후 외교부 장관 혀○○이 대통령 집무실을 나와 대접견실에서 나○○에게 '어떻게 된 것이냐'고 묻자, 나○○은 '대통령님이 깊은 고뇌에 찬 결단을 하신 것이니 국무위원들은 그 뜻에 따라 주셨으면 좋겠습니다'라고 답변하였고, 다시 외교부 장관 혀○○이 '그럼 군대가 다 대기하고 있는 겁니까'라고 묻자, 나○○은 '이미 군대가 대기하고 있다. 언론에도 22시에 특별담화가 있다고 이미 얘기해놨기 때문에 이제 더 이상 계획을 바꿀 수 없다'고 말하였다.

(3) 국무회의 구성원 11명 소집 후 상황

그러는 동안 피고인의 소집 지시를 받은 국무위원 등이 대통령실 5층 대접견실로 모이고 있었는데, 나○○을 비롯하여 법무부 장관 도○○, 행정안전부 장관 노○○, 통일부 장관 로○○, 국무총리 펴○○, 외교부 장관 혀○○, 국가정보원장 타○○, 경제부총리 겸 기획재정부 장관 고○○, 대통령비서실장 모○○, 국가안보실장 카○○, 농림축산식품부 장관 보○○, 보건복지부 장관 오○○이 도착하였고, 2024. 12. 3. 22:17경 중소벤처기업부 장관 소○○가 도착함으로써 국무회의 구성원 11명이 모이게 되었다.

그러자 피고인은 2024. 12. 3. 22:17~22:22경 대통령 집무실과 연결된 대접견실에서 국무위원 및 국가정보원장 타○○ 등 배석자들을 향해 '장관들의 입장에서 보는 상황 인식과 책임감은 대통령으로서 보는 것과 다르다. 이것은 대통령인 내가 결단한 것이고 대통령이 책임을 지고 하는 것이다. 지금 이 계획을 바꾸면 모든 게 다 틀어진다. 이미 언론에 다 얘기했고, 문의도 빗발치는 상황이다. 지금 계엄을 선포할 수밖에 없다. 국무회의 심의를 했고 발표를 해야 하니 나는 간다'고 말하면서 나○○과 함께 대접견실에서 나온 후, 2024. 12. 3. 22:23경 대통령실 1층 브리핑룸에서 미리 준비한 대국민 담화문을 발표하며 비상계엄을 선포하였다.

(4) 대국민 담화 발표 및 비상계엄 선포 이후 상황

피고인은 2024. 12. 3. 22:40경 다시 대접견실로 돌아와 국무총리 펴OO 등 국무위원들에게 이후 비상계엄 상황에서의 대응 및 조치사항을 지시하였다.

특히, 피고인은 경제부총리 겸 기획재정부 장관 고OO에게는 미리 준비해두었던 비상계엄 선포시 조치 사항에 관한 문건도 함께 건네주었는데, 그 문건에는 '예비비를 조속한 시일 내 충분히 확보하여 보고할 것, 국회 관련 각종 보조금, 지원금, 각종 임금 등 현재 운용 중인 자금 포함 완전 차단할 것, 국가 비상입법기구 관련 예산을 편성할 것' 등이 기재되어 있었다.

(5) 법령에 위배된 국무회의 절차

국무회의는 헌법상 최고의 정책심의기관으로서, 대통령과 국회의 동의를 얻어 대통령이 임명하는 국무총리 및 국무총리의 제청에 따라 임명된 국무위원으로 구성되고, 정부의 권한에 속하는 중요한 정책을 심의하는 역할을 한다(대한민국 헌법 제86조 내지 제89조).

대한민국 헌법과 계엄법에 따르면, 계엄과 그 해제는 국무회의 심의를 거쳐야 하는데(대한민국 헌법 제89조 제5호, 계엄법 제2조 제5항, 제11조 제2항), 국무회의는 ①국가의 중요 정책 이전 정부적 차원에서 충분히 심의될 수 있도록 운영되어야 하고, ②구성원 과반수의 출석으로 개의하고 출석 구성원 3분의 2이상의 찬성으로 의결하며, ③대통령 국무총리 국무위원은 국무회의 심의사항을 의안으로 제출해야 하고, ④국무회의에서 중점 심의되어야 하는 중요 사항에 대해서는 그 심의에 필요한 검토 의견 등을 해당 의안에 분명히 밝혀 제출해야 하며, ⑤간사인 행정안전부 의정관이 국무회의록을 작성하여야 한다(국무회의 규정 제2조, 제3조, 제6조, 제11조).

그러나 피고인과 나OO은 위와 같이 비상계엄 선포를 위한 국무회의를 하면서 비상계엄 선포 안건을 국무회의에 의안으로 제출하지 아니하였고,

국무회의 구성원 11명이 모이기 이전에 국무총리 및 소수 국무위원들과 비상계엄에 대해 비공식적으로 의견을 교환하였을 뿐이며, 중소벤처기업부 장관 소OO의 참석으로 국무회의 구성원 11명이 모인 이후에는 해당 국무위원이 대통령실로 소집된 이유와 안건의 내용이 무엇인지조차 파악할 수 없는 상태에서 비상계엄 선포에 대한 대통령의 일방적인 통보만 있을 뿐, 비상계엄에 대한 실질적 논의가 전혀 이루어지지 않았으며, 국무회의의 간사인 행정안전부 의정관에 의한 국무회의록도 전혀 작성되지 않았다.

나. 비상계엄의 선포와 당시 상황

(1) 피고인의 비상계엄 선포

피고인은 2024. 12. 3. 22:23~22:27경 대통령실 브리핑룸에서 나OO이 준비한 아래와 같은 대국민 담화를 발표하였고, 2024. 12. 3. 22:27경 비상계엄을 선포하였다.

3일 대통령실에서 윤석열 대통령이 비상 계엄을 선포하고 있다. 채널에이 캡처 크게보기

3일 대통령실에서 윤석열 대통령이 비상 계엄을 선포하고 있다. 채널에이 캡처

존경하는 국민 여러분,

저는 대통령으로서 피를 토하는 심정으로 국민 여러분께 호소드립니다.

지금까지 국회는 우리 정부 출범 이후 22건의 정부 관료 탄핵 소추를 발의하였으며, 지난 6월 22대 국회 출범 이후에도 10명째 탄핵을 추진 중에 있습니다.

이것은 세계 어느 나라에도 유례가 없을 뿐 아니라 우리나라 건국 이후에 전혀 유례가 없던 상황입니다. 판사를 겁박하고 다수의 검사를 탄핵하는 등 사법 업무를 마비시키고, 행안부 장관 탄핵, 방통위원장 탄핵, 감사원장 탄핵, 국방 장관 탄핵 시도 등으로 행정부마저 마비시키고 있습니다.

국가 예산 처리도 국가 본질 기능과 마약범죄 단속, 민생 치안 유지를 위한 모든 주요 예산을 전액 삭감하여 국가 본질 기능을 훼손하고 대한민국을 마약 천국, 민생 치안 공황 상태로 만들었습니다.

민주당은 내년도 예산에서 재해 대책 예비비 1조 원, 아이돌봄 지원 수당 384억 원, 청년 일자리, 심해 가스전 개발 사업 등 4조1000억 원을 삭감하였습니다.

심지어 군 초급간부 봉급과 수당 인상, 당직 근무비 인상 등 군 간부 처우 개선비조차 제동을 걸었습니다.

이러한 예산 폭거는 한 마디로 대한민국 국가 재정을 농락하는 것입니다. 예산까지도 오로지 정쟁의 수단으로 이용하는 이러한 민주당의 입법 독재는 예산 탄핵까지도 서슴지 않았습니다.

국정은 마비되고 국민들의 한숨은 늘어나고 있습니다.

이는 자유대한민국의 헌정질서를 짓밟고, 헌법과 법에 의해 세워진 정당한 국가 기관을 교란시키는 것으로써, 내란을 획책하는 명백한 반국가 행위입니다.

국민의 삶은 안중에도 없고 오로지 탄핵과 특검, 야당 대표의 방탄으로 국정이 마비 상태에 있습니다.

지금 우리 국회는 범죄자 집단의 소굴이 되었고, 입법 독재를 통해 국가의 사법·행정시스템을 마비시키고, 자유민주주의 체제의 전복을 기도하고 있습니다.

자유민주주의의 기반이 되어야 할 국회가 자유민주주의 체제를 붕괴시키는 괴물이 된 것입니다.

지금 대한민국은 당장 무너져도 이상하지 않을 정도의 풍전등화의 운명에 처해 있습니다. 친애하는 국민 여러분,

저는 북한 공산 세력의 위협으로부터 자유대한민국을 수호하고 우리 국민의 자유와 행복을 약탈하고 있는 파렴치한 종북 반국가 세력들을 일거에

척결하고 자유 헌정 질서를 지키기 위해 비상계엄을 선포합니다.

저는 이 비상계엄을 통해 망국의 나락으로 떨어지고 있는 자유대한민국을 재건하고 지켜낼 것입니다.

이를 위해 저는 지금까지 패악질을 일삼은 망국의 원흉 반국가 세력을 반드시 척결하겠습니다.

이는 체제 전복을 노리는 반국가 세력의 준동으로부터 국민의 자유와 안전, 그리고 국가 지속 가능성을 보장하며, 미래 세대에게 제대로 된 나라를 물려주기 위한 불가피한 조치입니다.

저는 가능한 한 빠른 시간 내에 반국가 세력을 척결하고 국가를 정상화시키겠습 니다.

계엄 선포로 인해 자유대한민국 헌법 가치를 믿고 따라주신 선량한 국민들께 다소의 불편이 있겠습니다마는, 이러한 불편을 최소화하는 데 주력할 것입니다.

이와 같은 조치는 자유대한민국의 영속성을 위해 부득이한 것이며, 대한민국이 국제 사회에서 책임과 기여를 다한다는 대외 정책 기조에는 아무런 변함이 없습니다.

대통령으로서 국민 여러분께 간곡히 호소드립니다.

저는 오로지 국민 여러분만 믿고 신명을 바쳐 자유 대한민국을 지켜낼 것입니다. 저를 믿어주십시오.

감사합니다.

(2) 비상계엄 선포 당시의 상황

헌법과 계엄법에 의하면, ①비상계엄은 대통령이 전시·사변 또는 이에 준하는 국가비상사태시 적과 교전(交戰) 상태에 있거나 사회 질서가 극도로 교란(攪亂)되어 행정 및 사법(司法) 기능의 수행이 현저히 곤란한 경우에 군사상 필요에 따르거나 공공의 안녕질서를 유지하기 위하여 선포하는 것이고, ②대통령이 계엄을 선포하거나 변경하고자 할 때에는 국무회의의 심의를 거쳐야 하며, ③국방부 장관 또는 행정안전부 장관은 비상계엄에 해당하는 사유가 발생한 경우에는 국무총리를 거쳐 대통령에게 계엄의 선포를 건의할 수 있고, ④대통령이 계엄을 선포할 때에는 그 이유, 종류, 시행일시, 시행지역 및 계엄사령관을 공고하여야 하며, ⑤대통령이 계엄을 선포하였을 때에는 지체 없이 국회에 통고(通告)하여야 하고, ⑥계엄사령관은 현역 장성급(將星級) 장교 중에서 국방부 장관이 추천한 사람을 국무회의의 심의를 거쳐 대통령이 임명한다(대한민국 헌법 제77조, 계엄법 제2조 내지 제5조).

그런데 피고인이 선포한 위 비상계엄은 헌법과 계엄법에서 정하고 있는 비상계엄 선포 요건에 해당하지 아니하고, 법령상 절차에 따르지 않은 채 국무회의 심의가 이루어졌으며, 나OO은 국무총리인 펴OO를 거치지 않은 채 피고인에게 직접 비상계엄의 선포를 건의하였고, 피고인은 비상계엄을 선포하였음에도 그 이유, 종류, 시행일시, 시행지역 및 계엄사령관을 공고하지 아니하였으며, 지체 없이 국회에 통고하지도 아니하였고, 국무회의 심의를 거치지 않은 채 육군참모총장 다OO를 계엄사령관으로 임명하였다.

또한 헌법 제82조에 의하면 대통령의 국법상 행위(군사에 관한 것도 또한 같다)는 문서로써 하며, 이 문서에는 국무총리와 관계 국무위원이 부서(副署)하여 대통령의 권한 남용을 견제하고 국무위원의 책임을 명확히 하도록 규정하고 있는데, 피고인은 비상계엄의 선포와 국회에 대한 통고를 문서로써 하지 아니하였고, 관계 국무위원인 나OO은 이에 부서하지 아니하였으며, 결과적으로 국무총리 역시 부서하지 못하였다.

다. 전군주요지휘관회의와 포고령의 발령

(1) 전군주요지휘관회의 개최

나OO은 피고인의 비상계엄 선포 직후인 2024. 12. 3. 22:28경 합동참모본부 지하에 있는 OOOO실로 이동한 후 다OO, 마OO, 라OO, 바OO 등이 참여하는 전군주요지휘관회의를 개최 주재하면서 먼저 '대통령님의 뜻을 받들어 임무 명령을 하달한다. 이 시간 이후의 모든 군사활동은 장관이 책임진다. 공이 있다면 여러분의 몫이고, 책임진다면 장관의 몫이다. 오직 부여된 임무에만 전념하고, 혹여 명령에 불응하거나 태만한 자는 항명죄로 다스려서 군율이 얼마나 엄중한지를 알릴 것이다'라고 강조한 다음, '수방사령관과 특전사령관은 기 지시된 사항과 관련하여 제한 사항을 확인하고, 준비되는 대로 이행하라', '육군참모총장 다OO를 계엄사령관으로, 합동참모본부 차장 조OO을 계엄사령부 부사령관으로 각각 임명한다. 계엄사령관은 계엄 상황실을 설치하라'고 명령하였다.

(2) 비상계엄 선포문의 미공고 및 '계엄사령부 포고령(제1호)'의 발령

나OO은 위와 같이 전군주요지휘관회의를 주재한 후 미리 작성하여 가지고 있던 '계엄 선포문'을 대봉투에서 꺼내 국방부 대변인 초OO에게 건네주며 언론에 배포하라고 지시하였고, 잠시 후 같은 대봉투에서 '계엄사령부 포고령(제1호)'라고 기재된 문건을 꺼내 계엄사령관 다OO에게 건네주면서 계엄사령부 포고령(제1호)을 발령하라고 명령하였다.

그러나, 나OO이 초OO에게 건네준 '계엄 선포문'은 계엄법상 대통령이 공고하도록 되어 있는 것이었으므로, 이에 초OO가 대통령실 홍보수석, 대변인 등 담당자에게 전달하려고 하였으나 연락이 되지 않아 결국 공고되지 못하였다.

한편, 다OO는 2024. 12. 3. 23:23경 나OO으로부터 건네받은 계엄사령부 포고령(제1호)을 발령하였는데, 그 내용은 아래와 같았다.

계엄사령부 포고령(제1호)

자유대한민국 내부에 암약하고 있는 반국가세력의 대한민국 체제 전복 위협으로부터 자유민주주의를 수호하고, 국민의 안전을 지키기 위해 2024년 12월 3일 23:00부로 대한민국 전역에 다음 사항을 포고합니다.

1. 국회와 지방의회, 정당의 활동과 정치적 결사, 집회, 시위 등 일체의 정치활동을 금한다.

2. 자유민주주의 체제를 부정하거나, 전복을 기도하는 일체의 행위를 금하고, 가짜뉴스, 여론조작, 허위선동을 금한다.

3. 모든 언론과 출판은 계엄사의 통제를 받는다.

4. 사회혼란을 조장하는 파업, 태업, 집회행위를 금한다.

5. 전공의를 비롯하여 파업 중이거나 의료현장을 이탈한 모든 의료인은 48시간 내 본업에 복귀하여 충실히 근무하고 위반시는 계엄법에 의해 처단한다.

6. 반국가세력 등 체제전복세력을 제외한 선량한 일반 국민들은 일상생활에 불편함을 최소화할 수 있도록 조치한다.

이상의 포고령 위반자에 대해서는 대한민국 계엄법 제9조(계엄사령관 특별조치권)에 의하여 영장 없이 체포, 구금, 압수수색을 할 수 있으며, 계엄법 제14조(벌칙)에 의하여 처단한다.

2024. 12. 3.(화) 계엄사령관 육군대장 다OO

그러나, '국회와 지방의회, 정당의 활동과 정치적 결사, 집회, 시위 등 일체의 정치활동을 금지'하는 위 포고령 제1항은 헌법상 입법권을 가지는 국회의 기능을 완전히 정지시켜 사실상 폐지하는 것과 같고, 이는 대한민국의 통치구조와 체제를 파괴 또는 변혁시키려는 것이며, 아울러 정당 활동의 자유, 집회 결사의 자유를 완전히 침해하는 것이고, 위 포고령 제2항의 '자유민주주의 체제를 부정하거나 전복을 기도하는 일체의 행위', '가짜뉴스', '여론조작', '허위선동'의 의미가 불명확하고, 제4항의 '사회혼란을 조장하는 파업, 태업, 집회행위' 역시 의미가 불분명하고 중의적으로 해석될 여지가 있으며, 포고령 말미에 '포고령 위반자에 대해서는 대한민국 계엄법 제9조(계엄사령관 특별조치권)에 의하여 영장 없이 체포, 구금, 압수수색을 할 수 있으며, 계엄법 제14조(벌칙)에 의하여 처단한다'는 부분은 헌법상 영장주의를 배제하는 내용이었다.

(3) 부정선거 의혹 등을 수사할 합동수사본부 제2수사단 설치 시도

나OO은 2024. 12. 3. 22:45경 국방부 인사기획관 랴OO를 OOOO실로 호출한 후 '준장 터OO를 합동수사본부 예하 제2수사단장으로, 준장 커OO을 합동수사본부 예하 제2수사부단장으로, 대령 코OO(국방부 조사본부 차장)을 수사1부장, 대령 서OO(정보사령부)를 수사2부장, 대령 어OO(정보사령부)을 수사3부장으로, 위 서OO를 OO여단 여단장 대리로 2024. 12. 3. 22:00부로 각각 임명하고, 수사 1부에 군사경찰 23명을 수사관으로, 수사2, 3부에 정보사 소속 정보 요원 각 20명을 수사관으로 임명한다'는 취지의 '국방부 일반명령'이라는 제목의 문건을 건네면서 '이대로 인사명령을 내라'고 지시하였고, 나OO의 수행부관을 통해 국방부 조사본부장 토OO와 합동수사본부 제2수사단 제1수사부장으로 내정된 코OO을 합동 참모본부 지하에 있는 OOOO실로 호출하였다.

그러나, 나OO이 국방부 인사기획관 랴OC에게 건넨 '국방부 일반명령'이라는 문건에는 국방부 조사본부에 대한 차량 지원, 수갑 등 물품 지원과 같이 인사 명령과는 무관한 내용이 포함되어 있어 랴OO는 2024. 12. 4. 00:00~00:30경 나OO에게 '국방부 일반명령'과 같은 내용의 인사명령은 작성할 수 없다고 보고하였으나, 나OO은 '알았다'라고만 대답하여, 결국 인사명령은 발령되지 않았으며, 합동수사본부 제2수사단은 설치되지 못하였다.

6. 구체적 폭동 행위

가. 계엄사령부 구성 및 소집 명령

다OO는 계엄사령관으로 임명된 직후인 2024. 12. 3. 22:47경 육군본부 정보작전참모부장 표OO에게 전화로, '합참에는 인원이 부족하니, 부장·실장과 이들을 지원할 차장 과장 각 2~3명씩을 모아 올라오라'는 취지로 지시를 하였다.

특히, 다OO는 계엄사령관을 보좌하기 위해 설치할 2실(비서 기획조정),

8처(정보 작전 치안 법무 보도 동원 구호 행정)의 실장 처장 등 직책을 맡을 현 육군본부 소속 인원의 구성과 함께 이들의 계엄사령부(서울 용산 합동참모본부) 이동 준비도 지시하였다.

다OO의 지시로 2024. 12. 3. 22:47경부터 2024. 12. 4. 02:30경까지 육군본부 소속 부장 실장 등 34명이 계엄사령부 참모진으로 구성되었고, 이들은 전시 군사작전과 지휘사항을 송수신할 수 있는 OOO통신망을 운용할 수 있는 장비 총 11대를 소지하고 총기 휴대 없는 단독군장으로 충남 OO시 육군본부의 대형버스 2대에 탑승하여 출발을 준비하였다.

다OO는 2024. 12. 4. 03:03경 육군본부에서 대기 중인 참모진들에게 계엄 사령부가 있는 서울 용산 합동참모본부를 향해 출발하도록 지시하였다.

이와 병행하여, 다OO는 2024. 12. 4. 00:06경 계엄사령부 기획조정실장으로 임명된 합동참모본부 ttt실 차장 지OO에게 계엄사령부의 2실 8처를 구성할 군인과 군무원들을 소집할 것을 지시하였고, 이에 지OO은 곧바로 합동참모본부 소속원 전원에게 '계엄사 2실 8처 운용요원 총원 작전회의실 즉각 소집' 명령을 '계엄사 기조실장 명'으로 발령하였다.

나. 경찰의 국회 외곽 봉쇄

(1) 1차 국회 봉쇄

2024. 12. 3. 22:23경 피고인의 비상계엄 선포를 위한 대국민 담화가 시작된 것을 알게 된 차OO은 2024. 12. 3. 22:25경 서울특별시경찰청 경비부장 켜OO에게 전화하여 'TV 틀어놔 봐라. 지금 그 대국민 담화 나온다. 그리고 지금 승차대기 하고있지'라며 경찰 기동대의 출동 대기 상황을 점검하였고, 피고인의 비상계엄 선포 직후인 2024. 12. 3. 22:30경 다시 켜OO에게 전화하여 준비된 5개의 경찰 기동대(2024. 12. 3. 20:00경부터 국회 1, 2문 쪽에서 대기 중이었던 kk기동대 제외) 대원들이 신체보호복(진압복)을 입었는지 여부, 승차 대기 중 인지 여부, 국회 통제를 위해 경찰 기동대가 배치될 장소를 미리 정해놓았는지 여부 등을 확인한 후

'그래 그럼 지시해라. 무전 지시하라'고 하는 등 국회 출입을 전면 차단하기 위하여 경찰 기동대 배치를 지시하였으며. 2024. 12. 3. 22:31경 자OO에게 전화하여 '계엄이 선포되었으니, 준비된 기동대를 배치하겠다'고 보고하였고, 자OO는 '알겠다'라며 이를 승낙하였다.

이후 차OO은 서울특별시경찰청 8층 상황지휘센터로 이동하여 경비안전계장 쳐OO에게 '경찰관 기동대들을 국회에 배치하라'고 재차 지시하였고, 그 지시를 받은 쳐OO은 2024. 12. 3. 22:35경 서울특별시경찰청 경비지휘 무전망을 통해 각 기동대 지휘관 등에게 'll기동대는 국회 1문(정입), mm기동대는 국회 2문(정출), nn 기동대는 국회 3문, oo기동대와 jj기동대로는 국회 4, 5, 6, 7문에 각각 1개 또는 2개 제대씩 배치하라'고 지시함으로써 이미 국회 1, 2문에 배치되어 있던 kk기동대를 비롯한 6개의 경찰 기동대를 국회 출입문에 각 배치하였다.

이어서 쳐OO은 2024. 12. 3. 22:39경 서울특별시경찰청 경비지휘 무전망을 통해 국회경비대의 전원 근무를 지시하였고, 국회경비대장 이OO는 당직 근무 중이던 국회경비대 제O경비제대장 막OO로부터 쳐OO의 무전 내용을 전달받은 후 막OO에게 서울청의 지시대로 이행할 것을 지시하였다.

이에 따라 막OO는 국회경비대 전체 대원들을 비상소집하는 한편, 2024. 12. 3. 22:43경 국회 1~7문 중 이미 폐문된 4~7문을 제외한 1~3문에 1명씩 배치되어 있던 당직 대원 총 3명 외에 신속대응팀 1명씩을 추가로 배치하였고, 당직인 O제대 대원들을 국회경비대 상황실 앞 로비로 소집한 후 O제대 1팀장을 1문, 2팀장을 2문, 3팀장을 3문에 각각 배치하고, 1~3문 별로 각 5명씩의 O제대 대원들을 우선 배치 하였다.

차OO은 이와 같이 국회 출입문에 6개 기동대가 모두 배치되고 있는 사실을 확인한 후 2024. 12. 3. 22:45경 자OO에게 이를 보고하였고, 자OO와 차OO은 위 삼청동 안가 모임에서 피고인이 지시한 국회 통제를 위해 필요한 조치가 무엇인지 논의한 결과 국회 출입을 전면 차단하기로 결론을 내리고, 그 무렵부터 국회의원을 포함한 모든 사람의 국회 출입을 전면 차단하기로 결정하였다.

그에 따라 차○○은 2024. 12. 3. 22:46경 경비안전계장 쳐○○에게 '국회로 들어가는 사람을 전면 차단하라'고 지시하였고, 쳐○○은 그 지시에 따라 2024. 12. 3. 22:47~22:49경 서울특별시경찰청 경비지휘 무전망을 통해 국회 출입문에 배치된 각 기동대 및 국회경비대 지휘관 등에게 '외부에서 국회 안쪽으로 진입하는 사람들은 전원 차단하라. 국회 각 문 앞에 경찰버스로 차벽을 설치하라. 현 시간 이후 누구를 막론하고 외부에서 내부로의 출입은 불가하다. 전부 차단하라'고 지시하였으며, 이에 따라 위 6개 경찰 기동대가 국회 각 문 앞에 차벽을 설치하는 한편 국회 각 문의 바깥 쪽에서 출입을 차단하였고, 국회경비대 제○경비제대장 막○○는 국회경비대 전체 대원들에게 '국회 외부에서 진입하는 차량과 사람을 원천 차단하라'고 지시하여 국회 1~3문의 안쪽에서 출입을 차단하는 등 2024. 12. 3. 22:48~23:06경까지 국회의원을 포함한 모든 민간인의 국회 출입을 전면 금지하였다.

(2) 일시적 선별적 국회 출입 허용

차○○은 2024. 12. 3. 22:58경 서울특별시경찰청 8층 상황지휘센터에서, 서울특별시경찰청 공공안전차장 호○○ 등 참모들부터 '국회경비대장 이○○가 국회의장의 국회 출입 조치를 어떻게 해야 하는지 대해 문의를 받았고, 국회의원들도 국회 출입을 막는 것에 대해 항의를 하고 있습니다. 국회의원의 경우 헌법 제77조에 의해 비상계엄 해제요구권이 있으니 국회의원의 출입을 막는 것은 문제가 있어 보입니다'라는 취지의 보고를 받았다.

이에 차○○은 대통령의 비상계엄 선포 및 대국민 담화문의 발표만으로는 국회의원의 국회 출입을 금지할 법적 근거가 없다고 판단하고는, 2024. 12. 3. 22:59경 자○○에게 전화하여 국회의원 국회 출입 허용 여부에 대해 논의한 끝에 자○○의 동의를 받아, 2024. 12. 3. 23:07~23:17경 서울특별시경찰청 경비지휘 무전망을 통해 국회 출입문에 배치된 각 기동대 및 국회경비대 지휘관 등에게 국회의원과 국회 출입증을 가진 사람에 한하여 국회 출입을 일시적으로 허용하도록 지시하였다.

이에 따라 위 6개 경찰 기동대는 국회의원과 국회 출입증을 가진 사람에 한하여 국회 출입을 허용하였고 국회경비대 제O경비제대장 막OO는 2024. 12. 3. 23:14~23:24경 국회 1~3문에 배치된 국회 경비대원들에게 국회의원과 출입증을 소지한 보좌관 및 기자 등에 대한 출입을 허용하게 하였다.

윤석열 대통령이 긴급 대국민 담화를 통해 비상계엄령을 발표한 가운데 지난해 12월 4일 서울 여의도 국회 앞에서 군인들이 국회 안으로 진입을 시도하고 있다. 2024.12.04 서울=뉴시스

크게보기

윤석열 대통령이 긴급 대국민 담화를 통해 비상계엄령을 발표한 가운데 지난해 12월 4일 서울 여의도 국회 앞에서 군인들이 국회 안으로 진입을 시도하고 있다. 2024.12.04 서울=뉴시스

(3) 2차 국회 봉쇄

피고인은 2024. 12. 3. 23:23경 다OO에게 전화하여 포고령이 발령되었는지를 물어본 후 '자OO 경찰청장에게 포고령에 대해 알려줘라'라고 지시하였다. 다OO로부터 피고인의 지시사항을 보고 받은 나OO은 다OO에게 '자OO 경찰청장에게 포고령(제1호)에 대해 알려주고, 국회에 경찰을 증원하도록 요청해라'라고 지시하였다. 이에 다OO는 나OO으로부터 건네받은 비화폰으로 자OO에게 전화하여 포고령의 내용을 설명하면서 '국회에 경찰을 증원해주고, 포고령에 따라서 국회출입을 차단해 달라'고 요구하였다.

이에 자OO는 2024. 12. 3. '계엄사령부 포고령(제1호)'이 공포된 것을 확인한 다음 2024. 12. 3. 23:35경 경찰청 경비국장 포OO에게 '포고령이 언론에 공표되었는데, 공표된 자체로 계엄령 선포의 효과가 있는 것이다. 포고령에 일체 정치활동 금지가 명시되어 있으니, 국회 출입을 완전통제하라고 서울경찰청에 전달을 해라'고 지시하였고, 이에 포OO는 서울

특별시경찰청 공공안전차장 호OO에게 자OO의 위 지시사항을 전달하면서 국회 출입을 전면 차단하도록 하는 지시를 하달하였으며, 호OO은 위 자OO의 지시사항을 그대로 차OO에게 보고하였다.

또한 자OO는 2024. 12. 3. 23:36경 차OO에게 전화하여 '포고령에 따라서 국회를 전면 통제하라'고 지시하였으며, 차OO은 서울특별시경찰청 경비안전계장 쳐OO에게 같은 지시를 하달하였으며, 쳐OO은 2024. 12. 3. 23:37경 서울특별시경찰청 경비지휘 무전망을 통해 국회 출입문에 배치된 각 기동대 및 국회경비대 지휘관 등에게 '각 출입문 현 시간부터 재차 통제, 전원 통제입니다. 아무도 들어갈 수 없습니다. 국회의원 포함해서 전부 통제'라며 국회 출입을 전면 금지하도록 지시하였다.

이에 국회 경비대장 이OO는 2024. 12. 3. 23:40경 호OO에게 전화하여 국회 출입을 다시 전면 금지하는 것이 맞는지 물었고, 호OO으로부터 '방금 다시 지시했고, 전원 차단입니다'라는 말을 들은 다음, 국회 경비대원들로 하여금 다시 국회 출입을 전면 차단하게 하였으며, 국회경비대 부대장 작OO는 2024. 12. 3. 23:56경 무전으로 서울청 경비안전계장 쳐OO에게 '국회를 완전 차단하였다'는 취지로 보고하는 등 국회 안쪽에서의 출입 차단 조치를 완료하였고, 위 6개 경찰 기동대는 국회 각 문 바깥쪽에서 국회의원을 포함한 모든 민간인의 국회 출입을 전면 차단하였다.

이후 서울특별시경찰청 공공안전차장 호OO은 2024. 12. 3. 23 : 41 ~ 23 : 43경 경찰청 경비국장 포OO에게 '현장에서 국회의원들 출입 조치를 어떻게 해야 하는지 문의가 계속 들어온다. 국회의원들까지 출입을 다시 전면 차단하는 것은 헌법 77조에도 맞지 않는 것 같고, 국회의원들은 국회로 들여보내줘야 하는 것 같은데, 본청에서 다시 검토해서 지침을 달라'며 국회 출입 전면 차단 지시의 재고를 요청하였고 포OO는 이를 자OO에게 보고하였으나, 자OO는 '포고령을 따르지 않으면 우리들이 다 체포된다. 지시대로 해라'라며 국회의원을 포함한 국회 출입 차단을 유지하게 하였다.

차OO은 2024. 12. 3. 23:54경 쳐OO의 국회 전면 통제 무전 지시를 보다 더 확실하게 전달하기 위해 직접 위 무전망을 통해 '서울경찰청장이 일방적으로 지시합니다. 포고령에 근거해서 일체 정치활동이 금지됩니다. 현 시간부로 국회의원 및 보좌관, 국회사무처 직원들도 출입할 수 없도록 통제하기 바랍니다'라며 국회의원을 포함한 민간인의 국회 출입을 전면 통제할 것을 재차 지시하였다.

한편, 차OO은 2024. 12. 3. 23:23경 자OO와 통화하면서 국회 주변과 대통령실, 관저 등이 있는 용산 일대에 경찰 기동대 병력을 증원할 것을 보고한 다음, 그 무렵 쳐OO 등에게 국회 주변 및 용산 일대에 경찰 기동대 병력을 증원하도록 지시하였다.

이에 쳐OO은 2024. 12. 3. 23:35경 위 무전망을 통해 'OO기동대는 남대문서에서 I경찰서 관내인 국회로 이동하라'고 지시하고, 계속하여 2024. 12. 3. 23:51경 '비상 응소 기동대들은 신속히 I경찰서 관내인 국회로 출동하라'는 지시를 하달하는 등 2024. 12. 4. 00:00~01:30경까지 국회 통제를 위한 경찰 기동대 약 22개를 증원하여 국회 주변에 순차 배치하여 국회경비대를 지원하였으며, 경찰버스를 동원하여 차벽을 세우는 방법으로 2024. 12. 3. 23:37경부터 2024. 12. 4. 01:45경까지 국회의원을 포함한 민간인의 국회 출입을 전면 금지하였다.

여기에 더하여, 자OO는 2024. 12. 4. 00:00경 경찰청 경비국장 포OO에게 '이런 상황에서 I경찰서장이 국회 상황을 지휘하면 되겠냐, 서울청 공공안전차장이나 지휘부가 직접 나가서 국회 현장 지휘를 하도록 해라'라고 지시하였다.

이에 포OO는 서울특별시경찰청 공공안전차장 호OO에게 '차장이 직접 여의도로 나가 지휘하라는 경찰청장의 지시를 받았다'는 취지의 문자메시지를 보냈고, 호OO은 2024. 12. 4. 00:37경 지하철 9호선 P역 앞에 도착하여 그 무렵부터 2024. 12. 4. 03:50경까지 국회 주변에서 그 곳에 배치된 경찰 기동대 등을 지휘하였다.

한편 다OO는 나OO과 라OO으로부터 국회에 경찰을 증원하라는 지시와 요청을 받고 2024. 12. 4. 00:59경 자OO에게 연락하여 국회에 경찰

증원을 재차 요구하기도 하였다.

결국 자OO와 차OO은 경찰 기동대 및 국회경비대가 1차로 국회를 봉쇄하기 시작한 2024. 12. 3. 22:48경부터 경찰 기동대가 국회에서 철수한 2024. 12. 4. 01:45경까지 사이에 국회 경비대장 이OO로 하여금 국회경비대 약 103명을 국회 앞문 쪽인 경정문, 국회 수소충전소, 2문, 1문, 도정문, 헌정문 쪽에 배치하게 하였고, 아래 표와 같이 경찰 기동대 총 28개(약 1740명)를 국회 바깥 쪽에 배치하였으며, 지휘차량 56대, 경찰버스 168대 등을 동원하여 차벽 등을 설치하는 방법으로 국회 의원을 포함한 민간인의 국회 출입을 통제함으로써 국회를 봉쇄하였다.

윤석열 대통령이 긴급 대국민 담화를 통해 비상계엄령을 발표한 가운데 지난해 12월 4일 서울 여의도 국회에서 계엄군이 창문을 깨고 진입하고 있다. 2024.12.04 서울=뉴시스

윤석열 대통령이 긴급 대국민 담화를 통해 비상계엄령을 발표한 가운데 지난해 12월 4일 서울 여의도 국회에서 계엄군이 창문을 깨고 진입하고 있다. 2024.12.04 서울=뉴시스

(4) 수도방위사령부 등 군 병력에 대한 국회 진입 허용

나OO은 2024. 12. 3. 22:23경 피고인의 대국민 담화 시작과 동시에 군사보좌관 교OO에게 '방첩사령관, 수방사령관, 특전사령관에게 전화하여 대통령님의 담화를 시청하라고 해라'고 지시하였고, 군사보좌관 교OO은 2024. 12. 3. 22:25경 바OO에게 전화하여 위와 같은 나OO의 지시를 전달하였다.

바OO는 피고인의 비상계엄 선포 대국민 담화를 확인한 후, 앞서 나OO에게 보고하였던 '경찰청장 등과의 공조 통화 실시' 계획을 이행하기 위해 2024. 12. 3. 22:30경 차OO에게 전화하여 '계엄군이 국회로 출동한다'라며 수도방위사령부 등 군 병력의 국회 출동 사실을 알렸고, 차OO도 바OO에게 경찰이 곧 국회에 배치될 것을 알렸으며, 자OO와 차OO은 위와 같이 국회를 1차 봉쇄하였다.

그 후 차OO은 2024. 12. 3. 23:30경부터 2024. 12. 4. 01:00경까지 사이에 총 6회에 걸쳐 바OO와 통화하면서, 바OO로부터 '수방사 대테러 특임대가 국회에 도착하니 군이 국회에 진입할 수 있도록 협조해 달라'는 등의 요청을 받고, 그때마다 서울특별시경찰청 경비안전계장 쳐OO에게 '군인과 민간인은 복장으로 쉽게 구별 되니, 군인은 국회 출입을 허용해 줘라'라고 지시하였고, 쳐OO은 그 지시에 따라 서울특별시경찰청 경비지휘 무전망을 통해 국회 출입문에 배치된 각 기동대 지휘관 등에게 '계엄 관련 군인 도착 여부를 확인하고, 계엄군은 신분 확인 후 국회에 진입하도록 하라', '수방사 대테러 특임대 도착 즉시 진입하도록 조치하라', '수방사 대테러 특임대 도착 시 경정문으로 진입하도록 조치하라' 등의 지시를 수회하고, 2024. 12. 4. 00:50경 위 무전망을 통해 I경찰서 경비과장으로부터 '국회 3문을 통해 계엄군 100여명이 국회로 진입하였다'는 보고를 받는 등 수도방위사령부 등 군 병력의 국회 진입을 허용해 주었다.

(5) 경찰을 이용한 국회의 비상계엄 해제요구안 의결 방해 시도

피고인은 2024. 12. 3. 23:30경부터 2024. 12. 4. 01:03경까지, 즉 포고령 발표 무렵부터 국회의 비상계엄 해제요구안 가결 전까지 사이에 자OO에게 6회 전화하여 '조 청장, 국회 들어가려는 국회의원들 다 체포해. 잡아들여. 불법이야. 국회의원들 다 포고령 위반이야. 체포해'라고 지시하였다.

다. 수도방위사령부 병력의 국회 진입 및 비상계엄 해제 의결 방해 시도

(1) 수도방위사령부 병력의 국회 출동 관련

나OO은 2024. 12. 3. 22:40경 전군주요지휘관회의를 주재하면서 '수방사령관, 특전사령관은 기 지시된 사항과 관련하여 제한사항을 확인하고, 준비되는대로 이행하라'고 발언한 후 바OO에게 별도로 전화하여 '수도방위사령부 병력과 함께 국회로 출동하여 현장에서 직접 지휘하면서 국회를 봉쇄함으로써 국회의원들의 비상계엄 해제요구안 의결을 저지할 것'을 지시하였다.

이에 바OO는 2024. 12. 3. 22:45경 수도방위사령부 OOOO실 앞에서 참모장 벼OO, 작전처장 뇨OO, 제v경비단장 려OO과 회의를 하면서 '기자 및 불순분자들의 활동에 대비하여 사령부 위병소를 폐쇄·통제하고, 전 장병 스마트폰을 통합 보관하며, 위병소 앞에 장갑차 2대를 배치하라'는 등의 지시를 하였고, 려OO에게는 '국회에 상황이 있어서 국회로 가야 한다. 출동 준비가 되면 보고하라'고 지시하였다.

이후 려OO은 출동 준비 중이던 제dd특수임무대대 및 제ee특수임무대대에 위와 같은 바OO의 지시를 하달하였고, 그 무렵 w경찰단장 며OO도 벼OO으로부터 위와 같은 바OO의 지시를 전달받아 출동 준비 중이던 gg경찰대대에 하달하였다.

바OO는 2024. 12. 3. 23:00경 수도방위사령부 제ee특수임무대대 막사로 이동하여 직접 출동 준비 상황을 확인한 다음 려OO에게 '내가 먼저 출발해서 어떤 상황인지 보겠다. 부대원들이 현장에 도착하면 내게 전화하라고 해라. 거기서 구체적인 임무와 역할을 알려주겠다'고 지시한 후 국회로 출발하였고, 려OO은 위와 같은 바OO의 지시를 제dd특수임무대대 및 제ee특수임무대대에 각각 하달하였다.

(2) 제ee특수임무대대의 출동 및 국회 진입

바OO의 지시를 지휘계통에 따라 전달받은 제ee특수임무대대 제pp지역대장 됴OO를 포함한 대테러 특수임무부대 16명(이하 '제ee특수임무대대 선발대'라고 함, 운전병 1명 포함)은 2024. 12. 3. 23:10경 소총 15정, 권총 15정, 저격소총 1정 및 5.56mm 보통탄 1920발, 5.56mm 예광탄 320발, 9mm 보통탄 540발, 슬러그탄 30발, 엽총용 산탄 30발, 섬광폭음수류탄 10발, 5.56mm 공포탄 360발을 소지한 채 중형 버스 등을 타고 수도방위사령부를 출발하여, 2024. 12. 3. 23:45경 국회 인근에 있는 M공원 주차장에 도착하였다.

그 무렵 제ee특수임무대대 제pp지역대장 됴OO는 바OO로부터 '총기와 탄약을 차에 두고 비무장으로 국회로 이동하여 출입하는 모든 인원을 통제해라. 뎌OO이라는 사람을 찾아서 그 사람을 도우라'는 지시를 받은 후 운전병 외 나머지 14명의 제ee특수임무대대 선발대와 함께 걸어서 국회 1문으로 이동하였으나 그곳에 있던 시민들로부터 국회 1문 출입을 제지당하자, 바OO로부터 '인적이 드문 곳으로 돌아서 경찰 협조를 받아 담을 넘어 들어가라'는 지시를 받고, 그곳에 있던 경찰의 도움을 받아 2024. 12. 4. 00:24경 국회 7문 옆에 있는 담을 넘어 국회 경내로 진입하였다.

다음으로, 바OO의 지시를 지휘계통에 따라 전달받은 제ee특수임무대대장 져OO를 포함한 제qq지역대 및 제pp지역대 후속 병력 29명(이하 '제ee특수임무대대 후속부대'라고 함)은 져OO의 지휘에 따라 2024. 12. 4. 00:10경 소총 27정, 권총 16정 및 5.56mm 공포탄 929발을 소지한 채 대형버스 등을 타고 수도방위사령부를 출발하여, 2024. 12. 4. 00:43경 국회 인근 여의도 N공원 3주차장에 도착하였다.

그 무렵 제ee특수임무대대장 져OO는 제v경비단장 려OO으로부터 '비무장으로 국회 울타리를 월담하여 위 제ee특수임무대대 선발대가 있는 곳으로 가서 접촉하라'라는 지시를 받은 후 디OO 상사 등 제ee특수임무대대 후속부대 23명으로 하여금 그곳에 있던 경찰의 도움을 받아 2024. 12. 4. 01:03경 국회 7문 옆에 있는 담을 넘어 국회 경내로 진입하게 하였다.

(3) 제dd특수임무대대의 출동 및 국회 진입 실패

바OO의 지시를 지휘계통에 따라 전달받은 제dd특수임무대대 제rr지역대 제1중대장 료OO을 포함한 대테러 초동조치 부대 11명(이하 '제dd특수임무대대 선발대'라고 함)은 료OO의 지휘에 따라 2024. 12. 3. 23:19경 소총 11정, 권총 9정, 드론재밍건 1정 및 5.56mm 보통탄 975발, 9mm 보통탄 330발, 5.56mm 공포탄 330발을 소지한 채 중형버스를 타고 수도방위사령부를 출발하여, 2024. 12. 3. 23:46경 국회 1문 인근에 도착하였다.

그 무렵 국회 1문 인근에서 대기하고 있던 제dd특수임무대대 제rr지역대 제1중대장 료OO은 바OO로부터 '국회 정문을 봉쇄할 수 있냐, 차량을 한적한 곳에 세운 다음 총기와 탄약을 두고 국회로 들어올 수 있냐'는 등의 지시를 받았으나 그곳에 있던 시민들이 제dd특수임무대대 선발대가 타고 있던 중형버스 앞을 가로막거나 중형버스 밑으로 들어가는 바람에 국회로 진입하지 못한 채 그곳에서 나머지 제dd특수임무대 선발대 부대원들과 함께 다음 지시를 기다리며 대기 및 집결하고 있었다.

바○○의 지시를 지휘계통에 따라 전달받은 제dd특수임무대 제qq지역대장 묘○○를 포함한 후속 병력 51명(이하 '제dd특수임무대 후속부대'라고 함)은 2024. 12. 4. 00:48경 소총 44정, 권총 22정 및 5.56mm 공포탄 1320발을 소지한 채 중형버스 등을 타고 수도방위사령부를 출발하여, 2024. 12. 4. 01:04경 O대교 북단에 도착하였다.

그 무렵 제dd특수임무대 제qq지역대장 묘○○는 제v경비단장 려○○을 통해 '현재 제ee특수임무대 선발대와 후속부대가 국회로 진입했으니 제dd특수임무대 후속부대도 국회로 진입할 수 있도록 제ee특수임무대장과 통화해라. 총기와 공포탄은 차량에 두고 진압봉을 챙겨서 투입하라. 임무는 국회 내부에 있는 인원을 끌어내는 것이다'라는 바○○의 지시를 받고 그 지시를 이행하기 위해 제dd특수임무대 후속부대가 타고 있던 중형버스 등을 국회로 이동시키던 중 다시 려○○으로부터 '투입 과정에서 시민들과 부하들이 다칠 수 있는 일이 발생할 수 있다. 현재 국회 앞 상황이 복잡하니 기존 명령은 취소한다. 투입하지 말고 O대교에서 하차하지 말고 대기하라'라는 추가 지시를 받고, O대교 위에서 다음 지시를 기다리며 대기 및 집결하고 있었다.

(4) w경찰단 gg경찰대대의 출동 및 국회 진입

바○○의 지시를 지휘계통에 따라 전달받은 w경찰단장 며○○을 포함한 대테러 초동 조치 부대 12명과 기동중대[MC(Motor Cycle)] 2명(이하 'w경찰단 선발대'라고 함)은 2024. 12. 3. 23:30경 소총 9정, 권총 9정, 저격총 1정, 테이저건 10정 및 5.56mm 보통탄 525발, 9mm 보통탄 363발, 7.62mm 저격탄 40발 등을 소지한 채 중형버스 등을 타고 수도방위사령부를 출발하여 2024. 12. 4. 00:04경 국회 인근에 도착하였다.

그 무렵 w경찰단장 며○○은 바○○로부터 '내가 현장에 와 있는데, 너무 복잡해서 국회 안으로 들어갈 수 없는 상황이다. 기동중대[MC(Motor

Cycle)]는 국회 바깥으로 순찰을 돌아라. 돌다가 혹시 차가 들어갈 수 있는 곳이 발견되면 나에게 알려달라. 그리고 특임중대는 비무장으로 담을 넘어 국회 안으로 들어가 국회 협력단장 며OO 장군을 만나 게이트를 하나 받은 다음 그곳을 차단해라', '통제를 따르지 않는 사람이 있다면 그런 사람들은 체포해서 밖으로 내보내라. 당신들은 군사 경찰이니 합법적인 범위에서 그런 임무를 수행할 수 있지 않냐'는 취지의 지시를 받은 후 w경찰단 선발대 대위 뵤OO에게 '경찰의 협조를 받아 국회 담을 넘고 들어가 며OO 장군을 만나라'고 지시하여, 삼단봉으로 무장한 뵤OO 등 w경찰단 선발대 5명은 2024. 12. 4. 01:40경 국회 1문 옆 담을 넘어 국회 경내로 진입하였다.

바OO의 지시를 지휘계통에 따라 전달받은 w경찰단 gg경찰대대장 쇼OO을 포함한 후속 병력 62명(이하 'w경찰단 후속부대'라고 함)은 2024. 12. 4. 00:08경 소총 28정, 권총 38정, 저격총 3정을 소지한 채 대형버스 등을 타고 수도방위 사령부를 출발하여, 2024. 12. 4. 00:39경 국회 인근 OOO미디어텍 앞 도로에 도착하였다.

그 무렵 w경찰단 gg경찰대대장 쇼OO은 먼저 도착한 w경찰단장 며OO을 통해 '국회 안으로 들어가서 국회협력단장 며OO 장군을 만나라'는 등의 바OO의 지시를 전달받고, 삼단봉으로 무장한 w경찰단 후속부대 중위 요OO 등 5명으로 하여금 2024. 12. 4. 01:40경 국회 1문 옆 담을 넘어 국회 경내로 진입하게 하였다.

(5) 제v경비단 본부의 출동

바OO의 지시를 지휘계통에 따라 전달받은 제v경비단 작전과장 셔OO 등 29명은 2024. 12. 3. 23:44경 소총 22정과 권총 4정을 소지한 채 중형버스 등을 타고 수도방위사령부를 출발하여 2024. 12. 4. 00:04경 국회 1문을 거쳐 국회 7문에 도착하였다.

(6) 수도방위사령부 병력의 비상계엄 해제요구안 의결 방해 시도

피고인은 군과 경찰의 국회 봉쇄에도 불구하고 국회의원들이 담을 넘는 등으로 국회 본회의장에 집결하고 있던 2024. 12. 4. 00:30~01:00경 국

회 주변을 돌며 직접 현장을 지휘하고 있던 바OO에게 전화하여 상황이 어떠냐고 물어, 바OO가 '다 막혀 있습니다. 그래서 제가 담 넘어 들어가라고 했습니다'라고 대답하였고, 그 이후에도 바OO에게 전화하여 '어떤 상황이냐'고 물어, 바OO로부터 '국회에 도착하였는데, 들어갈 수 없습니다, 사람이 많습니다'라는 대답을 듣고는 바OO에게 '아직도 못 들어갔어? 본회의장으로 가서 4명이 1명씩 들쳐 업고 나오라고 해'라고 지시하였다.

피고인은 위와 같은 지시에도 불구하고, 국회의사당 본회의장에 모인 국회의원의 수가 계엄해제 요구안 의결 정족수에 가까워지자 재차 바OO에게 전화하여 '아직도 못 갔냐. 뭐하고 있냐. 문 부수고 들어가서 끌어내. 총을 쏴서라도 문을 부수고 들어가서 끌어내라'고 지시하였고, 비상계엄 해제요구안이 가결된 2024. 12. 4. 01:03경 이후에도 바OO에게 전화하여 '국회의원이 190명 들어왔다는데 실제로 190명이 들어왔다는 것은 확인도 안 되는 거고', '그러니까 내가 계엄 선포되기 전에 병력을 움직여야 한다고 했는데 다들 반대해서', '해제됐다 하더라도 내가 두 번, 세 번 계엄령 선포하면 되는 거니까 계속 진행해'라고 지시하였다.

또한, 나OO 역시 바OO에게 수시로 전화하여 '왜 안 되느냐', '왜 못 들어가냐'라고 말하며 위와 같은 피고인의 지시를 신속하게 이행할 것을 명령하였다.

피고인으로부터 '본회의장으로 가서 4명이 1명씩 들쳐 업고 나오라'는 지시를 직접 받은 바OO는 제v경비단장 려OO에게 전화하여 '국회 본청 내부로 진입하여 국회의원들을 외부로 끌어내라'고 지시하였고, 려OO은 2024. 12. 4. 01:04경 O대교 북단에서 지시를 기다리고 있던 제dd특수임무대대 후속부대 소속 제qq지역대장 묘OO에게 전화하여 '현재 제ee특수임무대대가 국회로 진입했으니 제qq지역대도 국회로 진입할 수 있도록 35특임대대장과 통화해라. 총기와 공포탄은 차량에 두고 진압봉을 챙겨서 투입하고 차량에 총기와 탄약을 경계하기 위한 일부 병력만 남겨라. 임무는 국회 내부에 있는 인원을 끌어내는 것이다'라고 지시하였으며, 제dd특수임무대대 후속부대는 위와 같은 임무수행을 위해 O대교 북단을 출발하였으나, 이후 려OO으로부터 '투입 과정에서 시민들과 부하들이 다칠 수 있는 일이 발생할 수 있다. 현재 국회 앞 상황이 복잡하니 기존 명령은 취소한다. 투입하지 말고 O대교에서 하차하지 말고 대기하라'는 지시를 받아 O대교에서 정차하여 다음 지시를 위해 대기하였다.

계속하여 바OO는 려OO에게 '너희는 들어갈 필요 없다, 이미 특전사가 국회 본청 내부로 진입해 있으니, 너희는 외부에서 지원해라'고 말하며 국회의사당 내부로 진입해 있던 육군특수전사령부 소속 병력들이 국회의원들을 끌고 밖으로 나오면 국회의사당 출입구에 있던 시민들 사이에서 길을 터주라고 지시하였고, 제v경비단장 려OO은 그 무렵 월담하여 국회 경내에 진입한 후 국회의사당 인근에서 대기하고 있던 제ee특수임무대대 선발대 소속 제pp지역대장 됴OO에게 전화하여 '이따가 국회의원하고 특전사가 출입문으로 나오니, 그 인원들이 안전하게 나갈 수 있게 민간인들 사이에서 통로를 만드는 것을 지원하라'고 지시하였으며, 2024. 12. 4. 01:23경 이미 국회 경내에 진입해 있었던 제ee특수임무대대 후속부대도 위 제ee특수임무대대 선발대와 합류하게 하여 함께 위 지시를 이행하도록 하였다.

라. 육군특수전사령부 병력의 국회 진입 및 비상계엄 해제 의결 방해 시도

(1) 육군특수전사령부 병력에 대한 국회 출동 지시 하달

나OO은 2024. 12. 3. 22:17경 대통령실 대접견실에서 비상계엄 선포를 위한 국무회의에 참석해 있던 중 마OO에게 육군특수전사령부 병력을 출동시킬 것을 지시하였고, 이에 마OO은 2024. 12. 3. 22:21경 제j공수특전여단장 샤OO에게 '비상계엄 상황이 발생했다', '사복을 착용한 편의대(정찰조) 1개 조를 국회로, 1개 조를 C당 당사로 보내 상황을 파악하라', '1개 대대를 국회의사당으로, 1개 대대를 국회의원 회관으로 각 출동시켜 건물을 봉쇄하라', '여단장도 함께 국회로 출동하여 내 지시에 따라 현장을 지휘하고, 현장에 있는 수도방위사령관과 상의하며 조치하라'고 지시하였으며, 그 무렵 나OO은 마OO에게 육군특수전사령부의 출동을 재촉하였고, 이에 마OO은 2024. 12. 3. 22:25경 제j공수특전여단장 샤OO에게 서둘러 국회로 출동할 준비를 마칠 것을 지시하였다.

계속하여 나○○은 2024. 12. 3. 22:23경 국방부 군사보좌관 교○○을 통해 마○○에게 연락하여 피고인의 대국민 담화를 시청하라고 지시하였고, 이에 따라 마○○은 2024. 12. 3. 22:27경 피고인의 대국민 담화를 시청하면서 비상계엄 선포 사실을 확인하게 되자, 그 직후인 2024. 12. 3. 22:30경 o항공단장 캬○○에게 '항공기(헬기) (사령부로) 출동해. 너도 (사령부로) 들어와'라고 지시하였고, 2024. 12. 3. 22:31경 제n특수임무단장 챠○○에게 '헬기 12대가 곧 도착할 것이니 대기 중인 병력을 헬기에 태워 즉시 국회로 출동시켜라', '특임단장도 함께 국회로 출동하여 내 지시에 따라 현장을 지휘하라'고 지시하였다.

마○○은 2024. 12. 1. 오후경 나○○으로부터 계엄 선포 대비 지시를 받았을 당시, 자신의 수첩에 예하 부대별 출동 계획을 기재해 두었는데, 2024. 12. 3. 22:40경 나○○이 주재한 전군주요지휘관회의에서 '수방사령관, 특전사령관은 기 지시된 사항과 관련하여 제한사항을 확인하고, 준비되는 대로 이행하라'는 지시를 받게되자, 2024. 12. 3. 22:47경 예하 부대장들과 화상회의에서, 그 수첩 기재를 보면서 제j 공수특전여단장 샤○○에게 즉시 국회로 출동할 것을 지시한 후 '개인별로 소총과 공포탄, 저항세력 진압용으로 사용할 테이저건을 소지하게 하고, 결박 또는 시건 용도로 사용할 케이블타이를 휴대하게 하라', '그리고 실탄은 대대장, 지역대장 이상이 통합 보관하게 하다가 유사시 개인에게 지급하라', '작전보안을 위해 비화폰만 소지하고 개인 휴대폰은 소지하지 말아라', '전투용 마스크를 착용하라'고 추가로 지시하였다.

계속해서 마○○은 제k공수특전여단장 야○○에게 중앙선거관리위원회 과천청사 및 수원 선거연수원으로, 제m공수특전여단장 쟈○○에게 중앙선거관리위원회 관악청사 및 여론조사E으로 각 병력을 출동시킬 것을 지시하였고, 제l공수특전여단장 죠○○에게는 주둔지에 대기하면서 제j공수특전여단 지원을 준비할 것을, p지원 단장 쵸○○에게는 주둔지에 대기하면서 제j, m공수특전여단 지원을 준비할 것을 각 지시하였으며, 제kkk여단장 교○○에게 특수임무대 병력을 2024. 12. 4. 오전경까지 제m공수특전여단으로 이동하여 지원하되 1개 대대 병력은 추가 지시에 따른 지원을 준비할 것을 지시하였고, 제c공수특전여단장 툐○○에게 주둔지에 대기하면서 출동 준비 태세를 갖출 것을 지시하였다.

계속해서 마○○은 2024. 12. 3. 22:50~23:07경 o항공단장 캬○○에게 '왜 아직도 헬기가 안 뜨는 것이냐'고 큰 소리로 다그치며 신속히 헬기 12대를 육군특수전사령부로 보낼 것을 재차 지시하였다.

⑵ 제j공수특전여단, 제n특수임무단, o항공단의 국회 출동

마○○의 지시를 받은 o항공단장 캬○○은 2024. 12. 3. 22:49~22:54경 수도방위사령부에 비행제한구역(○○ 상공, 일명 '○○○')에서의 헬기 비행 승인을 요청하였고, 2024. 12. 3. 23:04~23:15경 헬기 12대를 육군특수전사령부로 출동시켰으며, 제n특수임무단장 챠○○는 2024. 12. 3. 23:22~23:43경 육군특수전사령부 내 헬기 이착륙장에 도착한 o항공단의 헬기 12대에 소총용 5.56mm 실탄 960발, 권총용 9mm 실탄 960발 등을 적재하고 야간 훈련 계획에 맞추어 미리 출동 준비 중이던 제uu, vv, ww, xx지역대 병력 95명(단장 포함 총 96명)과 함께 탑승하여 국회로 출동하였다.

한편 마○○은 2024. 12. 3. 23:30경 제n특수임무단 병력이 탑승한 헬기가 수도방위사령부로부터 ○○ 상공 진입을 승인받지 못해 ○○시 상공에 머물며 대기하고 있다는 사실을 알게 되자 수도방위사령관 바○○에게 헬기 진입을 승인해 줄 것을 요청하였고, 바○○는 2024. 12. 3. 23:31경 수도방위사령부 작전처장 뇨○○을 통해 계엄사령부에 마○○의 헬기 진입 승인 요청을 전달하였으며, 댜○○는 2024. 12. 3. 23:34경 육군본부 정보작전참모부장 표○○로부터 위 헬기의 서울 상공 진입에 대한 승인을 건의받은 후 이를 승인하여 위 헬기가 국회로 향할 수 있도록 조치하였다.

또한 제j공수특전여단장 샤○○은 2024. 12. 3. 23:00경 제ss대대 소속 병력 4명을 편의대로 편성한 후 먼저 국회로 출동시켜 주변 상황을 파악해 보고하게 하였고, 2024. 12. 3. 23:57경 제ss대대 병력 136명을 버스 등에 탑승시켜 국회로 출동시키고 동시에 본인도 지휘차량에 소총용 5.56mm 실탄 550발, 권총용 9mm 실탄 12발을 적재한 상태로 작전참모

효OO 등과 함께 탑승하여 국회로 출동하였으며, 2024. 12. 4. 00:22경 tt대대 병력 129명을 버스 등에 탑승시켜 국회로 출동시켰고, 2024. 12. 4. 00:45경 유사시 제ss대대가 사용하게 할 목적으로 소총용 5.56mm 실탄 2만3520 발, 제tt대대가 사용하게 할 목적으로 소총용 5.56mm 실탄 2만6880발을 탄약 수송차량에 적재하고 즉시 공급 가능할 수 있도록 준비하였다.

(3) 제n특수임무단, o항공단의 헬기를 통한 국회 진입 및 국회의사당 봉쇄 시도

마OO의 지시를 받은 o항공단장 캬OO은 2024. 12. 3. 23:49경부터 2024. 12. 4. 00:11경까지 제n특수임무단장 챠OO를 포함하여 예하 부대 제uu, vv, ww, xx지역 대 소속 부대원 95명 등 합계 96명이 탑승하고 있는 헬기 12대를 국회의사당 후면 운동장에 3대씩 순차로 착륙시켜 제n특수임무단 병력을 국회 경내로 진입시켰고, 제n특수임무단장 챠OO는 2024. 12. 3. 23:49경 탑승하고 있던 헬기에서 내려 동시에 도착한 제uu지역대 병력 23명과 함께 국회의사당 후문으로 가 봉쇄를 시도하였으나 이를 저지하는 국회의사당 경비인력 등 10여 명과 맞닥뜨리게 되어 약 10분 간 몸싸움을 벌이다가 국회의사당 후문의 봉쇄를 포기한 다음, 국회의사당 좌측면(국회의사당을 정문 쪽에서 바라보았을 때 기준, 이하 동일함)을 돌아 국회의사당 정문으로 이동하였다.

계속하여 제n특수임무단장 챠OO는 2024. 12. 3. 23:59경 국회의사당 정문을 봉쇄하고자 시도하였으나 그곳에 모여있던 국회 관계자, 국회의원 보좌진, 기자 등 수백 명으로부터 더 큰 저항을 받게 되자, 뒤이어 국회 경내로 진입한 제vv, ww, xx지역대 병력 72명을 합류시켜 함께 국회의사당 정문으로의 접근을 재차 시도하였으나 마찬가지로 위 수백 명에게 가로막혀 국회의사당 정문 봉쇄에 실패하고 약 30분간 대치 상태로 있게 되었다.

(4) 제j공수특전여단의 월담을 통한 국회 진입

마OO의 지시를 받은 제j공수특전여단장 샤OO은 2024. 12. 4. 00:22경 국회 인근에 도착하였고, 그곳에서 수도방위사령관 바OO로부터 '경찰

이 주출입구를 막고 있고 다수의 시민들이 경찰과 대치하고 있어 주출입구를 통해서는 국회 경내로 진입할 수 없으니 담을 넘어 진입하라'는 지시를 받게 되었다.

이에 제j공수특전여단장 샤OO은 2024. 12. 4. 00:30경 제ss대대가 국회 인근에 도착하자 제ss대대장 구OO에게 '담 넘어가. 담 넘어서 국회 본관으로 들어가. 본관으로 들어가서 의원들 다 끄집어내'라고 지시하였고, 이에 제ss대대장 구OO는 제ss대대 병력 48명과 함께 소총 등으로 무장한 상태로 국회 담을 넘어 경내로 진입하였으며, 계속하여 샤OO은 2024. 12. 4. 00:46경 제tt대대가 국회 인근에 도착하자, 제tt대대장 누OO에게 '국회 앞쪽은 시민들이 많으니 국회 뒤쪽으로 들어가라. 담을 넘어서라도 들어가라'고 지시하였고, 이에 누OO을 비롯하여 소총 등으로 무장한 제tt대대 병력 122명 중 80명은 그곳에 있던 경찰의 협조를 받아 국회 3, 4문을 통해, ddd지역대 병력 42명은 3문 인근 담을 넘어 각각 국회 경내로 진입하였다.

(5) 제n특수임무단의 후속 병력 출동

나OO은 2024. 12. 3. 23:50경 국회 경내 상황을 지켜보던 중 기존에 출동한 병력만으로는 국회의사당 봉쇄가 어려울 것으로 판단하여 마OO에게 '제n특수임무단 병력을 추가로 국회에 투입하여 봉쇄 임무를 지원하라'고 지시하였다.

이에 마OO은 즉시 o항공단장 캬OO에게 '국회에서 주둔지로 복귀 중인 헬기 12대를 다시 육군특수전사령부로 보내 제n특수임무단 병력을 국회로 수송하라'고 지시하였고, 육군특수전사령부 교육훈련처장 거OO에게 '제n특수임무단 OOOO실로 내려가 병력을 추가 편성하여 국회로 출동시켜라. 상황이 급박하니 실탄이 준비되지 않았더라도 일단 출동시켜라'라고 지시하였다.

o항공단장 캬OO은 2024. 12. 4. 00:16경 앞서 국회 출동 임무를 마치고 주둔지로 향하던 헬기 12대를 육군특수전사령부로 재차 이동시켰고, 육군특수전사령부 교육훈련처장 거OO은 2024. 12. 4. 00:29~00:53경

육군특수전사령부 헬기 이착륙장에 도착한 헬기 12대에 제n특수임무단 병력 101명을 탑승시켜 국회로 출동하게 하였으며, 제n특수임무단 병력 101명은 2024. 12. 4. 00:48~01:18경 탑승한 헬기가 국회 경내에 착륙하자 이미 침투해 있던 제n특수임무단장 챠OO 등 96명의 병력과 합류하였다.

(6) 국회의사당 침투 및 비상계엄 해제요구안 의결 방해 시도

위와 같은 경찰의 국회 출입 일시 허용으로 인해 이미 국회의원들 상당수가 국회의사당 본회의장에 집결하였고, 국회 경내로 들어온 시민들의 저항으로 국회의사당 봉쇄가 어렵게 되자, 피고인은 2024. 12. 3. 23:40경 마OO에게 '국회로 이동 중인 헬기가 어디쯤 가고 있냐'고 물으며 병력을 서둘러 국회로 출동시킬 것을 지시하였고, 2024. 12. 4. 00:20경 마OO에게 '아직 국회 내에 의결정족수가 안 채워진 것 같으니 빨리 국회 안으로 들어가서 의사당 안에 있는 사람들을 데리고 나와라', '문짝을 도끼로 부수고서라도 안으로 들어가서 다 끄집어내라'라고 지시하였다.

또한, 나OO도 2024. 12. 4. 00:20~00:35경 마OO에게 '국회의원이 150명이 안 되도록 막아라', '빨리 국회의사당 문 열고 안으로 들어가서 안에 있는 국회의원들 데리고 나와라'라고 지시하였다.

이에 따라 마OO은 2024. 12. 4. 00:20~00:57경 제n특수임무단장 챠OO 및 제j공수특전여단장 샤OO에게 '건물 유리창을 깨고서라도 국회 본관 안으로 진입하라', '국회의원 150명이 넘으면 안 된다, 본회의장 문을 부수고서라도 안으로 들어가 국회의원들을 밖으로 끌어내라', '대통령님 지시다. 문짝을 도끼로 부수고서라도 안으로 들어가서 다 끄집어내라', '전기라도 차단하라'고 지시하였고, 나아가 육군특수전사령부 병력의 국회의사당 진입을 막고 있는 시민들을 제압할 목적으로 공포탄, 테이저건을 사용하고자 계엄사령관 다OO에게 그 사용 승인을 건의하였으나, 다OO는 이를 거부하였다.

그 후, 제n특수임무단장 챠OO는 2024. 12. 4. 00:34경 15명의 병력과 함께 국회의사당 우측면으로 이동하여 미리 준비한 망치(전체길이 약

40cm) 및 소총의 총구 부분으로 유리창 2개를 깨뜨리고 국회의사당 내부로 침투하였고, 그 과정에서 당시 국회 내에 있던 당직자 등이 계엄군의 국회의사당 진입을 막기 위해 소화기를 분사하는 등 물리적 마찰을 빚기도 하였다.

제j공수특전여단장 샤OO은 2024. 12. 4. 00:30~01:00경 국회 경내로 진입해있던 제ss대대장 구OO에게 '저항하는 사람들을 뚫고 국회의사당 안으로 들어가 국회의원들 다 끄집어내라', '유리창이라도 깨서 건물 안으로 들어가라', '지금 국회의원들이 문을 걸어 잠그고 의결을 하려고 하니 문짝을 부수고서라도 국회의원들 다 끄집어내라. 대통령님의 지시다', '전기라도 끊어라'라고 지시하여 제ss대대장 구OO 등 제ss대대 및 제tt대대 병력 38명이 시정되어 있던 국회의사당 후문을 강제로 개방하고 그 내부로 침투하게 하였다.

마. 국회의원, 정치인 등 주요 인사에 대한 반국가세력 합동체포조 편성 및 운영

(1) 주요 인사 체포 지시

나OO은 2024. 12. 3. 22:27경 비상계엄이 선포되자 그 무렵 라OO에게 전화를 하여 '하OO, 두OO, 루OO, 무OO, 냐OO, 부OO, 수OO, 우OO, 주OO 등' 10여명을 체포하라. 경찰에 연락하여 대상자의 위치를 파악하고, 일단 국회로 출동하라'고 명령하였다.

한편, 피고인은 2024. 12. 3. 22:53경 국가정보원 1차장 텨OO에게 전화하여 '봤지? 비상계엄 발표하는 거. 이번 기회에 싹 다 잡아들여. 싹 다 정리해. 국가정보원에도 대공수사권 줄 테니까 우선 방첩사를 도와 지원해. 자금이면 자금 인력이면 인력 무조건 도와'라고 말하였다.

(2) 반국가세력 합동체포조 편성 및 운영

1) 국군방첩사령부의 반국가세력 합동체포조 편성 및 체포 시도

라OO은 2024. 12. 3. 22:27~22:30경 나OO으로부터 위와 같이 주요

인사 10여명에 대한 체포 및 국회로의 출동 명령을 받고, 2024. 12. 3. 22:30~22:40경 자OO에게 전화하여 '수사요원 100명을 지원해달라. 선거관리위원회 3곳에 계엄군이 진입할 예정이다. 하OO, 두OO, 루OO, 무OO, 냐OO, 부OO, 수OO, 우OO, 주OO 등 10여명을 체포할 것인데 경찰에서 위치를 확인해달라'는 취지로 요청하였고 자OO는 알겠다는 취지로 답변하면서 '국가수사본부와 실무적으로 상의하라'라고 하였다.

이후 라OO은, 2024. 12. 3. 22:38경 국방부 조사본부장 토OO에게 전화하여 'TV 보고 있지? 계엄령 선포되었으니까 니네 수사관 100명 우리한테 보내줘야 해. 빨리 보내줘야 해'라며 국방부 조사본부 소속 수사관들의 지원을 요청하였다.

또한, 라OO은 2024. 12. 3. 23:00경 qqq단장 녀OO에게 '경찰청 국가수사본부에서 100명, 국방부 조사본부에서 100명이 오기로 했으니 합동수사본부를 빨리 구성하고, 국방부 장관에게 받은 명단인데, 하OO 대표, 두OO 국회의장, 루OO 대표, 무OO, 냐OO, 부OO 등 14명을 신속하게 체포하여 수도방위사령부 OO벙커 구금시설로 이송하라'고 명령하였고, 2024. 12. 3. 23:06경 피고인으로부터 위와 같은 지시를 받은 국가정보원 1차장 텨OO으로부터 전화를 받자, 텨OO에게 '국회는 경찰과 협조해 봉쇄하고 있습니다. 선배님 이걸 도와주세요. 저희 체포조가 나왔는데 소재 파악이 안 돼요. 명단 불러 드릴게요'라고 말하며 체포 대상자를 알려주었다.

위와 같은 라OO의 명령을 받은 qqq단장 녀OO는 2024. 12. 3. 23:04경 국군방첩사령부 수사단장실에서, qqq단 rrr수사실장 추OO, qqq단 eee과장 쿠OO에게 '경찰 100명, 조사본부 100명이 오기로 했다. 어떻게 오는지 확인해라. 체육관에 우리 부대 수사관들을 준비시키고, 경찰에 호송차와 조사본부에 구금시설을 확인하라, 우리 부대 수사관 5명, 군사경찰 5명, 경찰 5명, □□경호대 10명, 총 25명으로 팀을 꾸려라. 이송 및 구금 명단은 하OO, 두OO, 루OO, 무OO, 냐OO, 부OO, 수OO, 우OO, 주OO 등이다. 인원들은 인수받아 호송 후 구금시설로 이동한다. 방첩사 혼자 할 수 없고, 경찰청, 국방부 조사본부 인원과 같이 해야 한다'고 지시하였다.

이에 qqq단 eee과장 쿠OO는 2024. 12. 3. 23:05경 국방부 조사본부 기획처장 투OO에게 전화하여 '구금시설이 있나요', '조사본부에서 수사관 100명이 준비된다고 하는데 가능하나요', '방첩사로 수사관 100명을 보내주십시오'라고 요청하였고, 2024. 12. 3. 23:32경 경찰청 국가수사본부 수사기획계장 푸OO과 통화하면서 '현재 계엄 상황과 관련하여 방첩사령관의 지시로 합동수사본부가 구성되는데, 경찰 100명이 준비되었다고 들었다. 경찰 인력 100명, 호송차 20대를 지원해 달라'며 수사 인력 과 차량의 지원을 요청하였다.

qqq단장 녀OO와 qqq단 eee과장 쿠OO는 eee과 치OO사무관을 통해 국군방첩사령부 체육관에 삼단봉, 수갑, 포승줄, 결속벨트를 넣은 백팩을 준비시키고, 2024. 12. 4. 00:25경 국군방첩사령부 sss수사과 후OO 등 5명으로 구성된 1팀을 하OO 체포조로 지명한 후 '국회로 가서 경찰과 합류하라'고 지시하며 국회로 출동시킨 것을 시작으로, 2024. 12. 4. 01:05경까지 총 10개팀, 합계 49명의 qqq단 수사관들을 국회로 출동시켰다.

2) 경찰청 국가수사본부의 반국가세력 합동체포조 편성 및 가담

경찰청 국가수사본부 수사기획계장 푸OO은 2024. 12. 3. 23:32~23:52경 qqq단 eee과장 쿠OO로부터 2회에 걸쳐 '경찰 인력 100명과 호송차 20대를 지원해달 라', '방첩사 5명, 경찰 5명, 군사경찰 5명 이렇게 한 팀으로 체포조를 편성해야 한다. 되는대로 경찰관을 국회로 보내 달라'는 요청을 받았고, 쿠OO에게 '도대체 누구를 체포하는 겁니까'라고 물어보자, 쿠OO가 "하OO, 루OO입니다"라고 대답하여 특정 정치인을 체포한다는 사실을 알게 되었으며, 그 무렵 국가수사본부 수사기획담당관 규OO, 수사기획조정관 뉴OO에게 위와 같은 내용을 보고하였다.

그 사이, 국가수사본부 수사기획담당관 규OO은 2024. 12. 3. 23:39경 서울특별시경찰청 수사과장 키OO에게 전화하여 '계엄이 선포되어 군과 합동수사본부를 차려야 하는데 국수본 자체적으로 인원이 안 되니 서울청 차원에서 수사관 100명, 차량 20대를 지원해 줄 수 있느냐, 가능하면 바로 투입될 수 있도록 준비를 좀 해달라'는 취지로 요청하였다.

서울특별시경찰청 수사과장 키OO는 2024. 12. 3. 23:43경 서울특별시경찰청 수사2계장 티OO을 통하여 서울특별시경찰청 수사부장 겸 광역수사단장인 류OO에게 위와 같은 국가수사본부의 요청을 보고하였으며, 류OO는 2024. 12. 4. 00:22경 서울특별시경찰청 수사차장 피OO에게 이를 보고하여 승인을 받은 후, 광역수사단 소속 각 수사대장 5명, OOO수사대 지원팀장 뮤OO이 참여한 카카오톡 단체 대화방을 통해 '각 대별로 언제든 수사에 투입할 수 있도록 경감 이하 실수사인력 20명씩 명단 정리하고 사무실 대기시켜주세요'라고 지시하여, 2024. 12. 4. 01:26경 뮤OO으로부터 OOO수사대 수사관 24명 등 총 104명이 기재된 '광역수사단 경감 이하 비상대기자 현황'을 보고받았고, 그 중 81명이 사무실에서 대기하도록 하였다.

위와 같이 푸OO로부터 국군방첩사령부의 요청을 보고 받은 뉴OO은 2024. 12. 3. 23:59경 자OO에게 '방첩사에서 합수부를 구성할 예정이니 수사관 100명, 차량 20대 준비해주고, 우선 국회 주변의 수사나 체포 활동에 필요한 인력을 지원해 달라고 한다', '루OO 체포조 5명을 지원해 달라고 한다'는 내용 등 체포조와 관련된 사항을 보고한 후 푸OO에게 '경찰청장에게 보고가 되었으니 방첩사에 명단을 보내주라'고 지시하였고, 이후 국가수사본부장 듀OO에게도 전화로 국군방첩사령부의 지원 요청과 그에 따른 지원 명단 송부 등 자OO에게 보고하고 조치한 내용 등을 보고하였다.

국가수사본부 수사기획계장 푸OO은 2024. 12. 3. 23:57경부터 2024. 12. 4. 00:36경까지 사이에 I경찰서 형사1과장 뷰OO에게 4회에 걸쳐 전화하여 '방첩사에서 국회에 체포조를 보낼 건데, 인솔하고 같이 움직여야 될 형사들이 필요하다. 경찰인 거 티나지 않게 사복으로 보내고, 5명의 이름, 전화번호를 문자로 보내달라', '추가로 5명을 더 보내달라'고 요청하여 뷰OO으로부터 2회에 걸쳐 경찰관 10명의 명단을 카카오톡으로 전송받아, 2024. 12. 4. 00:13~00:40경 2회에 걸쳐 국군방첩사령부 eee과장 쿠OO에게 I경찰서 강력팀 소속 경찰관 10명의 이름과 2명의 연락처가 기재된 '국수본 지원인력 명단'을 문자메시지로 전송하였고, 2024. 12. 4.

00:23경 규OO, 뉴OO이 참여한 단체대화방에 '방첩사에서 추가로 요청한 인원에 대해서도 I경찰서를 통해 명단 확보 중'이라는 글을 게시하여 뉴OO으로부터 승인을 받았다.

쿠OO는 2024. 12. 4. 00:48~01:15경 푸OO로부터 전송받은 명단에 포함되어있는 I경찰서 강력팀 소속 슈OO 경감, 유OO 경위와의 수회 전화연락을 통해 국회 앞 수소충전소 인근에 국가수사본부에서 지원 나온 10명을 포함하여 경찰관 50명이 대기하고 있다는 사실을 확인하였고, 유OO 경위에게 '경찰관이 조별로 나눠서 합류해줬으면 좋겠다. 서로 연락할 수 있도록 조별로 명단과 대표자 연락처를 문자로 좀 보내달라'고 요청하였으며, 국회로 출동한 국군방첩사령부 소속 체포조 조장들에게 국회 앞 수소충전소로 가서 지원 나온 경찰관들을 만나 체포 임무를 수행하라고 지시하였으나, 국군방첩사령부 체포조가 국회 주변에 모인 시민들로 인해 차량에서 내리지 못하여 국회 인근 수소충전소에서 대기 중이던 위 국가수사본부 지원인력 명단 10명의 경찰관과 합류하지 못하였다.

3) 국방부 조사본부의 반국가세력 합동체포조 편성 및 가담

토OO는 2024. 12. 3. 22:38경 위와 같이 라OO으로부터 "수사관 100명을 지원해달라"는 요청을 받고, 2024. 12. 3. 22:53경 국방부 조사본부 차장 코OO에게 전화하여 라OO으로부터 받은 요청을 전달하면서 국군방첩사령부를 도와주라고 지시하였다.

이에 코OO은 2024. 12. 3. 23:00경 국방부 조사본부 수사단장 쥬OO에게 '방첩사에서 수사관 100명을 요청하였는데, 우리 본부에서는 몇 명 가능한지 확인해봐'라고 지시한 다음, 2024. 12. 3. 23:10경에는 육군본부 산하 육군수사단장 캭OO에게, 2024. 12. 3. 23:12경에는 해군본부 산하 해군수사단장 탁OO에게 각각 전화하여 국군방첩사령부의 요청을 전달하면서 '수사단에서 몇 명 염출 가능한지 확인해달라'고 요구하였다.

국방부 조사본부 기획처장 투OO은 2024. 12. 3. 23:05경 국군방첩사령부 eee 과장 쿠OO로부터 국방부 조사본부 수사관 100명의 지원 요청과 함께 수도권 내 미결수용실 현황을 알아봐달라는 요청을 받아 이를 쥬

OO와 공유하였고, 위와 같이 토OO, 코OO으로부터 순차 지시를 받은 쥬OO는 2024. 12. 3. 23:34경 국방부 조사본부 수사단 상황실장 팍OO을 통하여 OOO수사대장 학OO 등 국방부 조사본부 수사단 내 주요 직위자들에게 '현 시간부로 소속 수사관들에게 비상소집 지시를 하고, 복장은 검은색으로 하며, 군사경찰, 수사관 패치를 준비하여 사무실에서 대기하라'라고 지시하였다.

그 과정에서 쥬OO는 텔레그램 메신저를 통해 국방부 조사본부 수사지도과 수사심사관 히OO으로부터, 2024. 12. 3. 22:55경 '국회 폐쇄 가능 찌라시도 돌고 있습니다', 2024. 12. 3. 23:07경 '국회 출입문 폐쇄됐다는 말이 있습니다', 2024. 12. 3. 23:20경 '수방사 국회 이동중_국회에서의 계엄 해제 의결을 막기 위해 의원 체포조 가동'이라는 메시지를 각각 수신하였고, 투OO, 쥬OO는 각각 2024. 12. 4. 00:13경 텔레그램 메신저를 통하여 국방부 조사본부 uuu조사단장 각OO로부터 '국회에서 계엄 해제 의결 시도시 계엄해제가 불가피하므로, 포고령에 반정부 정치활동 금지 조항을 추가한 뒤 이 조항 위반을 근거로 국회의원을 현행범으로 체포, 구속하여 의결정족수 미달을 유도하는 방안' 등 내용이 담긴 '기무사 계엄 대비 문건1.pdf' 파일을 전달받았다.

그럼에도 쥬OO는 팍OO을 통해 팍OO과 함께 근무하던 전임 상황실장 갸OO에게 '지원 가능한 육군수사단 수사관 30명, 공군수사단 수사관 10명, 해군수사단 수사관 10명 및 해병대수사단 수사관 10명의 명단을 받고, 국방부 조사본부 수사관 40명을 더하여 수사관 100명 명단을 작성하라'라고 지시를 하였고, 갸OO는 그 무렵 육군, 해군, 공군, 해병대 각 수사단 상황실장과 통화하여 지원가능한 수사관 명단을 요청하여 라OO과 쿠OO의 요청에 따라 국군방첩사령부에 지원할 수사관 100명의 명단 작성을 시작하였다.

쿠OO는 2024. 12. 3. 23:42경 투OO에게 전화하여 수도권 내 미결수용실 현황 파악을 재차 요청하였고, 이에 투OO은 기획처 소속 계획과장 냐OO에게 수도방위사령부의 미결수용실 현황을 파악하여 보고하라고 지시하여 '미결수용실이 6개 있고, 미결수용자가 3명이 있다'는 사실을 확인하였으며, 2024. 12. 3. 23:44경 yyy군단 추OO 대령에게 전화하여 '미결수용실이 6개 있고, 미결수용자가 3명이 있다'는 사실을 확인한 다음 이를 각각 쿠OO에게 알려주었다.

그 후 투OO은 2024. 12. 3. 23:50경 쿠OO로부터 미결수용자들에 대한 이감 조치를 준비해달라는 요청을 받아 츄OO에게 그 사실을 알려주었고, 수도방위사령부 w경찰단장 며OO에게도 전화하여 'w경찰단 미결수용실에 수용되어 있는 3명을 교도 소로 이감해야 할 수도 있다. 줄줄이 체포되면 yyy군단과 수방사 미결수용실이 1인 1실로 활용될 수 있다'고 말하여 yyy군단과 수도방위사령부 미결수용자들의 이감 준비를 요청하였다.

한편, 국방부 조사본부 수사관들은, 포고령이 발령된 이후 비상계엄 선포에 반대하는 국회의원들이 국회로 모이고 있었고 육군특수전사령부와 수도방위사령부 소속 군 병력들 또한 국회의원들의 집결을 막기 위해 국회 진입을 시도하고 있는 상황에서, 쥬OO로부터 갑작스럽게 비상소집 지시를 전달받았으나, 비상계엄 선포 이후 국방부 인근 교통체증 등으로 국방부 조사본부 사무실로 원활하게 집결하지 못하였고, 이로 인해 국군방첩사령부의 수사관 100명 지원 요청에 신속하게 응하지 못하고 있었다. 그러자 라OO은 2024. 12. 3. 23:52경 토OO에게 재차 전화하여 '니네 수사관 100명 빨리 좀 보내줘, 되는대로 빨리, 가용 인원이라도 보내줘'라고 재촉하였고, qqq단장 녀OO에게 2024. 12. 3. 23:31~23:53경 '현재 집결된 방첩사 수사관들부터 먼저 국회로 보내고, 조사본부와 경찰도 준비되는대로 국회로 오라고 하라.'라고 지시하였다.

국방부 조사본부 기획처장 투OO 또한 쿠OO로부터 2024. 12. 3. 23:42경부터 2024. 12. 4. 00:10경까지 사이에 수회에 걸쳐 국군방첩사령부에 지원할 수사관 100명의 명단 제출 및 준비된 수사관들을 국회로 보내달라는 요청을 받은 후 이를 국방부 조사본부장 토OO에게 보고하고, 수사단장 쥬OO, uuu조사단장 각OO 에게도 순차 전달하였다.

쥬OO는 2024. 12. 4. 00:20경까지도 수사단 소속 수사관들이 소집이 되지 않자, 각OO에게 '지금 수사단 인원이 모자라니 uuu조사단에서 5명을 지원해달라'고 요청하는 한편, 그 무렵 국방부 조사본부에 도착한 기OO 준위 등 수사단 소속 수사관들에게 위 uuu조사단 소속 수사관 5명을 포함하여 국군방첩사령부에 지원할 수사관 10명을 구성하라고 지시하였고, 2024. 12. 4. 01:03경 소집된 국방부 조사 본부 수사단 및 uuu조사단 소속 수사관 10명에게 '국회로 지금 출동해야 하는데, 현장에서 방첩사의 지시를 받아서 임무를 하면 된다. 다만 출동할 때 검정색 복장을 하고 국방부 조사본부 패치는 부착하지 말고, 수갑과 마스크를 준비해서 출동해라'라고 지시하였고, 기OO에게 쿠OO와 연락하여 임무를 받으라고 지시하며 쿠OO의 전화번호를 알려주었다.

국방부 조사본부 수사단장 쥬OO의 지시를 받은 기OO 등 수사관 10명은 2024. 12. 4. 01:03경 차량 2대에 5명씩 나눠 타고 국회로 출발하였고, 기OO은 쿠OO에게 전화하여 2개 조 10명이 국회로 출동한 사실을 알렸으며, 쿠OO는 '일단은 국회 수소충전소로 출동해 주십시오. 방첩사 수사관 45명, 경찰 측은 50명, 군사경찰에서는 10명이 갔기 때문에 5명, 5명, 1명 이 정도씩 분배되어서 편성을 할 겁니다'라고 설명하며 국방부 조사본부 수사관 10명에게 국회 수소충전소로 집결해 줄 것을 요청하였으나, 기OO 등 수사관 10명은 2024. 12. 4. 01:13경 쿠OO로부터 '상황이 바뀌었다. 복귀해서 대기하라'는 연락을 받고 국방부 조사본부로 복귀하였다.

4) 국군방첩사령부의 최우선 체포대상자 선정·전파

한편, 나OO은 국회의 비상계엄 해제요구안 가결이 임박하자 이를 저지하기 위해, 2024. 12. 4. 00:30경 라OO에게 '하OO, 두OO, 루OO 등 3명을 우선 체포하라'고 지시하였고, 라OO은 그 명령을 국군방첩사령부 qqq단장 녀OO에게 전달하였으며, 녀OO는 2024. 12. 4. 00:38경 당시 국회로 출동하고 있는 7개 국군방첩사령부 출동조와 그룹통화를 하면서 '기존 부여된 구금인원 전면 취소한다. 모든 팀 은 하OO, 두OO, 루OO을 체포하여 구금시설(수방사)로 이동한다'는 명령을 내렸다.

국군방첩사령부 qqq단 수사정책계획장교 큐OO이 2024. 12. 4. 00:41

경 쿠OO 및 7개 출동조 조장이 참여한 카카오톡 단체대화방에서 '기존 부여된 구금인원 전면 취소, 모든 팀은 두OO, 하OO, 루OO 중 보시는 팀 먼저 체포해서 구금시설 (수방사)로 이동하시면 됩니다. 현장에 있는 작전부대를 통해 신병을 확보한 이후 인수받아 수방사로 구금바랍니다. 포승줄 및 수갑이용'이라는 메시지를, 2024. 12. 4. 00:46경 '현장에서 조인할 경찰 연락처를 알려드리겠습니다. 접선하셔서 임무 수행하시면 됩니다'라는 메시지를 각각 전송하고, 쿠OO는 2024. 12. 4. 00:45경 및 00:59경 2회에 걸쳐 위 단체대화방에 '국수본 지원인력 명단'이라는 제목으로 10명의 경찰관 명단과 연락처를 전송하는 등 국군방첩사령부 수사관들로 하여금 국회 수소 충전소에서 위 국가수사본부 지원인력 명단의 10명을 포함한 경찰 50명을 만나 체포조를 편성한 후 임무 수행할 것을 지시하였다.

그러나 2024. 12. 4. 00:25~01:05경 국회로 순차 출동한 국군방첩사령부 수사관들 49명은 2024. 12. 4. 00:48경 이후 순차로 국회 인근에 도착하였으나, 국회에 모인 수많은 시민들로 인해 차량에서 내리지 못한 채 국회 수소충전소에서 기다리고 있던 위 국가수사본부 지원인력 10명을 포함한 경찰 50명과 합류하지 못하였고, 계속 현장 대기하던 중 2024. 12. 4. 01:45~01:50경 복귀명령을 받고 부대로 복귀하였다.

(3) 소결

이와 같이 피고인은 나OO, 라OO, 자OO와 함께 비상계엄 선포 후 하OO, 두OO, 루OO 등 주요 정치인 등을 체포하기 위해 2024. 12. 3. 22:27경 국군방첩사령부 수사관 50명, 경찰 수사관 100명, 국방부 수사관 100명을 동원한 다음 수사관들을 여러 개의 조로 편성하여 체포조로 운영하려고 하였고, 2024. 12. 3. 23:06경 국회 출입을 전면 통제하고 있던 경찰이 일시적으로 국회의원 등의 출입을 허용하여 다수의 국회의원들이 국회 안으로 들어가게 되자, 2024. 12. 3. 23:57경부터 2024. 12. 4. 01:05경까지 사이에 국회의원들이 비상계엄 해제요구안 의결을 막기 위해 국군방첩사령부 수사관 49명, 사복의 경찰 수사관 10명, 조사본부 수사관 10명을 먼저 국회로 출동시켜 하OO, 두OO, 루OO, 무OO, 냐OO 등을 체포하려고 시도하였다.

나아가, 피고인, 나OO, 라OO, 자OO 등은 국회의 비상계엄 해제요구안 의결이 임박해지자 2024. 12. 4. 00:30경 비상계엄 해제요구안 의결을 주도하는 C당 당대표 하OO, 국회의장 두OO, D당 당대표 루OO을 우선하여 체포하도록 다시 지시하였으나, 국회 주변에 모인 시민들과 국회 직원들로 인해 편성된 체포조가 국회 안으로 진입하지 못한 채 비상계엄 해제요구안이 가결되는 바람에 실패하였다.

국회 행정안전위원회가 지난해 12월 3일 계엄령 선포 당시 선거관리위원회에 투입된 계엄군이 선관위 시스템 서버를 촬영하는 장면이 담긴 내부 CCTV를 6일 공개했다. (행정안전위원회 제공) 2024.12.6/뉴스1

크게보기

국회 행정안전위원회가 지난해 12월 3일 계엄령 선포 당시 선거관리위원회에 투입된 계엄군이 선관위 시스템 서버를 촬영하는 장면이 담긴 내부 CCTV를 6일 공개했다. (행정안전위원회 제공) 2024.12.6./뉴스1

바. 중앙선거관리위원회 등 점거 서버 반출 및 주요 직원 등 체포 시도

(1) 정보사령부의 중앙선거관리위원회 과천청사 점거 및 전산실 폐쇄 등

피고인이 2024. 12. 3. 22:27경 비상계엄을 선포하자, 사OO는 중앙선거관리위원회 과천청사 인근에서 이미 대기 중이던 계획처장 저OO 등 대원 10명에게 즉시 중앙선거관리위원회 과천청사 내부로 진입하여 서버실 위치를 확인하고, 후속 지원부대가 올 때까지 그곳을 점거하도록 지시하였다.

저OO 등 대원 10명은 사OO의 명령에 따라 2024. 12. 3. 22:30경 중앙선거관리위원회 과천청사 당직실로 진입하여 당직자, 방호원의 휴대전화를 빼앗아 사용하지 못하게 하였고, 일반 전화의 전원을 차단하여 유선전화도 사용하지 못하게 하였다.

계속해서 저OO 등 대원 10명은 중앙선거관리위원회 과천청사 당직실 내에서 통합관제실의 위치를 확인한 다음, 통합관제실로 이동하여 그곳에서

근무 중이던 직원들의 휴대전화를 빼앗아 사용하지 못하게 하였고, A구역 통합명부시스템, D구역 통로, 통합스토리지 등을 사진으로 촬영한 후 전산실을 폐쇄하였으며, 저OO는 그곳에 있던 중앙선거관리위원회 위원장 이하 주요 직급자들의 얼굴 사진, 담당업무 등이 기재된 조직도를 보고 사OO가 보내준 직원 5명 중 일부가 조직도에 없음을 확인한 후 휴대전화로 위 조직도를 사진 촬영하여 사OO에게 전송하고, 위 확인한 사실을 보고하였다.

(2) 제2수사단을 이용한 선거관리위원회 주요 직원 체포 시도

피고인이 2024. 12. 3. 22:27경 비상계엄을 선포하자, 사OO는 부정선거 의혹 등을 수사할 목적으로 설치·운용하기로 한 계엄사령부 합동수사본부 제2수사단에 편성될 정보사령부 소속 부대원들로서 위와 같이 서OO, 어OO을 통해 긴급 소집한 36명(특수임무수행요원 5명 포함)을 OO여단에 있는 대회의실에 모이게 한 후 '우리는 장관님의 지시에 따라 상부의 명령을 받았다. 이미 비상계엄이 선포되었으므로 의심을 갖지 말고 주어진 임무를 철저히 준비하고 수행하라'고 말하면서 정보사령부 소속 서OO와 어OO에게 세부 임무를 부대원들에게 설명해주라고 지시하였다.

어OO은 사OO와 아OO의 지시에 따라 '합동수사본부 제2수사단' 표식이 달린 목걸이 표찰, 알루미늄 야구방망이 3개, 케이블타이, 안대, 복면, 밧줄 등을 준비해놓고, 제2수사단으로 편성될 부대원 36명 중 16명가량에게 체포 대상인 선거관리위원회 직원 30여명의 명단을 불러 주면서 '해당 인원은 선거를 조작한 범죄자이므로 정당한 공무를 집행하는 것이다. 2024. 12. 4. 05:00경에 출동하여 05:40경 선거관리위원회에 도착하고, 아침에 출근하는 선거관리위원회 직원들의 신원을 확인한 후 체포 명단에 오른 직원들을 케이블타이 등으로 포박하고 얼굴에 복면을 씌운 후 수도방위사령부 OO 벙커(OOO)로 이송하라'고 지시하였다.

서OO 또한 사OO와 아OO의 지시에 따라 제2수사단으로 편성될 부대원 중 나머지 20명가량에게 체포 대상인 선거관리위원회 직원 30여명의 명단을 불러주면서 부대원들로 하여금 4~5명씩 조를 편성하도록 한 다음, A조에는 '수도방위사령부 OO 벙커(OOO)로 이동, 선거관리위원회 직원들

수용, 취조할 공간 확보 임무', B조에는 '선거관리위원회 방송실로 이동, 계엄상황 고지, 협조 요청, 미협조시 체포할 수 있음을 경고하는 내부 방송 송출 임무', C조에는 '선거관리위원회 직원 전체 명단 확보, 선거관리위원회 청사 내 회의실 및 체포한 직원을 조사할 조사실 확보 임무', D조에는 '전산실로 이동, 선거관리위원회 홈페이지에 부정선거 관련 신고 및 양심고백을 하라는 내용의 공지글 게시' 임무를 각각 부여하였고, 각 조의 임무가 끝나면 어OO이 지휘하는 요원들과 함께 호명된 선거관리위원회 직원들을 수도방위사령부로 호송하는 임무도 부여하였다.

서OO는 특히 특수임무수행요원 3명에게는 '아OO에 대한 경호 임무와 아OO의 선관위 위원 조사시 그 옆에서 조사 대상자에게 위협을 가하는 임무'도 부여하였고, 이와 별개로 정보사령부 소속 튜OO 소령에게는 '수사단장 행정보좌관으로서 05:40까지 선거관리위원회로 모셔 오는 등 아OO의 수행 임무'를 부여하였다. 이와 같이 임무를 부여받은 각 부대원들은 임무 수행을 위한 연습을 하며 출동 대기하였다.

한편, 사OO는 2024. 12. 3. 22:27 비상계엄 선포 직후 '방첩사 겨OO 1처장에게 전화하여 방첩사 인원이 선관위로 출발했는지 확인하라'는 아OO의 지시를 받고는 겨OO에게 연락하여 '국군방첩사 부대원들이 선관위로 출발하면 알려달라'고 요청하였다.

위와 같이 사OO는 서OO, 어OO 및 휘하 부대원들과 집결하여 임무 수행을 위해 대기하던 중 2024. 12. 4. 01:03경 국회에서 비상계엄 해제 요구안이 가결되고, 피고인이 2024. 12. 4. 04:26경 비상계엄 해제를 발표하자, 사OO는 2024. 12. 4. 05:30경 OO여단 대회의실에서 부대원들에게 보안을 유지하라는 지시와 함께 각자 부대로 복귀할 것을 명령하였고, 이로써 퍼OO이 나OO, 아OO 등과 함께 순차 공모하여 추진한 제2수사단을 이용한 중앙선거관리위원회의 부정선거 관여 의혹 등에 대한 수사는 더 이상 진행되지 못하였다.

그 후 나OO은 2024. 12. 4. 15:54경 사OO에게 전화하여 '수고했다. 모든 것은 내가 지시한 것이다'라고 말하였다.

(3) 경찰의 선거관리위원회 외곽 경계 및 출입통제

1) 경기남부경찰청을 통한 출입통제 지시 하달

자OO는 라OO으로부터 선거관리위원회 3곳에 진입할 예정이라는 말을 듣고, 2024. 12. 3. 22:41경 경기남부경찰청장 퓨OO에게 전화하여 '비상계엄이 선포되었다. 경기남부경찰청 관내에 중앙선거관리위원회와 선거관리위원회 연수원이 있다. 경찰관들을 보내서 안으로 들어가려는 사람을 통제하라'고 지시하였다.

이에 퓨OO은 2024. 12. 3. 22:44경 경기남부경찰청 경비과장 휴OO에게 전화하여 '우리 관내에 있는 중앙선거관리위원회와 선거연수원에 경찰관들을 보내 바깥에서 건물 안으로 들어가려는 사람의 출입을 통제하고, 선거관리위원회 관계자와 협의를 해서 시설 관계자만 들어갈 수 있도록 조치하라'는 취지로 지시하였고, 이에 휴OO은 2024. 12. 3. 22:52~22:53경 과천시 홍촌말로 OO에 있는 중앙선거관리위원회 과천청사를 관할하는 J경찰서장 그OO 및 수원시 권선구 수인로 COO에 있는 선거연수원을 관할하는 K경찰서장 느OO에게 각각 전화하여 위와 같은 퓨OO의 지시사항을 전달하였다.

계속하여 퓨OO은 2024. 12. 3. 23:26경 그OO에게, 2024. 12. 3. 23:28경 느OO에게 각각 전화를 걸어 현장에서 지휘를 하도록 지시한 뒤, 휴OO에게 'J경찰서와 K경찰서에 기동대를 추가로 지원하라'고 지시하였다.

이에 경비과장 휴OO은 경기남부경찰청 상황팀장 드OO, 경비계장 르OO에게 다목적 당직팀(vvv기동대 O제대), www기동대를 중앙선거관리위원회 과천청사로, xxx기동대를 선거연수원에 각각 출동시키도록 지시하였다.

2) J경찰서 등의 중앙선거관리위원회 과천청사 출입통제

경기남부경찰청 경비과장 휴OO을 통해 경기남부경찰청장 퓨OO의 지시를 전달받은 J경찰서장 그OO은 2024. 12. 3. 22:52경 J경찰서 경비과장

낙OO에게 경력 배치 및 통제를 지시하였고, 2024. 12. 3. 23:05경 닥 OO 경감 등 5명으로 구성된 초동대응팀에 K1소총 5정과 실탄 300발을 지급한 뒤 2024. 12. 3. 23:46경 J경찰서 형사와 지역경찰 및 초동대응팀 등 13명을 중앙선거관리위원회 과천청사에 배치하였다.

또한, 퓨OO으로부터 현장에서 직접 지휘하라는 지시를 받은 그OO은 중앙선거관리위원회 과천청사로 출동하여 2024. 12. 3. 23:28경부터 2024. 12. 4. 00:32경까지 퓨OO, 휴OO과 문자메시지와 전화연락을 주고받으며, 2024. 12. 3. 23:46경 계엄군 10명이 같이 근무 중인 사실을 이들에게 보고하였고, 경기남부경찰청 vvv기동대 O제대가 중앙선거관리위원회 과천청사에 도착한 2024. 12. 3. 23:52경 이들이 타고 온 기동대 버스를 이용해 정문 출입구를 가로막고, 경찰 8명가량이 정문을 경계하며 출입을 통제하도록 하였고, 2024. 12. 4. 00:40경 현장에 출동한 육군특수전사령부 소속 군인 130여 명을 중앙선거관리위원회 과천청사 안으로 들어가도록 허용하게 하였다.

이와 같이 그OO을 비롯한 J경찰서 소속 23명, 경기남부경찰청 산하 vvv 기동대 O제대 19명, www기동대 73명 등 합계 약 115명은 2024. 12. 3. 23:09경부터 2024. 12. 4. 02:00경까지 중앙선거관리위원회 과천청사 정문 출입구를 봉쇄한 후 선거관리위원회 직원들의 출입을 통제하였다.

3) K경찰서 등의 중앙선거관리위원회 선거연수원 출입통제

경기남부경찰청 경비과장 휴OO을 통해 경기남부경찰청장 퓨OO의 지시를 전달받은 K경찰서장 느OO은 2024. 12. 3. 23:12~23:13경 K경찰서 상황실에서 무전으로 관할 지역을 순찰 중인 경찰관들에게 '선거연수원으로 출동하여 안으로 들어가려는 사람을 통제하라'고 지시하였고, 이에 K경찰서 소속 경찰관 6명이 2024. 12. 3. 23:23경 초동대응을 위해 우선하여 출동한 것을 시작으로 K경찰서 및 산하 지구대 소속 경찰관 총 48명이 선거연수원으로 출동하였다.

또한 퓨OO으로부터 현장에서 직접 지휘하라는 지시를 받은 느OO은 2024. 12. 3. 23:28경 중앙선거관리위원회 선거연수원으로 출동하여, 정

문과 후문 등에 경력을 배치하고 재차 이들에게 선거연수원 안으로 들어가려는 사람들을 통제하라고 지시하였다.

그 후 퓨OO은 2024. 12. 3. 23:56경 느OO에게 전화하여 '신원을 불문하고 선거연수원의 출입을 전면 금지하라'고 지시하였고, 휴OO도 2024. 12. 4. 00:04경 느OO에게 전화하여 퓨OO의 지시내용을 전달하며 '모든 사람의 선거연수원 출입을 전면 금지하라'고 지시하였으며, 이에 느OO은 2024. 12. 4. 00:06경 중앙선거관리위원회 선거연수원에 배치되어 있던 경찰관들에게 무전으로 신원을 불문하고 선거연수원 출입을 전면 통제하도록 지시하였고, 그 무렵 5급 승진자 교육과정에 참여한 교육생 댜OO 등 6명이 선거연수원 밖에서 경내로 진입하려는 것을 막아 들어가지 못하게 하였다.

결국, 느OO을 비롯하여 K경찰서 및 산하 지구대 소속 48명, 경기남부경찰청 xxx기동대 63명 등 합계 총 111명은 2024. 12. 3. 23:17경부터 2024. 12. 4. 02:11경까지 선거연수원 정문, 후문 등 4개 출입문을 봉쇄하였고, 선거연수원 연수생 등 사람들의 의사에 반하여 출입을 통제하였다.

(4) 육군특수전사령부의 선거관리위원회 등 점거 출입통제 등

1) 중앙선거관리위원회 과천청사 1층 점거

마OO은 피고인이 비상계엄 선포를 위한 대국민 담화를 발표하기 이전에 나OO으로부터 육군특수전사령부 병력의 출동을 지시받은 후, 2024. 12. 3. 22:24경 육군특수전사령부 제k공수특전여단장 야OO에게 전화하여 '전 인원 비상소집 시켜라. 1개 대대는 과천에 있는 중앙선관위로 보내서 불순분자에 의해 장비나 서버가 외부로 반출되지 않도록 건물을 확보 및 경계 지원하고, 출동 장소에 편의대를 먼저 보내라'고 지시하였다.

야OO은 그 즉시 참모장 므OO에게 전 인원 비상소집 및 편의대의 출동 준비를 지시하는 한편, 제k공수특전여단 예하 제yy대대장 브OO에게 병력들로 하여금 개인 소총과 공포탄 10발을 탄입대에 넣어 휴대하되, 실탄은 대대장 지휘 차량에 박스째로 봉인하여 보관하도록 한 후 중앙선거관리위원회 과천청사로 출동할 것을 지시하였다.

이후 야OO은 2024. 12. 3. 23:47경부터 2024. 12. 4. 00:00경까지 제yy대대 소속 119명 등 총 138명의 병력과 함께 중앙선거관리위원회 과천청사로 출발하여 2024. 12. 4. 00:40경부터 2024. 12. 4. 01:08경까지 사이에 모두 도착한 후, 138명 중 86명은 중앙선거관리위원회 과천청사 외곽에서 대기하도록 하고, 나머지 52명은 이미 도착하여 중앙선거관리위원회 과천청사 전산실 등을 점거 중인 정보사령부 대원들과 함께 2024. 12. 4. 01:20경까지 청사 1층 로비를 점거하도록 하였다.

2) 중앙선거관리위원회 관악청사 점거

마OO은 나OO으로부터 육군특수전사령부 병력의 출동을 지시받은 후, 2024. 12. 3. 22:23경 육군특수전사령부 제m공수특전여단장 쟈OO에게 전화하여 '상황이 있을 것 같으니 편의대 2개 조를 준비시키고, 가용 부대의 출동 준비를 하라'고 지시한 후, 2024. 12. 3. 22:27경 재차 '1개 대대는 L역에 있는 중앙선관위 분청으로 출동시키고, 편의대가 먼저 출동해서 본대를 안내할 수 있도록 하라'고 다시 지시하였다.

이에 제m공수특전여단장 쟈OO은 그 즉시 작전참모 스OO에게 출동 가능한 인원 비상소집 및 편의대 출동 준비를 지시하는 한편, 제m공수특전여단 예하 제zz대대장 으OO에게 중앙선거관리위원회 관악청사로 출동할 것을 지시하였다.

이후 제zz대대장 으OO은 제zz대대 본대 병력 118명을 단독 군장(특전복, 방탄 헬멧, 방탄복, 안면 마스크, 개인 화기) 상태로 무장시키고, 후발대 병력 22명으로 하여금 공포탄과 실탄, 연막탄 등 탄약을 2.5톤 트럭에 싣고 본대 병력을 뒤따라 오도록 지시한 다음, 2024. 12. 3. 23:42경 출발하여 2024. 12. 4. 00:23경 중앙선거관리위원회 관악청사에 도착한 후, 2024. 12. 4. 00:45~01:19경까지 제zz대대 제aaa지역 대 소속 48명의 병력과 함께 중앙선거관리위원회 관악청사 경내를 점거하였다.

3) 중앙선거관리위원회 선거연수원 점거 시도

마OO은 나OO으로부터 육군특수전사령부 병력의 출동을 지시받은 후,

2024. 12. 3. 22:24경 육군특수전사령부 제k공수특전여단장 야○○에게 전화하여 '전 인원 비상소집 시켜라. 1개 대대를 수원시 권선구에 있는 선관위 연수원으로 보내 건물을 확보 및 경계 지원하고, 출동 장소에 편의대를 먼저 보내라'고 지시하였다.

이에 야○○은 그 즉시 참모장 므○○에게 전 인원 비상소집 및 편의대 출동 준비를 지시하는 한편, 제k공수특전여단 예하 제bbb대대장 즈○○에게 병력들로 하여금 개인 소총과 공포탄 10발을 탄입대에 넣어 휴대하도록 하였고, 실탄은 대대장 지휘 차량에 박스째로 봉인하여 보관하도록 한 후 중앙선거관리위원회 선거연수원으로 출동할 것을 지시하였다.

이후 제bbb대대장 즈○○은 2024. 12. 4. 00:05경 본인을 포함한 총 133명의 병력과 함께 출발하여 2024. 12. 4. 01:17~01:15경 순차로 수원시 권선구에 있는 중앙선거관리위원회 선거연수원에 도착한 후, 그곳에 먼저 도착하여 건물을 통제하고 있던 K경찰서 소속 경력과 합류하였다.

4) 여론조사E 건물 외곽 경계 및 출입통제

마○○은 나○○으로부터 육군특수전사령부 병력의 출동을 지시받은 후, 2024. 12. 3. 22:23경 육군특수전사령부 제m공수특전여단장 쟈○○에게 전화하여 '상황이 있을 것 같으니 편의대 2개 조를 준비시키고, 가용 부대의 출동 준비를 하라'고 지시한 후, 2024. 12. 3. 22:27경 '1개 지역대를 여론조사E으로 출동시키고, 편의대가 먼저 출동해서 본대를 안내할 수 있도록 하라'고 다시 지시하였다.

이에 쟈○○은 그 즉시 작전참모 스○○ 중령에게 출동 가능한 인원 비상소집 및 편의대 출동 준비를 지시하는 한편, 제m공수특전여단 예하 제ccc대대장 츠○○에게 1개 지역대와 함께 여론조사E으로 출동할 것을 지시하였다.

이후 츠○○은 본인을 포함한 제ccc대대본부 소속 7명과 제ccc대대 제ddd지역대 병력 50명 등 총 57명을 단독 군장(특전복, 방탄 헬멧, 방탄복, 안면 마스크, 개인 화기 및 권총) 상태로 무장시키고, 공포탄은 별도 보관하도록 지시한 다음 2024. 12. 3. 23:42경 출발하여 2024. 12. 4.

00:50경 서울 서대문구에 있는 여론조사 E에 도착한 후, 그때부터 2024. 12. 4. 01:09경까지 제ccc대대 제ddd지역대 소속 15명의 병력과 함께 여론조사E의 건물 앞을 점거한 채 외부인들의 출입을 통제하였다.

5) C당 당사 건물 점거 시도

마OO은 나OO으로부터 육군특수전사령부 병력의 출동을 지시받은 후, 2024. 12. 3. 22:21경 육군특수전사령부 제j공수특전여단장 샤OO에게 전화하여 '편의대 2개 조를 운용하여 1개 조는 국회, 1개 조는 C당 당사로 보내라. 비상계엄 상황이 발생했다'고 지시하였다.

이에 샤OO은 2024. 12. 3. 22:25경 제j공수특전여단 참모장 크OO에게 출동 가능한 인원 비상소집 및 편의대 출동 준비를 지시하는 한편, 2024. 12. 4. 00:28경 제j공수특전여단 예하 제lll대대장 트OO에게 C당 당사로 출동할 것을 지시하였다.

이후 트OO는 제lll대대 소속 병력 106명을 단독 군장(특전복, 방탄 헬멧, 방탄복, 안면 마스크, 개인 화기) 상태로 무장시키고, 2024. 12. 4. 00:56경 본인을 포함한 6명의 본부 병력과 제lll대대 소속 병력 106명 등 총 112명의 병력과 함께 출발하여 서울 영등포구에 있는 C당 당사로 이동하던 중 2024. 12. 4. 01:06경 사령부로부터 대기하라는 지시를 받고 그때부터 2024. 12. 4. 02:35경까지 Q역 일대 도로에서 정차 후 대기하였다.

⑸ 국군방첩사령부의 선거관리위원회 서버 반출 등 시도

라OO은 2024. 12. 3. 22:27경 비상계엄 선포 후 국군방첩사령부 1처장 겨OO에게 '과천과 관악에 있는 선거관리위원회 청사, 수원에 있는 선거관리위원회 연수원 그리고 여론조사E 등 4곳의 전산실을 확보하라. 건물은 경찰이 확보할 것이고, 우리가 전산실을 통제하고 있으면 국정원, 수사기관 등 민간전문분석팀이 올 건데 안 되면 우리가 서버를 카피할 수도 있다'고 명령하였다.

이후 라OO은 2024. 12. 3. 23:55경 국회의원들이 국회의사당 본회의장에 모여 비상계엄 해제요구안을 의결할 상황이 임박하자, 겨OO에게 다시 전화하여 '전산센터를 통제하고 서버를 카피해라. 서버 카피가 어려우면 서버 자체를 떼어 와라'라고 명령하였다.

한편 겨OO는 그 무렵 라OO으로부터 아OO의 휴대전화번호를 전달받아 2024. 12. 3. 22:50경부터 2024. 12. 4. 00:56경까지 아OO과 수차례 전화 통화를 하였고, 아OO으로부터 '여기(선관위) 현장지휘관이 있으니 너희들이 오면 인수 인계해줄 것이다', '빨리 와라', '우리가 여기 확보했으니 여기 와서 포렌식을 떠라'라는 말을 듣고는 fff센터 부대원 22명, ggg부대 39명, hhh보호단 43명, iii보안실 6명, jjj보안실 5명 등 총 115명을 4개 팀으로 긴급히 편성하여 2024. 12. 4. 00:58~01:43경 순차로 위 4곳으로 출동하게 하면서 각 팀마다 고무탄총 1정(고무탄 5개) 또는 가스총 1정(카트리지 각 1개)씩 소지하게 하였다.

그러나 위와 같이 선거관리위원회 등 4곳으로 출동한 국군방첩사령부 부대원들은 지시받은 목적지로 가던 중 2024. 12. 4. 02:34경 복귀명령을 받고 복귀하였다.

사. 경찰과 소방서를 동원한 특정 언론사 단전 단수 등 시도

피고인은 비상계엄이 선포를 전후하여 대통령 집무실에 함께 있었던 행정안전부 장관 노OO에게 특정 언론사에 대한 단전, 단수 지시하였고, 이에 노OO은 포고령 발령 직후인 2024. 12. 3. 23:34경 경찰청장 자OO에게 전화하여 경찰의 조치 상황 등을 확인한 다음, 2024. 12. 3. 23:37경 소방청장 랴OO에게 전화하여 '24:00경 T신문, U신문, V방송, W방송, 여론조사E에 경찰이 투입될 것인데 경찰청에서 단전, 단수 협조 요청이 오면 조치해줘라'라고 지시하였고, 랴OO은 위와 같은 노OO의 지시사항을 소방청 차장 먀OO에게 전달하였다.

먀OO은 2024. 12. 3. 23:40경 서울소방재난본부 본부장 뱌OO에게 전화하여 '포고령과 관련하여 경찰청에서 협조 요청이 오면 잘 협력해 달라'고 반복하여 요청하였고, 랴OO은 2024. 12. 3. 23:50경 뱌OO에게 재차 전화하여 '경찰청으로부터 협조 요청을 받은 사실이 있는지' 확인하기도 하였다.

아. 비상계엄 해제요구안 가결 및 해제 발표

2024. 12. 4. 00:49경 비상계엄 해제 의결을 위한 국회 본회의가 개최되었고, 2024. 12. 4. 01:01경 비상계엄 해제요구안이 국회에 상정되었으며, 2024. 12. 4. 01:03경 재석 국회의원 190명(C당 172명, D당 18명) 만장일치로 비상계엄 해제요구 결의안이 가결되었다.

그러나 피고인은 즉각 비상계엄을 해제하지 아니하고 2024. 12. 4. 01:16~01:47경 합동참모본부 지하에 위치한 OOOO실에서 국방부장관 나OO, 계엄사령관 다OO, 국가안보실 2차장 프OO, 국방비서관 흐OO 등과 관련 논의를 계속하였다.

나OO은 2024. 12. 4. 02:13경 마OO에게 중앙선거관리위원회에 병력을 재차 투입할 수 있는지 문의하였으나 마OO으로부터 어렵다는 취지의 답변을 듣게 되자, 그 무렵 나OO의 명령에 따라 작전을 수행한 군 지휘관들에게 '우리 군이 통수권자이신 대통령님의 명을 받들어 임무를 수행했습니다. 그러나 중과부적으로 우리가 원하는 결과가 되진 않았지만 그래도 우리는 우리의 할 바를 다 했다고 생각합니다', '여러 가지 어려운 여건에서 임무를 완수해 준 우리 수방사, 방첩사, 특전사, 지작사 그리고 여기에 함께하고 있는 우리 지통실 참모들 합참의장님 포함해서 모든 분들께 고맙게 생각합니다. 수고했습니다'라고 발언하였다.

이후 피고인은 2024. 12. 4. 04:26경 비상계엄 해제를 발표하였고 국무총리 펴OO의 주재로 2024. 12. 4. 04:27~04:29경 국무회의가 개최되어 참석자 13명 전원 합의로 비상계엄 해제안이 의결되었고, 국방부는 2024. 12. 4. 04:32경 국회, 중앙선거관리위원회 등에 출동하였던 모든 병력들이 원소속 부대에 복귀하였음을 발표하였다.

자. 기타 비상계엄 관련 군 및 경찰 출동 상황

이 외에도 비상계엄 선포 후 해제를 전후한 시점까지 수도방위사령부 등 군 병력 약 70명이 대통령 관저 인근 등에 배치되었고, 차OO은 자OO와 논의한 후 국회, 대통령실, 국방부, 대통령 관저 인근에 서울특별시경찰청 O기동단 OO기동대 소속 기동대원 74명을 비롯하여 약 1711명의 경찰관들이 배치되게 하는 등 비 상계엄 선포에 따른 조치와 연관되어 경찰과 군 병력이 동원되었다.

7. 결론

피고인은 나OO, 다OO, 라OO, 마OO, 바OO, 사OO, 자OO, 차OO, 아OO, 퍼OO 및 성명불상의 군인과 경찰공무원 등에게 순차 지시하여, 국회를 봉쇄하고, 국회 선거관리위원회 3곳(과천청사, 관악청사, 수원 선거연수원) C당 당사 여론조사E을 장악하며, 위헌 위법인 포고령에 근거하여 국회의원 정치인 등 주요 인사와 부정선거와 관련되었을 것으로 보이는 선거관리위원회 관계자들을 영장 없이 체포 구금하고, 합리적인 근거 없이 선거관리위원회의 전산 자료를 영장 없이 압수하여 부정선거 및 여론조작 관련 증거를 확보하며, 군 병력을 국회의사당에 침투시켜 국회의원들의 비상계엄 해제요구안 의결을 저지하고, 국회를 무력화시킨 후 별도의 비상입법기구를 창설하여 헌법상의 국민주권제도, 의회제도, 정당제도, 선거관리제도, 사법제도 등 자유민주적 기본질서를 파괴하려는 국헌문란의 목적으로, 헌법과 법률에 위반되는 비상계엄을 대한민국 전역에 선포한 후 국군방첩사령부, 육군특수전사령부, 수도방위사령부, 정보사령부 등에 소속된 무장 군인 1605명과 경찰청 및 서울특별시경찰청, 경기남부경찰청 등에 소속된 경찰관 약 3790명 등을 동원하여, 국회, 선거관리위원회, C당 당사, 여론조사E 등을 점거 출입 통제하거나 체포 구금 압수수색하는 등의 방법으로 강압하여 한 지역의 평온을 해하는 폭동을 일으켰다.

경향신문PICK 2025.01.23. 목.

[속보] 공수처, 검찰에 윤 대통령 사건 기소 요청… 이첩 36일만에

내란 우두머리(수괴) 혐의를 받는 윤석열 대통령을 수사해 온 고위공직자범죄수사처(공수처)가 23일 윤 대통령 사건을 검찰로 넘겼다. 윤 대통령에 대한 수사를 마무리하고 검찰에 공소제기를 요구했다.

공수처는 이날 "현직 대통령인 피의자 윤석열의 내란우두머리 등 피의사건에 대해 서울중앙지방검찰청에 공소제기 요구 처분 결정을 했다"고 밝혔다.

공수처는 대통령에 대한 기소권을 갖고 있지 않아 윤 대통령을 기소하려면 사건을 검찰에 넘겨야 한다. 공수처와 검찰은 앞서 윤 대통령의 최대 구속 기간 20일을 열흘씩 나눠 수사하기로 협의했는데, 구속 기간 산정과 관련해 검찰과 공수처의 해석이 엇갈리며 협의 과정에서 이견을 보였다.

당초 공수처는 윤 대통령의 1차 구속기한이 오는 28일 끝난다고 보고 그때 맞춰 사건을 넘기겠다고 주장한 반면 검찰은 이보다 하루 이틀 앞서 만료되기 때문에 더 일찍 사건을 넘겨야 한다고 주장한 것으로 전해졌다.

공수처가 당초 계획보다 사건을 일찍 검찰에 넘기기로 한 것은 공수처 차원의 윤 대통령에 대한 조사가 사실상 불가능하다고 판단한 결과로 해석된다. 공수처는 지난 15일 경찰 국가수사본부와 공조해 윤 대통령을 체포한 이후 이날까지 제대로 된 수사를 진행하지 못했다.

체포 당일엔 윤 대통령을 조사실에 앉히는 것까진 성공했지만 윤 대통령이 진술을 거부했고, 이후 윤 대통령은 공수처의 소환 통보에 계속 응하지 않았다. 공수처는 윤 대통령 구속영장이 발부된 뒤 세 차례에 걸쳐 강제구인 시도를 했고, 구치소 현장 조사 의지까지 보였으나 윤 대통령의 거부로 실행하지 못했다.

검찰은 이날 윤 대통령 내란 사건을 넘겨받아 추가 조사를 진행한 뒤 다음 달 초 기소할 것으로 전망된다. 지난달 18일 검찰에서 공수처로 사건이 이첩된 지 36일만이다. 공수처는 사건을 이첩 받은 이후 지난달 세 차례 윤 대통령에게 출석을 요구했으나 윤 대통령이 이를 거부했다. 공수처는 지난달 31일 윤 대통령 체포영장을 서울서부지법으로부터 발부받아 두 차례 시도 끝에 윤 대통령을 체포, 서울구치소에 구금했다.

이창준 기자 jchang@kyunghyang.com

탄핵 심판 5차 변론 2025년 2월 4일. 화.

설 연휴로 한 주 동안 멈췄던 탄핵 심판이 재개됐다. 이날 윤가 탄핵 심판 5차 변론에는 이진우 전 수도방위사령관, 여인형 전 방첩사령관, 홍장원 전 국가정보원 1차장 등 그간 국회와 수사기관에서 '윤가가 국회의원을 끌어내라는 등 불법적인 지시를 했다'고 증언한 이들이 증인으로 출석했다.

윤가는 이날 헌법재판소 탄핵심판5차 변론에서 12·3 비상계엄 당시 중앙선거관리위원회에 군병력이 출동한 것은 ;

"내가 지시했다"라고 시인했다. 그는 또 ;

"내가 검찰에 있을 때부터 선거 사건, 선거 소송에 대해 보고받아보면 투표함을 개함했을 때 상식적으로 납득이 안 가는 엉터리 투표지들이 많이 나왔기 때문에 문제가 있겠다는 생각을 해왔다"고 말했다. 그는 또 ;

"출동한 군인들은 서버를 압수하네 뭐네, 이런 식으로 생각할지 모르지만 제가 내린 지시는 장비가 어떤 식으로 가동되는지 보라는 것이었다."며 자기는 '단순한 점검' 차원을 지시했는데 부하직원들이 자기의 지시를 과도하게 해석했던 것 같다고 변명했다. 그는 또 군과 경찰 지휘관에게 ;

"국회의원을 끌어내라."하고, "체포하라."고 명령한 의혹에 대해서는 ;

"실제 아무 일도 일어나지 않았는데 지시를 했니 지시를 받았니 이런 얘기들이 마치 호수위에 떠있는 달그림자 같은 것을 쫓아가는 느낌을 좀 많이 받았다."고 말했다.

윤가가 구속수감 되더니 '시인(詩人)'이 되었다. 그는 변신도 변명도 가히 달인이다.

이날 헌법재판소 탄핵심판5차 변론에 증인으로 나온 내란공범피의자들은 이진우 수방사령관과 여인형 방첩사령관, 그리고 홍장원 전 국가정보원

제1차장이다. 이들은 윤가가 저지른 내란사건에 휘말려 이미 구속 기소되어 재판을 받고 있다. 검사가 이 사람들을 기소할 때 각각 작성한 공소장에 의하면 '12·3 비상계엄' 선포당시 윤가로부터 받은 명령과 국방장관으로부터 받은 명령이 상세하게 기록되어 있다. 그런데 이들이 탄핵심판 재판정에 나와서 증인으로서의 답변은 극도로 제한적이었다. 그들이 답변을 제한적으로 하는 것은 두 가지 이유가 있었다.

첫째는 내란수괴 혐의를 받고 있는 윤가가 심판정에 출석해서 증언하는 부하들을 노려보고 있기 때문에 차마 할 말을 못하는 것이다. 윤가가 헌재 심판정에 출석한 목적이 바로 이것을 노린 것이다. 내란 피의자 본인이 심판정에 출석해서 떡하니 버티고 앉아 증인들(대통령 부하들)을 노려보고 있으면 '어느 간 큰 놈이 대통령 앞에서 진실을 발설하겠는가?' 이것이 '입틀막'이고, 법꾸라지의 노림수다. 전 대통령 노무현과 박근혜도 대통령 임기 중에 탄핵소추를 당해서 여러 차례 탄핵심판을 받았지만 본인들은 단 한 번도 심판정에 출석하지 않고 변호인만 출석했었다.

둘째는 모든 증인이 내란가담 피의자로서 재판을 받고 있기 때문에 본인의 형사재판에 악영향을 주지 않을까 염려하여 답변을 못하는 것이다. 그런데 홍장원 전 국가정보원 제1차장과 곽종근 전 특수전사령관은 내란수괴 혐의자 윤가가 노려보거나 말거나 본인이 형사재판을 받기 위해 담당검사에게 진술했던 내용을 그대로 진솔하게 답변했다. 홍 전 차장은 국회측이 ;

"윤 대통령이 전화해서 '이번 기회에 싹 다 잡아들여. 싹 다 정리해. 국정원에 대공수사권 줄 테니 방첩사를 도우라'는 취지로 말했느냐?"고 묻자

"그렇게 기억한다."고 대답했다. 또 홍 전 차장은 여인형 전 방첩사령관과의 통화에서 여 전 사령관이 정확히 '체포조'를 언급하며 ;

"체포 대상자를 1·2조로 구분해 위치추적을 요청했다."고도 밝혔다.

윤가는 계엄선포 당일 홍 전 차장에게 직접 전화를 한 것에 대해 ;

"계엄사무가 아닌 간첩 검거와 관련해 방첩사를 도와주라고 한것"이라면서 ;

"계엄 상황과 관계없는 얘기를 한 것"이라고 말했다. 윤가의 국민무시 질환은 도를 넘었다. 손바닥으로 하늘을 가리려는 행동을 하면서도 얼굴색도 변하지 않는 뻔뻔함도 명배우다. 계엄을 선포해 놓고 그 엄중한 시간에 '계엄사무가 아닌 간첩검거와 관련해서 방첩사를 도와주라' 했단 말인가?

이날 헌법재판소 탄핵심판5차 변론과 별도로 국회 국조특위(내란혐의 진상규명 국정조사 특별위원회)는 12·3 비상계엄 관계자들을 대상으로 2차 청문회를 가졌다. 이 청문회에 출석하여 증언한 곽종근 전 특수전사령관(중장)은 12·3 비상계엄 당시 ;

"윤석열 대통령이 '국회의원들을 끌어내라.'고 지시했다."고 재차 확인했다. 이 증언은 김용현 전 국방부 장관이 "'의원'을 끌어내라는 지시가 아니고, '요원'을 끌어내라는 지시였다."는 주장을 반박한 것이다.

계엄군 지휘관들은 '국회의 계엄해제 결의안의결 즉시 군 철수를 지시했다.'는 윤석열 대통령의 주장도 사실이 아니라고 말했다. 곽종근 전 특수전사령관은 ;

"12월 4일 0시 20분부터 0시 35분 사이, 윤 대통령과 김 전 국방장관이 '국회의원을 끌어내라'고 지시한 사실이 맞다."며

"대통령이 그 말씀을 하실 때 707특임단 작전요원들은 본관 안에는 아무도 안 들어가 있는 상태였는데 요원을 빼내라는 것이 말이 되냐."라고 말했다.

곽 전 사령관은 윤 대통령 측이 비상계엄 당시 군 투입 이유를 ;

"흥분한 군중 때문에 발생할 안전사고예방을 위한 것"이라고 주장한데 대해서 ;

"비상계엄 상황이 발생하기 전이나 그 중간에 누구로부터도 '질서를 유지하라. 시민을 보호하라. 경고용이다.'라는 말을 들은 바 없다."고 말했다. 그는 또 군 철수와 관련해서도 ;

"지시를 받은 바 없다."고 말했다. 이 말은 윤 대통령의 ;

"국회 '계엄해제요구결의'가 나오자마자 곧바로 김용현 전 국방장관과 박안수 계엄사령관을 즉시 불러 철수를 지시했다."는 윤 대통령 측 주장을 반박한 것이다. 곽 전 사령관은 또 '비상계엄령을 해제하는 (국회의)의결 뒤 김 전 장관에게 제가 "철수하겠다."고 했다는 것이다. "그러자 김 전장관은 '조금만 더 버텼으면 좋았을 걸.'이라고 말했다."는 것이다.

여인형 전 방첩사령관이 비상계엄 당일 군 판사들의 성향을 파악해 보라고 지시했다는 증언도 나왔다. 더불어민주당 추미애 의원이 ;

"방첩사령관이 계엄 당일 '군 판사들이 어떤 사람인지 확인해 보라'는 지시를 했다는데 맞나?"라고 묻자 나승민 방첩사령부 신원보안실장이 ;

"맞다"라고 대답하고,

"나중에 문제가 발생할 수 있을 것이라고 판단해 복명하지 않았다."라고 말했다. 이 말을 듣고 추미애 의원은 ;

"그 판사들은 (해병대)박정훈 대령 사건의 재판장, 주심판사, 배석판사, 영장 담당판사였다."고 말했다.

12·3 비상계엄을 기획했다는 민간인 노상원(전 국군정보사령관)이 비상계엄 선포 전에 군산에서 점집을 운영 중인 '비단아씨' 이선진씨 를 찾아가 만났다고 한다. 노상원은 그녀를 만나 김용현 전 장관의 이름과 생년월일을 주면서 ;

"내가 이 사람과 함께 뭔가 문제를 만들려 했을 경우 그게 잘 되면, 내가 다시 나랏일을 할 수도 있을 것 같다고 했다."는 증언도 나왔다.

그리고 이상민 전 행정안전부 장관은 이늗도 윤 대통령이 직접 경향신문을 비롯한 비판 언론사에 대한 단전·단수를 지시했는지 등 모든 질문에 답변을 거부했다.

한겨레PICK 2025년 2월 5일. 수.

"달 그림자" 윤 궤변에…국힘서도 "손바닥에 '왕' 써도 하늘 못 가려"

입력2025.02.05. 오후 6:14   손현수 기자

윤석열 대통령이 12·3 내란사태 때 "실제 아무런 일도 일어나지 않았다"고 말한 것을 두고, 국민의 힘에서조차 어불성설이라는 반응이 나온다. 당 지도부는 공개적인 언급을 삼갔다.

권성동 국민의 힘 원내대표는 5일 국회에서 기자들과 만나, "바빠서 헌재 재판 진행 상황을 제대로 보지 못했다. 헌재 재판과 관련해 당 차원의 직접적인 언급은 적절치 않다고 본다"며 전날 윤 대통령의 발언에 아무런 반응을 내놓지 않았다. 일부 헌법재판관의 '편향성'을 문제 삼는 등 그간 윤 대통령 쪽 궤변을 그대로 전파해온 것과는 다른 태도다. 앞서 윤 대통령은 4일 헌법재판소에서 열린 탄핵심판 5차 변론에서 "이번 사건을 보면 실제 아무런 일도 일어나지 않았는데 지시했니, 지시받았니, 이런 얘기들이 마치 호수 위에 빠진 달그림자 같은 걸 쫓아가는 느낌을 많이 받았다"고 주장한 바 있다. 자신에게 반대하는 야당을 겨냥한 '엄포용 계엄'이었다는 주장의 연장선이다.

윤 대통령의 이런 발언에 당 안에서도 비판이 나왔다. 조경태 의원은 이날 한겨레와 한 통화에서 "손바닥에 '왕' 자를 새길 수는 있어도, 손바닥으로 하늘을 가릴 수는 없다"며 "진실을 자꾸 가리려고 하면 안 된다. 윤 대통령이 부하들에게 책임을 전가하는 듯한 태도가 과연 헌재 재판에서 도움이 되겠느냐"고 꼬집었다.

수도권의 한 의원은 "비상계엄으로 온 나라가 들썩이고 국제적 망신을 당했다. 지금도 나라가 여기저기서 쪼개지고 있는데 어떻게 아무 일도 일

어나지 않았다는 것이냐"고 되물었다. 김재섭 의원도 에스비에스(SBS) 라디오에서 ;

"비상계엄 당시 군이 국회에 들어왔고, 헬기가 떴고, 유리창이 부서졌던 것은 사실"이라며 ;

"아무 일도 안 일어난 게 아니다. 계엄의 목적을 달성하지 못했을 뿐, 계엄이 벌어진 사실이 없었던 것은 아니다"라고 반박했다. 또

"전 국민이 포고령을 확인했고, 군이 국회에 들어오는 것까지 확인했기 때문에 (윤 대통령의) 말은 약간 공허하게 들린다."고 했다.

더불어민주당도 윤 대통령을 강도 높게 비판했다. 이재명 대표는 이날 당 최고위원회의에서 "명확한 의도를 갖고, 이 나라 민주주의를 완벽하게 파괴하고 군정에 의한 영구집권을 획책했는데, 이게 실실 웃으면서 아무 일도 없었다고 말할 상황이냐"며

"그렇다면 아무 일도 없는 협박죄, (피해자가) 죽지 않은 살인미수는 왜 처벌하냐"고 목소리를 높였다.

손현수 기자 boysoo@hani.co.kr

탄핵심판 6차 변론   2025년 2월 6일. 목.

이날도 대한민국은 시끌벅적했다. 대통령이 저지른 12·3계엄선포 뒤처리 때문에 헌법재판소는 증인 곽종근 전 특수전사령관(중장), 김현태 707특수임무단장(대령), 대통령실 경제수석비서관을 불러 증인신문을 진행했다.

이 재판에서 맨 먼저 증인석에 앉은 곽종근 사령관은 국회측이 신청한 증인으로 이틀 전에 했던 5차 변론을 이날 6차 변론에서도 그대로 유지했다. 그가 재판관의 심문에 대답한 내용은 모두 검찰조사에서 진술했던 내용 그대로다. 곽 전 사령관은 계엄당시 윤 대통령과 두 번 직접 통화했고, 윤 대통령으로부터 ;

"의결정족수가 아직 안 채워진 것 같으니 문을 부수고 들어가서 안에 있는 인원들을 끄집어내라"는 말을 직접 들었다고 말했다. 그는 국회측 변호인이 ;

"(윤 대통령이) '데리고 나오라'고 지시한 대상이 (국회)의원들이 맞느냐?"고 묻자 ;

"정확히 맞다."고 답했다. 또 특임대(707특수임무대)가 국회본관 안에 들어간 상황도 아니었기 때문에 ;

"국회의원으로 명확히 이해했다."고 말했다. 곽 전 사령관은 ;

"윤 대통령과 김(김용현) 전 장관으로부터 철수지시를 받지 않았다."며 자신의 판단으로 부대를 철수했다고도 말했다. 그는 또 ;

"김 전 장관으로부터 '병력을 추가로 투입하라'는 지시를 받았다."고 했다. 이는 윤 대통령이 여러 차례 ;

"계엄해제요구 결의가 나오자마자 장관과 계엄사령관을 즉시 제방으로 불러 군 철수를 지시했다."고 말한 것과 배치된다.

이날 대통령 측 증인으로 출석한 박춘섭 대통령실 경제수석비서관은 야당이 추진한 예산 삭감으로 국정마비가 됐다는 윤석열 대통령의 평가에 대해 ;

"저는 (관련한)보고를 안 했다."고 답했다.

국회측 대리인단은 박 수석에게 :

"윤 대통령이 야당 중심의 예산감액이 국정마비 원인이라고 주장하는데, 증인이 이것을 평가하지 않았다면 모든 평가는 피청구인(윤 대통령)이 단독으로 했다는 것이냐?" 고 묻자 박 수석은 ;

"저는 (관련평가를) 보고하지 않았다."면서 ;

"다른 누가 했을지는 모르지만."이라고 답했다.

윤 대통령 측 대변인이 박 수석에게 ;

"경제수석으로 계속 재직하면서 피청구인(윤 대통령)이랑 회의하고 논의하고 그러셨을 것인데, 그 과정에서 (경제나 예산문제에 대한)인식을 공유하며 보고하고 협의하지 않았느냐?"고 묻자 박 수석은 ;

"평소에는 경제나 재정과 관련해 보고하고 토론을 하지만 이번에 계엄과 관련해서는 전혀(하지 않았다.)"고 말했다. 다만 박 수석은 증언 전반에서 야당 주도로 이뤄진 예산감액을 비판하는 취지로 말하며 ;

"이어지는 (야당 중심의) 줄 탄핵과 재정부담, 일방적 입법시도, 예산의 삭감 등이 종합적으로 (비상계엄 선포의) 원인이 됐을 것으로 판단한다."고 답했다.

여인형 전 방첩사령관은 12·3비상계엄 당시 주요인사 체포조 활동을 주도했고, 계엄해제 뒤 부하들에게 방첩사 활동에 관한 '가짜메모를 작성'해 수사기관 압수수색에 대비하라고 지시한 것으로 확인됐다. 방첩사의 활동이 체포목적이 아닌 것처럼 메모를 작성해 뒀다가 수사기관이 압수수색에서 확보하도록 함으로써 진실을 가리려 했다는 것이다.

검찰 비상계엄 특별수사본부는 여인형 방첩사령관 휘하에 있던 방첩사

간부들을 조사하면서 이 같은 진술을 확보했다. 여 전 사령관은 지난해 12월 3일 비상계엄 선포 후인 오후 11시 쯤 김대우 당시 방첩사 수사단장(준장)에게 ;

"김용현 전 국방장관으로부터 받은 명단"이라며 이재명 더불어민주당 대표, 우원식 국회의장, 한동훈 당시 국민의 힘 대표 등 14명을 불러준 뒤 ;

"신속하게 체포해 수도방위사령부 B1 벙커 구금시설로 이송하라."고 지시했다. 김 준장은 이를 다른 방첩사 간부들에게 전파했다.

여 전 사령관은 계엄해제 뒤 체포대상자 이름이 적힌 메모들을 전부 수거하도록 지시해 폐기했다. 또한 '방첩사가 전날 밤 국회로 출동한 이유를 허위로 작성해 압수되도록 하라'는 취지로 지시했다. 특수전사령부, 수도방위사령부 등의 국회작전을 지원하기 위한 목적의 출동이었던 것처럼 '가짜 메모'를 작성하도록 했다는 것이다.

윤가는 이날 탄핵심판 6차 변론에서 ;

"내란 프레임과 탄핵 공작이다."라고 주장했다."

곽종근 전 육군특수전 사령관이 12·3비상계엄 당시 윤 대통령으로부터 ;

"빨리 국회 문을 부수고 들어가서 안에 있는 인원들을 끄집어내라."는 지시를 받았다고 증언하자 이를 전면 부인하면서, 내란수사·재판과 탄핵심판을 '정치공작'이라고 규정했다.

최상목 대통령 권한대행 부총리겸 기획재정부 장관은 12·3 비상계엄 당시 윤 대통령으로부터 받은 쪽지에 대해 ;

"계엄을 무시하기로 했으니 '덮어놓자', '무시하자'하고 펴보지 않았다."고 말했다. 그는 쪽지에 적힌 국가비상입법기구 예산확보에 대해선 ;

"무슨 뜻인지 모르겠다."고 말했다. 최 권한대행은 이날 국회에서 열린 윤석열 정부의 비상계엄 선포를 통한 내란혐의 진상규명 국정조사특위 3차 청문회에 출석해서 이렇게 말했다. ;

"국무회의가 끝나고 대통령이 '기재부 장관'하고 불렀고, 대통령 옆에 있

던 실무자가 저한테 참고자료라고 종이를 줬다."고 말했다. 그는 ;

"비상계엄은 상상할 수 없는 초현실적 상황이었다."며 ;

"지시가 아닌 계엄관련 참고자료라 생각해 바로 펴보지 않았다."라고 말했다. 그는 또

"내용을 보지 않고 기재부 차관보에게 가지고 있으라고 줬다."고 말했다.

이 쪽지에는 ; ①예비비 확보 ②국회보조금 차단 ③국가비상입법기구 관련예산 편성 등 세 가지 지시사항이 적혀있었다. 이 때문에 12·3비상계엄이 국회를 해산하려는 의도였음을 보여주는 대표적인 증거가 되었다. 더불어민주당 민병덕 의원은 ;

"윤 대통령이 국회를 해산하고, 본인 입맛에 맞는 법안을 찍는 새로운 입법기구를 만들려 한 것."이라고 비판했다.

최 권한대행은 국회보조금 차단에 대해 ;

"현실적으로 가능하지 않다." "비상입법기구에 대해 정말 무슨 내용인지 모르겠다."고 말했다.

윤 대통령은 1월 21일 헌재 탄핵심판에 출석해서 쪽지와 관련해 ;

"준적도 없고, 나중에 기사에서 봤다."고 했다.

이날 청문회에서는 최 권한대행이 ;

"헌법재판관 임명을 보류한 것이 위헌이라는 결정이 나면 임명해야 한다."고 추미애 의원이 압박하고, 국민의 힘 장동혁 의원은 ;

"권한대행의 권한 범위에 속하지 않는다."고 반대했다. 최 권한대행은 ;

"헌재의 결정을 존중하겠다."면서도

"헌재가 여야합의를 확인해 주는 기관은 아니"라고 생각한다."라고 말했다.

한덕수 전 국무총리는 비상계엄 선포 직전에 열린 국무회의에서 일부 계엄에 찬성한 국무위원이 있다는 김용현 전 국방장관의 발언에 대해 ;

"저는 단 한 명도 들어본 적이 없다."며 "전부 다 반대하고 걱정하고 대통령께 문제를 제기 했다."고 말했다.

한 총리는 계엄이 정당하다는 김 전 장관 주장을 두고도 ;

"워낙 절차적 흠결이 많기 때문에 동의하지 않는다."고 했다. 한 총리는 또 :

"국무위원 모두 정식 국무회의로 진행되지 않았다는 데 생각이 같다."고 말했다.

최 권한대행도 ;

"국무회의라고 생각하지 않는다."는 총리 주장에 동조했다.

충암고등학교 출신들 2025년 2월 11일. 화.

입춘을 지난지가 벌써 아흐레째다. 그런데도 강추위가 영하 10도 위아래를 오르내리며 풀리지 않더니 오늘 비로소 영상 기온으로 올라섰다. 자연은 이렇게 때가 되면 정상적으로 제 자리를 찾아가는데 인간사회는 왜 점점 더 꼬여만 가는가?

대한민국은 오늘도 윤가가 저질러 놓은 '비상계엄' 후유증을 치유하느라 시끌벅적했다. 너도나도 정직하게 살면 세상이 조용할 것이고, 행여 실수했다면 "내가 실수했소." 이 한 마디, 여섯 글자로 고백하면 다 평화로울 텐데 이런 세상이 되기를 바라는 것이 어리석은 과욕일까?

오늘도 헌법재판소에서는 윤가가 저지른 12·3 계엄선포의 위헌여부를 가르는 심판이 열렸다. 오늘 심판정에 증인으로 출석한 사람은 이상민 전 행정안전부장관, 신원식 국가안보실장, 백종욱 전 국가정보원 3차장, 김용빈 선관위 사무총장 등 4이고, 단골손님으로 윤가가 나왔다.

이상민은 계엄령 선포 당시 행정안전부 장관이었으므로 그를 헌재에 증인으로 불러 확인할 사안이 두 가지가 있다. 하나는 윤가가 계엄선포하기 전에 국무회의를 거쳤느냐는 것이고, 또 하나는 계엄이 선포된 후 소방청에 언론사(MBC방송국, 경향신문, 한겨레신문 등) 단전, 단수를 지시했는가? 의 문제다. 국회측 대리인이 이상민에게 :

"12·3 계엄선포 전에 국무회의를 했습니까?"하고 묻자, 윤가 앞에 있는 이상민이 ;

"국무위원들은 다 국무회의를 한다고 생각했다."고 대답했다. 한덕수 국무총리는 ;

"절차적 실체적 흠결이 있었다."라고 했고, 최상목 당시 기획재정부 장관은 ;

"국무회의라고 생각하지 않았다."라고 대답했고, 다른 장관들도 모두 국무회의를 하지 않았다고 검찰 조사에서 진술한 바 있다. 그런데 이상민은 국무회의를 했다고 말했다. 참고로 윤가와 이상민 행안부 장관, 김용현 국방부장관, 여인형 방첩사령관(중장) 등 4인은 충암고등학교 동문이고, 이상민은 이 정부 들어 최장수 장관이었다. 그래서인지 이상민과 김용현의 증언은 다른 국무위원들의 증언과는 반대 증언이었다. 다른 국무위원들은 모두가 ;

"그날 국무회의는 하지 않았다?"고 했으며 회의록도 없었고, 그래서 부서한 일도 없다고 했다. 그런데 윤가와 고등학교 동문인 이상민과 김용현은 국무회의를 했다는 것이다. 그들은 윤가와 이상민, 김용현 세 사람이 별도로 국무회의를 했던 것일까?

이상민은 언론사 단전 단수 지시 의혹에 관해서 윤 대통령으로부터 지시 받은 게 없다고 하면서도 당시 대통령실에서 '소방청 단전·단수'가 적힌 쪽지를 봤다고 했다. 그리고 소방청과 통화한 사실도 인정했다. 전화 내용은 ;

"'국민의 안전에 대해 최우선적으로 챙겨 달라'는 취지의 얘기를 했지 단전·단수 지시를 한 건 아니다."라고 말했다.

백종욱 전 국가정보원 3차장은 부정선거의혹의 단초가 된 선거관리위원회 전산시스템 점검을 주도한 인물이다. 헌재 재판관이 그에게 ;

"기술적 측면에 한해 점검이 진행된 점이 윤 대통령에게 보고됐습니까?"라고 묻자 ;

"기억이 잘 나지 않습니다." 라고 대답했다. 그는 기술적인 문제가 부정선거로 이어질 수 있는지에 대해선 ;

"부정선거에 대해 본 것이 아니기 때문에 그 흔적을 찾았는지에 대해선 답을 안 하겠습니다."라고 했다. 선관위가 점검 당시 서버를 선별 제공했다는 윤 대통령 측 주장에 대해선 ;

"아닙니다. '그때 점검을 열심히 해서 집계해보니까 5%정도 (점검)했구나'라고 느꼈었는데 그대로 말했습니다"라고 말했다.

"국정원이 대통령 측에 선관위 전산시스템 점검 필요성을 보고한 적이 있습니까?"라고 묻는 질문에 백 차장은 ;

"제가 (국정원에) 있을 때까지 그런 보고를 한 적은 없습니다."라고 대답했다.

이날 국가정보원 3차장이 증인으로 출석해서 선거관리위원회 서버의 기술적 문제를 설명하는 것은 윤가가 22대 국회의원 선거가 '부정선거'였다고 주장하고, 그래서 '12·3 계엄'을 선포했다그 계엄의 당위성을 주장하기 때문에 헌재가 이를 판단하려는 것이었다. 참그로 지금까지 선관위에 접수된 부정선거 신고 건수는 부지기수로 많은데 모두 대법원에서 기각되거나 각하되었다. 그런데 윤가는 줄기차게 부정선거를 주장하면서 선거관리위원회를 공격하는 것이다. 이 주장은 처음부터 '12·3 비상계엄' 요건을 만들기 위한 술책이었던 것으로 보인다.

윤가의 탄핵심판에서 윤 대통령 대리인(차 변호사)은 '하이브리드 전쟁' '중국의 선거개입설' 등 검증되지 않은 음모론을 토대로 변론에 나섰다. '하이브리드 전쟁'이란 테러, 사이버 공격 등 다양한 작전을 동시에 진행하는 것을 말한다. 차 변호사는 ;

"중국이 한국에 대해 얼마든지 선거개입은 시도할 수 있다고 생각하지 않느냐?"고 묻자 신원식 국가안보실장은 ;

"외교에 영향을 미칠 수 있기 때문에 답변하지 않겠다."고 대답했다. 신 실장은 또 다른 민감한 질문에 대해서도 ;

"가정을 전제로 답변하지 않겠다."라거나 "정확히 확인한 바 없다."라고 말하는 등 소극적인 태도를 보였다.

윤 대통령 측 차 변호사는 야권의 친중 기조를 지적하는 취지의 질문도 했다. 즉 문재인 전 대통령이 ;

"중국몽 함께 하겠다."고 하거나 이재명 더불어민주당 대표가 지난해 3월 ;

"셰셰 중국과 대만에 각각 '셰셰'하자."고 발언한 점을 언급하며 ;

"이런 친중적 발언이 공공연하게 되면 하이브리드 전쟁을 전개하기가 적절한 환경이지 않느냐?"고 묻기도 했다.

국회측 대리인은 윤 대통령이 지난해 한·중 정상회담에서 중국에 대해 ;

"긴밀한 협력국가."라고 말하는 등 중국과 우호적인 관계의사를 밝힌 전례를 들어 윤가측 주장을 맞받았다. 윤가 측 차 변호사는 또 신 실장에게 반중 음모론에서 비롯된 질문을 이어갔다.

"중국기업 텐센트가 JTBC에 1000억 원을 투자한 것을 아느냐?"며

"중국 정부의 영향을 크게 받는 기업이 투자하면 국내 미디어가 여론전에 이용당할 가능성이 있다."고 말했다. 또

"문재인 정부에서 태양광산업이 부상했는데, 결국 중국 기업이 큰 돈 벌지 않았느냐"는 취지의 질문도 했다. 차 변호사가 주제에서 한 참 벗어나 이런 질문을 하는 것은 윤가가 '12·3계엄'을 선포할 수밖에 없었다는 재료를 만드는 작업이다.

김용빈 선거관리위원회 사무총장은 민경욱 전 미래통합당 의원 등이 제기한 선거무효소송에서 재검표를 했고, 대법원이 부정선거가 아니라고 판결한 점을 들어 ;

"이미 확정된 사실관계와 판단인데 총장을 불러서 자꾸 물어보는 게 무슨 의미가 있는가 싶다."고 말했다. 이는 한 마디로 윤가의 부정선거론을 '헛소리'로 일축하는 것이다.

'명태균 특별법'을 발의   2025년 2월 11일. 화.

　　더불어민주당 등 야6당은 2월 11일 윤석열 대통령 부부의 불법공천개입 의혹 진상을 규명하기 위해 '명태균 특검법'을 발의했다. 특검법에는 '명태균 게이트' 이슈를 재점화 해서 탄핵 찬성여론을 끌어올리고 의혹에 연루된 여권의 대권주자들을 압박하려는 의도도 담긴 것으로 풀이된다. 민주당은 12·3 비상계엄사태의 진상을 규명하기 위해 명태균 특검법을 반드시 성립시키고 불법선거개입과 국정농단 사건 등을 밝혀내야 한다고 했다. '명태균 게이트 진상조사단' 단장은 서영교 의원이 맡았다. 서영교 의원은 ;

　　"명씨와 관련한 수많은 내용들이 불법 비상계엄의 트리거(방아쇠)가 됐다고 판단한다."고 밝혔다.

　　명씨의 폭로로 불법공천개입 실태가 드러낼 가능성이 커진 게 윤 대통령의 비상계엄 선포배경으로 작용한 것으로 판단하고 있는 것이다. 명씨는 이날 자신의 사회관계망서비스에 ;

　　"특검법발의를 환영한다. 특검은 내가 진정으로 바라는 바"라고 밝혔다. 그는 ;

　　"공천개입/국민의 힘 대선경선/정치자금법위반/불법조작여론조사/창원국가산단/검사의 황금폰증거인멸교사/오세훈 시장과 홍준표 시장이 고소한 사건/까지 명태균과 관련된 모든 의혹을 특검 내용에 꼭 포함시켜 달라"고 적었다.

　　윤가가 명태균과 합작해서 아무리 큰 죄를 범했다 해도 이미 불거진 '내란사건'보다 더 큰 죄야 되겠는가마는 그래도 윤가가 대통령에 당선되기 위해 정치브로커 명태균을 이용해서 무슨 짓을 했는지 밝혀야 한다. 이것이 국민에 대한 도리다.

문재인 전 대통령 후회 2025년 2월 11일. 화.

세간에는 윤가를 두고 '저런 사람이 우리 대통령이었어?' '저런 사람이 어떻게 대통령 됐어?'하는 탄식소리가 입에서 입으로 전해진다. 대한민국 국민들 입에서 그런 말이 나올 만도 하다. 왜냐하면 윤가가 대통령감이 아니라는 사실이 드러난 밤 말을 엿듣는 쥐떼도 웃기 때문이다.

문재인 전 대통령은 한겨레신문과의 인터뷰에서 ;

"총체적으로 윤석열 정부를 탄생시킨 데 대해선 국민께 송구스럽다."고 말했다. 특히 과거 윤석열 검사를 검찰총장으로 임명한 데 대해 ;

"윤석열 대통령이 탄생하게 된 가장 단초가 된 것이라 후회가 된다."며 자신을 포함해 문재인 정부에 몸담았던 인사들도 다 책임을 벗어날 수 없다고 밝혔다. 문 전 대통령은 ;

"검찰총장 후보 추천위원회가 추천한 후보가 4명이었는데 윤석열 후보자만 말하자면 검찰개혁에 대해 지지하는 그런 이야기를 했다."고 회상했다.

문 전 대통령은 ;

"이번 탄핵, 계엄사태가 생기고 나니까 정말로 자괴감이 이루 말할 수가 없고, 밤에 잠을 잘 수가 없을 정도로 국민께 송구한 마음이다."라고 말했다. 그러면서 민주당의 정권탈환을 ;

"역사적 책무"라고 강조했다.

탄핵심판 8차 변론   2025년 2월 13일. 목.

이날은 헌법재판소의 윤가 탄핵심판 8차 변론기일이다. 헌재는 이날 변론을 마지막으로 종결할 수도 있고, 변론이 조금 미흡하다면 한, 두 번 쯤 더 변론 기회를 가질 수도 있다. 아무튼 이날 변론이 막바지인 것이다. 윤가는 8차 변론기일 중 3~8차까지 심판정에 나가서 증인들의 증언을 지켜보았다.

이날 헌재 법정에 출석한 증인은 조성현 육군 수도방위사령부 제1경비단장과 조태용 국가정보원장과 김봉식 전 서울경찰청장 등 3인이다. 이날 맨 먼저 오전 10:00에 조성현 육군 수도방위사령부 제1경비단장(대령)에게 질문이 쏟아졌다. 첫 질문은 정형식 헌법재판관이 했다. ;

"(지난해 12월 4일) 0시 31분부터 01시 사이 수방사령관으로부터 '본청 내부로 진입해 국회의원을 외부로 끌어내라'는 지시를 받았습니까?"고 물었고, 조 대령은 ;

"0시 45분인데 그렇게 지시 받았고, 여러 상황을 통해 지시가 변했습니다."라고 대답했다. 정 재판관이 ;

"정확한 워딩이 '본청 안으로 들어가라' '국회의원 끌어내라'였습니까?"라고 묻자 조 대령은 ;

"그렇습니다. '내부에 들어가서 의원들을 끌어내라'고 했습니다."라고 명확히 밝혔다.

국회측 대리인이 물었다. ;

"특전사가 (국회본청 안에)들어간 이유가 국회의원을 끌어내라는 거라는 사실을 어떻게 알았습니까?"라고 묻자 조 대령은 ;

"(이진우 전 사령관이) (특전사가) 의원들을 끌고 나오면 지원하라고 해서 그렇게 이해 했습니다."라고 대답했다. 이 증언은 곽종근 사령관(중장)의 증언과 일치한다. 곽종근 사령관도 국회, 검찰 등에서 윤 대통령으로부터 '의원들을 끌어내라'는 취지의 지시를 받았다고 여러 차례 밝혔다.

조 대령은 이진우 전 사령관이 먼저 병력철수를 지시한 것이 아니라 자신이 건의한 것이라고도 했다. 조 대령은 이 전 사령관으로부터 공포탄과 3단 진압봉을 휴대하고 출동하란 지시를 받았다고 말했다. 조 대령은 또 ;

"이번과 같이 임무가 정확이 부여되지 않은 상태에서 출동하는 것은 상당이 이례적입니다." 또

"현장에 가서 (군이) 오히려 보호해야 할 시민들이 저희 행위를 막는 것을 보고 상당히 의아한 상황이었습니다."라고 말했다.

조 대령은 지난해 12월 4일 0시 48분쯤 국회로 출발하는 후속부대에 ;

"국회를 통제하는 문제도 그렇고 의원을 끌어내라는 과업도 그렇고, 그걸 들은 군인 누구도 정상적으로 생각하지 않았을 것"이라며

"저 또한 후속부대가 오지 않으면 좋겠다고 판단했습니다."라고 말했다.

조 대령이 계속 윤 대통령에게 불리한 증언을 하자 대통령 측 대리인이;

"'끌어내라'는 지시는 상식에 맞지 않는다"며

"증인이 여러 목적을 가지고 허위진술을 하고 있다."고 주장했다. 또 조 대령에게 답변할 시간을 주지 않고 몰아붙이자 헌법재판관이 대통령 측 대리인에게 ;

"맥락을 끊고 답을 강요하듯 질문하면 어떻게 하느냐?"고 질책했다.

이날 오후 두시에는 조태용 국가정보원장이 증인석에 앉았다. 이날 두 번째 증인이다. 물론 피청구인 윤가도 이 심판장에 나와 있다. 윤가는 이날(2월13일) 변론에서 ;

"내가 홍장원 차장에게 (비상계엄 관련) 전화할 아무런 이유가 없는데, 조 원장이 국내에 있느냐, 해외 미국 출장 중인가에 대한 오해 때문에 시

끄러워진 것 같다."며 계엄 당일 저녁 상황에 대해 자신의 말이 맞다고 강변했다. 이 말이 무슨 말일까?

계엄 당일 비상계엄 선포 약 2시간 30분 전에(20시 쯤) 윤가가 조태용 국가정보원장에게 전화를 걸었다고 했다. 당시 윤가가 조 원장에게 ;

"아직도 거기시죠?"라고 물었단다. 그러자 조 원장이 ;

"아직도 여깁니다."라고 대답했단다.

세상에 이럴 수가⋯ 일국의 대통령과 국가정보원장이 이런 우문우답을 주고받고 전화를 끊었단 말인가? 이런 사람들이 국가의 중책을 맡고 있으니 국사가 뒤틀릴 수밖에⋯, 대통령이 말하는 '거기'는 어디이고, 조 원장이 말하는 '여기'는 어디인가? 이래놓고 대통령은 '조 원장이 미국에 있는 줄 알았다'하고, 조 원장은 '나는 한국에 있다'는 뜻이었다고 한다.

국회측 대리인이 증인(조 원장)에게 ;

"미국에 안 갔다는 말을 분명히 했다는 것입니까?"라고 묻자 조 원장이 ;

"그렇습니다. 그리고(비상계엄 선포 직전) 국무회의에서 만났습니다."라고 대답했다.

김형두 재판관이 조 원장에게 ;

"경찰조사 내용대로 통화한 사실이 맞습니까?"라고 묻자, 조 원장이 ;

"제 기억은 그렇습니다."라고 답했다. 조 원장은 경찰 조사에서 ;

"대통령이 어디 계세요? 라고 하여 제가 '여기(국정원 공관) 있습니다.'라고 대답하니 대통령이 '미국 안 가셨어요?' 라고 물어, 제가 '내일 떠납니다.'라고 답했습니다."

윤가와 진술이 엇갈리자 조 원장은 ;

"(대통령이) 경황이 없으니까 뒷부분 말씀을 못 들었을 수도 있다고 생각합니다."라고 말했다. 윤가는 ;

"저는 기억이 정확하다."고 말했다.

조 원장은 홍장원 차장의 증언을 무력화해서 윤가를 두둔하는데 역점을 두는 증언을 했다. 홍 전 차장은 2월 4일 헌재 심판장에 증인으로 출석하여 ;

"윤 대통령이 전화해서 '이번 기회에 싹 다 잡아들여. 싹 다 정리해. 국정원에 대공수사권 줄 테니 방첩사를 도우라'는 취지로 말했다."고 증언했다. 그런데 조태용 국가정보원장이 홍장원 차장의 증언을 무력화시키기에 나섰다. 이 충돌은 누가 진실을 말하고 누가 가짜를 말하는지 또 시시비비를 가려야 할 사안이다. 그런데 윤가의 발언에 일고의 가치도 없는 한 마디가 있다. 자기가 홍장원 차장에게 전화를 한 것은 '비상계엄'과는 전혀 무관하게 업무상 격려차원의 전화였다고 말했다. 대통령이 '비상계엄'을 선포해놓고 그 엄중한 시간에 국가정보원 차장에게 격려전화를 했단 말인가?

김봉식 전 서울경찰청장은 국회 측 대리인 질문과 대통령 측 질문 공히 윤가를 덮어주기 위한 증언으로 일관했다.

탄핵심판 쟁점   2025년 2월 13일. 목.

 헌재는 이 탄핵 심판에서 원고격인 국회 측과 피고격인 대통령 측 사이의 쟁점을 5가지로 정리하여 심판했다.

'윤석열 대통령 탄핵심판' 주요 쟁점별 국회 측↔윤석열 측 주장

국회 측 주장	쟁점	윤석열 측 주장
"회의록 등 요건 미충족 절차적 실체적 위법 행위"	비상계엄선포	"국무회의 절차 지켰다.… '계엄=내란' 프레임 문제"
"정치활동을 일절 금지하는 등 위헌내용 다수 포함 등"	계엄포고령1호 발표	"계엄형식 갖추고자 실행 의사 없이 경고용으로 작성"
"비상계엄 해제할 권한 있는 국회를 무장세력으로 봉쇄"	군경 동원한 국회장악 시도	"질서유지 위해 보낸 것… '의원 끌어내라 안 했다'"
"선관위의 헌법상 독립성침해… '부정선거' 실체 없다."	영장 없는 압수체포 등 선관위 장악 시도	"시스템 확인 위해 직접 병력 투입 지시…아무일도 없었다."
"'지시 받았다' 증언 명백 삼권분립 정신 위배"	법조인 등 체포 지시	"업무 격려차 홍장원에 연락… 체포 지시한 적 없다."

경향신문PICK 2025년 2월 15일. 토.

광주는 달랐다…보수 '1만명' 모이자, 시민 '2만명' 집결

고귀한 기자

"광주시민이 이겼습니다. 대한민국을 지켰습니다."

윤석열 대통령 탄핵 찬반 집회가 동시에 열린 15일 오후 광주광역시 동구 금남로 일대는 우뢰와 같은 시민들의 함성으로 뒤덮였다. 시민들은 서로의 손을 맞잡고 '님을 위한 행진곡'을 제창했다

윤석열 대통령 탄핵 찬반 집회가 동시에 예정된 광주 금남로 인근 천변로에는 이날 오전부터 전국 각지에서 온 관광버스 수십여대가 모여들었다. 버스에서 내린 이들은 태극기와 성조기를 흔들며 '윤석열 대통령 탄핵 무효'를 외쳐댔다. 비슷한 시각 거대한 스피커가 달린 검은색 차량이 도심을 누볐다. 차량에선 '빨갱이' 등 혐오성 발언이 쉴 새 없이 흘러나왔다.

보수 성향 개신교 단체인 '세이브코리아'의 집회가 예정된 오후 1시가 되자, 금남로 일대는 '자유대한민국을 지키자' '헌재는 북한 인민재판소' 등 피켓과 태극기, 성조기 등으로 물들었다. 주최 측 추산 1만여명 이상이 모였다. 역대 광주에서 진행된 보수 성향 집회 가운데 가장 많은 인원이다. 경남 창원에서 왔다는 20대 A씨는 "유튜브를 보고 이 나라에 간첩이 많다는 것을 알게 됐다"며 "대한민국을 구하는데 손을 보태고 싶어 참가하게 됐다"고 말했다.

같은 시간 보수단체 무대를 등지고 50m쯤 뒤에서는 광주지역 170여개 시민·사회단체로 구성된 '윤석열정권 즉각 퇴진·사회대개역 광주비상행동'이 주도하는 탄핵 찬성 집회는 준비가 한창이었다. 오후 4시 본 집회를 불과 몇 시간 앞두고 있었지만 자리를 지키는 시민은 거의 보이지 않았다.

15일 광주 동구 금남로에서 비상계엄으로 탄핵된 윤석열 대통령을 지지하는 집회가 열리고 있다. 연합뉴스

15일 광주 동구 금남로에서 비상계엄으로 탄핵된 윤석열 대통령을 지지하는 집회가 열리고 있다. 연합뉴스

위기감을 느낀 광주비상행동은 '광주시민께 드리는 호소'란 주제의 긴급 성명을 내고 집회 참여를 독려했다. 이들은 성명을 통해 "80년 오월 광주의 마지막 날은 도청을 사수하던 이들의 죽음이었지만, 그 죽음은 대한민국 민주주의를 살찌우는 자양분이 돼 부활했다"며 "다시는 '불법 내란이 불가능한 나라'를 위해 금남로를 시민들의 함성으로 뒤덮자"라고 말했다. 금남로는 1980년 5월 계엄령 철폐와 신군부 독재 퇴진을 요구한 시민들의 계엄군에 맞서다 희생된 장소다.

오후 3시30분쯤이 되자 금남로 일대 상황은 급변했다. 윤 대통령 탄핵을 찬성하는 시민들이 하나둘 모여들며 무대에서 5·18민주광장까지 400m 거리를 가득 메웠다. 오후 4시30분에는 시민 2만여명을 넘어선 것으로 추산됐다. 북구 용봉동 주민 박선미씨(44)는 "금남로에서 계엄을 옹호하는 것은 말이 안 된다"며 "도저히 두고 볼 수 없다는 아이들과 함께 왔다"고 밝혔다.

15일 오후 광주 동구 금남로에서 윤석열 대통령 탄핵을 촉구하는 '광주시민총궐기대회' 사전행사가 열려 참가자들이 구호를 외치고 있다. 연합뉴스

15일 오후 광주 동구 금남로에서 윤석열 대통령 탄핵을 촉구하는 '광주시민총궐기대회' 사전행사가 열려 참가자들이 구호를 외치고 있다. 연합뉴스

탄핵 찬성 집회에는 거대한 태극기가 펼쳐졌다. 시민들은 '님을 위한 행진곡'을 목놓아 불렀다. 님을 위한 행진곡은 5·18민주화운동을 상징하는 대표곡이다.

기우식 비상행동 대변인은 기자와의 통화에서 "광주 시민들의 함성으로 내란 지지 세력의 목소리를 뒤덮었다"라며 "광주시민의 위대한 승리"라고 말했다.

양 측 지지자 일부가 격돌하며 고성이 오가는 등 소동이 곳곳에서 일었지만 경찰의 제재로 큰 충돌은 빚어지지 않았다. 경찰은 양측 간 충돌을 방지하기 위해 차량과 바리케이드 등을 설치하고 최소 인원만 드나들 수 있도록 통제했다. 이날 찬반 집회는 오후 7시쯤 마무리됐다. 경찰 관계자는 "법과 원칙에 따라 엄정하게 대응했다"고 말했다.

고귀한 기자 go@kyunghyang.com

한겨레PICK 2025년 2월 15일. 토.

광주·서울에서 외친 '민주주의'···"우리에겐 혐오 멈출 힘 있다"

"지금 이시간 광주 금남로 5.18 민주광장에서는 내란옹호세력에 맞서 민주주의 성지이자 최후의 보루인 광주를 지키겠다고 각 지역에서 모인 2만명이 넘는 시민들이 함께하고 계십니다."('윤석열즉각퇴진·사회대개혁 비상행동'(비상행동) 이미현 활동가)

15일 오후, 응원봉과 깃발을 쥔 채 서울 광화문 앞에 모인 시민 30만명(주최 쪽 추산)에게 같은 시간 광주 금남로에 모인 시민 모습이 중계 영상으로 전해졌다. '내란수괴 윤석열을 즉각 파면하라.' 광주와 서울에서 나란히 윤 대통령 파면과 민주주의 회복을 염원하는 구호가 울렸다.

비상행동은 이날 오후 5시 서울 광화문 동십자각 일대에서 '"내란은 끝나지 않았다" 윤석열즉각퇴진! 사회대개혁! 범시민대행진(11차)'(범시민대행진)을 열었다. 시민들은 탄핵 심판 변론을 거듭하며 이어지는 윤 대통령 쪽의 황당한 주장과, 이를 옹호하는 목소리가 민주주의의 보루 광주로까지 번진 현실에 불안을 토로했다. 이날 전국을 돌며 집회를 이어온 극우 성향 기독교단체 세이브코리아는 광주에서 '국가비상기도회'를 열었다. 이에 맞서려 윤 대통령 파면을 촉구하는 시민들도 광주로 향했다.

서울 집회에서도 12·3 내란 사태 이후 세를 더하는 반민주적 목소리에 대한 우려가 컸다. 직장인 조아무개(35)씨는 "민주의식이 쇠퇴해 버린 상황이 가장 갑갑하고 슬프다. 저들이 부르짖는 국가는 대체 무엇인지 모르겠다"고 말했다. 무대에 오른 교회개혁실천연대 소속 박정태 목사는 교회가 극우적 목소리의 중심에 선 현실 앞에 "심히 부끄러워 스스로 목사라고 소개조차 못하겠다"고 했다.

탄핵 심판을 거듭할수록 외려 짙어지는 내란 사태의 심각성에 대한 두려움도 컸다. 특히 '좌파'로 지목된 이들의 체포·구금·사살 등 황당하고 극단적인 계획이 담긴 노상원 전 정보사령관의 메모에, 시민들은 계엄 성공 이후의 사회를 상상하며 경악했다. 집회에 참여한 박종석(55)씨는 "500명을 수거한다, 국민의 해외출국을 막는다는 내용을 보면서 그저 아찔했다"며 한동안 말을 잇지 못했다. 이지현 비상행동 공동운영위원장은 무대에 올라 "노상원 수첩 보도는 충격을 넘어 경악 그 자체"라며 "오직 자신의 권좌를 지키려 군사독재시절 시민들이 피로 세운 민주주의를 부정하고 총칼로 시민을 위협한 이들이 어떻게 용서 받을 수 있겠느냐"고 목소리를 높였다.

혼란을 더해가는 상황 앞에, 그런데도 시민들은 상식에 바탕한 '연대'의 힘을 믿는다고 했다. 12·3 내란 사태 이후 각자의 목소리를 존중하는 광장에 함께 섰던 경험 때문이다. 경기 안산에서 왔다는 시민 정세경씨는 무대에서 "12.3 비상계엄이 현실화되었다면 우리가 지금 웃으면서 이렇게 함께할수 있을까. 우리는 과거에 빚진 사람들이다. 12월3일 이후 새로 태어났다고 생각하자. 끝까지 싸우자"고 말했다.

교대 학생이라고 스스로를 소개한 박정민씨도 "극우세력들도 혐오를 멈추고 갈라치기가 아닌 존중하는 대화를 할 수 있게 되기를 간곡히 바란다"며 "우리에게는 상식과 비상식을 구분할 힘이 있다. 다양성을 인정하면서도 공통된 지향점에 대해서도 합의해나가자"고 말했다.

이날 서울에서 집회를 마친 시민들은 경복궁을 출발해 안국역을 거쳐 명동까지 행진했다. 원피스 주제곡 '우리의 꿈', 소녀시대의 '다시 만난 세계'에 맞춰 응원봉이 흔들렸다. 집회 과정 중에 윤대통령 지지자들의 구호가 끼어들기도 했지만, 큰 충돌은 빚어지지 않았다. 행진을 이끈 사회자는 "탄핵 반대를 외치는 분이 여기도 있지만, 우리는 우리와 뜻이 다르다고 혐오하고 미워하지 않을 것"이라고 말했다.

박고은 기자 euni@hani.co.kr

탄핵심판 10차 변론 2025년 2월 20일. 목.

헌법재판소는 이날 윤석열 대통령 탄핵심판을 열고 제10차 변론을 들었다. 그리고 마지막 변론 기일을 닷새 후 25일로 확정 발표했다. 이로써 윤 대통령 탄핵심판의 최종 선고는 2025년 3월 10일 전후가 될 것으로 전망된다. 만약 윤 대통령 탄핵심판에서 파면이 인용되면 대한민국은 헌법에 따라 60일 이내에 '대통령 선거'를 다시 해야 된다. 반대로 탄핵소추안이 기각되면 윤 대통령은 즉시 대통령 직에 복귀한다.

윤 대통령 탄핵심판이 시작될 때부터 고의로 송달을 거부하고, 증인을 무더기로 신청하고, 별별 트집을 다 잡아 시간 끌기로 일관하던 윤가 측은 헌재가 변론 종결을 예고하자 또 트집을 잡고 나섰다. 즉 그쪽이 처음부터 들고 나온 부정선거 의혹을 밝혀야 한다고 주장했다. 이 부정선거 의혹은 선거 직후에 다 기소되었던 건으로 대법원 판결까지 완결된 사항이다.

윤 대통령 측 도변호사는 헌재가 중앙선거관리위원회(선관위) 서버감정 신청, 투표관리관·사무관 증인신청, 투표자 명부에 따른 실제 투표자 수 일치여부 검증 신청을 모두 기각했다면서 ;

"이 사건의 주요 쟁점과 관련된 필수적 증거조사 신청에 대한 부분"이라고 주장했다.

이에 대해 문형배 재판소장은 ;

"내일 (재판관)평의 때 논의해 보겠다."고 했지만 헌재가 이미 최종변론 날짜를 발표했기 때문에 수용 가능성은 희박해 보인다.

윤 대통령 탄핵심판은 주심인 정형식 재판관이 다수 의견과 소수의견을 다 모아 결정문을 확정하고, 그 결정문을 가지고 평의회를 통해 헌재 입장을 정하는 기간이 약 2주 가량 소요된다. 선례를 보면 노무현 전 대통령은 최종 변론일로부터 14일 뒤 탄핵심판 기각 결정이 나왔고, 박근혜 전 대통령은 최종 변론일로부터 11일 뒤 파면 인용결정이 나왔다. 두 전직 대통령의 선례를 보면 윤 대통령 파면여부는 3월 10일 전후가 될 것으로 보인다.

2월 20일까지 헌재 심판정에 출석하여 증언한 증인은 총 16명으로 김용현 국방장관, 여인형 사령관, 이진우 사령관, 곽종근 사령관 등 군관계자와, 조지호 경찰청장, 김봉식 서울경찰청장 등 경찰 관계자와, 조태용 국가정보원장, 홍장원 국가정보원 1차장 등 정보기관 당국자와, 신원식 국가안보실장 등 대통령실 관계자와, 한덕수 국무총리, 이상민 행정안전부 장관 등 내각인사와, 김용빈 선관위 사무총장, 그리고 대령급 등 4명이다.

이날 헌재 윤석열 대통령 탄핵 심판정에 증인으로 출석한 한덕수 총리는 ;

"2024년 12월 3일 계엄 국무회의는 '간담회'…국무위원 모두 계엄선포를 만류했다."고 증언했다. 지난 해 12월 3일 비상계엄 선포 전 진행한 국무회의는 ;

"통상 국무회의와 달랐고 형식적, 실체적 흠결이 있었다."고 말했다. 그리고 국무회의 적법성에 대해서는 ;

"최종적으로 사법부가 판단할 것"이라고 했고, 당시 대한민국이 '국가비상사태였는가?'에는 ;

"법원과 국민이 판단할 것"이라고 말했다.

국회측 김남준 변호인이 한덕수 총리에게 ;

"대접견실에서 국무회의를 한 적이 있습니까?"라고 묻자 한 총리는 ;

"없었습니다."라고 대답했다. 그리고 ;

"집무실이나 대접견실에서 계엄관련문건을 보거나 보고받은 기억이 없습니다."라고 밝혔다. 또 한 총리는 ;

"(국무위원) 모두 만류하고 걱정했다"며 "여러 의견을 들어보셨으면 해서 (회의)소집 건의를 드렸다."고 말했다.

다만 이 5분 국무회의를 '국무회의'로 볼 수 있는지를 두고는 ;

"수사·사법 절차를 따라야 한다."고 말했다.

김형두 재판관은 '5분 국무회의'에 참석한 국무위원들이 수사기관에서 진술한 내용을 근거로 ;

"증인의 생각을 듣고 싶습니다."라고 물었다. 앞서 최상목 대통령 권한대행 부총리 겸 기획재정부 장관과 조태열 외교부 장관 등은 수사기관에서 ;

"국무위원 의견을 들으려고 총리가 모은 것이지 회의를 하러 모인 건 아니었다."라고 진술했다. 그러자 한 총리는 ;

"(수사기관에서) 통상의 국무회의와 달랐다는 취지로 '간담회이고, 국무회의가 아닌 게 맞죠'라고 하면 '동의한다'고 했다"며 ;

"'절차를 갖추지 못했다'고 하면 '상당히 갖추지 못했다.'고 말했다."는 말로 답변을 갈음했다.

한 총리는 국회와 수사기관에서 '5분 국무회의'에 대해 ;

"정식 국무회의로 보기 어렵다."고 진술해 왔다. 한 총리는 계엄 선포 직후 윤 대통령으로부터 지시 받은 게 있느냐는 질문에 ;

"특별한 지시사항은 없었다. 일상적 의전, 예를 들면 이틀 뒤 무역협회의 '무역의 날' 행사가 있는데 거기에 대신 좀 참석해 달라는 말을 들은 것 같다."고 말했다.

이날 헌재 윤석열 대통령 탄핵 심판정에 증인으로 출석한 홍장원 국가정보원 1차장은 이번이 두 번째 출석이다. 다른 증인들은 모두 단 한 번씩만 출석했는데 홍장원만 두 번째 출석한 것이다. 왜냐하면 앞서 5차 변론 기일에 홍장원의 증언에 문제가 있다고 조태열 국가정보원장이 말했기 때문에 대통령 측이 홍장원의 증언을 다시 듣겠다고 증인으로 신청했기 때문이다.

이날 홍장원 제1차장은 ;

"체포조 명단이 있었던 것은 사실이다."며 기존의 증언을 재확인했다. 조태열 국정원장의 말을 들은 대통령 측이 홍장원 차장 증언과 메모의 신빙성을 계속 공격했지만 홍 차장은 ;

"당시 국군 방첩사가 체포하려 했던 최소한의 명단과 인원을 기억해야겠다는 차원에서 메모를 남긴 것"이라고 반박했다.

이날 헌법재판소에서 열린 윤 대통령 탄핵심판 10차 변론기일에 증인으로 나온 홍장원 국가정보원 제1차장은 ;

"방첩사가 왜 이들을 체포하려 했는지 궁금해서 남겨야겠다고 생각했다. 이 정도로 가치 있는 증거가 될 줄은 전혀 생각하지 못했다."고 말했다.

홍 차장은 지난해 12월 3일 계엄 당일 윤 대통령으로부터 ;

"이번 기회에 싹 다 잡아들이라."는 지시를 받고, 여인형 방첩사령관으로부터 이재명, 우원식, 한동훈 등의 체포조 명단을 통화로 듣고 받아 적었다고 증언한 바 있다. 윤 대통령 측은 메모의 종류가 여러 개인 점, 메모에 기재된 인원수가 12, 14, 16명 등으로 바뀐다는 점 등을 들어 신빙성을 문제 삼았다. 이날 실물 메모를 직접 가지고 심판정에 참석한 홍 차장은 ;

"계엄 당일 첫 메모를 적자마자 보좌관에게 정서를 시켜, 두 번째 메모가 만들어졌고, 이튿날인 12월 4일 오후 4시 쯤 다시 복기를 지시했다."고 말했다.

헌재가 증거로 채택한 메모에서 파란 글자는 보좌관이, 검정글자는 자신이 적었다고 만들어진 경위를 설명했다. 숫자가 14, 16등 여러 개가 적힌 것에 대해서는 ;

"처음 들을 때 12명의 명단을 정확히 기억했고, 2명은 들었는데 잘 기억은 못했다. 한 두 명이 더 있었던 것 같아서 16명으로 적었다."고 말했다.

윤가 측은 8차 증인으로 출석한 변론 기일에서 조태용 국정원장의 진술과 홍 차장의 진술이 배치된다고 주장했다. 조태열 국정원장은 ;

"홍 차장은 당초 3일 밤 11시 6분 여인형 사령관과 통화하며 국정원장 공관 앞에서 메모를 썼다고 했다. 그런데 CCTV를 확인해 보니 당시 홍장원 차장은 국정원 청사의 본인 사무실에 있었다."고 말했다. 이에 홍장원 차장은 ;

"원장 관저는 사무실에서 3분 거리에 떨어져 있습니다."며

"어차피 통화내역으로 시간은 확인 되고, 사무실에서 관저까지 그 짧은 거리에서 통화가 이루어졌다면 장소가 어디였더라도 크게 논란이 안 되지 않습니까?"라고 강조하면서 그는 ;

"당시 보좌관에게 정서를 시킨 게 천만 다행이라고 생각합니다. 나 혼자만 쓰고 가지고 있었다면 누가 믿어 줬겠습니까?"라고 말했다. 또 홍장원 차장은 메모에 적힌 '방첩사 구금시설' 표현에 대해서도 ;

"여인형 사령관에게 들은 대로 메모한 것으로 저는 방첩사에 구금시설이 있는지 없는지를 모릅니다."라고 재차 설명했다. 앞서 윤가 측은 실제 방첩사에 구금시설이 없다는 점을 들어 메모의 신빙성을 깎아내렸다. 여인형 사령관도 ;

"상식적으로 이상하다." 며 이런 주장에 동조했다. 그러나 김대우 방첩수사단장의 진술조서 등을 보면 여인형 사령관은 처음에는 이 사실을 알지 못했던 것으로 확인 돼홍장원 차장의 일관 된 진술에 무게가 실렸다.

다음은 이날 헌법재판소 윤석열 대통령 탄핵 심판정에 증인으로 출석한 조지호 경찰청장의 증언이다. 조지호 경찰청장은 12·3 '비상계엄 선포' 이후 총 8회 윤석열 대통령의 전화를 받았다. 조지호 청장은 윤 대통령이 '국회의원 체포지시'를 직접 했고, 계엄해제 이후에는 해제지시를 하지 않았다고 검찰조사에 진술했다.

조지호 경찰청장은 12월 20일 헌법재판소의 윤 대통령 탄핵심판에 증인으로 출석했지만 국회측 대리인의 질문이든 대통령 측 대리인의 질문이든 ;

"형사재판 피고인의 신분"이라며 답변을 거브했다.

조 청장은 검찰에 출석해서 조사를 받으면서 윤 대통령이 '국회의원들의 정치활동을 전면 금지하는 내용이 담긴 '포고령 1호'를 근거로 국회의원 체포지시를 내렸다고 했다.

조지호 경찰청장은 ;

"대통령이 저에게 '조 청장, 국회에 들어가는 국회의원들 다 잡아 체포해. 불법이야.'라고 전화했다."라고 진술했다. 조지호 청장은 ;

"대통령이 굉장이 다급하다고 느꼈다."면서 ;

"그 뒤에 다섯 번의 통화 역시 같은 내용이었고, 똑 같은 내용과 톤으로 지시했다."고

진술했다.

조지호 경찰청장은 국회에서 계엄해제요구 결의가 의결되고도 윤 대통령으로부터 두 차례 더 전화를 받았다. 이 통화에서도 조지호 경찰청장은 ;

"국회 봉쇄 해제지시를 받지 않았다."고 밝혔다.

조지호 경찰청장은 또 다른 진술도 했다. 윤 대통령은 12월 4일 05시쯤 조 청장에게 전화를 걸었다. ;

"조 청장." 조 청장은 대통령 전화를 받고 ;

"죄송합니다."라고 했더니 대통령이 ;

"아니야, 수고했어. 덕분에 빨리 끝났어."라고 대통령이 말했다고 했다.

조지호 경찰청장은 이날 윤 대통령 탄핵심판 변론에서 통화의 취지는 ;

"김봉식 서울경찰청장이 초동대처를 잘 하고 (국회의원을) 잘 들여보내줘서 잘 끝났다는 취지가 맞느냐?"는 대통령 측 이동찬 변호사 질문에 ;

"신속하게, 덕분에 신속히 잘 끝났다. 이런 말씀을 하신 건 맞다."고 답했다.

조지호 경찰청장은 비상계엄 선포 3시간 30분 전인 지난해 12월 3일

오후 7시쯤 김봉식 서울경찰청장과 함께 대통령 안전가옥(안가)에 불려가 윤 대통령에게서 계엄선포 계획을 들었다고 진술했다. 그리고 군과 경찰이 장악할 기관은 국회와 선거관리위원회, 그리고 MBC 등과 여론조사의 꽃 등의 명단이 적힌 A4용지를 받았다고 했다. 조지호 경찰청장은 당시에 윤 대통령 계획의 현실 가능성에 의문을 품었는데, 윤 대통령은 '포고령1호'를 거론하면서 국회의원 체포를 닦달했다고 진술했다.

헌법재판소는 이날 윤석열 대통령 탄핵심판 제10차 변론을 마치고, 오는 2월 25일 한 번 더 변론을 듣는 것을 끝으로 종결한다고 발표했다. 이제 헌재의 변론이 막바지로 가고 있는 것이다. 이 발표가 나오자 여당 '국민의 힘'과 '더불어민주당' 등 야6당의 반응은 크게 엇갈리게 나타났. '국민의 힘'은 ;

"탄핵이 당연히 기각될 수밖에 없다"고 했고. 야6당은 ;

"신속한 파면."을 촉구했다.

'더불어민주당' 조승래 수석대변인은 이날 제10차 변론이 끝난 뒤 구두 논평으로 ;

"헌재는 헌법과 법률이 정한 절차에 따라 충실하게 탄핵심판을 진행해 온 것으로 안다."고 밝혔고 ;

"헌재가 국민께서 기대하는 대로 훼손된 헌정질서를 바로 세우는 결정을 해 줄 것으로 기대한다." 말했다.

정청래 민주당 의원은 종로구 헌재 앞에서 기자들과 만나 ;

"드디어 끝이 보인다."며

"국민께서 가장 원하는 것은 신속한 파면"이라고 말했다. 또 ;

"지금까지 탄핵심리를 국민이 많이 지켜보셨고, 윤석열 피청구인을 파면 조치하기에 너무나 많은 증거들이 차고 넘치고, 파면시키기에 필요충분조건이 충족됐다고 생각한다."며 ;

"파면의 그 순간까지 최선을 다 하겠다."고 말했다.

반면 김기현 '국민의 힘' 의원은 ;

"(탄핵심판에서) 증거오염이 적나라하게 드러났다."며 ;

"오염된 수준을 넘어 조작된 게 증인신문을 통해 확인됐다고 생각한다." 고 말했다. 김 의원은 또 ;

"탄핵심판 심리가 진행되면 될수록 사건에 대한 보다 심도 있고 철저한 조사가 반드시 이루어져야 하는데, 증거조사 과정을 생략하거나 기각하거나 제한해 진실발견에 소극적이었다."며 헌재를 비판했다. 김 의원은 ;

"보다 철저한 진실 발견을 위한 심리가 진행되고 증거분석이 더 철저하게 이뤄져야 한다."며 ;

"합리적 증거 판단을 한다면 탄핵은 당연히 기각될 수밖에 없다."고 말했다. 그는 또 "내란죄가 성립되지 않는 건 물론이고, 탄핵소추 사유 또한 드러나지 않은 게 더 확인되고 있다."며 ;

"민주당과 일부 친명 인물이 통정해 내란죄를 억지로 엮어낸 것이라는 확신을 말씀드린다."고 말했다.

경향신문PICK 2025년 2월 25일. 월.

군 지휘부 주요 진술로 본 '체포 지시' 구체적 증거들

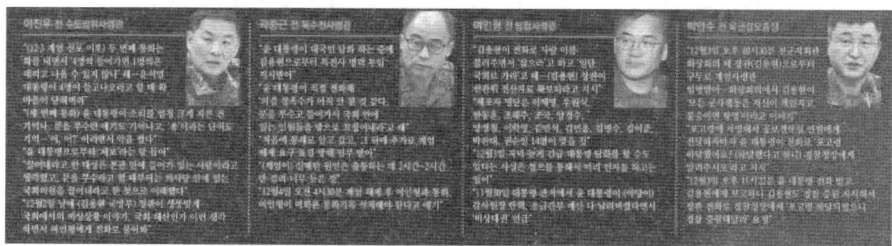

이진우 전 수도방위사령관 | 곽종근 전 특수전사령관 | 여인형 전 방첩사령관 | 박안수 전 육군참모총장

[이진우 전 수도방위사령관(중장) 증언]
※ 아래는 위 그래프 글 내용임.

"(12·3계엄선포 이후) 두 번째 통화는 화를 내면서 '4명씩 들어가면 1명씩은 데리고 나올 수 있지 않나' 해… 윤석열 대통령이 4명이 들고 나오라고 할 때 확 마음이 닫혀버려"

(세 번째 통화) 윤 대통령이 소리를 엄청 크게 지른 건 기억 나. 문을 부수란 얘기도 기억나고, '총'이라는 단어도 기억… '어 어?' 이러면서 악을 썼다."

"윤 대통령으로부터 '체포'라는 말 들어"

"끌어내라고 한 대상은 본관 안에 들어가 있는 사람이라고 생각했고, 문을 부수라고 할 때부터는 의사당 안에 있는 국회의원을 끌어내라고 한 것으로 이해했다."

"12월 2일 낮에 (김용현 국방부) 장관이 생뚱맞게 국회에서의 비상상황 이야기. 국회해산인가 이런 생각하면서 여인형에게 전화로 물어 봐"

[곽종근 전 특수전사령관(중장) 증언]

"윤 대통령이 대 국민담화 하는 중에 김용현으로부터 특전사 병력투입 지시받아"

"윤 대통령이 직접 전화 해 '의결정족수가 아직 안 된 것 같다. 문을 부수고 들어가서 국회 안에 있는 인원들을 밖으로 끄집어내라'고 해"

"처음에 봉쇄로 알고 갔고, 그 뒤에 추가로 계엄 해제요구 표결방해 임무 받아"

"(계엄이) 실패한 원인은 출동하는데 2시간~2시간 반 걸려 너무 늦은 것"

"12월 4일 오전 4시 30분 계엄해제 후 여인형과 통화, 여인형이 비화폰 통화기록 삭제해야 한다고 얘기"

[여인형 전 방첩사령관(중장) 증언]

"김용현이 전화로 사람 이름 불러주면서 '잡으라'고 하고 일단 '국회로 가라'고 해… (김용현) 장관이 선관위 전산자료 확보하라고 지시"

"체포자 명단은 이재명, 우원식, 한동훈, 조해주, 조국, 양경수, 양정철, 이학영, 김민석, 김민웅, 김명수, 김어준, 박찬대, 권순일 14명이 맞을 것"

"12월 3일 저녁 늦게 긴급 대통령 담화를 할 수도 있다는 사실은 첩보를 통해서 미리 인지를 하고 있어"

"11월 30일 대통령 관저에서 윤 대통령이 (야당이)감사원장 탄핵, 초급간부 예산 다 날려버렸다면서 비상대권' 언급"

[박안수 전 육군참모총장(대장) 증언]

"12월 3일 오후 10시 30분 전군 지휘관 화상회의 때 장관(김용현)으로부터 구두로 계엄사령관 임명 받아…화상회의에서 김용현이 '모든 군사행동은 자신이 책임지고, 불응이면 항명'이라고 이야기"

"포고령에 서명해서 공보전략실 인원에게 전달하자마자 윤 대통령이 전화로 '포고령 하달했어요? (하달했다고 하니) 경찰청장에게 알려주시오'라고 지시"

"12월 3일 오후11시 22분 윤 대통령 전화 받고 김용현에게 보고하니 김용현도 경찰 증원 지시해서 장관 전화로 경찰청장에게 '포고령 하달되었으니 경찰 증원해 달라' 요청"

<증언>

"문 부수라" 지시받은 곽종근 사령관(중장)

707 단장과 '국회 단전' 논의
"계엄 미리 인지했다" 여인형
곽에 비화폰 기록 삭제 언급
'체포 지시' 증거 은폐 정황도

12·3 비상계엄 당시 윤석열 대통령이 군 지휘부에 수차례 "국회의원들을 체포하라"고 지시한 사실이 계속 드러나고 있다. 국회와 수사당국, 헌법재판소 탄핵심판 등에 나온 군 관계자들이 당시 체포 지시 정황들에 대해 밝힌 내용이 점점 더 구체적으로 확인되면서다. "아무런 일도 일어나지 않았다" "(체포 지시는) 마치 호수 위에 떠 있는 달그림자 같은 얘기"라던 윤 대통령의 주장이 갈수록 힘을 잃고 있다.

이진우 전 수도방위사령관, 곽종근 전 특수전사령관, 여인형 전 방첩사령관 등 비상계엄을 수행한 핵심 관계자들은 모두 윤 대통령과 김용현 전 국방부 장관을 '체포 지시자'로 지목했다. 이들이 밝힌 당시 '계엄의 밤' 관련 진술은 시간이 갈수록 구체적인 내용으로 전해지고 있다.

24일 경향신문 취재를 종합하면, 이진우 전 사령관은 지난해 12월 군검찰에서 계엄 선포 이후 윤 대통령으로부터 총 4차례 전화를 받았다고 밝했다. 그는 윤 대통령이 두 번째 통화에서 "화를 내며 '4명씩 들어가면 1명씩은 데리고 나올 수 있지 않냐'고 했다"고 진술했다. 이 전 사령관은 "윤 대통령으로부터 '체포'라는 말을 들었다"며 "윤 대통령이 '4명이 들고 나오라'고 할 때 확 마음이 달렸다"고 말했다. "체포하라는 대통령의 지시를 (부하들에게)입 밖으로 되풀이한 것은 제정신으로 한 것은 아니었다"고도 말했다. 이 전 사령관은 최근까지도 내란 공범으로 기소된 자신의 상황 때문에 공개적인 발언을 회피해 왔으나 수사를 받으며 했던 발언들이 속속 확인되고 있다.

이 전 사령관은 당시 국회 앞에서 시민들이 계엄군을 막아서자 윤 대통령이 세 번째로 전화를 걸었다고 했다. 이 전 사령관은 "윤 대통령이 소리를 엄청 크게 지른 건 기억난다"며 "문을 부수란 얘기도 기억나고 '총'이라는 단어도 기억난다"고 했다. 다만 "총으로 어떻게 하라는 내용은 기억이 안 난다"며 "(윤 대통령이) '어, 어?' 이러면서 악을 썼다"고 말했다. "문을 부수라"는 지시까지 하자 이 전 사령관은 "'의사당 안에 있는 국회의원을 끌어내라'는 뜻으로 이해했다"고 했다. 당시 국회의사당에서는 계엄 해제를 위한 표결이 진행 중이었다.

특전사 병력 투입 지시를 받고 국회에 출동한 곽종근 전 사령관도 "윤 대통령이 직접 전화해 '의결정족수가 아직 안 된 것 같다. 문을 부수고 들어가서 국회 안에 있는 인원들을 밖으로 끄집어내라'고 했다"고 밝혔다. 곽 전 사령관은 군검찰에서 "처음에 (국회)봉쇄로 알고 갔고, 그 뒤에 추가로 계엄 해제 요구 표결 방해 임무를 받은 것"이라고 말했다.

"문을 부수라"는 지시를 두고 곽 전 사령관과 김현태 육군 특수전사령부 707특수임무단장이 '국회 단전' 논의를 한 정황도 확인됐다. 곽 전 사령관의 피의자 신문조서를 보면 곽 전 사령관은 "의결정족수가 넘으면 안 된다는 생각에 김현태에게 '의원 150명 넘으면 안 된다'고 말했을 수 있다"며 "(국회 안에) 못 들어가면 전기로 표결을 못하게 하는 방법이 있는지 논의한 것"이라고 밝혔다.

김 단장이 지난 18일 국회 국방위원회에 출석해 "단전은 표결을 방해하려는 목적이 아니었다"고 증언한 것과 배치된다.

체포 지시 등의 증거를 은폐하려 한 정황도 속속 나오고 있다. 곽 전 사령관은 군검찰에서 "지난해 12월4일 오전 4시30분 계엄 해제 이후 여인형과의 통화에서 여인형이 '비화폰 통화기록을 삭제해야 한다'고 얘기했다"고 밝혔다.

여 전 사령관은 계엄 당일 김 전 장관으로부터 이른바 '체포조 명단'을 전화상으로 들었다고 군검찰에서 진술했다.

그는 "전화로 이름을 불러주면서 '잡아라' '일단 국회로 가라'고 했다"고 말했다. 여 전 사령관이 기억하는 체포 대상 명단은 이재명 더불어민주당 대표, 우원식 국회의장, 한동훈 전 국민의 힘 대표 등 모두 14명이다.

계엄 선포를 미리 인지하고 있었음을 알 수 있는 정황과 진술도 나왔다. 여 전 사령관은 "첩보를 통해 미리 인지하고 있었다"고 말했다. 여 전 사령관의 휴대전화를 포렌식한 결과 계엄 선포 전날인 지난해 12월2일 인터넷 포털사이트에 '문을 열거나 부수는 데 사용하는 도구'를 검색했고, 계엄 당일 오전에는 '국회 해산이 가능한가요?'를 검색한 사실도 확인됐다.

계엄 당일 밤 10시30분 김 전 장관이 계엄사령관으로 임명한 박안수 전 육군참모총장은 조지호 경찰청장에게 계엄포고령을 하달하란 윤 대통령의 지시를 받았고, 이를 이행했다고 군검찰에서 진술했다.

유선희 기자 yu@kyunghyang.com
이창준 기자 jchang@kyunghyang.com

탄핵심판 최종변론　2025년 2월 25일. 월.

그는 얼굴이 너무 두꺼워.

윤가 탄핵심판 마지막 변론이 이날 열렸다. 윤가는 2024년 12월 3일 22:23분 비상계엄을 선포했고, 그 비상계엄은 2시간여 만에 국회가결로 해제되었고, 그 비상계엄을 선포한지 11일 만에 12월 14일 윤가가 탄핵소추 당했고, 계엄선포 하고 43일 만에 1월 15일 윤가가 '국헌문란으로 폭동을 일으킨 혐의'로 체포 수감되었고, 체포 된지 10일 만에 1월 26일 구속기소 되었다. 그리고 이날 탄핵심판 마지막 변론일은 윤가가 비상계엄을 선포한지 84일만이고 국회의 탄핵소추 당한지 73일 만이다. 윤가는 1월 26일 구속기소된 이래 지금까지 서울구치소에 수감되어있다. 왜냐하면 윤가가 선포한 '12·3비상계엄'은 위헌이고 내란혐의가 있기 때문이다. 그래서 윤가가 변론을 위해 심판정에 출석할 때는 구치소에서 헌법재판소까지 호송차로 왕래해야 된다.

윤가는 야당이 국정 발목잡기를 해서 '계엄형식을 빌린 대국민호소'라고 항변하지만 어불성설이다. 국민에게 엄중한 '비상계엄령'을 선포해 놓고 그것이 호소라니 '헛웃음'이 나온다. 변명 하려거든 변명다운 변명을 하든가 변명거리가 궁하거든 "날 잡아가시오." 해야지 상남자답지 못하게 비겁함만 보인다.

윤가는 탄핵소추 당하고 열 차례 탄핵변론을 했고 이날(2월 25일) 마지막 변론(11번째)에 나섰다. 노무현 전 대통령과 박근혜 전 대통령은 임기 중에 탄핵수추를 당했을 때 탄핵심판 변론일에 단 한 번도 헌재 심판정에 출석하지 않았다. 그만큼 담백하게 (죄가 있다면) 벌을 받겠다는 태도였다. 그런데 윤가는 아니다. 제3차 변론일부터 제10차 변론일까지 여덟 번이나 헌재 심판정에 또박또박 출석해서 피청구인석에 앉아 증인으로 출석한 장군들과 국무위원들의 증언을 빤히 지켜보고 있다. 그는 이렇게 입틀막도 달인이다.

이날 헌재 심판정에는 국회측(청구인) 대리인들과 윤가측(피청구인) 대리인들이 출석해서 마지막 변론을 했다. 그리고 마지막으로 피청구인 윤가가 직접 변론을 했다. 이날 양측의 변론을 정리해 보면 아래와 같았다.

국회 측(청구인 측) 진술인 정청래 의원(법제사법위원장)은 8인의 재판관을 향해서 ; "피로 지킨 민주주의를 짓밟고 피를 잉크 삼아 찍어 쓴 헌법을 파괴하려 한 사람이 있습니다. 지금 이 심판정에 있는 피청구인 윤석열입니다." "피청구인은 내란 이후 법관이 발부한 체포영장을 거부하며 법치국가 대한민국을 무법천지로 만들었습니다."며 "복직하면 다시 계엄을 일으킬지 모른다는 의심을 받기에 매우 충분한 위험인물입니다."

피청구인 윤가(대통령)는 ;

이번 계엄이 무력으로 국민을 억압하는 계엄이 아니었다면서 주권자인 국민들께서 상황을 직시하고, 이를 극복하는데 함께 나서달라는 절박한 호소라고 주장했다. 또 ;

"부상당한 군인들은 있었지만 일반 시민들은 단 한 명의 피해도 발생하지 않았습니다"라는 말도 했다. 그런데 시민들은 이 말을 듣고 또 한 번 실망했을 것이다. '시민이 한 명의 피해도 없었다.'는 말과 '두 시간짜리 계엄이 어디 있느냐?'라는 말은 해서는 안 될 말이다. 그것은 시민과 국회가 '불법계엄'에 잘 대처해서 얻은 시민과 국회의 전과(戰果)이기 때문이다. 전쟁에 나간 장수가 자기의 패배를 인정하지 않고 의도적인 작전이었다고 변명하는 것과 같다. 그는 말도 많고 변명도 많고 트집도 많고 거짓말도 많다. 아무리 봐도 대통령감이 아니었다.

그는 야당의 내란 주장에 대해 ;

"어떻게든 대통령을 끌어내리기 위한 정략적인 선동 공작입니다"라고 비판했다.

그는 또 ;

"직무에 복귀하게 된다면 잔여 임기에 연연하지 않고, 개헌과 정치개혁에 최선을 다 할 것입니다."라고 했다.

윤가는 이날 헌법재판소에서 '간첩'을 25회나 언급했고, '거대야당'이라는 단어를 44회나 언급했다. 그의 심중에는 국민을 옥죄기 위해서 사용할 도구만 품고 있는 사람이라는 것이 이 마지막 변론에서도 쉽게 느낄 수 있었다. 그는 ;

"북한을 비롯한 외부 주권침탈 세력과 우리사회 내부 반국가세력이 연계해 국가안보와 계속성을 심각하게 위협하고 있습니다."라며

"한국이 망국적 위기와 국가비상사태에 처해있습니다."라고 말했다.

윤가는 본인이 직접 육필로 썼다는 원고(A4 용지로 77매)를 들고 서두를 이렇게 시작했다.

"지난해 비상계엄선포 후 84일이 지났습니다. 제 삶에서 가장 힘든 날들이었지만 감사와 성찰의 시간이기도 했습니다."

윤가는 지난해 12월 7일 국회의 탄핵소추 1차 표결을 앞두고 했던 말 ;

"법적, 정치적 책임 문제를 회피하지 않겠습니다."라고 했던 것과는 달랐다. 그는 사과 대신 부하들에게 책임을 떠넘기고, 강성 지지층에게 '결집하라'는 식의 옥중 메시지를 계속 내놨다.

윤가는 1시간 9분 동안 읽어 내려간 최후 진술에서 ;

"12·3 비상계엄은 과거의 계엄과는 완전히 다릅니다. 계엄형식을 빌린 대국민호소입니다."라고 강변하면서 '12·3 비상계엄'을 정당화하려고 노력했다. 그는 또 ;

"계엄이라는 단어에서 연상되는 과거의 부정적 기억도 있을 것입니다. 거대야당과 내란공작 세력들은 이런 트라우마를 이용해 국민을 선동하고 있습니다." 또 ;

"이번 계엄은 윤석열 개인을 위한 게 아니었습니다. 국민들께서 상황을 직시하고 이를 극복하는데 나서달라는 호소였습니다."라고 말했다. 윤가는 또 ;

"대통령의 자리에서 국정을 살피다보면 남들에게는 보이지 않는 것들이 보입니다. 서서히 끓는 솥 안의 개구리처럼 눈앞의 현실을 깨닫지 못한 채 벼랑 끝으로 가고 있는 이 나라의 현실이 보였습니다. 계엄선포는 어쩔 수 없는 선택이었습니다."라고 했다.

윤가는 자신이 거대 야당에 홀로 맞서야 하는 '피해자' 위치에 놓여 있었다는 주장도 했다. 그는 ;

"간첩들이 가짜뉴스, 여론조작, 선전선동으로 우리사회를 갈등과 혼란으로 몰아넣고 있습니다. 이들(야당)이 북한의 지시에 따라 선거에 개입한 정황이 드러났습니다."라고 사실과 다른 주장을 반복했다. 그는 '부정선거론'에 대한 주장도 반복하면서 계엄당일 군을 선관위에 투입한 데 대해 ;

"어떤 부분이 내란이고 범죄라는 것인지 도대체 이해할 수 없습니다."라고 말했다. 그는 또 국회에 280명의 병력만 투입했다는 주장을 반복하며 이들이 유리창을 깨고 들어간 데 대해서는 ;

"자신들의 근무위치가 본관인데 입구를 시민들이 막고 있어서 충돌을 피하기 위해 불꺼진 창문을 찾아 들어간 것입니다."라고 궤변을 토했다. 그는 또 정치인·법조인 등 체포지시 의혹에 대해서도 ;

"영화나 소설에 나오는 일"이라고 반발했다.

아래는 청구인(국회)과 피청구인(윤석열)의 최후진술 내용이다. 양측이 다 장문의 진술서를 작성해 와서 먼저 청구인이 낭독하고 이어서 피청구인이 낭독했다.

청구인(국회 법제사법위원장 정청래) 최후진술서 낭독

「존경하는 헌법재판소 재판관님. 국회 소추위원 국회 법제사법위원장 정청래 입니다.

대한민국의 운명을 좌우할 현직 대통령에 대한 탄핵사건을 심리하시는 동안 그 역사적 중압감에 얼마나 노고가 많으셨습니까? 민주주의와 헌법수호에 대한 열정으로 일관해 오신 재판관님들의 노고와 헌신에 국민의 한 사람으로서 경의를 표합니다.

호수 위에 떠있는 달그림자도 계엄 목격자

대한민국 민주주의와 국가 발전을 위하여 피청구인 윤석열은 파면되어야 합니다. 12·3 내란의 밤, 전 국민이 TV 생중계를 통해 국회를 침탈한 무장한 계엄군들의 폭력행위를 지켜보았습니다. 하늘도 알고 땅도 압니다. 하늘은 계엄군의 헬기 굉음을 똑똑히 들었고, 땅은 무장한 계엄군의 군홧발을 보았습니다. 호수 위에 떠있는 달그림자도 목격자입니다.

전 국민이 목격자고, 전 세계 외신들도 한국의 비상계엄 친위 쿠데타를 실시간으로 타전했습니다. 내란 우두머리 피의자 윤석열을 파면해야 될 필요하고도 충분한 조건은 이미 성숙되었습니다.

대한민국 5000만 국민이 생각이 다 같을 수 없습니다. 남녀가 다르고, 태어난 일시가 다르고, 태어난 지역과 환경과 문화도 다릅니다. 그래서 생각도 다르고 의견도 주장도 다릅니다. 그러나 다른 것과 틀린 것은 구별되어야 합니다. 내 생각과 다르다고 다른 사람이 틀린 것이 아닙니다. 내 생각과 다르다고 차별해서는 안 됩니다. 정치적 견해가 다르다고 혐오, 멸칭하고 탄압해서도 안 됩니다. 더군다나 권력을 악용해 상대방을 탄압, 제거, 수거 대상으로 삼아서는 안 됩니다.

한사람이 천하고 우주라 했습니다. 밤하늘에 떠있는 별처럼 국민 한 사람 한 사람은 다 존중받아야 합니다. 이것이 헌법 제10조, 모든 국민은 인간으로서의 존엄과 가치를 가지며, 행복을 추구할 권리를 가진다. 국가는 개인이 가지는 불가침의 기본적 인권을 확인하고 이를 보장할 의무를 진다는 헌법의 기본권 조항들을 관통하는 근본 원칙입니다.

대한민국은 국민, 주권, 영토로 구성되어 있습니다. 국민이 곧 국가입니다. 국민은 국가를 사랑하고 국가는 국민의 생명과 재산, 안전을 보장해야 합니다. 국민은 국가를 사랑하기에 애국가를 부르고 국기에 대한 맹세를 합니다. 대한민국 국민들은 생각이 달라도 애국가와 태극기를 사랑합니다. 국가를 위하여 개인을 희생하면서 헌신 봉사하는 애국심은 대한민국 국민이 1등입니다.

나라를 지킨 것도, 나라를 발전시킨 것도 국민

대한민국 국민은 나라를 사랑합니다. 임진왜란, 일제강점기, 한국전쟁, 군부독재로부터 나라를 지킨 것도 국민이고 나라를 발전시킨 것도 국민입니다. 허리띠 졸라매며 자식들 교육시켜 오늘날의 민주화와 산업화를 이룬 주인공은 우리의 할아버지 할머니, 어머니 아버지 국민들 이었습니다. 영화 기생충, 오징어 게임, BTS의 나라 문화강국, 올림픽 금메달의 스포츠강국 대한민국을 이룬 것은 자랑스러운 우리의 아들딸 국민들이었습니다. 나라를 지킨 것도 국민이고 나라를 발전시킨 것도 국민이고 나라의 주인도 국민입니다.

대한민국 국민은 헌법을 사랑합니다. 헌법은 생각과 주장, 의견이 다를 때 대한민국은 이 방향으로 가자고 결정해 놓은 대국민 합의문서 입니다. 국민 전체의 약속이자 국민이 지켜야 할 국가 이정표입니다. 헌법은 나침반입니다. 헌법은 국민이고 애국가이고 태극기입니다. 대한민국 국민 누구도 헌법위에 군림할 수 없습니다. '대한민국의 주권은 국민에게 있고 모든 권력은 국민으로부터 나온다'는 것이 헌법 제1조 민주공화국의 헌법정신입니다.

그런데 나라와 헌법을 사랑하는 국민을 총칼로 죽이려 했고, 피로써 지켜온 민주주의를 짓밟고, 피를 잉크삼아 한자 한자 찍어 쓴 헌법을 파괴하려 했던 사람이 있습니다. 피로 쓴 민주주의 역사를 혀로 지우려 했습니다. 총칼로 헌법과 민주주의 심장인 국회를 유린하려 했습니다. 지금 이 탄핵심판정에 있는 피청구인 윤석열 입니다.

헌법수호 최후의 보루인 헌재 재판관님. 프랑스 공화국은 관용으로 건설되지 않았습니다. 민족반역자에게는 공소시효가 없다며 나치부역자를 끝까지 추적해 무관용으로 처벌하였기에, 역설적이게도 프랑스는 관용의 나라, 똘레랑스의 나라가 될 수 있었습니다. 오늘날 문화예술의 강국 프랑스는 이렇게 건설되었습니다.

이에 반해 우리는 1945년 8.15 광복이후 반민특위의 좌절로 친일부역자를 처벌하지 못했고, 그 결과 정의와 불의, 애국과 매국, 민주주의와 독재가 혼재되어 민주주의에 대한 도발과 준동이 끊이지 않았습니다. 이제 타락하고 오염된 반민주적 반헌법적 요설과 궤변의 고리를 끊어야 합니다. 갈 길이 아무리 멀다 해도 민족정기를 바로 잡아야 합니다. 평화와 문화가 꽃피는 문화예술의 강국은 민주주의 토양에서 자라는 나무입니다.

민주주의 기초는 국가발전의 토대입니다. 민주주의 발전 과정이 국가발전의 과정입니다. 민주주의 정착 없이 국가발전을 이룬 나라는 없습니다. 선진국 중에서 독재 국가는 없습니다. 민주주의와 국가 발전의 주적이 바로 독재입니다. 국가 발전을 위해서 독재의 독을 해독해야 합니다. 독재의 전형적 모습이 비상계엄, 내란 그리고 영구집권 음모입니다.

피청구인은 2022년 5월 10일 국회에서 취임했습니다. 헌법 제69조에 따라 "나는 헌법을 준수하고 국가를 보위"하겠다는 선서를 하고 대통령에 취임했습니다. 그러나 피청구인은 헌법을 준수하고 국가를 보위하겠다고 다짐했던 바로 그 장소, 국회에 계엄군을 보내 침탈하고 헌법을 유린했습니다. 대한민국의 헌법과 민주주의를 말살하려 했던 피청구인 윤석열은 파면되어 마땅합니다.

내란 범죄, 누구라도 예외 없이 처벌 대상

현직 대통령에게는 형사 불소추권이란 헌법적 특권이 있지만, 현직 대통령이라도 내란의 범죄를 저지른 경우는 헌법수호 차원에서 무관용해야 한다는 것이 헌법 제11조와 제84조의 정신입니다. 내란의 범죄는 현직 대통령을 포함해 누구라도 예외 없이 처벌의 대상입니다.

앞서 국회 법률대리인들께서 위헌 위법한 12.3 비상계엄과 파면사유에 대하여 그 증거와 법리를 이미 수차례 명징하게 설명했습니다. 저는 국민의 입장에서 국민의 목소리를 담아 피청구인을 파면해야 할 이유에 대하여 말씀드리겠습니다.

첫째, 피청구인 윤석열은 헌법 제77조에서 규정한 계엄의 조건을 위반했습니다. 헌법 제77조 1항에 대통령은 전시·사변 또는 이에 준하는 국가비상사태에 있어서 병력으로써 군사상의 필요에 응하거나 공공의 안녕질서를 유지할 필요가 있을 때에는 법률이 정하는 바에 의하여 계엄을 선포할 수 있다.고 되어 있습니다.

12월 3일의 대한민국은 전시·사변 또는 이에 준하는 국가비상사태도 아니었고, 병력으로써 군사상의 필요에 응하거나 공공의 안녕질서를 유지할 필요가 없었습니다. 평온한 하루였습니다. 병력으로써 공공의 안녕질서를 해친 장본인이 피청구인입니다. 계엄의 선포는 논란의 여지가 없는 명백한 위헌행위 입니다.

둘째, 피청구인 윤석열은 계엄선포의 절차적 정당성을 위반했습니다. 헌법 제82조는 대통령의 국법상 행위는 문서로써 하며, 이 문서에는 국무총리와 관계 국무위원이 부서한다. 군사에 관한 것도 또한 같다.고 되어 있습니다. 계엄법 제2조 5항은 대통령이 계엄을 선포하거나 변경하고자 할 때에는 국무회의의 심의를 거쳐야 한다. 제6항 '국방부장관 또는 행정안전부장관은 국무총리를 거쳐 대통령에게 계엄의 선포를 건의할 수 있다'고 돼있지만 피청구인은 헌법 제82와 계엄법 제2조를 모두 위반했습니다.

계엄 선포시 정상적인 국무회의의 심의과정이 없었습니다. 국무위원들의 증언에 따르면 국무총리를 거치는 절차도 하지 않았고, 개회선언, 폐회선언 안건토론 등 정상적인 국무회의도, 부서한 회의록 문서도 부존재해 보입니다. 피청구인을 파면해야 될 뚜렷한 증거이자 이유입니다.

비상계엄 해제할 수 있는 유일한 국회, 계엄군 침탈

셋째, 피청구인 윤석열은 비상계엄 해제할 유일한 권한이 있는 국회를 침탈했습니다. 헌법 제77조 제5항에는 '국회가 재적의원 과반수의 찬성으로 계엄의 해제를 요구한 때에는 대통령은 이를 해제하여야 한다'고 되어 있습니다. 비상계엄을 해제할 수 있는 곳은 유일하게 국회입니다.

이런 국회의 권한과 권능을 강압에 의하여 방해하려고 국회를 무장병력으로 통제봉쇄하려 했습니다. 이는 형법 제87조, 형법 제91조에 규정한 내란의 죄를 위반한 명백한 국헌문란행위 내란입니다. 국회 질서 운운하지만 국회는 국회 자체 내에 질서유지 시스템이 있습니다. 국회 유리창을 깨부수고 난입한 것은 질서유지가 아니라 억압이고 폭력입니다. 국회 질서를 문란케 한 것은 피청구인 윤석열 본인 입니다.

넷째, 피청구인은 위헌 위법적 포고령을 발표했습니다. 계엄 포고령 1항, '국회와 지방의회, 정당의 활동과 정치적 결사, 집회, 시위 등 일체의 정치활동을 금한다'는 것은 헌법 제77조 제3항을 정면으로 위반했습니다. 설령 합법적 계엄이더라도 국회에 관해서는 특별한 조치를 할 수 없습니다.

다섯째, 계엄군이 중앙선관위를 침탈한 것도, 사법부의 주요한 인사를 체포구금하려고 했던 것도 모두 헌법과 법률을 위배했습니다. 사법권 독립을 정면으로 위반했을 뿐만 아니라 헌법의 삼권분립 정신에도 위배됩니다. 이것은 헌법 제77조 제3항, 헌법 제114조, 헌법 제105조, 헌법 제106조, 헌법기관의 독립성 정신을 위반했고, 형법 제91조, 헌법기관을 강압에 의하여 전복 또는 그 권능행사를 불가능하게 하는 것으로 규정한 국헌문란 목적 내란의 죄에 해당합니다.

이 외에도 피청구인이 비상계엄 이후 보여준 사법정의 파괴행위는 국민들에게 큰 실망과 충격을 안겨주었습니다. 피청구인은 12·3내란 사태이후 법관이 발부한 체포 영장을 거부하며 사법기관의 법집행을 무법천지로 만들었습니다. 극히 일부 지지자들에게 기대어 국가 혼란을 부추기고 선동하는 듯한 추한 모습을 보였고, 부정선거라는 망상에 사로잡혀 있습니다. 부정선거 음모론은 제가 보기에 계엄선포문에도 없던 사후 알리바이에 불과합니다. 만에 하나 그가 다시 복직하면 또다시 비상계엄을 일으킬지도 모른다는 의심을 받기에 충분한 매우 위험한 인물입니다.

존경하는 헌법 재판관님. 피청구인 윤석열에 대한 헌법과 법률 위반행위는 두 차례의 준비절차와 오늘 11차 변론기일에 이르기까지 엄격한 심리를 거친 서증과 영상, 16명 증인들의 증언에 의하여 충분히 입증되었다고 생각합니다. 이쯤 되면 피청구인은 위헌 위법한 비상계엄에 대해 반성과 성찰을 통해 국민들에게 진정으로 머리 숙여 사과해야 마땅합니다.

그러나 피청구인은 대국민 사과는커녕 경고성 짧은 계엄이었다느니, 아무 일도 일어나지 않았다느니 변명합니다. 이로 인해 국민은 계엄선포의 당시의 충격 그 이상의 충격을 받고 있습니다. 일찍 끝난 계엄이 피청구인의 공로입니까? 사상자 없이 끝난 계엄이 피청구인의 자랑입니까? 계엄의 피해를 그나마 줄일 수 있었던 것은 국회로 달려온 시민들, 계엄군을 막아선 국회 보좌진들, 장갑차를 막아선 시민들 덕분입니다. 본인도 실토했듯이 명백한 불법 명령에 소극적으로 저항했던 군인, 계엄해제를 위해 목숨 걸고 담을 넘었던 국회의원들의 합작품입니다. 경고성 계엄이고 아무 일도 안 일었으니 또 하시겠습니까? 사람이라면 염치가 있어야 합니다.

과거가 현재 도왔고, 죽은 자가 산 자 구했다

대한민국은 이미 군사독재와 비상계엄에 대한 아픈 상처를 품고 있습니다. 우리 국민들은 1980년 5월 광주를 핏빛으로 물들였던 전두환 신군부의 비상계엄을 생생히 기억하며 살아가고 있습니다. 왜 찔렸지, 왜 쏘았지 트럭에 실고 어딜 갔지. 망월동의 부릅뜬 눈으로 대한민국의 민주주의를 지켜보고 있습니다. 이 광주학살의 상흔과 그 정신들이 45년 후 내란의 밤 국회를 지켜주었습니다. 노벨 문학상 수상자 한강 작가의 말처럼, 과거가 현재를 도왔고 죽은 자가 산 자를 구했습니다.

민주헌법 지킴이 헌재 재판관님. 피청구인은 비상계엄선포 긴급담화문에서 "국회는 범죄자 집단의 소굴이 되었고, 자유 민주주의 체제전복을 기도하고 있고, 국회가 자유 민주주의 체제를 붕괴시키는 괴물이 된 것 같다. 대한민국이 당장 무너져도 이상하지 않을 정도 풍전등화의 운명에 처해있다. 우리 국민의 자유와 행복을 약탈하고 있는 파렴치한 종북 반국가 세력들을 일거에 척결하고 자유 헌정질서를 지키기 위해 비상계엄을 선포한다."고 했습니다.

피청구인에게 묻고 싶습니다. 지금도 2024년 12월 대한민국이 당장 무너져도 이상하지 않을 정도로 풍전등화의 운명에 처해있었다고 생각합니까? 혹시 명태균 황금폰으로 인한 본인만의 위기는 아니었습니까? 국회가 범죄자의 소굴입니까? 국회가 반국가세력입니까? 국회가 종북 반국가단체라면 총선에서 투표한 국민들도 반국가 종북 세력이란 말입니까?

국가 예산편성권은 행정부에 있고 예산심의 의결권은 국회의 권한입니다. 용처를 소명하지 못해 국민혈세 낭비로 지목되었던 검찰 특수 활동비를 삭감했다고 계엄을 한다면, 과학기술 분야 R&D 예산을 대폭 삭감한 피청구인은 누가 응징해야 합니까? 1%도 되지 않는 국가 예산을 깎았다고 비상계엄을 한다면 매년 비상계엄을 해야 하는데 헌재에서 탄핵이 기각되면 또 비상계엄을 할 작정입니까?

위헌위법한 고위직 공무원들을 탄핵할 권한은 국회에 있습니다. 국회의 엄연한 합법적 탄핵권한을 말씀하시는데, 피청구인도 그 국회의 권한에 따라 탄핵되었고 법률적 절차에 따라 탄핵심판을 받고 있습니다. 피청구인 역시 헌법과 법률에 따라 20여 차례나 거부권을 행사했지 않습니까? 김건희 특검법, 채해병 특검법 등 본인과 아내에 대한 이해충돌이 있는 법안도 다 거부권을 행사하지 않았습니까? 국회도 대통령도 헌법과 법률에 따라 각자 권한을 행사한 것입니다.

국가기관은 헌법과 법률의 테두리 안에서 권한을 합법적으로 행사해야 합니다. 내 마음에 들지 않는다고 헌법과 법률을 깡그리 무시하고 반헌법적 내란을 획책합니까? 내 마음에 들지 않는다고 국민과 헌법에게 주먹질을 하고 린치하면 되겠습니까?

피청구인은 여야합의가 되지 않아 거부권을 행사한다고 했습니다. 여야합의는 헌법과 국회법 어느 법에도 존재하지 않습니다. 이런 생각 자체가 반헌법적입니다. 총선 때 한 표라도 한 석이라도 더 얻으려 노력하는 이유는 헌법 제49조에 규정한 국회의사결정은 다수결로 하라는 헌법적 명령이 있기 때문입니다. 여야합의가 법통과의 전제조건이라면 이는 총선민의를 부정하고 왜곡하는 반헌법적 반법률적 언동입니다. 뭣 하러 총선합니까?

존경하는 재판관님. 피청구인은 경고성 계엄이고 아무 일도 일어나지 않았다고 가상현실에 있는 사람처럼 말합니다. 본인은 체포지시를 하지 않았다며 전 국정원 홍장원 1차장과 전 곽종근 특전사령관의 공작이라고 주장합니다. 누구보다 피청구인에게 충직했던 두 사람이 무슨 이유로 피청구인을 모함한다는 말입니까? 피청구인으로부터 직접 지시를 들은 사람이 두 사람만의 증언도 아닌데, 들은 사람들 모두 공작에 가담했다는 것입니까? 이게 가능합니까?

국회 내란국조특위에서 노영훈 방첩사 수사실장은 "군사경찰의 미결수용소라는 정상적인 구금시설이 있음에도 B1 벙커를 확인하는 것 자체가 정상적이지 않았다."고 증언했고, 김대우 전 방첩사 수사단장은 "이재명, 우원식, 한동훈 3명에 집중하라는 지시를 받았느냐"는 질의에 "네"라고 분명하게 답했습니다.

또한 재판부에서 유일하게 직권으로 채택한 증인인 조성현 수방사 제1경비단장 역시 "내부에 들어가서 의원들을 끌어내라."는 지시를 들었다고 똑똑히 증언했습니다. 피청구인측의 의원을 요원으로 둔갑시키려는 꼼수는 실패했습니다.

설령 야당이 종북 반국가 단체라서 그 주요 인사들을 체포해 구금하려 한 것이라면, 집권여당의 대표는 왜 체포하려 한 것입니까? 결국 피청구인은 반국가 세력이라는 허울을 씌워 내 마음에 들지 않는 인사들의 씨를 말리려 했던 것은 아닙니까? 이들을 모두 '수거'하고 영구집권을 꿈꿨던 것 아닙니까?

노상원 수첩은 또 무엇입니까? 노상원 수첩 "잠자리 폭발물·화학약품"… 치밀한 "수거" 계획이라는 섬뜩한 내용입니다. '살해 암시' 노상원 수첩에 문재인·유시민 등 500명…"확인사살" 정치인·법조인·방송인·스포츠인 전방위 겨냥 "포승줄로 수집소 보내…모든 좌파세력 붕괴" 언론보도의 제목들입니다.

평생 축구밖에 모르는 차범근 감독은 왜 해치려 했습니까? 차범근 감독은 "저는 축구를 사랑하고 축구가 아닌 다른 일이나 가치에 대해선 관심과 욕심이 없다. 내 이름이 그 수첩에 왜 적혀 있는지 황당하고 놀라울 따름"이라며 "저는 평화와 사랑, 행복 같은 말들이 내 삶에 채워지는 노년을 보내고 싶다"고 말했습니다.

尹 내란으로 심리적 내전상태 빠져

이제 몽상에 빠져있던 권력자가 무너뜨리려 한 평화로운 일상을 회복해야 합니다. 피청구인은 아무 일도 일어나지 않았다고 강변하지만 많은 일이 일어났고 계엄의 피해는 엄청납니다. 국민들은 아직도 내란성 스트레스로 잠 못 들고 서부지법 폭동사태와 같은 끔찍한 사태를 목도했습니다. 헌법수호 최후의 보루인 헌법재판소까지 테러위협을 받고 있습니다. 피청구인이 저지른 내란으로 국민들은 서로 적으로 규정하고 심리적 내전상태에 빠져 있습니다.

존경하는 재판관님. 대한민국은 수출로 먹고사는 나라입니다. 대외의존성이 높은 경제구조상 국정안정이 곧 경제고 평화가 곧 경제입니다. 민주주의 선진국 대한민국을 불안한 시선으로 보고 있는 전 세계에 우리의 민주주의 회복능력을 보여 주어야 합니다. 하루빨리 내란을 극복하고 국정을 안정시키는 것이 그 출발점입니다.

계엄에 따른 국정혼란과 불안감으로 인한 피해가 너무 큽니다. 1차 탄핵소추안이 부결된 직후인 12월 9일 코스피와 코스닥은 연중 최저치를 기록했습니다. '계엄 선포' 한 마디에 시가 총액 140조원이 사라졌습니다.

계엄 이후 환율은 급등했고 내수 경기도 꽁꽁 얼어붙었습니다. 아무 일도 일어나지 않았다는 피청구인의 말과 달리 계엄의 후폭풍은 컸습니다. 건물마다 "임대문의" 안내문이 나붙고 식당주인은 손님이 없다며 아우성치며 폐업을 고민합니다.

저에게 보내온 한 소상공인 사장님의 읍소를 소개합니다. "제조 도매 자영업자입니다 12.3이후로 급 주문하락으로 재정난에 시달리다가 2월을 끝으로 직원 3명을 부득이하게 내보내고 가족 4명이 어렵게 운영 중입니다. 지난1년 동안 워낙 어려워도 직원들 월급은 마이너스통장으로 어찌어찌 채워줬는데 계엄이후로는 IMF보다 심각한 것 같아요. 50년 동안 지켜왔던 공장 문 닫게 생겼습니다." 이것이 국민들의 아우성입니다.

국익추구가 최종 목표인 외교적 피해가 막심합니다. 미국 정부는 비상계엄 발표가 미국 정부에 사전 통보되지 않았다는 점에서 당혹과 우려를 표했습니다. 트럼프 행정부와의 초기 정상외교 골든타임을 놓쳤습니다.

2024년 12월로 예정되었던 일본 나카타니 겐 방위대신의 방한, 2025년 연초로 예정되었던 이시바 시게루 일본 총리의 방한이 취소되었습니다.

EU와 유럽 국가들은 한국의 민주주의 훼손에 대하여 우려를 표하고 있고, 스웨덴 총리 방한이 취소되고, 2025년 상반기로 예정되어 있던 마크롱 프랑스 대통령의 방한도 연기되는 등 국격 실추에 따른 피해가 너무도 큽니다.

존경하는 재판관님. 비상계엄이후 가장 큰 피해를 입은 곳은 대한민국 국군입니다. 군부독재의 폐해를 되풀이하지 않기 위하여, 우리 헌법 제87조는 군인은 현역을 면한 후가 아니면 국무위원으로 임명될 수 없다.고 규정해 군의 정치적 중립을 선언하고 있습니다. 그러나 피청구인의 사적인 목적 달성을 위해 계엄군으로 동원된 군은 자신들이 지켜야 할 국민들에게 총부리를 겨누었다는 오명을 쓰게 되었습니다. 실추된 군의 명예를 되살려 이들이 다시 나라와 국민을 지킨다는 자긍심으로 복무할 수 있도록 해야 합니다. 그 출발점은 군의 존재이유를 허물어뜨린 피청구인에게 응분의 책임을 묻는 것이 되어야 합니다.

존경하는 헌법재판관님들. 저는 12월 3일 밤 10시 50분경, 비상계엄 긴급속보를 보고 살 떨리는 두려움을 안고 국회 후문 쪽 담장을 넘었습니다. 계엄군이 먼저 진을 치고 있다가 체포연행하지는 않을지 두려웠습니다. 국회 운동장 근처에서 본청으로 한 발짝 씩 내딛을 때마다 36년 전 1988년 9월의 밤이 마치 어젯밤 악몽처럼 떠올랐습니다.

새벽 1시 안기부에 잡혀 지금도 알 수 없는 서울 을지로 어디메쯤 한 호텔로 끌려가 수건으로 눈을 가린 채 속옷차림으로 4시간 동안 주먹질 발길질로 고문 폭행을 당했습니다. 언론에 보도된 노상원 수첩대로 시행됐다면 수많은 사람들이 죽음을 피하지 못했을 것입니다.

친위 쿠데타 생길 줄 꿈에도 상상 못해

존경하는 재판관님. 대한민국은 세계가 놀랄 만큼 한국 현대사 100년 동안 왕조국가에서 민주주의 국가로, 원조를 받던 나라에서 원조를 해 주는 나라로, 문화예술의 강국으로 발전해 왔습니다. 지금 이 시각에도 코리안드림을 꿈꾸며 지구촌 곳곳 한국어학당에서 한국어를 배우려는 사람들이 줄을 서고 있습니다. 정치, 경제, 외교적으로도 대한민국은 유수의 민주주의 선진국이 되었고, 군사적으로도 세계 6위의 강대국이 되었습니다. 백범 김구 선생이 꿈꾸었던 문화가 꽃피는 나라가 되었습니다.

우리 국민들은 그동안 외국의 어떤 나라도, 북한도 감히 흔들 수 없는 나라라고 자부해왔습니다. 이런 자랑스러운 나라에서 현직 대통령에 의해서 국회가 계엄군에 의해 침탈당하고, 정적을 제거하기 위해 친위 쿠데타를 일으키는 끔찍한 일이 생길 줄은 꿈에도 상상할 수 없었습니다.

피청구인 윤석열은 지금도 비상계엄이 고도의 통치행위라며 반성과 성찰을 거부한 채 계엄과 내란을 정당화 시키려는 궤변을 늘어놓고 있습니다. 그를 파면함으로써 하루 빨리 대한민국을 정상으로 돌려놓아야 합니다.

존경하는 헌법 재판관님. 헌법재판소는 헌법수호의 최후 보루이며, 국민주권을 지키는 마지막 방파제입니다. 피청구인의 반헌법적 내란행위는 민주주의의 근간을 뒤흔드는 중대한 위헌적 시도였으며, 국민의 자유와 권리를 본질적으로 침해하는 반헌법적 도발이었습니다.

피청구인은 군통수권자로 부여받은 막강한 권한을 남용하여, 군(軍)과 경찰력을 사유화하는 중대한 위헌행위를 저질렀습니다. 아직도 부정선거 음모론의 포로가 되어 총선결과로 구성된 국회를 부정하고 있습니다. 탄핵이 기각되면 국정을 어떻게 이끌어가겠다는 둥 허무맹랑한 식언을 잠시 후에 들을 지도 모르겠습니다. 국민들은 피청구인의 적반하장, 남 탓만 하는 아무말대잔치를 이제 믿지 않을 것입니다. 콩으로 메주를 쑨다한들 누가 믿겠습니까?

무신불립이라 했습니다. 신뢰를 잃은 대통령은 국민 앞에 다시 설 수 없습니다. 민심은 바다와 같아서 배를 띄울 수도 뒤집어엎을 수도 있습니다. 피청구인에게서 민심은 떠났습니다. 피청구인의 반헌법적 내란행위는 주권자인 국민에 대한 명백한 배신이었습니다. 피청구인의 사익과 탐욕을 위한 권력남용과 헌정질서 파괴로 인해 국민의 신뢰가 완전히 무너졌습니다. 국민이 더 이상 이를 용납하지 않는 것은 너무도 당연한 귀결입니다.

피청구인을 파면하는 것은 대통령이라는 최고 권력자에게 헌법을 준수할 의무를 다시금 상기시키고, 헌법의 적으로부터 헌법을 수호하는 일입니다. 헌법을 파괴한 행위에 대해서는 예외 없이 단호하게 대처한다는 것이 헌법의 준엄한 명령입니다.

대통령의 탄핵은 결코 가볍게 결정되어서는 안 되지만, 헌법과 법률이 정한 요건이 충족되고 헌법질서를 지키기 위한 불가피한 선택이라면, 이는 반드시 이루어져야 합니다.

지금 우리에게 필요한 것은 헌법위에 군림하려는 무소불위의 왕이 아니라 절대 권력자도 잘못하면 벌을 받는다는 일반상식입니다. 대통령에 대한 파면결정은 사적 감정의 정치보복이나 정치적 공격이 아니라, 오직 헌법과 법치주의를 회복하기 위한 헌법수호자의 결단입니다.

피청구인 윤석열에 대한 파면 결정은 대한민국 민주주의 놀라운 회복력을 보여주는 동시에 대한민국 헌법이 살아있고 현실에서 작동하는 실질규범이라는 점을 보여주는 역사의 기록이 될 것입니다.

尹 대통령직 유지할 자격 없어

존경하는 헌법재판관님. 피청구인은 이제 대한민국의 대통령직을 유지할 자격이 없습니다. 국민들 마음속의 대통령이 아닙니다. 우리 국민은 헌법의 적은 헌법으로 막았고, 민주주의 적은 민주주의로 막았습니다. 대통령 윤석열을 파면함으로써 헌법수호의 의지를 보여주시기 바랍니다. 피청구인에 대한 파면으로 얻을 국가적 이익이 압도적으로 큽니다.

필연은 우연의 옷을 입고 나타난다고 했습니다. 비상계엄이 몽상가의 우연한 돌출행동이었다면 내란극복은 국민들이 이뤄낸 필연입니다. 그 필연이 대한민국 민주주의의 저력입니다. 내란극복은 나라를 사랑하는 국민들의 민주주의에 대한 필연적 본능과 자구책, 한 땀 한 땀 노력의 결과였습니다.

이제 내란을 극복하고 국정을 안정시켜 미래로 가야 합니다. 더 좋은 민주주의, 더 넓은 민주주의 광장에서 K-민주주의가 만발하고, 빛의 혁명으로 국민적 에너지를 한데 모아 골고루 잘 사는 나라, 잠시 멈춘 외교안보국방이 튼튼한 나라, 평화로운 한반도, 경제와 문화예술이 함께 발전하는 코리안 드림을 국민과 함께 꿈꾸며 다시 전진합시다.

피청구인의 비이성적 반역사적 비상계엄은 일어나지 말아야 할 비현실적 망동이었지만 하느님이 보우하사 우리나라 만세입니다. 헌법과 나라를 사랑하는 국민들이 애국가를 자랑스럽게 부를 수 있도록, 민주주의와 헌법수호를 위하여 피청구인 윤석열을 하루 빨리, 신속하게, 만장일치로 파면해 주시기 바랍니다.

동해물과 백두산이 마르고 닳도록,

하느님이 보우하사 우리나라 만세,

무궁화 삼천리 화려 강산

대한사람 대한으로 길이 보전하세.」

피청구인(윤석열 대통령) 최후진술서

　윤석열 대통령은 2월 25일 오후 9시 5분부터 10시 13분까지 1시간 9분 동안 헌법재판소에서 최후변론을 했다. 윤 대통령은 헌재 최종변론에서 계엄 선포 이유와 배경, 향후 계획까지 소상히 밝혔다. 헌재에서 탄핵심판 결과는 아직 나오지 않았지만 윤 대통령의 최종변론은 국정 최고책임자로서 계엄이란 비상수단을 꺼내든 이유를 스스로 밝혔다는 데 의의가 있다. 더욱이 윤 대통령의 헌재 최종변론을 국민이 어떻게 받아들이느냐에 따라 향후 한국 정치 판도가 영향 받을 공산이 크다. 독자와 국민의 이해와 판단을 돕기 위해 윤 대통령 최종 변론 전문을 게재한다.

　「존경하는 헌법재판관 여러분, 그리고 이 재판을 관심 가지고 지켜봐 주신 사랑하는 국민 여러분, 작년 12월 3일 비상계엄을 선포한 후, 84일이 지났습니다. 제 삶에서 가장 힘든 날들이었지만 감사와 성찰의 시간이기도 했습니다. 저 자신을 돌아보면서 그동안 국민들께 참 과분한 사랑을 받아 왔다는 생각이 들었습니다. 감사한 마음이 들면서도 국민께서 일하라고 맡겨주신 시간에 제 일을 하지 못하고 있는 현실이 송구스럽고 가슴 아팠습니다. 한편으로 많은 국민들께서 여전히 믿어주고 계신 모습에 무거운 책임감도 느꼈습니다. 국민 여러분께 죄송하고 감사하다는 말씀을 먼저 드리고 싶습니다.

　제가 비상계엄을 선포하고 몇 시간 후 해제했을 때 많은 분들께서 이해를 못 하셨습니다. 지금도 어리둥절해하시는 분들이 있을 겁니다. 계엄이라는 단어에서 연상되는 과거의 부정적 기억도 있을 것입니다. 거대 야당과 내란 공작 세력들은 이런 트라우마를 악용하여 국민을 선동하고 있습니다. 그러나 12·3 비상계엄은 과거의 계엄과는 완전히 다른 것입니다. 무력으로 국민을 억압하는 계엄이 아니라 계엄의 형식을 빌린 대국민 호소입니다.

12.3 비상계엄 선포는 이 나라가 지금 망국적 위기 상황에 처해 있음을 선언하는 것이고, 주권자인 국민들께서 상황을 직시하고 이를 극복하는 데 함께 나서 달라는 절박한 호소입니다.

무엇보다 저 자신 윤석열 개인을 위한 선택은 결코 아니었다는 사실을 분명히 말씀드립니다.

저는 이미 권력의 정점인 대통령의 자리에 있었습니다. 대통령에게 가장 편하고 쉬운 길은 힘든 일을 굳이 벌이지 않고 사회 여러 세력과 적당히 타협하고 모든 사람에게 듣기 좋은 말을 하면서 임기 5년을 안온하게 보내는 것입니다. 일하겠다는 욕심을 버리면 치열하게 싸울 일도 없고, 어려운 선택을 할 일도 없어집니다. 저 개인의 삶만 생각한다면 정치적 반대 세력의 거센 공격을 받을 수 있는 비상계엄을 선택할 이유가 전혀 없는 것입니다.

집권 연장 위한 계엄? 내란죄 씌우려는 공작 프레임

저는 비상계엄을 결심했을 때 제게 엄청난 어려움이 닥칠 것을 당연히 예감했습니다. 거대 야당은 제가 독재를 하고 집권 연장을 위해 비상계엄을 했다고 주장합니다. 내란죄를 씌우려는 공작 프레임입니다. 정말 그런 생각이었다면 고작 280명의 실무장도 하지 않은 병력만 투입하도록 했겠습니까? 주말이 아닌 평일에 계엄 선포를 하고, 계엄을 선포한 후에 병력을 이동시키도록 했겠습니까? 심판정 증거 조사에서 드러난 사실에 의하면 그나마 계엄 해제 요구 결의 이전에 국회에 들어간 병력은 106명에 불과하고, 본관에 들어간 병력은 15명입니다. 15명이 유리창을 깨고 들어간 이유도 자신들의 근무 위치가 본관인데 입구를 시민들이 막고 있어서 충돌을 피하기 위해 불 꺼진 창문을 찾아 들어간 것입니다. 또한 국회의 해제 요구 결의가 이루어진 이후에 즉시 모든 병력을 철수했습니다. 투입된 군의 병력이 워낙 소수이다 보니 국회 외곽 경비와 질서 유지는 경찰에 요청했습니다. 경찰은 인근 전장련 집회 대응 경력 300명을 국회 외곽에 보냈습니다. 부상당한 군인들은 있었지만 일반 시민들은 단 한명의 피해도 없었습니다. 처음부터 저는 국방부장관에게 이번 비상계엄의 목적이 '대국민 호소용'임을 분명히 밝혔습니다. 또한 국회의 계엄 해제 요구가 신속히 뒤따를 것이므로 계엄 상태가 오래가지 않을 것이라고 했습니다. 하지만 그런 내용을 사전에 군 지휘관들에게 그대로 알릴 수는 없었습니다. 그래서 최소한의 병력을 실무장하지 않은 상태로 투입함으로써 군의 임무를 경비와 질서 유지로 확실하게 제한한 것입니다. 많은 병력이 무장 상태로 투입되면 아무리 조심하고 자제하라고 해도 군중과 충돌하기 쉽습니다. 그런 일이 발생하지 않도록 원천 차단한 것이고 실제 결과도 예상 그대로였습니다. 제가 소수 병력, 비무장, 경험 있는 장병, 이 세 가지를 국방부장관에게 명확히 지시한 이유입니다. 그런데도 거대 야당은 이것을 내란이라고 주장하고 있습니다. 병력 투입 시간이 불과 두 시간도 안 되는데 2시간짜리 내란이라는 것이 있습니까? 방송으로 전 세계, 전 국민에게 시작한다고 알리고, 국회가 그만두라 한다고 바로 병력을 철수하고 그만두는 그런 내란을 보셨습니까? 대통령이 국회를 장악하고 내란을 일으키려 했다는 주장은 어떻게든 대통령을 끌어내리려는 선동입니다.

대통령의 법적 권한인 계엄 선포에 따라 계엄 사무를 하고 질서 유지 업무를 담당한 공직자들이 이러한 내란 몰이 공작에 의해 지금 고초를 겪고 있는 모습을 보면 가슴이 찢어지는 듯합니다. 이분들이 대통령의 장기 독재를 위해 일을 했겠습니까? 대한민국의 현실에서 이러한 장기 독재를 상상도 할 수 없다는 사실을 잘 아는 사람들이고, 이미 자기 분야에서 최고의 위치에 올라 더 바랄 것도 없는 분들입니다. 이분들은 대통령의 법적 권한 행사에 따라 맡은 바 직무를 수행한 것뿐입니다.

지금은 국가 존립, 총체적 시스템 위기 상황

헌법재판관 여러분, 그리고 국민 여러분, 대통령의 자리에서 많은 정보를 가지고 국정을 살피다 보면 남들에게는 보이지 않는 것들, 겉으로는 잘 드러나지 않는 문제점들이 많이 보이게 됩니다. 당장은 괜찮아 보여도 얼마 뒤면 큰 위기로 닥칠 일들이 대통령의 시야에는 바로 들어옵니다. 서서히 끓는 솥 안의 개구리처럼 눈앞의 현실을 깨닫지 못한 채 벼랑 끝으로 가고 있는 이 나라의 현실이 보였습니다. 언제 위기가 아닌 때가 있었냐고 하는 분도 있을 겁니다.

그렇지만 그동안의 위기가 돌발 현안 수준이었다면 지금은 국가 존립의 위기, 총체적 시스템의 위기라는 점에서 차원이 완전히 다릅니다.

미국 트럼프 대통령은 취임 첫날 국가 비상사태를 선포하고 군을 투입했습니다. 미국이 국가 비상사태인가에 대한 판단은 다를 수 있습니다. 하지만 불법 체류자와 마약 카르텔 등 당면한 위기에 맞서 국민을 지키기 위한 대통령의 결단임은 분명해 보입니다.

그렇다면 우리나라의 지금 현실은 어떻습니까? 국가 비상사태가 아니라고 단언할 수 있습니까? 북한을 비롯한 외부 주권 침탈 세력들과 우리 사회 내부의 반국가 세력이 연계하여 국가 안보와 계속성을 심각하게 위협하고 있습니다. 이들은 가짜 뉴스, 여론 조작, 선전 선동으로 우리 사회를 갈등과 혼란으로 몰아넣고 있습니다. 당장 2023년 적발된 민주노총 간첩단 사건만 봐도 반국가 세력의 실체를 쉽게 확인할 수 있습니다. 이들은 북한 공작원과 접선하여 직접 지령을 받고, 군사 시설 정보 등을 북한에 넘겼습니다. 북의 지령에 따라 총파업하고 미국 대통령 방한 반대, 한미 연합 훈련 반대, 이태원 참사 반정부 시위 활동 등을 펼쳤습니다.

심지어 북한의 지시에 따라 선거에 개입한 정황도 드러났습니다. 지난 대선 직후에는 "대통령 탄핵의 불씨를 지피라"면서 구체적인 행동 지령까지 내려왔습니다. 실제로 2022년 3월 26일 '윤석열 선제 탄핵' 집회가 열렸고, 2024년 12월 초까지 무려 178회의 대통령 퇴진, 탄핵 집회가 열렸습니다. 이 집회에는 민노총 산하 건설노조, 언론노조 등이 참여했고 거대 야당 의원들도 발언대에 올랐습니다. 결국 북한의 지령대로 된 것 아닙니까?

'요즘 세상에 간첩이 어디 있느냐'고 말하는 사람들도 있습니다. 하지만 간첩은 없어진 것이 아니라 대한민국의 자유민주주의를 무너뜨리는 체제 전복 활동으로 더욱 진화한 것입니다. 그런데 이러한 간첩 활동을 막는 우리 사회의 방어막은 오히려 약해지고 곳곳에 구멍이 난 상태입니다.

재판 진행 중인 간첩 사건만 4건

지난 민주당 정권의 입법 강행으로 2024년 1월부터 국정원의 대공수사권이 박탈되고 말았습니다. 간첩단 사건은 노하우를 가진 기관에서 장기간 치밀하게 내사 수사를 해야 합니다. 그런데 제대로 준비할 시간도 없이 전문성과 경험이 부족한 경찰에 대공수사권이 넘어가 버렸습니다. 간첩이 활개 치는 환경을 만든 것입니다. 게다가 애써 잡아도 재판이 장기간 방치되는 상황까지 발생하고 있습니다. 현재 재판이 진행 중인 간첩 사건이 민노총 간첩단, 창원 간첩단, 청주 간첩단, 제주 간첩단 등 4건이나 됩니다.

그런데 청주 간첩단 사건은 1심 판결까지 29개월이 넘게 걸렸고, 민노총 간첩단 사건도 1심 판결에 1년 6개월이 걸렸습니다. 이들은 구속 기간 만료 후 석방되어 1심 판결로 법정 구속이 될 때까지 버젓이 거리를 활보하고 다녔습니다. 현재 창원 간첩단 사건은 2년 가까이 재판이 중단되어 있고 제주 간첩단 사건도 1년 10개월째 재판이 파행 중입니다. 이들도 모두 석방된 상태입니다. 간첩을 잡지도 못하고 잡아도 제대로 처벌도 못하는데 이런 상황이 과연 정상입니까? 그런데도 거대 야당은 민노총을 옹호하기 바쁘고, 국정원 대공수사권 박탈에 이어 국가보안법 폐지까지 주장하고 있습니다. 경찰의 대공수사에 쓰이는 특활비마저 전액 삭감해서 0원으로 만들었습니다. 한마디로 간첩을 잡지 말라는 것입니다. 작년에는 중국인들이 드론을 띄워 우리 군사기지, 국정원, 국제공항과 국내 미군 군사시설을 촬영하다 연이어 적발됐습니다. 이들을 간첩죄로 처벌하기 위해서는 법률을 개정해야 하는데 거대 야당이 완강히 거부하고 있습니다.

국가 핵심 기술을 유출하는 산업 스파이도 최근 급증하고 있습니다. 반도체, 디스플레이 등 기술 유출 피해가 수십조 원에 달하는데, 3분의 2가 중국으로 유출됩니다. 중국은 사진 한 장만 잘못 찍어도 우리 국민을 마음대로 구금하는 강력한 '반간첩법'을 시행하고 있는데, 거대 야당은 산업 스파이를 막기 위한 간첩죄 법률 개정조차 가로막고 있습니다. 또한 거대 야당은 방산물자를 수출할 때 국회 동의를 받도록 하는 방위사업법 개정안을 당론으로 추진하고 있습니다. 방산 비밀 자료를 국회에 제출해야 하고,

거대 야당이 반대하면 방산물자 수출도 할 수 없게 됩니다. 국회에 제출된 방산 비밀 자료들이 제대로 보안 유지가 되며, 적대 세력에 넘어가지 않는다고 누가 보장할 수 있습니까? 방산 기밀 자료가 이렇게 유출되면 상대국이 우리 방산 물자를 수입하겠습니까? 북한·중국·러시아가 원치 않는 자유세계에 방산 수출을 하지 말라는 말과 같습니다. 방산 수출은 단순히 돈을 버는 것만이 아닙니다.

수출 상대국과 전략적 연대를 강화하고 더 나아가 자유세계 많은 국가들과 국방 협력을 이뤄서 우리의 안보를 튼튼하게 하는 것입니다. 이러한 방산 수출을 권장하기는커녕 방해하는 것이 누구에게 도움이 되는 것입니까?

거대 야당은 우리 국방력을 약화시키고 군을 무력화하는 데도 앞장서고 있습니다. 북한은 우크라이나에 병력을 파병하며 러시아와 군사 밀착을 시도하고 있습니다. 우리에게 매우 심각한 안보 위협입니다. 그런데도 이를 살피기 위해 참관단을 보내려 하자 거대 야당은 당시 신원식 국방장관 탄핵까지 겁박하며 이를 결사적으로 막았습니다. 심지어 거대 야당은 우크라이나 참관단 파견, 대북 확성기와 오물 풍선 대응 검토 등, 우리 군의 정당한 안보 활동까지 외환죄라고 주장하고 있습니다. 국가와 국민의 안전을 지키려는 대통령을 '전쟁광'이라고 비난하고 북핵 위협에 대응하는 한미일 합동 훈련을 '극단적 친일 행위'라고 매도했습니다. 1차 대통령 탄핵소추안에는 '북한·중국·러시아를 적대시한 것이 탄핵 사유라고 명기하기까지 했습니다.

190석에 달하는 무소불위의 거대 야당이 우리나라와 우리 국민 편이 아니라, 북한·중국·러시아 편에 서 있는 것입니다. 이러한 상황이 국가 위기 상황이 아니면 뭐란 말입니까?

핵심 국방 예산 삭감으로 군 무력화

이뿐이 아닙니다. 거대 야당은 핵심 국방 예산을 삭감하여 우리 군을 무력화하려 하고 있습니다. 거대 야당은 전체 예산 가운데 겨우 0.65%를 깎았을 뿐이라고 주장합니다. 하지만 그 0.65%가 어디냐가 중요한 것입니다. 마치 사람의 두 눈을 빼놓고, 몸 전체에서 겨우 눈알 두 개 뺐다고 말하는 것과 같은 이야기입니다. 거대 야당이 삭감한 국방 예산은 우리 군의 눈알과 같은 예산입니다. 북한 핵과 미사일 기지를 선제 타격하는 '킬 체인'의 핵심인 정찰 자산 예산을 대폭 삭감했습니다. 핵심 전력인 지휘정찰 사업 예산을 2024년 대비 4852억원 감액했고, 전술 데이터링크 시스템 성능 개량 사업은 무려 78%를 삭감했습니다. 우리 국민을 향해 날아오는 미사일을 요격하는 KAMD, 즉 한국형 미사일 방어체계 구축도 예산 삭감으로 개발이 중단될 위기입니다. 장거리 함대공 유도탄 사업을 위해 예산 119억 5900만 원을 책정했지만 96%를 삭감하고 5억 원만 남겼습니다. 정밀유도포탄 연구개발 사업은 84%를 삭감했습니다. 아무리 주먹이 세도 앞이 보이지 않으면 싸울 수 없듯이, 감시 정찰 자산이 없으면 아무리 좋은 무기도 무용지물입니다. 게다가 최근 북한의 드론 공격이 가장 큰 위협으로 대두되고 있는데 드론 방어 예산 100억원 가운데 무려 99억 5400만원을 깎아서 사업을 아예 중단시켰습니다. 도대체 누구의 지시를 받아서 이렇게 핵심 예산만 딱딱 골라 삭감했는지 궁금할 정도입니다.

게다가 지난 민주당 정권은 국군 방첩사령부의 수사요원을 2분의 1가량 대폭 감축하여 군과 방산에 대한 정보활동과 방첩 활동에 심각한 타격을 주었습니다. 또 과거 간첩 사건과 연루된 인물을 국정원의 주요 핵심 간부로 발령 내서 방첩 기관인지 정보 유출 기관인지 모를 조직으로 방치하기도 했습니다. 지난 정부 시절 이런 일들을 주도한 인물들이 여전히 거대 야당의 핵심 세력으로서 국가 안보를 흔들고 있습니다. 우리 정부 들어 국정원이 국가 안보의 중추 기관으로 거듭나도록 노력하였고, 국군 방첩사의 역량 보강을 위해 힘썼습니다만 아직 문제의 뿌리를 제대로 다 들어내지 못했습니다. 부수고 깨뜨리기는 쉬워도 세우고 만들기는 어렵고 시간이 많이 걸리기 때문입니다. 이런 상황이 겉으로는 멀쩡한 것처럼 보이지만 실질적으로는 전시·사변에 못지않은 국가 위기 상황이라고 저는 판단하고 있습니다.

거대 야당은 야당에 대한 대통령의 인식을 탓하기 전에 공당으로서 국가에 대한 책임 있는 자세와 신뢰를 보여주는 게 우선이라고 생각합니다.

저는 자유민주주의 헌법 원칙, 국가 안보, 핵심 국익 수호만 함께한다면 어떤 정치 세력과도 기꺼이 대화하고 타협할 자세가 되어 있는 사람입니다. 나라와 국민을 위한 일에 좌파, 우파가 어디 있습니까? 하지만 자유를 부정하는 공산주의, 공산당 1당 독재, 유물론에 입각한 전체주의가 다양한 속임수로 우리 대한민국에 스며드는 것은 막아야 합니다. 이런 세력과 타협하고 흥정해서는 안 됩니다. 우리가 가치를 공유하지 않는 나라와 교역도 할 수 있고, 국제 협력, 상호 이익을 추구할 수도 있습니다. 하지만 우리 정치 체제에 영향을 미치고 스며드는 것은 막아야 합니다. 그것이 국방 안보만큼 중요한 정치 안보입니다. 바로 자유민주주의를 지키는 길입니다. 자유민주주의 국가의 공당이라면 이런 세력을 옹호하고 이런 세력과 손잡는 일은 절대 해서는 안 되는 것입니다.

거대 야당, 정부 권능 마비시켜

헌법재판관 여러분, 그리고 국민 여러분, 거대 야당은 제가 취임하기도 전부터 대통령 선제 탄핵을 주장했고, 줄 탄핵, 입법 폭주, 예산 폭거로 정부의 기능을 마비시켜 왔습니다. 거대 야당은 이러한 폭주까지도 국회의 정당한 권한 행사라고 강변합니다. 그러나 국회의 헌법적 권한은 국민을 위해 쓰라고 부여된 것입니다. 자신들의 정치적 목적을 위해 정부 기능을 마비시키는 데 그 권한을 악용한다면 이는 헌정 질서를 붕괴시키는 국헌 문란에 다름 아닙니다.

또한 거대 야당은 제가 비상계엄으로 국회의 권능을 마비시키려 했다며 내란 몰이를 계속하고 있습니다. 하지만 거대 야당은 제가 대통령에 취임한 후 지금까지 지속적으로 끈질기게 정부의 권능을 마비시켜 왔습니다. 마치 정부를 마비시키는 것이 유일한 목표인 것처럼 국회의 권한을 마구 휘둘러 왔습니다.

국회의원과 직원들의 출입도 막지 않았고 국회 의결도 전혀 방해하지 않은 2시간 반짜리 비상계엄과, 정부 출범 이후 2년 반 동안 줄 탄핵, 입법 예산 폭거로 정부를 마비시켜 온 거대 야당 가운데, 어느 쪽이 상대의 권능을 마비시키고 침해한 것입니까?

거대 야당은 국무위원은 물론이고, 방통위원장, 검사, 감사원장에 이르기까지 탄핵하고, 탄핵하고, 또 탄핵했습니다. 탄핵 사유가 되는지 여부는 전혀 중요하지 않았습니다. 심지어 거대 야당 대표를 노려봤다고 장관을 탄핵하기도 했습니다. 일단 탄핵해서 직무를 정지시켜 놓고, 정작 헌재 탄핵심판에서는 탄핵 사유를 변경하는 황당한 일도 반복해 왔습니다.

얼마 전 중앙지검장 등 검사들에 대한 탄핵 심판을 재판관 여러분께서 직접 진행하시지 않았습니까? 기자회견장에서 거짓말을 했다는데 실제로는 그 기자회견에 나오지도 않았고, 국정감사에서 허위 증언을 했다는데 정작 국정감사에 출석하지도 않았습니다. 기본적인 탄핵 사유조차 틀렸는데도 일단 직무부터 정지시키고 보는 것입니다. 이것이 과연 정상적인 일입니까? 거대 야당의 공직자 줄탄핵은 정부의 기능을 마비시키는 차원을 넘어 헌정 질서 붕괴로 치닫고 있습니다.

이태원 참사가 발생하자 거대 야당은 연일 진상 규명을 외치면서 참사를 정쟁에 이용했습니다. 급기야 행정안전부 장관을 탄핵했습니다. 당시 북한이 민노총 간첩단에게 보낸 지령문에 이런 내용이 있습니다.

'이번 특대형 참사를 계기로 사회 내부에 세월호 참사 진상 규명 투쟁과 같은 정세 국면을 조성하는 데 중점을 두고 각계각층의 분노를 최대한 분출시켜라'

거대 야당이 북한 지령을 받은 간첩단과 사실상 똑같은 일을 벌인 것입니다. 이야말로 사회의 갈등과 혼란을 키우는 '선동 탄핵'이라 할 것입니다. 거대 야당은 자신들의 당 대표를 수사하는 검사들도 줄줄이 탄핵하고 서울중앙지검장까지 탄핵했습니다. 검사 탄핵은 그 자체로도 수사 방해지만 검사 탄핵을 지켜보는 판사들에 대한 겁박이 되기 마련입니다. 야당 대표에 대한 검찰 수사를 막고 야당 대표의 범죄를 심판할 판사들까지 압박하기 위한 '방탄 탄핵'인 것입니다. 급기야 거대 야당은 지난 정부의 이적 행위를 감사하던 감사원장까지 탄핵했습니다. 거대 야당은 감사원장 탄핵 소추안에 '사드 정식 배치 고의 지연 의혹' 감사를 탄핵 사유로 포함시켰습니다. 이 사건은 지난 민주당 정부의 안보 라인 고위직 인사 4명이 주한 중국 대사관 무관에게 사드 배치, 작전명, 작전 일시, 작전 내용 등 국가 기밀 정보를 넘겨준 간첩 사건입니다. 감사원은 이를 적발하고 검찰에 수사를 의뢰하는 등 감사 조치를 진행하였는데 이것이 탄핵 사유라는 것입니다. 자신들의 간첩 행위를 무마하기 위한 '이적 탄핵'이 아닐 수 없습니다. 헌법기관인 감사원장에 대한 탄핵은 그 자체로도 심각한 헌법 파괴 행위지만 이적 행위까지 탄핵으로 덮는 것을 보며 이야말로 자유민주주의를 무너뜨리는 망국적 위기 상황이라고 판단한 것입니다.

또 한편 정부 각 부처들은 국민의 세금으로 엄청난 규모의 예산을 사용 집행하고 있습니다. 수많은 산하기관도 거느리고 있습니다. 그런데 이런 부처의 수장들을 탄핵소추로 직무 정지시켜 그 부처의 기능을 마비시키거나 심각하게 저해한다면 기회비용과 재정적인 측면에서도 국가와 국민에게 얼마나 막대한 피해와 손해를 입히는 것이 되겠습니까?

거대 야당은 공직자를 무차별 탄핵소추하고 소추인단 변호사 비용도 국민 세금으로 사용하고 있지만 억울하게 탄핵소추된 공직자들은 직무가 정지된 상황에서 자기 개인 자금으로 변호사 비용까지 조달해야 합니다. 정부 공직자들은 거대 야당의 이러한 폭거에 한없이 위축될 수밖에 없습니다. 이처럼 거대 야당은 '선동 탄핵', '방탄 탄핵', '이적 탄핵'으로 대한민국을 무너뜨리고 있습니다.

제왕적 대통령 아닌 제왕적 거대 야당의 시대

우리나라 선거 가운데 대통령 선거가 기간도 가장 길고 국민적 관심도 가장 큽니다. 그만큼 직선 대통령의 민주적 정당성은 다른 선출직 공직자에 비해 그 무게가 다릅니다. 과거 우리나라 민주화운동은 한마디로 대통령 직선제 확보였다고도 할 수 있습니다. 그런데 거대 야당은 대선이 끝나자마자 동조 세력과 연대하여 아직 취임도 하지 않은 대통령 당선자를 상대로 선제 탄핵, 퇴진 운동을 벌이기 시작했고, 지난 2년 반 동안 오로지 대통령 끌어내리기를 목표로 한 정부 공직자 줄 탄핵, 입법과 예산 폭거를 계속해 왔습니다.

헌법이 정한 정당한 견제와 균형이 아닌 민주적 정당성의 상징인 직선 대통령 끌어내리기 공작을 쉼 없이 해온 것입니다. 이것이 국헌 문란이 아니면 도대체 어떤 것이 국헌 문란 행위이겠습니까? 뿐만 아니라 거대 야당의 이런 지속적인 국헌 문란 행위는 국가 정체성과 대외 관계에 있어서 자유민주주의 헌법 정신과 동떨어진 인식에 기반하고 있습니다. 따라서 직선 대통령을 끌어내리기 위한 줄 탄핵, 입법 예산 폭거는 어느 면에서 보나 자유민주주의 헌정 질서를 파괴하는 것입니다.

흔히들 대통령 중심제 권력 구조를 가지고 제왕적 대통령제라고 합니다. 그러나 지금 우리나라는 제왕적 대통령이 아니라 제왕적 거대 야당의 시대입니다. 그리고 제왕적 거대 야당의 폭주가 대한민국 존립의 위기를 불러오고 있습니다. 계엄 이후 벌어진 일들만 보아도 잘 알 수 있지 않습니까? 제가 정말 제왕적 대통령이라면, 공수처, 경찰, 검찰이 앞 다퉈서 저를 수사하겠다고 나서고, 내란죄 수사권도 없는 공수처가 영장 쇼핑, 공문서 위조까지 해가면서 저를 체포할 수 있었겠습니까? 비상계엄에 투입된 군 병력이 총 570명에 불과한데, 불법적으로 대통령 한 사람 체포하겠다고 대통령 관저에 3000~4000명이 넘는 경찰력을 동원했습니다. 대통령과 거대 야당 가운데 어느 쪽이 제왕적 권력을 휘두르며 헌정 질서를 무너뜨리고 있습니까?

제가 비상계엄을 결단한 이유는, 이 나라의 절체절명의 위기를 더 이상 방치할 수 없다는 절박함, 그것이었습니다. 저는 주권자인 국민들께 이러한 거대 야당의 반국가적 패악을 알리고, 국민들께서 매서운 감시와 비판으로 이들을 멈춰달라고 호소하고자 했습니다. 국정 마비와 자유민주주의 헌정 질서 붕괴를 막고 국가 기능을 정상화하기 위해 절박한 심정으로 비상계엄을 선포한 것입니다. 12.3 비상계엄 선포는 국가가 위기 상황과 비상사태에 처해 있음을 선언한 것입니다. 국민을 억압하고 기본권을 제한하려는 것이 아니라, 주권자인 국민께서 비상사태의 극복에 직접 나서주십사 하는 간절한 호소입니다.

그런데 거대 야당은 제가 국회의 요구에 따라 계엄을 해제한 그날부터 탄핵 시동을 걸었습니다. 하지만 비상계엄은 범죄가 아니고, 국가 위기를 극복하기 위한 대통령의 합법적 권한 행사입니다. 저는 긴급 국무회의를 거쳐 방송을 통해 비상계엄을 선포했고, 질서 유지를 위해 국회에 최소한의 병력을 투입했으며, 국회가 해제 요구 결의를 하자 즉각 병력을 철수하고 국무회의를 소집해서 계엄을 해제했습니다.

다 알고 계시다시피, 2023년 중앙선관위를 포함한 국가기관들이 북한에 의해 심각한 해킹을 당했습니다. 중앙선관위는 이 같은 사실을 국정원으로부터 통보받고도 다른 국가기관들과 달리 점검에 제대로 응하지 않았고 울며 겨자 먹기로 응한 일부 점검 결과 심각한 보안 문제가 드러났기 때문에 중앙선관위 전산 시스템 스크린 차원에서 소규모 병력을 보낸 것입니다. 선거의 공정과 직결되는 중앙선관위의 전산 시스템 보안 문제는 우리 자유민주주의 체제의 핵심 공공재이자 공공 자산을 지키는 일이기 때문입니다.

더구나 선거 소송에서 드러난 다량의 가짜 부정 투표용지, 그리고 투표 결과가 도저히 납득하기 어렵다는 통계학과 수리과학적 논거 등에 비추어 중앙선관위의 전산 시스템에 대한 투명한 점검 필요성이 꾸준히 제기되어 왔습니다. 이런 조치들의 어떤 부분이 내란이고 범죄라는 것인지 도대체 이해할 수가 없습니다. 비상계엄 자체가 불법이라면 계엄법은 왜 있으며, 합동참모본부에 계엄과는 왜 존재합니까?

나라를 지키고 싶어 정치 시작

헌법재판관 여러분, 그리고 국민 여러분, 저는 2021년 6월 29일 처음으로 정치 참여를 선언했습니다. 대통령이라는 자리가 영광의 길이 아니라 형극의 길이라는 사실을 잘 알고 있었습니다. 대통령직을 아주 가까이에서 지켜보신 어떤 분은 우리나라 대통령직은 저주의 길이라면서, 저를 만류하시기도 했습니다. 그러나 자유민주주의라는 헌정 질서가 무너지고 있는 상황에서 나라를 지키고 싶어 정치를 시작했습니다. 그때 정치 참여를 선언하면서, 국민께 드린 약속이 있습니다. 우리의 미래를 짊어질 청년들, 국가를 위해 희생한 분들, 산업화에 일생을 바친 분들, 민주화에 헌신하고도 묵묵히 살아가는 분들, 성실하게 세금을 내는 분들, 이런 국민들이 분노하지 않는 나라를 만들겠다는 약속이었습니다. 청년들이 마음껏 뛰는 역동적인 나라, 자유와 창의가 넘치는 혁신의 나라, 약자가 기죽지 않는 따뜻한 나라, 국제 사회와 가치를 공유하고 책임을 다하는 나라를 만들겠다고 국민께 약속을 드렸습니다.

거대 의석과 이권 카르텔이 나라의 주인 노릇을 하는 데 맞서 빼앗긴 주권을 되찾아 드리겠다고 국민 앞에서 다짐을 했습니다. 그날 이후 지금까지 단 한순간도 이 약속을 잊은 적이 없습니다. 국민의 선택을 받아 대통령이 된 후 이 약속을 지키기 위해 쉼 없이 노력하고, 또 노력했습니다. 무엇 하나 쉬운 일이 없었습니다. 글로벌 복합 위기로 인한 대외 환경의 어려움이 계속됐습니다. 지난 민주당 정부의 잘못된 소주성 정책과 부동산 정책은 우리 경제와 민생의 문제를 풀어가는 데 계속 발목을 잡았습니다. 하지만 어떤 문제라도 노력하면 풀어낼 수 있다고 믿었고 실제로 우리 기업, 우리 국민과 함께 뛰면서 하나하나 문제를 해결할 수 있었습니다. 기쁘고 보람 있는 일도 많았고, 부족하고 아쉬운 일도 있었습니다. 무엇보다 국가 안보와 국민 안전을 지키는 제복 입은 공직자에 대한 처우 개선 추진이 보람된 일이었습니다. 지난 민주당 정권은 반일 선동에만 열을 올렸지만 우리 정부에서는 1인당 GDP가 일본을 앞질렀고, 우리 인구의 두 배 반이 넘는 경제 강국 일본과 수출액 차이가 이제 불과 수십억 불 규모로 좁혀졌습니다. 20년 전에 비해 100분의 1, 지난 민주당 정부에 비해 수십 분의 1로 줄어든 것입니다.

또 작년에 서른 번이나 열었던 전국 순회 민생 토론회 기억이 많이 납니다. 국민의 어려움을 직접 듣고 많은 일을 현장에서 해결해 드리면서 국민과 같이 웃기도 했고 같이 울기도 했습니다. 수도권, 영남, 호남, 충청, 강원, 제주까지, 전국 모든 지역을 다니면서, 지역 발전 방안을 함께 고민했습니다. 우리 국민들께서 전국 어디에 살든 공정한 기회를 누리며 행복하게 살 수 있도록 만들어서 진정한 국민 통합을 이루고 싶었습니다. 다시 그렇게 일할 기회가 있을까, 마음이 아립니다.

1박 4일의 살인적 일정으로 미국에 가서 한미일 캠프 데이비드 선언을 발표했을 때는 정말 보람이 컸고 마음도 든든했습니다. 방산 수출의 물꼬를 트고, 팀코리아가 체코 원전 건설 사업의 우선협상 대상자로 선정됐을 때는, 뛸 듯이 기뻤습니다. 아쉬웠던 순간도 떠오릅니다. 기업과 국민에게 꼭 필요한 법안들은 하염없이 뒤로 미뤄놓고, 거부권을 행사할 수밖에 없는 위헌적 법안, 핵심 국익에 반하는 법안들이 야당 단독으로 국회에서 일사천리로 통과될 때는 정말 답답했습니다. 국방, 치안, 민생을 위해 꼭 필요한 아킬레스건 예산들이 삭감됐을 때는 막막한 심정이 들었습니다. 지금 저는 잠시 멈춰 서 있지만, 많은 국민, 특히 우리 청년들이 대한민국이 처한 상황을 직시하고 주권을 되찾고 나라를 지키기 위해 나서고 있습니다.

비상계엄의 목적이 망국적 위기 상황을 알리고 헌법 제정 권력인 주권자들께서 나서주시기를 호소하고자 하는 것이었는데, 이것만으로도 비상계엄의 목적을 상당 부분 이루었다는 생각이 듭니다. 저의 진심을 이해해주시는 우리 국민, 우리 청년들에게 진심으로 감사의 말씀을 드리고 싶습니다. 제가 직무에 복귀하게 되면, 나중에 또다시 계엄을 선포할 것이라는 주장도 있습니다. 터무니없는 이야기입니다. 계엄의 형식을 빌린 대국민 호소로 이미 많은 국민과 청년께서 상황을 직시하고 나라 지키기에 나서고 계신데, 계엄을 또 선포할 이유가 있습니까? 결코 그런 일은 없을 것입니다.

의원 체포, 끌어내라는 주장은 앞뒤 안 맞는 얘기

헌법재판관 여러분, 그동안 심판정에서 다뤄진 쟁점들 가운데, 두 가지 쟁점에 대해서만 간략하게 말씀드리고자 합니다. 세세한 사실관계를 언급하기보다 상식의 선에서 간단히 말씀을 드리겠습니다. 우선 제가 국회의원을 체포하거나 본회의장에서 끌어내라고 했다는 것입니다. 정말 터무니없는 주장입니다. 상식적으로 이렇게 해서, 도대체 뭘 어떻게 하겠습니까? 의원들을 체포하고 끌어내서 계엄 해제를 늦추거나 막는다 한들 온 국민과 전 세계가 지켜보고 있는데 그다음에 뭘 어떻게 하겠습니까? 계엄 당일 국회의장의 발언대로 국회는 어디서든 본회의를 열어서 계엄 해제를 의결할 수도 있습니다. 영화나 소설에는 나오기도 하지만 현실적으로 이런 일을 하려면 군으로 국가를 완전 장악하는 계획과 정치 프로그램을 갖고 있어야 합니다. 그런데 실제 상황이 그랬습니까? 계엄 사무를 담당할 주요

지휘관들이 비상계엄 직전에 어디에 있었는지 심판정 증거 조사에서 다 드러났습니다. 장관 재가를 받아 지방 휴가를 가거나, 부부 동반 만찬, 간부 만찬 회식을 하다가 계엄이 선포된 직후에야 국방부장관으로부터 업무 지시를 받았습니다. 준비된 치밀한 작전 계획이나 지침이 없었기 때문에, 혼선과 허술함도 있었습니다. 국방부 장관이나 지휘관들이나 경험이 풍부한 군사 전문가들인데 왜 이랬겠습니까?

12.3 계엄 선포는 계엄 형식을 빌린 대국민 호소이고 과거 계엄과 다른 것이었기 때문입니다.

이미 민주주의를 수십 년 경험하고 몸에 밴 우리 50만 군이, 임기 5년 단임 대통령의 사병 역할을 할 리가 있습니까? 제가 비상계엄을 선포한 이유는 오로지 주권자인 국민들에게 국회의 망국적 독재로 나라가 위기에 처했으니, 이를 인식하시고 감시와 비판의 견제를 직접 해주십사 하는 것이었습니다. 공화국의 대의제 위기에 헌법제정 권력인 주권자가 직접 나서 달라는 호소였습니다.

의원을 체포하거나 끌어내라고 했다는 주장은 국회에 280명의 질서 유지 병력만 계획한 상태에서 전혀 앞뒤가 맞지 않는 이야기입니다. 국회가 비어 있는 주말도 아니고, 회기 중인 평일에 이런 병력으로 정말 말이 안 되는 이야기입니다. 국회의원만 300명이고, 국회 직원들과 보좌진을 합치면 몇 천 명이 넘습니다. TV 생중계를 보더라도 계엄 선포 후 얼마 지나지 않아 이미 국회 경내와 본관에는 수천 명의 국회 관계자와 민간인이 들어왔습니다. 실제로 계엄 선포 후 1시간 30분이 지나서야 질서유지 병력이 도착하였고, 국회 경내에 진입한 병력이 106명, 본관에 들어간 병력이 겨우 15명인데, 이렇게 극소수 병력을 투입해 놓고 국회의원을 체포하고 끌어내라는 게 말이 되겠습니까? 게다가 "의결정족수가 차지 않았으니 본회의장에 들어가서 의원들을 끌어내라"고 했다는데, 의결정족수가 차지 않았으면 더 이상 못 들어가게 막아야지 끌어낸다는 것은 상식에 반합니다. 본관에 진입한 군인들은 본회의장이 어딘지도 몰랐다고 합니다. 무엇 하나 말이 되지 않습니다. 단 한 사람도 끌려나오거나 체포된 일이 없었으며, 군인이 민간인에게 폭행당한 일은 있어도 민간인을 폭행하거나 위해를 가한 일은 단 한 건도 없었습니다. 실제로 일어나지도 않았고 일어날 수도 없는 불가능한 일에 대해 이런 주장을 하는 것은 그야말로 호수 위에 비친 달빛을 건져내려는 것과 같은 허황된 것입니다.

탄핵 사유에서 내란 삭제한 '사기 탄핵'

거대 야당은 대통령의 헌법상 권한에 기해서 선포된 계엄을 불법 내란으로 둔갑시켜 탄핵소추를 성공시켰습니다. 그리고는 헌법재판소 심판에서는 탄핵 사유에서 내란을 삭제하였습니다. 그야말로 초유의 사기 탄핵이 아닐 수 없습니다. 내란이냐 아니냐는 긴 시간의 복잡한 심리를 통해 가려지는 것이 아닙니다. 내란이냐 아니냐는 판례에서 보듯이 실제 일어난 일과 진행된 과정에서 드러난 결과로 판단하는 것이고, 누가 봐도 쉽게 바로 알 수 있어야 내란이라고 할 수 있는 것입니다. 거대 야당과 소추단이 헌재 심판 대상에서 내란을 삭제한 이유는 심리 시간을 단축시키려는 것이 아니라 내란의 실체가 없기 때문입니다. 더구나 12·3 계엄은 발령부터 해제까지 역사상 가장 빨리 종결된 계엄입니다. 그러다 보니 계엄사령부 조직도 구성되지 못했고, 예하 수사 본부 조직도 만들어지지 못한 채 그냥 계엄이 종료되었습니다. 겨우 몇 시간 평화적으로 진행된 계엄을 내란이라고 볼 수 없는 것입니다.

이어서 비상계엄 국무회의에 대해 말씀을 드리겠습니다. 계엄 당일 국무회의는 국무회의로 볼 수 없다는 주장이 있습니다. 그런데 국무회의를 할 것이 아니었다면 12월 3일 밤에 국무위원들이 대통령실에 도대체 왜 온 것입니까? 국무회의가 아니라 간담회 정도였다는 주장도 있습니다만 그날 상황이 간담회 할 상황이 아닙니다. 간담회는 의사정족수도 없는데 왜 국무회의 의사정족수가 찰 때까지 기다렸겠습니까? 당일 저녁 8시 30분부터 국무위원들이 차례로 오기 시작했고 저는 국무위원들에게 비상계엄에 대해 설명하고, 국방장관이 계엄의 개요가 기재된 비상계엄선포문을 나눠주었습니다. 국무위원들은 경제적, 외교적으로 어려움이 있을 수 있다고 우려했고, 저는 대통령으로서 각 부처를 관장하는 국무위원들의 생각과 다른 생각을 가지고 있으며 국가가 비상 상황이고 비상조치가 필요함을 설명했습니다. 그리고 각 부처 장관의 우려 사항, 예를 들어 경제부총리의 금융시장 혼란 우려와 외교부 장관의 우방국 관계 우려는 걱정하지 말라고 했습니다. 국무위원들이 과거의 계엄을 연상하고 있는 상황이어서 저는 걱정하지 말라고 한 것입니다. 의사정족수 충족 이후 국무회의 시간은 5분이었지만 그 전에 이미 충분히 논의한 것입니다. 다음 날 새벽 계엄 해제 국무회의는 소요 시간이 단 1분이었습니다. 실제 정례 주례 국무회의의 경우에도 모두 발언, 마무리 발언 등을 하고 많은 안건을 다루기 때문에 1시간가량 걸리지만 개별 안건의 심의 시간은 극히 짧습니다. 또한 비상계엄을 위한 국무회의를 정례 주례 국무회의처럼 하기는 어렵습니다. 보안 유지가 중요하고, 그렇게 해야 혼란도 줄이고 질서 유지 병력도 최소화할 수 있기 때문입니다.

이상민 전 행안부장관은 지난 심판정에서 "그동안 국무회의를 100여 차례 참석했지만 이번 국무회의처럼 실질적으로 열띤 토론이나 의사 전달이 있었던 것은 처음"이라고 했습니다. 국무회의 배석을 위해 비서실장과 안보실장도 통상처럼 대통령실로 나오도록 했고 국가 안보의 문제이기도 해서 국정원장도 참석시켰습니다.

1993년 8월 13일 김영삼 대통령께서 긴급재정경제명령으로 금융실명제를 발표했을 때도 국무위원들은 소집 직전까지 발표한다는 사실 자체를 몰랐고 국무회의록도 사후에 작성됐습니다. 그때 상황은 이인제 당시 노동부장관께서 이미 공개적으로 설명한 바 있습니다. 그러나 아무도 이를 두고 국무회의가 없었다고 하지 않았고, 당시 헌법재판소는 긴급명령 발동을 모두 합헌이라고 결정했습니다. 그 밖의 여러 쟁점들에 대해서는 변호인단의 변론으로 갈음하겠습니다.

개헌과 정치 개혁 추진에 집중

헌법재판관 여러분, 그리고 국민 여러분, 저는 언젠가 해야 하고, 누군가 해야 하는 일이라면, 지금 제가 하겠다는 마음으로 대통령직을 수행해 왔습니다. 그래서 임기 전반부 동안 역대 정부들이 표를 잃을까 봐 하지 못했던 교육, 노동, 연금의 3대 개혁을 중심으로 국정 개혁 과제를 과감하게 추진했습니다. 30년 동안 지지부진했던 유보 통합의 첫걸음을 떼었고, 늘봄학교와 융복합 고등교육, 그리고 지역 산업과의 연계 강화를 위한 과감한 권한 이전 등 교육 개혁의 기틀을 마련했습니다. 노사 법치의 틀을 새롭게 세우고 4차 산업혁명 시대에 적응하기 위한 노동 유연화와 노동 보호의 노동 개혁 물꼬도 텄습니다. 국가적 난제였던 연금 개혁도 역대 정부 최초로 방대한 수리 분석과 심층 여론조사를 진행하였고 수용성이 높은 방안을 만들어 국회에 제출했습니다. 대통령 임기 초반에는 국민과 유권자에게 선거 때 약속한 공약과 국정 과제의 실천, 또 민생에 영향이 큰 사회 개혁의 추진이 우선이기 때문에 이러한 스케줄에 맞춰 일해 온 것입니다.

어느 정권이나 임기 초기에는 선거 공약과 국정 과제 이행이 우선이므로 정치 개혁에는 신경 쓸 여력이 없습니다. 그러다가 전직 대통령들의 5년 임기가 금방 다 지나갔고 변화된 시대에 맞지 않는 87체제가 여전히 유지되고 있습니다. 정치가 국민을 불편하게 만들고 나라의 발전을 가로막고 있습니다. 또 국가의 미래를 결정하는 일에 미래의 주역인 청년들이 참여할 수 있도록 정치와 행정의 문턱이 더 낮춰져야 합니다.

제가 직무에 복귀하게 된다면 먼저 87체제를 우리 몸에 맞추고 미래 세대에게 제대로 된 나라를 물려주기 위한 개헌과 정치 개혁의 추진에 후반부를 집중하려고 합니다. 저는 이미 대통령직을 시작할 때부터 임기 중반 이후에는 개헌과 선거제 등 정치 개혁을 추진하겠다는 계획을 가지고 있었습니다. 현직 대통령의 희생과 결단 없이는 개헌과 정치개혁을 할 수 없습니다. 그래서 '내가 이것을 해내자'고 생각했던 것입니다. 저는 여러 전직 대통령들이 후보 시절 공약하고도 이행하지 못한 청와대 국민 반환도 당선 직후 즉시 추진하고 이행한 바 있습니다. 잔여 임기에 연연해하지 않고, 개헌과 정치 개혁을 마지막 사명으로 생각하여 87체제 개선에 최선을 다하고 싶습니다.

개헌과 정치 개혁 과정에서 국민 통합을 이루는 데도 노력을 다할 것입니다. 결국 국민 통합은 헌법과 헌법 가치를 통해 이루어지는 만큼, 개헌과 정치 개혁이 올바르게 추진된다면 그 과정에서 갈라지고 분열된 국민들이 통합될 것이라고 믿습니다. 그렇게 되면 현행 헌법상 잔여 임기에 연연해 할 이유가 없고, 오히려 제게는 크나큰 영광이라고 생각합니다.

그리고 국정 업무에 대해서는 급변하는 국제 정세와 글로벌 복합 위기 상황을 감안하여, 대통령은 대외 관계에 치중하고 국내 문제는 총리에게 대폭 위임할 생각입니다.

우리 경제는 다른 어느 나라보다 대외 의존도가 매우 높습니다. 특히 미 트럼프 행정부 출범 이후 국제 질서의 급변과 글로벌 경제 안보의 불확실성에 크게 영향을 받을 수밖에 없습니다. 지금 우리가 국가 노선을 어떻게 선택하느냐에 따라 이 위기가 기회가 될 수도 있고, 돌이킬 수 없는 재앙을 맞을 수도 있습니다. 글로벌 중추 외교 기조로 역대 가장 강력한 한미동맹을 구축하고, 한미일 협력을 이끌어낸 경험으로 대외 관계에서 국익을 지키는 일에 매진하고 싶습니다. 임기 전반기에도 지방시대위원회와 국민통합위원회를 통해 지역별, 세대별, 계층별 통합을 위해 노력해왔지만, 앞으로도 국민을 하나로 묶고 국가 전체 시너지를 올리는 국민통합에 더욱 매진할 것입니다.

대통령으로서 고뇌의 결단한 이유 깊이 생각해주시길…

존경하는 헌법재판관 여러분, 먼저, 촉박한 일정의 탄핵심판이었지만, 충실한 심리에 애써주신 헌법재판관님들께 깊이 감사드립니다. 이번 심리는 내란 탄핵으로 소추한 후 심판과정에서 내란 삭제를 주도한 소추단 측이 제시한 쟁점 위주로 이루어지게 되었고 그러다 보니, 제가 12·3 비상계엄을 선포한 이유와 그 불가피성에 대해서는 충분히 설명드릴 기회가 부족했다고 생각합니다. 서면으로 성실하게 관련 자료를 제출하였으니, 대통령으로서 고뇌의 결단을 한 이유를 깊이 생각해주시기 바랍니다.

또 많은 국가 기밀 정보를 다루는 대통령으로서 재판관님들께 모두 설명드릴 수 없는 부분에까지 재판관님들의 지혜와 혜안이 미칠 것이라 믿습니다. 다시 한 번 재판관님들의 노고에 감사드립니다.

그리고 사랑하는 대한민국 국민 여러분, 국가와 국민을 위한 계엄이었지만 그 과정에서 소중한 국민 여러분께 혼란과 불편을 끼쳐드린 점, 진심으로 죄송스럽게 생각합니다. 저의 구속 과정에서 벌어진 일들로 어려운 상황에 처한 청년들도 있습니다. 옳고 그름에 앞서서 너무나 마음이 아프고 미안합니다. 정말 미안한 생각을 가지고 있습니다.

저는 대통령에 출마할 때, 나라를 위해 목숨을 바치겠다고 결심을 했습니다. 지난 12·3 계엄과 탄핵 소추 이후 엄동설한에 저를 지키겠다며 거리로 나선 국민들을 보았습니다. 저를 비판하고 질책하는 국민들의 목소리도 들었습니다. 서로 다른 주장을 하고 있지만, 모두 대한민국을 사랑하는 마음이라고 생각합니다. 부족한 저를 지금까지 믿어주시고 응원을 보내주고 계신 국민 여러분께 진심으로 감사드립니다. 저의 잘못을 꾸짖는 국민의 질책도 가슴에 깊이 새기겠습니다. 그리고 이 모든 과정이 새로운 대한민국으로 도약하는 디딤돌이 될 수 있도록 최선을 다하겠습니다. 감사합니다.

박동진 교장과 시관   2025년 2월 25일. 화.

박 교장은 이날 밤 윤가의 진술을 끝까지 경청했다. 그가 헌재 심판정에서 제스처를 써가며 69분 동안 토해내는 궤변이란 역겨워서 듣기가 거북했다. 생각 같아서는 즉시 TV를 꺼버리고 취침하고 싶은데 몽상가 윤석열이 또 무슨 폭탄선언을 할지 몰라 TV를 끌 수가 없었다. 아니나 다를까. 그는 기어코 망발을 뱉어냈다. ;

"잔여 임기에 연연해하지 않고, 개헌과 정치 개혁을 마지막 사명으로 생각하여 87체제 개선에 최선을 다하고 싶습니다."라고 망발했다. (우째 이런 사람이…)

그가 이렇게 제 분수를 모르니 사람들이 몽상가라고 한다. 내란혐의로 수사 받고 있는 피의자에게 어느 국민이 그 막강한 권력을 또 준단 말인가? 몽상가에게 대통령 직을 다시 준다는 것은 정신병자에게 국군통수권과 미사일 버튼과 총칼을 쥐어준 것과 같다. 그는 아직도 자신이 어떤 처지에 있는지 모르고 헌법재판관들께 대통령직 복귀를 청원했다. 그 주제에 또 대통령직 복귀? 정상적인 인격을 갖춘 사람이라면 언감생심, 그런 청원을 어찌 할 수 있겠는가? 두 번 생각하고 열 번을 생각하고, 아니 1천 번을 생각해도, 그런 사람을 대통령으로 뽑았던 우리 국민을 이해할 수가 없다. 다들 눈이 멀었나? 귀가 막혔나? 머리가 비었나? 손가락이 비틀렸나? 22대 대통령으로 윤가가 당선되던 날 하늘에서 내려다보고 계신 단군왕검께서 식음을 전패하고 한탄하셨다는 시관의 전언이 박 교장을 슬프게 했다.

그런데 이제 단군왕검께서 한시름 놓으시고 파안대소하시게 되었다. 윤가가 주어진 임기 5년을 다 채우지 않고 2년 반 만에 제 스스로 권좌에서 내려왔으니 말이다. 그런 점으로 봐서는 국민들이 그를 비방하지 말고 고마워해야 한다. 그가 만약 5년을 꽉 채웠더라면 어쩔 뻔했는가? 그가 임기 후반에 북쪽을 자극하여 전쟁을 유발하고, 계엄을 선포해서

영구집권을 획책한다면 어쩔 뻔 했는가? 이번에 그의 계엄선포가 실패로 끝난 것이 천만다행이고 만만다행이다. 그가 이번에 계엄을 성공했더라면 대한민국은 후진국으로 추락하게 된다. 만약 그렇게 됐으면 대한민국은 100년을 후퇴하게 된다. 남의 나라는 다 전진에 전진을 거듭하여 50년 앞으로 나가 있는데 대한민국이 50년을 후퇴하게 되면 대한민국은 100년 이상 뒤떨어지게 된다. 하늘이 도왔다. 하늘에 계신 단군왕검께서 근심걱정 끝에 윤가를 스스로 내려가게 하셨다. 그래서 우리는 제 스스로 무덤을 파고 내려온 윤가에게 고마움을 표해야 한다. 그리고 그는 우리 국민에게 선거의 중요성을 가르쳤다. 선출직 공무원을 뽑을 때 한 표 한 표가 어떤 의미가 있는지를 실감나게 교육했다. 그가 한 짓으로 봐서는 용서할 수 없지만 자신의 임기를 반으로 줄여 가면서 국민을 가르치려고 계몽령(啓蒙令)을 내렸으니 얼마나 고마운가?

그리고 질책을 받아야 할 사람은 윤가가 아니고 우리 자신이다. 우리는 수치스러운 우리의 선택을 반성하고, 다시는 이런 실수를 하지 말아야 한다. 우리 국민은 이번에 대통령 직책이 어떤 직책인지 잘 알았을 것이다. 한 나라의 대통령이 그 나라의 흥망성쇠 키를 잡고 있다는 것을 알았을 것이다. 그러니 이번 실수를 교훈삼아 앞으로는 대통령을 잘 뽑아야 한다. 윤가가 69분의 궤변을 끝내고 -감사합니다-라는 인사로 진술서 낭독을 끝냈을 때 박 교장은 소파 등받이에 기대 깊은 잠에 빠져 있었다.

박 교장은 꿈속에서도 수백 번 윤가 이름을 뇌며 그를 생각했다.

'윤가가 내 나라 대통령이었다는 사실이 치욕이다.'

'내가 낸 세금이 윤가 월급이 되고 윤가 술값이 되었다는 사실이 억울하다.'

'내가 낸 세금으로 고대광실을 지어 윤가를 그 집에 살게 했던 것이 억울하다.'

'지옥이 따로 없다. 윤가가 대통령인 나라가 지옥이다.'

박 교장이 이런 생각을 하고 있을 때 낯익은 시관이 인자한 미소를 머금고 박 교장에게 다가왔다. 시관은 전에 봤던 그 노랑색 복장을 그대로 하고 있었다.

"시관님, 안녕하십니까?"

"안녕하십니까?"

"시관님을 뵙고 싶었습니다."

"알고 있어요. 나라가 시끄러우니 대왕마마의 교지를 한 시라도 빨리 보고 싶었던 게지요?"

"예, 시관님. 대왕마마 교지를 어서 보고 싶습니다."

"알았어요. 이제는 교지를 보여줄 때가 됐습니다. 그래서 내가 온 거예요."

"감사합니다. 감사합니다."

시관이 박 교장을 나무 밑으로 데리고 갔다. 나무 밑에 들어간 시관이 단군왕검 교지를 스르륵 펴서 나뭇가지에 세로로 걸었다. 그런데 그 교지는 백지교지였다. 박 교장 눈에는 글씨가 한 자도 보이지 않았다. 사실 박 교장은 이것을 걱정은 하고 있었다. 시관으로부터 교지를 받아도 교지에 기록된 문자가 한문일지 한글일지, 아니면 신령계에서만 사용하는 신서일지 걱정하고 있었다. 그런데 그 교지는 한문도 한글도 그 어떤 글자도 없는 백지였다.

"시관님, 교지에 내용이 없습니다."

"허허허허 있어요. 내용이 있지만 박 교장 눈에는 안 보일 뿐입니다. 이제부터 내가 봉독하면 글자가 살아나서 또렷하게 보일 테니 열 번이고 백 번이고 읽어서 다 외워야 합니다. 이 교지를 인간 세상에 가지고 갈 수가 없으니 외워서 가져가란 말입니다. 박 교장이 이 교지를 다 외우기 전에는 이 자리를 뜰 수가 없어요. 그러니까 반드시 외워야 합니다. 박 교장이 다 외우면 잠에서 깨날 거예요. 자- 내가 읽을 테니 교지를 잘 보시오."

"예, 시관님. 봉독해 주십시오."

박 교장은 다음 날 아침 소파 위에서 깼다. 전날 밤 윤가의 궤변을 듣다가 잠들었는데 그 자리에서 밤을 새고 아침에 깬 것이다. 사모가 두 세 차례 그를 깨우며 ;

"여보, 침대에 가서 주무세요. 네?" 했지만 그는 알아차리지 못했다.

그는 다음 날 아침 소파에서 눈을 말똥말똥하게 뜨고 꿈에 외웠던 '단군왕검교지'를 되새겨 봤다. 그의 머릿속에서 교지내용이 또렷하게 재생되었다. 그는 책상으로 달려가 컴퓨터를 켜고 교지를 입력했다. 우물쭈물하다가 그의 기억에서 '교지'가 사라지면 큰 낭패다. 하늘에 계신 신령님들의 명령을 이행할 수 없게 되면 그 죄보다 더 큰 죄는 없을 것이다.

실은 박 교장이 전차에 시관님으로부터 '윤가의 죄상을 책으로 쓰라.'는 명령을 받고 귀환하여 즉시 윤가의 패악질과 실정사실을 수집하여 책을 쓰고 있었다. 그가 출간하고자 하는 책의 제목은 '민주주의 함성'이다. '민주주의 함성'은 이미 완성단계에 있고, 이제 '단군왕검 교지'만 추가하면 책이 완성된다. 그가 쉽게 자료를 수집할 수 있었던 것은 이 나라 정치, 경제, 사회, 문화, 각 분야에 윤가의 실정 흔적이 가득 차있기 때문이다. 취재하고 말고 할 것도 없이 신문을 보거나 인터넷을 클릭하면 뉴스 전체가 윤가 이야기로 가득 차 있다. 그 중에 뜨거운 이슈만 뽑아도 책 한권이 쉽게 채워진다. 이제 '교지'도 받았으니 빠른 시간 안에 책을 발간해야 한다. 단 한 시간도 지체할 수가 없고 1분도 한 눈 팔수가 없다.

단군왕검교지(헌법을 고치라)   2025년 3. 7. 금.

수련대통령제

 현재 대한민국 대통령제는 인품·자질·능력·공정성 등 아무것도 못 갖춘 야인이 괴이한 바람을 타고 혹세무민하여 대통령되는 기현상을 방지할 수가 없다. 이 현상을 제거하기 위해서 대통령 당선자는 두 단계 수련을 거쳐 <u>正대통령</u>으로 승진하도록 제도적으로 보완할 것을 제안한다. 그 제도를 설명하면 ;

① 본 제도에 의한 초대 대통령선거로 임기4년의 <u>예비대통령</u>과 <u>수련대통령</u>과 <u>正대통령</u> 등 3인을 동시에 선출하여 ;
- 예비대통령은 국무총리로서 내각을 관장하고,
- 수련대통령은 부통령(신설)으로서 외무를 전담하면서 正대통령을 보좌하고,
- 正대통령 당선자는 즉시 正대통령의 직무를 수행하되 방대한 권한 중 일부를 국무총리와 부통령 에게 이양한다.

② 3인의 임기(4년)가 끝나면 2대 대통령선거로 예비대통령(국무총리) 1인만 선출하여 ;
- 예비대통령 당선자는 국무총리로 취임하고,
- 현 국무총리(예비대통령)는 <u>부통령(수련대통령)</u>으로 승진하여 외무를 전담하면서 正대통령을 보좌하고,
- 현 부통령(수련대통령)은 正대통령으로 승진하여 국가원수로 부임하고,
- 正대통령은 퇴임한다.

③ 제2대·3대·4대--- 매 4년마다 실시하는 대통령선거에서 정대통령 대신 예비대통령(국무총리) 1인을 선출하여, 그 당선자는 국무총리로 입직하고, 4년 후에는 부통령으로 승진하고, 또 4년 후에 비로소 正대통령에

취임하는 것이다. 이렇게 함으로서 국민은 예비대통령을 검증하고, 당선자는 두 단계 즉 8년간의 수련을 거쳐 국가지도자로서의 자질을 충분히 갖추게 된다.
④ 국무총리가 수련기간 중, 결격 사유가 불거지면 국회가 재적의원 3분지 2 찬성으로 국무총리를 파면하고 예비대통령을 다시 선출하여 正대통령에게 천거하고, 정대통령이 그를 국무총리로 임명한다.
⑤ 부통령이 수련기간 중, 결격 사유가 불거지면 국회가 재적의원 3분지2 이상 찬성으로 부통령을 파면하고, 현 국무총리(예비대통령)를 즉시 승진시켜 부통령직을 승계하도록 하고, 예비대통령(국무총리)을 다시 선출하여 正대통령에게 천거하면 正대통령이 그를 국무총리직에 임명한다.
⑥ 이 제도의 특징은 4년마다 한 번씩 正대통령 대신 예비대통령(국무총리)을 선출하여, 그가 국무총리직 4년과 부통령 직 4년을 수행(수련)한 후에 正대통령 직에 취임하도록 한 것이다.

국회의원 정원 정당제 실시

이 제안은 정쟁만 일삼는 국회를 생산적인 국회로 전환하는 방법이다.
현 국회는 의원들이 흑당(黑黨) 아니면 백당(白黨)으로 몰릴 수밖에 없어 필연적으로 거대정당 두 개가 생성되고, 두 거대정당은 적대적 관계로 맞서 정쟁만 일삼게 돼 있다. 생산적인 국회를 구축하려면 거대정당 출현을 막아야 한다. 거대정당 생성을 방지하는 방법은 ;

- 1개 정당 소속 국회의원 수가 재적총수의 5분지 1(20%)을 초과할 수 없도록 규제한다.

'국회의원 정원정당제'를 실시하면 '지역중심 정당'과 '이념중심 정당' 성격이 희석되어 거대정당 출현이 불가능하게 되고 과도한 경쟁이 완화될 것이다.

2025년 3월 26일

중앙지법, 윤석열 '구속취소' 결정 2025년 3월 8일 토.

박 교장 집 마당에 자전거 네 대가 나란히 주차돼 있다. 박 교장, 구진회, 천대진, 허성이 임진강변 생태탐방로를 따라 순찰을 돌고 돌아와 자전거를 마당에 세우고 사랑방에 들어가 커피를 마시며 휴식하고 있는 중이다. 그들이 순찰하는 목적은 탈북민단체와 납북자가족모임의 '대북풍선부양'을 저지하기 위해서다.

박 교장의 사랑방은 사방 10자가 넘는 널찍한 방에 직사각형테이블이 놓여있고, 테이블 주위에 의자 여섯 개가 놓여 있어 소모임하기에 딱 좋은 방이다. 네 사람이 자전거를 타고 파주 관내를 순찰하고 돌아와 나른한 몸으로 테이블에 마주보고 앉아 환담하고 있다.

"허가야, 헌재가 윤가 파면을 언제 할 것 같냐?" 천대진이 허성에게 물었다.

"하이고 형님도 참, 제가 그걸 어떻게 알아요?"

"잉? 자네가 모르면 누가 아나?"

"맞아, 우리 척척박사가 모르면 이상한 거지 허허허허, 그 인간을 빨리 처단해야 나라가 조용할 텐데…" 구진회다.

"이제 머지않았습니다. 아마도 다음 주에 발표하겠지요?" 박 교장이다.

"박 교장, TV 좀 켜 봐. 윤가 이야기 좀 들어보자고." 구진회다.

박 교장이 리모콘으로 TV를 켰다. 구진회 말대로 윤가 이야기가 바로 나왔다. 네 사람의 눈이 모두 TV 화면으로 갔다.

"뭐라고? 윤가 구속이 취소된다고?"

이게 웬 말인가? 경천동지할 뉴스가 보도되고 있다. 서울중앙지방법원이 서울구치소에 수감 중인 '윤석열 구속취소결정'을 했다는 것이다.

"뭐야? 윤가 구속을 취소한다고? 이것이 무슨 소리여?" 천대진이다.

"잉? 그 인간을 석방한단 말이야?" 구진회다.

"잠깐, 조용히… 무슨 소린지 좀 들어봅시다." 박 교장이다.

서울중앙지방법원이 윤가의 '구속취소청구'를 '인용'했다는 발표였다. '청구'를 '인용'했다는 말은 윤석열의 구속취소신청을 받아들인다는 말로 구속 중인 '윤석열을 석방한다'는 얘기다. 변호사 두 사람이 엥커 좌우에 앉아 '윤석열 구속취소' 이유와 절차에 관해서 해설하고 있었다.

윤가 측은 지난 달 4일(2월 4일) 서울중앙지방법원에 '윤석열구속취소청구'를 했었다. 이 청구를 접수한 법원은 한 달 가량 검토한 끝에 이 청구에 관해 '인용'을 결정했다고 한다. 이 통보를 받은 검찰청은 조용했다. 검찰은 이제 법원 결정에 따라 구속 중인 피고인을 석방하거나 법원결정에 불복하면 '즉시항고'를 해서 상급법원의 판단을 받아 봐야 한다.

서울중앙지방법원이 윤가의 구속을 취소한 이유는 검찰이 1월 15일 윤가를 체포하여 기소할 때 형사소송법이 규정한 구속기간(10일)이 만료된 후에 기소했다는 것이다. 검찰은 윤가의 체포적부심과 영장실질심사에 걸린 '날'을 정확하게 계산해서 날짜에 맞춰 기소했다. 그런데 재판부는 체포적부심은 구속기간에 포함하고, 영장실질심사에 걸린 '실제 시간'만 제외해야 한다고 했다. 검찰이 '9시간 45분' 늦게 지각 기소했다는 것이다. 즉 검찰이 피의자 윤가를 2025년 1월 26일 09시 07분까지 기소했어야 하는데 이 시간을 지나 같은 날 18시 52분에 기소했으니 윤가는 기소되지 않았고 불구속상태로 재판에 임할 수 있다는 것이다. 쉽게 말하면 날짜는 어기지 않았는데 제 시간을 지나서 기소했기 때문에 그 기소는 무효라는 것이다. 참으로 기이한 계산법이다. 이 계산법은 1954년 이승만 대통령 때 개헌가결 정족수를 사사오입하여 계산함으로서 정족수가 채워졌다는 주장과 유사하다. 대한민국 역사에 또 하나의 묘수가 등장하여 국민들을 놀라게 했다.

법원과 검찰은 지금까지 모든 사건의 법정일정을 '날(日)' 단위로 산정해서 진행해 왔다. 다시 말해서 기소만료 기간을 정할 때 어느 날까지라고 정할 뿐, 어느 날 몇 시까지라고 시간을 정하지는 않는다는 얘기다. 그래서 검찰 측 계산은 ;

- 윤가 체포 날짜가 1월 15일이고,
- 1월 17일에 윤가 '구속영장'을 청구하면서 조사서류를 몽땅 법원에 제출하고, 3일(17일/18일/19일) 후 1월 19일 발부된 '구속영장'과 함께 제출했던 서류를 돌려 받았으므로 조사가 중단된 채 경과한 날짜가 3일이고,
- 체포일(1월 15일)에 법정 구속기간 10일을 추가하면 1월 24일이 되고,
- 1월 24일에 3일간(17일/18일/19일)을 추가하면 기소만료일은 1월 27일이다.
- 그런데 검찰이 서울중앙지방법원에 윤가를 기소한 날짜는 1월 26일이다. 그렇다면 검찰이 기소만료일 하루 전에 기소했던 것이다. 그런데 왜 법원은 기소기간 만료 후에 기소했다며 '구속기간경과'를 이유로 '구속취소' 결정을 했는가? 이 문제에 있어서 서울중앙지방법원의 기소만료일 계산은 달랐다.

법원의 판단을 보면 ;

- 윤가 체포 날자가 1월 15일이고,
- 검찰이 윤가 '구속영장신청서'를 법원에 제출한 시간부터 영장을 받은 시간까지 33시간 07분이 소요되었으므로,
- 구속만료일인 1월 24일에 구속영장청구에 소요된 시간 33시간 7분을 추가하면 기소 가능한 시한은 1월 26일 09:07분이라는 것이다.
- 그리고 검찰이 법원에 윤가를 기소한 날짜는 1월 26일 18시 52분이므로 기소 시간이 경과한 후에 기소했다는 것이다.

▶ 그래서 윤가는 법정시간에 기소되지 않았으므로 구속을 취소해야 된다는 것이다.

종래에는 검찰이 피의자 기소 전 구속조사 기간을 산정할 때 형사소송법상 법조문에 명시된 '날'을 기준으로 해서 구속기간을 산정해 왔다. 즉 2월 1일 06시 00분에 체포한 A피의자가 있다면 구속조사기간이 10일이라고 해서 반드시 2월 10일 06시 00분 이전에 기소해야 되는 것은 아니다. 2월 10일 06시 00분에 체포했더라도 그날로부터 열흘을 넘기지 않고 2월 10일 24시 00분 전에 기소하면 하자가 없었다.

좀 더 설명하면 검찰이 피의자를 구속하기 위해 법원에 구속영장을 청구해야 하는데 이때 영장실질심사를 위해 검찰이 작성한 조사서류 일체를 법원에 제출해야 한다. 조사서류 일체를 법원에 제출해버린 검찰은 그 서류를 돌려받을 때까지는 피의자 조사를 할 수가 없으므로 그 서류가 오기를 기다려야 한다. 이때 소요되는 기간을 '날'로 계산하느냐 '시간'으로 계산하느냐 하는 문제가 쟁점인 것이다.

종전에는 이런 문제가 대두되지 않고 모든 사건에서 '날' 단위로 법원행정을 진행했다. 그런데 유독 윤가만 이 문제를 제기하면서 '구속취소신청서'를 법원에 제출했던 것이다.

즉 「중앙지법은 영장실질심사를 하기 위해 윤가 조사서류를 검찰로부터 받았다가 그 서류를 검찰에 돌려줄 때까지 소요된 시간이 '33시간 07분'이라고 한다. 그래서 '법정구속기간 10일+33시간 07분'으로 산정하고」

「검찰은 윤가 '구속영장' 청구를 위해 1월 17일 낮에 조사서류를 법원에 제출했다가 1월 19일 낮에 그 서류를 돌려받았으니 '10일+3일간(17일/18일/19일)'이므로 2월 10일 24시 00분 전에 윤가를 기소하면 하자가 없다고 주장했다.」

법꾸라지 윤가 측이 이 법기술을 이용하여 중앙지방법원을 설득했고, 중앙지법은 지금까지 굳게 지켜오던 관행을 깨고 윤가 측 주장을 받아들여 '구속취소' 결정을 했다. 그런데 여기서 그냥 넘어갈 수 없는 문제가 있다.

대한민국 건국 이래 지금까지 아무 문제없이 굴러가던 '날'단위 산정이 왜 윤가에게만 시간 단위 산정인가? 윤가는 중대범죄(내란죄) 피의자다. 법은 대체로 약자를 보호하는 기능이 일반적인데 윤가는 최고 권력자 대통령이다. 윤가가 '체포영장도 중앙지법에서 받아오라' '구속영장도 중앙지법에서 받아오라'하던 이유가 이번 '구속취소' 결정으로 드러났다. 윤가의 인맥이 중앙지법에 대기하고 있었던 건 아닌가 하고 의심하지 않을 수 없다.

오호통재 (嗚呼痛哉)라! 대한민국 수재라는 것들이 일류대학 법대 들어가 공부하고 사법고시 통과하여 법복을 입더니 법기술 9단이 되어 잔머리 굴리느라 나랏일을 다 망치고 있다.

이런 경우 검찰이 '즉시항고'하여 상급법원 판단을 구할 수 있다. 그런데 문제는 검찰총장 심우정이 '즉시항고'를 하느냐 아니면 법원의 '구속취소'를 그대로 받아들여 윤가를 '석방지휘'하느냐가 문제다. 윤가가 심우정 검사를 발탁해서 검찰총장으로 세웠는데 심우정 총장이 법대로 '즉시항고'를 하겠는가? 아마도 안 할 것이다. 국민들은 그들의 관행을 너무나 잘 알고 있다. 그들은 '법과 원칙'을 입에 달고 산다. 그러면서도 '법과 원칙'은 제쳐두고 눈깔을 좌우로 굴리면서 피의자가 누구인가 살피고, 혈연, 지연, 학연, 우연 다 찾아 편법과 요령으로 법기술을 사용한다.

이런 모습을 지켜보고 있는 국민만 속이 뒤틀려 소화도 안 되고, 정치가 혐오스러워 잠을 못 이룬다. 그래서 국민이 찬바람 맞으며 광화문으로, 북촌 헌법재판소 앞으로, 한남동 관저 앞으로 몰려가 함성을 지른다.
"윤석열을 파면하라" "윤석열을 파면하라" "윤석열을 파면하라" "윤석열을 파면하라"

서울중앙지방법원이 윤가의 '구속취소' 결정을 발표하고 그 이튿날(3월8일)은 토요일이었다. '구속취소'와 같은 충격적인 사건이 없었던 평범한 주말에도 광장에 모여 '윤석열 파면'을 외치던 근중이 '구속취소결정' 소식을 듣고, 3월 8일 토요일에는 광화문과 북촌뿐만 아니라 전국적으로 들불처럼 일어나 일렁거렸다.

"세상에! 내란우두머리 피의자를 석방해? 그놈을 풀어놓고 재판하면 그

놈이 무슨 짓을 할지 모르는데 어쩌려고 그래?" 많은 국민이 통탄해 마지 않는다.

"뭐여? 윤석열을 석방한다고? 아니 여보, 내란수괴를 잡아서 가둬 뒀는데 뭣 땀시 풀어줘?"

"글쎄 말이시. 그 사람 죄가 없는 게비지."

"죄가 없긴 이 사람아, 군인들을 풀어서 국회의원들을 다 잡아가려다가 실패한 놈인데 죄가 없어? 국회의원이 누구여. 국회의원은 국민들이 뽑아 세운 국민의 대표들이란 말여. 국회의원을 잡아가는 건 국민을 잡아가는 거라구. 민심이 천심이여."

국민들은 너나없이 절망하여 발을 동동 구르고 싶어 했다. 그러나 풀뿌리들이 무슨 힘이 있어 법꾸라지들과 대항하겠는가?

"그래 좋다. 네놈들이 그렇게 윤가를 풀어주고 싶다면 어디 해 봐라. 법기술과 잔재주 다 부려서 구속이야 취소할 수 있겠지만 태산 같은 원죄(내란죄)를 너희 놈들이 덮을 수는 없을 게다."

이것은 국민여론이다. 국민들이 집집마다 TV를 켜놓고 법률가들의 해설을 들으면서 검찰이 상급법원에 '즉시항고'하기를 바랐다. '윤석열 구속취소' 결정으로 온 나라가 열병으로 펄펄 끓고 있는데 심우정 검찰청장이 또 한 방의 날벼락을 때렸다. 법원이 '구속취소' 결정을 했더라도 검찰이 7일 안에 '즉시항고'를 하면 '구속취소' 결정은 정지되고 이 문제를 상급심이 다시 판단할 텐데 심우정 검찰총장은 국민여론 따위는 완전무시하고 윤가의 '석방'을 지휘했다.

검찰, 윤석열 대통령 석방 2025년 3월 8일. 토.

　윤가는 2025년 3월 8일 서울구치소에서 석방되었다. 윤가가 구치소에서 나와 정문을 통과할 때 구더기처럼 운집해 있는 유튜브 방송자들과 극우지지자들을 향해 손을 흔들어 보이고, 주먹을 불끈 쥐어 높이 들어 보이고, 입술을 엎어진 V자로 물고 눈웃음치는 모습이 너무 혐오스러웠다. 전쟁에서 승리하고 돌아온 개선장군인가? 아니면 복싱 경기에서 특기인 어퍼컷으로 KO승이라도 했나? 내란우두머리혐의로 조사받다 미꾸라지처럼 법 구멍을 빠져나온 피의자가 뭣이 그리도 자랑스러워서 지지자들에게 그런 모습을 보이는가? 부하들은 다 구속 수감되어 12·3관련 재판을 받고 있는데 홀로 구속에서 풀려나 구치소를 걸어 나온 것이 그렇게도 자랑스러운가? 12·3 계엄을 준비하면서 부하들에게 명령했던 워딩과, 12·3 계엄당일 국회에 진입해 있는 군 사령관들에게 전화 걸어 명령했던 워딩이 아직도 생생한데 그 부하들 다 구치소에 두고 홀로 법 구멍을 빠져나온 것이 그렇게도 자랑스러운가? 산적 두목도 그렇게 홀로 도망치지는 않는다. 그나저나 기왕에 구속에서 풀려나 고대광실 관저로 또 들어갔으니 산해진미 먹으면서 그곳에 오래오래 살았으면 좋으련만, 그 기쁨, 그 승리감, 그 쾌감이 며칠이나 갈까? 그것이 염려로다.

　윤가는 법기술자들이 짜낸 잔머리로 그물코를 뚫고 석방되어 대통령 관저로 복귀했고 이 모습을 지켜본 국민들은 속이 뒤틀려 식사를 못할 지경이다. 그가 석방된 지 4일째 되는 3월 12일 국회 법제사법위원회에서 국회의원들이 천대엽 법원행정처장과 오동운 공수처장, 김석우 법무부장관 직무대행을 불러 긴급현안질의를 했다. 그리고 이번에 중앙지법으로부터 '구속취소' 처분이 나오자 내심 기다렸다는 듯이 윤가를 '석방지휘'해서 한남동 관저로 돌려보낸 심우정 검찰총장도 불렀으나 그는 출석하지 않았다.

　천대엽 법원행정처장은 국회 법제사법위원회에서 ;

"지금 윤 대통령이 구속되지 않은 상태이기 때문에 검찰의 즉시항고에 따른 상급심의 법적판단을 하는데 특별한 장애는 없습니다."라며 ;

"저희는 재판부(서울중앙지방법원 형사합의 25부) 입장처럼 이 부분에 대해 '즉시항고'를 통해 상급심 판단을 받는 게 필요하다는 생각을 갖고 있습니다."라고 말했다.

천 처장은 또 ;

"지금 구속기간 산입 혹은 불산입 문제가 계속 대두되고 있고, 검찰도 재판부 결정에도 불구하고 '일수'로 계산하겠다고 하는, 굉장히 혼란스러운 상황이 지속될 수밖에 없기 때문입니다."라고 했다. 말하자면 '즉시항고'해서 구속기간 산입 또는 불산입을 '날'로 계산할 것인지 '시간'으로 계산할 것인지 이 문제도 상급법원이 결정해 주기를 바라는 말이었다.

대검찰청도 지난 11일 업무연락을 통해 ;

"대법원 등의 최종심 결정이 있기 전까지 원칙적으로 종전과 같은 방식('날'로 계산)으로 구속기간을 산정하라"고 했다. 법원행정처 관계자는 통화에서 ;

"법원의 결정을 검찰에서 안 따르겠다고 하니 상급심 판단을 받아보는 것이 좋겠다는 의견을 내게 됐다."고 말했다.

그렇다, 법원도 대검찰청도 의견이 일치된다. 말하자면 검찰이 '즉시항고'해서 상급심 판단을 받아보는 것이 좋다는 얘기다. 그래서 심우정 검찰총장이 '즉시항고'를 신청했더라면 윤가를 석방하지 않고 상급법원의 판단을 받아 윤가를 구속상태에서 재판할 것인지 아니면 윤가를 석방하고 불구속 상태로 재판할 것인지를 판단할 수 있었던 것이다. 그런데 심우정이 윤가를 풀어줘서 국민 가슴에 대못을 박고 법원행정에도 난맥상이 생겼다.

조국혁신당 박은정 의원은 ;

"법원의 윤가 '구속취소' 결정이 부당하다며 중앙지법 지귀연 부장판사는 어떻게 '체포적부심기간'이 '구속기간'에 포함되지 않는다는 것이냐?"며

"듣도 보도 못 한 자기만의 형사소송법이 있느냐?"고 말했다. 형사소송법 66조는 '구속기간의 초일은 시간을 계산하지 아니하고, 1일로 계산한다.'고 되어있다.

더불어민주당 정청래 의원(법사위원장) 역시 ;

"왜 항고하지 않냐?"라며 "윤석열 내란수괴 피의자를 풀어주려고 하는 법원과 검찰의 짜고 치는 고스톱이라고 주장했다. 법사위는 오는 3월 19일 심우정 검찰총장과 '비상계엄 특별수사본부' 박세현 본부장을 증인으로 채택하여 긴급현안질의를 다시 열기로 했다.

나라가 국난을 맞아 '내란수괴피의자'를 제거하는데 이렇게 걸림돌이 많고 함정이 많은가? 그러나 국민은 나라의 주인이니 지뢰 같은 걸림돌과 보이지 않는 함정을 다 밟고 넘어 그를 제거할 것이다. 호사다마라고 했다. 나라를 위해서 윤가를 파면하는 일은 경사 중에 경사다. 이 경사를 치르는 중에 마가 끼지 않는다고 장담할 수 있겠는가? 그가 석방되어 지지자들에게 손을 흔들며 관저에 들어갔지만, 국민세금으로 지은 그 관저에서 며칠이나 머물지 궁금하다. 헌재가 '윤석열 대통령 파면'을 선고하면, 그 즉시 대통령 감투가 땅에 떨어져 망가지고, 감투에 붙어있는 '형사상 불소추특권'이 연기처럼 사라져버릴 터이니, 그 다음엔 국민의 집(관저)에서 쫓겨나는 것을 시작으로 형사상 범죄가 쓰나미처럼 그를 덮쳐버릴 것이다. "윤가, 그때는 우에 살라카노?"

서 울 중 앙 지 방 법 원
제 2 5 형 사 부
결   정

사 건		2025초기619 구속취소 (2025고합129 내란우두머리)
피 고 인		윤석열, 대한민국 대통령
		주거 서울
		등록기준지
청 구 인		피고인의 변호인 변호사 조대현, 정상명, 김홍일, 송해은, 송진호, 김계리, 이동찬, 오욱환, 법무법인 청녕 담당변호사 윤갑근, 이길호

주   문

피고인의 구속을 취소한다.

이   유

1. 인정사실

이 사건 기록에 의하면, 다음과 같은 사실이 인정된다.

가. 고위공직자범죄수사처(이하 '수사처'라 한다)검사는 2025. 1. 15. 10:33경 피고인을 체포하였고, 체포적부심사청구가 기각된 후인 2025. 1. 17. 17:46경 서울서부지방법원에 피고인에 대한 구속영장을 청구하였다. 이에 구속 전 피의자심문을 위해 구속영장청구서와 수사 관계 서류 등이 위 일시경 위 법원에 접수되었다가 2025. 1. 19. 02:53경 위 법원이 발부한 구속영장과 함께 수사처에 반환되었다.

엿가락처럼 늘어나는 헌재 선고일 2025년 3월 21일. 금.

- 민주당은 3월 12일부터 매일 여의도 국회에서 광화문까지 걸어가며 윤 대통령 파면을 촉구하는 도보행진을 한다. 그들은 행진 중에 "국민의 명령이다 윤석열을 파면하라", "내란수괴 비호하는 내란검찰 규탄한다" "내란수괴 비호하는 내란검찰 규탄한다"이다. 헌법재판소는 이 함정이 들리는가? 안 들리는가?
- 헌법재판소는 3월 13일 최재해 감사원장과 이창수 서울중앙지검장, 조상원 서울중앙지검 제4차장검사, 최재훈 반부패수사2부장검사에 대한 탄핵심판에서 재판관 전원일치로 기각 결정을 내렸다. 헌재는 스스로 발표했던 "어떤 사건보다도 '윤석열 대통령 탄핵심판'을 우선적으로 처리하겠다."던 약속을 헌신짝처럼 버리고 시시껄렁한 사건들만 처리하여 발표하고 있다.

"하늘이여, 단군 할아버지여! 우리 민초들은 누구를 믿고 살아야 합니까?"

- 3월 15일 경찰 등에 따르면 이날 오후 8시5분께 과천정부청사 고위공직자범죄수사처 민원실 주차장에서 한 남성이 자신의 몸에 불을 붙였다.
- 김건희가 '총 갖고 다니면 뭐 하냐'고 경호처 직원들을 질책했다고 MBC가 단독 보도 했는데 용산은 "사실무근"이라고 발끈했다. 19일 MBC '뉴스데스크'는 〈[단독] "총 갖고 다니면 뭐 하냐".. 김 여사 경호처 '질책' 기사에서 "대통령 체포 이후, 경호처 직원이 김 여사로부터 '총 갖고 다니면 뭐 하냐, 그런 거 막으라고 가지고 다니는 건데'라는 취지의 말을 들은 것으로 경찰이 파악했다"라고 보도했다.

MBC는 이어 "김 여사는 이재명 더불어민주당 대표도 언급했다고 한다. 김 여사가 '내 마음 같아서는 지금 이재명 대표를 쏘고, 나도 죽고 싶다'는 취지로 한 말을 같은 경호처 직원이 들었다는 거다"라며 "김 여사의 이

같은 말을 들은 경호처 직원은 상부에 내용을 보고한 것으로 파악됐다. 대통령경호처 수뇌부의 윤 대통령 체포영장 집행 방해 혐의를 수사하는 경찰이 여러 차례 강제수사 과정에서 김 여사의 발언내용을 확인한 것으로 알려졌다. 윤 대통령 체포 이후 김 여사의 반응이나 언급이 전해진 건 이번이 처음"이라고 보도했다.

출처 : 미디어오늘(https://www.mediatoday.co.kr)

▶ 2025년 3월 20일 더불어민주당 의원들이 헌법재판소 앞에서 윤석열 대통령 신속파면을 촉구하는 기자회견 중 국회의원 백혜련이 얼굴에 계란을 맞아 소동이 벌어졌다. 이 계란은 윤가 지지자들이 던진 것이다.

▶ 나날이 격화되어 가는 윤가 파면 찬반집회

▶ 헌법재판소가 윤석열 대통령 탄핵 선고 전에 한덕수 국무총리 탄핵사건을 먼저 3월 24일 선고한다고 발표했다.(국정안정을 고려한 듯)

▶ 2025년 3월 21일 경호처 김성훈 차장, 경호본부장 이광우에 대한 영장청구가 기각됐다.

▶ 다음 주간은 슈퍼주간이라고 한다. 왜냐하면 헌법재판소가 3월 24일(월)에 한덕수 국무총리의 탄핵심판을 선고(인용인가 기각인가?)한다고 예고했고, 그 이틀 뒤 3월 26일(수)에는 더불어민주당 대표 이재명이 공직선거법 위반 혐의로 기소돼 1심에서 징역형의 집행유예가 선고된 사건을 항소했는데 이날 그 항소심 선고공판이 오후 2시에 열린다. 그리고 3월 28일에는 윤석열 대통령이 헌법재판소의 심판으로 파면될 것인가 아니면 탄핵이 기각되어 대통령직에 복귀하게 될 것인가가 판가름 날 예정이다. 그러나 이날 헌법재판소가 선고를 할 것인지 아니할 것인지는 확실하지 않고 국민들의 예상일뿐이다. 만약 국민의 바람대로 윤가의 탄핵심판선고가 이날 이루어진다면 대한민국 건국 이래 현직대통령과 국무총리가 탄핵소추 되어 이틀 간격으로 선고를 받고 또 그 이틀 후에는 야당대표이고 차기 대통령선거에서 제1야당 후보로 출마가 유력한 정치인이 항소심 판결을 받는다니 가히 슈퍼 주일이라 할 만하다.

▶ 오늘은 2025년 3월 23일(일요일)이다. 윤석열 대통령의 탄핵심판에 대한 판결 선고가 엿가락처럼 죽죽 늘어지고 있다. 국회가 2024년 12월 14일 오후 4시경 윤 대통령 탄핵안을 표결에 부친 결과 찬성 204표, 반대 85표, 기권 3표, 무효 8표로 가결됐다. 전대통령 노무현 과 박근혜도 탄핵심판을 받은적이 있는데 노무현 전 대통령은 국회에서 탄핵가결이 이루어진 후 63일 만에(금요일) 기각이, 박근혜 전 대통령은 91일 만에(금요일) 파면이 선고 되었다. 그래서 국민은 3월 12일(금)부터 윤 대통령에 대한 '파면' 소식을 목이 늘어지게 기다리고 있다. 그런데 윤석열 대통령 에 대해서는 국회가결로부터 99일째인 오늘(2025년 3월 23일)까지도 깜깜무소식이다.

헌재는 내일(3월 24일) 한덕수 국무총리에 대한 탄핵심판을 선고한다고 예고했었다. 한 총리보다 먼저 탄핵소추 된 윤석열 대통령은 젖혀 두고 한 총리를 먼저 선고한다는 것도 국민은 납득할 수가 없다. 더구나 헌재가 '여러 사건이 계류 중이지 만 대통령탄핵 건을 최우선적으로 처리 하겠다'고 발표했었다. 왜냐하면 대통령 공석이 장기간 지속되면 국정이 혼란에 빠질 가능성이 있기 때문이었을 것이다. 그래 놓고 최재해 감사원장과 이창수 서울중앙지방검찰청장 등 검사 3인에 대한 탄핵심판을 선고했고, 내일은 한덕수 국무총리 탄핵심판을 선고한다고 한다. 대한민국 국가 기관 중 가장 권위 있어야 할 헌법재판소가 스스로 공포한 절차를 뒤엎는 데는 무슨 연유가 있겠지만 그 연유가 무엇이든 국민은 납득할 수가 없다.

국민들 사이에서는 이제 '헌법재판소도 믿을 수 없다'는 볼멘소리가 스스럼없이 터져 나온다. 왜냐하면 헌재도 법원이나 검찰이나 마찬가지로 법조인이기 때문이다. 법원(중앙지법)이 내란수괴 피의자에 대한 '구속취소'를 결정을 했고, 검찰이 법원의 구속취소 결정에 대항하여 '즉시항고'를 해야 함에도 불구하고 항고를 포기하고 내 란수괴피의자를 석방했고, 윤석열 경호처 차장 김성훈과 경호본부장 이광우에 대한 구속영장을 경찰이 세 번이나 청구했는데 번번이 반려하더니 서울고검 영장심의위 원회가 '영장청구가 타당하다'며 경찰 손을 들어준 뒤에야 검찰은 영장을 청구했다. 그런데 피의자에 대한 영장청구를 해놓고 검사는 '영장실질심사장'에 출석도

하 지 않았고, 법원 판사는 김성훈과 이광우에 대한 구속영장 청구를 맘 놓고 기각한 것이다. 이러니 국민은 검찰도 법원도 믿을 수가 없다는 것이 상식이었는데 그래도 '헌재'만은 국민을 지켜주는 마지막 보루라고 믿고 있었는데 그 믿음마저 뿌리 채 뽑히고 있다.

  법원이 내란수괴 피의자 '구속취소'를 결정하여 검찰에 던져주고, 검찰이 그 공을 받아 내란수괴 피의자를 '석방' 해주는 것을 보면서 국민은 허탈해 하고 있다. 그런데 헌재의 선고마저 엿가락 늘어지듯 늘어지는 것을 보고 제주에서 서울까지 방방 곡곡에서 '윤석열 즉시 파면'을 외치는 '민주주의 함성'이 터지고 있다. 헌재는 즉시 선고해 주기 바란다.

대통령 탄핵은 국민투표로 2025년 3월 22일. 토.

경향신문PICK 안내

이연희 더불어민주당 의원, SNS서 주장

윤석열 대통령에 대한 탄핵 심판 선고가 지연되면서 더불어민주당 내에서는 헌법재 판소에 대한 비판여론이 심화하고 있다. 당내에선 대통령 탄핵을 헌재 심판이 아니 라 국민투표로 결정하게 해야 한다는 제안도 나왔다.

이연희 민주당 의원은 이날 SNS에서 "만약 헌재가 정치화돼 설립 취지와 목적을 변질시킨다면 대통령 탄핵권은 주권자인 국민에게 환원돼야 한다"며 "국회에서 대 통령 탄핵이 의결되면 30일 이내에 국민투표로 탄핵을 최종 결정하도록 해야 한다"고 주장했다. 이 의원은 "그것이 사법의 정치화를 저지하고 주권재민의 민주주의를 실현하는 최선의 길"이라고 덧붙였다.

이번 제안은 윤 대통령 탄핵 심판 선고를 미루는 헌재를 향한 야권의 비판이 커진 가운데 나왔다. 이 의원은 "헌재의 윤석열 탄핵 선고기일은 감감무소식인데, 24일 한덕수 총리에 대한 탄핵선고 기일이 먼저 고지되는 이상한 일이 벌어졌다"며 "국민이 우려하는 사법의 정치화 현상이 아니길 바란다"고 적었다.

그는 "윤석열의 비상계엄이 위헌, 위법한 국헌문란 행위라는 것은 법을 배우지 않은 삼척동자도 판단할 만큼 자명하다"며 "이 자명한 결과에 대한 선고가 기약 없이 늦어지는 이유를 국민은 이해하기 어렵다"고 지적했다. 이어 "헌재는 더는 사법의 정치화 논란을 자초하지 말고 법과 원칙에 따라 신속히 탄핵 선고 기일을 확정하길 촉구한다"고 적었다.

박용하 기자 yong14h@kyunghyang.com

▶ 헌법재판소는 3월 25일 대심판정에서 한덕수 대통령 권한대행 탄핵안에 대해 기각을 선고했다. 한덕수 국무총리 탄핵심판 기각은 지난해 12월 27일 국회에서 탄핵안이 가결된 지 87일 만이다. 윤석열 대통령이 국회 탄핵소추안의 가결로 직무가 정지되었고, 그 직무를 한덕수 국무총리가 대행하다가 그 마저도 국회 탄핵 가결로 국무총리직이 정지되어 최상목 경제부총리가 대통령직무 대행의 대행을 맡아 참으로 기이한 행정부가 되고 말았던 것이다. 그런데 이제 한덕수 국무총리에 대한 탄핵심판이 기각으로 결정돼 그가 총리직에 복귀하게 되어 천만다행이라 아니할 수 없다.

그런데 고위 공직자가 탄핵소추 당하기 전에 본분을 제대로 하여 탄핵을 당하지 말아야지 대통령이 탄핵되고, 그 대행이 또 탄핵되고, 또 그 대행의 대행(최상목 경제부총리)마저 탄핵소추 직전까지 뭉개오다가 이제 겨우 얽힌 실타래가 풀린 듯하다. 한덕수 국무총리는 당연히 임명했어야 할 헌법재판소 재판관 3명을 임명하지 않아 탄핵됐었다. 당연히 해야 할 일을 왜 하지 않고 뭉개고 있느냐 말이다. 이건 불 보듯 빤히 보이는 속셈이 있다. 국회가 추천한 헌재 재판관 3인을 임명하지 않아야 윤가에게 유리하기 때문이다. 이러니 국민들이 너희들을 믿겠느냐? 이 오살놈들아!

「김민아 기자」 경향신문 2025년 03월 29일. 토.

헌재 "피청구인 윤석열 파면" 선언할 때다.

헌법재판소가 '대통령 윤석열 탄핵심판' 선고를 앞두고 평의를 이어가는 가운데 28일 서울 종로구 헌법재판소에서 헌재 깃발이 바람에 날리고 있다. 연합뉴스

헌법재판소의 '대통령 윤석열 탄핵심판' 선고가 사실상 4월로 넘어가게 됐다. 국회 탄핵소추로부터 105일, 변론 종결로부터는 32일(3월 29일 기준)이 흘렀다. 노무현·박근혜 전 대통령 탄핵심판 때와 비교해봐도 너무 늦어지고 있다.

시민은 초인적 인내심으로 기다려왔다. 과거 대통령 탄핵심판 때와 달리 관련 탄핵 사건이 많아 시간이 오래 걸리는 것이리라 애써 이해했다. 박근혜 때보다 국론분열이 심각한 만큼 더 신중을 기하는 것이리라 또 이해했다.

그러나 한덕수 국무총리 탄핵심판 결정이 선고된 지 닷새가 지났다. 심지어 전혀 무관한 형사재판임에도, 윤석열 지지자들이 '먼저 선고돼야 한다'고 주장해온 '이재명 더불어민주당 대표 선거법 항소심' 선고도 마무리됐다. 더 이상은 헌재가 선고를 미룰 어떠한 명분도, 현실적 이유도 없다.

법관들은 재판에서 "넉넉히 인정된다"는 말을 즐겨 쓴다. 과거 탄핵심판 사례를 보면, 헌재는 대통령 파면을 결정하는 기준으로 헌법·법률 위반 여부, 그 위반의 중대성, 헌법수호 의지 등을 따졌다.

이번에 헌재가 정리한 핵심 쟁점은 비상계엄 선포 과정, 포고령 1호 공포, 군경 동원 국회 봉쇄, 중앙선거관리위원회 압수수색, 정치인 등 체포조 운용 지시이다. 피청구인 윤석열이 5대 쟁점에서 헌법·법률 위반을 저

질렀음은 변론 과정에서 "넉넉히 인정"됐다.

헌법·법률 위반의 중대성은 온 나라와 전 세계를 경악케 한 '군인의 국회 난입' 하나만으로도 "넉넉히 인정"된다. 또한 윤석열은 탄핵소추 이후에도 반성은커녕 '계엄령이 아니라 계몽령'이라는 식으로 시민을 기만하고, 거짓 주장으로 지지층을 선동해 헌정질서를 위협하고 있다. 헌법수호 의지가 없음도 "넉넉히 인정"할 만하다.

헌재는 무엇을 망설이는가. 물론 헌법재판관 8인도 고유한 인격을 지닌 개인인 만큼, 고민이 깊을 수는 있다. 평소 견지해온 이념적 성향, 피청구인과의 인연, 자신을 둘러싼 인적 네트워크의 압력…. 그러나 재판관들은 지금 개별 사건 한 건의 결정문을 쓰고 있는 게 아니다. 역사의 기록을 집필하고 있음을 새겨야 마땅하다.

한국의 미래, 5100만 한국인의 삶이 재판관들의 펜에 의해 달라진다. 아니, 한국을 민주주의 모델로 삼아온 수많은 세계 시민의 삶도 바뀔 수 있다. 개인적 고민을 앞세울 때가 아니다. 만에 하나, 심판을 고의로 지연시키는 재판관이 있다면 이는 헌정질서 수호의 사명을 저버리는 행태다. 시민과 역사가 용서하지 않을 것임을 경고해 둔다.

주권자는 지쳐가고 있다. 경제는 지표도 엉망이지만, 실물은 최악이다. 도널드 트럼프 미국 대통령 취임 이후 외교안보 환경은 미증유의 도전에 직면해 있다. 위헌·위법을 저지른 통치자를 하루라도 빨리 단죄하고, 사실상의 무정부 상태를 극복해야 한다. 한국의 민주주의와 법치가 제대로 작동하고 있음을 입증해야 한다.

마지노선은 문형배 헌재소장 권한대행과 이미선 재판관이 퇴임하는 4월 18일이다. 하지만 그때까지 기다릴 일이 아니다. 4월 2일 재보궐선거에 미칠 영향을 고려해 3일 이후로 선고를 미룬다는 이야기도 나오는데, 지금 윤석열 탄핵심판보다 더 중대한 과제가 있나.

헌재는 31일 새로운 한주가 시작되자마자 선고일을 확정, 발표해야 한다. 문형배 소장 대행이 용기를 갖고 리더십을 발휘하기 바란다. 주권자 10명 중 6명이 윤석열 탄핵에 찬성하고 있다(한국갤럽 3월25~27일 조사).

2017년 3월 10일. 이정미 당시 헌재소장 권한대행의 또렷한 목소리를 기억한다. "주문. 피청구인 대통령 박근혜를 파면한다."

2025년 4월. 8인의 현자(賢者)들, 문형배·이미선·김형두·정정미·정형식·김복형·조한창·정계선 재판관이 단호히, 엄중히 선언할 때다. "주문. 피청구인 대통령 윤석열을 파면한다."

김민아 경향신문 칼럼니스트 makim@kyunghyang.com

천주교 사제·수도자 3,462인 시국선언문

2025년 03년 30일.

헌법재판소는 국민에게 승복하라!

1. 어두울 때마다 빛이 되어 주시는 분들의 수고에 경의를 표합니다. 아울러 치유와 회복이 절실한 모든 분에게, 특히 산불로 쓰라린 아픔을 겪고 계신 많은 분에게 하느님의 위로가 있기를 빕니다. 불안과 불면의 혹한을 견디느라 고생이 많았는데 기다렸던 봄에 이런 재앙을 당하고 보니 슬프기 그지없습니다.

2. 울창했던 숲과 집이 하루아침에 잿더미가 되어 사라진 것처럼 일제와 싸우고 독재에 맞서 쟁취했던 도의와 가치들이 심각한 위기를 맞고 있습니다. 작년 그날 마음에서 지운 윤석열 씨를 새삼 거론할 필요가 있겠습니까마는 여전히 살아서 움직이는 대통령의 수족들이 우리 역사에 무서운 죄를 짓고 있는 현실에 대해서는 몇 가지 말씀을 드리고 싶습니다.

3. 먼저 공직의 타락입니다. 대통령 권한대행인 국무총리는 "국회가 선출한 3인을 헌법재판관으로 임명하지 않은 것은 헌법상의 의무 위반"이라는 헌재의 결정을 듣고도 애써 공석을 채우지 않고 있습니다. 그러면서 "헌재의 결정은 민주적 절차를 거쳐 내려진 법적 판단이니 반드시 존중되어야 한다"며 국민을 훈계합니다. 총리의 이중적 처신은 헌법재판소가 초래한 것이기도 합니다. "피소추인이 헌법수호와 법령을 성실히 준수해야 할 의무(헌법 제66조, 제111조. 국가공무원법 제56조)를 위반했다"고 말한 뒤, 그렇다고 "파면할 만한 잘못", 곧 "국민의 신임을 배반한 경우에 해당한다고 단정할 수 없다"면서 직무에 복귀시켰기 때문입니다. 죄를 지었지만 죄인으로 볼 수 없다? 이게 무슨 소리입니까! 서울중앙지법이 내란수괴를 풀어주고, 검찰총

장은 법원의 결정을 존중한다며 맞장구치는 자신감이 대체 어디서 생겨났겠습니까? 대한민국을 통째로 태우려던 불길은 군을 동원한 쿠데타를 넘어 사법 쿠데타로 번졌으며 걷잡을 수 없는 형국이 되고 말았습니다.

4. 그 다음은 헌법재판소의 교만입니다. 억장이 무너지고 천불이 납니다. 신속하고 단호한 심판을 기다렸던 시민들의 분노는 폭발 직전입니다. 사회적 불안과 혼란이 임계점을 넘어섰습니다. 화재를 진압해야할 소방관이 도리어 방화에 가담하는 꼴입니다. 여덟 명 재판관에게 묻겠습니다. 군경을 동원해서 국회와 선관위를 봉쇄 장악하고 정치인과 법관들을 체포하려 했던 위헌·위법행위를 단죄하는 것이, 명백한 사실도 부인하고 모든 책임을 아랫사람에게 돌리는 자의 헌법 수호 의지를 가늠하는 것이, 그를 어떻게 해야 국익에 부합하는지 식별하는 것이 그렇게 어려운 일입니까? 가타부타 아무 말도 못하고 있는 재판관들에게 성경의 단순한 원칙을 전합니다. "너희는 말할 때 '예' 할 것은 '예' 하고, '아니요' 할 것은 '아니요'라고만 하여라. 그 이상의 것은 악에서 나오는 것이다."(마태 5,37) 한참 늦었으나 이제라도 당장 정의로운 판결을 내리십시오. 헌법재판소의 주인인 국민의 명령입니다.

5. 주권자인 국민은 법의 일점일획조차 무겁고 무섭게 여기는데 법을 관장하고 법리를 해석하는 기술 관료들이 마치 법의 지배자인 듯 짓뭉개고 있습니다. 서부지법에 난입했던 폭도들 이상으로 법의 뿌리를 흔들어대기도 합니다. 아무도 "이처럼 올바른 규정과 법규들을 가진 위대한 민족이 또 어디에 있느냐?"(신명 4,4)고 자부할 수 없습니다. 잠자리에 들어도 대부분 잠들지 못하는 날, 듣는 목소리가 있습니다. "정신 바짝 차리고 깨어 있으십시오. 여러분의 원수인 악마가 으르렁대는 사자처럼 먹이를 찾아 돌아다닙니다. 굳건한 믿음을 가지고 악마를 대적하십시오."(1베드 5,8-9) 정의 없는 국가란 '강도떼'나 다름없다고 했는데, 지금은 그만도 못한 '사자들'이 우리 미래를 가로막고 있습니다.

6. 머리 위에 포탄이 떨어졌고, 땅이 꺼졌고, 새싹이 움트던 나무들은 시커멓게 타버렸습니다. 하지만 새로운 시작이 멀지 않습니다. 어제도 오늘도 많은 분들이 밤낮 낮은 데서 궂은일 도맡아 주고 계시므로 올해 민주 농사는 원만하고 풍요로울 것입니다. 화마도 태울 수 없고, 내란 세력도 빼앗을 수 없는 귀한 마음으로 약한 존재들을 보살핍시다. 미력한 사제, 수도자들이지만 저희도 불의의 문을 부수고 거짓의 빗장을 깨뜨리는 일에 힘을 보태겠습니다.

2025년 3월30일

헌법재판소, 윤석열 대통령 파면 2025년 4월 4일. 금.

    드디어 헌법재판소가 윤석열 대통령 탄핵소추 심판에 대한 결과를 선고했다. 윤석열 대통령이 계엄령을 선포한지 122일 만이고, 국회가 윤 대통령을 탄핵소추한지 111일 만이다. 해가 바뀐 것도 아니고 반년이 지난 것도 아닌데 그 시간이 너무 길고 불안했다. 그래서 혹자는 단식투쟁으로 시간과 싸웠고, 혹자는 삭발로 그의 파면을 염원했고, 혹자는 도보행진으로 그의 파면을 염원했고, 혹자는 오체투지로 그의 파면을 염원해왔다. 전 국민이 그렇게 기다리던 윤석열 탄핵심판 결과가 드디어 이날 오전 11:00에 헌법재판소 대법정에서 선고되었다. 아래는 그 내용이다.

헌 법 재 판 소
결   정

사　　　　건	2024헌나8　대통령(윤석열) 탄핵
청　구　인	국회
	소추위원 국회 법제사법위원회 위원장
	대리인 명단은 [별지 1]과 같음
피　청　구　인	대통령 윤석열
	대리인 명단은 [별지 2]와 같음
선　고　일　시	2025. 4. 4. 11:22

주　　　문

    피청구인 대통령 윤석열을 파면한다.

이   유

1. 사건개요

가. 사건의 발단

피청구인은 2024. 12. 3. 22:27경 대통령실에서 대국민담화를 통해 비상계엄을 선포하였다(이하 2024. 12. 3.자 비상계엄을 '이 사건 계엄'이라 한다). 대국민담화의 내용은 '대한민국은 야당의 탄핵과 특검, 예산삭감 등으로 국정이 마비된 상태이며, 북한 공산세력의 위협으로부터 자유대한민국을 수호하고 헌정질서를 지키기 위해 비상계엄을 선포한다'는 것이었다(이하 '제1차 대국민담화'라 한다). 피청구인은 육군참모총장(이하 각 행위 당시의 직책을 기재한다) 박안수를 계엄사령관으로 임명하였고, 박안수는 같은 날 23:23경 계엄사령부 포고령 제1호(이하 '이 사건 포고령'이라 한다)를 발령하였다.

2024. 12. 4. 01:02경 제418회 국회(정기회) 제15차 본회의에서 박찬대 의원 등 170인이 발의한 비상계엄해제요구 결의안이 재석 190인 중 찬성 190인으로 가결되었다. 피청구인은 2024. 12. 4. 04:20경 대통령실에서 비상계엄을 해제하겠다는 내용의 대국민담화를 발표하였고, 같은 날 04:29경 국무회의에서 이 사건 계엄 해제안이 의결되었다.

나. 국회의 피청구인에 대한 탄핵소추의결 및 탄핵심판청구

(1) 2024. 12. 7. 1차 탄핵소추안 투표 불성립과 피청구인의 추가 대국민담화

피청구인의 이 사건 계엄 선포와 관련하여 2024. 12. 4. 국회에서 피청구인에 대한 탄핵소추안(이하 '1차 탄핵소추안'이라 한다)이 발의되었고, 같은 달 7. 피청구인은 '계엄으로 인하여 국민들께 불안과 불편을 끼쳐드린 점에 사과하며, 임기를 포함하여 정국 안정 방안을 국민의 힘에 일임하겠다'는 취지의 대국민담화를 발표하였다. 2024. 12. 7. 제418회 국회(정

기회) 제17차 본회의에서 1차 탄핵소추안에 대한 표결을 실시하였지만, 의결정족수 부족으로 투표가 불성립하였다.

2024. 12. 12. 피청구인은 또다시 대국민담화를 발표하였는데, 담화의 요지는 다음과 같다.

『① 거대 야당의 탄핵 남발, 특검법안 발의 등으로 국정이 마비되었고 국가 위기 상황에 처하였다. ② 거대 야당은 형법의 간첩죄 조항 개정을 방해하고 국가보안법 폐지도 시도하는 등 국가안보와 사회 안전까지 위협하고 있다. ③ 거대 야당이 검찰과 경찰의 내년도 특경비·특활비 예산을 0원으로 깎고 다른 예산들도 대폭 삭감하는 등으로 인하여 국정이 마비되고 사회질서가 교란되어 행정과 사법의 정상적인 수행이 불가능하다. ④ 선거관리위원회에 대한 국가정보원의 전산시스템 점검시 얼마든지 데이터 조작이 가능하고 방화벽도 사실상 없는 것이나 마찬가지라는 사실을 알게 되어, 국방부장관에게 선거관리위원회 전산시스템을 점검하도록 지시한 것이다. ⑤ 현재의 국정 마비 상황을 사회 교란으로 인한 행정·사법의 국가기능 붕괴 상태로 판단하여 계엄령을 발동하되, 그 목적은 국민에게 이러한 상황을 알려 이를 멈추도록 경고하는 것이었다. ⑥ 국회에 병력을 투입한 이유는 계엄 선포 방송을 본 국회 관계자와 시민들이 대거 몰릴 것을 대비하여 질서유지를 하기 위한 것이지, 국회를 해산시키거나 기능을 마비시키려 한 것이 아니다. ⑦ 거대 야당이 거짓으로 탄핵을 선동하는 이유는 당대표의 유죄 선고가 임박하자 대통령 탄핵을 통해 이를 회피하고 조기 대선을 치르려는 것이다. ⑧ 대통령의 비상계엄 선포권 행사는 사법심사의 대상이 되지 않는 통치행위이며, 오로지 국회의 해제 요구만으로 통제할 수 있다.』

(2) 2024. 12. 14. 탄핵소추의결 및 탄핵심판청구

박찬대, 황운하, 천하람, 윤종오, 용혜인, 한창민 등 190명의 국회의원이 이 사건 계엄과 관련하여 피청구인이 그 직무집행에 있어서 헌법이나 법률을 위배하였다는 이유로 2024. 12. 12. 대통령(윤석열) 탄핵소추안(이하 '이 사건 탄핵소추안'이라 한다)을 발의하였다. 국회는 2024. 12. 14.

제419회 국회(임시회) 제4차 본회의에서 이 사건 탄핵소추안을 재적의원 300인 중 204인의 찬성으로 가결하였고, 소추위원은 같은 날 헌법재판소법 제49조 제2항에 따라 소추의결서 정본을 헌법재판소에 제출하여 피청구인에 대한 탄핵심판을 청구하였다.

다. 탄핵소추사유 및 청구인의 변론 요지

(1) 이 사건 계엄 선포

피청구인은 헌법 및 계엄법이 정한 실체적·절차적 요건을 충족하지 못한 이 사건 계엄을 선포하였으므로, 헌법 제5조 제2항, 제7조 제2항, 제74조, 제77조 제1항, 제4항, 제82조, 제89조 제5호, 계엄법 제2조 제2항, 제5항, 제6항, 제3조, 제4조, 제5조 제1항, 제11조 제1항 등을 위반하였다.

(2) 국회에 대한 군경 투입

피청구인이 위험한 물건인 헬기, 군용차량, 총기로 무장한 군대와 경찰을 동원하여 유리창을 깨고 국회 건물 내로 침입하고 국회의원 및 국회 직원 등의 국회 출입 및 본회의장 진입을 막고 폭행·위협하도록 한 행위, 국회의장 우원식, 더불어민주당 대표 국회의원 이재명, 국민의 힘 대표 한동훈 등의 체포를 시도한 행위는 헌법 제1조, 제5조 제2항, 제7조, 제8조, 제41조 제1항, 제49조, 제66조, 제74조, 제77조 제5항 등을 위반한 것이다.

(3) 이 사건 포고령 발령

피청구인은 계엄사령관을 통하여 이 사건 포고령을 발령함으로써 헌법 제5조 제2항, 제7조 제2항, 제8조, 제14조, 제15조, 제21조, 제33조, 제41조, 제44조, 제49조, 제74조 등을 위반하였다.

(4) 중앙선거관리위원회 등에 대한 압수수색

피청구인은 2024. 12. 3. 군대를 중앙선거관리위원회(이하 선거관리위원회는 '선관위', 중앙선거관리위원회는 '중앙선관위'라 한다), 여론조사꽃 등으로 투입하여 중앙선관위 청사 등을 점령한 뒤 당직자의 휴대전화를 압수하고 서버를 촬영하도록 하였으며 2024. 12. 4. 출근하는 직원들에 대한 체포 및 구금계획을 세웠는바, 이는 헌법 제77조 제3항, 계엄법 제9조 제1항, 영장주의, 선관위의 독립성 등을 위반 또는 침해한 것이다.

(5) 법조인 체포 지시

피청구인은 전 대법원장 김명수, 전 대법관 권순일 등 법조인에 대한 체포 지시를 하여, 헌법 제12조 제3항, 제101조, 제105조, 제106조, 권력분립원칙, 법치주의원칙 등을 위반하였다.

(6) 헌법 및 법률 위반의 중대성

피청구인의 비상계엄 선포권의 남용 및 그에 부수한 행위들은 국가의 존립을 위태롭게 한 헌법과 법률의 중대한 위반에 해당한다. 피청구인은 국회를 무력화시킬 목적으로 이 사건 계엄 선포를 하고, 국회를 봉쇄하고 국회의원 등을 체포하려 하였으며, 국군을 자신의 이익을 위해 동원하였는바, 국민의 신임에 대한 배반이 국정을 담당할 자격을 상실할 정도에 이르렀다.

2. 심판대상

이 사건 심판대상은 대통령 윤석열이 직무집행에 있어서 헌법이나 법률을 위반했는지 여부 및 파면결정을 선고할 것인지 여부이다.

3. 적법요건 판단

가. 사법심사 가능성

피청구인은 대통령의 비상계엄 선포행위는 고도의 통치행위로서 사법심사의 대상이 아니므로 이 사건 탄핵심판청구가 부적법하다고 주장한다.

대통령의 계엄 선포권은 전시·사변 또는 이에 준하는 국가비상사태에 있어서 병력으로써 군사상의 필요에 응하거나 공공의 안녕질서를 유지할 필요가 있을 때 발동되는 국가긴급권으로, 그 행사에 대통령의 고도의 정치적 결단을 요한다고 볼 수 있다.

그러나 국가긴급권은 평상시의 헌법질서에 따른 권력행사방법만으로는 대처할 수 없는 중대한 위기상황에 대비하여 헌법이 중대한 예외로서 인정한 비상수단이므로, 헌법이 정한 국가긴급권의 발동요건·사후통제 및 국가긴급권에 내재하는 본질적 한계는 엄격히 준수되어야 한다(헌재 2015. 3. 26. 2014헌가5 참조). 계엄의 선포에 관해서는 헌법 제77조 및 계엄법에서 그 요건과 절차, 사후통제 등에 대하여 규정하고 있고, 탄핵심판절차는 고위공직자가 권한을 남용하여 헌법이나 법률을 위반하는 경우 그 권한을 박탈함으로써 헌법질서를 지키는 헌법재판이라는 점을 고려하면(헌재 2017. 3. 10. 2016헌나1 참조), 비록 이 사건 계엄 선포가 고도의 정치적 결단을 요하는 행위라 하더라도 탄핵심판절차에서 그 헌법 및 법률 위반 여부를 심사할 수 있다고 봄이 상당하다.

따라서 이 사건 계엄 선포행위가 통치행위이므로 사법심사의 대상이 될 수 없다는 피청구인의 주장은 받아들일 수 없다.

나. 법제사법위원회의 조사절차 흠결에 관한 판단

(1) 국회법 제130조 제1항은 "탄핵소추가 발의되었을 때에는 … 본회의는 의결로 법제사법위원회에 회부하여 조사하게 할 수 있다."라고 하여, 탄핵소추의 발의가 있을 때 그 사유 등에 대한 조사 여부를 국회의 재량으로 규정하고 있다. 따라서 국회가 법제사법위원회의 조사 없이 이 사건 탄핵소추안을 의결하였다고 하여 그 의결이 헌법이나 국회법을 위반한 것이라고 볼 수 없다(헌재 2004. 5. 14. 2004헌나1; 헌재 2017. 3. 10. 2016헌나1; 헌재 2025. 1. 23. 2024헌나1 참조).

(2) 피청구인은 국회법 제130조 제1항에 정한 법제사법위원회의 조사절차를 필수적 절차로 해석하지 않으면 피청구인의 방어권 행사가 어려워지므로 헌법상 적법절차원칙에 위반된다는 취지로 주장한다. 그런데 탄핵소추절차는 국회와 대통령이라는 헌법기관 사이의 문제이고, 국회의 탄핵소추의결에 따라 사인으로서 대통령 개인의 기본권이 침해되는 것이 아니다. 국가기관이 국민에 대하여 공권력을 행사할 때 준수하여야 하는 법원칙으

로 형성된 적법절차원칙은 국가기관에 대하여 헌법을 수호하고자 하는 탄핵소추절차에 직접 적용될 수 없으므로(헌재 2004. 5. 14. 2004헌나1; 헌재 2017. 3. 10. 2016헌나1 참조), 피청구인의 이 부분 주장을 받아들일 수 없다.

(3) 나아가 피청구인은 국회가 법제사법위원회의 조사절차를 거치지 않고 이 사건 탄핵소추안을 의결한 것은 대통령 탄핵제도에 대한 헌법 규정과 취지, 국회와 대통령 간의 권력분립원칙에 위반된다는 취지로도 주장한다.

헌법은 탄핵소추와 관련하여 소추대상자와 소추사유, 탄핵소추의 요건 및 탄핵소추의결의 효과, 탄핵결정의 효력에 대하여 명시적으로 규정하였고(헌법 제65조), 그밖에 국회에서의 소추절차에 대해서는 규정하지 아니하여 입법에 맡기고 있다. 이와 같이 우리 헌법이 행정부와 사법부를 견제하기 위한 하나의 수단으로 고위공직자에 대한 탄핵소추권을 국회에 부여한 것 자체가 권력분립원칙의 구현에 해당한다고 볼 것이므로, 피청구인의 이 부분 주장은 받아들일 수 없다.

(4) 그밖에 피청구인은 조사절차를 거치지 않음으로써 소추사유가 불명확해지고, 그에 따라 심판기간이 늘어나게 되며, 피청구인의 방어권 행사가 어려워지게 되어 법치국가원리의 명확성원칙에 위반된다는 취지로도 주장하나, 이는 조사절차의 흠결로 방어권 행사가 어려워진다는 적법절차원칙 위반 주장과 사실상 동일하다고 볼 수 있으므로 이 부분 주장 역시 받아들이지 아니한다.

다. 탄핵소추안의 반복 발의에 관한 판단

(1) 피청구인은 이 사건 탄핵소추안과 동일한 탄핵소추안이 이미 2024. 12. 7. 국회 본회의에 상정되었다가 부결되었으므로 이 사건 탄핵소추안의 의결이 국회법 제92조의 일사부재의 원칙에 위반된다고 주장한다.

국회법 제92조는 "부결된 안건은 같은 회기 중에 다시 발의하거나 제출할 수 없다."라고 하여 일사부재의 원칙을 선언하고 있다. 여기서 부결된 안건을 다시 발의하거나 제출할 수 없는 시기는 같은 회기 중으로 제한된다.

이 사건에서 보건대, 1차 탄핵소추안은 2024. 12. 7. 제418회 국회(정기회) 제17차 본회의에서 그 표결이 실시되었으나 의결정족수 부족으로 투표가 불성립하였다. 그 후 이 사건 탄핵소추안이 2024. 12. 12. 제419회 국회(임시회)에서 발의되어 같은 달 14. 제419회 국회(임시회) 제4차 본회의에서 그에 대한 표결이 이루어졌음은 앞서 본 바와 같다.

그렇다면 제419회 임시회 회기 중 발의된 이 사건 탄핵소추안은 제418회 정기회 회기에 투표 불성립된 1차 탄핵소추안과 같은 회기 중에 다시 발의된 경우라고 할 수 없으므로, 이 사건 탄핵소추안의 의결은 국회법 제92조에 위반되지 아니한다.

(2) 한편, 피청구인은 이 사건 탄핵소추안의 의결이 국회법 제92조에 위반되지 않더라도 대통령의 탄핵소추요건을 다른 소추대상자보다 엄격하게 규정한 헌법에 위반되어 부적법하다는 취지로 주장한다.

헌법은 제65조 제2항에서 대통령에 대한 탄핵소추요건을 다른 소추대상자보다 가중하여 정하고 있기는 하나, 탄핵소추안의 발의 횟수나 재발의의 요건 또는 그 제한에 관하여는 정하고 있지 아니하다. 또한 국회는 헌법 제65조 제1항, 제2항에 따라 탄핵소추 발의권과 의결권을 가지고 있으므로, 탄핵소추의 발의가 헌법이나 법률의 규정에 위반되거나 소추권의 남용에 이르렀다는 등의 특별한 사정이 없는 한 단지 대통령에 대한 탄핵소추요건이 엄격하다는 이유만으로 탄핵소추안의 발의 횟수를 1회로 제한하기는 어렵다. 따라서 피청구인의 이 부분 주장 역시 받아들일 수 없다.

라. 기타 주장에 관한 판단

(1) 보호이익의 흠결 관련 주장

피청구인은 이 사건 계엄이 국회의 해제 요구로 단시간 안에 해제되었고, 이로 인한 피해가 발생하지 않았으므로 보호이익이 흠결되어 이 사건 탄핵심판청구가 부적법하다고도 주장한다.

살피건대, 이 사건 계엄이 해제되었다 하더라도 이 사건 계엄으로 인하여 이미 발생한 이 사건 탄핵사유를 이유로 피청구인에 대한 탄핵 여부를 심판할 이익이 부정된다고 볼 수 없으므로, 피청구인의 이 부분 주장을 받아들이지 아니한다.

(2) 형법상 내란죄 등에 관한 소추사유 철회, 변경 관련 주장

한편, 피청구인은 청구인이 이 사건 소추의결서에서는 피청구인의 이 사건 계엄 선포를 비롯한 일련의 행위에 대하여 형법상 내란죄(제87조, 제91조) 등 형법 위반 행위로 구성하였다가 이 사건 탄핵심판청구 이후에 이를 별도의 의결절차를 거치거나 '소추사실변경서' 등을 제출하지 아니하고 헌법 위반 행위로 포섭하여 주장하는 것은 소추사유의 철회 내지 변경에 해당하여 이 사건 탄핵심판청구가 부적법하다는 취지로도 주장한다.

국회가 탄핵심판을 청구한 뒤 별도의 의결절차 없이 소추사유를 추가하거나 기존의 소추사유와 동일성이 인정되지 않는 정도로 소추사유를 변경하는 것은 허용되지 아니한다(헌재 2017. 3. 10. 2016헌나1; 헌재 2025. 1. 23. 2024헌나1 참조). 그런데 헌법재판소는 소추의결서에서 그 위반을 주장하는 '법규정의 판단'에 관하여는 원칙적으로 구속을 받지 않고 청구인이 그 위반을 주장한 법규정 외에 다른 관련 법규정에 근거하여 탄핵의 원인이 된 사실관계를 판단할 수 있으므로(헌재 2004. 5. 14. 2004헌나1; 헌재 2017. 3. 10. 2016헌나1 참조), 동일한 사실에 대하여 단순히 적용 법조문을 추가·철회·변경하는 것은 '소추사유'의 추가·철회·변경에 해당하지 아니한다. 살피건대, 청구인이 형법 위반 행위로 구성하였던 사실관계를 헌법 위반으로 포섭하는 것은 소추의결서에 기재하였던 기본적 사실관계는 동일하게 유지하면서 그 위반을 주장하는 법조문을 철회 또는 변경하는 것에 지나지 않으므로 위에서 본 허용되지 않는 소추사유의 철회 내지 변경에 해당한다고 볼 수 없고, 이를 전제로 한 특별한 절차를 거쳐야 한다고 보기도 어렵다.

또한 피청구인은 소추사유의 철회 내지 변경에 대한 결의가 없으면 당초 소추의결서의 내용대로 판단하여야 한다고도 주장하나, 소추의결서 중 '법규정의 판단'에 관하여는 헌법재판소가 구속받지 아니함은 앞서 본 바

와 같다.

따라서 피청구인의 이 부분 주장은 받아들일 수 없다.

(3) 정족수 미달 관련 주장

피청구인은 이 사건 탄핵소추안의 소추사유 중 형법상 내란죄 관련 부분이 없었다면 나머지 소추사유인 비상계엄의 선포 부분만으로는 재적 국회의원 3분의 2의 찬성을 얻기 어려웠을 것이 명백하므로, 이 사건 탄핵소추의결이 정족수에 미달되어 이 사건 탄핵심판청구가 부적법하다고 주장한다.

그러나 이 사건 탄핵소추안이 국회에서 재적의원 300인 중 204인의 찬성으로 가결된 사실은 앞서 본 바와 같다. 위 주장은 피청구인의 가정적 주장에 불과하며 이를 객관적으로 뒷받침할 근거도 없으므로, 이를 받아들이지 아니한다.

(4) 탄핵소추권의 남용 관련 주장

(가) 피청구인은 이 사건 탄핵소추의결이 법제사법위원회의 조사절차를 흠결하여 국회법 제130조 제1항에 위반되고, 일사부재의 원칙을 규정한 같은 법 제92조에 위반되며, 계엄이 해제되어 보호이익이 결여된 상태에서 행해졌으므로 탄핵소추권의 남용에 해당한다고 주장한다. 그러나 위에서 본 바와 같이 이 사건 탄핵소추안의 의결이 국회법 제130조 제1항이나 제92조에 위반된다거나 심판의 이익이 흠결되었다고 볼 수 없으므로, 이를 전제로 한 탄핵소추권 남용 주장을 받아들일 수 없다.

(나) 피청구인은 국회의 과반의석을 차지한 야당이 대통령의 직무수행을 정지시키고 파면시킨 다음 대통령의 지위를 탈취하기 위하여 탄핵소추권을 남용한 것이라고 주장한다.

그러나 이 사건 탄핵소추안의 의결 과정에서 헌법과 법률에 정한 절차가 준수되었고, 피소추자의 헌법 내지 법률 위반 행위가 일정한 수준 이상 소명되었으므로, 해당 탄핵소추의결의 주요한 목적은 그에 대한 피소추자의 법적 책임을 추궁하고 동종의 위반 행위가 재발하는 것을 예방함으로써 헌법을 수호·유지하기 위한 것으로 보아야 한다. 설령 탄핵소추의 의결에 일부 정치적 목적이나 동기가 내포되어 있다 하더라도 이러한 사정만으로 탄핵소추권이 남용되었다고 볼 수 없다(헌재 2025. 1. 23. 2024헌나1 참조).

따라서 이 사건 탄핵심판청구가 청구인이 소추재량을 일탈하여 탄핵소추권을 남용한 것이라는 피청구인의 주장은 받아들이지 아니한다.

마. 소결

이 사건 탄핵심판청구는 적법하다.

- 이하 생략 -

이재명 더불어민주당 대표 2025년 4월 4일. 금.

　헌법을 파괴하며 국민이 맡긴 권력과 총칼로 국민과 민주주의를 위협한 윤석열 전 대통령에 대한 파면이 선고됐습니다. 위대한 국민들이 위대한 민주공화국 대한민국을 되찾아 주셨습니다. 계엄군의 총칼에 쓰러져 간 제주 4.3, 광주 5.18 영령들이, 총칼과 탱크 앞에 맞선 국민들이, 부당한 명령을 거부한 장병들의 용기가 오늘 이 위대한 빛의 혁명을 이끌었습니다. 대한민국 민주공화정을 지켜주신 국민 여러분, 진심으로 존경과 감사의 말씀을 드립니다.

　현직 대통령이 두 번째로 탄핵된 것은 다시는 없어야 할 대한민국 헌정사의 비극입니다. 저 자신을 포함한 정치권 모두가 깊이 성찰하고 책임을 통감해야 될 일입니다. 더 이상 헌정 파괴의 비극이 반복되지 않도록, 정치가 국민과 국가의 희망이 되도록 최선을 다하겠습니다.

　세계 역사상 비무장 국민의 힘으로 평화롭게 무도한 권력을 제압한 예는 대한민국이 유일합니다. 촛불 혁명에 이은 빛의 혁명으로, 우리 국민은 이 땅의 민주주의를 극적으로 부활시켰습니다. 세계는 우리 대한민국을 재평가할 것이고, K-민주주의의 힘을 선망하게 될 것입니다. 우리가 힘을 모으면, 국제 사회의 신뢰를 신속하게 회복하고 오히려 위기를 기회로 만들 수 있습니다.

　이제부터 진짜 대한민국이 시작됩니다. 국민과 함께, 대통합의 정신으로 무너진 민생, 평화, 경제, 민주주의를 회복시키겠습니다. 모든 국민이 안전하고 평화로운 나라에서 희망을 가지고 함께 살아가는 그런 세상을 향해, 성장과 발전의 길을 확실하게 열어 가겠습니다. 고맙습니다.

2025년 4월 4일
더불어민주당 공보국

국민은 아래 영웅들을 꼬-옥 기억합니다.

《1차 공로》

2024년 12월 3일 22:30분경 윤석열 대통령은 '아닌 밤중에 홍두께' 모양으로 '비상계엄'을 선포하고, 계엄사령관을 내세워 '계엄사령부 포고령 1호'를 공포했습니다. 국민들은 의아했습니다. 국회도 어리둥절하기는 마찬가지였습니다. 그러나 대한민국 국회는 역동적으로 대처했습니다. 모두가 퇴근한 후였지만 국회의원들은 갑작스러운 '비상계엄' 선포소식을 듣고 분초를 다투어 국회의사당으로 모여 들었습니다. 자정이 지나고 날짜가 바뀐 후 2024년 12월 4일 00:05분경 국회의원 190여 명이 등청한 것을 확인한 우원식 국회의장이 국회 개회를 선언하고, '비상계엄해제요구안'을 상정하여 190명 전원찬성으로 가결했습니다. 이로써 윤석열 대통령이 선포한 비상계엄은 효력을 잃고 말았습니다. 국회가 '비상계엄'을 기민하게 해지 하지 않았으면, 대한민국은 박정희-전두환 때와 같은 독재시대로 회귀할 뻔했습니다. 독재지옥 입구에서 국민을 지켜낸 190국회의원 여러분께 진심으로 사의(謝意)를 표합니다.

이날 깊은 밤중에 국회에 등청하여 기민한 의정활동으로 대한민국 민주주의를 지켜낸 국회의원다운 국회의원들 존함을 여기에 싣습니다.(존칭 생략)

〈더불어민주당 153의원〉

강득구	강선우	강유정	강준현	강훈식	고민정	곽상언	권칠승	권향엽
김교흥	김기표	김남근	김남희	김동아	김문수	김병기	김병주	김성환
김성회	김승원	김영배	김영진	김영호	김영환	김용민	김용만	김우영
김원이	김 윤	김윤덕	김주영	김준혁	김태선	김태년	김한규	김 현
김현정	남인순	노종면	맹성규	모경종	문금주	문대림	문정복	문진석
민병덕	민형배	민홍철	박균택	박민규	박상혁	박선원	박성준	박 정
박정현	박주민	박지원	박지혜	박찬대	박해철	박홍근	박홍배	박희승
백승아	백혜련	복기왕	부승찬	서미화	서삼석	서영교	서영석	소병훈

손명수 송기헌 송옥주 송재봉 신영대 신정훈 안동걸 안태준 안호영
양부남 어기구 염태영 오기형 오세희 위성곤 위성락 유동수 윤건영
윤종군 윤준병 윤호중 윤후덕 임광현 임미애 임오경 임호선 이강일
이건태 이상식 이성윤 이소영 이수진 이언주 이연희 이용선 이용우
이원택 이인영 이재강 이재관 이재명 이재정 이정문 이정헌 이학영
이해식 이훈기 장경태 장철민 전용기 전진숙 전현희 정성호 정을호
정일영 정준호 정진욱 정청래 정태호 조계원 조승래 조인철 조정식
주철현 진선미 진성준 차지호 채현일 최기상 최민희 천준호 한민수
한병도 한정애 한준호 허성무 허 영 허종식 황명선 황 희 홍기원

⟨국민의 힘 18의원⟩
곽규택 김상욱 김성원 김용태 김재섭 김형동 박수민 박정하 박정훈
서범수 신성범 우재준 장동혁 정성국 정연욱 조경태 주진우 한지아

⟨조국혁신당 12의원⟩
강경숙 김선민 김재원 김준형 박은정 서왕진 신장식 이해민 정춘생
조 국 차규근 황운하

⟨진보당 2의원⟩ 전종덕 정혜경

⟨사회민주당 1의원⟩ 한창민

⟨기본소득당 1의원⟩ 용혜인

⟨개혁신당 1의원⟩ 천하람

⟨무소속 2의원⟩ 김종민 우원식

이상 190의원

《2차 공로》

　2024년 12월 4일 00:15분경 '불법비상계엄'을 무력화 시킨 국회는 윤석열 대통령을 파면하기 위해 '대통령 탄핵소추안의결'에 나섰습니다. '국민의 힘'은 '더불어민주당'을 거대야당이라고 하지만 '대통령 탄핵가결 정족수'에는 미치지 못합니다. 그래도 '대통령탄핵소추안'을 상정했지만 가결정족수 200석에서 5표 부족한 195표로 부결되고 말았습니다. 더불어민주당을 비롯한 야6당은 전열을 정비하여 2차 탄핵을 서둘렀습니다.

　2024년 12월 14일 국회에서 윤석열 대통령 탄핵소추안이 가결(가 204, 부 85, 기권 3, 무효 8)되었습니다. 그리고 그날로부터 111만에, 2025년 4월 4일 헌법재판소가 윤석열 대통령을 파면(재판관 8인 전원일치)했습니다. 이때도 대한민국 국회는 기민한 의정활동으로 독재를 꿈꾼 윤석열 대통령을 파면시키면서 국민을 불안에서 해방시켰습니다. 그 국회의원들의 의정활동에 찬사를 보내고, 잊지 말자는 뜻으로 여기 의원들의 존함을 인쇄합니다.

　어두운 시대에 국회의원다운 의원들 존함을 여기에 기재합니다.(존칭 생략)

〈더불어민주당 170의원〉

강득구	강선우	강유정	강준현	강훈식	고민정	곽상언	권칠승	권향엽
김교흥	김기표	김남근	김남희	김동아	김문수	김민석	김병기	김병주
김성환	김성회	김승원	김영배	김영진	김영호	김영환	김용민	김용만
김우영	김원이	김 윤	김윤덕	김정호	김주영	김준혁	김태선	김태년
김한규	김 현	김현정	남인수	노종면	맹성규	모경종	문금주	문대림
문정복	문진석	민병덕	민형배	민홍철	박균택	박민규	박범계	박상혁
박선원	박성준	박수현	박용갑	박 정	박정현	박주민	박지원	박지혜

박찬대 박해철 박홍근 박홍배 박희승 백승아 백혜련 복기왕 부승찬
서미화 서삼석 서영교 서영석 소병훈 손명수 송기헌 송옥주 송재봉
신영대 신정훈 안규백 안동걸 안태준 안호영 양문석 양부남 어기구
염태영 오기형 오세희 위성곤 위성락 유동수 윤건영 윤종군 윤준병
윤호중 윤후덕 임광현 임미애 임오경 임호선 이강일 이개호 이광희
이건태 이기헌 이병진 이상식 이성윤 이소영 이수진 이연주 이연희
이용선 이용우 이원택 이인영 이재강 이재관 이재명 이재정 이정문
이정현 이춘석 이학영 이해식 이훈기 장경태 장종태 장철민 전용기
전재수 전진숙 전현희 정동영 정성호 정을호 정일영 정준호 정진욱
정청래 정태호 조계원 조승래 조인철 조정식 주철현 진선미 진성준
차지호 채현일 최기상 최민희 천준호 추미애 한민수 한병도 한정애
한준호 허성무 허 영 허종식 황명선 황정아 황 희 홍기원

〈국민의 힘 (　) 의원〉

김상욱 김예지 김재섭 안철수 조경태 진종오 한지아
위 7의원 외 참여의원은 불명확

〈조국혁신당 11의원〉

강경숙 김선민 김재원 김준형 박은정 서왕진 신장식 이해민 정춘생
차규근 황운하

〈개혁신당 3의원〉 천하람 이준석 이주영

〈새로운 미래당 1의원〉 김종민

〈진보당 1의원〉 윤종오

이상 204의원

민주주의 함성

탄핵은 국민 거부권이다

초판 2025년 4월 18일 발행

발행 김남채
출판 춘추관
신고 제2022-000191
주소 서울 강남구 삼성로147길 24-3
전화 (02) 515-7040 / 010-3103-7040
팩스 (02) 540-2218
메일 iamakim@naver.com
ISBN 979-11-980326-1-4(03810)
저자 김남채
디자인 정혜윤
사진 경향신문: 이미지 6컷
      한겨레신문: 이미지 2컷